編集復刻版

水原克敏 編・解題

戦後改革期文部省実験学校資料集成

第6巻

不二出版

〈復刻にあたって〉

一、原本自体の破損・不良によって、印字が不鮮明あるいは判読不能な箇所があります。

一、資料は、原本を適宜拡大し、二面付け方式で収録しました。

一、資料の中には人権の視点から見て不適切な語句・表現・論もありますが、歴史的資料の復刻という性質上、そのまま収録しました。

一、解題（水原克敏）は第1巻巻頭に収録しました。

（不二出版）

〈第6巻　目次〉

資料番号―資料名◆作成・編・発行◆出版社◆発行年月日……復刻版頁

〈Ⅱ　文部省実験学校の報告・教育実践（一九四七～一九五一年）〉

⑷東京学芸大学第三師範学校附属小学校・附属中学校

◎収録一覧

巻		資料名	出版社	発行年月日
〈Ⅰ〉文部省の動向				
第1巻	1	生活カリキュラム構成の方法	六三書院	1949(昭和24)年8月15日
	2	新教育用語辞典	国民図書刊行会	1949(昭和24)年6月20日
	3	昭和二十四年度実験学校における研究事項		1949(昭和24)年
	4	学習指導要領編修会議・教育課程審議会・初等中等分科審議会記録等		1949(昭和24)～1950(昭和25)年
	5	昭和二四年七月調査報告二　学習指導要領に対する小学校教師の意見(一般編)		1949(昭和24)年7月
	6	昭和二四年八月調査報告五　学習指導要領に対する中学校教師の意見の調査(一般編)		1949(昭和24)年8月
〈Ⅱ〉文部省実験学校の報告・教育実践(1947~1951年)				
第2巻		(1)東京高等師範学校附属小学校(東京教育大学附属小学校)		
	7	コーア・カリキュラムの研究　研究紀要(一)	柏書院	1949(昭和24)年2月25日
	8	教科カリキュラムの研究(上巻)　研究紀要(二)	教育科学社	1949(昭和24)年11月20日
	9	教科カリキュラムの研究(下巻)　研究紀要(二)	教育科学社	1949(昭和24)年11月20日
	10	広域カリキュラムの研究(上巻)　研究紀要(三)	教育科学社	1949(昭和24)年11月20日
第3巻	11	広域カリキュラムの研究(下巻)　研究紀要(三)	教育科学社	1949(昭和24)年11月20日
	12	コーア・カリキュラムの研究　研究紀要(四)	教育科学社	1949(昭和24)年11月20日
	13	学習目標分析表――カリキュラム構成の基底・能力評価の基準　研究紀要(五)	教育科学社	1949(昭和24)年11月20日
	14	学習指導目標分析表・生活能力分析表(試案)　研究紀要第六集	不昧堂書店	1951(昭和26)年11月7日
第4巻		(2)東京学芸大学第一師範学校附属小学校		
	15	カリキュラムの構成と実際　カリキュラムの実験シリーズⅠ	学芸図書	1949(昭和24)年12月1日
	16	学習環境の構成と実際　カリキュラムの実験シリーズⅡ	学芸図書	1949(昭和24)年12月1日
	17	低学年カリキュラムの実際　カリキュラムの実験シリーズⅢ	学芸図書	1949(昭和24)年12月1日
	18	中学年カリキュラムの実際　カリキュラムの実験シリーズⅣ	学芸図書	1949(昭和24)年12月1日
第5巻	19	高学年カリキュラムの実際　カリキュラムの実験シリーズⅤ	学芸図書	1949(昭和24)年12月1日
	20	評価と新学籍簿	宮島書店	1949(昭和24)年5月20日
		(3)東京学芸大学第二師範学校附属小学校		
	21	小学校のガイダンス	明治図書	1950(昭和25)年2月15日
	22	小学校社会科における地理及び歴史的学習　文部省実験学校研究報告	東洋館出版社	1951(昭和26)年6月20日
第6巻		(4)東京学芸大学第三師範学校附属小学校・附属中学校		
	23	小学校カリキュラムの構成	同学社	1949(昭和24)年7月25日
	24	中学校カリキュラムの構成	同学社	1949(昭和24)年6月10日
第7巻		(5)千葉師範学校男子部附属小学校		
	25	単元学習各科指導計画　小学一・二学年(文部省実験学校研究報告　第一集)	小学館	1947(昭和22)年6月20日
	26	単元学習各科指導計画　小学三・四学年(文部省実験学校研究報告　第二集)	小学館	1947(昭和22)年6月20日
	27	単元学習各科指導計画　小学五・六学年(文部省実験学校研究報告　第三集)	小学館	1947(昭和22)年6月20日
	28	単元学習各科指導計画　中学一学年(文部省実験学校研究報告　第四集)	小学館	1947(昭和22)年6月20日
		(6)長野師範学校女子部附属小学校・男子部附属小中学校		
	29	コア・カリキュラムによる指導の実践記録　小学一年	蓼科書房	1949(昭和24)年7月5日
	30	理科カリキュラム		1949(昭和24)年9月10日
第8巻	31	学習指導の手引　昭和二十五年度		1950(昭和25)年7月25日
		(7)奈良女子高等師範学校附属小学校・附属中学校高等学校		
	32	たしかな教育の方法	秀英出版	1949(昭和24)年5月10日
第9巻	33	奈良プラン　ホームルーム	東洋図書	1949(昭和24)年10月10日
	34	正しいしつけ	秀英出版	1950(昭和25)年10月20日
	35	中学標準教育課程	東洋図書	1950(昭和25)年11月15日

※資料3～6は翻刻で収録

東京第二師範學校　附屬小學校著

小學校カリキュラムの構成

同學社

まえがき

戰後荒れ果てた社會の中から、教育再建のしごとが、新たな社會理想を背景に、全く新しい立場から、あらゆる面に大きな革新を志しつつ出發してすでに三年有餘、小學校の教育活動も、すべてその方向においてわれわれの反省が加えられ、研鑽が積まれ、現在なお熱心な建設への努力がつづけられている。しかも、これらの重大な使命をになつた新しい數々の問題のうち、われわれが現在當面している最も大きな課題は、兒童の幸福と成長のためにこれからの小學校がどのような計畫のもとに運營されるべきかということである。新憲法の制定、教育基本法、學校教育法の施行などにおいて、われわれの教育の一般的な目標は一應理解されるのであるが、運營の問題となると、これは全く新しい觀點から根本的な改革が考えられねばならないであろう。

本校においてはまず新しい學習法の諸課題の解明から出發して、社會科についてその研究實踐に努力し、教育の基底としての兒童の心意の發達を重視し、いままで忘れられていた兒童生活の實態の調査からはじめて、それに基づいて、社會生活における兒童の成長に適切で豊かな生活經驗を與えることにつとめた。しかしながら兒童生活はつねにその地域社會の實態に直結し、その特質や理想の中に生きている。そして兒童は次代社會の願わしい構成員としての大きな役割を擔っている點から、地域社會の性格ないし實態の調査研究が、從來そうしたことに不慣れであったわれわれの困難なしかし重要な仕事となってきた。社會科の計畫と實踐は、これら二つの基底の上に立って強力に行われてきたものである。

しかしこれらの研究の進められるにしたがい、兒童の生活に選ばれた豊かな經驗を與えるためには、社會科と他教科が分離しているということに矛盾を感ずるようになった。その結果教科融合の問題が眞劍に考えられ、社會科の實踐において把握した方向を基として新しい教育計畫が進められたのである。教育の内容が兒童の生活經驗の綜合構成にあると考える立場をとるわれわれは、ここに生活カリキュラムを學校教育の全内容とするにいたり、日夜これが構成と實踐に努力を續けてきたのである。

本書は、こうした立場をとるにいたった經緯、構成に着手してからの方法的研究、實際的手順の全般的な記錄を、カリキュラム案とともに具體的に詳述したものである。

新しいカリキュラムの構成は、一般的にみて、教育の制度の面においてまだ組織的、有機的體制が十分に整っていないことと、および理論的指導の領域において現實面の實情を顧みることの少いことなど、校舎や施設などの外的條件の貧困と相まってその困難さが痛感される。しかし、こうした情勢下に、いくつかの學校のプランがそれぞれの立場から發表され、新しい刺戟と參考資料を與えていることは、全般にわき上るカリキュラム研究運動の活潑さとあいまって、小學校教育にとって力強いものを感じさせるものがある。このような時期に本書の刊行がどのような意味をもつかは世の批判にゆだねるとして、われわれはどこまでも、小學校における生活カリキュラム構成の經緯手順を明かにしようとしたものである點から、いくらかでも本書がカリキュラム構成への手がかりを提示しうるならば望外の幸であると考えている。

カリキュラム構成の問題はその本質上當然全校職員の共通課題でなければならない。從って本書の場合も本校全員の共通課題として研究されたもので、執筆もまた全教諭十八名によって行われたものであることをここに記して、相ともに苦しんできた跡を顧みたいと思う。しかし兒童はたえず成長し、社會はつねに變貌發展をとげる。カリキュラムが少しでも同じところにとどまっていることは許されない。研究の未熟、内容の不備等多くの缺陷も指摘されようが、大方の叱正を得て、たゆまぬ進歩改善を目ざしたいと念願している。

終りに本研究に心からなる激勵と支援を與えられた東京第三師範學校長田中保房先生に全職員とともに深く謝意を表したい。

昭和二十四年三月

主事　小澤榮一

執筆者（五十音順）

主事 小澤榮一

池田芳雄
岩澤清
大井安美
金兒賢治
川口哲彌
川村浩章
久祇美惠
木暮強
近藤修博

榊原五郎
杉本滿里子
染田屋謙相
都丸修
中島彥吉
永島浩一
羽生鶴壽
本間富治
前原正三

目次

表索引

小學校カリキュラムの構成

第一章　カリキュラム構成の準備

一、新しいカリキュラムへの理解

(一)　カリキュラム問題の發生

カリキュラムの型は何によつて決定されるであろうか。われわれはこの原理を教育の目的乃至目標に存すると考える。カリキュラムの問題は教育内容に關するものであり、從つて學校の發生とその起源を同じくし、社會狀勢の變化と共にそれに應じて變遷し今日に及んでいる。

十六世紀以來發達してきた小學校は庶民に讀書算を習わせて、當時の時勢に應ずると共に、次第に擴大されてゆく社會生活を圓滑にきり拔けさせるための必要から發展していると見ることができる。わが國の寺子屋、家塾等も同樣の目的から出發したものと思われる。したがつて傳統の小學校では、讀書算が重視され、これが子供たちの記憶を通して學習せしめられる習慣であつた。おぼえがよいとかわるいとかいう言葉が學習者の全活動をおおつていた。社會生活に對する態度の陶冶も決して輕視されていたわけではあるまいが、當時の社會が極めて靜的であつたために、傳統的な型を維持することだけでこと足りていたのである。

ところが、産業革命以來社會は急激に變化し今までの古い傳統は破られ、急速に近代社會が成立した。この過程において學校も社會も家庭もおのおのその性格の變化を餘儀なくされたのである。この新しい社會は極めて複雑多端で素朴的な社會理論を以てしては、もはや解決できないものとなつた。社會の全成員が活潑に、理想に向つてその革新を期するのでなければ、社會は轉換を餘儀なくされる程、目まぐるしい現實の社會である。社會がこのようであれば、各人は相當の社會の分析力や批判力をもたなければならないことになつた。各人が社會生活について深い認識と活動力とを有し、社會を改善してゆくのでなければならない。この意味で教育は社會革新の仕事であるということができる。このような教育觀は新しい教育目的を必然的に要求する。カリキュラム改造の問題も當然ここに考えられなければならない。

(二) カリキュラムの改造

古代からのカリキュラムの流れは近世に到つてコメニュースをはじめ多くの先覺によつて主知主義としてあらわれたことでは。カリキュラムは文化財の體系にもとづいて教材の排列に重點がおかれた。またカリキュラムは學問分類を主にして教科・科目にわかれ、科目はさらに特殊な事實または法則にわかれてゆく。すべて體系的である。ここにおけるカリキュラム論は單なる教材の論理的な再分割と順序が再編成されるだけであつて、これにもとづいて教科書が編集されるにすぎなかつた。これは教材中心主義と呼ばれるものである。教材カリキュラムは體系的で

はあるが、生きているダイナミックな兒童の生活經驗とはなれているという點で致命的である。

このようなカリキュラムが前述のような社會狀勢の中に立つて、この社會にいかに處すべきかの適應力を兒童に與え得ないことは目に見えてきた。最近の盛んなカリキュラム論は實にここに胚胎しているということができる。

オルスンはアメリカの最近の教育を概觀して、教科書中心主義のアカデミック・スクールを一九一〇年まで、兒童中心主義のプログレシイヴ・スクールを一九二〇年より三〇年まで、生活中心主義のコンミュニテイ・スクールは一九四〇年以降の傾向であるといつている。さて最近のカリキュラムの理論は、デューイの說の中にも認めることができる。彼の直系の弟子によつて試みられたかの有名な八年研究は生活中心のカリキュラムによる兒童・生徒の發達が、舊教育によるそれよりも、指導性、計畫性、協力性、批判力、市民性、作文の能力等において極めて進歩があつたことを報じている。このことはまさしく、生活中心のカリキュラムが、複雑な現代社會を分析し、批判し、これに適應する社會的實踐人を育成するのにふさわしいことを立證するものである。

然らば現代社會において、教育の目標はいかに設定されているであろうか。これについては後章の教育目標の選擇の項において詳述するが、概括的にいえば、民主主義の生活原理ということができよう。ここでは理想的社會の理想的人間像が考えられる。社會は成員各自の自由意志にもとづいて、内からの責任感と奉仕觀念とによつて成立する。すなわち人間各自の生活經驗が、その人における中核的活動によつて統合せられるとともに、その中核的活動は社會の成員が共通の課題とするものであり、それによつて成員を相互に結びつけるものでなければならない。こうした教育目的を持つカリキュラムは現實の兒童の生活經驗の統合を主軸とする。しかもこれは社會の共通の生活課題の解決についての經驗であるから、課題解決を目指す社會科の學習活動に近いということはできよう。しか

しこのほかに必要な經驗要素を各分野にわたつて吸收し、統合して、兒童の全生活をカリキュラムの對象とし、その中から最小限度の本質的經驗を確立するのである。

この考え方は必然的に兒童の社會的實踐者への育成を期待している。課題解決のための單元學習はその自主性、協同性によつて舊殼を破つて兒童に眞の實力をつけようとするものであり、最小限の要素を以て最大の社會的適應の能力を體得させようとするものである。ここにわれわれは新しい人間の形成をねらつている。このような兒童こそ將來の課題を擔い得るものであることを確信するからである。

(三) 本校カリキュラムの特徴

こうした教育目的に即して、われわれの構成したカリキュラムはどんなところにその特徴があるのであろうか。

われわれのカリキュラムには教科目はない。兒童は種々の精選された學習活動に從事することによつて基本能力を習得し、教育の目標に進む。これらの活動は後の單元表に見られるように、各學年の能力と欲求に應じて目標に達するように選擇されており、單元の內容の中に全體計畫としてこの精神が織りこまれている。

次にこのカリキュラムの重要な要素を摘記する。

a. 單元の學習內容は基底單元としての性格を持ち、すべての兒童にとつて基礎的なものと考えられる學習活動である。そして日課表にまで展開する詳細な學習計畫が豫想されているものである。

b. 學習活動においては、從來の教科の境界は區別せず、また教科というものの考え方も排拭している。

c. 中核學習は日課の大部分の時間を用いて兒童性に即した、變化に富んだ學習活動を展開し、教育實踐者としての創意と工夫を最大限に生かしている。

d. 單元の學習の內容は兒童と教師との學習計畫の大綱であり、廣く兒童の興味、要求、問題を含んでいる。

e. 單元の學習內容のスコープとシークェンスとは從來の教科の枠をはなれて、社會の要求と兒童の學習活動の場の必要性と兒童性の發達に即して決定されている。

f. 學習內容の中には「ガイダンス」を含んでおり、カリキュラムとガイダンスは相即不離な關係にあるものとして構成されている。

g. 周邊學習は常に中核學習に足場を持ち、兒童の全活動の手足となるよう配慮されている。

以下このようなカリキュラムに到達するまでに本校がどのような歩みをしたか、及びどのようにしてこのカリキュラムを構成したかを具體的に述べたいと思う。

二、本校における新カリキュラムへの發展

(一) 自發活動性と新學習指導法

本校においての新しいカリキュラムへの發展の過程は、だいたい四つの段階を經て現在に至つている。第一期は

終戦直後から昭和二十一年七月に至る期間で、この期間は、兒童の自發活動の啓培に出發する新學習指導法の研究期間で、第二期は、二十一年九月から二十二年三月に至る社會科と單元學習研究の濫觴期である。第三期は、文部省の「學習指導要領(一般篇)」の公表された二十二年四月から二十三年三月に至る、社會科中心の研究と「自由研究」の實踐に努力した時期であつた。第四期は生活カリキュラムの研究からそれの構成に苦心した期間で、これは本校における現在の教育經營そのまゝのすがたでもある。

新しいカリキュラムの實踐は、思いつきや流行に便乘するがごとき態度であつてはならぬ。準備なくしてコア・カリキュラムの實踐などというような淺はかな態度は唾棄すべきだろう。この點に關してわれわれのとつてきたいままでの新しいカリキュラムへの歩みは、その進歩はたとえ遲々としていたとしても、思いつきや準備のない便乘的というような過ちはおかしていなかつたと考えている。すくなくともわれわれはわれわれの力の及ぶ範圍で現在實踐しつゝある生活カリキュラムに至るまでの準備の過程を履んできたと考えている。こゝにその大要を述べておきたい。

戰前から戰時を通じての日本の歩み方は、教育、とくにその學習指導法において、兒童の自主的・自律的な自己活動よりも「國家」(それが何を意味したかは問わないとして)の要請に献身する隨順奉仕の活動が學習の根本態度であり、學習の基盤は兒童の興味にあるべきでなく、「國家」の要請にこたえなければならぬとされ、個別學習より集團學習——歩調をそろえて一人の脱線もなく、定められた道を歩むような學習形態——が行われた。このような全體主義の誤りは、やがて敗戰の現實を通して教えられることになつた。この誤りに對する反省から、終戰以來日本の教育界には、新しい方向を見出すためにいろいろの苦心が拂われたのであるが、われわれの求めた新しい方針

は、兒童のアクティヴィティに出發する教育經營であつた。アクティヴィティという言葉は、自發活動と譯される新教育の一中心概念であつて、

a. 自發活動こそ現實態の本質である。

b. 眞理は行動を通して思想を檢證することによつてのみ證明される。

c. 兒童は、自然に生物學的に自發活動的である。

とする哲學的解釋にその根據をおくものである。したがつて、教育學上の立場は、創造的な自發活動それ自體に教育の目的をおき、方法上においては、兒童を中心とした學校經營であり學習指導であつて、教育の過程において、完全な内容を、教師が兒童にあたえようとする今迄の教育方法と全く方向を異にするものである。アクティヴィティの教育學上におけるこのような意味は、戰後の日本における至上の課題たる民主主義社會の形成ということに對しても重要な意味をもつものであつた。すなわち、民主主義の社會は、個人の自由とそれに伴う責任の中に健全な成長が期待されるのであつて、從つてアクティヴィティを基盤としない民主主義社會というものは考えられないからである。

教育學上における自發活動性——以下アクティヴィティの語を自發活動と用う——の原理の位置は、カリキュラムその他において大きな貢献をなしているのであるが、その方法上における特徴には次のような諸點があげられている。

a. 學習が個人乃至グループの必要から生ずる。

b. 學習が實驗的となる。

c. 學校や教室が社會化される。

d. 形式的な日課の學習が劇化・討議・集會・調査等にむけられる。

e. 陳列品・博物館・兒童の製作等の展覧がひろく利用される。

f. 技術上の構成や創造的表現が强調される。

われわれの學校でとられた實踐上の問題は、このような自發活動性の特徴をいかなる形において取り入れ具體化するかということにその工夫と苦心があつたわけであるが、最も特徴的なものは學習形態としては、自由時間・共同學習（分團學習）・集會學習・問題學習・討議法・生活指導としての兒童自治がそれであつた。

以下、これ等の學習形態と生活指導について、われわれがその實踐に腐心した梗概を記録してみることにしたい。

1. 自由時間の設定と自由學習

われわれのここにいう自由學習は、自由な時間を設定して自由に學習し、自主的に個性の暢達を圖ろうとするのがそのねらいであつた。

自由時間の意味とその學習方法は、いろいろにとることができ、又實際に多様な使用法があるが、われわれのとつた方法は次のようなものであつた。

a. 固定的なカリキュラムや教材から兒童を解放し、兒童各自の好むところにしたがつて一定の時間その學習を行わしめる。その選擇の範圍は、主として理數科・藝能科にむけることにした。その理由は、日本の現狀にかんがみて、科學の水準を高め、高い文化を培うことが特に必要と認められるからで、自由時間の大部分をこの方向に

使用することにした。また子供の本能からいつても、自由時間の學習が、表現や作業方面において發達するのは當然であると考えたからである。しかしながら、兒童の表現意識から考えて、作文研究・體操などについても指導し、常態ではないが、國語・算數などの遅れる兒童に對しては、その方面の題目を選定させて學習せしめることもあつた。

b. 研究組織　一・二年は毎日一時間を自由時間とし、三年以上は午後一時から二時迄六十分をあてた。しかしながら三年以下はいまだ問題の自由選擇も未熟であり、計畫をたてることも困難であると考えて、學級擔任の下で學習し、四年以上に至つて學級を解體し、次のような編成によることにした。すなわち、理科實驗室・音樂室・圖畫室・工作室へ行くものがそれぞれ分れる。これらの學習室には職員研究室が附屬していて、それぞれ各科の擔任教師によつて指導されるのである。學級擔任教師は、それぞれの研究分擔にしたがつて又指導に當るのである。

c. 教師は、兒童の計畫と方法について十分の指導をする。

d. 施設の活用と環境の整備　兒童の自發活動を高度に發揮させるために、環境の整備が必要とされるので、學習室にはできるだけ多くの參考書類・實物・標本・繪畫・模型・實驗用具・薬品・工作具・教材等その必要な資料を集め備えることに苦心した。換言すれば、教授するという一切の組織が撤廢されて、兒童が自主的に學習するための總ての條件や方法の整備が必要とされたのである。

2. 分團學習

分團學習は、學習する兒童が學習課題の解決を中心として、グループを編成し、各成員が相互に相扶け、協力して相互の向上をはかるとともに、こうした活動を通して、課題の効果的解決をはかる學習の一形態として取り上げ等であつた。その内容としては、共同作業・討議・報告等いろいろあげられるのであつて、その基盤となる精神は、あくまでも學習者の自發活動性にその責任をおくものであつた。したがつて、その學習過程においては、それぞれの個性・力量においてそれ相應に且つ十分に各自の力を發揮しつゝ課題の解決をはかる點にねらいが求められた。

分團學習に對するわれわれの研究と實踐は、

a. 分團學習の心理
d. 分團學習の一般的過程
c. 分團學習における問題解決の方法
b. 分團の構成方法
e. 分團學習の基礎となる個人の學習
f. 發表の心理とその指導
g. 分團學習における教師の位置

等であつて、これらは、各教室の机の配置をすべて分團に構成しながら、檢討を加えつゝ工夫し研究をこらした。

3. 集會による學習

舊來の學習方法が反省されて、各兒童の個性を生かし、自發性にもとづく自由な研究、自由な行動に教育の價値が期待されるところには、それを有効に展開させるために發表と討議の責任をもたせ、より高次な經驗に導くためには集會が必要となつてくる。こゝに集會を通しての學習形態が新しい意味をもつてくるのである。

われわれの學校において實踐された集會による學習形態の方法には、現在に至るまで幾多の變遷があつたが、終戰後當初にとられた方法には次のようなものをあげることができる。

a. 表現活動・製作及び作業的學習の結果を發表する集會で、音樂や工作・圖畫や劇や科學的研究または製作が兒童の前で發表される。この場合、低學年・中學年・高學年にわかれて發表會をもつ場合と、全校發表會を計畫して全校兒童の前で發表される場合とがあつた。また自由時間の研究の發展として「藝能集會」「科學集會」の名稱の下に、自由學習の結果が發表される機會もこれらと並行して計畫され實施された。しかして、これらのいずれの場合も、その運營は兒童の手によつて實施されることを望ましいものとした。

b. 學校の生活に關する全校集會・學校集會をもつことにして、學校の諸問題を全員で討議することにした。

c. 自治會・自治委員會の集會によつて、兒童をして社會生活を理解せしめる機會とした。

d. 兒童の各研究部の集會によつて、兒童文化活動の向上を圖ることにした。

4. 討議法

討議學習も、兒童の主動性において行われ、兒童の自發性がその基礎となるものである。新しい學習の形態においては、あらゆる場合に輕重の差こそあれ、討議學習は取り入れらるべきものであつて、それだけに、この學習方法の研究は眞劍に取り上げられなければならない。われわれの場合における主要な方法を列擧してみると、次のような方法がとられた。

a. 分團の討議

b. 學級の討議、この場合、學級自治會における討議も考えられるし、教科學習においてもある分野においては常に實施される方法でもあつた。

c. 委員會の討議

d. 自由學習の結果の發表會における討議

e. 自由集會の討議、委員によつて行われる討議でなく、特定の問題について、何人かが發起して行われる集會の討議である。

f. 自治會の討議。全校自治會・學級自治會の討議である。

これらは、討議の要素によつて、實踐の內容を分類してみたのであるが、この外、討議學習の場合の人數・討議の心理・討議會の運營・討議學習と教材・討議の進行についても研究が行われた。

5. 問題法

問題法による學習も兒童の自發活動を基本的條件とするものであつて、問題解決の過程に教育的價値を見出すものである。

問題法の學習は正しくは、問題の認識——資料の蒐集——假說の定立——假說の檢證——概括・一般化という過程を通るのが普通である。このようなすべての過程が、兒童の學習過程に導かれるということは考えられないのであるが、人間の生活がすべて問題解決の過程であると考えられる點からも、問題法の思考過程がわれわれの教育實踐の上に生かされるよう工夫することは極めて大切なことであると考えた。

この問題法は前述した自由學習・分團學習・討議法・集會學習と表裏の關係にあるものであつて、これらの學習方法は一面からみれば問題解決のための一つの手段であると考えて差支えないのであるが、同時に、自由學習も分團學習も討議學習による結論も、問題法の學習過程をふむことによつて、その學習はよりよい結論が導き出されるということもできるのである。

6. 構案法

構案法による學習形態も、われわれの新學習形態として關心の對象としたものである。構案法は、問題法の中に位置する一概念であるが、問題法に比して一層具體的・實際的行動を必要とするもので工作や手のはたらきに期待される學習面に、この方法を利用することに努めた。

7. 兒童自治

兒童自治は大まかに言えば、兒童の人格が認められて、兒童の自由な活動と責任において、自律的に協同して兒童の生活を運營して行く生活をさすのであつて、清掃・整頓・秩序の維持を兒童の自治に任すことによつて、その効果を期待する方法としての一面と、かような仕方そのものに價値を認める目的としての一面とをもつているものである。しかしながらいずれの場合にしろ、その基盤に兒童の自發活動性から民主主義社會の基本をなす自由と責任・個人の尊重・協同の社會精神を生活として體得せしめようとする目的がもたれるものである。

われわれの學校における兒童自治の研究と實踐は次のような諸點にむけられた。

a. 新しい兒童自治のあり方

b. 兒童自治の限界

c. 兒童自治能力の發達過程

d. 校外の兒童自治活動

e. 兒童自治の指導方法

f. 學級自治會の指導

g. 全校自治會の組織と活動

h. 學習に連る自治活動

i. 集會の運營と自治活動の展開

以上、終戰當初から約一ヶ年にわたるわれわれの學校における教育方針とその實踐が、兒童の自發活動の啓培を中心として展開されたことを述べたのであるが、この研究と實踐の過程が教育界へいくばくかの稗益をもたらしうればと思い、われわれは、新教育の課題叢書」の發刊を思いたち、次のような書名の發刊を行つた。

討　議　法　昭和二十一年八月刊

自由學習　昭和二十一年十月刊

兒童自治　昭和二十二年一月刊

問　題　法　昭和二十二年一月刊

新しい學校　昭和二十一年十二月刊

(二) 單元學習と社會科の研究

終戰當初から昭和二十一年にわたつて、われわれの教育實踐は、兒童の自發活動性の啓培とそれによる學習方法の研究と實踐に力がそゝがれ、その生活指導においては兒童による自治生活への導入に苦心が重ねられたのであるが、この教育方針は、新しい意味に解される單元學習を中心とするカリキュラムの研究と實踐に發展することになつた。すなわち、生活から浮き上つた知識を詰め込むのではなく、兒童に身近かな生活のことを學ばせ、兒童のために最も意義ある生活の設計をするのが新しいカリキュラムであり、(生活カリキュラム)、また、ばらばらの知識や技能を寄せ集めるのではなく、兒童の社會的な生活を中心にあらゆる學習を綜合するプログラムが新しい學校のカリキュラムであるとする新教育の形態は、その基本精神においてすべて兒童の自發活動性を期待しているものであり、討議も自由學習も問題法も兒童自治も、この新しいカリキュラムにおける學習形態の最も主要なる内容を形成しているものであるからである。

單元學習の形態と、新しいカリキュラムは常に平行して發展しているということができる。われわれが自發活動にもとづく新しい學習形態の研究から、新しいカリキュラムの系統的な研究にはいつたのは、昭和二十一年後半期であつたのであるが、單元に對する研究もまた同じ頃に始まつたということができる。これは、アメリカの社會科學習についての紹介がこの頭から始まつたということもその一つの理由であつた。事實、アメリカのカリキュラム研究の大部分は單元學習に集中されており、單元學習の大部分はまた社會科の領域にたつと立論されていることから考えても、アメリカの社會科學習の紹介は、同時にわれわれにとつては單元學習に對する啓蒙でもあつた。この事實は、われわれにとつてはまた、新しいカリキュラムと社會科と單元學習の三者並行の形において研究の對象となつた。

社會科の實施は、一般には昭和二十二年九月からであつたのであるが、われわれの學校においては二十一年九月から實踐にうつされた。その出發は非常に早いようであつたが、自發活動性の啓培と、新しい學習形態に對するこれまでの研究と實踐の經驗に裏うちされて、その學習方法はかなりの妥當性が信じられ、理解も大いに進んだのである。

昭和二十二年二月に公開した研究發表會は、「新教育課題叢書」に盛られた新學習形態について批判をこうためと、その後に進められた前記社會科の研究の實踐過程を紹介するために行われたもので、發表内容は次のようなものであつた。

a. 研究發表

第一表

	研究主題	發表題目
第一日	討議法 兒童自治	新教育 討議法
第二日	問題法 自由學習	問題法 興味と努力
第三日	社會研究 單元學習	社會研究 調査と測定

b 學習研究

第二表

學習研究（第一日）

學年	組	教科	題目
一年	一組		明るいお家にする工夫
一年	二組		わたくしの家
二年	一組		遊びの時間
二年	二組		お家でよく勉強するにはどうするか
三年	一組	社會	學校の模型をつくろう
三年	二組	國語	うちのほおじろう
四年	一組	社會	どのように工夫したら清潔になるか
四年	二組	算數	すべり臺及び階段の高さはどうして測るか
五年	一組・二組	社會	合同「學校生活の改善について」
六年	一組	理科	どうしたら自轉車を最もよく利用できるか
六年	二組	國語	生きたことば

學習研究（第二日）

學年	組	教科	題目
一年	一組		おうちのおたのしみ會を工夫しましょう
一年	二組		私たちは何をたべているか
二年	一組		え本や文集をつくること
二年	二組		たのしく美しい學校にするにはどんなお手傳いができるか
三年	一組	音樂	簡易樂器の合奏
三年	二組	社會	私達の生活にいるもの
四年	一組	社會	武藏野線は自分達とどのような關係をもつているか
四年	二組	社會	隣組について知る
五年	一組	社會	發明發見と私たちの生活
五年	二組	社會	住みたい家
六年	一組	社會	我々はどうして大量の生産をあげ得たか
六年	二組	社會	わたくしたちの食糧

第三表

自由學習（第二日）

學級		教科	問題	指導者
一年	一組		おたのしみ會をいたしましょう	1
一年	二組		フリー・ピリオド	1
二年	一組		學級集會	1
二年	二組		フリー・ピリオド	1
三年				
三年			私達の町・家の中・乘物	1
四年以上學級を解體		理科	生物班―兎の解剖 物象班―水素の實驗	3
四年以上學級を解體		體育	簡易蹴球	2
四年以上學級を解體		音樂	器樂指導	2
四年以上學級を解體		圖畫	靜物畫	2
四年以上學級を解體		工作	手藝・木工	2
四年以上學級を解體		文藝	二月の發表會	2
母の會			給食委員會	1

c. 研究叢書の發表
　　續討議法
　　單元學習
　　新しい學習室の經營
　　新しい國語教育
　　新しい體育指導
　　音樂自由時間の實踐記錄

d. 週生活時程（冬季）

第　四　表

	月	火	水	木	金	土
9.00–9.10	朝會（校庭に自由整列）					
9.10–12.20	午前四時限學習（專科指導以外は學級の自由）					
12.20–1.30	給食・あそび・清掃					
1.30–2.30 自由時間	學級	學級解體	學級	木曜集會	學級解體	學校自治會

（三）社會科中心のカリキュラムの研究と「自由研究」

昭和二十二年四月に、文部省による試案として、學習指導要領（一般篇）が發表され、全國一樣に新教育に對する方針が明かにされ、一應の試案ではあるが、教科の種類・時間配當等が明らかにされた。われわれの場合においても、前述したような生活時程は、この年度からこの試案の趣旨に沿つて組み換えられたのであるが、その指導精神においては、この試案によつて更に立證されることになつた。この指導要領によつて明らかにされた特色は、社會科と自由研究を新しい教科として取り入れたことであるが、この二つについては、本校においては、社會科は既に二十一年後半期から實踐にうつされ、自由研究については終戰當初から自由時間の設立による自由學習に出發しており、特別目新しい教科ではなかつたが、その實踐と研究とについては一層の拍車をかけられることになつた。

1. 社會科中心のカリキュラムの研究

われわれの社會科の學習が、二十一年九月から始められたことはすでに述べた通りであるが、それはいまだ、十分な社會調査あるいは兒童調査から出發した年次計畫の立案にもとづいて實施されているものではなかつた。したがつて、この年度にはいつて最も力を注いだ仕事は、この年次計畫の立案とそれに要する社會と兒童の實態調査であつた。二十二年度にはじまる年次計畫のための實態調査は次のようなものであつた。卽ち、環境の實態調査として、兒童家庭の分布圖・通學驛別圖・外出先の調査・社會施設一覽表の分布圖・P・T・Aの職場一覽表を作り、兒童生活の調査としては、睡眠・遊び・學習・手傳い・小遣い・讀書・ラジオ聽取狀況・興味話題の調査等である。この調査は更に課題表に展開されて單元設定の基底となり學習内容を提供する資料となつた。

課題表は、社會科の單元設定と年次計畫の立案には、必ず必要とされるものであつて、われわれは次のような方針のもとにその作製にあたつた。すなわち、社會科の學習は、社會機能にになわれる社會的要請と、兒童の發達段階の筋道に沿つて變化と成長とがあらわれる兒童の興味・關心・經驗との交錯するところに展開されるため、社會調査と兒童調査との結果にあらわれた資料を基盤として作製した。しかしてこの手續の勞作が十分に行われれば行われる程、正しい單元の作製が可能となり、その年次計畫は正しい位置において構成されるのである。この場合の社會的要請としての社會機能をわれわれは、食料・衣料・住居・教育・健康・交通＝通信＝運輸・商業・厚生＝慰安・宗教・生産・保全・政治の十二種をあげ、兒童の發達段階の方向としては、家庭生活・學校生活・近隣生活・

第五表　社會科單元表

學年	單元	生活の段階 内容	生活の段階 ひろがり
一年	一 家庭 二 學校	○家庭及び學校生活の理解	家庭生活
二年	一 學校の附近 二 停車場 三 郵便局	○近隣の人々の理解	← 學校生活
三年	一 食べ物 二 市場 三 町と田舍	○直接する社會生活の理解	← 近隣生活
四年	一 練馬區の生活 二 武藏野線 三 東京の發達	○郷土の生活の理解	← 町村社會生活
五年	一 交通と運輸 二 農村生活 三 工場 四 都市文明	○産業文化の生活の理解	← 國家生活
六年	一 通信の發達 二 機械生産 三 外國との交際 四 憲法	○近代生活の理解	← 國際生活

町村社會生活・國家生活・國際生活とした。

こうして、われわれの社會科に對する最初の年次計畫の單元は次のような系列において設定された。なお課題表についての詳細は、第二章「教育課題の撰擇」の項において述べる。

次に、この時期における社會科と他教科との關係について一言しておきたい。指導要領による社會科は、歴史・地理・公民の三教科を全くすてて、單元を中心として内容を統合し、その目標を達成しようとするものであつたが、われわれの年次計畫に盛られた社會科のカリキュラムの方向は、更に理科その他の教科の綜合をも考慮して計畫したものであつた。もちろん、この當時にあつては、研究の未熟と經驗の淺いため、社會科という教科をも沒却した純粹の生活カリキュラムまでに徹する程の實踐組織を考えたものではなく、可能の範圍において、社會科の單元學習の中に他教科の學習内容を生活經驗として融合しようとしたものであつて、われわれはこれを

「社會科中心のカリキュラム」として、公の批判を仰いだのであつた。

2. 自由研究

自由研究が、社會科と同時に新しい教科として、二十二年度に、文部省の試案として指導要領に發表されたことは前述した通りであるが、この自由研究の精神は、われわれの學校において、終戰直後から自發活動の最も端的にあらわされる學習形態として採り入れた自由時間の設定と、それに伴う自由學習と全くその精神は同一のものであつたため、われわれの自由研究は、最も組織的に、しかも實質の伴つた方法において發展していつた。

自由研究の形態には三つの立場が考えられる。すなわち、その一つは學級を解體したクラブ活動の場合であり、第二は學級において行う方法で、擔任教師が主としてその指導に當る場合である。第三は、各學年に分れるもので、低・中・高の三つの學年部に分れるもので、われわれの場合は、職員組織と指導力の按配からクラブ組織による指導形態を採用した。クラブの種類は、社會クラブ・科學クラブ・演劇クラブ・美術クラブ・體育クラブ・英語クラブ・文藝クラブ・音樂クラブで、全職員が專科職員を中心としてここに配屬され、週二回二時間ずつの時間配當によつて實施されたものである。そして、この研究の結果は常に集會において、あるいは學年發表會に、あるいは全校發表會に公開されることにしたのである。この頃に至つて、集會は月二回に限定され、第三木曜を「自由研究集會」として、自由研究の結果を全兒童と全職員の前に公開する機會とした。

昭和二十二年十月二十八、九の兩日にわたつて、この年の四月以來の社會科の研究と自由研究について、公開發表をしたのであるが、その研究發表と學習指導の内容は次のようなものであつた。

a. 研究發表――社會科中心の教科組織・社會科指導に對する一考察・自由研究の性格とその實際・集會學習について・考査法

b. 社會科の學習――一年 おうち　二年 停車場　三年 市場　四年 練馬區の生活　五年 農村生活　六年 通信の發達

c. 自由研究

なお、實態調査と課題表の作製から、具體的な年次計畫が立案され實施された經過については、一つの研究記錄としてまとめておく必要が感ぜられたので、全職員協力のもとに

第六表

クラブ	指導內容	指導者數
社會クラブ	十年記念にちなみ學校の歷史と、將來の學校への構想	3
文藝クラブ	物語の創作	2
演劇クラブ	劇の演出	1
科學クラブ	ラジオ・モーター・トランス信號機・マッチ・測量機・飼育栽培	3
美術クラブ	學校の歷史の繪卷 學校の模型・ジオラマ	2
音樂クラブ	合唱と樂器	1
體育クラブ	球技・器械體操	2
英語クラブ	英會話	1

「社會科の實踐」としての書物が刊行されたのが昭和二十三年七月であつた。

(四) 生活カリキュラムの研究とその實踐

われわれの生活カリキュラムの研究は、すでに、二十二年度の社會科のカリキュラムの構成過程において「社會科中心のカリキュラム」として出發したのであつたが、二十三年度にはいつてのカリキュラム研究は、更に一歩進めて、全教科を融合する方法と實踐に進むことになつたのである。これは、社會科の研究が進んで、教育の實態が、生活經驗の綜合的な構成にのみ存すると考えられた時の當然の歸結であつた。この、生活カリキュラムの構成さるべき根據とその過程については、第二章以下に詳述したい。

三、カリキュラム構成の手續

(一) カリキュラム構成の立場

新しい社會は新しい人間を要求する。それならば、どのような人間を新しい人間として要求するのであろうか。それは、人間相互の關係について正しい理解をもち、自主的にして協同的に價値ある生活に生きぬく、民主的な實踐的人間である、とこたえることができるであろう。新しい教育は、このような新しい社會から要求される、民主的にして實踐的な人間の育成を課題とするのであつて、この課題を解決するためには、學校經營・カリキュラム・學習法などその各部面の活動いつさいが民主社會に生きぬく實踐的な生活者の育成にふさわしい形態に方向づけられなければならない。

この教育目標は、教育基本法、學校教育法に示されているが、このような人間を育成する教育の場において、兒

童に經驗させなければならない内容とはどんなものであろうか。ここにカリキュラムの研究、すなわち過去のそれに對する批判反省とともに新しい理念の基盤に立つたカリキュラムの構成が切實な課題として登場してくることになる。

本校においては前節にすでに述べられたような經緯によつて新しいカリキュラムについての研究を行うとともにその構成の方法を探究してきた。カリキュラムに對する考え方は、教育の目標、これを實現する場の構成、教育の内容、教育方法などのように解するかといつた問題に歸するように思われる。從來行われていた教材カリキュラムは、社會生活に必要なすべての知識技能を平板的に一律に發達させることに教育の目標をおき、この立場から兒童の生活領域を分析して知識技能を抽象し、抽象された知識技能をそれぞれの構成原理によつて組織化し、體系化し、こうして構成されたそれぞれの系列を各教科として排列するといつた、論理整然たるものであつた。したがつて、社會生活に必要な知識技能を、教師が中心となつて劃一的に授け、兒童に記憶注入を要求するには、極めて能率的なカリキュラムであつた。しかし、各教科が輕重の別なく並列するから知識技能の間には密接な連絡がなく、各教科はばらばらのものになり易く、一方、兒童の個性は輕んじられ、兒童の自發的な活動はおさえられる傾向を生ずるようになる。また教科は組織化すればする程、教科の内容を生み出した人間性とはかけはなれるのであつて、とかく知識が生活からはなれる難點も生ずるばかりでなく教科間の重複があつて教育の浪費も考えられてくる。

このようなカリキュラムによる教育において、果して、兒童の全體的發達を繼續的に促進させることができるであろうか、また新しい時代が要求している民主社會に生きぬく實踐的な生活者を育成することが可能であろうか。實踐的な生活者を育成するためには、現實の社會にいきいきと生活している兒童の、全一的包括的にして流動的な

生活經驗それ自體を組織化した經驗的なカリキュラムでなくてはならない。また「教育は經驗のたえざる再構成である」（デューイ）という觀點から、現實の兒童生活の上に意味ある經驗を組織化し全體として統一綜合されたところのカリキュラムでなくてはならない。しかもその經驗内容は、兒童がみずから社會の問題ととりくみ、みずから問題を發見し、これを解決しようとする切實な意欲を持ち、思考・調査・討議などを通して、つぎつぎにこれらを解決し、その問題解決の過程においてさまざまな知識・技能・態度が育成される經驗の系列と考えられるのである。いいかえれば教育の内容は外部に客觀的に存在するものでなく、かえつて兒童の生活經驗そのものにあるのだと考えられるのでなければならない。

しかし、カリキュラムについての問題は理論よりむしろ實踐の上により以上の困難さがある。學習内容の組織化についていえば兒童のどのような問題をどのように組織立てたらよいか、あるいは兒童の學習の展開がいかなる形で進めらるべきか等あまたの問題についてその困難が豫想されるのである。

われわれは、この組織の方法については次のように考えている。現行各教科の合科、綜合と統合、あるいは社會科を中心とし他の教科はその周邊に位置すると考えるなど、これらはいずれも現行のカリキュラムをみとめて、内容的に方法的に工夫をこらしたに過ぎないのであつて、教育の本質的要求からの改變ではない。例えば社會科を中心とするカリキュラムについて考えてみれば社會科の學習内容には、算數も理科も國語も、きわめて自然な形で入つてくる、また、同じことが算數の場合にもいえる。すなわち算數における數理の導入段階も、やはり現實の生活内容であり、これを深めようとすれば、理科の學習も社會科の學習も入つてくることになる。もともと教科は、全一的な生活内容から抽象した知識技能を組織化したものであるから、各教科が互に連關を持つのは當然ではある。

そこで、本校においては一應、教科の立場を一切すてて素直に現實にある兒童の姿と社會の現實を基礎として、新しいカリキュラムを構成しようと考えたのである。すなわち、社會生活の課題と兒童の關心の兩面から考えて兒童に共通と思われる問題を生活領域に求め、それを解決しようとしていとなむ一連の活動過程に意味ある經驗を組織化しようと考えたのである。

（二）　カリキュラム構成の基盤

カリキュラムを實際に構成する手順として、カリキュラムの骨組となるものにどんなものがあるか、また、その骨組となるものをどのようにして作るかが問題である。さきに述べたように、いちおう教科というものをはなれて考える以上、學習指導要領に示された基準だけに賴つているというわけにはゆかなくなる。そこで骨組を決定する基準として、

a. 民主的にして實踐的な社會的人間を育成するのに、現在の社會が何を要求しているか。いいかえれば具體的教育目標は何であるか。

b. この課題を學習するにあたつて、兒童の成長發達段階に卽してどのような內容を考え、それをどのように展開しなければならないか。

という二點が研究吟味されなくてはならない。さらにこの二點の吟味の要素としては、

a. 地域社會の生活課題の調査

b. 生活地盤の調査

c. 題材排列の規準設定のための基礎調査

兒童の社會的意識の調査

兒童の地理的意識の調査

兒童の歴史的意識の調査

兒童の經驗範圍（關心の中心）の調査

兒童の能力調査

d. 兒童の生活實態調査

e. 社會的機能の分析

等の調査項目があげられる。これらは、すべてカリキュラムを構成するにあたつて、缺くことのできない重要な要素ではあるが、短日月の間に、すべて心ゆくまでにまとめることは、實踐家としてのわれわれには、あまりにも大きな負擔であつた。そこで本校においては、他の諸科學に基礎を求められるもの、あるいは研究文献に資料を求められるものは、それを參考とし、重點的に、調査研究することにした。

（三）　カリキュラム構成の手順

以下、本校がカリキュラムを構成した經過を、その手順に從つて述べることにする。

1. 教育目標の設定

教育目標の設定が、カリキュラム構成の最初の仕事であつた。妥當にして明白な目標が設定されなければ、適切な教育計畫も立たないし、その正常な實踐も望まれない。じつに教育目標は、教育の内容と方法を考えていく出發點であり、その目標の線に沿つて、目標を十分に達成させるためのカリキュラムが構成され、指導の方法が考えられて、はじめて教育の効果が期待されるのである。目標の設定がカリキュラム構成の先行條件であることは明らかである。

國家には、國家としての教育目標がある。しかし、もとよりそれは、一般的な規定であつて、具體的ではない。われわれとしては、國の教育目標として、國の要望する所が何であるかを、十分に認識しなければならないが、それはどこまでも一般的な目標にとどまるのであるから、その精神を地域の實情に生かし、それぞれの地域に最も適切な目標を設定しなければならない。つまりわれわれは、實際家の立場から國家の目標と、その背景をなす國の情勢とを深く洞察し、しかる後、各地域の特殊性に應じて目標の設定へと進まなければならない。そこで本校では教育目標設定の手順を、およそ次のように考えてみた。

a. 日本の課題の究明
b. 教育一般目標の檢討
c. 地域社會の課題發見
d. 學校の教育目標の設定

これらの手順を經て、本校の具體的教育目標十一項目が設定されたのであるが、その詳細は次章において述べることにする。

2. 地域社會における生活課題の調査

A. 地域社會の範圍　それでは、地域社會の生活課題を、どのような手順によつて發見したかについて述べてみよう。

地域社會における生活課題は、具體的教育目標設定の基礎であり、學習課題の發見、學習活動展開への基盤であるが、われわれが、この地域社會の生活課題をどのような手順によつて發見したかを述べるに先だつて、本校の地域社會とはいかなる範圍を指すものであるかについて、われわれが論議し結論づけた内容を説明する。一般學校にくらべ、廣い學區域を持つ本校として、地域社會をどう解するかは、大きな問題であつた。兒童の社會生活に關する理解・技能・態度の育成をはかるにしても、兒童は、國家生活國際生活まで直接體驗するわけのものではない。兒童の經驗は、地域社會の環境内にあるのであつて、兒童は、そこに現實の社會生活を理解し、その經驗・理解を基盤として、廣い他の社會的關連へと遠心的に理解をひろめるのである。こうした立場から地域社會を規定しようとする時、行政的區劃（練馬區の如く）をそのまま地域社會と解することはできない。そこで本校においては、一昨年調査した本校兒童の生活行動圈の資料から、練馬區及び池袋（豊島區）にとどまることなく、東京の中心部を走る環狀線沿線一帶を地域社會と解するのが妥當であろうと結論するに至つた。

B. 調査問題の作成　そこで、地域社會における生活課題を把握する爲の調査問題を作製することになつた。

問題作製にあたつては、

a. 社會的機能の各領域別に課題が求められるように考慮する。

b. 調査解答が整理しやすいように問題を提出する。

c. 東京都全域にわたる課題、練馬區及びその周邊における課題、の兩面から地域社會の課題をまとめうるよう考慮する。

などを要件とした。こうして、東京都全域にわたる生活課題、練馬區の生活課題の調査を意圖して、調査問題を作製したのであるが、その詳細は次章に述べる。

C. **調査とその整理**　調査問題を作製した後、調査依頼の機關を吟味檢討した。

a. まず練馬區及びその周邊をのぞく地域社會における各社會的機能の各領域を代表する機關をあげた。

b. 各社會的機能毎に調査機關を決定し、それぞれの機關數をほぼ一定することにした。

c. 各社會的機能毎に各機關の適否（交渉の可能不可能も考慮して）を檢討し決定した。

d. 各機關への依頼交渉を全校職員で分擔した。

e. 調査依頼數は次の通りである。

練馬區及びその周邊を除く東京の地域社會に對して ┐
練馬區及びその周邊の地域社會に對して ┘ 一〇〇

一般に對して ┌ 父兄　一〇〇
　　　　　　 └ 父兄以外の一般　一〇〇

こうして依頼した調査問題は百％の解答を得られなかつたが、一應まとまつた解答を整理して、地域社會の生活課題を、社會的機能毎にまとめた。（詳細は課題表參照）

3. 社會的機能の決定

新しい教育は、社會生活を理解し、その進展に力をいたす技能や態度を育成することを目ざしているのであるから、そのために、兒童の社會的經驗を、より豊かに深めることが必要とされる。それならば、これらの理解や態度や技能は、何についての理解であり態度技能であるかが問題であろう。いいかえれば、どのような範圍から學習内容を選擇するかという問題である。一般に學習内容を選擇し構成するためには、教育社會學としての一つの社會科學的研究が必要にちがいない。まず社會の構造や機能を分析し、そこから學習内容を選び出し、一方、兒童の心理的發達段階を明かにし、それに從つて、先に選擇された學習内容の學年別配當が決定されるのである。

アメリカにおいては、社會科學習内容の選擇の第一の手續として、社會的機能の分析ということが强調され、社會科の學習指導は社會の何についての理解であり、いかなる技能態度の育成を目ざしているかが、はつきりしている。しかし、分析され抽出された社會的機能の分類においては、各州・各學校において必ずしも同じでない。けれども大體の傾向は一致しているということができるので、健康の保全・生命の保全・天然資源の保存、物資の消費、交通運輸、政治、教育、厚生慰安、宗教、生産、美的表現などの分類がその一般的傾向であるように思われる。

本校においては、さきに社會科學習内容選擇の基準である社會機能を、食料、衣料、住居、教育、健康、交通・通信・運輸、商業、厚生、慰安、宗教、生産、保全、政治の十二に決定したのであるが、もとより、克明な調査研究を経たものでなく、先進のアメリカの研究成果を基盤にして、私たちの批判を加えて決定したものである。

わが國の場合、カリキュラム構成手續においては、現在まで、教育社會學としての社會科學的研究がほとんど行われていなかつたというのが實情であつた。したがつて、今ここに調査研究に基づく、客觀的普遍的な社會的機能を求めることは困難であるが、さきに本校において決定した十二の社會的機能はさらに吟味再檢討を要すると考えた。すなわち、食料・衣料・住居の如きは、社會的機能としては、範疇を異にするものであつて、むしろ生産と消費という包括的な機能に吸收されて然るべきであるという批判がある。また商業という項目も生産と消費という社會的機能に包含させてよいだろう。こうして檢討を加える一方、この社會的機能の分類が、單元構成とその展開にあたつて有効に活用されるものでなくてはならないという意見もあつた。すなわち

a. 一單元に一つの社會的機能ということなく、すべての單元がなるべく多くの社會的機能にわたること。

b. できればすべての單元が、すべての社會的機能にわたるように考えたい。

c. しかしながら、それでは單元のねらいが不明になるというおそれがあるので、なるべく社會的機能を少くまとめるようにしたい。

こうした立場からも再檢討を加えさきに決定した十二の社會的機能を七項目に整理し次のように順次排列した。

a. 生命の保全

b. 生産と消費

c. 資源の保護

d. 交通・通信・運輸

e. 教育（學問・宗教・藝術を含めて）

f. 政治

g. 厚生慰安

4. 題材排列の規準設定のための基礎調査

學習は、各種の社會機能の分節の綜合されたものを、その内容對象として行われるとともに、このような社會的機能が、學習題材として構成されるためには、經驗の基礎となる兒童の實態、なかんづく兒童心身の發達段階に應じて計畫されなければならない。

兒童の心身發達段階の一般については各學習指導要領中に克明にしるされてもいるし、心理學者による多くの研究文献にも見られるので、本校においては、前年度に實施した資料を基礎にしてこれらを整理して題材排列の規準設定に、活用することにした。本年度、新しく實施したものとしては、兒童の社會的意識・地理的意識のひろがり、及び歴史的意識の深まり、兒童の生活行動圏と學習能力の發達段階などをあげることができるがこれらについては、第二章において、その詳細を述べることにした。

5. 學習課題表の作製と基底單元の設定

カリキュラム構成の基盤ともなる研究調査をまとめてきたわれわれは、いよいよ學習課題表の作製にとりかかつた。

學習課題表作製に先だつて、さきに調査整理をした社會の生活課題を、兒童の發達段階にてらして、學年別に、兒童の課題におきかえる操作が行われた。すなわち、社會的機能別に分類された、社會の生活課題を兒童の社會的意識・地理的意識・歴史的意識・興味の中心などを考慮の對象として兒童自身の經驗課題に移行したのである。この段階においては右の基礎資料を活用するとともに職員の經驗問題の提示を有力な手がかりとしたことはいうまでもない。

學習課題表作製にひきつゞいて、この學習課題表に基づいて、基底單元を設定することが大きな問題であつた。本校において單元を設定した經緯は第二章の單元の設定の項において詳述するが、ここに、その大要を述べることにする。

われわれの討議において、單元の設定には絶對的な公式はありえないのであつて、構成を意圖するカリキュラムの型や構造についての把握と、單元の性格の確立があつて、はじめて設定が完全に行われるのであるという結論に達し、まず經驗單元の性格を論議し、その意味づけにおける統一をはかつた。單元の性格が明らかにされたので、われわれは、社會科單元設定の規準や單元について、實踐の反省に基づいて、前に設定した社會科單元表を種々改訂しなくてはならない必要を痛感し、新しい生活カリキュラムの論據に立つて、新しい單元設定の規準として後述する十一項目をあげた。ここに至つてわれわれの研究は、單元設定の方法にむけられた。

社會調査により、社會の生活課題を發見し、一方、兒童調査により、兒童の發達段階を決定し（シークエンス）、これらから課題表を作製して、課題表から單元を設定していこうとする歸納的方法を第一義的に考えたのではあるが、現實においては、未だ作製の研究過程にあるので、いちおう前に設定して、いままで實踐してきた單元の改訂をし、その充實を圖ろうとする演繹的方法を併用することにした。すなわち、課題表から直ちに單元を設定しようとするのではなく、これから單元の全體的構想を得ることにつとめ、さきに假設された單元の實踐の結果、どのように各教科の學習が融合されたか、また、兒童の興味や、能力の發達からみて、どのような單元を新しく設定しなくてはならないかを吟味し、新しく設定された單元設定基準と照合するなどの操作をくりかえし、後述する如き單元の最後的決定をみたのである。基底單元の設定につゞく仕事は、單元の排列と、その内容構成であるが、詳細は第二章單元の設定・年次計畫の項において述べることにして、ここには、本校がカリキュラム構成にあたつてとつた手順の大要をのべた。

第二章　カリキュラムの構成

一、教育目標の設定

われわれが本校のカリキュラム構成に當つて最初に着手したことは教育目標の設定であつた。第一章のカリキュラム構成の手順の項において述べたように、本校では教育目標設定の手順をおよそ次のように考えてみた。まず、日本の課題の究明、ついで、教育の一般目標を檢討すること、さらに、地域の課題を調査し、最後に、學校の教育目標の設定に及ぶことであつた。以下その手續を各項について略述しておきたい。

(一)　日本の課題の究明

日本の課題の究明は、日本の現狀の認識から始めなければならない。いうまでもなく、日本は今再建の途上にある。そして、民主主義に徹した平和的文化國家を建設し、世界の平和と人類の福祉に貢献しようとするのが、再建の目標であることは周知の通りである。それはいわば、自己のための努力が自己の集團のための努力と一致し、自己の集團のための努力が、人類のための努力と並立する道の發見である。しかしながら、この目標を達成するということは、決して容易な業ではありえない。とりわけ、現下の日本にはそのような目標に向つて進歩を續けてゆくための基盤や條件がはなはだしく不整備であり、かつ混亂している。

まず、わが國では歴史的にいつても、近代精神の發達がいちじるしく未成熟である。もともと民主主義は、人間一個人というものの價値と絶對性に目ざめ、どのような場合にも、人間の尊嚴に徹するという各人の精神革命の確立を基盤として發達すべきものである。したがつて民主主義の發達は、こうした精神革命の普及の自然的な結果である筈である。しかるにわが國では、この關係がむしろ逆である。思想が近代化されない間に、制度や形式がこれに先行した。新しい日本の象徴たる憲法にしても、思想革新の浸透の結集として制定されたものではなく、むしろ精神革命の徹底を促すために定められたという狀況である。新しい理性のめざめ、近代的精神の確立と思想の徹底的革新こそ、祖國再建の鍵であろう。

思想革新の不徹底さが民主主義の發達をおくらせていたのは、長い間にわたる封建的服從の慣習が、自由と批判の精神を盲目にしていたからであろう。集團の命令には從つても、自己の人格の命ずるところに從つて斷行することに乏しい。他に依賴するきもちが強くて、他からの指示や命令がなければ、自己の道が發見できず、またわかつていても實行できない。そのような封建制下に養われた氣風が拂拭されないかぎり、民主主義の發達は望みえないであろう。

さらに日本人の多くの、文化に對する低劣な態度が十分に反省されねばならない。文化を口にするひとは多いけれども、文化ないし文化國家の考え方について果して十分であろうか。文化財に對する愛護心も、またその施設も不十分である。また、文化は何か生活の外にあるきれい事であるかの如く考える傾きが強い。文化は勞苦の結晶として生み出されるものであり、めいめいの生活の中に生きているものでなければならない。文化はもっと身近にある。各人が、理想をもってそれぞれ努力して教養を高め、客觀的にも妥當なようにその生活水準を高めることが、より文化に近づくことになる。こうして、國家の凡ゆる面における文化の主體性が確立されて、初めて文化國家の名に値するものといえるのである。民主主義の前提として、日本的なものがいろいろ反省されている時、われわれとしては、過去の日本文化を育成した幾多の要素を十分に検討する必要があろう。そして新しい立場に立って、新しい文化の創造に努め、世界の批判に訴えたいものである。

民主主義の浸透を阻む理由の最大なるものに生活とそこからくる社會不安がある。經濟を復興して生活を安定することは、實にわが國に課せられた現下最大の課題である。具體的には、國内の資源を高度に開發して生産を高め、輸出を盛んにすることによって生活必需物資を入手する。それにしても、物と人とのアンバランスは容易に解決できぬ難問である。だが何とか生きる途を發見しなければならないので、他國の恩惠にばかり頼ってはおれない。われわれのひたむきな精進が、世界に認められる時、多難なわが國の行手にも初めて光明がさすであろう。

經濟の復興は、すべての根柢をなすものであって、經濟の自立なくして政治の自由はなく、凡ゆる課題の解決も一にかかってここに在ることを銘記しなければならない。

(二) 教育の一般目標の検討

以上の考察は、日本の課題の全てに亘ることはできなかったが、われわれが直面している事態が如何に重大であるかを示すものといえよう。しかもかかる課題の解決は、知性と計畫性に富んだ實行力ある人格によってなされ、またかかる人間の育成は一に教育にまつ外はないことを知るのである。ここにおいて、わが國の教育が何を目標としなければならないかは明らかである。すなわち教育基本法は、その前文に次の如く宣言して、教育の根本的な目的を明示しているのである。

われらは、さきに日本國憲法を確定し、民主的で文化的な國家を建設して、世界の平和と人類の福祉に貢献しようとする決意を示した。この理想の實現は、根本において教育の力にまつべきものである。

われらは、個人の尊厳を重んじ、眞理と平和を希求する人間の育成を期するとともに、普遍的にしてしかも個性ゆたかな文化の創造をめざす教育を普及徹底しなければならない。

ここに、日本國憲法の精神に則り、教育の目的を明示して、新しい日本の教育の基本を確立するため、この法律を制定する。

ついで基本法は、第一條に教育の目的を、第二條に教育の方針を、それぞれ次のように規定している。

第一條（教育の目的）　教育は人格の完成をめざし、平和的な國家及び社會の形成者として、眞理と正義を愛し、個人の價値をたっとび、勤勞と責任を重んじ、自主的精神に充ちた心身ともに健康な國民の育成を期して行われなければならない。

第二條（教育の方針）　教育の目的は、あらゆる機會に、あらゆる場所において實現されなければならない。この目的を達成するためには、學問の自由を尊重し、實際生活に即し、自發的精神を養い、自他の敬愛と協力によって、文化の創造と發展に貢献するよう努めなければならない。

これらは、幾多の解決すべき課題を背負っているわが國教育の目標としては、まことに當を得たものと考えられる。學習指導要領一般篇の第一章には、この根本的な目的を、更に具體的な教育の目標としてあげている。まず個人生活について七項目、家庭生活について三項目、社會生活について九項目、經濟生活および職業生活については六項目、計二十五項目にわたつて基本法の規定を詳細に具體化している。まことに行届いた考察といわねばならない。

しかしながら、これらはどこまでも一般的な日本教育の目標であつて、各地方各地域の特殊性や環境の變化は考慮の外にある。そこで、われわれとしては、この一般目標に則りながらも、それぞれの學校の所在する地域社會の特殊條件を考えて、おのおのの學校の教育目標を設定しなければならないのである。

(三) 地域の課題の調査

そこで取り上げられるのが地域社會の課題の發見と考察である。そのために調査が試みられその結果の檢討を通して目標も具體化されていく。われわれは、本校の教育目標を設定するに當つてこの段階では大略次のような手續を經た。すなわち、a.社會調査・見童調査の檢討、b.父母及び有識者の意見聽取、c.教師相互の反省討議である。

1. 社會調査・見童調査

社會調査・見童調査は、カリキュラム構成上の重要な手續の一つであつて、ここから目標設定の基準となるべき課題を發見する。さらに、これが教育課題を選擇する基盤ともなつて課題表が生まれ、これが單元設定のより所となるのであるが、これらについては、この調査が如何になされたかの方法上の問題と合わせて、次の項で詳しく述べることにして、ここでは、調査が目標設定に當つて、どのように利用されたかを簡單に述べることとする。

社會調査は、東京都及び練馬區を中心とした地域の機關・施設や一般人に對して、約二百通の質問紙によつて行われた。その回答に現われた課題についてみると、それぞれ日本的な課題を一應承認しながらも、なお次のような諸點で地域的な色彩を强く出しているのである。

a.警察力の充實による治安の維持、凶惡犯罪の絕滅
b.消防力の强化と一般の協力による火災の絕滅と資源の保護
c.病院その他療養施設の完備
d.要保護少年に對する保護施設の充實
e.生産施設の擴充と勤勞意欲の向上
f.配給の圓滑化とヤミ行爲の絕滅
g.道路の補修と交通通信機關の整備
h.二部授業の廢止と施設の改善
i.厚生慰安設備の改善と健全娯樂の普及
j.衞生施設の改良と傳染病の絕滅
k.觀光事業の振興
l.住宅難と復興建築の促進

これらは、東京が解決に直面している社會的な課題を示すもので、われわれとしては、學校の教育目標を設定するに當つて、十分に考慮しなければならない點である。すなわち、見童の生活環境に生起する現實の生々しい問題

こそは、児童にとつても、大きな關心事であつて、如何にこれを解決していくかが現實の児童の學習課題となるであろう。児童は、かかる學習を通して、社會を正しく觀ることもできれば、理想の社會建設への意欲をもつことにもなる。ここに、生活中心の學校の意義と使命があるわけであつて、教育は、かかる使命に向つて児童の意欲をもり上げ、その使命の達成に堪え得る人間にまで育成することを目指していかなければならない。

また児童調査は、社會的現象に對する關心、社會的意識・歴史的意識・地理的意識・行動圏などについて行つたが、その結果を目標設定の觀點から見るとき、注目すべきは次の諸點かと考えられる。

a.社會のでき事については、強い關心を示し、新聞やラジオでよく知つている。そして子供なりに鋭い批判をしている。

b.男女の共學は、よくいつている。互いに助け合つて向上しつつある。

c.學校内での共同はよくいつているが、校外での生活では、社會性共同性がまだ不十分である。

d.公共物に對する愛護取扱いが不十分である。

e.地理的意識は相當に發達しているが、單なる聞き覺えの程度のものが多く、確實な知識となつていない。

f.歴史的意識については、昔という觀念がはつきりせず、歴史的な文化財に對する關心がうすい。

これらの結果が、われわれがこれから育成しようとする人間像をえがく上に、大きな參考となることはいうまでもないことである。

2. 父母・有識者の意見聽取と教師の討議

これは、いわゆる教育目標設定委員會に當るものであるが、わが校では、かかる委員會を特設することはしなかつた。しかし、毎月開かれるP・T・Aの委員會や父母會では、常に教育問題を主題にとり上げて、今後の教育の方向を語り合つている。また、隨時、父母その他の有識者とも會談して、その聲を聞くことを怠らない。これらの意見は、記録されて教官協議會の議題ともなつて、更に徹底した反省討議を經ることが常である。

こうした討議を通して、われわれの頭に描かれた児童の姿、及び育成の方向への示唆は次の諸點に要約することができると思う。

a.經濟觀念が乏しく、物を大切にしない。

b.自主的に計畫實行はするが、終りまでやり通す意欲が足りない。

c.時に言動が粗野に流れ、品位を缺くきらいがある。

d.勤勞を好むけれども、自覺的積極的ではない。

e.責任感がうすく、自己の職責を全うしないことがある。

f.意見は發表するが、眞面目な實行が中々伴わない。

児童の發達や日本的な課題について、深い理解と確たる意見をもつている教師相互の討議は、まことに効果的であつて、われわれは以上のような手續を經て、わが校の教育目標を、次のように設定した。

（四） 本校の教育目標

a. 健康で明るい子供に育て上げること。

b. 健全な道徳意識をもつて生活の秩序を保ち社會正義の實現に努めること。

c. 勤勞を喜び、土に親しむ態度を養うこと。

d. 自主的に責任をもつて計畫實行する態度を養うこと。

e. 科學的な物の見方考え方に徹し、批判的合理的に生活する態度を養うこと。

f. 鄕土の自然を愛し、その發展に努める意欲を高めること。

g. 他人を尊敬し、親和協力していく態度を養うこと。

h. 禮儀を正し言葉を美しくして、品位ある態度を保つようにすること。

i. 國際事情に通じ、世界の人々と手をとつて、平和な生活を樂しむように努めること。

j. わが國の經濟の實態を知り、物資の愛護利用に努める態度を養うこと。

k. 文化に對する觀念を高め、文化財を愛護すると共に、新しい文化の創造に努めさせること。

これらの諸目標は、いずれも教育基本法に明示されたわが國教育の一般目標に則りながらも、わが校の所在する地域の特殊性を考え、また兒童生活の實態に即して考究設定せられたものである。前にかかげた社會調査や兒童調査の結果と對照することによつて、地域社會の課題や兒童生活の問題として解決を望まれている事項が、そのまま教育の目標として取り上げられていることを知るであろう。このように、教育の目標は、われわれが解決を迫られている切實な要求や問題の上に打ち立てられなければ意味がない。現實と遊離した、いわゆる血の通つていない目標では單なるお題目たるに過ぎず、これでは教育活動は生命を失い、したがつて教育の効果も期待することはできないのである。これを目標の現實性といつていいであろう。しかしながら、われわれが目標を考える場合に、見逃してはならないのはその理想性の面である。つまり、教育は、現實の事態に即し、その緊要な問題の解決を目指しながらも、高い理想によつて支えられ、方向づけられていなければならないのである。理想は、民族の理想であり、人類の理想であり、また文化の理想でもある。われわれの生活に、こうした理想を缺くことができないと同じように、教育もまた理想をもつていなければならない。そうでなければ、文化の進展に寄與しようとする教育そのものの意義が失われてしまうであろう。

この現實性と理想性を具えているということが、教育目標の價値を決定する。われわれは、社會の動向や兒童の生活に對して、絶えず鋭い洞察の目を向けると共に、常に人生の理想を希求する熱情を持ちつづけねばならない。ここに教育者の知性の問題がある。明るい知性をもつて眞實をとらえ、正しい判斷にもとづいて行動することを、われわれは片時も忘れてはならないのである。

また教育目標は、教育の努力點を示したものであるから、抽象的な言語としてでなく、具體的な行動として生きてこなければならない。つまり毎日の學習活動の中に、くまなく浸透してこなければならないのである。したがつて、教育課題の選擇から單元の設定に至るまでの一連の操作が、目標の線に沿つてなされることはもちろん、更に單元の學習内容の中にまで、目標の趣旨が生きてくるよう考慮されなければならないわけである。かくして、われわれは、學習活動のすべてをあげて、教育目標の達成に向つて集中しようとするものである。

最後に、教育目標は不變かつ固定のものではないことを注意したい。このことは、教育目標の性格とその設定の手續を考えることによつてはつきりするであろう。社會は絶えず動いている。兒童は日ましに成長している。社會の要求と児童の關心が常に同一である筈はない。われわれは、社會の情勢と児童の實態を注視しつつ、學習活動を檢討し、また教育の目標を反省するのである。そしてもし、妥當でない點を發見したならば、速かにこれを改めなければならない。教育評價は、この點に重要な貢獻をするであろう。そして前に述べた、目標の現實性と理想性が、教育目標改定の尺度となることを忘れてはならない。

二、教育課題の選擇

(一) 課題を發見する根據は何か

正しい學習經驗を發展させるカリキュラムの構成のためには、社會的要求の觀點と児童性とその發達に關する必要性とに根抵を置かなければならない。すなわち児童の興味や經驗は、児童の行動が社會的環境と接觸したところに成立するものであり、社會的必要の立場からは、社會の構造や機能の分析を試み、そこにカリキュラムの根拠をまず求めるからである。児童の經驗なり學習活動なりは児童の行爲と客觀的な社會との統一を意味するものであつて、カリキュラム構成もこの統一點に歸着すべきものである。たとえば、市場ごつこや電車ごつこに児童の興味が特にあるからといつて、分配と交通に關する學習だけさせておいたのでは、綜合的な適應力のある實践的社會人を育てることはできない。常に児童の經驗を手がかりとし、興味を捉えて生産、政治、通信、保全等の社會機能にわたつて學習活動を展開しなければならないのである。カリキュラムの内容の學年的排列については児童性とその發達が重要な意義を持つわけであるが、内容に何を選ぶかの場合には社會的契機を無視することはできない。児童中心の立場から選ばれた學習活動は往々にして一時的な思いつきである場合が多く、この單元が何故に選ばれたのか、またそれだけで必要にして十分なものであるかどうかを立證する根據がないのである。

近代のカリキュラムは課題解決のための學習活動であるといわれている。この課題を見出すためにはわれわれはまず社會の構造的把握をしなければならない。このために必要な二三の點を掲げる。

a. われわれの社會をささえ、規定している立地條件は何であるか。

b. 人々はこのような條件の上に立つて、共通の意識を持つ集團生活を營んでいる。

c. 近代社會生活の構造は普通には保全、生産、消費、交通、通信、政治、厚生慰安等に分類される。現實にはこれらの機能が融合して全體としての調和と統一とを保つている。

d. これらの社會機能は一定の機關または施設を中心として運營されているから學習活動を展開するためには、これらの施設や機關を手がかりとしなければならない。すなわち交通における停車場、通信における郵便局、政治における議會、生産における工場などがこれである。

e. 更にわれわれは地域性と歴史性に着目しなければならない。

社會的必要とはこのような児童の學習經驗を中心に考察したものであつて、この社會的分析は今後益々開拓しなければならないポイントである。

(二) 社會の課題發見の手順はどうしたか

それではわれわれはどのようにして地域社會の課題を發見したか。われわれは前に擧げた七つのスコープを基礎にして東京都及び練馬區を中心とした周邊地域の社會調査を質問紙によつて行い、その基本的な性格や動向を捉え地域社會の課題を究明した。何故東京都及び練馬區とその周邊地域を對象としたかといえばわれわれの學校は練馬區にあるが、兒童は一定の學區を持たず數區に擴がつており、しかも兒童の日常の生活圏が殆んど全都に及んでいるからである。

課題の究明はたとえば生産の面では今どんな課題があつて地域社會の人々が苦心しているか、消費の面ではどんな解決すべき課題があつて人々が苦慮しているか、交通や通信についてはどうか、またこれらの生活領域を通じてどんな綜合的な課題があるか、これらの課題解決のために地域社會はどんな施設をし、どんな努力を拂つているか。これらによつて社會の人々はどんな影響を受け、どんな負擔をになり、どんな心構えや態度が求められているか。このように分析してどこにどういう基本的課題があるかを調査した。

質問用紙に提示した問題は次のようである。

東京都を對象とするもの。(問題のa.は都民に對し、b.は都の機關に對し提示したものである)

○生命の保全

a. 東京都民の治安維持並に保健衞生の面について解決しなければならない問題にどんなことがあるでしょう。また當局に對してどのようなことを希望されますか。

b. 東京都の一般災害對策についてどのようなことが計畫されているでしょうか。また一般の人に對して要望されることはどんなことでしょうか。

○生産と消費

a—1. 東京都における諸種の産業再建の面について、解決しなければならない問題にどのようなことがあるでしょうか。また當局に對してどのようなことを要望されますか。

a—2. 日常生活物資(食料・衣料等)の需給の面で、解決しなければならない問題にどのようなことがあるでしょうか。また當局に對してどのようなことを要望されますか。

b. 東京都における日常生活物資の需給の面について、解決しなければならない問題にどのようなことがあるでしょうか。また一般の人に對して消費の面で、要望されることはどんなことでしょうか。

○資源の保護

a. 都民として資源愛護の立場からどのようなことが考えられましようか。また當局に對してどのようなことを希望されますか。

b. 東京都の資源の利用狀況並に保護對策についてどのような問題があるでしようか。また一般の人に對して要望されることはどんなことでしようか。

○交通・通信・運輸

a. 東京都民として東京都の交通・通信・運輸の面について、解決しなければならない問題にどのようなことがあるでしようか。また當局に對してどのようなことを希望されますか。

b. 東京都の交通・通信・運輸についてどんな問題があるでしようか。また一般の人に對して要望されることはどんなことでしようか。

○教　育

a. 東京都の兒童教育について、解決しなければならない問題にどのようなことがあるでしょうか。また當局に對して希望されることはどんなことでしょうか。

b. 東京都の兒童教育について解決しなければならない問題にどのようなことがあるでしょうか。また一般の人に對して、希望されることはどんなことでしょうか。

○政　治

a. 東京都の發展上、政治の面で解決しなければならない問題にどのようなことがあるでしょうか。また當局に對してどのようなことが要望されますか。

b. 東京の發展上、解決しなければならない都政の問題にどのようなことがあるでしょうか。また一般の人に對して要望されることはどんなことがあるでしょうか。

○厚生・慰安

a. 東京都の厚生・慰安について解決しなければならない問題にどのようなことがあるでしょうか。また當局に對してどのようなことを要望されますか。

b. 東京都の厚生・慰安についてどんな問題があるでしょうか。また一般の人に對して要望されることはどんなことでしょうか。

第七表

對象地域	東京都		練馬區及その周邊	
スコープ	父兄外(七)	父兄(三)	父兄外(三)	父兄(七)
生命の保全	10	4	4	10
生産と消費	10	5	5	10
資源の保護	10	4	4	10
交通・通信・運輸	10	5	5	10
教　育	10	4	4	10
政　治	10	4	4	10
厚生・慰安	10	4	4	10
計	70	30	30	70

提出者が小範圍にならぬように
（イ）父兄の知人に依頼して貰う
（ロ）同窓會員、友人を通して依頼する等の考慮を拂つた。

同趣旨の質問紙を練馬區民及び練馬區の諸機關に對して依頼した。ここで我々は官廳と民間の聲の兩者を捉えそこにできるだけ正確な課題の發見に努めたのである。

調査の依頼は次のような風に行われた。

第八表　依頼した機關・施設

	スコープ	東京都關係	地域
一	生命の保全	赤十字病院　清瀬病院　衛生課　警視廳　消防廳　交通局　勞働科學研究所　安全研究所	練馬警察　練馬消防署　練馬病院
二	生産と消費	工場（ゴム　紙　鐵鋼　紡織）　經濟局　資源科學研究所　關東配電　デパート　貿易廳　商工會議所　銀行	タムラ製作所　區經濟課　大泉農業會　消費組合
三	資源の保護	消防廳　總理廳の資源關係　發送電　經濟局　資源科學　建設省（局）　災害科學研究所　氣象臺　貿易廳　水道局	經濟課　農協
四	交通通信運輸	交通公社　交通局　氣象臺　新聞社　逓信局　觀光局　建設局　放送局　都市計畫協議會　警視廳　鐵道局	武藏野鐵道　關東バス　石神井局
五	教育	圖書館　養護學校　新聞社　教育廳　放送局　出版社　教育相談所　博物館　寺院教會　愛育研究所	武藏高校　大泉小　保谷中　開進第三小　鷺宮幼稚園　富士見高校　武藏野音樂　大泉高校　日大藝術
六	政治	都議會	區會　區役所　支所
七	厚生慰安	交通公社　圖書館　觀光局　合唱團　興業館　民生局　レコード會社　日本社會事業協會　勞働局　新聞社　出版社　日本野球　放送局　動物園　美術館	武藏野鐵道　豐島園　太泉スタジオ

全問題綜合的には輿論科學研究所（北澤二ノ三八）輿論調査研究所（有樂町二ノ一三）

次に調査の結果をまとめて一覽表とし、特に教育課題との關係を考察する。

第九表　生命の保全

問題の大別	社會の課題の内容	その對策	頻數	教育課題との關係
治安維持に關する諸問題 (一)社會教化と道義心の昂揚	浮浪者が増加している 青少年犯罪が増加している	その一掃並に之が收容保護施設の完備	五	五年 四年
		犯罪の豫防と撲滅のため青少年の指導が必要	九	五年
		報道機關を通して社會教育をする	二	
		法規の尊重と遵守	一	五年
		防犯、防火の學校教育、消防演習、避難演習	二	一年 二年 五年
		隣保協助	二	二年
		防犯施設の備付	一	五年
		夜警の勵行	一	二年
		自衞心を起す	一	二年
		道義の昂揚	三	五年
(二)警察力の擴充	警察の機能を十分に發揮することが必要である	駐在所、派出所の合理的配置及び増設	一五	一年 二年 五年
		警官の増員、質的向上	二二	二年 五年
		警察の機動力、通信網の確立	六	
		警察豫算の増額	三	
		警察學校の教育内容の充實、再教育	二	
(三)一般人の協力	治安維持の成果を擧げるためには一般人の協力が是非必要である	戸別調査による管内把握	一	
		街燈の増設	二一	二年
		防犯設備		五年
		密告、聞込み等の協力	一	
		逮捕時の協力、電話一一〇番の利用	一	二年
		隣保防犯組織の結成	二	二年
(四)生活の安定	治安維持をし社會の安寧を計るには生活が安定する必要がある	經濟生活、職業の安定	六	六年
		住宅問題の解決	四	四年
		ボス不良の一掃	四	五年
保健衞生に關する諸問題 (一)清掃清潔に關するもの	町を衞生的に清潔にしなければならない	街路、空間地、車内、共同便所、住居内外等の清掃	一二	二年 三年
		塵芥、下水、汚水の衞生的處理	二〇	四年
		D・D・Tの撒布	五	四年
		肥料溜の衞生的處理	二	四年
(二)公共施設としての設備	衞生的公共的施設が必要である	共同便所の設置	一四	四年
		病院、健康相談所、診療所等の設置	一〇	四年
		綠地、保健地の區劃設定	二	四年
		公營グランド、兒童遊戯場、浴場の設置	一	四年
(三)衞生教育	各人が衞生的素養を身につける必要がある	豫防衞生學、豫防醫學、公衆衞生等の大意を體得する	七	四年
		學童の保健、保護檢診、榮養給食	一	四年
		飲料水の水質檢査	一	四年

第一〇表　生産と消費

課題の大別	社會の課題の内容	その對策	頻數	教育課題との關係
生産面 (一)綜合的問題	産業の全體計畫	從來の資本主義經濟組織の修正	一	六年　四年　五年　六年　五年　六年　四年　三年　六年
		都市計畫に基づく産業立地計畫をたてる	三	
		各種産業のバランスをとる	一	
		勞働基準法改正若しくは監督實施	一	
		練馬地區は近郊農業經營	二	
		講和會議の促進	一	
(二)中小商工業に關する問題	中小商工業の再建助成が望ましい	融資の斡旋	一〇	六年　六年　四年　五年　六年
		貿易産業の育成	五	
		企業の合理化	三	
		家庭工業の普及化	三	
		共同仕入、共同出荷	一	
(三)勞働問題に關すること	勞働問題の解決	合理的賃銀の檢討	四	六年　六年　六年
		勞働階級の生活確保	二	
		勞働基準法の完全實施	一	
(四)融資に關すること	企業經營における資金が不足勝である	健全なる企業に融資する	五	六年　五年　四年　五年　五年　四年
		資金組織（經濟共同組合）の設立	一	
		産業復興金融機關の充實	一	
(五)交通に關する問題	道路が荒れてトラックの運行に差支える 道路交通網が不十分	資材の入手を融通する	二一	五年　四年　六年　五年　四年
		道路、交通機關の整備	一七	
(六)電力問題	使用の適正化が望まれる	適正割當	五	三年　四年　五年　三年　五年　三年
		農村（練馬地區）の電力化	三	
		電力の増强	二	
		電力の節約	二	
		ガスの配給計畫の樹立	一	
(七)經營法に關する問題	從來の經營法に檢討を加えねばならない	個人經營より組合組織へ	一	三年　四年　五年
		農業の原始的經營を速かに現代の科學的水準に引き上げる	一	
		有畜農業への指導と施設の强化	一	
(八)雇傭問題	失業對策を樹立する必要がある	區内の工場は優先的に區内周邊の失業者を雇傭する	一	六年　六年
		失業救濟に役立つ産業の振興	一	
		熟練者の優遇	一	
		失業救濟のための道路改修	一	
(九)學童の直接關係する問題		學童を中心として輸出向アンゴラ兎を一戸二頭位飼育する	一	
(一〇)指導機關に關する問題	産業指導機關が不十分である	産業指導所の設立	一	四年　三年
		産業研究機關の設立	一	
		農産物の食品製造研究所の設立	一	
		一流人、專門家を配し能率を上げる	一	

(二)税の問題	課税がしばしば適正を缺く 脱税者がある	課税の適正、合理化	一	
		税の完納	一	五年
(三)インフレの問題	インフレが昂進している	インフレ防止の施策	三	五年
		貯蓄の増加	一	五年
(三)官廳事務の問題		事務の單純化、スピード化	一	五年
		官吏不法所得の絶滅	一	
(四)土地、住宅問題	住宅が不足している	土地住宅問題の解決	五	四年
消費面 (一)綜合的問題	現在消費經濟の批判	統制ははずした方がよい	三	五年
		食生活をカロリー本位に	一	
		自由競争の意欲の昂揚	一	
		官僚統制の弊、量より質へ	一	
		農家、サラリーマン、商人等の座談會を開き生活上の相違を發表し合い、善處する	一	
(二)配給に關する問題	配給制度の改善が必要	主食は米麥粉類に限定、いもは野菜に準ずる	一〇	三年
		切符制の廢止	二	四年
		生鮮食料品の統制撤廢	九	五年
		配給手續の簡素化	一	
		油、脂肪類の配給考慮	一	
		衣料特に木綿類の配給増加	一三	
		小、中學生の衣料優先配給	三	
		農家、非農家に對する配給物資の區別	一	
		舊市內と新市域と三多摩と配給を同じに	一	
		外米の移入	一	
		燃料問題の解決	一	

	配給機關はその使命を完全に履行していないところがある	未就學幼兒への配給	一	
		その仕事を公正に、迅速にする必要がある	九	五年
		主食持込配給の實行	一二	
		闇市場の廢止	五	
		生産、供給計畫の再編	一	
(三)物價問題	物價は騰貴しつつある 闇價格が存する 公定價格が守られていない 練馬區は他區より物價が高い 土着の商人が間々幅を利かしている	物價引下運動の展開	六	四年
		闇値の除去、公定價格の嚴守	三	五年
		無意味な公定價格の撤廢	一	
		物價廳は原價計算を精密にし輿論を尊重して貰いたい	一	
(四)供出問題	供出の適正化	作付反別の再調査	一	五年
		供出は促進されてよい	一	
(五)購入の問題	練馬區は買物に不便である	都內有力デパートの支店の進出	三	三年
		綜合マーケットの設置（仲介者を排する）	四	三年
		デパート式生活協同組合の設置（農協組の存在しない半農地區として是非必要である）	五	三年
		商人道德の改善、卸賣價格と小賣値の差が甚だしい	二	
		特定登錄店を廢し自由競争によりサーヴィスの向上を計る	一	
		農家と住宅地の人と野菜と肥料の交換	一	三年
		よい魚はやみに流れる（冷凍施設の完備）	一	五年
(六)區經濟課の問題	區の經濟課に人がない	經濟は生きものであるから當局者はコチコチの經濟學の公式から脱して耳目を實際に開くべきである	一	五年

第一一表　交通・通信・運輸

問題の大別	社會の課題の内容	その對策	頻數	教育課題との關係
交通運輸に關する問題	道路、橋梁が破損している 交通機關の整備	道路、河川、橋梁の修理	三五	四年　五年
		歩道の設置	一	
		車輛增加、新車、破損車の修理	一二	六年
		サーヴィスの向上、改善	一〇	二年
		バスの普及、適正料金	二	三年
		省線、私鐵の合同	一	三年
		地下鐵の擴充	三	四年
	交通系統の整備	郊外各驛の擴張	一	
		保谷以西の複線	一	
		トラック、小運搬業の增加	一	
		荻窪地區と石神井地區のバス連絡	一	三年
		中央線と東上線の連絡	一	三年
		大環狀道路設置	一	四年
		交通道德、安全交通	一三	二年
		荷物拔取防止	一	
		從業員の資質向上	一	
通信に關する問題	電話が不便である。能率的でありたい	電話線の補修整備、回線增加	九	四年
		電話の自動即時方式化	三	五年
		公衆電話の設置	一	五年
		電話の一般化	一	二年
		通信線の埋設	二	
		小郵便局の增設	一	四年
		郵便の遲配改善	一	四年
		驛の電報取扱	一	五年

第一二表　教育

問題の大別	社會の課題の内容	その對策	頻數	教育課題との關係
(一)敎師に關すること	敎師の待遇の改善が必要である		一四	
	文化國家の將來のため敎師の質的向上が要請される	再敎育、現職敎育が必要である	六	
		充實した敎員養成機關の設置（新學制と關連して）	四	
(二)敎育施設に關すること	現在の敎育施設では不十分である	敎育豫算の增額が要請される	一二	四年
		校舍、敎室の增築、增加	三五	五年
		グランドの設置	四	四年
		衞生設備	二	四年
		運動用具、學用品、兒童の圖書等の配給の圓滑化	四	四年
		二部敎授の廢止	一九	四年
		上級學校の質的向上	三	
(三)社會敎育に關すること	諸種の文化施設が現狀では不完全である	文化施設（圖書館、博物館、課外敎育のための諸施設）の完備	四七	四年　三年
	諸種の資料が乏しい	敎育相談所の設置	一	
		社會施設は敎育資料を提供すべきである	一	三年
		優良兒童圖書企劃發刊	六	四年

問題の大別	社會の課題の内容	その對策	頻數	教育課題との關係
(四)家庭教育に關すること	家庭と學校の連絡が緊密にとれていない憾みがある	P・T・Aの完全な運營が望ましい	一五	三年
	地域の學校との連絡	他校及びその父兄との連絡が必要である	二	五年
		通學距離の短縮	二	
		他の家庭の兒童にも教育的態度で臨む	一	
	家庭に於ける指導が放任されている	學校はその對策を樹て實施する必要がある	四	
		校外生活の指導	三	
		躾をきちんとする教育	六	
(五)教育全般に關する問題	P・T・Aにボスはいないか	役員は公正に選ばれなければならない	二	
	教育の民主化が充分でない	教育の民主化を徹底する	五	
		教師、父兄、社會人の教育熱を昂揚する。新教育の理解を計る	一二	
		教育目標の確立が必要	二〇	
		兒童を大人の壓迫から解放	五	
		特殊兒童の對策	二	
	地域性を持った教育が望ましい	地域性の確立	一	
		地域の二重性格の克服（練馬地區は農業地域であり又住宅地區でもある）	一	
		教育委員の運營を活潑化する	三	

第一三表　政治

問題の大別	社會の課題の内容	その對策	頻數	教育課題との關係
(一)政治教育に關する問題	一般に政治的素養が少い	政治教育を普及しなければならない	二〇	四年 三年
		公務員の再教育、資質の向上が望ましい	五	五年
		都議會と都民		五年
		區會と區民の連絡	五	三年
		區政の明朗化	九	三年 五年
		政治ボスの排除	一五	
		町内告示板に政策發表	一	
		ラジオによる都議會の公開	二	
		選擧の公營	一	
(二)選擧に關する問題	よき人物が不足している	よき人物の選出	一〇	三年 四年
		都議、區議の質的向上	八	五年
		教育委員の活動を望む	二	五年
	强力な政治力の發動	都政事務の能率化	四	
		都市計畫區劃整理の實施	一二	四年
		住宅問題の解決	三	四年 五年
		練馬區を學園地域として發展させる	四	三年 四年
		下部行政機構の刷新	一	
		新建築制限の撤廢	二	

第一四表　資源の保護

問題の大別	社會の課題の内容	その對策	頻數	教育課題との關係
自然的方面 (一)風致の問題	風致地區の自然美が失われつつある	植林及びその計畫が必要	四	四年
		亂伐防止	一	五年
		農園、小牧場設置	三	
		千川上水の櫻樹復興	二	四年
		林間に小鳥巣箱設置	一	四年
		富士見臺の湧水池復興	一	四年
		禁區内の狩獵禁止	一	
		公園、街路樹の整備（果實にするのがよい）	二	四年
(二)その他		耐火、耐震建築	六	四年
		農作物病虫害豫防	一	五年
		土地の適正利用	一	四年
廢品再生方面	厨芥、塵芥	家畜の飼料	二	三年
		農作物の肥料	六	三年
	加工業	甘藷のつるの利用	一	
		再生工場の建設	一	
		再生技術の講習會開催	一	
		不良加工業者の絶滅	一	
	その他	バザー交換會の利用	二	三年
		燒跡のレンガ等の活用	一	
		用紙の適正な利用	二	
		闇市場の過度の照明を撤廢	一	四年

第一五表　厚生慰安

問題の大別	社會の課題の内容	その對策	頻數	教育課題との關係
厚生方面 (一)保健醫療關係	社會施設が不足している	健康保健の實施	一	
		公共醫療施設の增加、充實、改善	五	二年、五年
		無料診療所の設置	二	五年
		運動場、プール等の增設	一〇	四年
		公園の設備の增設、高度利用	八	四年
		ピクニックコースの紹介	二	三年、一年
		綠地の保護整備	一	四年、五年
		公衆便所の設置	九	四年
		國民の凡てが樂しめる體操	一	一年、二年
		兒童の健全な遊び場	六	三年、四年
(二)收容施設に關する問題	社會施設が不十分である	浮浪兒收容所	一	五年
		保護少年收容所	一	五年
		引揚者援助の充實	一	五年
		養老院の設置	一	五年
		孤兒寮、母子寮の施設完備	一	五年
		傷病軍人の再起援助	一	
慰安方面 (一)娯樂に關する問題	健全な娯樂が望ましい	映畫館、劇場等地域的健全慰安施設の增設	二一	三年、四年
		娯樂街の建全化	三	三年、四年
		入場税の考慮撤廢	三	
		教育映畫の充實	三	三年、四年
	文化的慰安施設の不十分	都民の娯樂場としての文化施設（公民館、圖書館等）	一一	三年、四年
		健全な新聞雜誌の發行	一	六年

(三) シークェンスの規準の確立

1. 兒童性とその發達の調査

カリキュラムはそれが兒童のものである限り、常に學習活動化されていなければならない。すなわち前述したスコープによる社會の課題調査と兒童の能動的な活動としてのアクティヴィティとの統一點、そのクロスするところが、われわれの求める教育課題の焦點である。兒童性の契機を受けることによつてカリキュラムは眞の意味のカリキュラムになるのである。

兒童の學習活動の流れは、一つのものから次のものへと統一なく移り變るべきではない。また社會の機能の持つ連關性と兒童の意識活動の發達の特性からみて斷片的な移り變りは決して自然ではない。同質の意識活動や連關のある行動こそ望ましいばかりでなく、兒童の發達に合致しているのである。ここにわれわれはシークェンスの規準確立の根據を見出すことが出來る。われわれはこの間の事情を一層詳しく把握し、兒童を理解しよきシークェンスの規準確立のために次のような調査を行つてその結果を得た。

a. 歷史的意識の調査

b. 社會的意識（社會的現象、社會的共同性）の調査

c. 生活行動圈の調査

d. 地理的意識の調査

兒童の興味の中心は a. b. に含まれるように考えたのである。各調査の問題は次のようである。

a. 歷史的意識の調査

(1) あなたがたは昔のことについてもつと知りたいことがあるでしょう。それは何についてですか。あなたが知りたいと思うことを順次に三つあげなさい。

(2) あなたは昔のことについてどんなことが知りたいですか。

(3) あなたは昔のことや昔の人のことを書いた本がすきですか。それとも今のことや今の人のことを書いた本がすきですか。

b. 社會的意識〈社會的現象／社會的共同性〉の調査

(1) あなたは近ごろ新聞やラジオで見たりきいたりした世の中の出來事でどんなことをおぼえていますか。

(2) あなたはお友だちの中で、りつぱだと思う人を三人あげて、そのわけをかきなさい。

(3) あなたがお友だちから親切にされてうれしかつたことに、どんなことがありますか。

c. 生活行動圈の調査

(1) あなたは今年の夏やすみにどんなところへ行きましたか。何をしに行きましたか。誰と行きましたか。

(2) あなたは日曜日や休日などにどんなところへ行きましたか。誰と行きましたか。何をしに行きましたか。

d. 地理的意識の調査

(1) あなたが住んでいる町（練馬とか大泉）のほかに、東京でどんなところを知つていますか。

(2) 東京のほかにあなたが知つている都會（大きな町）にどんなのがありますか。

(3) あなたが知つている世界の國やところを書きなさい。

今その結果のごく大要を述べよう。

歴史的意識の調査を見ると、低學年では意識の發達が現われず答えられないものが見られる。全學年を通じて對象となることは、昔の人の生活、人間の起源、昔の着物、建物、乘物、貨幣、火、食物等である。低學年では想像の世界で、昔の侍、おとぎ話、昔の動物等に興味を示し、中學年になると、昔の遊び、昔の茶器、乘物、動物はどんなものがいたか、植物の起源、また生活風習や火のことも擧げている。高學年に進むと問題はこまかく具體的に示されている。すなわち石器時代の種々の器具、昔の數學者、文學の歴史、外國の歴史等があり、更に昔の通信、文化、人間の祖先の事などが擧げられている。知りたい對象の數は第一問では六十三種、第二問では一二四種に及んでおり概していえば學級によつて特殊性が認められる。

第一六表　歴史的意識の調査

あなたは昔のことについて、もつと知りたいことがあるでしょう。それは何についてですか。あなたが知りたいと思うことをじゅんに三つあげなさい。

項目	1 男	1 女	2 男	2 女	3 男	3 女	4 男	4 女	5 男	5 女	6 男	6 女	計 男	計 女
◎昔の人について	10	8	4	3			1						15	11
昔の人の生活の仕方			1		10	12	14	16	19	17	16	12	60	57
人間の起源			3	5	6	7	4	6	4		1	5	18	23
昔の侍について	5	12	1				1		1				8	12
昔のえらい人又その名前				4			3	3	5		1	1	9	8
昔の人のかおかたち	1	1			1	4	1		1		1		5	5
◎昔の文化について	1		1	3	3	5	2	1	7	6	2	5	15	20
昔から今までの變遷							4	2	4	16		1	8	19
大昔の天體とその構造							2	1	6	2	10	1	18	4
昔のことばについて			1		2	5	2	2	1	2		2	6	11
昔の文字について	1						2	4			4	6	6	10
土器（石器）について					5				3		2	1	10	1
昔の學校について	1	1	1	1		1	1	2			1	2	4	8
昔の子供の遊び			1			3		3	3				4	6
昔あつた國について							1	1			7	1	8	2
昔の農業について					1	1			7	1			8	2
どんなものを作つたか					1	2				1	1		2	3
考古學											4	1	4	1
昔の歌について			1	2								1	2	2
昔の貿易について											2	1	2	1
昔の新聞	1			1									1	1
◎昔の火について	1		4	4	2	1	1	2	4				12	7
昔の道具及びその使用法					3	5	3	1	3	1		5	9	12

天體（地球、太陽等）はどうして出來たか				1			2	2			4	2	6	5
昔のどびん・やかん・丼・茶わんについて					6	5							6	5
昔の地球のようす							4	2			2	3	6	5
昔の發明發見とその人名							2		6	1			8	1
昔の病氣及びその治療法					2								2	
◎昔の動植物について					2	2	7	3	2	1	7	1	18	7
動物はどんなものがいたか	4	3			4	3	13	3	4	1			25	10
獸をどうしてとつたか		1			5				2				7	1
◎昔の建物について	6		1	4	8	5	13	11	2		12	10	42	30
昔の衣服について	3	2	3	2	7	8	2	6	5	4			20	22
昔の人はどんな服そうをしたか			3	3							4	12	7	15
昔のはきもの					1		1	1				3	2	4
◎お伽話について	27	27											27	27
傳說について			3	2		1	1	2		1	1	1	5	7
◎昔の食べ物			1	1	8	10	4	8	6	4	2	6	21	29
◎昔の乘物	6	4	6	3	2	1	2	4		1			16	13
昔の通信											7	3	7	3
昔の交通					2	1			2		4		8	1
◎昔の戰爭について	5	4	4	1	1		1	1	1	1			12	7
昔の武器について					2		2		1			1	5	1
◎昔のお金について	2	1	2		1		1	1			2.		8	2
昔の物價について	2	3	1						3				6	3

次に社會的現象について見よう。この中には興味の問題も含まれているとみることができる。全學年が四三項目にわたつて提出しており、國內現象が多く三三、外國の現象は一〇となつている。全學年を通じて注目を浴びたのは極東軍事裁判の絞首刑、帝銀事件、內閣の更迭、ヘレン・ケラー女史の來朝、野球についてである。低學年特に一年生では、遊戲、劇、紙芝居、お話等獨自の世界があり、二年生では子供新聞記者、アメリカのロケット、中學年になるとエリザベス女王の御分娩、文化祭のこと等が話題となり、高學年になると、岡山の怪しい光と大音響のこと、冷い戰爭、公務員法、古橋選手の活躍のこと等あげられている。中國內戰に關する話題が三年生より現われているのもはつきりした段階を示すものと思われる。

第一七表　社會的現象の調査

あなたは近ごろ新聞やラジオで見たり聞いたりした世の中のできごとでどんなことをおぼえていますか。

項目	1		2		3		4		5		6		計	
	男	女	男	女	男	女	男	女	男	女	男	女	男	女
東條の絞首刑、東京裁判戰爭犯罪人	14	7	12	12	24	19	31	32	29	26	46	33	156	129

帝銀事件、平澤犯人	4	4	10	10	5	4		4	22	17	28	21	69	60
アメリカ大統領選擧（トルーマン）		3	9	4			11	8	6	5	18	13	44	33
昭電事件				1	1		2		19	9	24	15	46	25
内閣交迭（芦田内閣辭職吉田内閣成立）	1		4	3	4	2	6	6	10	4	7	7	32	22
ヘレン・ケラーの來朝	3	1	2	5		2	2		3	6	8	10	18	24
芦田首相の逮捕							4	3	1	5	16	10	21	18
野球（東西對抗）	2				4		3	1	5	1	7	2	21	4
中國の內戰					4		6	2	4	1	7	4	21	7
火災	3			3	4	3	2	1		3			9	10
殺人（坊さん）					1	1		2	2	1		4	3	8
古橋選手									4	6			4	6
オリムピック					2		1		1		2	4	6	4
颱風	3	1									4	2	7	3
福井震災	1	1			2				1	1	2	1	6	3
ベーブルースの死			1	1					2		4	1	7	2
盗難（含强盗）			1			1				6			1	7
本田慧星			1						1	2	3		5	2

海からとれた狸	1	1			1	1			1	1			3	3
東大不正入學事件									2		4		6	
洪水			1	1	1	1			1				3	2
エリザベス女王王子出産					1	2		2					1	4
ガンジー暗殺									3	1			3	1
皇太子様								1	1	2			1	3
日本腦炎								1	2			1	2	2
動物園の鍋鶴の話	1				1			2					2	2
子供銀行			2		1							1	3	1
日本の菊が一番									2	2			2	2
米の增配								1	2				2	1
戰災孤兒への贈物								1			2		2	1
文化祭							2	1					2	1
交通事故	1		1						1				3	
ベルリン問題											2	1	2	1
フラナガン神父逝去									1	1			1	1
慧星の空中爆發							2						2	

野球見物少年の事故								1				1		2
岡山の怪しい光と大音響									2				2	
クリスマスケーキが二萬圓										2				2
十六才少年の毒殺											2		2	
トルーマン氏より天皇にメッセージ							2						2	
交通安全週間											1	1	1	1
國家公務員法											2		2	
小平事件												2		2

社會的共同性についてみよう。この問題は、對友人關係より共同性の發達様相の發見をねらつたものである。(1)は友人の中でりつぱだと思う人を三人あげてそのわけをかくのであるが、その理由の中に面白い發展段階が見られる。すなわち低學年では勉强ができるとか繪がうまいとかうたが上手、やさしいという個人的な問題に理由が置かれているのであるが、三年生からは親切である、はきはきしている、等の理由があげられ對人關係にまで進んでおり、更に高學年になると、正直である、責任感が强い、積極性がある、等多分に自治活動を含んだ觀察面が擧げられ、ここに社會的共同性の發達の段階が如實に示されている。(2)の友人から親切にされてうれしかつたことの調査では低學年に多いのはお金を忘れた時貸して貰つた事である。次いで雨の時傘を貸して貰つた、遊び仲間に入れて貰つたことが中學年に到る途中で示されている。中學年ではけがをした時助けて貰つたというのがあり、この時期には無茶な遊びがはげしくなることをも示している。高學年特に六年生になると、なぐさめられたことが擧げられ

第一八表　社會的共同性の調査（一）

あなたのお友達のうちで立派だと思う人を三人あげてそのわけをかきなさい。

一年 理由	頻數	二年 理由	頻數	三年 理由	頻數
勉强ができる	六三	勉强ができる	七八	親切	九二
繪が上手	一八	親切	四八	勉强ができる	五九
はつきりしている	一五	繪がうまい	四六	やさしい	一六
よく答える	一二	やさしい	一〇	何かかしてくれる	四
唄が上手	一〇	お行儀がよい	八	注意してくれる	四
おもしろい	八	なかよし	六	かけつこが早い	三
聲が大きい	七	よく遊んでくれる	四	自治委員だから	三
やさしい	一五	紙芝居がうまい	四	いい人	三
かわいい	一〇	きれいなことば	二	なんでもやつてくれる	三
しつかりしている	五	歌がうまい	二	生活がよい	三
きれいな洋服	八	小學生新聞に出るから	二	ものをくれる	二
よくお話をする	四	野球がうまい	二	いじわるしない	二
よく遊んでくれる	三	よみぶりがいい	二	おもしろい	二
字がきれい	四	本をかしてくれる	二	にこ〳〵している	二
よく教えてくれる	二	何でも教えてくれる	二	ねつしん	二
きれいなお家	二	手傳つてくれる	二	かわいい	二
本をはつきりよむ	二	算數がよくできる	二	言葉がよい	二
				組をよくしようと努力する	二

四年 理由	頻數	五年 理由	頻數	六年 理由	頻數
親切	七〇	正直	一八	親切	六六
勉强ができる	三五	親切	一六	正直	二四
はき〳〵している	一六	まじめ	一四	まじめ	一五
いつも遊ぶから	八	熱心	一四	責任感がつよい	一九
まじめ	九	自分から進んでやる	一二	やさしい	一二
よく發表する	七	よく勉强する	一二	勉强ができる	一五
正直	七	責任感がつよい	一二	すすんでやる	一〇
しつかりしている	六	心がきれい	四	誠實	八
きまり正しい	五	あたまがいい	四	ほがらか	八
熱心	五	心がしつかりしている	四	生活態度がよい	八
自分から進んでやる	五	こまつている時助けてくれる	四	面白い	七
勇氣がある	四	敎えてくれる	四	すなお	五
やさしい	三	氣が合う	四	敎えてくれる	四
よく注意する	二	やさしい	四	愛嬌がある	三
ほがらか	二	ほがらか	四	いい子	三
いじわるをしない	二	元氣	四	元氣	三
我慢づよい	二	はき〳〵している	二	いばらない	三
いばらない	一	考えがまとまつている	二	研究的	二

第一九表　社會的共同性の調査（二）

あなたがお友だちから親切にされてうれしかつたことにどんなことがありますか。

項目	1 男	1 女	2 男	2 女	3 男	3 女	4 男	4 女	5 男	5 女	6 男	6 女	計 男	計 女
忘れ物をした時貸してもらつた（お金・鉛筆・消ゴム・敎科書・クレパス）	10	12	4	5	14	7	6	6	5	6	4	8	43	44
遊びの仲間に入れてもらつた	1	1	5	5	4	9	2	3	2				14	18
下駄の鼻緒が切れた時ひもをくれた	2	1	3	5					2	3	2	6	9	15
怪我をした時衞生室につれていつてくれた（かいほうしてもらつた）	1			1	2	4	2	3	2		4	3	11	11
雨の時友だちにかさを貸してもらつた	8	4				1	2	1	2	2			12	8
物がなくなつた時さがしてくれた		1	2	1					6	2	2	4	10	8
わからないことを敎えてもらつた			1				1	2	3	5		1	5	8
いじめられた時なぐさめられた	1								2		3	1	6	1
電車の中で席をゆずつてもらつた	1		2	1				2			1		4	3
あかぎれでそうじが出來ない時に親切にしてもらつた						2			1	2		1	1	5
しかられた時なぐさめられた		1	1								3		4	1
道に迷つた時敎えてくれた									2	2			2	2
轉校してきたとき親切にしてくれた							1			1		1	1	2

どこかに行く時さそつてくれた	上達をほめてもらつた	病氣見舞に來てくれた	かばんが切れた時かばんをもつてもらつた	學校のかへり道仲よく一しよに行つた	迷兒になつた時送つてもらつた	自分の正しいことを信じてくれた時	うそをつかれた時そのうそを解決してくれた
					2		
				1			
	1						
1							
	2		1				
2			1	1			
		1				2	2
		1					
	3		1		2		
3		2	1	2		2	2

ている。低學年が比較的外面的な事に屬するに反して、ここでは心の問題に觸れている。こんなところに共同性の問題、更にまた廣く心理學一般の發達の段階が見られるわけである。下駄のはなおに關しては低學年にも高學年にも示されている。

2. 生活行動圏の調査

夏休にどんなところへ出かけたかを見よう。全體的にみると、出かけた場所は二〇六箇所にのぼり、北海道を始め全國に及んでいる。この中東京都内の場所は七七箇所となつている。その目的は水泳、レクリエーション、墓參、見學、親戚訪問などが主である。兒童が述べた場所を見ると、一年四一箇所、二年五四箇所、三年六八箇所、四年七五箇所、五年六七箇所、六年六二箇所となつており、四年が最も多く行動することを示している。

第二〇表 生活行動圏の調査（一）

あなたは今年の夏やすみにどんなところへ行きましたか。

項目		富浦	豊島園	逗子	千葉	名栗川	鎌倉	後樂園	田舎	プール	上野動物園	新宿	多摩川園	銀座	海
1	男	2	10	4	3		5	1			5	1	1		
	女		8	1	5		2				6	2	1	1	
2	男	2	2		3		5					1			4
	女	1	3	1	1				3	2		1		2	3
3	男	2	9	1	5		4	11	5	4	2	1		1	4
	女	2	1	2	2	1	3		3	3	2	5	1	2	4
4	男		4	15	2	2	2	6	4	6	2	1	2	2	1
	女		3	12	8		4		2	3	2	1	1	2	1
5	男	34	3	4		5	3	7	1	1	1	4	7		
	女	35	6	1	2	1	2		6		1	2	2	5	
6	男	19	1	1	3	12	1	5		5			2		
	女	1	6	2	1	13	2		3		1		1	2	
計	男	59	29	25	16	19	20	30	10	16	10	8	12	3	9
	女	39	29	19	19	15	13	0	17	8	12	11	6	14	8

項目		池袋	江の島	上野	群馬縣	おばさんの家	箱根	葉山	長野	兩國	友達の家	親せきの家	熱海	三寶寺池	稻毛
1	男		3	1			1	2						1	
	女				1			1						1	
2	男	2	3	1	1	4	1	1	2		3			2	
	女	2	1	1	1	5					2		1		1
3	男	2	1	2			1	1					2		
	女	5	2	2			2			1	1		1	1	
4	男	1		4	2			1				2		1	2
	女	1	2	3	1							2	1		1
5	男	1	3		2		6	4	7	5	1		1	1	
	女	2			2	3					2	5	2	1	2
6	男								1						
	女				2		1	1		3					1
計	男	6	10	8	5	4	9	9	10	5	4	2	3	5	2
	女	10	5	6	7	8	3	2	0	4	5	7	5	3	2

吉野	川	日光	館山	勝浦	小田原	正丸峠	村山貯水池	新潟	日本橋	淺草橋	茅ヶ崎	三越	伊勢丹	飯能	伊東	大阪
											1			2		3
						1			1					2		2
1					1		1					1		1		
	1			1						1	2				1	
1	1		1	3	1							1		1		1
	1				1		1	1				1			1	
									2	1						
1							2	1		1			4		2	
2	1	3				3				2		2	2			
			1					2			1				3	
					1			1	1							
		1	2						1		1					1
4	2	3	2	3	3	3	1	1	3	3	1	4	2	4	0	4
1	2	1	2	1	1	1	3	4	2	2	4	1	4	2	7	3

父の會社	赤羽	日銀プール	栃木	谷津海岸	福島	神宮球場	北海道	科學博物館	山梨	井之頭公園	大磯	横濱	新橋	國立博物館	初臺	沼津
												1	1			
														1	1	1
										1	1					
									1							
1						1	3	1					1			
		1													2	
	1				1						1	2				1
			1						2		1		1			
	2	2	1	3	1	2				1						
2					1					1				2		
																1
			1					2								
1	3	1	1	3	2	3	3	1	0	2	2	3	2	0	0	2
2	0	2	2	0	1	0	0	2	3	1	1	0	1	3	3	1

神田	八王子	禮拜堂	盛岡	金津	赤坂見付	埼玉	諏訪	本郷	入間川	澁川	鳥取	仙臺	姉の家	上野美術館	阿寒	根室町
							1	1		1	1					
						1			1							
							1									
					1							1				
			1	2												
										1	1					
			1		1			1								
1	1															
	1	2										1			3	3
													2			
														2		
1						1			1				1	1		
0	1	2	2	2	1	0	2	2	0	1	1	1	0	2	3	3
2	1	0	2	0	1	2	0	0	2	1	1	1	3	1	0	0

船橋	所澤	東京港	川口湖	齒醫者	ガラス工場	おばあさんの家	野球	馬堀海岸	日比谷	名古屋	姉ヶ崎	目白	奥秩父	秋田縣	女川	國立
2	1					1										
			1					1								1
	1	2	1													1
						1	2					2	2	2	2	
				2	2											
								1	1	2						
									1		2					
0	0	0	1	0	0	1	2	2	1	2	0	2	2	2	2	1
2	2	2	1	2	2	1	0	0	1	0	2	0	0	0	0	1

第二一表　生活行動圈の調査（二）

あなたは日曜日や休日などにどんなところへ行きましたか。

項目	1 男	1 女	2 男	2 女	3 男	3 女	4 男	4 女	5 男	5 女	6 男	6 女	計 男	計 女
池袋	5	3	4	10	4	10	1	4	6	3	5	9	28	39
豊島園	12	17	7	5	8	4	2	2	4	5		1	33	34
映畫			3	3	10	4	5	3	16	11	5	4	39	25
後樂園	2		5		12	1	10		19	2	6		54	3
友達の家					1	4			23	19	3	5	27	28
博物館	1	1			5	1	1		4	11	11	6	22	19
親類の家							2	5	9	17	2	1	13	23
新宿	1	5	1	6	2	4	4	2	1	4	2	4	11	25
日比谷			1					2	5	13	5	8	11	23
動物園	9	6	2	2	3	2	1	1					15	11
上野	2	1	3	4	4	3	1			2			10	10
銀座	1	1		2	1	1		3		7	1	1	3	15
三越	1	1	3		1		1	1	5		4		15	2
新橋	1	1			2	2			1	4		1	4	8
東京		1			1			2	3	2			4	5
上野公園									9				9	
教會								1	3	5			3	6
日本橋			3				1	2		1	2		6	3
練馬	1		2	2		3							3	5
科學博物館							4	4					4	4
鎌倉	3	2		3									4	3
石神井					2	2			1	2			3	4
保谷	1	1		2	1	2							2	5
神田			1		1	1	1		1				4	1
三寶寺	1	1	2				1						4	1
飯能	1	3				1		1					1	5
千葉	2		1	1									3	1
横濱	1			1				1	1				2	2
村山貯水池		1			1	1		1					1	3
椎名町	1		1		1	1							3	1
有樂町			1		1						1	1	2	2
神宮球場			2					1			1		3	1
江古田						2					2		2	2
鐵道博物館							1	3					1	3
早稲田	1				1	1							2	1
明治神宮	1								2				3	
所澤	1							1			1		2	1
皇居(丸の内)			2					1					2	1
久留米						3								3
伊勢丹									2	1			2	1
目白										3				3
玉川遊園地									3				3	
名栗川									3				3	
澁谷	1			1									1	1
東長崎	1			1									1	1
富士見臺		1										1		2
大森			1								1		2	
駒込				1								1		2
荻窪				1				1						2
朝日新聞社					2								2	
逗子					1	1							1	1
江の島					1	1							1	1
熱海						1	1						1	1
大井						1					1		1	1
淺草								1		1				2
水道橋											1	1	1	1
外務省										2				2
美術館										2				2
女高師									2				2	

次に日曜日や休日に於ける外出先について見ると、總數一二八箇所で殆んどが都内であり、都外は千葉、鎌倉、

箱根、飯能、熱海等一三箇所である。提出された回數の相當多い場所は銀座、上野、池袋、後樂園、新宿、博物館映畫、日比谷、等で一〇〇以上である。又親戚の家、友人の家というのも多い。

最後に地理的意識についてみよう。自分の住んでいる町の他に東京で知つているところ、という問題では提出數七八で最も多い場所は上野、池袋、新宿、新橋、神田、銀座、有樂町である。これは前項の日曜日の外出先と符合するものである。

第二三表　地理的意識の調査（一）

あなたの住んでいる町（練馬とか大泉）のほかに東京でどんなところを知つていますか。

學年	性	新宿	神田	上野	池袋	銀座	新橋	有樂町	丸ノ内	大塚
1	男	17	6	17	12	4	6	4	5	5
	女	16	1	20	11	5	7	3	3	5
2	男	12	2	4	7	11	2	5	2	
	女	8	1	4	12	10	3	3		1
3	男	25	18	19	18	19	4		11	4
	女	26	9	19	22	22	5		7	4
4	男	30	30	23	18	24	8	9	10	9
	女	23	13	24	13	22	12	9	6	10
5	男	30	36	23	17	8	17	10	13	19
	女	17	38	24	16	19	17	19	13	6
6	男	31	54	28	33	23	23	24	26	22
	女	30	50	32	32	27	21	22	19	12
計	男	140	146	119	105	89	60	52	67	59
	女	120	112	126	106	105	65	56	48	38

學年	性	目白	澁谷	日本橋	品川	淺草	高田馬場	中野	板橋	日暮里
1	男	12	6		13	1	7	1		1
	女	5	3	1	8	1	8	1		
2	男	2	4	2	2	2	2	1	1	1
	女	1	2	1	1	1	1	2		
3	男	8	6	3		2	6	5	7	10
	女	9	4	7	4	3	2	2	2	5
4	男		7	15	9	4	2	5	2	5
	女	2	3	10	3	8	1	2	2	1
5	男	14	8	4	16	15	13	8	4	10
	女	13	10	6	9	4	9	11	1	5
6	男	12	15	17	22	11	5	15	26	7
	女	10	16	21	10	14	7	4	10	8
計	男	48	46	37	35	35	35	35	40	34
	女	40	37	46	35	31	28	22	15	19

學年	性	御徒町	巣鴨	田端	鶯谷	秋葉原	赤羽	駒込	日比谷	目黒	代々木	兩國	阿佐ヶ谷	お茶の水	王子	五反田	原宿	大森
1	男	1	5	4	2	1	1	4		2	4		1	1			1	1
	女		2	1			2	1		1	2		1				1	
2	男	3	1	1	1	1	1			1						1		1
	女	5		1			3	1		1			1	1	1			1
3	男	6	1	5	5	3	3	1		2	1		1					
	女	2		6	2	3							2					
4	男	9	3	1	1	4	3		3			3	4	2	1	3	1	1
	女	9	2			4	2		4	1			3	1	5	4	1	2
5	男	5	8	7	5	5	7	4	5	7	5	4	1	6	1	1	2	1
	女	4	3		6	7	2	1	7	6		2	2	3	2		1	2
6	男	2	5	9	9	3	2	13	7	3	6	6	4	5	4	1	3	4
	女	6	11	5	8	4	1	11	7	7	6	7		1	4		7	3
計	男	26	13	27	23	17	27	22	15	15	16	13	11	14	6	6	7	8
	女	26	18	13	16	21	10	14	18	16	8	9	9	6	12	4	10	8

學年	性	新大久保	えびす	鶯宮	四谷	世田谷	京橋	市谷	八王子	玉川	赤坂見附	田町	本郷	淺川	江戸川	音羽	虎ノ門	牛込
1	男	1	5	1														
	女		2															
2	男					1					1	1			1			2
	女				1						1				1			
3	男																	
	女																	
4	男		2	1	2	3	3			3		1	1		1			1
	女			2		4	1			5			2	1	1	2		
5	男	5			8	1	1		1			4	1	1	2	1		2
	女			2	5		4	1	3			1	3	2		3		
6	男	4	2	5	4	1		7	4		3			2			4	1
	女	6	4	2	2			1	1		2			1			2	
計	男	10	9	7	14	6	4	7	5	3	4	6	6	3	4	1	4	6
	女	6	6	6	8	4	5	2	4	5	3	1	1	4	2	5	2	

野方	飯田橋
1	2
	3
1	
1	
2	
2	2
3	3

小石川	
1	
2	
1	
1	
3	
2	

東京の他に知つている都會についてみると、提出總數一六七箇所で必ずしも都會だけを書いてはない。一六七箇所の內縣廳所在地の都會程度のものを摘記すると四十二箇所となる。この四十二箇所の內兒童の提出した範圍を見ると一年より六年まで夫々二二、二〇、二二、三〇、三九、四一となつており、一、二、三年は殆んど同じ、四年から相當廣く意識が發達していることが示されている。尙注意してよいことは、北海道、九州等の地名は全學年に現われているがその中の札幌、小樽、宮崎、等の都市になると殆んど知らないか、又は高學年になつてわずかに知つているだけということである。

第二三表　地理的意識の調査（二）

東京のほかにあなたが知つている都會（大きな町）にどんなのがありますか。

項目		大阪	京都	名古屋	横濱	神戸
1	男	18	8	8	3	1
	女	21	8	6	6	2
2	男	8	7	6	1	1
	女	8	9	7	1	1
3	男	12	7	4	4	8
	女	5	2	1	1	5
4	男	37	25	9	6	2
	女	29	18	8	3	3
5	男	43	33	33	26	31
	女	24	25	16	17	12
6	男	41	32	27	22	23
	女	41	38	28	24	23
計	男	159	112	87	62	6
	女	128	100	66	52	46

項目		千葉	仙臺	青森	札幌	廣島
1	男	12	1	4		
	女	6	1	1		
2	男	19	1	2		
	女	18	1			
3	男	4	3	3	1	
	女	1	5	1	2	
4	男	4	3		1	4
	女	1	2	1	1	
5	男	10	17	22	10	12
	女	7	10	11	6	10
6	男	7	17	19	14	8
	女	4	17	5	17	8
計	男	56	42	50	26	24
	女	37	36	50	29	18

長野	新潟	前橋	函館	靜岡	奈良	福島	水戸	山形	盛岡	下關	秋田	熊本	福岡	宇都宮	福井	高崎
2	3			2				1			3			1	2	1
	3			3		1	3				1			1	1	
3				1		1		2						1		
2						3	1				1		1	1		
1	1		1	1		1					1	1			1	
	1		1													
1	3			5		3		3	1	2		2	3			1
5	1	1	2	2		3		2	1		1	1		1	1	1
5	10	7		4	7	6	10	3	7	7	8	3	9	5	3	1
1	6	3		4	3		6	7	2	3	1	2	1	2	3	
9	9	13	15	5	7	5	3	6	10	5	4	6	5	4	7	9
1	1	11	13	1	8	1	1		2	5	1	7	1	2		3
21	26	20	16	18	14	16	17	15	18	14	16	12	17	11	13	12
12	12	15	16	10	11	8	7	9	5	8	5	10	3	7	5	4

甲府	九州	北海道	山梨	大宮	鹿兒島	浦和	熱海	勝山	長崎	湘南	松本	岡山	岐阜	金澤	栃木	川崎
1	1	3	2				4			5		2	1		2	
		4	1							7		5	1		1	
	1	1												1	2	
	2		1		1		1								2	
	3	1			1		1							1		
	4	2			1		1	1								
1	7	4	3				1					1	5		2	1
3	5	2	2	1	1		2						1		1	
3	2	12		1	4	6			4			1	2	2		4
1	5	11	1	2	1	7	4		4							
5	1		1		4	2	1	9	6		9	1	1	7		4
2	3	3		12	3	1		5	1		3	1				3
10	15	21	6	1	9	8	7	9	10	5	9	5	9	11	6	9
6	19	22	5	15	7	8	8	6	5	7	3	6	2		4	3

鳥取	横須賀	宮崎	沼津	大分	山口	和歌山	郡山
2					1		
			2		1		
1					1	2	
			2		1		
1							
	3		1	1	1		
	2					1	
1		2		3		1	3
3		5		4	1	2	
	3	2	3		1	1	4
1	1						
5	6	4	4	4	4	4	7
4	3	5	4	4	3	3	

門司	小田原	木更津	伊東	鎌倉	高岡	松山	
	1	4				3	
		1				1	
2			1		3		
1	1			1	2		
	1						
				1			
			1				
1							
			3	2			
4	3						
				1			
7	5	4	1	3	3	3	
1	1	1	4	2	2	1	

世界の國やところについてみると、國名は四十四ケ國、地名、島名は五十三箇所、都市名は七十九箇所、全世界に及んでいる。多い地名は西洋ではアメリカ、イギリス、フランス、ソ連、イタリー、オランダ、スイス、エジプト、アジアではインド、中國、滿洲、が壓倒的に多い。都市ではニューヨーク、パリ、ロンドン、ワシントンが多くベルリン、ウィーン、北平、ヴェニス、ローマがこれに次いでいる。各學年を通じて知られているのは前記の諸國で、また特定の學年で多く知られているものに例えば六年生に於けるデンマーク等がある。特殊の地名については四年からが顯著に現れている。國名都市名合せて一七六の中、各學年の提出數は一年生から夫々三一、三三、五〇、九三、八七、一五四となり、六年生が壓倒的に多くなつている。顯著な現象として見られるのは男女の差で、女子は男子に比べると少く、一學年の相異が認められることである。

以上概略を述べたに過ぎない。地名等については地圖上に明らかにし、その樣子が一目でわかるようにしてみた。

第二四表　地理的意識の調査（三）

あなたが知つている世界の國やところを書きなさい。

項目		アメリカ	イギリス	中國	ソ聯	フランス	インド	ドイツ	アフリカ	イタリー	滿洲	オーストラリヤ	オランダ	スイス	エジプト
1	男	34	29	28	16	19	12	12	13	3	14		2		
	女	33	24	23	10	13	9	7	18		9		2		
2	男	35	32	22	29	12	27	21	8	4	10	3	5	3	
	女	29	18	11	20	6	21	11	2	2	10	3			
3	男	43	33	41	32	29	24	27	23	20	16	18	12	14	6
	女	40	30	24	33	23	18	22	21	18	10	15	7	9	1
4	男	45	37	36	33	29	26	37	15	25	25	30	19	11	24
	女	41	36	34	23	28	27	23	23	20	25	24	11	5	11
5	男	4	15	25	29	13	19	17	15	10	18	19	12	14	12
	女	16	14	15	21	15	16	13	13	20	10	11	9	11	8
6	男	40	36	26	35	36	30	33	19	32	8	31	26	23	22
	女	47	36	37	32	39	30	30	16	27	16	23	31	35	30
計	男	201	182	178	145	138	138	147	93	94	91	71	76	65	64
	女	206	158	144	129	124	121	106	93	85	80	76	60	60	50

項目		朝鮮	シベリヤ	臺灣	スペイン	カナダ	ギリシヤ	フイリツピン	デンマーク	オーストリヤ	グリーンランド	ヨーロツパ	スエーデン	ブラジル	ビルマ
1	男	1	5	2			1	3				3		1	1
	女		2					2				1			
2	男	9	1				2	2	1				1		1
	女	4					1								
3	男	4	1	11	11		15	8	2		3	4	2	1	11
	女	6	2	15	6		11	5				1		4	4
4	男	17	28	8	8	11	3	17	11	20	1	18	5	9	1
	女	12	24	1	7	8	6	13	3	18		11	5	3	1
5	男	14		20	13	15	12	5	10		7		11	4	6
	女	10		14	12	11	9	6	11		2		11	4	4
6	男	17	12	11	19	18	5	4	23	5	13	3	4	14	4
	女	17	20	7	5	21	13	6	7	4	17	1	2		5
計	男	62	47	52	51	34	38	36	47	25	24	28	23	29	24
	女	49	48	37	30	10	40	32	21	22	19	14	18	11	14

ベルギー					3	1	6		10	7	5	6	24	14
ボルネオ			1		3	1	8	2	7	2	6	8	25	13
アラスカ					1		3	2	4	10	7	9	15	21
南米							6	3	4	13	6	2	16	18
ノルウェー					1		3				12	16	16	16
ハワイ						2			7	7	2	13	9	22
チリー					1		2		2	1	15	8	20	9
キューバ							1	2	6	2	10	7	17	11
メキシコ							9	5	1	1	9	1	19	7
シャム					1		8	3	4	2	1	7	14	12
チェッコ							1	2	4	6	2	10	7	18
スマトラ							6	5	4	2	4	4	14	11
ポルトガル							2				15	7	17	7
ペルシャ	2	2	1		1	1			1	2	10	4	15	9
アルゼンチン							2	1	4	1	8	7	14	9
パナマ									5	3	4	9	9	12
スコットランド								4	1		7	7	8	11
トルコ						6	5	5			4	4	15	9
ジャワ					1	1	2	1	2	5		6	5	13
マライ						1	6		4	2	5	5	15	8
オハイオ											1	16	1	16
ニューギニヤ						1	8	1		1	2	7	10	10
アイスランド					1		1				6	8	8	8
樺太								1	6	5	2	1	8	7
ハンガリー							1	2	3	3	3	3	7	8
ポーランド	1	1						2	2	1	2	3	5	7
ペンシルバニヤ											3	9	3	9
蒙古						1	3	6			2	1	5	8
カムチャッカ							5	1			1	3	6	4
ケンタッキー											2	9	2	9
イスラエル	1					1	3				3		7	1
ニュージーランド					2		1		1	1	1	6	5	7
ニューヨーク	4	1					28	26	12	14	39	39	83	80
ロンドン			3	1	2	1	24	28	15	12	30	38	74	80

ワシントン					2	1	27	22	12	14	33	35	74	73
パリー	1		1		1		8	6	20	16	18	29	49	51
ヴェニス							17	15	20	11	9	15	46	41
ベルリン							9	7	10	9	18	18	37	34
ローマ								1	6	6	20	27	27	33
ウィーン							19	17	15	7			34	24
北平							5		13	2	16	15	34	17
サンフランシスコ	1						11			7	13	15	25	22
南京							4	3	14	3	7	11	25	17
上海							2	3	19	9	6	3	27	15
モスクワ									18	6		7	18	13
シカゴ								2	9	3	7	4	18	7
大連							4	5	10	1		2	14	8
ナポリ									10	11	1		11	11
ホノルル									6	3	5	7	11	10
シャトル											8	11	8	11
ボヘミヤ											10	8	10	8
ロサンゼルス							1	3	10	2	1		12	5
長春							1	2	11	2		1	12	5
ボストン							1		2	1	9	3	12	4
香港	1	1							9		3	2	13	3
ピサ									10	2			10	2
奉天									6	2		4	6	6
ベツレヘム									4	4	2		6	4
アテネ									7	1		1	7	2
チューリッヒ									7	1			7	1
カルカッタ							2	1			1	2	3	3
デトロイト									4	1			4	1
ヘルシンキ									4	1			4	1
コペンハーゲン												5		5
シンガポール								4			1		1	4

こうしてシークェンスの規準確立の一面が出てきたわけである。

（前掲の各種児童調査表には頻数の極小なるものは省略した。）

3. 児童の發達段階の考察

課題表作成に於けるシークェンス決定のために必要な他の面は兒童の生長、發達について文献を通して考察することであろう。前に掲げた兒童調査はこの文献を具體化したものということができよう。生長、發達を考えるに當っては、次のような數箇の重要な點に於いて個人差のあることを見のがすことはできないと文部省發行の「教育心理」では述べている。

a. 兒童の年齢が進むにつれて、その背景・經驗・環境が變化し複雜化するので個人差はますます増大する。

b. 同一個人も異つた領域では發達の速度が異つてくる。

c. 精神的發達と身體的發達の間には必ずしも十分な相關はないが、身體的成熟と興味や意欲との間には一定の關係がある。

更に同書の中からカリキュラム構成に特に關連のある社會的發達と知的發達の一部について摘記し參考にした。

A. 社會的發達　六―八歳――七、八人一緒になってかなり長く遊ぶことができる。團體遊戯を好むがその規則は簡單で競爭的でないものがよい。

九―一一歳――クラブを好むが、その組織は確たるものではなく、長續きはしない。リーダーが發生しかれの意見は仲間に驚く程重みを持つ。

一二―一四歳――相互援助の關係で友だちができる。協調のために圓滿な社會的接觸の機會を持たせる必要がある。おとなの承認よりは、なかまとの關係が一層重大である。

B 知的發達　六―八歳――かれらが興味を持つものは、かれらの生活に密接する人や物である。ままごと遊びを好み、多く想像の世界に遊ぶ。

九―一一歳――あらゆる事がらに興味をよせ、好奇心を持つ。かれらの關心はおとなと同じ程廣い。しかし理解は淺い。速やかな結果を欲し、先々までの計畫をたてることはできない。

一二―一四歳――おとなと同じように、最も關心を持つものは日常生活に關係するものである。抽象的學科に興味を見いだすものは限られた優秀兒童である。

社會的問題について述べると、低學年兒童は自分に近い直接經驗に專ら關心があるので社會的政治的知識は不十分である。又かれらは學級全體と共同に行動しチームワークをとることはできず、その中の少數の者とだけ交渉し合っているだけである。このようにかれらの生活領域が狹いので歴史・地理等で說かれる自分に遠い事項を正しく理解することが困難である。又民主主義、社會主義などの抽象的概念や術語は誤解していることが多い。したがって獨占企業、中正貿易、機會均等のような抽象的觀念を教えるにはできるだけ兒童の身邊生活や教室の生活に現われる具體的な事柄と關係させて考えさせる必要があるわけである。

（四） 課題選擇の基準

しかしながら教育課題の内容を決定するためには、更に充分な吟味と選擇が行われなければならない。何故ならば、一時にすべての事柄を學習することは不可能であるにもかかわらず、雜多な社會的課題が存在し、また兒童の發達段階による差異、諸能力も考慮して、年次計畫に盛るべき課題を決定しなければならないからである。教育課題の選擇に當つて注意すべき二三の點をまとめて擧げておこう。

a. 社會課題の中で兒童に直接關係のある問題を捉える。すなわちそれらの中で兒童の生活經驗と一致するまた一致する可能性のある問題を選んでウェイトをつける。

b. 社會課題の選擇は兒童の生長、能力と一致しなければならない。すなわち課題の選擇には兒童の或る發達段階において顯著に現れる行動形式に照らして、それに一致するように取りまとめる。

c. それらの課題は兒童の歴史的、社會的、地理的意識、生活行動圏の範圍、興味、性格、情緒の發達等に照らして妥當である課題内容を選擇する。

われわれの教育は課題解決と創造のための教育である。兒童は社會の矛盾をそのまま見逃すことなく、常に新しい意欲をもつてこれに當つていく態度を築き上げるのである。そのためには、現實の社會の發展の過程、つまり課題解決の動きそのものに觸れさせなくてはならない。兒童をして社會の課題を具體的に自らの課題とし、社會と共に課題解決に向つて身を投げかけさせるのである。

（五）課題表の作成

課題表は一覽して單元の組織構成が最も容易にまた最も正しくどのように導き出されたかを明瞭にする一覽表で

第二五表　課　題　表

	政　治	厚生・慰安
一年	學校にはどんなきまりがあるか	公衆便所をきれいにする 公園入園者の公衆道德を重んずる 家庭内外の道路の道德 ピクニツクコースの紹介 家庭的雰圍氣に於けるダンスの發展 子供の遊び場の設置 子供のおもちや、繪本の廉價販賣 小學生美術展入場料の撤廢
二年	近所の人々のつきあい方はどうすればよいか 近所のお役所 學校の組織と仕事 學校自治會の中で私たちはどんな役割をもつているか	公共物に對して道德心をもつことに努める 公共圖書を大切に取扱う 淸掃の徹底　　衞生思想の普及 ラジオ施設の活用 近隣の娯樂クラブを作る 鐵道博物館の增設
三年	區役所の仕事と組織（どのような仕事をどのようにしているか） 區役所と私たちの生活との關係 練馬區を發達させるにはどのようなことが考えられるか 區議會の組織と仕事 どのような人を選んだらよいか 學校自治會はどのような組織で行われているか 學級自治會はどのようにしたらよいか	映畫、劇場など地域的健全慰安施設の增設 國民の多くが樂しめる體操の設定 音樂堂を設置する 動物園の增設 植物園の增設 農村娯樂の發展を圖る ハイキングコース設定
四年	都廳はどのような仕事をどのようにしているか（組織と仕事） 都市計畫（綠地帶公園の設置） 都議會の仕事と組織 どのような人たちを選んだらよいか 戰災復興をどのようにしたらよいか 稅金はどうしておさめなくてはならないか（適正課稅） 住宅問題の解決はどのようにしたらよいか	公園の整備、綠地帶の保護 公衆便所の增設整備 健全娯樂の育成 東京都圖書館計畫樹立、圖書館網の完成　　動物園施設の擴充 浮浪兒收容所の擴充 商業化娯樂の排除 運動場の整備 區單位のクラブを作り社交機關とする　　東京都の觀光施設
五年	國會の任務、その組織と仕事 地方自治體の政治はどのようにしたらよいか どの様な選擧が望ましいか どの様な政治がのぞましいか 生活必需品の供給を圓滑にするにはどうしたらよいか	引揚者後援の充實　　養老院の擴充 孤兒寮母子寮の施設完備 入場稅の輕減　　　治安の保持 住居を與えること　健康保險の實施 失業者救濟　　厚生、慰安の平均化 空地の高度利用（都内アパートは高層建築にする）　　昔の娯樂生活
六年	講和會議 對日理事會 アメリカの占領政策 國際連合 世界の問題（中國）	無料診療所設置 スポーツの純粹性に基づいた選手及び觀客であり度い フエアプレーの精神とその生活技術の實踐　　健全なる新聞雜誌の發行 外國の子供達の娯樂生活 プラネタリユームの設置 高級社交場の設置 餘暇の時間の利用 觀光事業と外客誘致

第二五表　課　題　表（其ノ一）

	交通・通信・運輸	教育（宗教・藝術・學問）
一年	道路を廣くする 道の眞中を歩くと危い（道の歩き方） 電車の乘り降りに氣をつけよう のり物にはどんな種類があるだろうか お樂しみ會に父兄を招待する手紙をかく 先生やお友だちに手紙を出して樣子を知らせる	學校はどういうところか 學校にはどんな教室があるか、又どんな部屋があるか 學用品はどのように使つたらよいか 給食は誰が作つてくれるでしよう 學校にはどんな人が働いているか 便所の使い方 子供の日にはどんな事をするか 井戸の使い方 誕生會はどう運營するか 學校になれること 學校のお友達、上級生への挨拶、上級生はどんなにして導いてくれるか 安全に電車通學するにはどうするか
二年	電車の驛で働いている人はどんな仕事をしているだろうか 電車の中で騷いだりしない 歩道と車道を分けて安全に交通できるようにする 皆で道路を修繕し、愛護する 電車賃がわかつて、切符を自分で買うことができるか 電話をかけたことがあるか 郵便局の人たちはどんな仕事をしているか	よい遊びと惡い遊び 近所の友だちと仲よく交るにはどうしたらよいだろうか 一年生の世話をすることができるか 小遣錢の貯蓄、儉約をするにはどうしたらよいか 學校にはどんなきまりがあるか 休みの日の生活の仕方 學校の農場はどこにどれ位あるか 道をきかれた時にはどうしたらよいか
三年	保谷以西を複線にする 郊外の各驛を擴張する バスの普及發達が生活にどう響くか 日用品はどのようにして運ばれるか（汽車、電車、トラツク、荷車、リヤカー等） 西武鐵道がどんなに利用されているか 電力はどのようにして送られるか 町と田舍はどんなにして通信がなされているか	P. T. Aはどんな組織で、どんなことをしているだろう 田舍の學校 學校自治會はどんな組織で、どんなことをしているか 學級自治會をよく運營するにはどうするか 學級文庫の利用法 田舍への墓參

第二五表　課　題　表（其ノ二）

	交通・通信・運輸	教育（宗教・藝術・學問）
四年	石神井から荻窪までのバス連絡を考える 大環狀道路を設ける 地下鐵を擴充する 島嶼（東京都下の）との交通を盛んにする（東京港の開發） 橋はどのように作られているか（構造と變遷） 公衆電話を設置する 小郵便局を增設する	二部教授とはどういうものか、又それを廢止するにはどうすればよいだろうか 東京にはどんな學校があるだろうか その數はどの位あるか、收容人員と入學希望者、學校の系統 戰災校の復興狀況はどうか 昔はどんな學校があつたか、どの樣に教育されていたか 私達の學校はどの樣な歷史を持つか 圖書室の利用の仕方 われわれの鄉土は東京都の中で、どんな特色を持つているか
五年	手、小荷物の受託驛をふやす 電車の窓ガラスをこわさないようにする 貨物の拔取りはどうして防止するか 海上輸送の振興をはかる ダイヤはどのようにして組まれるか（生活とダイヤの關係） 公衆電話を增設する 郵便物がおくれないようにするにはどんな方法を用いたらよいか	教育委員會はどういう仕事をするか 不良兒童はどの位いるだろうか、ふえてるか、減つているか、その防止や對策はどうしたらよいか 教室備品、學校備品の破損はどうするか、その取扱法 學校は校外にどんな施設を持つているか（臨海富浦寮） 新憲法と信教の自由 春分の日、秋分の日には祖先の祭りをする 國家の教育豫算等はどの位だろうか
六年	鐵道の電化を促進する 自動車工業の振興をはかる 優秀船を建造して、貿易の振興に備える 新聞社、放送局などの通信網はどのようになつているか 海外との交通、通信はどうして行われるか 學校放送局を設ける 通信機關の發達と改善（電話線の埋設、テレビジョンの普及など）	外國の學校はどうなつているか 外國の兒童はどの樣に勉强しているか 優良圖書を選ぶにはどうすればよいか 博物館、圖書館その他の教養施設にどんなものがあるか 文化施設はどのように發達したか、その利用法はどうか Made in Tokyo の信用確保 校外生活はうまくいつているだろうか 風水害の自然現象を防ぐ方法はないだろうか 學術の發達は近代文明生活にどんな貢獻をしているか 國際間の交際上における心構えはどんなにしたらよいか

第二五表　課題表（其ノ一）

	生命の保全	生産と消費	資源の保護
一年	清掃清潔 住んでいる處をきれいにして病氣にかゝらぬ様にするにはどうすればよいか 公衆衞生、豫防醫學の大意を知る 消防演習 お父さん、お母さんは私達をどんなによく面倒を見てくれるか 浴場の衞生 健康的な住宅	電氣を節約する 物の濫費を防ぐ 住宅が少い 私達の食糧はどこで作られるか 私達は家庭園をつくる 學校の購買の仕事はどの様なものか お店屋の仕事はどんなか 給食はどのようにしてやられるか 家庭の必需品にはどんなものがあるか	學用品を大切にする 落し物をなくする 樹木を大切にする 家畜を愛育する
二年	隣保、協助の心の涵養 一防犯 110 番の利用 自衞心の振作 夜警の勵行 消防演習 街燈の增設 駐在所の仕事 安全な交通	水道の利用方法はどうなつているか 練馬區の蔬菜と供出はどの様な狀態か 商業サービスの改善 學校の附近には畠や田畑がたくさんある 上手な買物の仕方 農家の生産品にはどの様なものがあるか	害虫を驅除するにはどうすればよいか 廢品の利用（牛、馬糞） 農作物の貯藏にはどんな方法があるか 省みられない雜草の中に有用なものがある 小川にはどんな小動物がいるか
三年	健康的な住宅の設置 古代人は如何にして生命を保全していたか 町に於ける生活で危險を防止するにはどうすればよいか	農村の電化、機械化 配給制度はどうして出來たか 商業道德の改善 農業協同組合の仕事 デパートと市場 郷土の動植物にはどんなのがあるか 動植物の世話はどうすればよいか 田舎の生産品にはどんなものがあるか 農園を作る	動物を飼育する 肥料や飼料に雜草を利用する

第二五表　課題表（其ノ二）

	生命の保全	生産と消費	資源の保護
四年	傳染病を撲滅するにはどうしたらよいか（D.D.T.の撒布、豫防注射など） 緑地、保健地の區劃設定をどうするか 街路、空地、住居内外の清掃 塵芥、下水、汚水の衞生的處置 共同便所の設置 病院、健康相談所等の設置 豫防醫學、公衆衞生等の大意を知る 街燈を增設して街を明るくする	東京灣の開發はどのようにされたか、都下の島嶼の利用はどうされているか 東京の住宅問題 練馬地區は都市近郊の蔬菜供給地區である 練馬の特殊産業（撚糸、大根） 武藏野はどのように開拓されているか 大都市の消費生活はどうか 農業生産はどのように行われているか	風致區としての自然美を保存するにはどうすればよいか 1. 山野の樹木の亂伐防止と植林 2. 千川上水の櫻樹復興 3. 富士見臺の湧水池復興 4. 林間に小鳥巣箱の設置 5. 禁區内の狩獵禁止 農作物の病虫害豫防 土地の適正利用 農園を作る 動物を飼育する 雜草、塵芥を肥料に利用する 公園、街路樹の整備 再生工場の建設
五年	警察署は社會の安寧、秩序を守るためにどの様な仕事をしているか 警察署の組織はどうなつているか 防犯、防火 健康を考えた住宅一住宅問題の解決 經濟の安定、職業の安定 法規の尊重と遵守 ボス的存在の取締り 飲料水の水質檢査 安全な交通	有畜農業の經營 インフレの防止、闇物資の撲滅はどうすれば安全に行われるか 配給制度はどのように改善されるべきか 供出促進と方法の改善 都市計畫に基づく産業の立地計畫 住宅問題はどうすれば解決するか 遊休、未利用資源の利用はどのようにしたらよいか 日本の衣食住生活はどのように變遷したか 日本農業の現在と將來	植林 造林計畫 防火（耐火建築） 耐震建築 山林の亂伐防止 バザー、交換會を開き廢品再生の面に利用する 廢品再生 資源の開發（石油その他）
六年	傳染病の撲滅（特に結核）はどうしたらよいか 職場で安全に仕事をするには如何なる設備をすべきか 新療法發見のためには如何なる研究をなすべきか	食糧問題の解決と外國貿易、貿易産業の育成 勞働問題と企業整備 失業の對策はどうしたらよいか一道路改修 機械に依つて生産方法はどのように變つたか 大量生産と消費生活 天氣と農産物 國際間の有無相通ずる物資交換	電化により燃料消費を減ずる 用紙の適正な利用 乏しい日本の資源とその對策（資材の入手困難をどう解決するか）

ある。落ちのないように社會科學的に分析された社會生活の主要機能——生命の保全、生産と消費、資源の保護、交通・通信・運輸、教育、政治、厚生・慰安——を横の軸とし、兒童性とその發達段階を縦の軸として、二つの軸のクロスするところに各學年の學習內容が導き出され、その學習內容が、社會の主要なる全機能の學習經驗として統一的に且つ系列的に位置付けられたものである。課題表の縦横の軸はしかし、固定化したものではない。動く社會、伸びる兒童性を考えながら常にダイナミックに考えているのである。

しかしてそこには既に調査された素材が或る學年發展をもつて豫想される。それは社會的側面より見れば、社會的課題を含み、兒童の側より見れば、兒童の課題を含んでおり、この兩者は完全に一致することが望ましいのである。否この二つの課題は實は別物ではなくて兒童の課題は、社會の課題が兒童を通して現われたものと見做すことができる。何故かなれば、兒童の興味關心は、ある社會環境に置かれそこで生活している間に生じたものであるからである。

かかる全體的見透しの下にわれわれは一年生は二つ、二年以上各學年はそれぞれ三つの單元を設定したわけである。

三、單元の設定

單元についての解釋は、多樣に行われ、この近代教育における流行語は、わが國戰後の新教育運動の中にもはなやかにその性格が論じられてきた。ところが、その反面「單元をいかに設定したらよいか。」「單元は、どのように構成されねばならぬか。」という論究になると、常識的に片付けられている傾向が強い。

いわゆる生活カリキュラム構成のやまは、單元の設定や內容の構成にあると考えられるのであるが、課題表から單元の設定という段階になるとすつきりとした論理性を感ずることができないのは、どうしたわけであろうか。よくスコープとシークェンスの二軸の交叉するところに單元が置かれるのであるといわれるが、絕對的な客觀性を求めようとし勝ちなわれわれは、この公式的なことばに困惑するのである。本校においても、しばしばこの點について論議がなされた。その結果、單元の設定には、絕對的な公式は、あり得ないのであつて、構成を意圖するカリキュラムの型式や構造についての把握と單元の性格の確立があつてこそ始めて設定が十全に行われるのであるという結論に達した。本校のカリキュラムの型式や構造に關しては、すでに述べられているので、以下、單元の性格、設定規準、方法及び技術などを中心にして、本校の單元が設定された經緯を述べてみたい。

(一) 單元の性格

單元は、周知のように教材單元と經驗單元の二つにわけられる。教材單元とは、一方には教材があり、他方にはこれを受入れる兒童があるという二元的な見解に立つて、教材の論理的な構成に主眼を置き、その教材の完全な理解のために計畫されたものである。これは、生活經驗の系列であり、教育は、兒童生徒の經驗にその直接の根源を持たねばならないという教育觀をカリキュラム構成の背景にもつわれわれとして取り上げることのできないものであつて、われわれが設定しようとするのは、經驗單元なのである。

それでは經驗單元とは、一體、いかなる性格を有するものであろうか。

1. 經驗單元の意味

經驗單元は、單元の組織の中心を兒童自身の中に置かねばならぬという基本的信念に基礎を置くものである。それは、あくまでも兒童の經驗を强調し、彼等が現在直面している生活上の問題をどのように解決したらよいかということの爲に計畫されなければならないものである。しかしながら、經驗單元を構成する原理として次のような點が十分に考慮されなければならない。

a. 兒童や生徒が偶然的一時的の興味にもとづいて活動し、單なる自己滿足に終ることのないようにすること。

b. 個人の能力を十分に發達させると共に民主的な社會機構を正しく理解させ、その進歩改善に協力できるようにすること。

c. 經驗單元は、現在からのみ出て來るものではなく、將來を豫想して、經驗を持續的に指導し、兒童・生徒の望ましい進歩を期するように計畫しなければならないこと。

以上のような觀點から、本校の單元の特質を次のように規定した。

a. 單元は、兒童の必要を中心にして、選擇の自由が可能であるように多くの問題を含むようにする。

b. 單元は、社會的課題と兒童の興味の自然的融合によつて、形成された教育的課題を解決するように配慮されたものでなければならない。

c. 單元は、兒童によつて種々に實行される活動を包含していなければならない。

d. 單元は、個人差に適應した多樣な活動を含むようにする。

e. 單元は、兒童の興味を喚起するに十分な要素を備えると共に、兒童に成功の喜びを與えるものでなければならない。

f. 單元は、それ自體統一性を持ち、問題解決のために時間的にも十分長く、範圍においても十分廣くなるようにする。

2. 基底單元としての價値

經驗單元は、兒童の經驗に基礎を置き、兒童と教師の共同計畫、個人的な必要と社會的必要との一致、學習要素の全體的連關ということに十分の考慮が拂われて、計畫されなければならない。經驗單元の極端なものになると、兒童・生徒の自發性や興味を尊重するあまり計畫というものがなく、ただ兒童や生徒が行うことについて行くということになるらしいが、現狀としては、とうていそのような單元を設定することはできないし、また望ましくもない。

そこで、單元の設定については、單元の性格に教師の使用のための準備という要素が附與される必要がある。本校の單元は、このような意味から基底單元 (Sourse unit or resourse unit) の性格を多分に持たせることにしたのである。基底單元については、ハンナ (L. A. Hanna) が次のように定義している。

「基底單元は、兒童及び教師のために提出される活動・會見・旅行・集團的及び個人的プロジェクト、評價方法及び參考資料の豐かな、實際的な貯藏所である。」

その他種々の定義があるようであるが、要するに基底單元は、教師のために準備されたものであり、最も効果的な指導法を行うために豫備的に研究する詳細な計畫である。これは、もちろん兒童や生徒には、手渡されないものであつて、多くの教師が使用できるように目的・活動・參考書・その他學習に必要な資料を提供するものである。
基底單元の内容については、普通、次のように構成されると解釋されている。

a. 教師に對する指示
b. 單元の目的と概括
c. 單元の内容（學習活動の具體例）
單元の時間配當
e. 單元の評價
f. 單元の參考資料
g. 他の單元との連絡

結局、基底單元は、教師の計畫であり、教師の準備なのである。しかしそれは、兒童や生徒にとつて、興味のあるものでなくてはならないし、同時に社會の必要を滿足させるに十分な價値も有していなければならない。

一方、基底單元は、學習單元を設定する基底になるものであるが、學習活動は、基底單元によつて導かれるものでなく、基底單元が學習單元や學習活動の中に自然に吸收されることが望ましいのである。このように、本校の單元の性格は、數次の討議の結果、經驗單元としての全體性の中に基底單元の要素を包含することを以て、形成されることに決したのである。

（二）單元設定の規準

單元の性格が明らかにされたならば、實際の學習指導上の原理や方法から、設定の規準が考えられなければならない。われわれは、過去において、社會科の單元を設定する規準を考えた。社會科の單元が經驗單元である以上、いま、われわれが構成の過程にあるカリキュラムの單元を設定する規準と社會科の單元設定規準とは、一般的に共通性を有していることは當然のことである。それ故、次に參考までに本校における今までの社會科の單元の設定規準と設定された單元をかかげておこう。

1. 社會科の單元の設定規準

A. 一般的規準

a. その單元は、兒童の興味から出發したものであるかどうか。
b. その單元は、一般的な社會的價値をもつているか。
c. その單元は、他の單元とのひろいつながりをもつているか。
d. その單元は、十分現實の基盤の上に立つているかどうか。
e. その單元の學習に豊富な背景が準備されているかどうか。
f. その單元は、兒童の經驗から發したものであるかどうか。

g. その單元は、グループの多數のものの學習意欲を喚びおこし、且つ個人差に應じた配慮がなされているかどうか。

h. その單元は、綿密な學習活動を導くことができるかどうか。

i. その單元は、望ましい社會的習慣を養うに適しているかどうか。

j. その單元は、學習の過程において、基本的な社會機能のすべてが自然に學習されるように組織されているかどうか。

B. 特殊的規準

a. その單元は、地域社會といかなるつながりをもつているか。

b. その學校、學級の興味や必要に適合したものであるかどうか。

c. その學級で特に必要なものを養い、缺けたものを補うに適しているか。

d. それは、季節との關連の上に成り立つているか。

以上のような規準によつて、課題表から各學年の單元が設定されたのである。

C. 社會科の單元

一年　家庭、學校。

二年　學校の附近、停車場、郵便局。

三年　食べ物、市場、町と田舎。

四年　練馬區の生活、西武鐵道(武藏野線)、東京の發達。

五年　交通と運輸、農村生活、工場、都市文明。

六年　通信の發達、機械生産、外國との交際、憲法。

これらの規準や單元については、實踐の反省にもとづいて、種々なる改訂がなされなければならない必要を痛感し、各學年の單元は、嚴密に檢討された。その結果、われわれは、社會科のカリキュラムの改造に止ることなく、生活全體のカリキュラムへ志向することになつたのである。それでは、われわれが企圖するカリキュラム構成の過程においての單元設定の規準がどのように考えられたかを述べてみよう。

2. 新しい單元設定の規準

われわれが、新しく設定した單元は、社會科というような教科のわくにとらわれた單元ではない。兒童の全生活の機能を包括する單元なのであるから、單元設定の規準もその視野を擴大しなければならない。しかし、それかといつて、それらの規準は、社會科單元への設定規準と全然姿を異にするかというと、そのようなこともあり得ないのである。前にも述べたように兩者とも經驗單元である以上は、多くの共通な點を持つことがむしろ當然なのである。われわれは、社會科單元設定の規準を尊重すると共に、新しく設定せんとする單元の特質を强調するような規準を設けなくてはならないと感じ、次のような規準をあげた。

a. 單元は、兒童の實際の生活の場に發生した問題を中心にして構成されなければならない。

b. 單元は、兒童の生活活動において、使用の可能性が高い知識・理解・態度・技術・習慣などが成長發展をとげ得るものでなくてはならない。

c.　單元は、一時的、偶然的な兒童の興味ではなく、根據のあるしつかりした興味を基礎にしなくてはならない。

d.　單元は、兒童が統一した理解を得るような幅と長さを持ち、他の生活活動と關係した計畫が行われるようでなくてはならない。

e.　單元は、兒童の發達に適應し、適當な困難さと、輝かしい成功を約束するものでなければならない。

f.　單元は、多種多樣な直接經驗を含んでいなければならない。

g.　單元は、できる限り、兒童がその活動について工夫し、計畫し、方向づけるような機會を持つていなければならない。

h.　單元は、兒童にとつて愉快な活動ができるものであり、身體的な活動に訴える機會を持つているものでなければならない。

i.　單元は、內容として、判斷し、選擇し、評價する機會を持つていなければならない。

j.　單元は、兒童の個人差に適應した學習活動を用意していなければならない。

大體、一般的に以上のような規準があげられた。もちろん本校兒童の地域的な生活條件がこれらの一つ一つの規準に交渉しなければならないことはいうまでもない。(これらの規準については、メルヴインやハラツプの所說に負うところがすくなくない。)

このように單元の設定規準が決定されて、われわれの單元設定の目標は、確立されたわけである。目標が明らかにされた後にわれわれに殘されている重要な仕事は、單元設定の方法をいかにするかということである。これは、一つの技術である。次の項において、もつぱら具體的に本校で單元設定にいかなる方法をとつたかということについて述べることにする。

(三) 單元設定の方法とその技術

單元設定の方法に關する技術的な方面について說かれている文獻は、今の所ほとんどないといつてもよいくらいで、われわれは、モリソンが「然るべき單元を客觀的に決定する方法があるか。」と問われて、「客觀的ということが、ただ單に實際の材料からすぐに論斷したり、あるいは數學の公式を適用したりすることだけを意味するものならば、單元について客觀的なものは何もない。客觀的にということが、單なる主觀的な想像や思索の代りに、しつかり筋の通つた分析にもとづき、また適切な事實や原理に忠實な判斷を意味するならば、一つの課程の單元の分析は、他の科學の過程と同じように直ちに客觀的である。」と答えた言葉に單元設定の方法とその技術の方向を見出すのみである。

1.　歸納的方法と演繹的方法の併用

本校においては、單元を設定するに當つて、演繹的方法と歸納的方法を平行的に行い、その融合を最終の段階において圖ることを考えたのである。

演繹的方法とは、まず、過去において行われた社會科を中心にしたカリキュラムの單元學習の實踐結果と社會科指導要領補說の中に說かれている基底の主題、他の進歩的諸學校で設定された單元を參考にして、一應、本校の單元を設定し、その計畫によつて學習を展開し、演繹的に單元の改訂、あるいは充實をしようとするものである。

歸納的方法とは、社會調査によつて、社會的課題を知り、兒童調査と既にある文獻によつてシークェンスを決定して、課題表を作成し、課題表から單元を設定、構成して行こうとする方法である。さらに、それらの方法について詳述してみよう。

A. 演繹的方法による單元設定　新しいカリキュラム構成における單元設定の根據を先に作成した本校の社會科單元の檢討と、社會科指導要領や補說に示された資料に置くことにした。そこで、社會科の單元の中で、われわれが構成せんとしているカリキュラムの形式や構造に合致するものはないかということを考えてみたのである。その結果、次のような單元がその價値があるものと認められた。

一年　家庭、學校。

二年　學校の附近、停車場。

三年　町といなか、食べ物。

四年　練馬區の生活、東京の發達。

五年　交通と運輸、農村生活。

六年　機械生產、外國との交際。

更に、これらの單元を社會科指導要領並に補說に示された一般目標、各學年の目標、兒童の發達、主要經驗領域、基底などに照合して見たところ、不十分ながら適合している。そこで一應この單元によつて實踐を展開し、その反省と歸納的方法による結果と兩々相まつて、滿足すべき單元を設定して行こうと考えたのである。もちろん、これらの單元による實踐の間には、各教科の學習が如何に中核學習に融合されるかということが實驗的に檢證され、兒童の自發活動から見て、單元として、必要な他の要素、新しい單元を設定する必要度などが種々な角度から檢討された。

B. 歸納的方法による單元設定　これは、いわゆる單元設定の常道を行つたわけであるが、教育目標の設定、次にスコープの決定、シークェンスについての調査、社會機能による課題發見のための調査という過程を經て、課題表が作成され、それによつて單元が構成されるという方法をいうのである。本校における教育目標スコープの決定等の手續きについては、他の項において述べられている故、ここでは、課題表からどのような單元が設定されたかについて述べてみよう。

2. 課題表の利用と單元の最後的決定

課題表の作成は、カリキュラム構成の最後の段階に當るもので、この利用の成否は、カリキュラム全體の構造に大きな影響を與える。課題表は、如何に利用されるべきであろうか。われわれの見解は、次に示すようなものである。

a. 單元設定の有力な資料とする。

b. 學習內容の選擇に利用する。

c. 實際指導において、統一的、發展的な把握が可能である。

要するに課題表は、單元設定と學習內容の構成に不可缺なものであるといつてよいのである。たとえば課題表の一年の欄の問題についてみると、各社會機能の中における課題は、家庭と學校という生活活動のユニットの中に包合されることがわかるであろう。このようにして、われわれは、課題の概觀を試みることにより、各學年の生活活動のユニットの輪廓をつかむことを試みたのである。よく、課題表から直ちに單元が決定されるようにいわれるが、われわれは、課題表のみから單元を決定しようとはしなかつた。われわれは課題表によつて、ユニットの全體的構想を得ることにつとめたのである。

課題表は、われわれに單元の全體的構想を與えた。この段階に到ると、前に述べた單元設定の規準と、演繹的方法によつて假設された單元についての實踐結果が重要な役割を果たすことになる。われわれは、先ず假設された單元の學習においてどのように各教科の學習が融合されたか、又は、融合される可能性があつたかについて話し合つた。その結果、各學年の兒童の發達や興味、能力から見て、このような單元が新しく設けられねばならぬとか、この單元は、このように改訂されねばならないという意見が提示された。そこで課題表から得られた單元と實踐結果とが照合され、檢討された結果、最終的な決定として、次のような單元があげられたのである。

一年　家庭、學校。

二年　春の農園、停車場、近所の人々。

三年　動植物と私たち、町といなか、西武鐵道。

四年　郷土の生活、武藏野の秋、東京の發達。

五年　衣食住とその資源、日本の政治、交通と運輸。

六年　機械文明、日本と國際社會、宇宙とわれわれの住む地球。

これらの單元の排列と內容構成については、次に述べる通りである。

3. 單元の排列の技術

單元をどのようにならべ、學年にどのように配當したらよいかということには、何等の定則もない。單元の排列は、計畫するものの一つの技術といつてよいであろう。經驗單元の排列を論理的な系列に當てはめようということは、もちろん考え得べくもない。しかし、それかといつて、漫然とならべて學年に配當するということもあり得ない。學年にどのように配當するかということは、その單元設定の經過から、當然、シークェンスや兒童の興味、能力に規定されるであろうから、排列の技術についての留意點をあげてみよう。

まず、單元排列の規準として、次のようなことが考えられるであろう。

a. 單元の內容を構成する活動が最も興味を持たれるところ。

b. その單元の活動も全體的にみて最も役に立つであろうと考えられるところ。

c. 兒童がその活動を最もやりやすいところ。

本校の各學年における單元の排列は、右の規準にもとづいた點が非常に大であり、且つ次の諸點も考慮された。

a. 季節的な配慮

b. 專科教師の勞力の均等

c. 重要なる社會行事、學校行事への考慮

4. 單元の內容構成

單元の內容構成ということは、單元の設定の重要な仕事である。本校における、單元は、既に述べたように基底單元としての性格を多分に有しているのであるから、基底單元としての特質が十分に盛りこまれなければならないわけである。次に普通基底單元としての內容は、どのように構成されているかについて、しらべてみると、

a. 問題の意義

b. 學習の目的（理解と知識・鑑賞と態度・能力と技能）

c. 開始計畫（學習の動機づけ）

d. 豫期される兒童の經驗（學習活動）

e. 他教科との關連

f. 評價

g. 資料（參考圖書目錄）

本校の單元年次計畫表は、とうていこれらについて、詳細に書き記すことは、できないので、

a. 目標　b. 單元名　c. 內容　d. 環境と資料　e. 基準と評價　にとどめることにした。

さて、それらがいかに構成されたかというと、先ず各單元についての目標が立てられた。次に活動の決定が行われた。その際の技術と順序をあげると、

a. 單元の骨組になるような見出しを決定する。

b. 經驗の淺い敎師が見てもわかるように一つずつ單元を構成する。

c. 基礎的な經驗を適當な間隔を置いてくり返すように配置する。

d. 個人差に適應した活動を考えること。

e. 活動のやまを、兒童の興味と努力が永續するように配置する。

資料と環境については、各活動に必要であり使用されることが望ましいと思われるものをできるだけ記すことにした。それから特に環境については、活動の發端となるべきものをあげたのである。基準と評價は、各學年兒童がこの單元において、いかなる基礎的能力を養わねばならないかということを具體的に示した。次にこのようにして設定された單元がどのように學習單元として計畫され實施さるべきかについては次項で述べることにした。

四、年次計畫

ここに掲げた年次計畫は、今まで述べられたわれわれの學校における生活カリキュラム構成の手續にもとづいて單元を設定し、その單元をいかに展開するかについて、その概要を明らかにしたものである。この單元がとられた基準その他については、すでに明らかにされていることであるから、それを再びここで說明することは省略し、われわれはいかにこれを使用しているかについて少しく說明を加えておきたい。

1. 基底單元としての年次計畫

この單元計畫は、基底單元としての性格をもっているものである。したがって、個々の學級において、この單元

の學習が展開される場合は、これをそのまま利用するというが如き性質のものではない。元來、學校全體によって計畫された單元とその展開は、教師の豫想であって、それができるだけ種々の實態調査にもとづいて計畫されたものであっても、個々の學級、個々の兒童に直面した場合には、その實態とのへだたりが多分に存在するということは否定できない。したがって、學校全體によって計畫された年次計畫は、個々の學級によって更に組みかえられる必要が生じてくるのである。ここにおいて個々の學級教師と學級兒童によって「學習單元の計畫」が行われなければならない。(この詳細については第三章「學習單元の計畫」の項參照）したがって、この計畫に盛られた全部の内容を、學級兒童の學習活動として採り入れる必要もなく、また、これ以外の内容は學習されてはならないという性質のものでもない。要は、學級教師によって計畫される學習單元の基底となり資料となる性質のものである。

以上の意味における基底單元の排列は次のようになっている。

一年	學　校	家　庭	
二年	農　園	停車場	近所の人々
三年	動植物と私たち	町といなか	西武鐵道（武藏野線）
四年	鄕土の生活	武藏野の秋	東京の發達
五年	衣食住とその資源	交通と運輸	日本の政治
六年	機械文明	宇宙とわれわれの住む地球	日本と國際社會

2. 基準と評價の方法

この欄の記述は「能力表」にもとづいて、各學習活動が展開されるにあたり、どの程度にまで各種の能力が意味ある經驗として學習さるべきかの基準を用意し、その評價の段階を示したものである。もちろん、この場合も教師の豫想が濃厚にでているものであって、個々の學級教師が個々の學級兒童にのぞんだ場合、その段階の系列が兒童の實情に即していないことが當然豫想されるのである。この際われわれは、更にあらかじめ用意された能力表によって、その基準の移動について考慮することが必要となってくるのである。

次に、この程度の基準と評價で、兒童の能力の具體的指導の目安が求められるかということであるが、これは、極めて未梢的な問題であるが、「表」の紙面の都合上、抽象的、要約的になっているのであって、これが學習單元に展開される場合には、能力表を利用するとともに、更に學級兒童の實情からいっそう詳細に記述されることを豫想しているものである。

3. 記錄の問題

われわれは、前にいくたびか述べたように、この單元計畫が、決して理想的に立案されたものとは思っていないのであって、これは年々實踐の結果に照らして改變せらるべきものと考えているのである。したがって、この基底單元から學習單元を構成して實際にうつし、その結果の記錄を計畫的にかつ綿密にとることによって、いっそう完全に近い年次計畫を構成しようと考えているものである。

第二十六表　年次計畫

單元	學校
配當	一年　四月—十月
目的	一、私達の學校があるために、どんなに私達が幸福であるかを認める 二、學校における自分達の位置を知り、學校の發展維持のための責任を分擔する 三、學校の中で自尊心を發達させ、互に尊敬し合う心、協力心を養う 四、私達の學校のために力をつくして下さる人々に感謝する 五、有効に時間をつかうことの必要を理解する 六、新しい、いろいろな經驗を豊富に得るように努力する 七、特に留意したい點は次のようである ○新入生になつた誇りをもたせ、自覺に導く ○學校の輪廓やその機構 ○學校をとりまく事物 ○學校の施設と關心 ○學校を美化することとそれに對する關心 ○健康の保持、促進 ○規則的な生活に對して關心を持つ

内容	資料環境	基準と評價　生活	言語	數量形	表現
一、うれしい入學 1. お家での準備 2. 登校（通學道順と方法） 3. 入學式 4. 自分の教室と受持の先生 5. 入學記念行事（寄書、寫眞、植樹） 6. 挨拶、下校 7. お家での話し合い 8. 學校のきまり 二、學校めぐり 1. 學校の組織 A 成員 先生　事務員　使丁　兒童（自治委員）　PTAの人（組織と仕事） B 校舎とその附屬物 各學級教室　特別教室　教務室　主事室　事務室　衛生室　給食室　圖書室　購買室　小使室 便所　階段　玄關　廊下　靴箱　昇降口　ごみ箱　井戸水道　飼育場　池 C 校庭 グラウンド　綜合運動場　體操用具　倉庫 D 講堂と體育館 E 學校園　農場　本校々庭　松林　道路 F 本校學生寮　教員住宅 三、砂場と教室と綜合運動場 1. お友達の名前、挨拶 2. 教室の遊び（お家の遊びの持越し） 歌う　黒板に繪を描く　輪投げ　積木　玩具　繪本を見る 3. 砂場で遊ぶ 山川を作る　學校を作る　木を植える　橋をかける 4. 綜合運動施設をつかつてあそぶ シーソー　ジャングル　木スベリ臺　高梯渡り　はん登棒 5. 危い遊び、嫌な遊び、惡い遊びをしない	入學式 記念撮影 樹植 學校内の見學 各種施設 花あつめ 木、草の葉あつめ 小鳥のいろいろ バードデー（四月十日） 遊び場 遊び道具 學級文庫 防火施設	登校下校の挨拶をする能力 いつてまいります ただいま 名前をよばれたら返事をする 先生やお友達に挨拶する 廊下を靜かに歩く よその教室に入る時はノックをして入る 動植物にはいろいろの種類のあることとの理解 直覺的判斷能力 環境に興味をもつ態度 動植物を愛護する態度 社會的に氣持よく行動する能力 日常生活で禮儀を守る 普通の作法に從う 時間をきちんと守る 學校のきまりを守る 遊びの計畫を立てる 遊びをきかれたら口で答えられる てこの原理の理解（シーソーあそび） すべり、まさつの理解（すべり臺遊び） 比較觀察の能力 機械器具を用いる能力	話す能力 はつきりとゆつくり 發音（鼻音、促音、拗音、兒童語に注意する） アクセントを正しくする 姿勢を正しくして相手の顔を見て話す 自分の名前や返事をはつきりいう 出來事をはつきり話す きく能力 あくびや手いたずらをしないでしずかにきく 何をはなしているかをかんがえてきく おわりまでよくきく ラヂオを正しくきく かねの合圖をききわける わからないことがあつたらききかえす 話す能力 順序を正しく話す アノー、ソレカラ、エエ、ソシテ等のことばをらん發しない 話し合いの能力 自分だけ、勝手にいわないで仲よく話す 人の話しているうちに發言したり、手をあげたりしない 人によくわかるように話す	午前・午後を知る 前後の觀念を理解させる 五まで數える 聲を出して數える 指をあてて一對一の對應をしながら數える だんだん聲を出さないで數える だんだん指を使わないで數える 固定していないでうごいているものを數える 多い少いという言葉の意味を理解する 長い短いという言葉の意味を理解する 高い低いという言葉の意味を理解する	描畫の興味 聽唱法 旋律 歌詩を覺えさす 發聲（自由に） 拍子の練習（拍子） 圖畫の興味とのびのびとした表現 構成的遊戲の興味 材料の適用

6. 上級生の遊びを見る 四、安全な學校生活 1. 施設の使い方 便所　窓の開閉　手洗場　ドアの開閉　圖書室　備品 2. 火災の豫防施設を見る 3. 火災、地震その他緊急時に對する待避訓練 4. 登校下校の交通訓練 5. 道具や器物を注意深く扱う 6. 作業の後始末 7. 怪我をした時の心得 8. 病氣になつた時の心得 9. 交通訓練	避難場所	注意深く觀察する態度 危險防止危い遊びの理解 交通規則や安全規律を守る		十までの數を數える 集合を見てすぐその數をいいあてるようにする	
五、たのしい全校和樂會 1. 新入生を迎える會、小學生仲間入りの挨拶 2. 上級生のお勉强 3. 私達のお勉强 4. 會場のおかざり 紙くさり作り 5. 和樂會にやる　歌　劇　御挨拶 6. 和樂會當日の生活 持物　歩く　晝食　體の始末 7. 和樂會のまとめ 繪　歌　發表　學校の規則	都民農園	鑑賞する態度 行儀よくきく 姿勢をよく、しづかに 風力を動力の一として理解する 原理を應用する能力 工作する能力			環境の美化と 鋏・のりの使い方 色名をおぼえる（有彩色十一色）
六、健康な學校生活 1. 部室の清潔整頓　學級文庫の本整理	衞生室 交通ポスター	科學的作品に興味をもつ能力		自分の年れいを確實に知りその	半既習曲 聽唱法 正しい歌唱 旋律

2. 運動場の清掃 3. 便所の使い方　清潔のもち方 4. ハンカチ　鼻紙　爪　髪　身體の清潔 5. 衣服はさつぱりしたものを着る 6. 辨當と給食 7. 食前、食後に手を洗う 8. はだしになつた時の注意 9. 正しい學習の姿勢				數を物と一致しうるようにする 自分の持物の數を常におぼえておくような生活態度を身につけさせる 一日の生活時程の順序を正しく言えるようにする（時間的觀念）	律動 動作にうつたえる拍子 歌詩の練習 思想の表現 折紙の技法
七、「子供の日」のもよおし 1. お誕生會 2. 身體檢査（身體と着物）とその繪 3. 運動會のしたく 4. 學級園の手入れ 5. 鯉のぼりをつくる　風車をつくる（矢車に因んで） 作る　見る　歌う　お話　繪をかく はなの歌 6. この日の生活 7. 青葉展覽會（青葉の景色）	お節句の祝い 身體檢査表 小運動會 春の種まき 全校寫生大會	繪畫寫眞をつから能力	ひらがなをかく能力 文字を大きくはつきりかく 順序を正しくかく 鉛筆のもち方 芯先から指先まで約二糎 角度四十五度 まわしてかく あまり細くけづらない	一から十までの數字を書く 數と數字との一致をはかる 順序數と集合數の區別を知り數にはこの二つの意味あることを知る	聽唱法 旋律の知覺 發聲（自由） 拍子（二拍子）拍手で 人物の表現 綠色のなかま（色相） 色名の理解 クレヨン、鋏、のり、糸の利用
八、のりものあそび 1. のりものしらべ 2. のりおりする驛を繪圖にする 3. 交通道徳 のりおり　車内の様子　氣をつけること 4. のりものあつめ、のりものつくり（粘土、紙）	大泉驛見學 驛長の話をきく	のりものは私達や荷物を短い時間に早く樂にたくさん運ぶことが出來ることの理解 比較・觀察の能力 機械道具に興味をもつ態度 ころがりまさつに關する理解（すべりまさつに對して）	消ゴムの使い方 本を正しく持つ能力 兩臂をかるくのばす 本は目の高さ 肩の力をぬく	順序數を生活行動と一體的に把握させる 五の補數を發見する	さまざまな材

5. 電車ごつこ　電車ごつこの道具作り 電車の繪　切符　車掌　運轉手　お客 6. 交通せいり 7. 汽車の旅 九、遠足 1. 遠足に行くところのしらべ 2. 準備するものを話し合う 3. 歩き方、目的地でのお勉强 4. 遠足の反省 繪　話し合い　作る 十、お醫者さんごつこ 1. はしか、傳染病、歯の病氣等の病氣しらべ 2. 怪我のしらべ 3. 虫歯豫防 4. 梅雨時のくらし方 5. 雨具（こうもりがさ、音樂） 6. 病氣で休んでいる人のしらべ 7. 病氣のお見舞 8. 病院を作る 9. 人を決めてお醫者さんごつこをする 10. お醫者さんごつこの話し合い 11. お醫者さんごつこの道具作り 12. お醫者さんの家を見學する話し合い 13. 見學 14. 人形をつくつたり、繪をかいたり、紙芝居をつくつたりしてまとめる 十一、お誕生パアティー	おもちやのあつめ いなかにいつたことのある人 上野動物園 虫歯豫防デーの催し 病歴調べ 出席しらべ 紙芝居	比較觀察の能力 疑問をおこす態度 交通の規則を守らぬためにけがをしたり、他人に怪我をさせることの理解 關係的にみる能力 危險から身を守る能力 愼重に行動する態度 必要な標本や模型をあつめる能力 のりものの見本・おもちやを集める のりものの模型をつくる 見學や遠足についての計畫を立てる能力 交通機關を使う能力 繪をかく能力 動物にはいろいろの種類があることの理解 資料をあつめる能力 整理整頓する能力 危險から身を守る態度 環境に興味をもつ態度 動物はそれ〴〵違つた巣を作つているという理解 ハンカチ、鼻紙を常時持つている 鼻汁を拭うこと、靜かにかむこと 口の中へ指など入れないこと 朝晩歯をみがくこと 食事の前に手を洗うこと 等についての理解と習慣づけ 關係的にみる能力	本の下端に小指をかけて指をかるくそえてもつ 本は額の線とほど平行になる 童謠、童詩を讀む能力 はつきりいつて見る 情景についていつて見る ゆつくり、はつきり讀んでみる 話し合いの能力 思想を明確に話す 討議の問題を把握する 話す能力 相手によつてことばを使いかえる 話す人になりきつてその人らしいことばをえらぶ はつきり讀む能力 口を大きくあけて聲を出す	午前なん時 午前なん時半 午後なん時 午後なん時半 遠い近いの觀念とその言葉を知る 十の補數を發見する	料の利用 觀察と表現 思想の豊かさ 表現の複雜さ 聽唱法 旋律の歌い方 律動 歌詩の徹底 拍子の練習 小刀を使う能力

一二二

1. 誕生會の計畫話し合い 2. 教室の飾りについて 紙くさり　花かざり作り 3. 誕生表について 4. 父母を招待することについて 5. 當日のプログラムについて 6. 當日及びその前の役割について 7. 招待狀について 8. 當日の會場について 9. 私達の態度について 10. 成績展を一しよに計畫することについて 11. 展覽會の飾り方 12. パアティの反省 十二、八百屋さんごつこ 1. この頃の八百屋さんに出ている品物のしらべ 2. 學校菜園のしらべと手入れ 3. 野菜の形集め（繪にかいて） 4. 野菜や果物のカタログや繪を集めて貼る 5. 果物や野菜でよみを作る、値段表を作る 6. お店の見學、果物や野菜を粘土で作る 7. 八百屋さんごつこの道具を作る、人の役割を決める	誕生日しらべ 案内狀 物語りの本 部屋のかざり 折紙 切紙 花 歌、作文 成績物陳列 八百屋見學 レッテル集め	健康を保ち進める能力 注意深く正確に行動する態度 專門家の意見を尊重する態度 機械道具にはいろいろあることの理解 （おいしやさんの道具） 資料をあつめる能力 科學的作品に興味をもつ態度 病氣にはいろいろあることの理解 病氣の徴候に關する理解 病氣の手當、豫防、注射、種痘についての理解 繪を描いたり紙芝居をつくる能力 虫歯の紙芝居をつくる おいしやごつこの繪をかく ごつこ遊びや劇化の計畫を立てる能力 親への感謝の態度 人の食べる野菜果物の種類についての理解 資料をあつめる能力 事實をありのままみる能力 事實を尊重する能力	一つ一つの音をはつきり發音する 一つ一つのことばをはつきり發音する ことばをまとめて讀む 紙しばいを作る能力 紙芝居の筋が通つているか すじに合せて繪をかく 口で話してみる 簡單な文をかきそえる かんたんな文をかく 見たこと聞いたことを話し合う 話し合つたことを繪にかいて見る 繪にそえてかんたんな文をかく	物を二つづつまとめて數えることを知る 圓・錢の單位を知る 圓錢をつかつて物の値段を言えるようにする 金錢の價値を理解しその評價を表わす	無名の理解・補色配色 生活への適用 美的な配置 粘土による表現の興味 形の整理分類 美術の利用

一二三

8. ごつこ遊びをする
繪に書いたり、文に書いたり、買上グラフを作つたり、劇にしたりする

十三、水に關してのあそび
1. 水遊びの經驗と計畫について話合う
しやんぽん玉遊び、水でつぽう、ポンプ
2. 小川のめだか取りの計畫と飼育について
3. 河原での遊びと、木の葉やささ舟で遊ぶことについて
4. 目高すくいに行く、取つたものを飼育する
5. 魚取りの樣子を繪に描く
6. 鳥の名前集めをしたり、「きんぎよ」の歌をうたう
7. 川に水遊びに行く
葉、竹、木で舟をつくる
8. 繪日記にまとめる

十四、たのしい夏休みの仕度
1. 夏休みの話をきいて日程をたてる
2. 夏休みをたのしく過すための計畫を立てる
家庭と連絡する
3. 夏休みの仕事の表を作る
4. 夏休み中に注意することがらを話し

石神井公園に行く
生活豫定表
生活日程表
朝顔の栽培

體の運用についての能力
水遊びで體を自由に運ぶ
空氣・風及び水についての理解
シャボン玉、水あそび
關係的にみる能力
疑問をおこす態度
小川や池の生物の種類についての理解（魚、オタマジャクシ、昆虫）
資料をあつめる能力
飼育の能力
環境に興味をもつ態度
危險から身を守る能力
危險の防止をする能力
川あそびの危くない仕方
企畫する能力
一日の生活時程をつくる能力
生活豫定をつくる能力
計畫を着實に實行する能力
適當な休憩をとることの

繪日記をかく能力
繪をかく
繪を中心にして
説明的に文をかく
主題のとらえ方に注意する
手紙をかく能力
かくことを話し合う
話すようにかいてみる

一ぱい二はいと入れ物に入る水の量をはかり、このようなものはますの如きものではかることによつて多く入るか少く入るかを理解させる
時を單位にして一日の生活を考える
午前、午後
時計の針の位置と音の數が一致するように理解

聽唱法
旋律の知覺
發聲
整調の注意
拍子の練習
確實性
記錄的な表現の仕方の理解
聽唱法
旋律、律動の知覺
正しい歌唱
正しい發聲
正しい拍子
歌詞の徹底
圖表の描き方
畫題の選び方
變化ある表現

合う
5. 先生や友人、知人に手紙をかくことを決める
6. 住所を知つておくこと、一覽表を作つておく
7. 夏休み中の繪日記を作る

十五、展覽會
1. 二學期の始業式
2. 夏休み生活の報告會
3. 友人からの手紙、製作品、その他休み中にあつたこと、研究したことの展覽會計畫を話合う
4. 展覽會場を作る
5. 陳列、説明、會場の飾り、父母を招く手紙を工夫する
6. 展覽會のはこび方
役割　見學の作品　どんな所を見るか
7. 他の學級の展覽會を參考に見てまわる。
8. 招待者を案内したり、説明したりする
9. 展覽會の結果の反省をする
見學のし方　陳列のし方　説明のし方　案内のし方　よく出來た製作品

十六、お月見、まゝごと

前學年の反省錄
お手紙
お友達の住所しらべ
お友達のいなか（郷里）しらべ
報告會
研究展覽會

大切な理解
水に入る時、出たときのみもの、たべもの等わづかな注意で怪我や病氣がさけられることの理解
健康を保ちすすめる能力
愼重に行動する態度
資料をあつめる能力
企畫する能力
工夫する態度
整理・整頓する能力
月は東から出て西へ入る

相手をよく考えてかく
書きたいことを考えていることがよくかけているかを考える
ポスターのことばをつくり又描く能力
はつきりしたことばをえらぶ
いみがよくわかるように考える
文字の形や色を工夫する

を與える（數範圍十二まで擴張）
順序數と集合數の一致
上下の觀念を理解させる
四角、ま四角、長四角の觀念とその言葉の意味を知る
またこのようなものの合理的配置法を考える

思想の表現
配置と裝飾
よい繪、惡い繪の理解

1. まゝごとの計畫の話し合い（グループ毎）
2. まゝごとに必要な道具の製作及び蒐集をする
3. お家の人員を決めて仕事の役割を決める
4. まゝごとの道具を作る、人形を作る
5. まゝごとの場面を決めてそれ〴〵行う
6. 朝　日中の仕事　夕方　夜の場面
十五夜のまゝごとをする
A 七草あつめ
B 十五夜のおかざりをする
C 供え物を作る
D お月樣の繪や詩を作る
E おつきさまの歌を歌う
7. まゝごとの反省（繪・文にまとめる）

十七、お給食調べ
1. 給食室の見學
2. 給食を作る人を見て話し合いをする
3. 給食に使われる材料をしらべる
4. 給食の運ばれるのを見る
5. 荷馬車の歌を歌う（音）
6. 給食ごつこをして遊ぶ
7. 給食を頂く時の作法を話し合つてよくする
8. ララ物資の贈物に感謝の手紙をかく

月の繼續觀察
十五夜のお供え物
給食室見學
食事の作法
秋の球根植え

月は新月のときは見えなくなる
ある時には月は晝間も見える
月はみちたりかけたりする
太陽・星も月もおなじように球狀である、等の理解
關係的にみる能力
比較觀察の能力
直覺的判斷の能力
繼續觀察能力
資料をあつめる能力
疑問をおこす態度
環境に興味をもつ態度
よくかんで食べる
よい姿勢と食後の休み
食べすぎ、飲みすぎは胃をそこなう
時間をきめて食事をとる等の理解
筋道のとおつた考え方をする能力
健康を保ち進める能力
道理を守る態度

童謠・童詩をつくる能力
感じたこと、見たことを自然にすなおにうたつているかを見る
もののみ方、感じ方が正しくてするどいかどうかを見る

まるの觀念を理解させる
いろいろな形に對する關心を深め物の概略の形をとらえる習慣をつける

さま〴〵な材料の利用
聽唱法
半旣習曲
旋律・律動の練習
歌詞の練習
拍子の練習
正しい歌い方
想像による表現
お母さん方の服裝に氣をつける

十八、學校園
1. 學校園の手入れ
2. 秋の球根植え

十九、學校ごつこ
1. 家から學校までの繪地圖を書いて、環境を整備する
2. 學校の組織やその仕事や外部團體のことなどしらべる
3. 學校の規則をしらべて守れるようにする
4. 美しい學校、學級にするための工夫をする
5. 敎室や廊下の飾りを考える
6. 上手な勉强のし方を考える
7. 學校の模型を作る（粘土、紙、木）
8. 學校ごつこのそれ〴〵の役目をきめて學校の一日をドラマ的にやつてみる
9. 學年アッセンブリーを打合せて準備する
10. 運動會とアッセンブリーを主體的に組合せて、父母を招待する
11. 運動會の計畫をすすめる
12. 演藝、運動、成績の展覽會を開く
13. 運動會當日の役割を決める
14. 當日の活動をする
15. 學校ごつこの反省と共によりよい生徒になる工夫を考えてやる

ヒヤシンス水仙等の水栽培
家から學校までの地圖
學校の組織
學校の規則
學校の模型
運動會
學級展覽會

食事の作法を守る態度
多くの植物は花が咲いて種でふえる
球根、いもなどでふえるものがある
種はいろいろの方法でまき散らされる等の理解
比較觀察の能力
資料を集める能力
事實を尊重する能力
水がないと種は芽を出さない
水がないと生物は育たない等の理解
理解關係的にみる能力
飼育栽培する能力
環境に興味をもつ能力
學校のきまりを守る能力
禮儀・作法を守る能力
社會的にきもちよく行動する能力
模型を作る能力
投捕球の能力
しつかりと確實につかむ
ごつこ遊びや劇化の計畫を立てる能力
計畫に從つて着實に實行する能力

正しくはつきり讀む能力
目が正しく行を追つているかどうかを見る
發音やアクセントが正しいかどうか
句讀を正しくよんでいるか
童謠をよみとる能力
長い文でもよみとおす
よんだ内容を話してみる
手紙をかく能力
用向がはつきりしているか
相手によつてことばづかいが正しくできるか

三十五位の具體な物の數を數えたりする
數の合成分解を用いてかんたんに出來る問題を構成し數を分解しあるいは合成して、減法加法の準備をする

說明的表現
敎室を整備する能力
美術の適用
立體的表現
敍事的表現
繪日記にかく
人物のさまざまな姿態の表現

單元	家庭	配當	一年　十一月―三月

目的

一、家庭の人員、及びその仕事、慰安などの知識を與へる
二、家族のきもの、たべもの、建物家具、調度等の家庭に關する基礎的な事物及び健康との關連について熟知せしめ、それがどのように、滿足させられるかを學ぶ
三、學習單元を進めるに必要な技術を得させる
四、よい人格や、社會的習慣、例えば健康、安全、禮儀親切、協力の精神を發展させる
五、家の人が自分達のためにして下さることに感謝し、各々分に應じなすべき務を知る
六、實際的な計畫や問題を導くために好奇心を覺まし、機會を與える
七、言語能力、計算能力、觀察能力、記錄能力、物や道具を使用する能力を生活に則して發展せしめる
八、家における幸福な生活をきづく基をつくる
九、家庭内における社會的態度習慣を育成する
十、家庭において一層よい幸福な生活を送るためには科學的知識能力態度を身につけることの大事なことを理解させる

内容	資料環境	基準と評價：生活	基準と評價：言語	基準と評價：數量形	基準と評價：表現
一、おうちしらべ 1. どんな家があるか散歩してしらべる 2. 家の形をしらべて描く 3. 家はどんなもので作られているかしらべる 4. 家の中にはどんな建具家具調度があるかしらべる 5. 家の中の道具をしらべて繪にかく 6. 家を建てる人々をしらべる（大工、左官、小道具、井戸、電氣、屋根、疊屋等）	附近の家 お家の見學 調度しらべ 建築中の家をたづねる	物を比較觀察する能力 家の形をしらべる 屋根の色をくらべる 大きさをくらべる		一〇〇まで數える 集まりを數えたり、順序を考えたりして數える 家の中にある物のおよその形を書きあらわす 東西、南北の方位を知る（日の出・日の入を知る）	形の觀察
二、家を作る 1. 建て方をしらべて理想的な家をつくる（出來る丈大きな材料で） 2. 必要な部室を作る 3. 各部室に必要な建具、家具、調度を話し合つて作る 4. いろ〲な家の繪や寫眞を集めて展覽する 5. 樂しい家庭の場面を繪にかく		物を作る計畫を立てる能力 計畫に從つて着實に實行する能力 模型や道具をつかう能力 模型をつくる能力 身のまわりを整頓する能力	ことばあつめをして分類する能力 材料別紙芝居をつくる 注意深く觀察して文章に表現する能力	形に對する感覺を深める 厚い薄いの言葉を理解させる 三角の觀念とその言葉の意味を理解させる	觀察と表現 さま〲な材料の利用 思想のくわしい表現 中厚紙布切の利用
三、1. 家族しらべ 2. 家の人はそれ〲どんな仕事をしているか 3. 家族の一員としてどのように協力しているか 4. 家族は家をたのしくするためにどのようにしているか 5. 家族はどんなに禮儀を守つているか	家族しらべ 仕事しらべ 仕事分擔表 家庭の娛樂しらべ 家庭における禮儀作法	一日の生活の計畫を立てる能力 家事の分擔範圍をよくうける	表を作る能力 かく順序を考える しごとをかく 話す能力 話す事柄をよく考えてすじ道をたてて話す	家族の年齢を數え、その一致する物の數をとのえる	父母兄弟の服装や特徴の觀察
四、お家の人健康しらべ 1. 病人しらべ、病氣にならない爲の話し合い 2. 進んで戸外で運動する 3. 體を丈夫にするための繪やポスターを作る 4. 清潔檢査をする 5. 病氣豫防の劇を作つてやる	病氣しらべ 衞生講話 ポスター 清潔檢査	光と影についての理解 すじ道の通つた考え方をする能力 注意深く觀察する態度 便所、下水、ゴミ箱などは常に清掃し、蠅や蚊の發生を防ぐ理解 關係的に見る能力 健康を保ち進める能力 自ら究明する態度 健康と日光、熱、濕氣、水、空氣、土と關係していることの理解 適當な運動は健康を增進することの理解	かげ繪を演出する能力 よくうつるように工夫する 仕事に工夫する 說明をおもしろくする	一日の健康的生活時程を工夫させる 起きる時刻、寝る時刻を時計の針と一致して言い表はす 時間時刻の觀念を養う	文字を大きく入れる
五、1. 衞生週間を作る ごみ捨場について話し合う			話す能力		觀察と表現

2. 學校の清掃や家の掃除について話し合う
3. 蝿取りや蝿の不潔について繪を見たり映画を見たりする。
4. お掃除の繪をかく
5. 食物の分量と榮養について話し合う

六、家庭における事故防止について
1. 家庭における事故のしらべをする
種類、原因
2. ポスターを作る

七、健康調査をする
1. 身體檢査の吟味
2. 運動の調査
3. 健康な人形を作つて展覧する、入賞者を決める

八、家庭劇を作る
1. たのしい一家
2. 働く一家
3. 健康な一家

九、お家のたのしみ
1. お家の人の休養と慰安
2. 家庭和樂會
部室の飾りを作る
3. パアティを開く
食べ物、飲みもの、催し物、飾り、

好き嫌いのしらべ
劇をする
音を出すおもちや

いろいろな種類の食物をとらなければ、健康が保てないとの理解
關係的にみる能力
健康を保ち進める能力
自ら究明する態度
正しい食べ方、氣持ちのよい食事についての理解
劇の衣裳をつくる能力
適當な休息と慰安についての理解
直覺的判斷の能力
健康を保ち進める能力
專門家の意見をきく態度
餘暇を上手に使う能力
たのしくすごす
音を出すいろ／＼の仕方についての理解
問題をつかむ能力
機械器具を使う能力
疑問をおこす態度
まさつによる電氣のおこることの理解
直覺的判斷の能力

相手の數、場所に應じた聲量
標準語を用いる
標語をつくる能力
わかりやすく
はつきりかく
文字を大きく
美しく工夫してかく
劇を演出する能力
劇のすじを話し合う
仕草やせりふを工夫する
拗音を話したり綴つたりする能力
音をきいた通りに表現する

三十五以下の數の範圍において合成分解をして加減法の準備をする
（問題構成）
出缺席日數を數える

さまざまな材料の利用
聽唱視唱法
旋律の練習
律動の知覺
拍手の練習
發聲、自然的に無理なく
歌詞の徹底
消費能力

4. 役割、招待状
果物などごちそうを寫生する
.5. まゝごとの童謠を歌う

十、お客様ごつこ
1. お客にゆく時間について話し合う
訪問時間
2. 挨拶について
3. 訪問着について
4. 遊びについて
5. 繪や文にまとめる

十一、家の人の着物や食べ物
1. 着物の種類について
2. 着物や調度の手入について
3. 家の人のたべものいろ／＼
4. 料理のしかたやたべかた
5. 食物と榮養について
6. 食事の禮儀作法
7. お食事の繪をかく

十二、家のまわりの動植物
1. 家のまわりの動植物（昆虫）を研究する
2. 昆虫の本をよんだり、繪にかいてみる
3. 昆虫について話し合う
4. 家畜について話し合う

着物の種類
講話
食事の作法
昆虫讀本
兎の世話

注意深く觀察する態度
普通の作法に從う
着物の材料型についての理解
着物の着方についての理解
比較觀察の能力
資料を集める能力
健康を保ち進める能力
自ら究明する態度
虫の種類を知ること
必要な標本や模型をあつめる能力
資料をつかつて發表や報告をする能力
家で飼つている小動物の種類とその効用についての理解
動物の食べ物についての理解
繼續觀察
事實をありのままに見る能力
飼育能力
資料を集める能力
興味を環境に求める能力
動物を愛護する態度

話し合いの能力
自分だけ勝手なことを言はないで仲よく話し合う
敬語のつかい方になれる
あいさつになれる
みんなのいつたことをべつべつにききとる
ことばをごくしぜんにつかう
觀察記録をつくる能力
見たとおりかく
要點をわかりよくかく
長い文をつくる能力
事柄を整理する
順序よくかく
目の前に見るようにいきいきと表現する
手紙をかく能力
用向きをはつきりかく
名宛の人により用語をえらぶ

三十五以下の數の範圍において合成分解をしたりなど加減法の準備をする

形や色の特徴の把握
綜合的な表現力
色紙による配置練習
消費の能力
紙やクレオンの買い方
聽唱視唱法
旋律
律動
無理のない發聲
形の整理分類
觀察と表現
聽唱・視唱
旋律・律動の知覺
可愛い發聲

内容	資料環境	生活	言語	數量形	表現
5. 學校で飼つている兎の世話を手傳う 6. 愛玩動物の寫生をする、そして觀察する 7. 庭にくる小鳥 8. 土の中にいる虫 9. 家庭菜園 10. 家のことについて劇を作る 十三、わたくしたちと近所はどんなに助け合つているか 1. 家のおしごとしらべ 2. 農家、八百屋、牛乳屋、肉屋、お菓子屋 3. 各種配給所 4. 醫者 5. 郵便局、新聞屋、ラヂオ屋 6. 洗濯屋、理髪屋 7. 本屋、おもちや屋 8. 公園、映画館 9. のりもの、通信、雑誌 十四、一年生の思い出 1. 學校や家庭のことについて、紙芝居や繪日記にまとめる 2. 大寄書をする 3. 父母を招待して、はつぴよう會を開く 4. 一年生の反省會を開いて、二年生の希望を一そう確かにする。	紙芝居 繪日記 娯樂會 春を迎えに（國語） 芽ばえをさがす 春を告げる小鳥をさがす 陽射し、かげろうを見る 木、草の花をさがす	手紙や葉書を利用する能力	よびかけを演出する能力 ことばをきれいにはつきりいう 動作を考えて振付ける ことばあつめ一覧表をつくる 分類の方法を話しあう		拍子の練習 色や構圖の事を風景畫に適用する 繪の敍事的表現 一年間に最も得意なものや好きなものを描く

單元	農園	配當	二年四月―七月

目的	
	學校をとりまく農園を中心に、そこで働く人人及び農園に關心を持たせ、生活經驗を深く學校の附近一帶に印象づける。主要な題目を擧げれば次のようなものである。 一、都市に農産物を供給する人々について認識を得させ併せて、この仕事をすることに含まれる努力を認めさせる 二、自然の諸條件は人々の生活の仕方に影響を與える 三、動植物は人人によつて保護され、人間は動植物に依存し、これを利用して生活する 四、觀察・研究をする態度を養うと共にそれになれさせる 五、社會の人人はいろいろなやりかたで物を作つたり福利をうけたりする 六、社會の人人はそれぞれ他に依存し、他の影響を受けている 七、川や池はどんなに役立つているかを理解させる

内容	資料環境	生活	言語	數量形	表現
一、農園は何故私たちの生活に必要か 1. 農園の種類をしらべる 農園に關する圖表 2. 食料の供給 3. 榮養の供給 4. 家畜の供給 5. 衣服原料の生産 6. 建築材料の提供 二、學校の附近の畑のようすをしらべよう 1. 作物にはどんなものがあるか A 農園に何種類位栽培されているか 野菜の形集め（繪による） B 何が多いかを調べ表を作る C 作物を觀察する。觀察帳を作つて伸び具合や様子を記錄する觀察帳の	學校の附近の畑 八百屋	資料を集める能力 農園の種類 食料の種類 榮養の種類 家畜の種類 衣服の原料 建築の材料 カタログ 作物の種類 話し合う能力 學校附近の畑のようすをくわしく話す 比較觀察する能力	觀察記錄をつける能力 觀察が細かいかどうか		形の整理分類 美術を生活に適用する

表紙圖案
D 作付の順序をしらべて表にする
E 盆虫、害虫について調べる。菜の花の寫生、「春の聲」を演出する
F 野菜と米麥の植付面積を比べる
G 四季に適する生產物をしらべる
2. 私たちも草木を育てよう
A 何を蒔こうか計畫する　かぼちゃの花(音)
B 地均し
C 施肥
D 種まき　立札を作つて樹木や草花の名をかき立てる
E 管理
F 成長を觀察し、日光、雨、肥料等の關係を記錄する
G 水栽培で榮養攝取の狀況を試みる
3. 麥刈り、麥こきのようすを見る
A 麥刈りのようすを見る　麥刈りのえをかく
B 動力で脫穀するのを見る　「花まつり」をよむ
C 收穫後の耕地はどのように手入れするか
4. 今咲いている花をしらべる　花の種類を表にする
教室に飾る
草花の採集をする

學級園
學校附近の農園

觀察帳に記錄する能力
多くの植物には根、莖、葉、花、實、種がある
發芽の條件　熱と水
成長の條件　水と光と熱
植物は種から成長し繁茂する
植物は種から成長し、花が咲いて實になるものがある
土は植物の成長に必要である
關係的に見る能力
飼育栽培する能力
環境に興味をもつ態度
實驗企劃する能力
動力についての理解
物をしつかり描寫する能力
繪をはつきりかく

要點をはつきりかいているか
よびかけを演出するかどうか
ことばがはつきりしているか
氣持がよくあらわれているか
身振りがよくできているか
心とことばのつながりの深いことを知る
ことばをつつしむ
心を美しく保つようにつとめる

七曜表
一週は七日である
十九までの數の加法の事實を發見しそれを處理する(加法九九)
加法の意味を理解する

觀察と表現
旋律感
拍子感
歌詞の理解
木片の利用
人物のさまざまな姿態の表現
配置の能力(アレンジメント)
擴大してかく
色名
混色を學ぶ

草花の擴大寫生をする
5. 農園に關する文をよむ
A 農園についての繪を觀賞する
B 農園についての詩をよむ
C 農園に因んだ物語をよむ
三、農家のしごとをしらべよう
1. 農家のしごとを見たり、きいたりする
A 農園に出かけて働いているようすを見る
B 農家に出かけて話をきき、またそれを文にかく
C お百姓さんの服裝を見て繪にかく
2. しごとの內容を整理する
A 地均し　B 種まき　C 施肥　D 中耕
E 除草　F 害虫驅除　G 取り入れ
H 供出　I 脫穀時の共同作業
(市場の活動と結ぶ)
3. 地均しよりとり入れまでの紙芝居又は繪卷をかく
4. 農家に對する感謝の念を綴る
5. 働く時間をしらべる
A 一日働く時間、疲れ工合
よい姿勢で勉强する
B 他の職業と比べてみる
C 休憩はどんな風にするか
かるい運動をしよう

農場
農家
大泉農業協同組合

文に描寫する
繪日記に描く
大きな紙に擴大して描く
生物はいろいろの敵を持つている
植物と害虫、益虫、益鳥
資料をあつめる能力
環境に興味をもつ態度
車をつかうと仕事の能率が上る
比較觀察の能力
自ら究明する態度

讀む能力
ゆつくりと意味を考えながらよむ
目が正しく行を追つていく
發音やアクセントを正しくする
聞く能力
何を話しているかを考えてきく
長い話でもその要點をつかむ
紙芝居をつくる
すじをよくとらえる
文は要點をとらえて面白くかく
會話などを交える

センチメートルやメートルを使つて長さや距離をはかる
一メートルは百センチメートル
容量、重量について知る「ますとはかり」

姿態や服裝の特徵把握
時間的經過の表現

D 雨の降る日はどんなしごとをするか　梅雨についてしらべる
E 夜はどうか
F 季節によってしごとは違うか
G 農閑期のしごと

四、農家をしらべよう
1. 農家の周圍はどうか、防風材、垣根
見取圖をかく
2. 母屋の作りと間取り
圖面をかいてみる
3. 家屋の坪數、面積についての知識
庭　どのように利用するか、脱穀機を使用する場所
4. 納屋　大きさ、高さ
5. 農具のいろいろ
農具をしらべて繪にかく
6. 土藏
7. 貯藏穴
8. 井戸と洗場
9. 家畜小屋　種類　生態と習性　寒暑に對する保護
家畜の利用　國語「かえり道」
家畜の繪　國語「にわとり」
10. 服裝　農耕に適する服裝
晴着(農家とお祭)お祭りの繪をかく
農家における厚生・慰安にはどんなものがあるか
11. おもちゃの農具を作ってみる
12. 農家、動物、農夫等を厚紙、粘土を使って製作させる
13. 農家の人々の活動及び農園の動物生活を劇に仕組み、實演する
14. 農園についての語彙の習得
「うらしまたろう」「はごろも」の學習

五、大泉牧場へ見學に行く
1. 牧場のようす
「小うま」の歌をならう
2. 粘土で家畜を作る
畜舍の中のようす
3. 牧場のようすを文に綴る
乳　Aしぼりかた
B價格
C榮養價
D殺菌
E乳製品
4. 牛の食物
5. 乳の販賣
6. 牛の種類
7. 牛糞の利用
牛から利用するものを繪圖に表わす
「ひびき」を習う

梅雨
農家
大泉牧場
町田牧場

北西側の林は防風林の役目をする
關係的にみる能力
環境に興味を持つ態度
住居と着物は、健康と關係がある
通風、紫外線の必要
機械道具の種類、用途
道具はその性能を理解して使うと安全でまた仕事の能率が上る
關係的に見る能力
資料をあつめる能力
自ら究明する態度
住居や着物は健康と關係が深い
下水、便所、ごみ箱とその處分
着物の材料、型、ふだん着と洗濯
筋の通った考え方をする能力
動物は季節によって、生活の樣子がちがう
羽毛の生え方、色の變化
比較觀察の能力
環境に興味を持つ態度
資料をあつめる能力
いろいろな種類の食べ物を適當に組合わせてとらなければ健康は保てない
健康を保ち進める能力
迷信を事實により正す能力
病原體やそのなかだちをする動物は日光や熱や藥で殺すことができる
筋道の通った考え方をする能力
專門家の意見を尊重する態度
けものには草食のものと肉食のものとがある
比較觀察の能力
環境に興味を持つ態度

劇を演出する能力
かんたんな劇の筋を考えて話し合う
ことばや動作に工夫する
ことばあつめをする
農園に關係あることばをあつめる
分類・整理の方法を考えていろいろ試みる
詩をつくる能力
家畜の生活や田園の風物などから、材料をとる
散文詩の形式をとる
きれいなみがかれたことばをつかう
かげえを實演する
えに工夫する
はっきりうつす
說明をはっきりおもしろくする
ことばの感覺をみがく
いろいろな聲や音を正しく書き表す
擬音をかくことによって片かなをならう

時間を考える
時を單位にして時間を考える
「左右、上下」「前後」を知る
十九までの數の減法の事實を發見し、これを處理する
(減法九九)
減法の意味を理解する

配置の理解
農家の特徴
形と機能の理解
動物の特徴把握
綜合表現力
旋律感
樂曲の理解
拍子感
歌詞の理解
粘土の技法
理解と說明的表現

内容	資料環境	生活	言語	數量形	表現
六、たんぼと小川へ行く 1. 學校の附近の川はどこか 學校の附近の繪地圖を作る 青葉の景色の寫生 2. 川に何がいるか 川遊びのえをかく どじよう、めだか、げんごろう、おたまじやくし、たにし、みずすまし あめんぼう、かに、かえる等 とれたものを學校で飼育する 3. 水槽の寫生 4. 川の利用 川とたんぼ　川の利用の繪圖をかく 5. 田植えのようすを見る A 土起し B 地均し　馬耕、牛耕 C 苗代 D 田植　田植のようすを文にかきまた繪にかく 6. このごろどんな虫がはたらいているだろう ちよう、はち、あぶ、くも、かたつむり、なめくじ　虫の標本、虫の繪 7. 小鳥を見る ひばり、つばめ、すずめなど	附近のたんぼ 附近の小川 石神井川 白子川 加藤昆虫館	魚は水中生活に適している ひれ、えら、うきぶくろ(標本) おたまじやくしは蛙になる 虫は自分を守る方法を持つている ちよう、はち、あぶの多くは花の蜜をすつて生きている 比較觀察の能力 關係的にみる能力 根氣よく物事をやりとげる態度 環境に興味を持つ態度 多くの昆虫は親になるまでいろいろ形がかわる 飼育栽培の能力 繼續觀察の能力 小鳥はその種類によつて食物が違う	かく能力 見たこと、きいたことをできるだけくわしくかく いきいきと目に見えるようにかく すじをととのえてすつきりとかく	加法の擴充 たんぼや小川でとれた虫や魚の增減を考える 圓、さしわたし 中心を理解する 直角を理解する	青葉の景色で緑の變化を出す 緑系色相の明度差 重色して色を作る 思想をうちに貯える ガラスと水の表現 雰圍氣的表現

單元	停車場	配當	二年九月—十二月

目的

日常利用する武藏野線より學び得られる直接的具體物を通して、一次的に交通の諸現象を認識させ、交通機關は現代文化生活の中樞であることを經驗的に理解させる主要な題目を擧げれば次のようなものである

一、社會の爲に貢獻してくれた人々の仕事について理解する

二、他の人々の奉仕によつて人人の生活は成立つている

三、鐵道は人の生活の範圍を廣くし人間生活を便利にしていることを理解すると共に、進んで協力する態度を作る

四、都市といなかとに夫々必要品を輸送する仕事に從事している澤山の人々への認識を得させ、併せてこの仕事に含まれる努力を知り感謝の念を持たせる

五、驛員の指示に從い、交通道德の必要を理解させる

六、電車の構造及び動力としての電氣について理解を深める

内容	資料環境	生活	言語	數量形	表現
一、停車場は便利な中心地である 1. 昔の交通はどうだつたか 昔の交通について話をきき文に綴つてみる 2. どんなにして交通が發達したか 鐵道を敷く苦心やトンネルを掘る苦心について話をきく 3. 現在の便利な乘物についてしらべる いろいろな乘物の種類の繪をかく 4. いろいろな乘物の比較をする 電氣、蒸氣、木炭等原動力をしらべてそれらによつて動くものを表にする 5. 交通機關によつて人々はどんなに便利になつたか	池袋驛 大泉驛 發明發見物語 鐵道博物館	交通機關を利用する能力 電車に間違なくのれる うまく電車を利用して目的地にゆける 交通機關の便利について理解能力 電車の便利なことと交通の中心は繁榮している のりものにはいろいろあることのりものは昔と比べて大へん發達している 比較考察する能力 昔と今の交通利用されることの比較 乘降の多い少いの比較	話す能力 みたものをはつきり話す ありのままに話す 仲よく話す 終りまで話す 他人のいうことを充分同情的にきく 文を綴る能力 話したことを繪や文で表わしてみる 見たことを文にかいてみる 大判の繪にかいてみる	二學期全體を通して 被加數・加數共に一位數二位數(和が百以下)の場合 被減數が二位數減數が一位數・二位數で繰下る	鉛筆デッサン 精密な表現

二、電車通學について調べる
話合つて文にかいてみる
1. このごろの電車通學のようす
見たままを文にかいてみる
2. お客さんのいろいろ
どんな種類の人がいるか繪にかいてみる
3. 電車の乘降りの注意
箇條書にしてみる
電車の乘り降りのさま（ホームの様子）を繪にかく
4. 電車の時間表を調べる
表にかいてみる
自分の乘る電車をきめておくれないようにする
5. 自治委員や上級生の活躍をみる
活躍振りを話し合う
6. 電車通學がどうしたらうまくいくか學級自治會で話し合い、それを記錄する
7. 「とけいのうた」をならう
ラッシュアワについてお父さまの話をきく
二三年前と比べる、どんな對策がしてあるか先生のお話をきく
三、驛の人のしごとをしらべよう
驛で働く人の種類としごとを表に

大泉驛
自治會
大泉驛

交通道德の能力
のりおりの規則を守る
安全乘車をする
左側通行の勵行
資料活用の能力
電車の停車場地圖
時間表
賃金表
規則を守る能力
自治委員の約束に從う
交通安全の規約に從う
驛の人のいうことに從う
交通事故を調べながら、機械道具がその限度以上の使い方をするとこわれたり危險であることを理解させる
結果を豫想する能力

正しくはつきりと字を書く能力
姿勢を正しくしてかく
鉛筆を正しく持つ
速く美しくかく
片かなをかく
みんなのいつたことを別々にきける
自分もその話に加つて一しよに話す

場合も含める
一次元の表をつくる
四百五十まで數えたり書いたりする
時間に對する觀念を深める

さまざまな人物の服裝の觀察表現
群集の表現
重つている人
前向き、横向き、後向きの表現
旋律感
拍子感
歌詞の理解

する
驛長さんの話をきく
電話を作つて驛と驛との連絡をしてみる
1. 驛長
2. 助役
3. 切符の係り
4. 荷物の係り
5. 車掌
音のいろいろをしらべる、車掌の笛、おもちやの樂器でおはやしをする
6. 連結の係り
驛で働く人をしらべて繪にかく
驛を中心にした風景畫をかく
四、停車場を作る
1. 驛
2. ホーム
3. 電車
4. 貨車
5. 線路
6. 踏切
7. 荷物
8. いろいろの電車
省線、都電、地下鐵、將來の電車（ゆめ）
乘物の發明と發達について話をきき

道理に從い守る態度
人はいろいろな仕方で音を出す
音は物の振動でおこる
音は空氣その他の物でつたわる
問題を發見する能力
機械器具をつかう能力
科學的作品に興味を持つ態度
電車の部分をしらべながら、すべらせるよりも、ころがす方がまさつが少いことを理解させる
比較觀察の能力
注意深く觀察する態度
動力としての電力、蒸氣の力について理解する
速くて大きな仕事ができること
比較觀察の能力

音をかきあらわす能力
拗音や促音を正しくかく
片かなの書寫になれる
放送を正しくきく
電話をまちがいなくきいたり話したりする

事物を五或いは十ずつの群にわけて數える
四角ま四角長四角の利用してある場所を見つけ、またこれを正確に書く

働く人のさまざまな姿態の表現
服裝の特徴と仕事との適應
畫題の選び方
與えられたスペースに
展開圖のよみかた
方眼紙使用により正確な讀圖力をねる
紐の結び方

く、文をよむ 五、荷物の旅をしらべる 1. 大泉驛にある荷物をしらべる 荷物の種類と行先を表にしてみる 略圖にかきいれる 2. 荷物の作り方、荷物を送る手順についてしらべる 丸通のおじさんに話をきく、そのことを文に綴つてみる 3. 家で荷物を送つたり、送つて貰つたことについて、話し合う A 何を送つたか B どこへ送つたか C 何がどこから送られたか 4. 荷物の旅の紙芝居を作る 送るところから到着するまでを紙芝居化す 擬人化の文を作る 5. 荷物の旅の劇を演出する 劇に使う諸道具を作る	大泉驛	事實尊重の態度 計畫・實行する能力 荷物の旅の目的地 仕事の手順の計畫 荷作りの實行 紙芝居、劇化の計畫 紙芝居劇化の實行	脚本をかく能力 荷物を擬人化して脚本をかく 要點を短くまとめてかく 面接、見學、旅行などの報告書をかく 繪を主とした報告 かんたんな説明文をつける	被加數、加數共に一位數二位數で和が百以下の場合の加法	説明書に表現する能力 さまざまな材料を利用する能力 厚紙、糸、棒、鋏、小刀、のり等
六、電車に乘つて遠足に出かける 1. 遠足の計畫を立てる 持物を表にする、出かける場合の繪圖を説明をいれてかいてみる 2. 大泉を中心に電車賃をしらべる 電車賃の表を作る。昔の電車賃の表も作つて比較する。山手線を中	池袋驛 都電 地下鐵	遠足、見學の計畫をする能力 目的地 時間 料金 見學すること グループの編成	よむ能力 はつきり、正しく文字を讀	一次元の表や圖をかく	

心に驛名をかく 3. むさしの線から行かれる遊園地についてしらべる A 豊島園　説明圖をかく、園内の施設について何があるかしらべて表にする B 市民農園　文にかいてみる　繪にかいてみる C 飯能名栗川　飯能までの驛をしらべる　どんなことをして遊べるかしらべる D 石神井公園　自然美を觀賞する　いわれをきく	豊島園 市民農園 名栗川 石神井公園	報告のし方	むゆつくりと意味を考えて讀む 發音やアクセントを正しくして讀む 句讀點に氣をつけてよむ	百以下のものを五ずつ或は十ずつに數える 被減數が二位數減數が一位數二位數で繰り下がる場合の減法	色相、色名 色相十一名の色名 無彩色三色
4. 切符の賣買のれんしゆうをする お金と切符を作る 5. 交通道德を守る A 最近の交通事故についての話をきく 事故の原因についてしらべ、表にする B 標語をつくる 道を上手に歩いている繪をかく ポスターをかいてみる C おまわりさんのしごとをしらべる しごとを理解する		危險防止についての理解と實践		一次元の表をつくる 事故の原因別に頻數を記錄する	鋏や小刀の使い方 中厚紙の取扱い 交通道德に關するポスター 文字を大きく入れる 簡單な便化の方法の理解 美術を生活に適用する

内容	資料環境	生活	言語	數量形	表現
七、樂しい汽車の旅をしよう 1. 汽車の旅の經驗について話し合う A どこへいつたか B 誰といつたか C 何を用意したか その時のことを作文にかいてみる 2. いろいろな交通について話し合う 略圖をかいてみる 「まさおのたび」をよんでみる A 山國（トンネル、ケーブルカー、突こみ線等） B 渡し場　いろいろな交通について本をよむ又繪にかいてみる C 運河 D 寒い地方 E 海上 3. 交通についてのことば集め ことばに略畫を添える 4. 汽笛についてしらべる A 鳴らし方にどんな種類があるか それはどんな場合かについてしらべて表にする B 水が蒸氣となることをしらべる 湯わかしをしてみる 5. 汽車の旅についての文をよむ 歌をうたう、詩をつくる		自動車、電車、汽車、汽船、飛行機などで短い時間にらくに旅行したり多くの荷物を運んだりすることができるようになつた 比較觀察の能力 新しい考え方をとり入れる態度 水は溫度によつて狀態がかわる 溫度計を使う能力 注意深く觀察する態度	ことばと文字の關係を理解する ことばあつめをする ことば遊びをする ことばの力がわかる ことばのくみたてがわかる		ポスターの保護 物語の繪 物語の要點把握と想畫への表現

單元	近所の人々	配當	二年　一月—三月

目的	
兒童各自の近所隣りの人的物的などいろいろのものを直接五感を通して生活經驗をさせることによつて協同社會の幸福な生活のあり方を理解させ、態度を作り、併せてこれらに關連しての技能を學び取らせる 主要な項目を擧げれば次のようなものである 1. 幸福な生活は社會の多くの人の相互扶助によるものであることの理解	2. 社會の人々は夫々職業をもつて相互扶助を營んでいる 3. 生活の幸福のためにお互は工夫をしなければならないこと 4. 各人は相互扶助の間にも各自の繁榮のために精進していること 5. 近所隣りの生活に於いては特に相互扶助の關係が濃いこと 6. 近所隣りの人々と親睦を圖るための具體的な事項を擧げる 7. 近所隣りの相互生活の中に生活の正しい觀方應待等を覺える

内容	資料環境	生活	言語	數量形	表現
一、私たちの家の近所を散歩して經驗を新にする 1. 散歩しながら、家をながめたり、見取圖をかいたりする 散歩が終つたら、手足を洗い、うがいをする 2. どんな家があるか、名前をしらべてみる 3. 家をしらべてかいてみる どんな造りの家かをしらべてみる 「さんぽ」のうたを習う 二、私たちの家の近所のようすを話し合う 1. 私の家の場所 私の家を中心にしたパノラマを描く	地域社會見學 繪本などのみとり圖 雜誌繪本「家のいろいろ」 まさおのたび	身體の清潔 比較觀察する能力 いろいろの家があること 家の形でどんな職業の家かを知る 家のいろいろを圖にかいてみる 普通の作法に從う能力 近所の人に出會つた時の挨拶 自分がやつていることを簡單に知らせる 近所の人に迷惑をかけない 繪や圖表、パノラマに描寫する能力 うまく描寫したものを利用する 圖表パノラマ等を說明	話したいことを繪や文で表わす 文法にかなつた話し合いをする 助詞のつかい方 主語と述語のつながり	既習事實の反覆練習	家の形の觀察 見取圖的表現 家の種類の理解表現 旋律感 拍子感 樂曲の理解 積立遠近法による鳥瞰的表現

2. 近所の家とその人たち
どんな人がいるか表にかいてみる
3. 近所の家の職業
4. 近所のお友達
お友達の寫生をする
元氣で仲よく友だちと遊ぶ
病氣の友だちをなぐさめる
5. 近所の家とのつき合いのようす
文にかいてみる
6. 近所の人たちと相互扶助をしていることがら
7. 近所の家に行く用事のしゆるいしらべ
どんなことがあるかかいてみる
ほめられたことについて綴つてみる
三、家の模型をつくつてならべてみる
1. どんな形の家が多いだろうか
2. 近所の家へ行く道路や家の模型を作る
3. お友だちや自分の家の人の人形を作る
家畜、動物に親しむ歌をつくる
粘土でも作つてみる
4. 家によつて違う仕事をはづきりさせるために、家々にそれぞれ職業やはたらきの札をつける
5. 人形のそれぞれに働く仕事の種類をかいてぶらさげてやる
四、近所・隣りの人とのつき合いはどうし

繪の本　上
繪本「人形のつくり方」
職業調査表

できる
適當な運動は體のいろいろの部分の働きを盛んにし、發育がよくなる
健康を保ち進める能力
專門家の意見を尊重する態度
病氣にはうつるものとうつらないものとがある
その病原體はたべ物、水、空氣、動物などの仲だちでひろがる
物事を關係的に見る能力
愼重に行動する態度
病氣は早く適當に手當をすればなおりやすい
すじ道の通つた考え方をする態度
健康を保ち進める能力
愼重に行動する態度
模型や人形を作る能力
簡單に家の模型を作る
家の人や近所の人に似せて人形を作る
家畜を似せて作る
作つた、模形や人形、家畜をうまく利用する
氣持よく社會生活をする

面白く話す能力
抑揚、調子、斷續、速度に注意して話したり讀んだりする
身ぶりや表情をまじえて、おもしろく聞かせる
遊びうた、童詩
童謠を讀む
動物を主とした童謠を作る
童話を創作する

いろいろな形の相異を把握する
極めて簡單な繪地圖をかかせる

現
簡單な間取圖の符號
厚紙、粘土、木片を扱う能力
厚紙工作法
衣服の模樣、配色
厚紙工作法、立てる工夫
粘土による立體表現

たらよくゆくかしらべる
隣保扶助の寓話をよむ
1. どんな用事で近所へいくか
おつかいの繪をかく
2. 近所でのあいさつはどうか
敬語あつめをしてみる
3. 相手の態度がどんな時によい氣持か惡い氣持か
4. お使いの上手な仕方
5. 買物にいく場所、間違いのない買方
買物の繪をかく
五、近所にある交番、工場、役所、配給所店など、特に關係の深い所をしらべてみる
1. 近所の店をしらべる
店に賣つている品物の形集め（繪にかいて）
2. 店に賣つている品物
しらべて繪圖にあらわす
3. 特に自分の家と關係の深い店についてしらべる
4. 店を見學にいく
店頭の繪をかく
5. 見學事項を繪畫表現して整理する
交渉内容について考える
6. 見學の反省、發表會を開く
お店の買物ごつこのげきをつくつてみる

小學生新聞「かんしんな子」
近所の家々をたづねる
地域社會の見學
お店見學
劇化

ための工夫の能力
氣持よい挨拶
氣持よい態度
社會のための奉仕
友達同志の親切
間違わない使い（買物）
スポーツマンシップ
相手を思いやる態度
相手を敬愛する態度
生活を幸福にしてくれる人に對する感謝の態度
交番につとめる巡査に對してその仕事を理解して感謝する
配給所につとめる人の仕事を理解して感謝する
店屋の仕事を理解して感謝する
觀察したことを表現する能力
いろいろの資料を集めて利用する
觀察したことを上手に繪畫表現して説明の便にする
觀察表現をうまく利用する

寓話をよんでその意味をくみとる
敬語の使い方になれる
自然な話しぶり
ま心をあらわす
相手によつてつかいわける
新聞雜誌をよむ
讀んだことを話し合う
學習に利用できるところを選ぶことができる

金錢の價値の理解と評價を發展させる
二つ以上の買物をしてお金の合計があつているかどうかたしかめる。又おつりがあつているかどうかもたしかめる
差と減數の和が被減數になることによつて確かめる
加數と被加數とを交換してたしかめる
加法減法と數系列の關係について知る
基數間の乘法九九の事實を知つたり、之を發見したりする（九九を用いない）
等分除、包含除の事象を生活の中に發見したり之を處理する（九九を用いない）

綜合表現力
店に賣つている品物の形集め
類似形態に分類
商品を豊富に表現する
類似形態による分類

內容	六、お客さまごつこをしよう 1. 店、おつとめ、おまわりさん、役人ゆうびん局の人、その他それぞれの役割によつて人形を決める 2. 人形に必要な調度品その他をつくる 3. 人形に代つて言葉を話してお客さまごつこをする計畫を話し合う 4. 計畫に從つてお客さまごつこをする 5. 實施後反省會を開いて次のことについて話し合う A 計畫 B やり方 C よくいつた點 D 改善したい點 お客さまに關聯してよいことばをあつめる 七、隣組パーティ 1. 隣組和樂會の計畫 2. 娛樂內容の編集をする 片よらないこと 紙芝居を演出する 室內を裝飾する 人形劇の道具を作る 3. P・Tの招待 4. 當日の諸係と準備 5. 當日の計畫と實行 6. パーティの反省 A 二年生の總反省 B 二年生の想い出すごろくをつくる 三年生への希望と計畫文に作つてみる
資料環境	家庭模擬調度品の整備 人形 娛樂會裝飾された教室 舞臺裝置 家庭訪問 前學年の資料 他學年の催物の參考にする
生活	わずかな注意でけががさけられたり病氣をまぬがれる場合が多い 交通規則、淸潔、整頓、豫防注射 關係的にみる能力 危險から身を守る能力 愼重に行動する態度 協同作業に於ける責任感 なかよく仕事をしたか 自分に與えられた仕事をまじめに行つたか 比較反省、批判する能力 前學期と今學期の比較 うまくいつたか、失敗したか、どこがよくなつたか どこが失敗であつたか 改善してゆくにはどうか 改善していつたらよいか 餘暇の善用 たのしく過す工夫 適當な休息と慰安とは新しい活動の源となる 直覺的判斷力 健康を保ち進める能力 專門家の意見を尊重する態度 決斷力と實行力 決めたことが上手にできる
言語	劇の演出をする はきはきしたことばで話す 仕ぐさなどもわざとらしくないように注意する 服裝や舞臺裝置を簡素に、象徵的に工夫する 自分のことばの一覽表をつくる 觀察記錄や報告書を讀む 紙芝居や人形劇の說明をよむ 相手數、場所に應じた聲量で話す 文集を作る 句讀點・脫字・誤字などを正す 內容を面白く變化をもたせてそろえる 表紙をきれいにつける
數量形	ダース單位を理解する 生活行事への時間的配慮をする態度 時單位にて
表現	さまざまな材料の利用 布、糸、厚紙等 室內の裝飾 簡單なアレンジメント 材料の利用と配置 舞臺の工夫 材料の利用

一四八

單元	動植物と私たち
目的	一、自然的條件が人間及び動植物に大きな影響を與えていることを理解させる 二、人々は生活に必要な物資や手段を多くの動植から得ていることを理解させる 三、動植物はそれぞれの環境に應じて自らを守る手段を持つていることを理解させる 四、動植物を保護し上手に利用することによつて人間の生活は進歩してきたことを理解させる 五、動植物が吾々にたのしみを與えていてくれることを理解させる 六、互に違う環境に生活している人々は產物を交易していることを理解させる 七、われわれの祖先は動植物を利用する方法を工夫し發達させてきたことを理解させる 八、衣食住その他物資を得るために一つの土地と他の土地とは互に依存していることを理解させる
配當	三年四月—七月
內容	一、鄕土の動植物 1. 鄕土の動植物についてしらべる A 農家の人々のはたらく樣子 朝早くから田畑に出て働いている樣子 畑でしている仕事についてしらべる 農家の人の働く一日の生活を時間表にまとめたり繪巻物にする 農家の人の家庭生活について話し合う B 田畑に働く動物 田畑に働く動物についてしらべ、それがどのように使われているかもしらべる
資料環境	動物圖館
生活	休養と睡眠 作業と休養との關係を理解させ、睡眠時間を十分にとるようにする 人のする仕事よりも牛馬を使うと更に速くて大き
言語	漢字を習得する能力 字源を話して興味をもたせる 生活と結びつけて反復練習する 動物に關する物語りなどを讀む
數量形	一學期を通じて乘法九九を習う 一日の生活狀況を時間表にまとめる 一日は二十四時間であることを知る 一時間は六十分であることと
表現	繪巻物をかく能力 特徵をつかむ 說明的である 描寫がはつきりしている

一四九

C 人間がその動物の仕事をするとしたらどうかについて話し合う 人間が如何に動物を上手に利用しているかをしらべる 田畑・草むらにいる虫などをしらべ、それを擴大し繪に書いたりする その他の家畜について どんな家畜がいるかについてしらべ、それを繪に表現する 食用に供せられるものを調べたり、話し合つたりする 毛皮をとる家畜、衣料の原料を供給する家畜をしらべ、家畜の利用を繪圖に表わす 犬猫の人の生活に及ぼす影響についてしらべたり、家畜化してきた歴史をしらべたりする	「うさぎさん」 「ひわの子」	な仕事ができることを理解する 比較觀察する能力 事實を尊重する態度 農業に役立つている動物を知る 食用に使われている動物を知る 衣料の材料にしている動物を知る 動物がどのように人をたのしませているかを知る	はつきりゆつくり讀む 抑揚調子、斷續速度に注意して讀む 目が正しく行を追うていく 長い文章を終りまで讀み通す	を知る	働く人物のスケッチ 形の特徴の把握 細かな觀察 形の整理分類 説明的表現
D 運搬に使われている動物 どんな動物が運搬に使われているかをしらべ、使つている有様を書いたり繪本をつくつたりする これらの動物がどのように人間をたすけているかについて話し合う		旅行、運搬に使われている動物を知る 土地で使われている交通運輸の方法を知る	植物に關する物語りなどを讀む 文にこもつている深い思想をくみとる 自然の偉大な力を感じとる		
E 畑に植えられている植物 どんなものが栽培されているかをしらべる これらの植物は私たちにどんなに役立つているかを話し合う	「あさがおの花」				

F その他の植物 道ばたに生えている草、森や林の中に生えている草や木などについてしらべる いろいろな花や葉を集めて、おし花やおし葉をつくつたり、模様をつくつたりする 野生できれいな花をつけるものの表を作つたり、繪本を作つたりする 花の開花歴をつくる			讀んだ内容を話し合う	形や圖形に對する關心を深める	寫生の能力 形の特徴の把握 便化と構成
2. 整理と分類 A 話し合いと記錄 しらべたことなどについて整理して發表會をする 印象深い動物・植物を簡單な繪地圖に書き入れる 牛馬を粘土でつくる		話を聞きながら行動や場合を想像する	學級日記をつける 學級のできごとを要約してかく 生活をくわしく表現する グループ日記をつける	こよみ 一年は十二ケ月であること及び各月の日數を知る 大の月小の月を知る	粘土の技法 抽き出したり、くつつけたりする技法
B 分類 各自で分類の規準を工夫し、郷土の動植物を分類する 動物 { 牛馬・鳥虫・魚 運搬・耕作・食用・毛皮・鑑賞 役に立つものと役に立たないもの 害をするものと害をしないもの }		生物は類別することができる 關係的に見る能力 資料をあつめる能力 事實を尊重する態度 分類する能力			

植物
人が栽培している植物と野生の植物
葉の形やその大きさによつて
常綠樹と落葉樹によつて
一年草と多年草によつて
花の咲いているものと咲いていないもの
花の色を抽出する
C
青虫のたまごを育てる計畫を話し合つて、その準備をする
3. 青虫の飼育と觀察
青虫を卵から飼育しその成長の樣子を觀察する
飼育方法を工夫せる
飼育觀察の記錄をつける
青虫の一生をまとめ、紙芝居を作つたり、これを劇化する
4. うさぎの飼育
うさぎが人間にとつてどんなに役立つているかしらべ、話しあつたりする
うさぎのほかに毛や皮が利用されたり、鑑賞用となつている動物をしらべる
うさぎの重さをはかつて、その成長の樣子をしらべる
うさぎが季節に應じて毛を變える有樣を觀察したり寫生したりする

たろう

動物には自己防衛の手段が備わつていることを理解させる
ある動物は一生の間に形が變つて親になる（素朴な理解）
事實をありのままにみる能力
繼續觀察する能力
根氣よく物事をやりとげる態度
虫の中には一生の間に形が變つて親になる、卵は產んだだけでは育つものでない
動植物の世話に工夫を用いる能力
學校飼育の動物を世話する
植物を育てる能力
動物を育て保護し、上手に利用することは自然征服のたすけとなつたことを理解させる
動物には親になるまでにひまのかかるものとかからないものがある
比較觀察の態度
飼育する能力
根氣よく物ごとをやりとげる態度

動植物の生育について自然の大きな力を感得しその感銘を文章につづる
ことばをえらぶ
ことばのふしぎな力をはたらかせる
繼續的に觀察日記を記錄する
くわしく觀察する
よく考えてみる
要點をはつきりかく
さしえもいれる

キログラム單位で重さをはかる

自然の配色に注意する
擬人的表現
形の觀察と速寫の技法をならう

うさぎの飼育日記を書く
うさぎのたべる草の研究
すきな草と、きらいな草
毒になる草と、藥になる草
二、遠足（天覽山）
1. 遠足の計畫について話し合う
豫定、費用、當日の行程、しらべてきたり集めてきたいものなど
2. 環境に注意しながら動植物を採集したりしらべたりする
珍らしい植物、藥用植物の採集
日かげ、日なた、かわいたところ、しめつたところにある植物の相違をしらべる
毒草についてしらべる
小鳥や、いろいろな動物の巣をさがし、それがどんなところにあるかしらべる
珍らしい虫を集める
3. 磁石をつかつて方位をしらべる
春の小川（音）さんぽ（音）をならう、「川のうた」を讀む
4. 發表會
遠足の道順により繪地圖をかく
遠足の繪をかく
遠足についてたのしかつたこと、氣づいたことを話し合う
動植物はどのように身を守つているかを話しあう

前年度の遠足記錄
植物圖鑑

動物には一年間に何回もふえるものがある
人は動物を育ててこれを利用する
關係的に見る能力
傷害豫防
遠足に行く途中や遠足先で危いところや危い遊びをしない
生物は類別することができる
生物は水の中だけ生活するものがある
生物には水陸兩方にすむものがある
生物は日光を好むものと嫌うものがある
事實をありのままにみる能力
栽培する能力
資料をあつめる能力
環境に興味を持つ態度
はがねを磁石でこすると磁石になる
異つた極は引き合い同じ極は斥け合う
距離が遠くなると磁氣のはたらきは弱くなる
自由にまわるようにささえられた磁石は南北をさし、北に向く磁極を北極、南に向く磁極を南極という

郷土誌等の中から遠足の目的地などをさがし、解讀し、やさしい文章に書きなおしてみる
またそれを發表する
詩をつくる能力
川の詩をつくる

磁石を使つて方位をきめる
一日は二十四時間、一時間は六十分であることを理解する
五分單位で時間や時刻を表わす
深さ、大きさ、厚さ
歩巾、指を開いた巾、兩手を開いた巾、等で長さを概測する
簡單な案内圖を書く

旋律感
學譜の理解
歌詩、歌曲の理解
綜合的表現力
事象の豊富な表現
正確な記憶と表現

磁石をつくつて、じしやくあそびをする 三、學級園 1. さつまいもの植えつけをする 2. さつまいもの栽培記録をとる 3. 畑にいる虫（あり、あぶら虫、てんとう虫）などの様子や、それらの關係をしらべる 4. 近づいた時死んだまねをする虫などをしらべる（虫とりをする） 5. てんとう虫とてんとう虫だましについてしらべる 6. かまきり、つばめ、とんぼなどの關係についてしらべる 7. 學級園の立札を作る 8. 植物と養分との關係についてしらべる かぼちやの種をまいて、そだてるもとごえのほどこし方から、植物と養分との關係についてしらべる 日あたりのよいところ　悪いところ、水をくれたところ　水を與えないところ、施肥したところと、施肥しないところ、等のさまざまな條件の下で植物の成長の様子を觀察する。 9. 人間の世話と植物の關係 草取り、土よせ、肥料などをしたのと、しないものとの比較	植物の生態的研究を主題にした映畫 いろいろな植物標本 前年度からの繼續觀察記録 植物栽培に關する書物	磁石は方位を知るのに使われる 關係を見る能力 機械器具を使う能力 工作する能力 事實を尊重する態度 疑問をもつ態度 さつまいものようにいもから芽を出してふえるものがある 葉茎をさして栽培する植物もある 動植物はどんなふうにして身を守つているかということを理解する 生物の成育する様子を知る 生物にはある構造を持ちそれにはそれぞれの働きがある 關係的にみる能力 事實をありのままにみる能力 資料を集める能力 環境に興味をもつ態度 植物と虫とは密接な關係がある 人は植物を栽培して利用する 關係的にみる能力	「川のうた」とよみくらべることばの美しさを味わう 話す態度、聞く態度を學習する 話をおわりまで聞く 人によくわかるように話す 皆のいつたことを別々にきく 事典や辭典を利用する能力 五十音でひく 總畫でひく 部首でひく 必要な箇所をノートにかきとる	かぼちやの成長を記録する 繪グラフ、棒グラフで成長の様子を書きとめる また繪グラフ、棒グラフをよみとる	簡易木工具の使用

學校の草木に水を施し愛護する 公園などの權木をいためないように話し合う 10 植物と昆虫との關係 植物に益を與える昆虫や鳥などについてしらべる 植物に害を及ぼす昆虫、鳥などについてしらべる 四、むぎかり 1. 麥刈の見學に出かける おちぼひろいをしておてつだいする 麥を育てる苦心や、その育てかたについて話を聞く 麥にはいろいろの種類のあることをしらべ、その特ちようをまとめる 見學した麥かりの様子を詩や文に書いたり、繪に書いたりする 2. 農家へ行つて脱穀の様子を見學する 麥わらはこびをして手傳う 脱穀の様子をスケッチする 供出のようすを話に聞いたり見たりする 脱穀法の變遷をしらべて（話や、本を中心として）文に書いたり、繪巻物に書いたりする 見學したことを詩や文に書いたり共同で繪にかく	たろう	動植物には自己防衛の手段が備わつていることを理解させる 主食の收獲までには如何に人々の勞力が費されているかを理解させる 動力機械の力を知る 電氣は動力として廣く利用されていることを理解する どのようにして食料が提供されるかを理解する	話し合の能力 だれか何をいつているかを區別してきく みんなの話がどう進行しているかをよく注意してきく 幻燈の説明文をかいて實演する 場面をいきいきとうつすことばをはつきり話す 身ぶりなどをまじえて、おもしろく聞かせるようにする 報告文を書きその形式をならう 繪を主とした報告書をかかせる 繪に適切な説明文をそえる	二位數に二位數をたす算法をならう（和が百をこす場合）	スケッチをする 説明的表現 畫面の構成を考える

内容	資料環境	生活	言語	數量形	表現
五、主食の配給所 1. 配給所の見學に出かける とり扱かわれている配給主食の種類をしらべる 配給量と配給方法をしらべる 配給經路をしらべてこれを圖表にする (麥の配給を中心にして考える) 麥まき、麥かり、脱穀、供出、輸送、配給 麥の一生を仕組んだ紙芝居を作って、これを實演したり、擬人文にして表現させる 町内の配給所しらべをする 簡單な案内圖を書いてそこに配給所を書きいれる そこに働いている人たちのつとめを知り、働く人の繪などをかく	配給所	たがいに違う環境に生活している人には、おたがいに産物を交易することを理解する	報告文を書きその形式を習う 要點をまとめる はっきりわかりやすくかく えや地圖などもいれる	キログラム單位で重さをはかる リットル、デシリットルを單位にして容積をはかる リットル、デシリットル單位の關係を知る 二位數に二位數を加える算法を習う(四百五十以下) 三位數から二位數を引く算法を習う(四百五十以下) 簡單な案内圖	説明的な表現 説明圖への繪畫の適用 風俗の特徴の把握
六、魚屋さん 1. 魚屋の配給所、荷役のありさまを見學する 2. 魚の種類と産地をしらべる 3. 魚をとる方法を本で讀みとる 4. 配給される經路をしらべ、これを繪巻物にする 5. 魚の調理法をしらべる 6. 魚の模様を書く	魚屋	どんなようにして食料が提供されるかを理解する 魚は水中生活に適した體の構造をもっている 魚には海に住むものと川に住むものとがある 關係的に見る能力 資料をあつめる能力 事實を尊重する能力 よその土地でできるものがどんなふうにしてはこばれて來るかを知る	よむ能力 要點をよみとる だんだん速くよむ わかったことを話し合う	形に對する觀念を深める	同一色相(寒色相)内の明度差による配色

内容	資料環境	生活	言語	數量形	表現
七、大昔の人と動植物 大昔の人は動植物をどのように利用していたかを書物などによってしらべる 大昔の人の使った生活用具をしらべて繪にかく 又大昔のそのようすを劇化したり紙芝居等にする	大昔の人々(教科書) 祖先の話(小澤榮一著)	調査の能力 あらゆる人には、おのおのの祖先から精神的物質的恩惠を受けていることを理解させる	劇の脚本を書いたり、紙芝居にする能力		

單元	町といなか
配當	三年九月—十二月

目的

一、郷土の組織を素朴的に理解させる
二、郷土の人々は職業上互に協力していることを理解させる
三、町といなかとはお互に産物を交易し合うことを理解させる
四、町でもいなかでも生活必需品の多くを他の土地に求めることを理解させる
五、自然的條件が人間の生活に大きな影響を與えていることを理解させる
六、人はよりよい生活條件を求めて移動する傾向があることを理解させる
七、厚生慰安の活動は環境と密接不離な關係を持つことを理解させると共に、厚生慰安の面でも町といなかは相互に依存していることを理解させる

内容	資料環境	基準と評價 生活	言語	數量形	表現
一、町の模型作り 1. 武藏野線沿線の概觀 A 武藏野線の車窓から見た練馬區について話し合う 練馬區のひろがりと自然環境との關係について考える 沿線の樣子を寫生する	國語教科書 私の旅		旅行の經驗を話し合ったり、作文したりする		風景題材の選び方構圖のとり方

2.

B

人家の最もこみあつているのはどの邊か、田や畠の多く見えるのはどの邊かについて話し合う
東京の中心につらなる大きな道路はどの邊を通つているかについて話し合う
大きな建物にはどんなものがあるか、それはどの邊にあるかについて話し合う
望遠鏡や萬華鏡をつくつて車窓からながめる
練馬區を地圖の上でしらべる
附屬小學校の位置を地圖の上に發見する
武藏野線及び各自の下車驛を地圖の上に發見する
主な建物を地圖の上に發見する
主な道路についてその行先を地圖の上から發見する
自分の家の位置を地圖の上で見當をつける
地圖の方位及び地圖にある主要な記號について知る
東京都における練馬區の位置について知る
武藏野線を中心にして練馬の繪圖を作る

A

練馬の模型作り計畫

練馬區地圖

次の各項目につき理解させる
凸レンズで光を集めることができる
虫めがねで物を大きく見ることができる
望遠境や幻燈機はレンズやレンズの組合わせでできている
工作する能力
事實原理を應用する能力
科學的作品に興味を持つ能力
適當な寫眞を見つける

紙芝居風にまとめる
對話の形式で話す
旅行で見聞した人の心の世界を話し合う

地圖のよみとり方
左右、上下前後間の言葉の意味の理解
地圖上の道路や建物が實際と一致する能力
縮圖の素朴的觀念を把握する
地圖の方位を知る
繪圖の上に距離の割合を表わそうとする態度

繪圖をかく能力

B

模型作りの計畫を話し合い、どのような模型を作るかを考える
模型作りの分擔を考え、下車驛を中心にしたグループを構成する
各グループ毎に係をきめたり、構想を話し合つたりする
町を觀察する
地圖と比較しながら分擔グループ毎にその町を觀察する
主な建物や町の地形の大略をしらべる
生命を保全するのにどんな施設があるか
主な役所にどんなものがあるか
大きな商店にどんなものがあるか
その他大きな建物にどんなものがあるか、娛樂施設にどんなものがあるか
大きな建物を寫生する
道路のはばやその方向をしらべる
商店街と住宅地の分布狀態をしらべる

C

地圖を作る
地圖を擴大する
武藏野線及び主な道路を書き入れる
地圖を道路、商店街、住宅地、田畑、森林などを區別して色彩をつける

私たちの圖畫工作（中級）
たろう
「たろう」

グループ學習の計畫をする
人と協力して仕事をする態度を養う
分擔に從つて任務を果す態度
リーダーを中心として仕事をする態度
自分のすむ町の特徴の大要を知る
責任感
協同作業において仲よくまじめに最後までなしとげる
姿勢
机、腰掛けと姿勢の關係に注意する

仕事の分擔を通じて話合いの要領の必要を認識させ、意見を發表することや人の意見をよく聞く、技術と態度を養う
討議の記錄をとる能力
要點をかきとる
まちがいのないように正しくかく
あとで讀みかえして訂正する

計畫の時間的配慮をもとにして豫定を立て合理性を持つようにする
地圖を見て實際を一致する能力
道路などの方向によつて家かずの分布狀態をしらべる態度
概數のとりかた
地圖を擴大するとき、割合の初歩觀念を用いる

公共施設の美化
美的關心
連寫の技法
およその形を早くつかむ能力
明視配色

D 建物作り
分擔して建物を見學し、これを繪にするかボール紙で作るかなどを考え、その製作法を工夫して考える
必要な材料をあつめる
主な建物を作る
商店、學校、區役所、映畫館、警察署、消防署、配給所、、、
友達の家、自分の家等
地圖の上に作つた建物を配置し固定する
木を立てたり、橋をかけたり、乘物を置いたりする
模型作りについて作文する

E

二、町の生活

1. 模型を中心にしての話し合い
模型を中心にして町のようすをグループ毎に話し合い發表する
商店の多いところ、市場のひらかれるところ、店の全くないところなどの分布狀態を知る
練馬區で特に大切だと思われる建物（區役所、警察署、消防署、學校）などについてそのはたらきをしらべまとめる
いろいろなものの配給所の位置とそのはたらきについてしらべて話し合う
電氣、ガス、水道などはどこからくるかしらべる

石神井變電所

リーダーの指示に從う
お互に協力する
話すことがらを上手にまとめる
分布圖をつくる
熱や藥によつて變るものがある
（石炭、ガス、炭）
比較觀察する能力
整理整頓する能力
注意深く觀察する

工作過程の順序を正しく作文する
順序正しくかく
要點をおとさない
文脈をととのえる

長四角の角などに直角を見つけそれを表わすのに直角という言葉を使う
展開圖を書くのに直角三角定木を使つてその正確を期する
三角定期の使用法
數範圍の擴張
千までの數を數えたり書いたりする
模型における數量的矛盾を發見する能力

直方體の展開圖のかき方厚紙の工作法
木切れその他の材料の利用
電氣の供給源を繪圖にして説明的表現力をねる
理解程度の繪畫的表現

2. 市場にはどんな店があるかをしらべる
家のつくりかたはどうか、店と普通の住宅とをくらべる
かん板や廣告はどうか、どんな品物がどんな樣子に並べられているかをしらべる
市場に賣つている品物の値段はどうか、ほかの店とくらべてどのように違うか
市場のことについて店の人からいろいろと話をきき、賣り上げ高などについても聞いて、これらを文にまとめてみる
市場のようすを繪に書く
店やさんごつこをする
いろいろな店をつくる。品物をつくつてならべる。お金を作る。
買いものごつこをする。賣上帳、小使帳をつける

3. 品物が販賣されるまでの經路についてしらべる
どこで生産されるか、商品別にしらべて表を作る
どのようにしてそれらの品物が運ばれてくるかをしらべる
練馬區ではどんなものが生産されているかをしらべる

練馬マーケット
練馬帽子工場
東洋紡績工場
大泉撚糸工場

家にはいろいろなつくり方があることを理解させる
いろいろの表（値段）をつくる
穀類、野菜、果物、魚介、肉、卵、乳などは人の主な食物であることを理解させる
健康を保ち進める能力
多種多樣な食物や衣料その他の品物を入手するために人々は互に依存していることを理解させる

文をくわしくかく能力
見た通り聞いた通りをくわしくかく
順序正しくかく
生き〳〵とかく

小數を使つて金額を記入する、二圓五〇錢を2.50圓と書く
定價表
日本の紙幣
三位數に二位數を加える算法（千以下）
三位數から二位數を引く算法（千以下）

看板を作り機能美を理解する
思想の豊富な蓄積を表現する
重なつた群集の表現

配給品と自由販賣品に分けて考えてみる、またどうして配給制度になつているのかを店の人から聞いてみる
品物の經路を劇化して實演する
擬人文をつくる
各自の作品の朗讀會をひらく
4. 商店や市場の販賣方法についてしらべる
かん板や、廣告燈、店の裝飾、陳列のしかたなどについてしらべ、どうしてこのようなことをするのか考えてみる
大賣出しにはふだんとどのように違うかについて話し合う
特別のサービス等について考えてみる
市場はほかの店と、どんな點が違つているか、商品の種類と良否、値段、陳列方法などについてしらべる

三、いなかの生活（秋の遠足）
1. 東京近くのいなかの生活についてしらべる
A 大泉や保谷あたりの農家へ行つて生活のようすをしらべる
農家を寫生する（紅葉寫生）
農家の人の年中行事などについてもしらべる

學校附近の農園

生活必需品を選ぶ
どんな風にして食料が提供されるかということを見出す
劇化の能力
よその土地でできるものがどんなふうにして送られてくるかを知る
よその土地からきているものを知る
電氣は電燈用だけでなく、照明熱源信號などにも利用されていることを理解する
問題を把提する能力
危險から身を守る能力
事實を尊重する能度
電氣の効用と使用法について知る
人々の生活様式はその住んでいる土地の自然的條件によつて左右されていることを理解させる

擬人文を作る
そのものの特性がよくあらわれるようにかく
創造力をはたらかせてかく
よびかけを演出する
よびかけの脚本をつくる
ことばを大きくはつきり話す

金錢の價値の理解と評價を發展させる
高い安いの値段の基準を數的根據に求める態度
生活狀況を時間的にながめる

暮の街のスケッチを基にして畫面の構成をする
物品の選擇能力
紅葉の美しさを發見する
色相の明度差重色能力

このごろの仕事と作付についてしらべる（こよみにつくる）
（第一單元の繼續發展的取扱）
農家の人の衣服についてしらべる
村まつりの歌をならう
「かき」の歌をならう
農家の人の生活を主題にしてよびかけを演出したり、作文したりする
B 同じ區内でも練馬や江古田邊の非農家の生活とくらべて、その違いを話し合う
衣服、住居、食物について
學校や警察や役場などについて
ラジオ新聞、映畫、などについて
いなかの店と町の店について
C いなかの人がどのように土地に適應して生活しているかをしらべる
D 町の人といなかの人々の生活がどう違うかについてまとめる
今までにしらべたことをまとめる
書物によつてしらべる
「私のいなか」という主題で作文させる
町の人といなかの人との相異點をとりあげて劇的な表現をさせる

大昔の人々
昔の家
今の家
土地と人間（私達の生活三）
「かべ新聞」
村と學童（柳田國男）
國語「かかし」

農家はどんなふうにして作られているかを知ると共にいろいろな家の形を知る
地理的條件は動植物及び人間に大きな影響を與えていることを理解させる
多種多様な食物や衣料やその他の品物を入手するために人々は互に依存していることを理解させる
動物植物は類別することが出來る
關係的に見る能力
資料を集める能力
事實を尊重する態度

・身ぶりを考えて演出に工夫をこらす
かべ新聞をつくる能力
記事をあつめる
編集する
大きな紙にかく
さしえやカットもいれる

こよみ
一年は十二ヶ月であることを理解する
各月の日數
大の月と小の月を知る

旋律感
拍子感
衣食住の材料の供給源の繪圖をかいて説明的表現と理解を深める

内容	資料環境	生活	言語	數量形	表現
E いなかの自然環境についてしらべる もみじあつめ 木の實あつめ 細工する 分類する 虫や鳥の冬の生活をしらべる 2. われわれの生活はどんな點でいなかに頼つているか、また東京といなかはどのように相互依存的關係にあるかをまとめる 食物、衣服、住居の材料について まきや炭、石炭(ガス)等について 電氣(發電所)水道(村山貯水池)などについて レクリエーションの場所として 東京からいなかに行く物資、いなかから東京に來る物資などについて 3. 町やいなかで改めなくてはならない點についてまとめる 生活の様式について考える 相互の理解についてまとめる その他の點について氣づいたことを各自の考を作文させる 特に水道や電氣の使い方について話し合う	村山山口貯水池 村と子供(私達の生活)	動物には季節により羽や毛の生え方や色の變るものがある 動物には冬眠するものがある 比較觀察の能力 關係的に見る能力 環境に興味を持つ態度 植物は種子から成長して花を開き實になるものがある 多くの植物の種子はいろいろな方法でまきちらされる 事實をありのままに見る能力 整理整頓する能力 事實を整頓する態度 厚生、娯樂の活動も環境と密接不離であることを理解する ガスの効用を知る	シナリオをつくる能力 いなかの生活から題材をとる 漫畫風に表現してみる おもしろく場面を展開させる		生活様式の合理的、非合理的な點をしらべる 家庭生活の合理化美化について話し合う

單元	西武鐵道(武藏野線)	配當	三年 一月―三月
目的	一、郷土の交通機關の主要なものを理解させる 二、交通運輸の發達は一つの土地と他の土地との相互依存關係を增大することを理解させる 三、また一つの土地と他の土地の相互依存關係が增大すれば交通運輸が發達することを理解させる		四、交通運輸の發達は郷土の生活を變えることを理解させる 五、吾々の祖先は苦心して交通運輸の道を開き、方法を工夫してきたことを理解させる 六、人々は交通運輸の機關を利用して產物を交易し、衣食住の物資を入手し、文化を交流していることを理解させる

内容	資料環境	基準と評價 生活	言語	數量形	表現
一、電車ごつこ 1. 計畫について話し合う どのような電車ごつこをするか話し合う グループ毎に構想を話し合い、係を決定する 電車ごつこに使用する材料を考えて準備する 實際に驛を見學しなければならないことを話し合う 2. 大泉驛(練馬驛)の見學 A 依頼の手紙を書く きつぷ、はさみ、シグナル、タブレットなどはどうなつているか、その他見たりしらべたいことをまとめて見學の依頼狀を出す	大泉驛、練馬驛	リーダーとして他を統率する人と協力して仕事をする態度	速くて美しく書く能力 視寫聽寫をまじえて書く 文字を正しく美しく書く だんだん速く書く 手紙を書く能力 質問の仕方や、人の話をノートすることを學ぶ	グループの構成にあたつて人數の分配を均等にするような態度(九九の基本觀念を活用して除法の準備をする) 長四角の用紙にどのように文章を配置するかを考慮する態度	

B 驛の機構を見學して仕事の話を聞く
改札口、切符賣場、荷物扱場等を見學する
驛員の任務をしらべ、その活動狀況を聞く
池袋本社の組織及びその活動狀況を聞く
電力はどこからどのようにして送られて來るかを聞く
ダイヤはどのようにして組まれているかを聞く
いろいろな信號について話を聞く
電車の型、貨車の種類などを見たり、その說明などを聞く
驛を中心にした風景畫をかいたり、その他見たり聞いたりしたことを繪にかいたり書きまとめたりする

3. 電車ごつこをする
A 電車ごつこの準備をする
客車、貨車をボール紙木切などで作る
待合室、ホーム、シグナル等も作る
切符、お金、タブレットなどを作る

國語教科書
小さなねじ

交通をそがいしていることについて知る
土地で使われている交通運輸の方法を知る
家はどのようにして作られるかを知る
すべらせるよりもころがす方がまさつが少い
比較觀察する能力
機械器具を使う能力
注意深く觀察する能力

驛の仕事や係りなどを言葉と圖表の型式で示し複雜なことを簡單に表現し一見理解しうるような技法を學ぶ

生活狀況を時間的にながめる
まるの書き方を工夫する
電車の型をいろいろないい方で表現する（立體觀をいい表わそうとして努力するか、またいかなる表現をするか）

木切れ厚紙工作法
信號の種類をしらべて繪にかき理解を深め分類能力を深める

その他必要なものを作る
汽車の歌をならう
糸電話をつくる（驛と驛との連絡をするものとして）
おもちやの電車などをあつめる
B 電車ごつこをする
準備したものを合理的に配置し、仲よく何回もくりかえして遊ぶ
これを詩や文にする

二、武藏野線の乘降客しらべ
各驛毎の乘降客の概數をグループ毎に分擔してしらべる
混雜する時刻やその時の乘客數をしらべる
武藏野線が東京の各職場に働く人たちにとつてどのような役目を果しているかを考える
武藏野線と同樣な役目を果しているバスについて、その終點と起點及びその道路などについてしらべる
西武バス、關東バス、都營バス、東急バスなど
しらべたことを表にまとめる
バスの車庫にてバスの精密寫生をする
バスの車庫を共同構成する

機械は、てこ、車、滑車輪軸、齒車、くさび、ねじ、つめ、ベルト、チエーン、まさつ車、はずみ車などから出來ている
關係的にみる
注意深く觀察する態度
電氣を使つて電動機をまわすことができる
事實や原理を應用する能力
科學的作品に興味を持つ態度
機械や道具の能力には一定の限度がある、その限度以上の使い方をしたり、目的にあわない無理な使い方をするとこわれたり危險なことがある
結果を豫想する能力
眞理に從う態度
物體の運動は力を作用しなければ變化しない
問題をつかむ能力
資料をつかう能力
疑問をおこす態度
音は振動でおこり、物によつて傳わる

電話を聞く能力
ことばをはつきり話す
落着いて聞く
ていねいなことばをつかう
句讀點、脫字、誤字の誤りを正す能力
句讀點を正すことによつてことばの性質や文のくみたてを理解する

圓さしわたし、中心の言葉の意味を理解する
圓をつかつて物の形をつくり、圓の性質を理解する
圓を利用してある場所を生活環境から見出す
千までの數範圍において、三位數と三位數との加減法をする（繰り上り繰り下りの場合に及ぶ）
人數を數える時五、あるいは十を一群として數える、又その他の方法を用いて多くの數を適當に處理する

展開圖の理解
コンパスの使用
旋律感
拍子感
歌詞、歌曲の理解
道具や材料を使いこなす能力をねる
バスを題材とした精密寫生と綜合的表現

三、荷物の輸送

1. 各驛發着の荷物についてしらべる

各グループ分擔の驛毎に發着する荷物の個數をしらべる

どんな品物が送られてくるか、またどんな荷物が送り出されているかをしらべる

それらの品物がどこから送られてくるか、またどこに向けて送られるかについてしらべる

どんな方法で送られるか、また、どんな方法で送り出されるかをしらべる

2. 武藏野線全體の様子をまとめる

一日何回位貨車が通るかをしらべる

池袋方面に行く電車と飯能方面に行く電車の數はどうちがうかをしらべる

荷物の傾向はどう違うかをしらべる

しらべたことを圖にしたり、文にしたり、繪巻物にしたりしてまとめる

しらべたことについて發表會を開く

四、西武鐵道（武藏野線の歴史）

A 西武鐵道（武藏野線）はどのようにしてつくられたかをしらべる

西武鐵道（武藏野線）はいつ頃できたか、また建設當時の苦心談などについて、書物でしらべ

たろう

武藏野歴史地理

日本地理大系大東京篇

上代の東京とその周圍

推論する能力

直覺的に判斷する能力

工作する能力

疑問をおこす態度

自ら進んで究明する態度

互に違う環境に生活している人々はお互に産物を交易することを理解させる

共同作業の分擔を遂行する

よその土地にできるものがどのようにして送られてくるか、また自分たちの土地からどのようなものが送られていくかを理解する

人々は交通運輸の機關を利用して産物を交易し、衣食住の物資を入手し文化を交流したりしていることを理解する

交通運輸の方法の發達は一つの土地と他の土地との相互依存關係を増大したり、生活形態を向上させるのに大いに役立つことを理解する

脫字誤字を正しく速くなおす力をつける

あやまりのない文をかく能力をつける

話し合いの能力

柘手の人數や場所に應じた聲で話し合う

相手の發表をよく聞いて、意見を發表する

わからないところは質問する

話し合いの要點を記録する

乗法九九によって $x \times A = B$ か $A \times x = B$ から x を求めることより除法の準備をする

事象の經過の繪畫的表現

たり、話を聞いたりする

鐵道は自然をどのように利用してつくられたかをしらべる

西武鐵道と名が變ったのはいつ頃か、またどうして變ったのかをしらべる

B 西武鐵道（武藏野線）建設以前の練馬はどうであったかをしらべる

建設以前の交通はどうであったかを區役所に行ってしらべたり、老人から話を聞く

武藏野線の建設によって生活様式がどのように變ったかをしらべる

町の發展の様子をしらべる（家數と賑やかさ）

武藏野線建設以後に出來た大きな建物、娛樂場などについてしらべる

學校、會社、工場、レクリエーション施設

これらがわれわれに如何に役立っているかを話し合う

都市生活をする人々の健康生活と、武藏野鐵道との關係についてしらべる

五、今後の西武鐵道（武藏野線）

A 西武鐵道（武藏野線）を上手に利用するにはどうすればよいか話し合う

混雜について話し合う

電車についてのいろいろな危

日本地理大系關東篇

たろう

また交通運輸は一つの土地と他の土地との相互依存關係が増大することによって發達することを理解する

われわれの先祖は苦心して交通運輸の道を開き、その方法を工夫してきたことを理解する

交通の規則を守らないためにけがをしたり、他人にけがをさせることがある

危險から身を守る能力

愼重に行動する態度

文をかく能力

話し合ったことを議論文的に表現する

すじをととのえてかく

鐵道や、建物が建設されてからの年數を算出したり、家數と賑やかさなどの發展狀況を數量的にながめる

既習計算學習

多くの數の概數をとる

内容	資料環境	生活	言語	數量形	表現
險、守らなくてはならないことについて話し合う 車内道德のポスターを書く バスや他線との連絡について考える B 西武鐵道（武藏野線）の改善 電車の設備について 驛の設備について 未來の武藏野線について話し合い、理想的設計を工夫する(新東京都市計畫との關聯において) 六、大昔の人々の交通運輸 人間はどのようにして、はじめて交通運輸の方法を學んだかを人に聞いたり、書物などによつてしらべる 大昔の人の交通運輸の方法を劇に仕組んで實演する(「つりばりのゆくえ」を讀む)	祖先の話(小澤榮一著) 大昔の人々 「つりばりのゆくえ」	自主的生活態度を養う 郷土の生活を向上するために創意をはたらかす態度 車の發明と發達に關して知る 河川や湖沼地帶の交通運輸の方法を知る 旅行、運搬に使われる動物のことを知る	單獨でも理論が通つているようにかく 大昔の物語りを讀み、これを簡單にまとめる 辭書を引く 讀んだことを要約して話す 要約してノートにかく 劇を演出する能力 かんたんな脚本をかく 演出に工夫して、ことばの練習をする 服裝や背景などに工夫をこらす 文集をつくる 委員をあげて編集のそうだんをする きれいな表紙をつける		ポスターに寫眞や繪畫を利用する 未來の武藏野鐵道の想像畫をかき想像力をねる

單元	郷土の生活
配當	四年四月—七月
目的	一、郷土を概觀して、その特質と變遷のあらましを理解させる 二、郷土の人々の實態をしらべ、多くの機關や施設のはたらきと人々の協力について知らせる 三、郷土の生産について知らせ、農耕作業を通して勤勞の喜びを味わわせる 四、郷土の現狀を見、その將來を考えて、よりよき郷土の建設に奮い立たせる 五、郷土の地圖によつて、讀圖、描圖の力をねる 六、いねやいもの觀察記録をつけたり、遠足の報告書を書いたりさせる

内容	資料環境	生活	言語	數量形	表現
一、わたくし達の郷土はどんな地域だろうか 1. 郷土の地域 A 兒童の通學區域・行動圏をしらべて圖表にかいてみる B 練馬區とその周邊地域とが、郷土社會として生活に結びついていることを話し合う C 東京全體からみた位置をしらべて地圖にかく D 人口をしらべ、その分布を圖にかく、家を中心とした風景を寫生する 2. 郷土の自然 A 地形地質と氣候のあらましについてしらべる B 郷土の地圖を讀み、また描いてみる	私たちの生活「土地と人間」 理科年表 加藤昆虫館 牧野標本館	必要な圖表や統計を選ぶ能力 問題を正しく把握して必要な圖表や統計を選ぶ 圖表や統計から必要な箇所を讀みとつて利用する 分布圖をつくる 概觀して分布狀況がよくわかるようにかく 概數と比率を考える 地圖を讀む能力 方位を正しくよむ	ローマ字を讀む能力 印刷體でことばをよむ くりかえしよみながら語形によつて文字を習得する 用言の活用がわかる かなづかいの變化を通して活用をわからせる 擬人文をかく能力	萬までの數を書いたり讀んだりする 概數をつかつて數を讀んだり書いたりする 磁石の使い方を知る 八方位を知る 縮圖をよみとる	色彩の圖表への利用 明視配色の適用 モチーフの選び方 鑑賞 旋律・律動の鑑賞 管弦樂のきき方 樂曲の樣式

C 郷土の動植物についてしらべ、「小鳥のセレナーデ」を歌う「もんしろちょう」を読む・	「私たちのまわりにはどんな生物がいるか」	生物にはいろいろの種類がある 生物は環境の變化の影響をうける	辭書を利用する能力	いろいろな物の所在を地圖の上から知る	採集した花の寫生 色彩を主とした感覺的表現
D 石神井川にそつて遠足しながら、川の石や水中の小動物についてしらべる	「生物はどのようにして育つか」	生物は季節によつて生活の様子がちがう 生物の繁殖（卵・胎生・種の散布）	速く正しく文字をひきあてる 部首、總畫、五十音などによる引き方になれる	また距離を讀みとる（直線距離をよみとることから圓を描く）	
E 報告書をかいたり繪地圖をかいたりする、寫生もする、「わか葉」の歌を歌う	「地面はどうなつているか」	生物にはそれぞれの働きがある 事實をありのままにみる能力 比較觀察する能力		コンパスの使用法 直徑・半徑	旋律感 拍子感 樂曲の理解 歌詞・發想の理解
3. 郷土の變遷 A 郷土にのこる地名の由來についてしらべる 石神井　大泉　六井の里など	「泉を求めて」	資料をあつめる能力 整理・整頓・分類する能力	放送臺本をかいて放送する 場面を生き生きと寫す ことばをはつきり正しく 音樂効果を考える		
B 昔の郷土についてしらべる、「貝塚」を読む 貝塚　石神井城　練馬城 三寶寺	富士見臺の湧水池 石神井貝塚 石神井城址	環境に興味をもつ態度 自然に親しむ態度 地かくは岩や石や土などからできている（土の種類―砂、粘土、畠土、岩）			
C はにわや土器を粘土で模作する	練馬城址	地層はがけや切通し、川の侵蝕のあとに普通縞のようになつて見えている 比較觀察の能力 環境に興味をもつ態度	讀む能力 抑揚・調子・斷續・速度に注意してよむ 氣分をよくあらわしてよむ		粘土工作法 器物製作の技法 巻上げ法
D 近代化していく郷土の姿を考える					
二、郷土は、われわれの生活とどう結びついているか 1. 土地と生活の關係についてしらべる A 青葉風景を寫生する		圖書館から適當な書物を選ぶ能力	主語と述語のはたらきがわかる		
A 地下からどんなものがとれるか B 農耕飼育からみた郷土（巣箱をとりつける）	日本農業物語	何が適當かを判斷する 適當な箇所を選擇する			
C 工業生産からみた郷土		天然の災害はいろいろな			

D 住宅地としての郷土		方法で輕くすることができる			色の重色に明度差を出す 形の單化
E 教育的環境としての郷土		（防風林、防火林、避雷針器、貯水池、植林）			
F レクリエーションの適地としての郷土					
2. 郷土の人々の生活の狀態をしらべる A 人々の生活の様式なり態度はどうか		問題をつかむ能力 推論する能力 環境に興味をもつ態度			
B 仕事の種別はどうなつているか C どんな風習の中に生きてきたか		餘暇を善用する態度 散策、休養、スポーツ 娯樂、教養	脚本を書いて演出する		
D 人々の生活を劇化して演出する、劇の小道具を作る			ことばを話しことばに近づける 土地の風習を十分に表現する		材料の利用
三、郷土の生産についてしらべる 1. 農産物にはどんなものがあるだろうか A 農産物調べ いも類（じやがいも・さつまいも・さといも）	「村の子ども」	生物はふえる（種、球根、いも、さし木、とり木、根分）		俵單位でいも麥の生産高をしらべる	
米と麥　野菜類（大根・人蔘・牛蒡） B 農産加工品 練馬大根の澤庵づけ	「生物はどのように育つか」	種をえらぶとよい草花や作物がえられる 花びらのない植物（いね、むぎ）		一軒あたりの生産高をしらべる（割算の初歩指導）	
C 農耕作業をする かぼちやの種をまく いもやいねの植付けをする それの記録をつける、また作業の繪をかく 「いねを育てて」を讀む、「田うえ」		事實をありのままにみる能力 比較し觀察する能力 繼續的觀察の能力 栽培する能力 根氣よく物事をやりとげる態度	觀察日記をつける 細かく觀察する 要點をはつきりかく 繼續的にかく 横書きをする	單位分數を理解する 正方形、長方形の名稱を知る	人物の姿態を中心とした表現

の歌をうたう				回轉の角を考える	農家をとり入れたモチーフの選び方 旋律感 拍子感
2. A どんな動物を飼育しているだろうか 牧場や家庭で飼われる動物について、その生態をしらべる 牛　山羊　豚　兎 鶏　蜜蜂など B 動物の生活を文にかく「うさぎ日記」を讀む C これらの動物が、どのように生活に利用されているかをしらべて報告する D 農家の家畜の繪をかく	町田牧場 小泉牧場 森永牧場		默讀して意味をとらえる能力 だん〳〵速くよむ 音讀と比較する 要約してノートする		形の特長の把握と表現
3. 工業生産にはどんなものがあるだろうか A 工業の種別 纖維品（撚絲　メリヤス）醫藥品 製陶　食品工業　機械製作 B 原料・材料の入手經路と製品の販路をしらべ圖表化する	鐘紡練馬工場 メリヤス工場 撚糸工場 漬物工場 製麵工場 製粉工場 タムラ製作所	見學參觀の態度 問題をもつていく 注意して見る、質問もする 他人に迷惑をかけない 所見をノートする			
四、郷土の機關・施設についてしらべて、説明圖をかく 1. 政治に關するもの 區役所・支所・役場・税務署 2. 安全に關するもの 警察署・消防署 3. 教育に關するもの	練馬税務署 練馬區役所 石神井支所 保谷町役場 練馬警察署	訪問面接の態度 事前の打合わせ ていねいなことばづかい 要件を要領よく話す 要點をノートする 禮状を出す	質問の手紙、禮状をかく能力 要點をはつきりかく ていねいなことばをつかう まごころをこめてかく	一萬までの數範圍における加減法をならう（くり上りくり下り三回に及ぶ） 簡單な案内圖を書く、距離の割合を表現するよ	

學校（幼稚園・小學校・中學校・高等學校・大學） 圖書館・博物館	練馬消防署			う心を配つているかどうか	説明圖的表現の能力 要約して表現する 創造力をはたらかせる 色彩の配合を考える
4. 保健に關するもの 病院・療養所 5. 厚生・慰安に關するもの 公園・運動場・撮影所・映畫館 撮影所のスケッチ 6. 交通・通信・運輸に關するもの 道路・鐵道・バス・郵便局・電話局	豊島園 關公園 石神井公園 市民農園 太泉スタジオ 西武鐵道沿線案内圖 西武鐵道會社 石神井郵便局 石神井電話局		學級文庫を經營する 本の選擇 分類と整理 貸出利用 讀書の記録 保管		速寫の技法 要點把握 動きの描寫と
五、未來の郷土 1. 郷土を理想的に建設するにはどうしたらよいだろうか A 改善すべきところ、擴充すべきところを考えて話し合う B 大東京の一環としての郷土の發展を考える C 先人の傳記を讀む		生活を合理化する態度 生活環境を美化し合理化して快適にする 勤勞を喜び生活文化を生み出して生活を豊かに樂しくする 創造的精神、科學的精神をふるい起して苦難に耐えていく 将來の希望に燃えて、現實をふみこえていく	郷土を開發した恩人の傳記を讀む 業績を理解し敬仰する 感想文を綴る 劇化を試みる		
2. 新しい郷土の設計 A 設計圖をかく B 模型をつくつて立體的に構成する C 未來の大泉驛を中心とした繪をかく	大泉學園驛				手描き製圖の要領 想像力を養うパノラマ的表現 創造力をはたらかせる 構成に工夫する 特長をあらわす

単元	武蔵野の秋
目的	一、むさし野の秋の自然に親しませ、天氣その他の問題について、進んで研究する態度を養う 二、秋がからだをきたえる好季節であることから、保健についての諸條件を考えさせ、それを實行させる 三、秋のとり入れを通して郷土の生産状況をしらべ、食糧問題について理解をもたせる 四、いもやいねをとり入れ、また麥まきをして、勤勞の喜びにひたらせる 五、野山あそびをして風景を寫生し、また木の實や落葉を拾つて、その利用の方法を工夫させる 六、野菜をつかつての人形劇や渡り鳥を主題とした劇の脚本をかいて演出させる
配當	四年九月—十一月

内容	資料環境	基準と評價　生活	言語	數量形	表現
一、秋の天氣についてしらべる 1. 氣溫と水溫と土中の溫度 A 寒暖計を使つて氣溫と水溫をはかり、グラフに表わす B それぞれの溫度を比較して夏とどうちがつているかをしらべる	年間氣溫表	氣溫は刻々にかわる 氣溫と水溫と土中の溫度はおなじでない 記錄する能力 比較觀察する能力	かく能力 ローマ字を印刷體でかく 大きくはつきりかく 印刷體でことばを綴る	二次元の表 折れ線グラフ グラフを目盛ることから、一センチメートルは一〇ミリメートルであることを知る 折れ線グラフの特徴を知りこれを生活に活用する	律動 韻律感 和音感 合唱のよろこび
2. 夜の空と星 A 空がすんでくるわけを考える「ひびくよ歌聲」の歌をうたう B 夜空を眺めて、秋の星座について話し合う C 「天の川」の文を讀み、星の神話による幻想畫をえがく	星の話 大百科事典 「空には何が見えるか」	參考書の正しい使用の能力 空は一定の秩序にしたがつて動く 星座は大體形をかえないから方向を知るのに役立つ （北斗七星・カシオペア・アンドロメダ・ペガサス・シリウス座・天の川）			色彩と形態のリズミカルな表現 抽象模樣に幻想的人物をいれた超現實的な表現
3. 鳴く虫のいろいろ A 鳴く虫をとらえて、鳴き方をしらべる	「私たちのまわりはどんな生物がいるか」	虫體の構造（鳴器）と虫の一生（變遷）	觀察記錄をよむ 精細な觀察	二ケ月以上にまたがる日數	
B せみの生態を觀察し「あぶらぜみの一生」を讀む C こおろぎをとらえて、鳴き方をしらべ、卵をそだてる「虫のこえ」の歌をうたう	「生物はどのようにして育つか」	飼育する能力	具體的な敍述	の加減をする	
4. 晝と夜の長さ A 日の出、日の入りの時刻をしらべて、晝と夜の長さをくらべる、生活グラフをかく B 夏至のころとどうちがうかをくらべる C よい讀物をえらんで讀書の力をつける	太陽暦 「幸福」 「みにくいあひるの子」	太陽の出沒する方角時刻は少しずつかわる 夏至の頃は晝の長さが一年中で最長、出沒の方向は最も北にある 冬至の頃はその反對 物事を數理的にみる力 時間を正しく利用する態度	よい本を選ぶ能力 よい本を選んで、よく讀む 讀書記錄をつける 讀後感を發表する 文を通して物語の心を讀みとる	一分單位で時間や時刻をあらわす 暦 折れ線グラフを書き變化の樣子をよみとる	
二、丈夫なからだにするためにはどうしたらよいだろうか 1. 運動とからだ A 健康を保つにはどうしたらよいかを話し合う、健康ポスターをかく B 身體檢査をして、その結果を檢討する C 運動後の呼吸や脈搏の數をグラフにかく D 運動と疲勞の回復についてしらべる E 運動會の繪をかいたり文をかいたりする	「どうしたら丈夫なからだになれるか」	運動の目標と効果の理解 自分の體の機能の理解 健康を保持增進する能力 關係的綜合的にみる能力	讀書衞生に注意する態度 姿勢 照明 本のもち方、置き方 本のえらび方（印刷の鮮明なもの）	百分の一位までの小數を使つて量を表わしたり、表わした量を理解する 十分の一の位までの小數の加減（繰上り繰下りのある場合に及ぶ） 百分の一の位までの小數の加減（同じ）	人體の便化と裝飾文字 明暗による便化 文字の便化 構成的描畫 各自のスケッチをもとに大畫面の人物集團の表現
2. 食事とからだ A 食物の營養とよい食事について理	營養分析表	食物の消化と消化器の系			

解させる
B 偏食の調査をして、それが健康に及ぼす影響について考える
C 學校給食の恩惠を感謝し、その効果を考えてみる
D われわれの食生活をどう改善したらよいかを考えさせる
E 傳染病の豫防について考える
F 竹で箸やフォークをつくる
3. けがや病氣の豫防と手當
A けがをした經驗を話し合う
B けがの豫防法について話し合う
C けがの手當の方法を知り實習してみる
D 化膿の原因とその豫防法を考える
4. 秋の衣服
A 夏から秋へかけての衣服のうつりかわりをしらべる
B 紅葉の色を分析して衣服の模様をかく
C 健康と衣服の關係を考えさせる

三、秋のとり入れはどのようになされるか
1. 人々の仕事
A 農家の人々の仕事についてしらべて、繪にかく

大泉・石神井方面の農家

統を知る
混食の必要の理解
食物の正しい食べ方と食時の氣分
病氣と病原體、その傳染經路
食生活の美化・合理化を考える態度
一寸した注意でけがや病氣がさけられることの理解
病氣やけがの早期發見と手當の必要の理解
偏見や迷信を正す態度
合理的に考え慎重に行動する態度
着物の材料や着方は外見のほかに保温・通氣・體の保護に關係する
日光消毒洗濯は保健上大切である

感謝文をつくる
給食の恩惠に對して感謝の文をかく
まごころをこめてかく
相手を考えてかく
俳句を味わう能力
俳句の形で表現する

形に對する感覺を深める

竹工作法
竹のけずり方
鼠歯錐の使用
竹の性質の理解
配色とステンレル法
無彩色と暖色の配合
ステンレルの味の理解
速寫の技法

B 農具や服装についてしらべて、繪にかいたり、模型をつくったりする
C 「かかしの歌」を歌う、俳句で表現する
2. いねかり
A 米の反當り收量をしらべて自分たちの收穫とくらべる
B いねかりの繪をかく
C 米の配給と食糧問題について考える（麥・いもなどと關連して）米穀通帳をしらべる
D 食糧の輸入についてしらべる
3. いもほり
A いもほりをして、いもの反當り收量をしらべる
B いもの配給とたべ方について話し合う
C ブリキで大根おろしをつくる
D いものでんぷんをとって、顯微鏡でしらべる
4. 秋の野菜
A ローム質の土地と作物の關係を考える
B この土地の野菜の種別とその産額をしらべる
C 澤庵づけについてしらべ、澤庵漬

農産物統計
「生物はどのようにして生きているか」
「生物はどのように育つか」
大泉農業協同組合

日本の人口と食糧の關係を理解
食生活の合理化をはかる態度
顯微鏡のはたらきを理解する
いもの中にはでんぷんがあり、簡單に抽出できる
でんぷんはヨードで檢出できる
顯微鏡を使用する能力
藥品を使う能力
鹽は腐敗を防ぐ役目をする

俳句を味わう
俳句の形式や特色を知る
季題について

四位數を、二位數三位數で割る算法を習う
買物帳・賣上帳をつける
グラム單位で重さをはかる
はかりの使い方
一キログラムは一〇〇〇グラムであること
百分の一までの小數の加減（繰上り繰下りのある場合に及ぶ）

姿態の特徴把握
鉛筆の輕い使い方
スケッチをもとにした構想的表現
道具・器具の描寫
簡單な金工法
釘と金づちの使用

の作業を繪にかく		事實や原理を應用する能力			色彩を主とした新鮮な表現
D 野菜を主材とした人形劇を創作する		材料を使う能力 人形劇の人形を製作する	人形劇を演出する かんたんな脚本をかく 野菜の特長をいかして人形をつくる		純度を落さぬ工夫
E 野菜や果物を粘土でつくつたり寫生したりする「かき」の歌をうたう		種や球根から若い植物がでてくる			立體的寫實 視的表現
5. 種まき A 秋の種まきについて話し合う		種をえらぶとよい作物ができる 作物には一年生のものと多年生のものとがある			唱法 旋律感
B 麥の種まきをする		飼育栽培する能力 根氣よく仕事をする態度			律動感 拍子感 發聲
C ミレーの種まきの繪を鑑賞する	ミレーの「種まき」の複製	事實をありのままに見る態度			名畫の價値と 題材の見方
D 和歌の形で秋の風物を表現してみる		協力する態度 自然に親しむ態度	和歌を味わう能力 和歌の形式と特色を知る 俳句とくらべてみる		曖色相の明度差・純度差・形態の把握
四、野山あそび 1. 遠足 A 近郊へ遠足して秋色をさぐり紅葉風景を寫生する、「きたえる足」を歌う	村山貯水池 石神井城址 市民農園	環境に興味をもち注意をはらう態度 道の正しい歩き方をする態度 疲勞を回復する方法を知る		時刻表を讀みとる	旋律感 拍子感 樂曲の理解
B 遠足地の地圖をかいたり讀んだりする			遠足や見學の報告書を書く能力 重點をはつきりして書く	キロメートル單位で距離をはかる 一キロメートルは一〇〇〇メートル	
C 距離をはかることを練習する（歩數によつて、時間によつて）		昆虫は非常に種類が多い 分類比較する能力	全體の構成に氣をつける	小數の概數をとることによつて長さを測つた結果を處理する	
D 野山の生物を採集して遠足の文や繪をかく		危險から身を守る能力 花の咲いている時期とその期間は花の種類によつてちがう		地圖を讀みとる能力	
2. A 木の實・落葉拾い、きのこ取り ひろつた木の實で細工をする「どんぐりと山ねこ」を讀む		風・昆虫などの仲だちで實を結ぶものがある 實や種には風・水・動物	長文を終りまで讀み通す能力	縮圖の割合を知つてその實際の距離を知る	題材の把握 思想の構成的表現 多くの事象 事物の表現 立體物の整理分類

B 竹を切つて竹笛をつくる		などで散らされるものがある、またはじけて散るのもある		歩數あるいは時間によつて距離をはかる	球・細長い球・卵形
C 木の葉の形あつめをする、紅葉の細密寫生をし、紅葉するわけをしらべる	學校附近の雜木林	繼續的に觀察する能力 圖表をつくる能力	だんだん速く讀んで意味をとらえる 内容を要約して話す		色彩の分析 細かな觀察 色の抽出
D 落葉の利用について話し合う E 落葉を焚いて飯ごうすいさんをする（食事のつくり方を實習する）		事實をありのまま見る能力 落葉の効用を理解する 堆肥として利用			
F 秋の生活を手紙にかき「先生とみなさんへ」とくらべる「武藏野」をよんで聞かせる	獨歩「武藏野」	燃料として利用 灰を肥料にする 水源を養う	自分で文をなおしていく必要と興味を感じる		
3. 渡り鳥 A 渡り鳥を見た經驗を話し合う B 渡り鳥の種類や性質についてしらべ、圖表にかく	學習大事典 渡り鳥の掛圖	地理的意識を養う 渡り鳥の行動圖に結びつけて地名・國名を知らせる	修飾語のはたらきを理解する	キロメートル單位で距離をはかる	
C 「つばめ」をよむ D シベリヤ・中國・フイリッピン・オーストラリヤなどの位置を地圖によつてたしかめる	世界地圖 「渡り鳥の話」	位置・方向とわが國からの距離の觀念をはつきりさせる 鳥には季節によつて住む場所をかえるものがある	主語と述語の關係をはつきりする 助詞の用法をはつきりする 文脈をととのえる	四位數　三位數の加減法をならう	
E 渡り鳥を主題とした劇を作つて演出してみる		渡り鳥には冬鳥と夏鳥とがある 問題をつかむ能力 資料をあつめる能力 疑問をおこす態度 專門家の意見をきく態度	劇の演出をする能力 劇の構成に工夫する 舞臺裝置を考案する 効果的な演出を工夫する		

單元	東京の發達	配當	四年 十二月—三月
目的	一、江戸から東京への變遷をしらべ、父祖の生活と努力のあとを偲ばせる 二、東京が發達して來た要因を考え、東京がはたしている首都としての機能について理解させる 三、現在の東京の生活について考え、解決すべき問題の所在をつきとめる		三、東京とその周邊地域の關係を明かにし、相互に依存し合つていることを理解させる 五、平和の首都としての東京を理想的に建設するには、どうしたらよいかを考えさせる 六、未來の東京の模型を作り、立體的な構成表現の能力を養う

內容	資料環境	基準と評價：生活	言語	數量形	表現
一、東京はどのように變遷してきたか 1. 東京の政治について A 東京都政はどのようにして行われているかをしらべる B 警視廳、消防廳などの機構と任務についてしらべる、消防自動車の繪をかく C 江戸幕府から明治・大正・昭和にかけての變遷をしらべる D 江戸城を中心とした江戸の町の地圖をかく E 武士の服裝や文明開化の頃の服裝をしらべて繪にかいたり模型をつくつたりする F 「江戸の發達」の文を讀む 2. 東京の人口と人々の生活について A 東京の人口と分布	「くにのあゆみ」下 「日本のむかしと今」 年鑑 大百科事典 皇居 日本名所圖繪(江戸) 「土地と人間」 日本地理風俗大系	參考書を利用する能力 百科事典やその他の辭典年鑑などを使う 參考になる箇所をさがし出す 索引を利用する	ローマ字をかく能力 筆寫體でかく 大きく樂にかく なめらかな線でかく hとb、gとy、aとeなどを區別してかく 讀む能力 史實を讀みとる 年代の觀念をえる	地圖の書き方をならう、割合を意識して地圖上の長さを求める能力 多くの數を百或は千を一群として數える	機能美の理解 人物の形や衣服の美 表現を通じて鑑賞する
B 日本人口との比率 C 江戸から東京にかけての增減をしらべてグラフにかく D 住居の樣式とその增減 E 風俗・習慣・食物・言語その他生活樣式の變化をしらべて、模型をつくつたり、ジオラマを作つたり、また劇を演出したりする 3. 東京の産業について A 東京の商工業地區を地圖であらわす B 戰爭は産業にどんな影響を與えたかを考える C 江戸幕府のころからの發達のあとをしらべ、紙芝居をつくる D 「きかい」の歌をうたう 4. 東京の交通・通信 A 交通・通信の現狀はどうか B 昔はどんな狀態だつたかしらべる 昔の街道を地圖にかいたり飛脚の人形をつくつたり、また乘物を繪にかいたりする C どんな發達の過程を經てきたか 道路・かご・人力車・馬車・鐵道 電車・自動車 飛脚・郵便・電信・電話・ラジオ	東京都廳 警視廳 消防廳 「都會の人々」	新聞や雜誌の記事をつかう 東京の政治の問題 東京の商工業の狀況 生活問題 交通通信の狀態 電話をつかう能力 電話の發達について 電話の社會的機能について 電話機のていねいな取扱い	外來語について理解する 身近な外來語をしらべて表にかく 要點を短くまとめて書きとる能力 筋をとらえてかく 適當な標題をつける 電話をかけて話をする能力 應答をはつきりする ていねいなことばづかいになれる 要點をまとめて話す	概數をとつて除法をする 零を適當に處理して計算をする 二つのグラフを一つのグラフにまとめる グラフをまとめることによつて示される効果を知る	風俗の調査と表現 視唱法 輪唱の練習 旋律・律動の理解 歌詞の理解 輪唱の味得 正確な知識と表現

D　交通に關するものをしらべて繪にかく「日本のむかしと今」を讀む、

5.　「夜汽車」の歌を歌う

A　東京の學校について

東京にはどんな學校があるか

B　昔の學校はどうだつたかをしらべて繪にかいたり劇をつくつたりする

C　どんなふうにして發達してきたかをしらべる

D　戰爭は學校にどう影響したかを考える

二、東京の生活についてしらべる

1.　東京の風土

A　東京の地形と氣候

B　冬の天氣

C　霜柱と木がらし

D　雪景色の寫生をしたり冬の天氣を觀察して文にかいたりする

2.　東京の住居

A　戰災と住宅問題

B　住居と生活

お湯の沸くまで(燃料)

水蒸氣と湯氣　對流　水の溫度による膨脹　酸素の實驗　氣體の燃え方

「日本のむかしと今」

武藏野臺地のローム質土壤

「湯はどのようにしてわくか」

「かん電池でどんなことができるか」

寺子屋について理解する

二部授業についての理解

どうして二部授業が起るか

どうしたらこれを解消できるか

戰災學校の不自由な生活への思いやり

住居の衞生

採光と換氣

排水と防濕

物が燃えるには酸素が必要である

空氣は主に酸素と窒素の混合物である

物を熱すると膨脹する—溫度計はこの原理を利用したものである

速く書く能力

漢字とかなのつづけ書きができる、速く美しくかく

説明文をよむ能力

事實の説明的な叙述をよむ

内容を正しく理解する

要點をノートする

科學讀物を讀む

讀んだ本の内容を要約して

コンパスを使つて同心圓をかき等距離の場所を地圖上に求める

同心圓の最小の半徑を基礎にしてより大きな半徑をもつ圓周上の點までの實際の距離を求める

三位數、四位數に基數、二位數を掛ける算法を習う

一萬までの數範圍における加減法を習う(くりあがり くりさがり 三回に及ぶ)

小數の加減法をならう

視唱法

旋律・律動の理解

和音感の喜び

合唱の味

正しい發聲

無彩色の明度差の表現と低い彩度の色の調和

光熱源

電氣に對する理解　配線圖

電氣模型製作　乾電池

電磁石

C　住居の改善と生活の向上合理化

D　理科の教科書や科學讀物を讀む

三、東京とその周邊地域はどんな關係にあるだろうか

1.　東京の衞星都市

A　衞星都市の性格と東京との關係

B　大東京圈の構想を地圖にかく

2.　東京と各地との交通についてしらべる

A　主なる道路　B　鐵道

C　航路　D　これらを地圖にかく

3.　東京と地方との依存關係

A　物資需給の面から見た東京と地方との關係はどうかをしらべて話し合つたり文にかいたりする

B　東京は首都としての機能をどうはたしているかを考える

四、未來の東京はどうあるべきか

1.　理想的な東京の構想

A　改善したいこと、望ましいことに

東京近邊地圖

水の沸く溫度は攝氏百度である

溫度の目盛は水の凍る時の溫度を0度とし、沸く時の溫度を百度としてきめられている

水は氷や水蒸氣に變化する

空氣中の水蒸氣は空氣の溫度が下ると水滴になることがある

比較・觀察する能力

事實・原理を應用する能力

機械器具を使う能力

圖表をつくる能力

電力をつかつて電動機をまわすことができる

電池をつかつて電氣をとり出すことができる

電氣が導體を通ると熱が出る

物が強く熱すると光を出す

電磁石は電流を通じた時だけ磁性をおびる

機械器具を使う能力

注意深く正確に行動する態度

比較觀察の能力

環境に興味をもつ態度

地圖を讀んだり略圖をかいたりする

方位をはつきりする

地圖の記號をおぼえる

できるだけくわしくみる

書きとる

要約して話ができる

文を綴る能力

話し合いのようすを文にかく

話しことばを自然にすらすらと表現する

いろいろなグラフを書きそのグラフの特徴をとらえる

鐵道、道路の長さを比較する

一萬までの數範圍において既習加減法を練習する

距離の割合を計算する(割算)

あまりのある場合商を小數の形、剩餘の形で書きあらわす

細部省略による地圖のかきかた

内容	資料環境	生活	言語	數量形	表現
ついて話し合う（交通・人口・住居・社會施設・文化機關等に關して考える）		略圖は大體の概形をとらえることにつとめる	幻燈の說明を書き、實演する能力 場面を生き生きと寫すようにかく 言葉をはっきり場面が目にうかぶように話す		公共施設に對する美的觀念
B 觀光事業の振興と東京港の開發について考える「港」の歌を歌う	東京港	公共施設の利用を美的衛生的にする 病院・保健所 公營グラウンド 公園・驛の便所			
C 東京の理想的な姿を繪にかいたり文にかいたりしてみる					
2. 外國の大都市と比較 A ニューヨーク・ロンドンなどと比較する B ニューヨークの摩天樓街を想像して繪にかく	ロンドンやニューヨークの市街の寫眞				寫眞や畫の利用
C わが國にとり入れられる點を吟味檢討する	世界地理風俗大系				
3. 新しい東京の構想 A 理想的な東京の設計圖をかく （國際都市としての觀點に立って） B 粘土や厚紙で模型をつくって立體的に構成する C 未來の東京の夢を文にかいたり劇に演出したりする		共同學習の能力 共同で計畫する計畫の檢討をする 資料と資材を集める 協力して作業を進める 結果を相互に反省批判する	文集をつくる 文の推敲をよくする 文法にかなつたようにかく 表紙その他文集の體裁をよくすることにつとめる	立體觀念の初歩的理解をする	圖の理解・創作力 フリーハンド製圖に習熟 透視法の理解 想像力をはたらかせ資料を集める能力 立方體の組合せによる立體表現（ジオラマ的表現）

單元	衣食住とその資源	配當	五年四月―七月

目的	
一、現代の社會生活における衣食住をもとに、人間生活における衣食住のありかたやその發展の狀況を理解させる	四、果してきたかを考えさせる 我が國現代の產業がどんな仕組で、またどんな設備によって天然資源を利用しているかを理解させる
二、古代人の衣食住を調べることによって、人間が自然をどのように利用しまたどんな恩惠を蒙ったかを知り人間生活と自然との密接な關係を理解させる	五、我が國現代の產業趨勢を知ることによって、將來に殘された問題の解決策を考えさせる
三、衣食住發達の歷史中に見られる偉大な科學者や發明家の努力が人間生活改善のために、どのような役割を	六、生活の合理化や科學化をさせる態度及び技術を養うとともに保健衞生に留意することの重要性を認識させる

内容	資料環境	生活	言語	數量形	表現
一、われわれの衣食住 1. 昔の人の衣食住（生活狀態）についての話し合い A 昔や現代の着物・食器・住宅の繪や寫眞をあつめ、その變遷のさまを話し合う	「日本文化史大系」				生活様式と服飾美について理解し鑑賞する
B その變遷の社會的必然性を研究させる C それから研究問題を發見させる	「私たちの考古學」		幻燈の說明をかいて實演する能力 變遷のさまを幻燈の說明形式にかく 構成に工夫する はっきりしたことばで話す		
2. 昔の人の衣食住について調べる A 着物の種類とそのでき方（原料、加工法）について研究する	「考古學入門」			年代の計算 既習數範圍における加減法の練習 現在より何年前であるかを計算する	
B わたの栽培をしそれを織物におるまでの操作をやっている工場や布地を作るのを見學する	考古學書、衣食住の歷史に關する著述				

C 博物館を見學し昔の衣服をしらべる	國立博物館	要點を發見する判斷力 見學先の新しい事象に對する要點を發見 見學の仕方	身ぶりや表情を交えておもしろく話す	他のある事件とは何年間あるかを計算する等	
D 食物の種類やその獲得法の變遷をしらべる	「大むかしの人々」				
E 貝塚の見學、漁獵の方法、發火法の變遷をしらべる	「日本のむかしと今」				
F 東西建築様式の相違と自然との關係を理解させその特徴をしらべる 我が國の大昔の住宅 西歐の大昔の住宅 それらの繪圖をかく 大昔の東西建築（住宅）の模型を作る 我が國古代建築についてしらべ法隆寺の話をきゝ、壁畫の勉强をして校內の適當な壁面に壁畫をかく	「世界美術全集」 美術史書および圖版		文を綴る能力 主題のはっきりした文をつづる 長くできるだけくわしくかく		説明的表現力をねる さまざまな材料の利用 壁畫のモチィフの選び方 構成力をねる
G 年代順に衣食住の變遷を繪巻物にまとめる					
3. 自然の利用による衣食住の變遷や自然からどんな恩惠を蒙つてきたかを文にまとめる	「日本文化史圖録」				
4. 發明發見は人間生活改善にどんな役割を果してきたか A 主要な發明や發見をしらべ年代表をつくる B 有名な科學者・發明家の傳記をよむ	「祖先の話」 國語 「發明二つ」				

C それを劇化する 5. 現代生活の科學化・合理化に對する工夫を討議する	「世界古代文化史」		話し合いの能力 要點をうまく話す 人の話の要點をうまく捉える		合理化に對する感覺
A われわれの生活面で改善すべきところを發見させる B 理想的な生活について作文させたり、繪や模型を作る		生活の科學化・合理化・美化 生活環境に創意工夫を働かす能力		立方體・直方體の箱を作り、頂點・稜・面の指導	アレンヂメントする能力 立體構成の美を學ぶ
C いろいろな傳染病やその豫防について學校醫の話をきく D 身體グラフをつくる（全國のものと比較）		衛生思想の函養 身體の淸潔 傳染病の豫防及び罹病の際の心構え			
E 衣食住に關係ある天氣についてしらべる 繼續觀察をしてみよう つゆどきの氣候をしらべる 時の記念日 天氣とこよみの關係をしらべる 私達で天氣豫報をしよう 學年の最後にまとめる	國語 「日の光」 「家の建てかた」 「ぼくらの住居」 小學生の科學 「天氣はどのようにしてかわるか」 「こよみはどのようにして作られたか」	住居・家具の大切な使い方 住居の衛生 健康と空氣・空氣の對流 採風換氣 暖房 上下水について 塵芥の處理 救急の能力	シナリオを讀む能力	小數は分母の十百・千などの特殊な數であることを理解する 小數×整數 小數÷整數	手描き製圖の能力をねる
二、天然資源の利用 1. 鄕土の産物をしらべて衣食住との關係を討議する A いろいろな工場を見學して資料をあつめる 2. B 見學記錄をつけて發表する 衣類について	たくあん工場 製陶工場 製絲工場 パン工場	見學時の態度	見學記をかく能力 見聞した通りをくわしくかく 要點をとらえてかく		

A 衣類のでき上るまでを圖化する 染料の種類と原料 B 我が國養蠶業の狀態を戰前戰後について比較する 蠶を飼育する 養蠶繪卷をかく	染物や「大百科辭典」	動物愛護の精神	筋をみださないでかく 飼育日誌をつける 繼續してつける		
C 布地を集め標本をつくる D 衣類の保存について			鋭い觀察眼をもつ 精細な記録	收支勘定 ソロバンを用いて加法する	布切による構成圖集により 質感 色彩 による構成能力
3. 食について A 我が國海産物農産物の狀態をしらべ圖表にする B 我が國人口と食糧問題について討議する C 食品衞生の話をきき、食物榮養分布圖をかく D 學校給食をしらべ、カロリー表を作る E 蜂蜜についてしらべ、みつばちを飼う	食品榮養書(厚生省) 小學生の科學「生物はどのように生きているか」「生物はどのようなつながりをもつて生きているか」	衣服の大切な使い方への關心 衣服を汚さない生活態度 ほころびやボタンの取れたのを修理する能力 資料をあつめる能力 食生活の合理化 暴飲暴食をつゝしむ態度 社會生活をする動物がある	讀む能力 讀んだ內容をくわしく話す 要點を話す 要約してかく	除法に於いて餘りを剰餘又は分數の形で又四捨五入によつて處理する	
4. 住居について A 我が國主要林産資源について調べる B 建築用鑛山物(石材・セメント等)についてしらべる C 住居の附屬物についてしらべる	飯能遠足	人は生物を利用して生きている 昆虫の理解 飼育する能力 觀察をくわしくする			
三、我が國の産業とその將來					

1. 農業問題について A 多角經營と農地問題について B 供出制度の必要をしらべる C 農村と文化生活 D 我が國將來の農業について討議する	日本地圖 日本地理大系 經濟地理學 日本農業史 日本國勢圖會	農村生活の理解 相互扶助の精神		正方形・長方形の面積を計算する $1a=100m^2$ $1ha=100a$	
2. 水産業について A 漁業協同組合についての話し合い 音樂「海」「漁船」の複習 B 魚市場の見學 C 水産試驗場見學 D 遠洋漁業の將來について討議する	魚がし		拗音、促音を正しく話したりつづったりする能力 會話の中から發見することばあつめをする 表にまとめるローマ字でもかいてみる	二次元の表 生産高を表にまとめたり、これをグラフ化する	旋律感 和音感 樂譜の理解
3. 林業について A 我が國植林の狀態をしらべ、林の中のようすを見る B 植林はどんなことに役立つか又森林はどのように人と關係があるか、害虫驅除について話し合う C パルプ工業 製紙工場の見學	小學生の科學「生物はどのように生きているか」	生物は互に侵したり助けあつたりして自然のつりあいがとれている 植物の同化作用の理解 植物と人の健康についての理解 材料を使う能力 推論する能力 植物は炭酸ガスを吸つて酸素をはく 動物は酸素を吸つて炭酸ガスをはく 社會のいろいろな職業に對する理解 相互扶助の精神 感謝する態度	說明文をかく能力 工程の要點をうまくかく 雰圍氣をうまく說明する 知的に感情をまじえないでかく		製紙工程の繪圖をかく能力
4. 鑛業について A 炭坑のありさまと施設 B 鑛山で働く人々の衞生 C 燃料問題の討議					
5. 産業と交通との關係を討議する					

單元	交通と運輸	配當	五年　九月—十二月

目的

一、交通・運輸發展の狀況を社會生活との關聯に依つて理解させる
二、郷土の交通・運輸の實情を理解させる
三、交通・運輸の發達について、年代的に調査し、それらの發達は社會生活に大きな變化を與えることを理解させる
四、發明・發見によつて交通運輸が便利になり、人間生活の幸福を增進させることを理解させる
五、現在の交通・運輸の狀態を調査・觀察し理解させる
六、交通機關を利用し、安全な交通をするためには、どのようなことを了解していなければならないかということを理解させる

内容	資料環境	基準と評價：生活	言語	數量形	表現
一、田舎と町との交通はどのように違うだろうか 1. 疎開した先、父母の郷里、旅行先などの交通の狀態について話合う 2. 交通機關にはどのようなものがあるかしらべて繪にかく 3. 道路はどのようになつているか 「樂しい故郷」の歌を習う 二、郷土の交通について調べる 1. 練馬區の交通網について調べる A 昔の郷土の交通についての文を讀む B 地圖により主な道路を實測してみる		田舎の交通事情を理解する 田舎の交通機關とその必然性を理解する 讀圖能力	ことばを分類する 方言をあつめ品詞別に分類する 標準語とくらべる 整理して表につくる	目測によつて長さ距離を計算する 簡單な地圖や縮	調査の能力 正確な表現力をねる 旋律感 歌詩、歌曲の理解 樂譜の理解

内容	資料環境	基準と評價：生活	言語	數量形	表現
C 良い路、惡い路について調べその利用されている度合を圖表に作り、地圖にかいてみる D 武藏野線・西武線について調べ、それらと連絡するバス系統の圖を作る 鑑賞 「アンダンテカンタービーレ」の		地圖の記號をおぼえる 地圖上で實際の距離を計る能力		圖をよむ 縮圖の縮尺に實際の長さが示してある、この縮圖を使つて面積の計算をする 地圖の上の長さと實際の長さとの割合を 1粍1000. $\frac{1}{1000}$ などとかく	鑑賞 旋律・律動の鑑賞、管絃樂の聽き方 各樂器の音色識別 明度差による明暗の表現力をねる
2. 交通施設について調べる A 驛及びバスの車庫に行き、その施設活動狀況をしらべ、その樣子を繪にかいてみる B 驛の一日、車庫の一日についてまとめ劇化する	池袋驛見學	驛や車庫の機能を理解する その機能によりわれわれのうけている恩惠を知る			
三、交通機關の發達について調べる 1. 昔の交通より（陸・海・空）今の交通への發達について調べる A 陸上交通・運輸の發達について繪卷物を作る B 船の發達について調べ、模型を作つたり、繪卷物にしたりする 2. 新しい交通機關の出現や航路の發見はわれわれにどのような影響を與えた	教育調査第三號 遞信博物館見學 日本交通史	交通機關の發達とその必然性について理解する	文を綴る能力 ローマ字（筆寫體）でかく ペン書きをする 速く美しくかく	時間についての加減法をする	説明的な表現の能力 繪卷物の理解 布置の能力 さまざまな材料の利用

か

A 日本と諸外國はどのように往來していたか

往來していた國とその貿易について

現在と違つている相手國について調べる

B 自然科學の發達と新大陸の發見について調べる

C 新航路の發見はわれわれをどのように接近させたか

航海と天文についてしらべる

D 新航路發見に貢獻した人々の傳記を調べ脚本にかいてみる

3. 自轉車を解體し各部分のはたらきを調べる

四、現在の交通について調べる

1. 現在の交通・運輸はどのように行われているか調べる

A わが國の交通網について、鐵道を中心として調べ交通圖を作つてみる

B 交通のいろいろな施設について調べる

橋 いろいろの橋をしらべ、殊に

小學生の科學「機械道具を使うとどんなに便利か」

星座は大體形を變えないから方向を知るのに役立つ

（北極星をみつける方法）

望遠鏡の發見によつて空の知識が深くなつた

機械器具を使う能力

比較觀察の能力

環境に興味をもつ態度

機械は簡單な働きをする部分の組合せでできている（この原理、力點、支點、作用點、その種類、斜面、ネジ。回轉軸、軸受、滑車の原理、その組合せ、輪軸の原理、歯車の原理とその組合せ。ベルト、チェーンの役目、まさつ、

傳記を調べ脚本にかく能力

個性を生かした表現を工夫する

業績や特長をよくあらわす

演出もしてみる

1分=60秒

一億未滿の數をかいたりよんだりする

乘法――被乘法乘數が10―100―1000な

自轉車部分の細密寫生

機能と美の原

つり橋の模型を作つてその機能を理解する

トンネル 音樂で「汽車」の既習教材を復習する

運河

地下鐵道 地下鐵の模型作り、「夜汽車」の音樂復習

驛 驛の建物の模型、驛の建物寫生

港

倉庫

空港 模型の構成

C 鐵道博物館、科學博物館、驛等に行つて交通の實際を見學する

D 交通の發達についてのいろいろな歌や文をあつめる

E 平日及び休日等におけるラッシュ・アワーについて調べる

F 交通機關の動力についてしらべる

―電磁石をつくる

2. 現在の交通事情について討議する

五 安全な交通をするにはどうしてらよいか

1. 交通規則について調べる

交通文化博物館見學

小學生の科學「電磁氣はどのようにして使つたらよいか」

科學繪本

すべりまさつと、ころがりまさつ、ボールベアリング、まさつと制動機。クランクやカムの役目、振動、衝撃を防ぐためのゴムバネの役目、その他の部分の名稱、役目）

事實をありのままにみる能力

比較觀察する能力

關係をみる能力

分析綜合する能力

燃料には木材、石炭、石油、アルコール、天然ガス等がある。特に石炭や石油は重要である。動力として電力、氣體壓力等も利用されている

資料を使う能力

環境に興味を持つ態度

電氣や磁氣をおびた物の間には互にしりぞけあう力や引きあう力が働く

機械器具を使う能力

疑問を起す態度

シナリオを書く能力

場面を生き生きと寫す

構成に工夫する

手紙をかく能力

用件を正しくはつきりかく

ことばのつかい方をていねいにする

相手によつてことばを正しくつかう

ま心をこめてかく

どの倍數であるときに〇を處理してかける

除法

被除數が十、百、千などの倍數であるときに〇を處理して割る

概算のしかたをならう

理を學ぶ。さまざまな材料の利用を學ぶ

透視的遠近法を學ぶ

ポスター作成

內容	資料環境	生活	言語	數量形	表現
交通道德に關するポスターをかく A 簡單な交通取締法に就いて調べ、記號などを表に整理する B 信號燈についてしらべて簡單な信號機をつくる（特に光りについて） C 交通安全のためのいろいろな施設を調べる D 交通安全のために世の中の人々は如何に關心を持ち實施しているかを調べる E 交通係を設けて交通安全に協力する F 警笛についてしらべる—笛をつくる 2. 交通事故について調べる A 交通事故の原因を調べ、その對策について討議する B 交通機關の損害について調べその愛護について協力する C 交通安全についての作文・詩・標語を作る 3. 交通網をうまく利用するようにする A 外出、旅行等の計畫を立てて實行する	小學生の科學「ものはどのように見えるか」 小學生の科學「音はどのようにしてきこえるか」	光りの進む方向はプリズムやレンズなどでまげられる、光の面で反射される、光りがものの中を通るとき吸收される 問題をつかむ能力 危險から身を守る能力 根氣よく物事をやりとげる態度 音は物の振動でおこり、物によつて傳わる(音色、高低、强弱) 工作する能力 科學的作品に興味をもつ態度	見學の報告文をかく 印象をはつきりかく 横書きをする 句讀點に注意 速く美しくかく 趣旨を徹底させる文を綴る能力		のいろいろな技法をねる

單元	日本の政治	配當	五年 一月—三月
目的	一、我が國の政治は如何なる歴史を持ち、如何に發展してきたか又如何に發展すべきかに就いて理解を深める 二、兒童の自治生活より發展して、鄕土の政治がわれわれの日常生活に如何に影響するかについて學ぶ 三、われらの日常生活を健全ならしめるための政治は如何にあるべきかについて理解させる		四、日本の政治の今昔についての概要を理解させる 五、近代政治形態特に我が國明治以降の議會政治について理解させる 六、民主政治の政治組織について理解させる 七、我が國の近代政治形態と諸外國とのそれとを比較し將來の發展への理解を深める

內容	資料環境	生活	言語	數量形	表現
一、われわれは自分達の生活をよりよくするために自治委員の選擧をする 1. 最近の學校及び校外生活を反省してみる A 惡い遊びや犯罪を犯しているものはないか 投書箱の設置 B 學校內で不潔な所はないか 不潔な場所の發見 不潔になる原因の討議 兒童の身體について 衞生的素養を身につけるための各人の心構え C 危險な遊びをしているものはないか D 前の全校自治會で決議されたことの反省	新聞 投書	生活反省の能力 他人を中傷しない態度 細部に注意を働かす能力 衣服の清潔な保ち方 手足をよく洗う 醜に對して鋭い神經をもつ	話し合いの能力 他人の意見をよく聞く 自分の意見を正當に發表する だれが何を話しているかを區別して聞く 相手の數や場所に應じた聲量で話す		不潔な場所を清潔にする工夫 ポスターを貼り注意をうながす すゝんで清潔にする態度

E 道路通行や電車の乘降、車内の態度はどうか 最近目にとまることで思わしくないと思われたこと なかなか良くならない原因の討議	武藏野電車 バス	車内道德、交通道德の理解能力 通學時の車内で騷がぬこと 他人の迷惑にならぬこと 左側通行、交通信號の遵守	面白く聞かせるように工夫する 和やかな雰圍氣をこわさないように話す		
F 校内生活で合理化すべき點について討議 購買部の便利なことを認識する 練馬區は一般に物價が高い 個人で買うよりも大量に買う方が廉くつく	購買部			賣上整理 そろばんを使う 三つ以上の數を加える場合その順序を換えて計算する いくつかの數を引く場合の減數をそれぞれ被減數から引いて合理的に計算する	購買部の商品陳列と裝飾 購買能力を高めるよう 合理的・美的な部屋の整備
圖書室の經營 優良圖書の整備 分類整理・閲覧・貸出制の合理化	圖書室	優良圖書選擇能力 俗惡漫畫本を追放する自制力 圖書館機能の理解		貸出圖書及び圖書の整理をする	圖書室の整備 部屋の環境を整える 分類を合理的にする
校内ラジオの利用により全校兒童の遵守事項を徹底せしめるにはどうすればよいか	學校放送設備				
2. 自治委員の選擧 A なぜ自治委員が必要か B 民主的な選擧方法はどうすればよいか 選擧方法のいろいろなものについて考えその長所短所を討議する C 選擧の仕方を考え、選擧についていろいろしらべる D 選出された自治委員の役目を全員に徹底させる		集團の成因としての指導者、代表者を選ぶ能力 選擧に對する正しい知識	議論文をかく能力 選擧の要點を分り易くまとめてみる 文脈をととのえる		

3. 自治委員の任務 他のものの任務 A 自治會を開く 學級自治會を開く 學級自治會は國でいえば何に相當するか 學級自治會でどういうことを討議すべきか 學級自治會と全校自治會との關係 學級自治會で決議されたことを、自治委員は如何に處理すべきか、他の級友はどうすればよいか	「社會科年鑑」	責任感の昂揚 權利と義務に對する正しい認識 自治的な學校生活を組織する能力	論旨を一貫する簡潔に力強くかく 記録をとる能力 討議の内容を記録する 要點をはっきりかく 讀みかえして檢討してみる		
B 全校自治會を開く 全校自治會は國でいえば何に相當するか 全校自治會における各學級自治委員はどういう任務をもつか（國家の場合と比較） 全校自治會の進め方はどうすればよいか どういう問題を決議すべきか 生命の保全 惡戯、犯罪、危險な遊び 衞生方面、飲料水の檢査をしよう 生産と消費 農園、菜園の經營 輸出向アンゴラ兎、鷄の飼育 インフレに對するわれわれの心構え 購買部の經營（こども銀行を企畫、實行する）	國語「小さな行」 社會課題の調査表	國政の理解 生活の規則を制定する能力 便所、下水、ごみ箱などは常に清潔に保ちハイやカの發生を防ぐことは健康を保つに大切である 藥品を使う能力 結果を豫想する能力 疑問をおこす態度 日光はカビや細菌を殺すはたらきがある 水にはのんでもよい水と惡い水とある。惡い水はこしたり、消毒したり、わかしたりしてのむこと	かく能力 速く美しくかく 白紙に調和よくかく 文字の美しさを鑑賞する	既習計算の復習 一億未滿の數範圍における乘法除法 0を處理して乘除をする 假商のたしにくい場合を含む あまりを剩餘分數の形でまたは四捨五入によって處理する	こども銀行の計畫

交通、通信、運輸
道路　橋の修理
交通道徳
教育
優良圖書の整備（學校圖書館の運營）
社會教育
公共施設や物品に對する道徳
政治
遵法精神の昂揚
學校自治の明朗化
學校新聞の發行
校内放送の活用
學級自治委員の選擧の肅齊
强力な自治活動の發動
資源の保護
風致地區（石神井・大泉）の自然美の保護
塵芥の處理、廢物の利用
校舍内外施設、備品の保全
厚生・慰安
學校内の厚生慰安施設の擴充
保護、健全な娯樂の普及
映畫會、集會、遠足、運動會等に對する心構え
決議したことをポスターにかく
音樂「元氣でいこう」を學習する

二、練馬區の自治について調べる
A 區政の機構を調査して表にまとめる
B 自治會と區政とを比較する
C 練馬區における現在の問題について調べる

行政區劃圖
板橋區史

關係的にみる能力
健康を增進する能力
眞理に從い守る態度
人は生物を利用して生活している
生物は適當に保護しなければ利用價値が減る
飼育栽培する能力
生物を愛育する態度
圖書室閲覽及機構の理解
使用能力
積極的な自治活動の能力
規則を徹底する能力
校外生活の自治的能力
天然の災害はいろいろな方法で輕くすることができる
（避雷裝置、貯水池森林の効用、防風・防火林、家屋の配置）
問題をつかむ能力
資料をあつめる能力
環境に興味をもつ態度
決議したことを積極的に實踐する能力
社會の規則を遵守する能力

新聞記事のかき方を理解する
大見出しの文章
要點描寫
放送する能力
わかりやすいことばで話す
要點をはっきり話す
劇的な構成で話す
音樂の効果を考える

部屋の模様がえ
施設、物品の消費能力
自然美の愛護
校舍内外に貼って生活への適用に對し關心を深める
輪唱の理解
樂曲の理解

教育問題、經濟問題、民生問題
D 區役所を見學する
E 模擬區役所を組織し區の問題を討議する

三、日本の昔と今の政治について調べる
1. 日本の昔はどのように治められていたか
2. 明治以降の政治はどのように行われるようになってきたか
A 階級制度
B 武士の生活
C 町人・農民の生活について調べ話し合う
D 自由を護った人々について調べ脚本に書いて上演する
3. 新憲法によって我國の政治はどのようになってきたか
A 人々の權利や義務はどのように自覺されてきたか
B 維新前、明治憲法の時代、新憲法下、これを表にまとめてみる

四、總選擧と議會について調べる
1. 議會はなぜ解散されたのだろうか
2. 解散から選擧までのいろいろな選擧關係の資料を蒐集する
A 目的・時期・方法をしらべる
B 選擧資格、被選擧權、運動方法について調べる
C 各政黨の主義主張、政策等を調べ表にする
D 投票率、棄權率等について調べ心

練馬區役所
近世都市の發達
城下町の發達
日本政治史
江戸時代の經濟
調査第四號
國會議事堂
憲法の話
憲法解説書

郷土の問題に關心をもつようになったか
地域社會の機關及び團體と協力できるかどうか
新憲法の重要な條項を理解するようになったか
新聞に對する關心程度
政治記事を讀むか
議會記事を見るか

文を綴る能力
聞いたこと讀んだことなどを考えてまとめる
できるだけこまかくかく
主題をはっきりして長くかく

人口比率表を作る
二次元の表を作る
既習除法の練習
小數の加減及び小數觀念の整理
立方體・直方體の體積又これを用いて容積を計算する
$1l = 1000 cm^3$
$1 m^3 = 1000 l$
主として分母が十六までの分數を使って量を表わしたり割合を表わしたり比や分數の形で

水彩繪具、混色コマ等により混色の實驗をして色彩感覺をねる
圖表に混色能力を利用する

内容	資料・環境	生活	言語	數量形	表現
構えを話合う 3. 我が國の政治はどのようになされているかを調べる A 議會はどのように組織されているか B 議會の任務、はたらきについてしらべる 男女議員についてしらべる C 議會の問題を新聞その他によって整理する D 議會の狀態について調べ討議する E 内閣と議會との關係について調べる 4. 新憲法について研究する A 新憲法と舊憲法はどのように違うか B 天皇と政府、天皇と國民との關係について調べる C 主權在民と基本的人權 五、我が國の政治と外國の政治についてしらべる アメリカ、イギリス、ソ聯、中國等の政治形式とわが國のそれとの比較 六、國内の政治はどのような組織によってなされているか A 地方と中央との組織關係 都・道・府・縣廳及び都・道・府・縣會と國との關係 B 國の行政組織をしらべ表にする 内閣・議會・諸官廳	ポツダム宣言 アメリカ文化史概説	正しい權威に對する服從	新聞の要點を讀む 實用文に讀みなれる 要點は記錄しておく 切抜きなどもつくる 文集をつくる 編集の方針を話合う 内容に統一と變化をもたせる 裝幀にも工夫をこらす	表わす	

單元	機械文明	配當	六年四月七月

目的

一、われわれの生活が機械文明の恩惠をどのように受けているかということの理解を得させる
二、機械文明の發達が各國間の相互依存の度を高めていることを知らせる
三、發明發見及び機械の進歩は通信の方法を進歩させたことについて理解させる
四、機械文明史の初歩的理解を得させる
五、日本の機械工業生産に關する理解とその將來への關心を深める
六、機械生産は相互依存を增大させる傾向を持つことを學ばせる
七、機械生産は自然の物資をますます多くの人間に提供している事實について理解させる
八、日本の機械文明と外國のそれとを比較させ、その長短について認識させる
九、生活の科學化を心がけさせ、創意工夫する態度を養う
十、機械についての初歩的な知識や技術を得させる

内容	資料・環境	生活	言語	數量形	表現
一、新聞とラヂオの研究 1. 世の中の出來事を知らせるのにどんな方法があるか A 昔の方法 記錄の方法や保存に貢献した發明について研究する 昔の本と今の本を比較する 木版をあつめて見せ合う 粘土、石、樹皮等を使って古代の記錄がどのように保存されて來たかについて人に訊き、又資料をあつめる B 今の方法 電信、電話のはじまり　新聞の	大百科辭典 日本文化史 科學文明史（アルス） 小學生の科學「電氣を使うとどんなに便利か」	百科辭典その他の辭典年鑑を用いる 自主的に使う 適切に使う 通信の道具を使う 手紙や葉書 電報の打ち方 電話 放送	參考書を利用する能力 辭書を利用して文字や言葉の意味をしらべる 書物のどこが有効かを考える 必要な箇所を整理してノートする	年代の計算 既習加減計算の復習	モノクロム畫及び版畫の技法をねる

2. 發行　出版方法の發達　ラジオ　郵便制度の制定　海底電線の敷設　航空郵便　放送音樂の研究 A 新聞のはたらきについて調べる B 學級新聞をつくる 新聞についてくわしく調べる 新聞の種類とその發行部數について 發行部數を外國新聞と比較する 新聞と私達の生活との關係を討議し、研究する 新聞の內容について調べる (1)社會記事 (2)經濟記事 (3)政治記事 (4)文化記事 (5)娛樂記事 (6)運動記事 (7)廣告欄 (8)氣象欄 C 新聞社の組織と活動について調べる 新聞社の見學 報道欄のこと ラジオ、電信、電話の引用 大規模の機械による印刷 輸送機關の利用 販賣網	放送の音樂番組 年鑑類 各新聞社 新聞の出來る迄 （映画）	學校、學級新聞をつくる スクラップ・ブックをつくる 新聞、雜誌の記事を使う 生活と運動との關係について理解する 見學についての計畫 計畫を批判し檢討する 見學現場に赴き新しい事象の要點を發見する 傷害豫防 電氣器具による傷害	やさしくしてノートする 自分の讀んだ知識を他人と交換して助け合う 新聞の讀み方 評論を讀む能力 新聞記事を書く力 學級新聞 投稿 壁新聞をよみ、かく能力 報告書を書く能力 要點を短くまとめて書きとる 要點を速記する よく聞いて要點をつかむ 落着いて速く書く 略號などもつかう	二次元の表 いろいろな記錄を整理して表にまとめ、その大觀を容易にすると共にその表から數量的に物事を判斷する	放送音樂の鑑賞
3. 印刷術や製紙法の科學的發達について研究する	文學と印刷 （世界社）	機械は簡單なはたらきをする組合せでできている （てこ、車、滑車、輪軸、歯車、くさび、ねじ、つめ、ベルト、チェーン、まさつ車、はずみ車など）			

4, 一般の印刷物の研究をする。特に雜誌、單行本について調べる A 編集 B 印刷 C 製本 D 分配方法		關係をみる能力 危險から身を守る能力 注意深く觀察する能力		統計的整理の方法と技法の理解 割合の算出	整頓、圖案の技法 圖書室の本の修理をして生活への適用を學ぶ
二、ラジオについて研究する 1. ラジオはどんなはたらきをしているか A ラジオで聽いたことの發表 B 放送種目を調査する。それが「どんなに人々の日常生活に役立っているか。」について表をつくる 政治 經濟 教育 娛樂 時報 天氣豫報 C ラジオの聽取狀況を調査する 在校兒童の聽取狀況 家庭の聽取狀況 日本全體の聽取狀況、聽取者の增加を表示する D 放送局はどのように放送しているか 見學をする 見學の方法を研究し、討議する	中央放送局 放送技術研究所 放送の手びき 小學生の科學 （電氣を使うとどんなに便利か）	公共施設を巧く利用する態度 放送を利用して家庭の娛樂を考える 討議の能力 思想を明瞭に話す 話す事柄を上手にまとめる 話す趣旨を徹底させる 論理を追求してきく 理由や根據をのべる	よい言葉の力と美しさを感じとる 抑揚、調子、斷續速度に注意して讀む 氣分をあらわしてよむ 意味を正しく理解する 文章心理がわかる		青葉風景をかき總合表現力をねる

2. 放送局見學のスケッチ、それをもとにした構想圖をかく
見學による調査事項
放送局の組織、調査室の狀況、プログラムの編成、放送の經路
放送費用の計算
ラジオ放送の演出を計畫し實施する
音樂放送の實況研究及錄音放送

2. 通信機械はどのように發明されどのように發達してきたか
A 電氣の發明發見からその利用方法の向上發達について研究する
B 電氣はどのように起るか
C 送電經路
D 學者研究家の努力について調べる
E 通信關係の發明について年代表をつくる

3. ラジオ、新聞、書物による知識の普及方法について比較研究する

二、機械生産と私達

1. 自分達の周圍にあるものについてどういう順序を經てきたかを調べる
A 次のようなものの經路を圖表化する
學習に使つているもの
衣類に使つているもの

科學の歴史
發明發見物語
子供電氣學
タムラ製作所

電信機、電話機、ラジオの發明によつて遠くまで瞬間的に通信出來るようになつた
資料を使う能力
新しい考えをとり入れる態度
電氣は信號や通信などに使われている
問題をつかむ能力
機械器具を使う能力
みずから進んで究明する態度
資料をまとめる
よい日用品の選び方使い方
實驗能力
器具を上手に使う

標準語を話す能力
初歩の脚本をつくる能力
「よびかけ」の演出
動作、身振りを工夫する
ことばを正しくはつきり話す
劇の演出をする舞臺裝置の工夫
臺詞、仕事の工夫
傳記を讀む
放送の臺本を讀む
放送臺本をつくり放送する能力
ことばを話しことばに近づける
はつきり正しく話す
音樂效果について工夫する

乘數が三位數以上の乘法を習う
積の位取りを概算によつて定める方法を工夫し理解する
二次元の表
生産高を整理して二次元表にまとめ、これから數量的にいろいろなことを判斷する
またこれをグラフに書く

速寫の能力と構成力を養う

住居に使われているもの
家庭用品として使われているもの
B 日常生活に必要なもので、次のようなものはどこで製造されているかについて調査する
センイ製品　金屬製品　紙類　機械器具類　食料品　化學製品　交通機械（汽車、電車）
機械器具類の寫生
C 機械（既習曲）の練習

2. 工場における製造の仕方にはどのような方法があるか
A 手工業的なものの調査研究
B 機械工業的なものの調査研究
C 二つの生産方法の利害について討議する

3. 機械を使つて、大量の製品を作つている工場にはどのようなものがあるか
A 東京にある大工場について見聞し、調査し分布圖をつくる
B 日本全國について調査し分布圖をつくる
C 立地條件又はその發達の條件について地圖をよみ研究する
自然原料　輸送　勞力　資本

小學生の科學「交通機械はどのように動くか」
工業要覽

學んだ事を應用して日常生活に役立させる
食料品の加工、保存の方法を學ぶ
品物の質と價格を比較する
分布圖の描き方

議論文を書く
論旨をととのえる
重點をはつきり書く
簡潔で力强い表現を用いる
聞いた話について考え、自分の考えをまとめる
自分の考えを話し合つてみる
文にかいてみる

圓グラフを書いたり讀んだりする力
圓グラフで表わされたものの角度を測つて割合をしらべる
（九十度、三百六十度）
分度器を使つて角を測る
連比の理解
算盤の使用（減法）

衣類供給源の説明的表現
質感表現の能力

D 他產業や交通條件との關係
四大工業地帶における大量生產工場の分布について研究し、その發達の原因について共通點や相違點を明らかにする

4. 機械による大量生產の利益はどうか
A 手工業から機械工業への推移についてしらべる
B 機械生產は厚生慰安の機會を增大することについて表をつくり討議する
C 機械生產は澤山の種類と量の物資を人間に提供する
D 機械生產によつて人はますます澤山の原料を衣食住につくりかえていく
E 勞力を輕減する
F モーターの製作をする
電動機はどのようにまわるか
電動機を利用した機械をしらべる
G 電氣器具の扱い方にはどのような注意がいるか

5. 機械による大量生產には、どんな惡い面を伴いやすいか
A 保健上から見て
B 生命、財產、天然資源を濫費する傾向をもつ

統計資料、

描畫や統計についての計畫
必要な圖表や統計をえらぶ
資料を使う能力
公共施設の利用
危險防止
毒藥物の傷害
機械器具使用の傷害
工作する能力
根氣よく物事をやりとげる態度
圖書館から適當な書物をえらぶ
目次を利用する
索引を利用する

十分に表現されているかどうかを檢討してみる

分數を用いて量や比をあらわす

機械生產による工藝品の美術的實用的價値の判斷力をねる
工場で働く人の姿態の速寫技法

C 勞資の階級的隔りを生じやすい
新聞により勞働問題の初步的概念を得させる
勞資の對立と罷業
失業の對策

6. 日本の機械生產と外國特にアメリカのそれと比較する
A 今次戰爭を通じてのアメリカの機械文明の勝れていたことについてしらべる
B 今次戰爭の敗因について討議する
C アメリカの天然資源について研究する
D アメリカ人の科學及び機械に對する考え方について研究する
E 東洋諸地域の生產について研究する

7. 將來の日本の機械生產はどのようでなければならないか
A 重工業と輕工業の比較から
B 工業國としての日本の立場から

三、現代文明の特色
1. 科學の尊重
日常生活の科學化について話しあう
電氣、ガス、冷藏庫、掃除器についてしらべる
みそ、しようゆについてその製造法をしらべ、自分でも作つてみる

小學生の科學「物の質をどのように變えて利用しているか」

手引や脚註を用いる
身體の保全
看護法
救急處置
物質は他の物質と作用したり、熱、光、電氣などの影響をうけたりして狀態や實質がかわる
(人造せんい、サビドメ、アルマイト合金、食料品の貯藏、藥品)

說明文を書く
感情を交えないで知的にかく
事實を正しく傳える
文脈をととのえる
要點をはつきりかく
科學讀物を讀む
文集をつくる
編集について話し合う
內容に變化をもたせるように工夫する

二次元表
圓グラフ
正方形グラフ
帶グラフ
グラフに表わされたものからその實數を讀みとる

單元學習よりモティフをとつた壁畫の構想をねり構成力を養う

内容	資料環境	生活	言語	數量形	表現
せつけんをつくる 臺所の金物について、とくにさびの事をしらべる 合金について實驗し、話しあう		機械を使うことによつて產業文化が進み、生活の仕方が變つた バクテリヤ、酵母などは體が分れてふえ、そのふえ方が早い 科學を尊重する 比較觀察する	文法的に正しい表現ができるよう推敲する		
2. 機械文明 3. 交通文化 A 蒸氣機關を利用した交通機關 B 電動機を利用した交通機關にどんなものがあるかしらべる C 鐵道の電化計畫について話し合う	小學生の科學「交通機關はどのように動くか」	自ら究明してゆく 實驗器具を使用する	文集の表紙などにも工夫をこらす		

單元	宇宙とわれ〳〵の住む地球	配當	六年 九月—十二月

目的

一、天體に關する繼續觀測をもとにして太陽、月等のわれわれの生活に及ぼす影響について理解させる

二、氣候がわれわれの日常生活にどのような關係をもつているか、又それに順應するために人間がどのような努力をしているかについて理解させる

三、海流の成因を明らかにして、海流が與えるところの生活上の利害について理解させる

四、潮の干滿と月との關係、潮流と交通の關係について知らせる

五、星座についての一般的知識を得させると共に星の觀測に關心を持たせる

六、地球の發達について理解させ、生物の進化にたいし科學的に考察する態度を養う

七、われわれの住む地球の地下資源がどのようにして出來たか、それらがどのよう探掘されて人間生活に役立つているかを理解させる

八、科學的な方法や技術を生かして、合理的な生活を營んで行く態度を養う

内容	資料環境	基準と評價 生活	言語	數量形	表現
一、天體は私達の生活にどのような影響を與えているか 1. 太陽と私達					
A 今迄行つてきた太陽の觀測記錄を整理記錄する 位置についての觀測の記錄 方位についての觀測の記錄	子供天文讀本 光の世界	いろいろな面からながめて結論を出し、その根據をのべる	記錄文を書く 繼續的に綿密に記錄する 觀測した通りを正しく記錄する	一回轉角は四直角であり三百六十度であることを理解させる	
B 太陽の方位高度と季節の關係について調べる					
C 太陽の實直徑、視直徑、地球とのへだたりをしらべて圖にあらわす		太陽は地球に一番近い恒星である	記錄された結果を事實にてらして檢討する	大きな數の加減乘除をする	太陽を抽象化をした圖案をかき創作力をねる
D 太陽の溫度、ガス、コロナ、プロミネンスについての資料をあつめて研究する		太陽は高熱のガス體である			
E 太陽の黒點がどのような影響をあたえるかについて話しをきく 電信の障害 氣候異變		太陽の黒點と氣象の關係についての理解	誤りがあればその原因を探求する	仰角をはかる工夫をさせると共に實際にそれをはかる	
F 太陽熱が地球上の生物にどのような影響を與えるかについてしらべる 人間生活(緯度からみた)、太陽の惠みを歌つた詩を味わう 動植物生活(同化作用、葉綠素)		緯度、經度によつて或地點を知る能力をつける	詩を味わう能力 生きたことばのはたらきを知る 表現を通して深い思想をくみとる		
G 熱帶や極地の人々の衣食住についてしらべる 南方土人の生活 シベリヤの生活 エスキモーの生活	氣候と生活	繪畫や寫眞を理解する	ことばのはたらきを通して心を淸らかに美しくする 朗讀してみる 暗寫してみる		熱帶や極地の人々の風俗畫をかき想像力を高める
H 太陽と私達の健康 紫外線の不足による障害にどんなものがあるか		衛生的な生活をする			

日光消毒と傳染病の豫防についてしらべる			よびかけを演出する		
I 日食觀測の意義についてしらべる 日食觀測隊の現地における仕事について話しをきく	日食の話 日食觀測の新聞記事		太陽を主題としたよびかけを創作する		
J 日食に關する傳承をあつめる 「宇宙旅行」という題で作文する			工夫して演出する		
2. 海流と人間生活 A 世界の海流についてしらべる 暖流・寒流 親潮・黑潮		海流圖について理解する	科學讀物を讀む 考えながら讀む		
B 海流と太陽熱の關係をあきらかにする	海流の話		讀んだ內容について話し合う	小數に整數を掛け、小數を整數で割る乘法を習う	海の繪を集め鑑賞する
C 海流の温度と速さの測定について話しをきく			要點を記錄する		
D 海流と漁業の關係についてしらべる 世界三大漁場 海流と潮境 潮境と魚群	海と魚 理科年表	海流や潮流は漁業に重大な關係がある			
E 海流と魚の回遊についてしらべる 暖流の魚 寒流の魚	小學生の科學「地球にはどんな變化があるか」	海流と魚の種類			
F 水產試驗所を見學する			報告書を書く 科學的な觀察を記錄する 要點をはっきりかく		
G 海流は氣温にどのような影響をあたえるか 東北地方の冷害についてしらべる		海流は氣温に重大な影響がある			

海岸地方と內陸地方の氣温をしらべる		比較觀察する 私たちの教室と氣象との關係を知る	幻燈の說明形式で書いてみたりする		
霧と海流、燈臺の使用について話をきく 霧と人間生活との關係についてしらべる		地圖を正しく讀み、これを自由に活用する技術			
H 海流と航路 昔の人はどのように海流を利用して航海したか 現代の航路					旋律感、和音感 拍子感の感得
I 音樂「船出」「海(三部合唱)」を指導する					望遠鏡を作り圓筒工作に習熟する
3. 月の觀測と傳説 A 望遠鏡で月面を觀測 噴火口、大平原、山		月に對する理解 月は地球に一番近い天體である	俳句や短歌を味わう	十百千などの倍數の0を適當に處理して乘除法を行う	月に關する傳記や物語を繪にしてイマジネイションをねる
B 月についての傳説や物語りをよむ	望遠鏡	月には空氣も水もなく生物もいない	詩を味わい、そこにひそむ思想性について心をむける		
C 月についての詩歌をあつめる	天文圖譜				
D 月の運動を圖や模型でしらべる		月が地球を一周するに一ケ月かゝる	文藝作品を讀む 物語 小說	三つ以上の十百千などの倍數をくらべる時0を適當に處理し比の形で或は分數の形で表現する	
E 月の實直徑、視直徑をしらべる F 月と地球の距離についてしらべる	三球儀	望遠鏡をつかう			
G 月世界の旅行について話しあい、空想畫をかく					
H 太陽暦と農耕生活についてしらべる			詩的表現をする 俳句 和歌 自由詩	割合を比や分數の形で表わす	想像力を高め幻想的な美しさを表現する
I 月について作文する、詩をつくる					
4. 潮の干滿 A 潮干狩に行く 潮の干潮の觀察	暦	自然を觀察して法則を發見する			

干潟の生物 「或る日の干潟」の映画をみる	千葉出州海岸				
B 月のみちかけと潮の干潮についてしらべる	貝類圖譜	映画によつて諸種の關係を考察する		分數を用いて量や比を表わす	
C 潮の干滿はどのように海上交通に影響を與えるか 三池港、仁川、その他					
D 潮流についてしらべる 地形と潮流、 世界で潮流の速いところをしらべる					
5. 夜空の觀察					
A 夜空の星を觀測する 恒星、重星、星團、變光星、彗星、流星	星座巡禮 星の世界	太陽系の理解 星の名前 運動のようす 星のそれぞれの大きさ 流星	文字をかく能力 白紙に美しくかく 文字の美しさを鑑賞する ペンでも書いてみる	時間の複雑な加減法をする 計算方法の工夫	火星人の世界の想像畫をかく
B 星の傳説や物語りを讀み、それを劇化する、火星人	小學天文讀本				劇に使う道具 舞臺裝置を考え舞臺意匠の効果を學ぶ
C 星の運行と時との關係について話しをきく	六年國語「星の光」	地球は太陽から分離した			
D 星の觀測はどのように文化をすゝめたかについてしらべる					
E 航海術と天體觀測 古代人はどのように星を利用して航海したか 現代の航海術と星	科學文明史 小學生の科學「宇宙はどんなになつているか」	専門家の意見を聞く 科學を尊重する 未知のものへの探究心	話し方を工夫して、おもしろく聞かせるように話す		天文臺を粘土で作り機能美を理解する
F 天文臺を見學する 宇宙の大きさについてしらべる	天文臺見學		見學の報告書を要領よく書く		

天の川の距離 銀河宇宙	トレミー傳				
二、地球の生い立ち 1. 地球の發達	小學生の科學				
A 陸や海はどうして出來たかしらべる	「生物はどのようにして發達したか」	圖書館から適當な書物をえらんで利用する			地球の發達の歴史繪卷を描き説明的表現をねる
B 化石についてしらべ、地球上の生物の變遷を知る 古代の生物 生物の進化 ダーウィンの話しをきく	「地球にはどんな變化があるか」 地球の科學 地球と地質學	博物館に行つてしらべる	科學者の傳記を讀む		地球儀を作り理解を深める
C 研究の結果をまとめて紙芝居をつくる	地球と人 ダーウィン法	紙芝居をつくる			
D 山はどうして出來たかしらべる 火山 温泉地	地震の話 山はどうして出來たか				
2. 震地球と地下資源	地震と津浪		文集をつくる		
A いろいろの鑛物をあつめて分類する	地學辭典 鑛物標本				
B 石炭や石油はどのようにして出來たかしらべる	石炭の話				
C 鑛物はどのようにして出來たかしらべる					
D 地下資源の生産と利用方法について研究の問題を話し合う					

單元　日本と國際社會

配當　六年　一月―三月

目的

一、國際關係が自分達の日常生活にとつてもつ重要性について理解させる
二、わが國と特に關係の深いアメリカと中國の社會樣式、貿易關係等の理解に導く、特に科學の發達が夫々の國の產業文化にどのように貢獻しているかを理解させる
三、人は有無相通ずる貿易によつて國際的に賴り合つていることを理解させる
四、日本の現狀を理解させるために、明治維新前後からの國際關係を主とした現代史を硏究させる
五、日本の文化がどのように外國文化の影響を受けているかを知らせる
六、世界の國々は、益々相互依存の度を增すことの理解を與える
七、戰爭は人々に大きな不幸をもたらすことについて理解させる
八、自國及び他國の文化をよく理解し、正しい敬意を拂わしめるように導く
九、外國人に對する好ましい態度を養う

內容

一、人々はお互にどのように賴り合つているか
1. 身の廻りの品についてしらべる
2. 衣食住についてしらべる
3. ものの考え方についてしらべる
A 人々の日常生活について
B 離れた土地に住む日本人同志の間において
C 日本人と外國人との考え方の交涉において

資料環境　「外國からきたことば」

二、日本とアメリカ
1. アメリカについての關係資料をあつめる
A 寫眞
B 圖書
C 統計類
D 人を訪問して話を聞く
E 教室に資料を展覽する
2. アメリカについての硏究を計畫し實行する
A アメリカ史のあらまし
アメリカ大陸の發見
イギリス人を主とした西歐人の渡航
アメリカ大陸開拓の西方移動
英本國からの獨立とその後の發展
B アメリカの人口構成を明らかにする
位置
領土
人口
C 政治
民主主義思想の成長について
大統領選擧と大統領制度を硏究してみる
D アメリカ人の風俗習慣
アメリカ人の生活上のしきたりと習慣をできるだけたくさん表にする
（家庭、學校、村、町での行動習慣、種々の慣例）

資料環境
(1) 社會科辭典
大百科辭典
博物館
「トムの學校」
「おじいさんの椅子」
アメリカの建國物語
アメリカの雜誌
アメリカ發展史
（岩波新書）
アメリカ總史
世界地理風俗大系
アメリカ人の家見學

基準と評價

生活
必要な標本や模型をつくる
圖書館から必要な書物をえらぶ
目次を利用する
索引を利用する
手引や脚註を用いる
生物はどこでも同じではない（地域別、天然記念物）
資料をあつめる能力
適當な寫眞をみつける
地圖を描く
（縮尺、方位、比例尺）

言語
外來語について理解する
言語を集めて分類する
分類法を知る
言語の特色を知る
英語の理解
（國語との比較において）
ローマ字でつづる能力
ローマ字で文をつづつてみる
表記の形式や記號を正しくまもる
速く美しく正しくかけるようにする

數量形
相似形の理解
複雜な圖形の面積を方形の數によつて測る
地圖上からはかつた長さを測定し、その實際の長さを理解する

表現
アメリカの子供の風俗を繪にかいて理解と親善の情を深める

音樂の發達した理由をしらべる
（音樂環境、作曲家、民謠）
日本人のそれと比較する
アメリカ人の生活をあらわす脚本をかき演出する
アメリカに行つた人を招いて話をきく
E　アメリカの産業の特色を調べる
大資本、大規模の分業
F　日本とアメリカの保健施設について比較してみる
保健のためにどのような苦心が拂われ、施設を利用しているか
（新藥品、施設のいろいろ）
G　アメリカの産業文化と科學の尊重及び機械生産の關係をしらべてみる
3. 日本とアメリカの交渉史のあらましを研究する
A　日本の周圍とアメリカ
B. 開國後の日本とアメリカの關係
物の交換——貿易
アメリカの對日感情の移り變り
日本人のアメリカへの移民
アメリカによつて受けた日本の影響
C　今次の戰爭と終戰後の兩國の關係について講義をきく

小學生の科學
「私達のからだはどうなつているか」
「傳染病はどうしたら防げるか」

臺所や家庭用具の設備と生活の便化について知る
必要な圖形や統計をえらぶ
人體の構造と働きの研究が社會全體の健康を改善させる
身體各部の構造と働きの理解
健全な體をつくるための病氣豫防
ハイやカ、ノミその他の發生、增殖を防ぐ、
D・D・Tの理解
食物の榮養についての理解
病氣にはうつるものとうつらぬものとがありその病源體はたべ物、水、空氣、動物などでひろがる
寄生虫は人の健康をそこなう
資料をあつめる能力

シナリオを書く
場面を生き生きとうつす
全體の構成に工夫する
脚本を書いて演出する
劇の構成に工夫をこらす
場面の展開を興味深くすることばに注意する
服裝や舞臺裝置を工夫する
せりふや仕草を工夫して演出する
人形劇なども試みてみる

圓グラフ、帶グラフ、正方形グラフ及び二次元表をよむ
圓グラフで表わされたものを角度をはかつてその割合を調べる
榮養價の算出
百分率の意味を理解しその計算になれる
町、段、畝、歩の單位間の關係理解

西洋音樂と東洋音樂の特徴に對する理解
アメリカ音樂及び作曲家の研究
民謠の發達氣候、民俗、風土から

4、將來の日本とアメリカ
三、日本と中國
1. 中國について關係資料をあつめる
2. 中國についての研究計畫
A　中國史のあらまし、簡單な年表をつくる
重要な文化史實を明らかにする
日本と中國の交渉史實を知らせる
日本と文化の交流について研究する
B　中國の位置、領土、人口
C　政治
完全な統一が容易でない
外國との交渉が複雜である
新聞によつて、現在の中國の政治情勢を研究させる
D　中國人の風俗習慣について
生活樣式について——職業等によつての
家屋の構造——普通の民家を作つてみる
中國の樂器の變遷史について
中國の民謠の研究をして感想を發表する
日本のそれと比較する
中國に在住した人について話をきく

東洋史繪圖
支那風物記
世界風俗大系
新東洋史
北支の風物

關係的にみる能力
すじ道のとおつた考え方をする
健康を保ちすゝめる能力
機械器具を使う能力
藥品を使う能力
科學尊重の態度
專門家の意見をきく態度
病院などの公共施設の利用
調理の能力
榮養上
加工、保存上
必要な標本や模型をつくる
歴史年表をつくる
適當な寫眞を見つける
防疫對策

シナリオを書く
題材のえらび方
場面の變化の工夫
ペン書き
新聞の讀み方
政治記事をよむ
要點をつかむ
聞いた話について考え自分の考えをまとめる
長い話でもその要點をつかむ
話を終りまできく
要約して話す
要約して書く

模型の作り方を工夫する
比例尺の利用
比例計算の適用

中國美術品の鑑賞

3. 現在の日本と中國の關係についてしらべる

四、日本の貿易

A 政治の上から

B 經濟の上から――貿易團體

1. 或る期間(一週間位)にわたつて、日本の外國貿易に關して役に立つと思われる資料をあつめる

A 地圖、圖表、グラフによつてこれを理解する

B 日本の各輸入品の送出國及び日本の輸出品の積み出された國を明らかにする

C 世界の主要生産地と重要通商路を示す地圖をつくる

2. 國際上の取引で必要なことを研究し討議する

A 信用――外國及び外國人に對する正しい態度

B 語學の力

C 經濟事項の知識

D 關税

E 船舶

F 防疫

3. 貿易取引を劇にする

4. 貿易を行うことの恩惠について考える

A 徳川時代の鎖國政策を研究し討議する

小學生の科學

「傳染病はどうしたら防げるか」

貿易年鑑

各種年鑑類

時事通信

貿易情報

日本國勢圖會

結果を豫想する能力

資料をあつめる能力

科學尊重の能力

生活を便利にするための家の設備を知る

氣候と衣服の關係を學ぶ

必要な統計や圖表をえらぶ

必要な標本や模型をあつめる

討議の能力

思想を明瞭に話す

話すことがらを上手にまとめる

聽手に趣旨を徹底させる

理由や根據をのべる

話の論理を追求してゆく

新聞の讀み方

經濟記事をよむ

要點をつかむ

新聞を編集する能力

學校や社會のできごとをのせる

隨筆や評論などものせる

トンとkgの關係理解

貫、匁、kg、gの單位間の關係

正方形グラフ、帶グラフを讀んだり書いたりする

預貯金の申込書

勘定書、領收書の理解と利用法

世界の産業繪地圖を説明圖的にかく

B 有無相通ずる國際貿易の現代と比較する

五、明治のはじめから、日本と外國との國交上の問題について研究する。又問題によつて討議する

1. 明治當初の外國文明の攝取

2. 明治年間に起つた外交上の重要問題

3. 大正、昭和年間に起つた重要問題

4. 今次戰爭の起りと結果について

六、日本と關係している國際問題についてどんなことがあるかについて研究する

1. 國際問題に關する新聞記事の切拔でスクラップブックを作る

2. 對日理事會の問題についてしらべる

3. 對日講和の問題についてしらべる

4. 新憲法に定められた戰爭放棄の平和主義と國際關係について研究する

七、國と國の交際のしかたを知る

1. 日本と交渉のあつた國々及びその國と、どんな交際をしたか

A 文獻をできるだけ多く讀む

R 簡單な年表をつくる

C 各種運動の歴史の理解

オリンピックの歴史

國際的な競技に於ける日本の記錄

運動映画をみる(オリンピック)

2. 日本は今迄に、世界平和のための努力がどんな點で缺けていたかについて研究し討議する

國のあゆみ

歴史年表

參考書を選ぶ

目次を利用する

索引を利用する

編集について互いに反省批判し合う

印刷して學級や學校の全員に配布する

默讀して、意味をとらえる

速く讀めるように練習する

目の運動を正しく速く

文集をつくる

六年間の思い出を綴つて文集にまとめる

算盤の使用

速さを計算する

秒速を計算する

小數を整數で割る

小數點を適當に處理して除法をする

日本古來の美術品の鑑賞

3. 世界及び日本で平和に貢獻した著名な人の傳記を調べる 4. 文化國家としての活動にはどんなものがあるかについて研究する A 發明、發見が文化の交流を促進している B 外國との相互依存 學術の交換 藝術の交換 通信、交通による促進 C 民主主義方式に基づく生活のしかた D 世界の人々が協力した事業や研究の物語りを讀む E 世界文化に寄與した日本人の物語をよむ F 日本に名の知られた人(外國人)の表をつくる G ラジオ放送(世界の音樂)の鑑賞		資料をあつめる 資料をつかつて發表や報告をする	編集を皆で話し合う 裝幀も考案する 長い文章を終りまで讀む 傳記を讀む 讀んだ内容を話し合う その人の業績について話し合う 劇などに仕組んで演出する		旋律感 拍子感 樂曲の理解 歌詩の理解 音樂交換 作曲家の話 鑑賞レコードによる指導

第三章 新カリキュラムの實踐

一、學習單元の計畫

單元設定の計畫は二つの立場から考えられてきている。その一つは、學習單元または作業單元と稱されているもので、具體的な兒童をはあくしている學級の教師が主體となつて設定する性質のものである。他の一つは、都道府縣なり市なり郡なりにおいて、その地域の教育團體が、經驗ある教師や學者や有識者や父兄の意見を生かして作る場合のもので、これは普通、基底單元または資料單元と呼ばれている。この基底單元を設定する目的は、個々の學級の教師が、學習單元を設定するにあたつて、多くの困難が豫想されているので、そのための手がかりなり根據なりを提供しようとするところにある。

しかるに、わが國の現狀においては、都道府縣なり、郡市なりの地域の教育團體によつて、基底單元を設定するまでの段階に至つていないため、文部省の「社會科指導要領補說」によつて、第二・四・六學年の單元の展開例を一つずつ示して、これを「作業單元の基底」といつているのが、わが國における基底單元の一つの例である。

このように、日本の現状においては、地方を單位とした地域における基底單元の設定があまりおこなわれないところから、各學校を單位として年次計畫の中に單元が設定されている實情である。この場合この單元は基底單元とみるべきか乃至學習單元としてみるべきかの問題が起つてくるが、これは國または地方で定めらるべき基底單元に比較すれば學習單元の性格を强くもつているものであるが、學習單元が、本來具體的な個々の學級に應じて設定せらるべきものとする立場からは、基底單元としての性格を備えているということができる。

本校における前掲の十七箇の單元とその學習計畫は、したがつて、個々の學級からみれば學校の基底單元であるが、文部省によつて示された「作業單元の基底」(これは社會科の作業單元の基底であるから、本校の生活カリキュラムの中に設定された單元計畫とはその性質を異にするものであるが)に比較すれば、學校の實情に則して具體化されたものであるから、學習單元としての性格をもつているものということができる。しかしながら、學習單元としての性格はもつていても、これがそのまゝ、個々の學級において全面的に展開さるべきものでないことは、この單元が學校カリキュラムの基底として立案されているものであることからして明らかなことである。

これから述べようとする「學習單元の計畫」ということは、この、學校の基底として立案された單元を、學級の教師が自分の學級の兒童の實際のようすをつかんでいる唯一人の立場から、眞に學級の兒童の仕事となるように計畫することである。いいかえれば、前掲の單元計畫は、できるだけ學校の具體性をつかみながら立案されたのであるが、それが學校全體の計畫であるために、個々の學級からみれば、いまだに殘されている普遍性、抽象性を一層具體化して、個々の實態に即應した單元に組み換えるための計畫である。

(一) 學習單元構成の基準

まず、われわれは學習單元の計畫のために「學習單元構成の基準」をはつきりはあくすることにつとめている。

兒童の全生活を對象として、その中に意義ある生活經驗のまとまりを求めて單元を構成するという生活カリキュラムの教育經營が、われわれの學校における單元學習のねらいであるが、このことは、兒童の生活の中に起伏するどのような現象でもそれを單元學習の中に取り入れようとするものではないのであつて、むしろ、このような、兒童の生活の中に起伏する生活經驗を對象とするカリキュラム構成の立場は、そこにいかなる兒童の生活經驗を構成してゆくかということに關して、嚴密な選擇がなされなければならないものである。したがつて、單元構成の基準を適確に求めることが極めて重要なこととなつてくるのである。

そこで、われわれは生活カリキュラムに立脚する學習單元構成の基準として次のようなことを擧げている。

第一に豊富な經驗を與え得るものであること。内容が一部に偏していることは、單元構成の技術として妥當性を缺くものであつて、兒童の現在の生活過程の中でもつとも根本的であり、かつ重要な諸部面に入りこませ、これと十分接觸させるものでなければならない。いいかえれば、社會機能のすべてに、あるいはなるべく多くに無理なく關連するということである。

第二に學習單元が展開されるにあたつて、兒童の興味・關心が、次々に活潑に呼び起されるものでなくてはならない。學校計畫として構成された基底單元は、どちらかといえば、學校全體という一般性にわざわいされて、教師の計畫豫想の面が濃厚であつて、學級兒童の興味・關心との接觸において不十分であることをまぬかれない。そこで、學習單元の構成においては、學級兒童の興味・關心を刺戟するように計畫することが重要な要素となつてくる。

第三に目標が明確に考えられていなければならない。學習單元は一つのプロジェクトとして考えられるもので、計畫的な仕事である。仕事をよくするには、仕事の目標を正しく具體的にしかもその目標をいつも心に保持していなくてはならない。したがつて、學習單元の計畫はまずその「ねらい」を誤りなく正しくとらえておく必要がある。單元の目標を適切にするためにはまた二つの基準がある。一つは社會的要求であり、他は兒童の要求である。この二つの基準をよく考え合せて、社會の要求を適切にとらえるとともに、學級のこの兒童の要求にてらして、なるべく社會的に價値あるものをめざし、しかも具體的につかんでいる學級兒童の興味・關心・能力にふさわしいものを求めなければならない。

第四に自己の學級の兒童が自主的に問題解決をうながすように計畫されなければならない。學習單元は、一つのプロジェクトとして考えられる性格をもつとも濃厚にもたれなければならないことは前述したところであるが、自己の學級兒童の自發活動の能力にてらして、兒童自ら計畫し、實施し、その結果まで評價することができるような檢討の下に計畫されなければならない。

第五に學習活動は、變化に富むように構成されなければならない。學習活動は多彩で變化に富むことが大切である。學級内の、ちがつた興味・關心・能力をもつ各兒童の欲求をみたし、また、すべての兒童のあらゆる感覺に訴えた學習經驗をもたせるように計畫することが必要である。とくに兒童の知識や理解を明らかにかつ深くするために、個人あるいは分團の各種の表現活動の機會を豊富に用意するが如きものが計畫されることが必要である。劇を

することと、繪をかいたりみたりすること、模型を制作すること、地圖をかくこと等は、重要な理解の過程であり、また收得した理解や知識をいつそう明らかにするために、適切な機會となるものだからである。

第六に個人差が配慮されて計畫されなければならない。單元學習は、いろいろの學習形態のうちで、もつとも能力差・個人差に應ずるに適した學習形態であるといわれる。にもかゝわらず、社會科等の學習において、單元學習が採用されてから、遲進兒の指導の問題において、消極的な意見が根强く行われているのは、われわれが、いまだ單元學習の計畫と方法に習熟していない證左となつているともいえるのである。したがつて、われわれは、學習單元の展開の場合、學級の各兒童の能力を十分にいかして、各自の持場所において、各〻の長所をのばし、短所を補う機會を與えるよう十分の配慮がなされなければならない。

(二) 基本的能力の指導

經驗カリキュラム乃至生活カリキュラムにもとづく單元學習の形態の採用は、國語能力なり、數量的能力なり、あるいは歴史的地理的知識乃至圖畫工作・音樂等の技術の基本的能力において、その低下がいちじるしいとの批判がある。われわれはこの批判に對して次のような立場をとつている。

a、われわれは生活カリキュラムによつて獲得される態度・能力・習慣技術に信頼する。この態度・能力・習慣・技術によつて、民主主義社會の發展と存續が期待される。

b、基本的知識能力は、教材カリキュラムにおいて獲得される量においては劣るが、その質においては優れている。

c、生活カリキュラムが理想的に構成されるならば、獲得される知識・技能は、教材カリキュラムにおいて獲得されるそれに比較して劣らなくなる。

d、日本の現状においては、生活カリキュラムの研究とその構成が未熟なため、基本的知識・技術の面において、かなりの低下が考えられているが、この實情を率直に肯定して、基本的知識・技能の指導が、單元學習の中において早急に工夫されなければならない。

このような見解に立つわれわれは、學習單元の計畫とその展開において、能力表の作製をおこない、その利用を綿密に計畫して、單元學習が批判されまた陷りやすい基本的能力や技術の低下を救おうとしている。

1. 能力表の作製とその利用

能力表は、本校における兒童の現實の地位における生活の分析と、各種の資料を參考にすることにより言語・數量形・圖畫工作・音樂・體育・生活能力の視野から抽出した能力を、學年別の段階において排列したものである。

この能力表は二つの位置において利用されている。一つは、本校における基底單元の展開の場合であって、基底單元が設定され、その展開を計畫する場合、その内容は、當然社會の要求と、兒童の興味關心に由來する要求の兩極から選擇されたものであるが、この選擇を規制する條件として、各種の基本的能力が、能力表の段階に即應して、全學年展望のもとに配置されるように利用される場合のものである。したがって、本來基底單元の内容の選擇は、本校の兒童の生活經驗に豫想される問題にその基盤が求められるものであるが、それのみに基盤が求められることは、われわれの單元展開の計畫の未熟さにわざわいされて、基本的能力の指導體系が不十分であるとの考慮から、能力表によって規制するという展開過程がとられることになったのである。

このことは、學習單元の設定とその展開の場合においても、おなじ趣旨において利用されるものであって、しいてその相違を求めれば、學習單元における能力表の利用は、學校の基底單元における能力表の利用よりも、いっそう具體的であり、能力の段階の細部にわたってまで、計畫され、記錄され、その評價が詳細になってくることである。たとえば、六年の基底單元「機械文明」（第二章第四項參照）の學習内容を例にとってみると、次のような相違があらわれてくるのである。

基底單元と學習單元

基底單元 内容	基底單元 評價と基準（言語）	學習單元 内容	學習單元 評價と基準（言語）
2、新聞社のはたらきについて調べる A、學級新聞をつくる B、新聞についてくわしく調べる C、新聞社の組織と活動について調べる ・新聞社の見學 ・報道網のこと ・ラジオ、電信電話の利用	○新聞の讀み方 ○評論を讀む能力 ○新聞記事を書く力 ・學校新聞、學級新聞 ・投稿 ○報告書を書く能力	○新聞社のはたらきを調べる A、學級新聞をつくる ・分團毎につくり、コンクールを催す ・編集方針について研究する B、（略） C、新聞社の組織と活動について調べる ・足立君のお父さんに話をきく	○評論を讀む能力 ・評論の意味を指導する ・新聞評論の取扱い ・「自治會」について評論を書く ○報告書を書く能力 ・要點をまとめて書きとる ・要點を速記する ・報告書の構成を學ぶ ・略號を用いる

第二七表

		・新聞社の見學 ・見學計畫を委員を定めてたてる ・見學計畫の討議をする ・見學場所の分擔 ○報道網 ・支社の配置をしらべる ・通信方法をきく	

かくて、われわれは、能力表を學習單元の計畫の規制條件としてとり入れることによつて、一方において、教材カリキュラムの立場からの批判に應えるとともに、他面、生活カリキュラムの構成とその展開計畫の未熟に原因する、基本能力の指導體系の弱點を補うことを意圖したのである。

教材カリキュラムに立つ基本的技術乃至能力の指導は、生活から遊離していて意味ある技術としての體得に不十分であることは定論であるが、生活カリキュラムの中に位置せしめるわれわれの基本的技術乃至能力は、この點においては、生活經驗に融合せられつゝ學習されるので、この方法の採用は、兒童の生きた活動の中に利用され、經驗される基本的能力乃至技術となり得ると考えるものである。

2. 學習單元の計畫と周邊學習

生活カリキュラムにもとづく單元學習に、教育の効果を期待するわれわれは、分類された教科としての觀點は取りさられてはあるが、實際の學習活動の分野において、中核學習と周邊學習とに分けて考えている。（この詳細については、第一章第一項參照）基本的能力の指導は、この周邊學習の分野において、重要な使命をもつものとして計畫されることになつている。すなわち、生活カリキュラムの立場に立つわれわれは、日々の學習單元の展開において、ともすれば、その指導が思いつきやまにあわせに流れ、學級の兒童の中に實現されなければならない理解や技術の體得が、皮相にとどまつて、その根底には入り得ない缺陷を補うために、この周邊學習の計畫に細心の注意をはらつているのである。この點については第二章「新カリキュラムと周邊教材」の項において詳細に論じられてあるので、こゝでは省略することにしたい。なお、周邊教材の學習計畫は、學習單元のもつとも具體的な計畫の單位となつている週計畫及び日々の生活時程の問題とも密接な關連をもつてくるものであるが、この點についても第一章の「週計畫と日程」の項において、その方法が明らかにされているので、これまた省略したい。

(三) 學習活動の計畫

學習の內容がとりあげられると、これに對應して、それぞれの學習活動が計畫されなければならない。しかして、それぞれの學習內容が兒童の有効な經驗として學習されるためには、最も有効と思われる學習活動が計畫される必要がある。實際の兒童の學習は、學習活動をとおしてのみ決定されるのであるから、學習活動の選擇と排列は、極めて重要な問題となつてくるのである。

一般に、單元學習においてとられる學習活動には次のようなものが擧げられている。

a、調　査　活　動
b、現　場　學　習
c、討　議　學　習
d、構　成　活　動
e、制　作　活　動
f、劇　化　活　動
g、資料蒐集の活動
h、報　告　活　動
i、面　接　活　動
j、終　末　活　動

この分類の方法は一例であつて、このほか感覺器官にもとづく分類の方法、あるいは、直接經驗と間接經驗、思考と心情に訴える活動と技能を練習する活動とに分類する方法などが考えられる。

1. 學習活動構成の原則

さて、生活カリキュラムにもとづく單元學習においては、前述のようなさまざまな學習活動が考えられるのであるが、われわれは、學習單元の展開にあたつて、次の四つのことを常に考慮している。

第一に、學習活動は變化に富むものでなければならないということである。學習活動が多彩で變化に富むことは、

異つた興味と關心をもつ學級兒童の欲求をみたすことができるからである。このことについては、すでに學習單元構成の基準としてもあげておいたところである。

第二は、學習活動は、學習單元のもつ「ねらい」にむかつて統一され、全體として綜合性がもたれるように計畫することである。個々の學習が斷片的であつては、それは、單なる學習活動のための學習活動に終つてしまうことになる。

第三は、學習活動には、個人的な活動と團體的（分團）な活動があり、感覺器官にもとづく活動があり、直接經驗と間接經驗による活動があり、思考に訴える活動と心情に訴える活動があり、また技能の練習を主とする活動とがある。これらが一方に偏しないように均衡のとれたプログラムに組まれていなければならない。いつも討議學習と現場學習のみ計畫するということは、われわれの極力避けるところである。

第四は、能力にもとづく系列において學習活動が選擇されることが、學習單元の計畫上極めて大切なことであると考えられる。今日の學習活動は、昨日の學習活動の經驗と能力の上に、あるいは、五年の現場學習の方法、技術の上に六年の現場學習が指導されるものとして排列されなければならないものである。この場合、相當努力しなければ解決できないような排列と、習熟を目的とする場合とが考えられるのである。

2. 學習活動の指導計畫

一般に單元學習にとられる學習活動の種類としては、さきに十項を擧げたのであるが、この中、主なるものについてのみ、われわれのとつてきている活動の概要を述べてみることにしたい。

A、調査活動　調査が、學習單元の計畫の上にとりあげられる方式に三つの場合が考えられる。その第一は、討議や制作活動や、資料蒐集の活動その他の學習活動の過程において、調査が必要とされるもので、その第二は、學習單元の最初の學習活動の計畫の中に、調査活動を豫定しておく性質のものである。第三は、調査を中心とする學習單元を計畫することである。このうち、もつとも普通にとられている調査活動は第二乃至第一の場合であるが、われわれは、高學年においては、第三の方法をとることに特別の準備をするよう配慮している。いずれの形をとるにせよ、調査活動のねらいは、調査のための調査をおこなうのではなくて、問題解決のための切實な必要感から、調査の方法が講ぜられることにその工夫をこらす必要があるのである。

B、現場學習　生活カリキュラムにもとづく學習單元の展開は、何よりも具體的であることが求められる。なるべく實物について調べ、實地について學習計畫を豐富にすることを我々は常に念じているのである。このため、われわれは、次のような方針にもとづいて計畫を實施している。

a、學校の基底單元の構成と展開から豫想して、「實地見學一覽表」をつくり、個々の學習單元の構成とその展開過程において、直ちに利用し得るように準備する。

b、はつきりした目標をとらえて現場學習を計畫すること。現場學習が、單元學習において、計畫し實施されることは極めて多いのであるが、多くの場合、その學習は、目的から外れてしまい、單なる見物に終つてしまうことが多い。この陷りやすい弊害を除くため、常に問題解決のための特定の事物を見學し、特定の事柄を觀察し、それについて質問を準備してゆくという計畫を重視している。したがつて、その見學は、廣く淺いことより、狹く深く具體的な目標にしたがつて實施するよう計畫をたてるのである。

c、實地見學は、個人でおこなうか、グループでおこなうか、學級全體でおこなうかということの計畫の見通しが必要である。見學の內容によつて、個人か、グループか、學級全體かが決定せられるのである。問題がグループによつて見學しその報告によつて目的が達せられるような場合には、しいて學級全體で見學する必要はないのであつて、この計畫が、づさんである場合は、學習單元の學習過程において、同じ現場學習が別々のグループによつて重複して實施されたり、あるいはまた、學級全員によつて實施したために、かえつて學習のねらいが亂されたりする場合が考えられるのである。

C、報告活動　報告活動は、敎材カリキュラムによる學習形態においては、その機會が極めてすくなかつたのであるが、生活カリキュラムによる學習活動の場合においては、グループまたは個人による報告を必要とする場合が極めて多い。學習單元の展開において、われわれは、この報告活動を特に留意して、その效果的な活動に期待している。その主な留意點は次のようなものである。

a、自己の學級の兒童が報告したいと思うもの、しかも學級の他の兒童が、それを興味をもつてきくことが豫想されるものを計畫すること。

b、報告はきいて興味があり、かつ敎育的なものにするよう工夫をこらす。そして報告する個人またはグループはその責任を十分自覺するように導くことである。この場合敎師はできるだけ資料を用意し、兒童の計畫と發表方法について指導し、できるだけすぐれた報告をなし得るようにして配慮する。この計畫がうまくできれば、報告をきく他の兒童の注意が散慢であつたりすることを事前に避け得られるのである。

、變化に富んだ報告活動に導くこと。地圖による方法・統計による方法、あるいはグラフによるもの、拔書きや概括表によるもの等の、各種の方法をおりまぜた報告の形式をとる必要がある。このことによつて、きく側の兒童からみれば、單調な報告のための退屈からまぬかれて、効果的な報告としてききとることができるのである。

d、發表の能力を、低學年から高學年へと、徐々にのばしてゆくように計畫すること。われわれは、たゞ「報告をさせる」だけであつて、その間、學年に應じた適度を見分ける分析の手續を怠つている場合が多い。一年は一年なりに六年は六年なりの報告の方法と質における段階があるべき筈である。本校においては、この點における指導上の根據として、能力表が利用されることは既に述べたとおりである。

D、**劇化活動**　劇化活動は、創造的、綜合的な表現活動であつて、兒童の生活の發展に、意味のある社會生活及びこれに關連した他の生活を身ぶり、手ぶりで身體を通して再現する學習活動である。この劇化活動も、生活カリキュラムにおけるもつとも特色ある、しかも有効な學習活動として、教材カリキュラムの學習活動に存在しなかつた、特別の價値を與えられているものである。

われわれは、本校における基底單元の學習活動として、各所にその實施を豫想して掲げておいたが、劇化活動は、學習單元の展開過程においてこそ、もつとも具體的な計畫が豫想せられるものと考える。したがつて、その指導計畫とその方法はあらゆる場合を想定して具體化されていなければならない。この點についていくつかの事柄を箇條書にして例示しておく。

a、劇化活動は、他の學習活動のいずれもそうであつたように、學習課題の解決のためにとり入れらるべき性質のものである。すなわち劇のための劇ではなくて、學習單元の展開のためにおこなわれるのであつて、したがつて、この場合の劇は、公開のための演技でもなく、「せりふ」も必要としない。

b、劇化活動は、學習單元の、どの段階にとられるかということの計畫が必要である。學習單元のあるものにおいては、劇化活動のみで貫かれる場合もあり、いくつかの劇化活動の連續によつて、その目的を達する場合もある。また、學習單元展開の過程において、一つの内容としてとりあげる場合も考えられる。これらの見通しが適確であることは、學習單元の學習を成功に導くか否かを左右する分岐點になることさえある。

c、劇化活動の學年的樣相が計畫され研究されていなければならない。一般的にみて、低學年では社會的態度をねらい、高學年では社會的理解にその重點がおかれる。更に具體的な樣相を求めれば、低・中・高學年別にみた、形態・ねらい・人數・進め方・使用する道具等の段階が學習單元の計畫にもられることを必要とするのである。

この外、制作活動・討議學習・創作活動・面接の活動等の計畫、さらに本校の生活カリキュラムの學習單元の計畫と展開の立場からすれば、健康生活と體育の活動も、技能練習の活動もこゝに分析して述べる必要があるのであるが、これらは省略することにしたい。

二、週計畫と日課表

いかに理想的なカリキュラムが作られても、その運營のよろしきを得なければ、せつかくのカリキュラムも充分活用されなくなつてしまう。われわれは、カリキュラムを構成する方法技術を充分身につけると共に、それを如何に實踐するかに充分な研究を必要とする。

實際にカリキュラムが生かされるのは、日々の學習指導の在り方にあるのであり、さらにそれはそれの基礎をなす週計畫にある。また週計畫の基盤をなすものとしては、月々の教育計畫がある。われわれの教育が十分な成果を擧げる爲には、年次計畫―月計畫―週計畫―日々の計畫とこのような手順を經なければならないのである。

われわれはこれらの中においてとくに週計畫の立案ということについて一段と注意を拂わなければならない。何故ならば週計畫は全職員合議によつて實踐場面を檢討する最終の最小單位ともいえるからである。この最小單位の教育内容を充分檢討するならば、その週内における日々の經營は多少の伸縮があつてもなんら全體計畫への支障を生ずるものではない。兒童の活動は極めて動的なものであつて確實に豫測したり、計畫の通りにはなし得るものではない。從つて指導計畫においては、彈力性融通性のあることを第一前提とせねばならない。しかし、われわれはわれわれの研究成果としてのカリキュラムの價値を認めているのであり、しかも兒童の學習活動は大體において豫測し得るものであるから、このような意味に於て十分綿密な計畫を持つことを怠つてはならない。さてこのような觀點からわれわれが、いかにカリキュラムを運營しているかについて述べてみよう。

まず順序としては週計畫→日程と入るべきであるが、記述の都合上日程から週計畫へと筆をすゝめることにしたい。

(一) 日課表とその編成の根據

われわれの意圖するカリキュラムは、なし得る限りの綜合を目指しているので、從來のような教科の觀念を一応らはずして全く新しい立場にたつ。しいて分類すれば大きく分けて内容教科と周邊教科という考えをとつたといえる。しかしながら教科という考え方はとかく誤解を生じ易いし、またわれわれの意圖する所を十分表現し得ないので用いないことにした。ここでわれわれが生活内容というのは單なる社會科の學習ではなく、實際生活の問題が綜合的に生かされているものである。この學習によつて子供達に實際に役立つ知識や技能その他を身につけさせるのであつて、これが兒童の全生活の中心である。實際運營に當つてはこの生活の中心になるものを學習する爲にわれわれは大きく單元學習の時間として取る。これをわれわれは中核學習といつている。大きくとる理由は融通性彈力性を持たせることと、子供が眞に全我を傾けた學習を行う場合、小刻みに區切ることの不合理と、作業への支障を考えること及び一日の全生活の中心であつてみれば、本來ならば一日のすべてが單元の學習であつても差支えない筈であるからである。否それこそ最も理想的な在り方かも知れない。

次にこの所謂生活單元の學習を十分ならしめるためには、學習の用具、生活の用具というべきものがある。それと共に知性や意志の教育の根抵的領域とも考えられる情操の教育が配慮される。しかしながら情操教育は情操と情操との接觸によつて感得せられるものであつてみれば、一定の計畫によつてなしえないので困難な教育である。當面の問題としては從來の圖畫工作音樂などの藝術的教科をもつてこれにあてている。なお技能的なものも情操的なものも理論的に技術的に理解と修練を系統的繼續的にしなければならないものがある。これらは問題解決の必要上修得することや、問題解決にあたつて派生した問題を通じて學習するものとともに、周邊學習として扱われる。さらに重視せられねばならぬものでしかも輕視されているものに意志の教育がある。われわれは一日のプログラムを考えるに當つて必ずこれが爲の配慮をしている。それはいわゆる個人指導としての時間に、兒童の健全な情意生活を營ませる爲の指導をする時間である。さらにすべての生活の基礎としての身體の調和的發達をはかる爲に健康と體育の時間が考えられ日々必ずその時間を設ける。

以上のようにしてわれわれは生活の全領域に亘って一日の生活プログラムを計畫する。要約するならば全生活の諸問題を包含する所の中核學習と、情操と、意志と、生活用具としての知識技能としての言語數量形の學習と、健康と體育の學習とである。そして體育と情操的なものには共通點があるのでわれわれは便宜上この二つを表現學習と呼んでいる。

(二) 日課表の編成

さて既述のような論據に立つわれわれは、次のような順序によって一日の流れを計畫する。最初にその概觀としての圖表を示すことにする。

第二八表　日課表

時刻	日課
9.00–9.20	話合
9.20–10.40	單元の學習（中核學習）
10.40–11.10	健康・體育・音樂
11.10–12.00	技能の學習
12.00–0.50	晝食の時間
0.50–1.40	情操の時間
1.40–2.20	技能の學習
2.20–3.00	技能の學習と個人の指導

この時程について解說する。（時間の配當は、季節・學年によって變更が考えられてゐる。）

1. 話合の時間

すべての人は何事をするにしても、必ずそのしようとするものにたいして、なんらかの形で豫見と計畫をもつであろう。とくによりよき成果を得る爲よりよき生活を營む爲には十分な計畫が必要になって來る。

この話合の時間はこのような趣旨によって一日の生活のプランを立てることに主眼をおく。第二のねらいは、一日の發足に當って、兒童と教師とが一體になって全員が樂しい話合の時を持つことである。

2. 單元學習（中核學習）の時間

話合によって昨日から持續している綜合的な生活の課題を一層具體的に計畫化したものがこの時間によって實踐される。これは一日の生活の最も中心であり最も大切な時間であるからこれを中核學習と呼んでいることは前述したとおりである。この學習においては

a、すべての兒童に基礎的なものであると共に能力差を重視した指導がなされる。とくに分團學習はこれらの點を愼重に吟味してなされるものである。

b、この時間の學習活動の如何によって單元計畫も週計畫も一日の學習計畫も補正される。この時間は彈力性をもった經營が望ましい。

c、この時間には教師は單なる學習指導のみではなく、學習活動中に示される兒童の性格、才能や適應の適否等を

觀察したり、集團の精神的健康や動向を察知して、よりよい適應をはからせる爲の指導をもなさなければならない。この爲の十分な指導は午後の個人指導の時間に更に徹底させる。

3. 健康と體育とレクリエーションの時間

一日の主要な生活活動としても中核學習を相當長時間に亘つてなした結果の疲勞の回復も必要であるし、生活の流れとしての緊張弛緩等への配慮も加味されなければならないし、また兒童の活動は心的なものよりも身體的なものが盛であること等も考慮して、健全な生活を營ませる爲には體育やレクリエーションとしてのスポーツやプレー等をなす爲の健康と體育の時間が設けられなければならない。この時間は毎日とられるべきものであつて、擔任敎師は共々に兒童と遊んだり、體操をしたりする。時には衞生健康の爲の講話等を行うこともある。とくにこの時間は兒童の自由な活動を重視するのであるが、時には體操やプレーの基礎的な知識技能を指導することもある。

4. 技能の學習の時間

前の中核學習における問題を解決する爲には種々の知識や技術が必要となる。これがいわゆる生活に必要な知識技能であり、道具である。この必要から生れる問題を解決する爲に知識や技能を單元學習との連關のもとに學習するのがこの時間である。敎師はできる限り基礎的體系的な指導要項もこれと關聯づけて學習させる必要がある。

5. 晝食の時間

この時間は一日中の最も樂しい時間であり、しかも肝要な躾の行わるべき時であり、その躾が反映する時間である。この時間には學級になごやかな家庭的雰圍氣をただよわさなければならない。まず食事の衞生的配慮や作法禮儀は自然の中に習慣づけさせ、また度をすごさない程度の樂しい話合もなされて然るべきである。この時間に樂しい音樂を聞いたり、讀書や作文の發表もなされる。

6. 午後の時間

午後は技能の發達と個人指導と情操の學習とが適當に組合わされる。その組合わせについては週計畫のところに具體的に示してあるが、この午後の時間は學校全體の經營とも關聯をもつてくる問題である。こゝで簡單にその要旨を述べれば、情操の時間は所謂專科敎師の擔當する從來の圖畫工作音樂等の面である。もとより情操の敎育なるものは、それのみを取上げてもそれだけで成果のあがるものではなく、全生活面に於て修練されるべきものである。しかしながら情操面を養う上には理論的または技術的分野において繼續的系統的な反復習練を要するものも少くない。これを最少必要限度に應じて學習させるのがこの時間である。

情操敎育が最少必要の限度に於て特別修練されるのと同樣に、技能の敎育においても單元の學習とは別箇に系統的な習練が配慮されなければならない。この爲の時間が午後の技能の時間である。

この時間の指導はもとより個人差を重視した、個別指導を最良の指導法とするけれども必要に應じて一齊學習もなされる、さらにこの時間は隔日位に個性指導の時間にもなる。擔任敎師は各兒童について實驗的研究や觀察を行つてそれぞれの兒童に精神生活の健全を保全させる爲の配慮をするのである。

以上によつて一日の生活の流れが捉えられたのであるが、これらの趣旨の運營上の留意點について再度言及すれば、

a、カリキユラムの實際運營の面においても、カリキユラムにおいて考えられる所の理想の姿を生かすこと。即ち一日の生活プログラムには、その趣旨が十分生かされなければならない。一日一日を偏して學習したものが總計されて一つのものになることよりも、一日一日が完成された一つのものであつて、それが總計されて一つのものになるという方法をとらなければならない。即ち一日の中にはカリキユラム全體の中で考えられていると同樣に生活の中心としての中核學習と、それの周邊の學習としての技能と情操と體育と厚生の面を備えるように十分な配慮をする。即ち目的と方法との矛盾を生じないような配意が必要となる。

b、計畫には柔軟性融通性彈力性を持たせる。

c、兒童の生活活動の實態に即して組織すること。生活の一般的な流れとしての計畫と遂行と批判の段階の重視。

d、生活全體として見た場合の配慮として仕事と遊び、學習とレクリエーシヨンというような組合せを考える。すなわち興味と必要と努力による全我活動としての學習作業と健康厚生等の調整。

e、一日の生活の變化と均衡の重視。

f、學級における話合いの重視。

以上のような觀點に立つて一日の生活のプログラムを編成するのであるが、その基盤となる週のプログラムはどのような考え方によつて編成されるかについて以下に述べる。

(三) 週計畫について

あらゆる科學的調査と研究に基づいて樹立されたカリキユラムであつても、それをそのまま學習することは教師中心主義への復歸にすぎない。しかしながらわれわれの意圖する教育は單なる兒童中心の教育ではないことはいうまでもないことである。從つて一應計畫を重視しかも日々の經營に當つてもそれを尊重している。何故ならば一日の學習活動は一連の學習活動の一分節的地位を占めるものであつて、單にそれのみ獨立に存在しない。そこには全體と部分の密接な關聯がある。有效な學習活動を展開させる爲には十分な學習指導計畫が必要なのである。

われわれはこのような前提のもとになおも兒童を尊重しその活動を重視するが故に、計畫のみに頼ることを止め、また計畫を批判する。なぜなら計畫は、あくまで計畫であり見通しであつて、それをそのまゝ與えてしまうことは計畫中心であり、教材中心教師中心と何等異らないことになるであろう。またあの多樣な興味と、極めて能力差のある動的な生活を營む子供等に、計畫そのまゝを與えるというようなことはとうてい考えられないことである。しかも偶發的な外部の事件も常にあることであつてみれば、變更と補正は一つの大きな仕事である。それ故に日々の細い點に立つてまでの見通しや計畫は是非持たねばならないものであるが、それはあくまでも教師一人のものであつて、それがそのまゝ兒童に對して生かされるものではない。

このようなことを檢討すれば、われわれの計畫は周到綿密でなければならないとともに、可動的な彈力性をもつたものでなければならない。從つて年計畫は月計畫において補正され月計畫は又週計畫によつて補正されなければ

ならない。しかしながら週計畫なるものは、週の教育内容を綿密に吟味し組織するのではあつても、それを日々時間毎に規定することは、兒童の活動を制限するようにさえなつてしまい、したがつてそこには矛盾を生じてくるであろう。たとえば、偶發事件や兒童の興味が例外的に發展し、しかもそれが望ましいものである場合には當然變更を要するであろう。それ故に計畫を計畫として重視し得るのは週計畫まででであつて、これを十分な研究のもとに立案するならば週を單位としての計畫は確かなものとして一つ一つ積み重ねられていくであろう。換言するならば、週計畫までは教師の計畫でありそれ以上は兒童との協議を重視しなければならない。また週計畫こそは確實に規定され得る最小にして最終の計畫の單位である。この意味においてわれ〳〵は週計畫を重視する。

このような性質を持つ週計畫案はいかに樹立されるであろうか。本校においては教務主任の全體的配慮に基づく指導のもとに、各學年擔當者及び關係教官との合議によつて立案される。とくに專科教師は周邊學習の基礎的修錬についての指導と中核學習に取扱われるそれらの面について、擔任教師への貴重な助言をなす。時には協力指導等についての配慮もなされる。この爲の會議を木曜日に全員集合のもとになし、金曜にその計畫を兒童と共に協議する。兒童はそれを自己の學習豫定帳に記入して來週の手引とするのである。

この外に一週間における定つた計畫の中には學級自治會と自治委員會と、集合とがある。これはまず各學級で討議した問題を午後の放課後學級自治委員が集合して發表し合つて討議し、この中から今週における課題を定めて、それを自治委員長が發表するのである。

次に週計畫樹立に際して、わが校においてはどのような配慮をなしているかについて述べよう。

限られた少數の教師をもつて、全體的に最大限の効果を得ることは、そこに細心の配慮と技巧を要する。この點において問題になるのは、いわゆる專科教師の問題である。われ〳〵の生活カリキュラムの狙いに照して、すべてのものが統合されることが最も望ましいのであるが、既述の如く學習が中核學習と周邊學習とに分けられるので、この周邊學習において專科教師の問題が重視される。もとより周邊學習を技能と情操とに考えるならば、言語や數量形の學習の如きは、中核學習として擔任教師が指導するのが望ましいことでもあり、またそのように行つているのであるが、情操面特に音樂圖畫工作については、それ〴〵の專門的見地からの指導計畫と實踐が必要になつてくる。しかもそれを擔當する教師が少數であつてみれば、それらの指導計畫は學校全體の問題であり十分吟味しなければならない。その爲に次のような方法をとつている。それは午後の情操の時間と個人指導技能の學習の時間を組合わせる時に適宜に變換するのである。たとえば、三年生は第一週又は一ヶ月又は一學期間午後の最初の一時限に音樂の時間を配置し、四年生は二時限目に配置し、五六年は午前中のいずれかに配置するというようにし、然もそれを次學期には交代するというようにするのである。このような考えによる時間配當の一例を擧げれば次の如くである。

第二九表　時間配當例

三年菊組

1限	2限
音樂	技能
圖工	個人指導
音樂	技能
圖工	個人指導
技能	技能

三年藤組

1限	2限
圖工	技能
音樂	個人指導
圖工	技能
音樂	個人指導
技能	技能

四年菊組

1限	2限
技能	音樂
個人指導	圖工
技能	音樂
個人指導	圖工
技能	技能

四年藤組

1限	2限
技能	圖工
個人指導	音樂
技能	圖工
個人指導	音樂
技能	技能

このように計畫されるならば支障はきたさない。この場合高學年においては午前のある一時限が計畫されゝばよいのであつて、その場合には午前の學習が適宜に處置されて午後になつても支障を來すものではない。

二、生活カリキュラムと周邊學習

(一) 中核學習と周邊學習

生活カリキュラムを分析してみると、中核學習と周邊學習（共に教科ではない）の二つに分けることができる。しかし嚴密な意味でいうと、周邊という言葉で分けることもおかしいのであつて、理想的にいえば兒童の價値ある生活經驗の中から選び出された中核學習に全部含まれてしまうわけであるが、現段階においてはまずこの二つに分けて考えるのが妥當のようである。たゞこの場合、周邊とは中核の補助的附帶的な意味のものではなく、あくまでも等價値の立場で異つた目標をもつて併立すべきものであると考えるべきである。そしてこの二つが統一綜合されて生活經驗全體が教育的に組織されたものが生活カリキュラムであるということができよう。

中核學習は兒童の日々の生活經驗（これには學校や家庭における教科的な學習、遊戯、娯樂、休養等兒童の生活經驗のすべてが入り、極めて複雜な要素を含むものである）に統一と組織を與えるため、その中で特に重要と思われる課題を設定して單元を構成し、これを生活全體の中核として學習を展開するのである。從つてこの場合、中核となる單元の内容は教科という名前を使えばすべての教科の要素を含むわけで、たゞその單元によつてある場合は社會科的な要素が主となることもあるし、ある場合は理科的な色彩や圖工的な色彩が强くなることもあるわけで、もはやそれは從來の意味での教科ではなく、教科名で呼ばれること自體が既に不都合である。

中核學習にはこのように諸教科的な要素が吸收統合されているわけであるが、しかし教育上望ましい要素がすべて吸收されることは困難である。たとえ吸收されたとしても、長時間かけて反復練習して學習する必要のあるもの（たとえば讀み書き、計算、色彩や形態の基礎的理解等）などは中核學習の中で徹底してやる程の時間的な餘裕もないのである。そこで教育上不可缺と思われるもので、中核學習から分出して巾廣く行う必要のあるもの、反復練習して技術を修得する必要のあるもの等を中核學習のふくらみとして捉え、その場で敷衍してしかも發達段階や能力と照し合せて一つの體系として組織し、その順序にしたがつて學習する場と時間を與え、一連のカリキュラムの中のあるべき位置に挿入していくべき學習が必要となつてくる。この學習がここでいう周邊學習である。

すなわち周邊學習には、單に讀み書き計算や、圖工における色彩や形態の基礎的理解やそれらの表現の基礎的技術（スキルやドリル）ということのみでなく、人間生活に新鮮さを與えたり、潤いや豐かさを加えたりするような趣味や娯樂に屬する面もあるのであり、人間生活の根本をなす健康や體育の面も數えることができよう。要するに理解を主とした生活經驗の中核をなす學習以外はすべて周邊として取り上げることができるのである。しかして、われわれは上述のような技能や情操面を含む周邊學習に、如何なる經驗要素をどういう形でもりこみ、それを全體のカリキュラムの中で如何に位置づけるかについて考えなければならない。

(二) 周邊學習としての技能の練習

まず、技能的な學習面でいうと、そこには國語や算數の讀んだり書いたりする技術、計算や測定の技術や理科學習における實驗器具や藥品の取扱いに關する技能、また社會科的な學習における調査や研究上の立案や方法上の技術、それを圖表や繪圖に表現する技術等、また創作的文化的活動においてその表現手段として要求される技術、體育における同樣な技能等およそ手(hand)をもつて行うわれわれの生活經驗の技術的方面はすべて包含されるわけである。人類が他の動物と著しく異つて高度の文化をもつようになつた重要な原因の一つは、この生活經驗を持つに到つたためである。すなはち後肢で直立することによつて自由になつた前肢が、さまざまな技術活動を營むようになり、技術活動が物質的文化を急速に發展させ得たのである。兒童生活の經驗の學習の過程においても同樣で、種種な欲求を充たし、充實した豐かなものたらしめるために、これらの技術力の養成、技術の練習というものが不可缺の經驗要素であることが首肯される。いいかえれば、中核學習を完全に遂行するために、前に述べたようなさまざまな技術力を同時に身につけていく必要が生じてくるのである。

本校のカリキュラムにおいて日々の生活の中で原則としてこれらの技術の練習は次のような時間に行われる。すなわち、午前中の大部分を單元の學習に用いた後、その單元學習の途上痛切な必要に迫られた「文を讀む力」とか「計算の技術」とかいつたものを次の十一時十分から正午までの五十分間で行うのである。これは原則としてこの定時間を設けてあるに過ぎないので、場合によつては單元學習の時間の中で短時間をさいてこれらの練習に當てることもあるし、午後の情操の時間と入れ換える場合もある。單元の學習の途上遭遇した技術的な要求で長時間又は大規模な學習を要する場合は、一日の學習の流れの最後である二時二十分から三時までの個性伸長と技能の練習のために設けられた時間をこれに當てるわけである。

こういつた技能の練習は、概して長時間かけて一氣にやるよりも短い時間反復練習する方が效果的であることは一般に認められている所であり、練習の必要を兒童自身が痛切に自覺することによつて、はじめて意義のある練習がなし得られるもので、單に練習のための練習であるべきでなくそのためにも毎日が型にはまつた同じシステムをとることは適切でない。技術の操作が學習における具體的な過程において精神的な抵抗にならないようになつて、はじめてその技術が身についたものになつたといい得るわけで、この意味からも單元の學習と併行して技術の練習が絶えず進められ、機に臨んで時間的には長短を生じ、質的には輕重の差を生じるのはむしろ當然であろう。

かくして日々蓄積されていく技術の力が中核學習を推進する大きな動力となり能率的合理的に進めていく結果になるわけで、こういつた技術の面がカリキュラムの中では隨所に位置づけられているのである。一方その技術の能力のみをとり出してみても、それが兒童のシークェンスとして正しく體系づけられたものになつていなければならない。この意味からわれわれは各教科的な學習面の能力表を作成し、これと課題表とを照らし合わせて技能の體系をたて、カリキュラムに盛ることに努力した。

(三) 情操陶冶の學習

次には周邊學習の中の創作的文化的活動の面である。すなわち圖畫工作的な學習、音樂的な學習、文學的な學習、劇やダンスといつたクリエイティブな情操の教育面を主とするものに關してのことである。この中には當然前述の技術の練習も多分に含まれるのであるが、ここでは更に重要な目標として、情緒的な豊かで潤いのある愛と人間味を備えた民主社會の人間としての態度を養うことをねらうべきである。中核學習においてねらうところのものが主として理解すなわち頭腦(head)に關する面であるのに對して、周邊學習のこの場では心(heart)の養成をめざすものということができる。生活カリキュラムにおいては、かかる學習面は勿論その生活經驗の中核をなす單元の學習の中に包含されているのであるが、特にこういつた心情の教育面は單元の一部面が大きくふくらみ出た面として取出して學習されるべきで、すなはち單元學習の中で逢着したこれらの課題が發展したものとして、原則的には一日の學習の流れの中の午後〇時五十分から一時四十分までの五十分間の情操の時間（娛樂的、創作的、鑑賞的活動の時間）の中でなされるのである。實際問題として毎日の時間的割ふりということになると、本校の如く音樂、圖工、ダンス等主として專科の教師によつて指導されるところにおいては毎日全學年をこの同一時間に當てることは技術的に不可能であつて、そこからは當然ある組が情操の教育をその時間に行えば他の組は午前中の技能の練習の時間にもつていくとか、毎週前もつて全學年の教師と專科の教師との打合せによつて計畫がたてられることになる。更に理想から云えば、中核、周邊を通じてすべての學習の指導の主體となるのは擔任教師であつて、ただ、音樂とか圖畫工作とか特殊な技能を必要とするものに限つてそのことに堪能な教師が擔任教師の助手といつたような形で學習指導に參加するか、又は擔任教師のための相談役として專科の教師が配置されることが望ましい。そうすれば時間的な運營の面における不便は一ぺんに除去され、更には兒童の生活經驗全體の流れを正しく把握できることにもなり最も望ましい姿となろう。ただこの場合擔任教師の荷重の問題が殘るがここではそれらの點にはふれない。

情操の教育が、單元學習のある場の課題を敷衍したものとして行われるといつても、それは單元の學習の補助的な意味でなされるのではなく、それはそれとして、情操の教育のねらいである豊かな潤いのある人間としての情操面の陶冶をめざすものであり、餘暇を善用して正しい娛樂を人生にもたらし次の勤勞のエネルギーとなすものである。

これを學習する兒童の側からいえば、一貫して生活經驗の學習として混亂と冗漫な重複を避けて、中核學習・周邊學習が渾然一體となつた能率的にして整頓された學習がなされることになるわけで、こういつた綜合カリキュラムの一つのねらいもそこにあるわけである。

（四）周邊學習における體育と音樂

1. 體育の目標

今まで述べた生活カリキュラムの根柢には兒童の全生活を擔つている健康があることを忘れてはならない。生活の基礎は健康に存するのであり、健康教育が最も重要なものの一つとして取り扱われるのである。すなわち學習を行う基盤として體育があり、生活の原動力として健康がある。こうした觀點からして生活カリキュラムにおける體育の目標の位置が定められる。「體育は運動と衞生の實踐を通して身體の發育、發達をはかる」といわれているが、生活カリキュラムの實踐に當つては「社會的な性格の育成」という項目が必然的に含まれてくるので、本校では特にこれをも重要な目標の一項目として數えている。

體育衞生を主とした面の教育内容としては能力表に示されているように、「態度（技術、習慣を含む）」と「理解」に大きく分けられる。前者においては自己の健康を維持するために必要な習慣の馴致、公衆衞生道德を實踐する良識を持つた社會人としての習慣の馴致が要請され、後者においては「何故そうしなければならぬか」という科學的な理解という具體的内容の把握が要請される。しかしてこれらはすべて中核學習の中に織りこまれ、とけこんでいるのである。

2. 運動（特にスキル）

一方、運動の面は健康教育の如くすべて中核學習に含ませることは困難である。ここに周邊課程（特にスキルの面）としての體育が存在しなければならない。

A、**技術の習得**　體力の增進のためには多少の疲勞を伴う程度の運動が不可缺のものであるが、この運動を興味をもつてやり、永續的ならしめるために、ある程度の運動技術の習得が必要になつてくる。技術の習得は反復練習によつてその目的が達せられる。學校時代の十分な運動技術の習得が、卒業後も各種のスポーツに參加して、よき社會生活を營む上の大きな力となることは周知のところであろう。

B、**社會的性格の育成**　社會的性格の育成は運動と衞生の兩面に深いつながりをもつものである。その性格として殊に重要と思われる一、二を擧げれば、

a、勝敗に對する正しい態度（禮儀同情）

b、法及び正しい權威に對する服從。

c、協力とそれに伴う責任感。

d、正義感。

e、公衆衞生思想の涵養と實踐。

等である。このような性格は單に體育ばかりでなく、あらゆる部面や場所で培われるものである。しかし體育特に「スポーツ」ほど社會的な性格の育成の成果が如實に反映されるものはない。それと同時に「スポーツ」の實施によつて「行動を通しての理解」が確實となり、社會的に調節のとれたしかも社會的によく受け入れられる人間となるべき諸性格の體得が容易になされる。

以上の理由から體育が周邊課程としての圖畫、工作、音樂、とは異つた性格をもつものであることを認めなければならない。

3. 體育の學習

小學校の體育運動は主として兒童の遊びを中心として行うようになつている。アメリカの小學校においては體育のすべてを「コア・カリキュラム」に織り込んでいる所もある。しかし本校の現状では、種々の事情から高學年では一つの系統だつた體育の指導が必要となつている。

以下體育學習がどのように展開されるかについて、第四學年の學習に一例をとつて説明しよう。

単　　元　　武蔵野の秋（九月下旬）

學習内容　　丈夫なからだ——運動とからだ——

a、運動後の脈搏や呼吸の數をしらべて、グラフにかく。

b、疲勞をなおすにはどうするかを考える。

右のような學習内容が計畫されている時の體育の學習活動を檢討すると大體次のようになろう。

運動後の脈搏や呼吸の調査は中核學習に含まれる。そして運動そのものは中核學習に含まれた體育運動であり、脈搏や呼吸に關するものは體育衞生の一面である。またこの運動後の調査には、量的質的な考え方が含まれるし、又種々の運動について調査する必要があるので、そこに各種の運動について學習が行われることになる。しかしこれらの運動には體育的系統が深く意圖されてはいない。

「疲勞をなおす」の學習では疲勞についての定義とか條件に關する問題は中核學習によつてなされるが、しかしよいフォーム、作業のコツ等は疲勞をある程度緩和するものであることを理解するには相當の練習による技術の習得が必要となる。それ故に、ここで運動の「スキル」としての面が大きく浮び上るわけである。技術の重要なことは前にも述べた通りである。技術の習得には反復練習の必要であることは當然であつて、この練習には系統立つた指導計畫が立てられていることが必要となる。本校においてはこうした學習を契機として、四年後半期より系統的指導計畫をもつているが直接ここに關係がないので省略することにしたい。

最後に體育運動は常に情操的なもの、リズミカルな表現等音樂と密接な關係を有することを强調したい。

4. 音　樂　の　學　習

周邊課程における心情教育として圖工と並んで音樂がある。音樂は中核學習に含まれる部分よりも周邊としての分野が大きい。また體育との關係は極めて密接である。兒童の生活を豊かにし、文化的な興味をもたせる意味からも情操を高めることが重要であることは、今更述べる必要はないであろう。音樂は昔から、夫々の民族の特徴をよく表わしている。それは人間の身體活動の多くが昔から、ある種の音樂と結んで行われて來たからである。こうしたことも音樂が中核學習で果すべき大きな役割である。情操を高める爲には、周圍がそのような雰圍氣にあることが必要であり、そのため本校においては常に教師自身が高い教養・情操の持主であるよう努力を重ねている。

このような意義をもつ音樂が本校においてはどのように實踐されているかを述べよう。

A、音樂教育の目標

a　音學美の理解（美的情操）

b　音樂の知識及び技術。

c　旋律や曲をつくるいわゆる創造力

d　表現力（歌唱及び演奏）を養う。

e　讀譜能力をつける。

f　鑑賞

これらの目標に關する基礎能力（感覺や技法及び理解）は反復練習することによつて得られるのである。

B、指導上の留意點

a　兒童の研究を本體とする。

b　一つの問題を互に實驗、討議、などによつて研究を進めて行く。

A、Bをそれぞれ經とし緯として學習を進めている。時には中核學習としての音樂學習を、時には基礎能力養成の爲の學習を行う。本項の趣旨からその基礎能力養成のみについて述べると次に示すような系統的計畫によつてこの學習が行われる。

紙數の關係上第四學年の分をのべる。

基礎能力指導の基盤となる心的態度の養成

a、音樂的要素に對する美的興味。

b、音樂的形式感。

c、旋律の對向的な組合せ及び相對關係、發聲、節奏、旋律發想、和聲に對する美感。

歌唱指導の目標

a、歌唱の美的表現。

b、美しい、無理のない發聲　軟かな發聲　明朗な、美しい、自由な發聲　口形の指導　正しい發音

c、音に對する感受性。

d　拍子の唱え分けの指導。

e　嬰變各一つの視唱法。

鑑　賞

a、主旋律の把捉及び音樂のもつ美しさの感得。

b、曲の形式旋律の反覆對照の聽覺指導、聲樂曲は曲の持つ内容を把捉し、器樂曲は樂式が簡單で旋律の美しい曲。

聽　覺　目　標

a、和音の判別、認識、記憶

b、單音抽出唱　分散和音唱　單獨和音合唱　和音合唱　終止形合唱（ト長調　ヘ長調　イ短調）

器樂指導　　指導する場合は旋律樂器の指導

以上に示した基礎能力の指導の目標を第四第年の一年間に果そうとするものである。音樂の學習によつて情操が高められ、そして凡ゆる生活に美的情操として自ら豊潤な香りをもつて滲み出ることを期している。

四、評價と記錄

(一) 評價の意義

われわれは今まで新しい教育はどのように計畫され、そのカリキュラムはどのように構成され、發展していくべ

きかを考察してきた。ここでは、評價の問題を考察したいがそれに先だって、從來の考査を檢討し、評價のもつ新しい意義を明確にしたいと思う。

傳統的な考査は一言にして言えば「單なるパスポート」にすぎなかつた。それは進級、入學、卒業の爲の資料にすぎなかつた。敎師の指導法の反省というような意味も無いではなかつたが、はたしてその結果が、どれだけ敎育の實際活動に役立つたかは甚だ疑問である。學期に一度か二度、年に數度の考査に依つて品等付けられ、何等身に付かない消化せられない知識を要領よく記述するかしないかということの爲に、如何に無意味な犧牲を拂わねばならなかつたことか。抽象的、非科學的學習理論に裏付けられ、實踐されてきた舊い考査法は、こうして百害あつて一利ない試驗地獄へと發展したことを深く反省してみなければならない。そこでは、學習の結果は常に點數あるいは評語として與えられ席次として示されて生徒、兒童と父兄とに提示された。席次が上がれば意味なくよろこび、下れば大いに苦痛とした。又ある者は自己の全力を注いでも常に惡い點を取つて、父兄の無理解な叱責を受け淋しい劣等感を抱き續けた。點數をかせぐ爲の學習は不健全な競爭心をかりたてる結果となり、望ましくない利己的な反社會的人格を作る結果となつた。

このような意味における考査は、兒童生徒に苦痛と焦燥を與えることはあつても、自己の力をためす機會とし、また自己の學習方法、態度を反省する機會とはなり得なかつた。從つて兒童自身が、自己の正しい能力を知り、學習の目的を自覺して、かれらの進歩を測定するために役立たせるという、學習指導の本義に基づく敎育的評價でなかつたことが反省されるのである。

それではわれわれの指向する「新しい評價」とはどのような意義を有するものであろうか。すなわち望ましいカリキュラムが構成され、その學習が展開されたとき果してそれ等が眞にわれわれの志向する線に沿つて實踐されているか否かを檢討して、よりよき發展への資とする爲に評價がなされる譯である。

(二) 評價の目的

かかる意義を有する評價は、どのような目的を持つものであろうか。

A、**敎育目標への到達**　　評價は學習活動をよりよく進展させる爲に行うものであるから、計畫が適當であつたか、學習活動はどうか、どの程度まで目標に到達したかという具體的な資料が得られるようになさなければならない。

B、**學習活動による變化**　　學習活動の評價は、敎師の指導法の可否、兒童活動の推移及びその到達點を見ることであつて、指導前と指導後の進歩を較べ指導法を適切ならしめる爲であるから、豫備調査と相俟つて始めて可能なことである。從つてその評價の機會は學習前、學習の途中、一段落ついたとき、等において適切な方法がとられなければならない。

C、**兒童の自己評價**　　敎師のみの一方的評價から、敎師と兒童との協力に依る評價、更に進んでは兒童の自律學習に基盤を置く自己評價にまで指導するのを目標とする。問題を自ら發見し、自主的に解決せんとする自發活動の意慾は、自己評價に依つて最も高められた境地に達するといえよう。

D、**全體的理解**　　兒童の全人的發達を目標とするわれわれは、單に從來のような知識のみの評價ではなく、人間全體としての、社會的適性、趣味、氣質、身體的特質等兒童の發達の全面にわたつて兒童を理解する評價がなされなければならない。

E、**缺陷の發見**　　前述のように、評價はよりよき學習活動への資とするものであるから、從來のように單に優、良、可に類するような簡單なものではなく、いかなる點に優れ、いかなる點に劣るかという指導上の重點を明かにするものでなければならない。

以上に依つて、評價は敎師の側から言えば兒童生徒のよりよき理解と指導のためのものであり、兒童からみれば、自らの長を伸ばし短を補うものであつて、それは、力強き學習へのバロメーターでありコンパスである。

(三)　本校における評價

次に本校における評價の內容について述べることにしたい。いうまでもなく評價の目標は、敎育の各敎科の目標とするものと一致する。そうしてその目標は基底單元の上に各學校の單元が設定されるように、あくまで一般的なものである。それを具體的に決定するものは、學習活動そのものに依つてきめられるものである。

1.　評　價　の　例

たとえば社會科における一般目標は、理解、態度、技能という大きな目標を擧げているが、本校における一例を示せば次の通りである。

社會科の技能については

a、資料を蒐集し利用する能力

1、參考書をえらぶ

2、圖書館から適當な書物をえらぶ

イ、目次を利用する　　ロ、索引を利用する　　ハ、手引や脚註を用いる

3、序文を讀んで書物をえらぶ

4、適當な寫眞を見つける

5、スクラップを作る

6、參考文獻の表を用いる

7、百科辭典やその他の辭典、年鑑を用いる.

8、見學する場所や面接する人をえらぶ

9、必要な地圖をえらぶ

10、必要な圖表や統計をえらぶ

11、必要な標本や模型をあつめる

12、資料をまとめる

13、資料を使つて發表や報告をする

b、事物を使う能力

1、教室のものをきちんと整理する

2、家庭において身のまわりを整頓する

3、通信の道具を使う

イ、手紙や葉書　ロ、電報　ハ、電話　ニ、ラジオ　ホ、映畫

4、交通機關を使う

5、圖書館を使う

6、博物館を使う

7、公共施設を使う

8、繪畫、寫眞を使う

9、表やグラフを使う

10、新聞や雜誌の記事を使う

11、地圖、略圖を使う

12、模型を使う

13、道具を使う

14、幻燈を使う

c、討議（話し合い）の能力

1、討議の問題を把握する

2、思想を明確に話す

3、言葉を自然に使う

4、話すことがらを上手にまとめる

5、はつきり發音する（大きい聲で）

6、聽手に趣旨を徹底させる

7、理由や根據を述べる

8、話をする時姿勢を崩さないようにする

9、落付いて話す

10、話の理論を追及して聽く

11、話の中に自分の目的をえらぶ

12、話の内容について批判する

13、話を聽きながら行動や場面を想像する

14、話し終るまで自分の話をひかえる

その他、物を作つたり描いたりする能力、いろいろなきまりを守る能力等があるが、細部については、別表「能力表」の項を參照されたい。

技能という一項目についても、その評價内容は極めて具體的に、實踐的に行われなければならない、またその項目は多岐に分析され多くの要素を含んでいる譯であるが、單に技能は理解、態度と並立されるばかりでなく、多く

の分野にわたつて、重複され又融合されることは言うまでもない。

またその評價の量的基準が明かであれば、兒童個人の場合も、對他人の場合も、その評價がすぐ示されることになりすこぶる便利である。

しかしながらこのことは、多數の兒童を對象とし、嚴密な豫備テストによつて段階を決定する必要があるので、なかなか容易なことではない。各科の發達段階における重點は、別表によつて考察していただきたい。

要約すれば、單元の內容にもとづく實習活動の評價は、學習のスタンダードたるべき能力表の內容と照合されて、始めて全きを得るのである。

單元の學習と評價との關係は、課題表その他によつて構成された學習內容が果して妥當であつたか否かを判斷し、更により適當なる單元の構成の資とすると同時に、學習活動が能力表の如何なる段階まで到達したかという反省の資ともなり、兒童の發達を記錄する尺度となるものであると考えられる。

2. 評價の內容

次に本校において實踐している評價の一例を紹介しよう。

學年	年　組		第三〇表　社會科評價票	指導者			
氏名							

評價の基準＼單元			評				價
豫備調査		理　解					
		能　力					
		態　度					
		知　識					
		家庭環境					
		敎師の意見					
學習活動		理　解					
	技能	地圖・模型					
		圖表・グラフ					
		實驗・觀察					
	能力	讀解・計數					
		討　議					
		表　現					
		資料蒐集					
	態度	研究・發表					
		作業・協力					
		實　踐					
		批　判					
		寛　容					
		幸福を喜ぶ					
	知識	事　實					
		術　語					
		その他					
		敎師の意見					
		兒童の批評					
	結果の評價	理　解					
		能　力					
		態　度					
		知　識					
		敎師の意見					
		他の敎師の意見					
單元に對する兒童の意見							
總　評							

東京第三師範學校　附屬小學校

年　組

社会科指導記録（課業割当表）

自昭和　年　月　日至昭和　年　月　日

指導者

單元	分団	分担内容		分団内個人の分担		進行状態										結果			
		目的	仕事の内容	仕事の内容	氏名	月日	月日	月日	月日	月日	月日	月日	月日	月日	月日	目的	削除	補遺	時間
（10〜11週　50〜55時間）																			
	学級としての成果																		

a、この票は兒童各個人につき一枚、社會科の學習効果を評價し、その結果を記録するために用いる。

b、學習効果の評價は、あくまでも兒童個人の能力に基づいて判定されるのであるから、兒童個人の能力が事前に測定されることが望ましい。

c、評語は具體的な事實を以てするを原則とするが、個人の能力に比して優れている場合A、普通の場合B、能力に比して不滿足な場合C、としてもよい。

以上は各個人についてであるが、個人、分團、學級を對象とする、社會科指導記録（課業配當表）を左に示す。

a、本表は學習活動を、分業と協力に依つて發展させる爲のアサインメントの趣旨において立案せるものである。

b、學習目的と仕事の内容は、學級—分團—個人に徹底するために工夫した。

c、内容によつて個人學習を主とする場合は、「分團内個人の分擔」欄を主として利用し、分團學習による活動が主となつて個人學習が少い時は「分擔内容」欄を主として利用する。

d、低學年の場合、アサインメントによる方法の困難なときは、「分團」欄を考えないで、「目的」「仕事の内容」欄を學習の發展に應じて上から下に記録することにする。

e、「結果」欄の「削除」「補遺」の欄は「課題表」内容が該學年に對して不適當な課題であつたと反省された場合を削除し、學習過程において補う必要を感じた場合の課題を「補遺」する意味である。

以上は主として社會科の評價の一例を示したのであるが、次表は數、量、形、言語、個性把握の一試案として實施した特別評價票である。

第三二表　特別評價票　姓名

二學期の數學の學習の重點とその評價

		計算技術	生活上の問題處理
乘法	A 基數×基數		
	B 1の位が0の二位數×基數		
	C 二位數×基數		
	D 10を單位とする三位數×基數		
除法	E 商が基數になる二位數÷基數		
	F 1の位が0の二位數÷基數		
	G 商が二位數になる二位數÷基數		
	H 10を單位とした三位數÷基數		
	I 三位數÷基數		
	J あまりのあるもの		
	K 約の答のでるもの		
其他	重さ		
	廣さ		
	距離		
	表のよみ方（地圖も含む）		
	加法		

記述尺度について

A	巧みに處理する	100%—81%
B	大體よい	80%—61%
C	普通に處理する	60%—51%
D	稍困難	50%—41%
E	困難	40%以下

A　B　C　D　E

主題の解（例）

A　9×7の如き類
B　30×5の如き類
C　25×4の如き類
D　360×2の如き類
E　81÷9の如き類
F　40÷2の如き類
G　48÷4の如き類
H　300÷6の如き類
　　490÷7の如き類
I　288÷4の如き類
J　33÷4の如き類
K　64÷3の如き類

言語の具體的評價

文の構成	文節の關係	
	附屬語の使用	
	活用（簡單な）	
	かなづかい	
	記號の理解と使用	
文字の習得	文をよむこと	
	文字をかくこと	
	筆順	
	美しさ	
	正確さ	
讀み	朗讀	
	文の理解（文脈の把握）	
	單語の理解	
發表	話のすじ（文脈）	
	話す態度	
	音聲	
綴方	表記法	
	文脈（思想のまとめ方）	
	內容	
讀書	量	
	質	
	速さ	
	理解	
	發表	
	興味	

個性把握の一試案

方法	得點其他	補說
氣質檢査		
クレペリン作業檢査		
情緒性檢査		
社會性檢査		
趣味の調査		
友人の評價		
バート式知能檢査		
田中ビネ式知能檢査		
甲式團體知能檢査		

	記述尺度 ＼ 對象	相對	絕對
適性	特にすぐれているもの		
	標準以上		
	普通		
	稍劣る		
	不良		

行動の觀察	

1　9　4　9　　第三三表　　東京第三師範附屬小學校
2・12日　　學級通信　　二年　きく組

せいかつのよてい（單元　近所の人々）						
土	日	月	火	水	木	金
12	13	14	15	16	17	18
1. どうぶつにしたしむうた（上野動物園） 2. ひきあげえんどの、ポスター、ヅガ、ツヅリ方 3. せいかつがくしうのおくれている人はまとめる		かずのれんしう（No.14）	かずのれんしう（No.15）	よみのれんしう（うらしま）	よみのれんしう（うらしま）	うたのれんしう（おんがく）
		(15)のしごと おんがく11じより じぶんのうちでよく買物にいくお店をくわしくしらべてみよう ・お店のしゆるい ・お店にうつているもの（繪にもかく）	(16)のしごと お店のようすをくわしくしらべるじゆんびをはなし合う ・お店の人に何をきこうか ・お店のしなものは誰がつくるのか（できればつくるところを見せてもらう） ・お店を見にいく、（學校を早くかえつて）		(17)のしごと お店を見に行つたことをせいりする ・繪にかく ・お話にまとめる ・かみしばいにしてもよい	(18)のしごと コミニティグループでお店のようすをかんたんなげきにつくつてみる。 ・だい一の場面 ・だい二の場面

○　コミニティグループというのは、練馬グループ、中村橋グループ、石神井グループ、大泉グループ、保谷グループのことです。
○　げきは、うらしまのげきを手引にするとよい。
○　お店のしらべで、お父さんの會社で作つたのがお店に來ているなどということがわかつたら、お父さまの工場を見せていただきたいですね。
○　どうぶつにしたしむうた。ひきあげえんどのポスター、づが、つづり方はおおぜい考えて下さい。
○　新しい時間わりでべんきようしていますか、隈崎様から置時計をかして頂きました。大へん役立つて有がたいことです。
○　給食奉仕はお忙しいところ誠にごくろうさまでしえ。おかげさまでおいしいごちそうをいただきました。

特別の意味は、能力別に依る個性指導をより適切ならしめる爲、特に實施する譯である。十二分に研究し盡されている譯ではないが、學習活動に應じた狙いを盛つたものである。

次に日常の單元の學習に於ける指導と評價の一例を學級通信（二年）にもとづいて考えてみる、單元「近所の人」の學習である。

兒童の活動（仕事）で土、日曜の仕事の結果は次表のようにして兒童に配布される。この仕事に對して、教師は各科の評價簿に記錄すると共に、グループを主體とするものはグループに、兒童各自は、仕事の內容に依つて一見して分るように段落毎に一纒めに整理して提出し、教師の評價を受け、適切な指導を受ける譯である。教師は隨時クラス全體の進度について前表の如き評を與えて勵まし、その結果を一覽表にして兒童の關心を高め、自覺と意欲とを持たせるわけである。

以上本校に於ける評價の實際について述べたのであるが、タイラー（R. W. Tyler）や、レオナード（J. P. Leonard）等は評價計畫の一般的手順として、次のように述べている。

a、教育の目標を設定すること
b、教育の目標を分類すること
c、教育の目標を兒童の行動の形に於て、具體的に表わすこと
d、兒童に期待される行動が、最もよく表現されるような場面を考えてみること
e、そのような場面において發現される行動を最も適切に評價し得る方法を選擇し、或は考察しこれを實施すること

f、評價の結果を綜合し、解釋すること

g、評價の結果を記錄し、指導にこれを利用すること

評價の方法については、ブリュックナー（Leo. J. Brueckner）等がいろいろな類型を擧げているが、その結果の解釋に當つては、一人の兒童生徒について評價された結果は、學級あるいは全國的な標準に照らして、その兒童生徒が一般的水準に達しているかどうかが明かにされ、もし社會的要請の最低水準にみたない場合には、その原因が究明されて、改善の方法が立てられなければならないとしている。

しかし個々の兒童の場合には、評價された結果の相違は、智能その他の素質、過去の教育的背景、家庭及び社會環境等の相違によることが大である。したがつて個々の兒童生徒の評價の場合には、かゝる要因について考察がなされて、その兒童生徒にとつて最大限であると思われる發達をなさしめればいいことになるから、一般的な水準と對比するだけではなく、その兒童自身のこれまでの狀態と比較して進歩の度合が評價されなければならない。

（四）記　錄

1. 記錄の意義及び目的

次に評價の結果を如何に家庭に通告するかについて述べる。

これは從來通信箋や通知票通知簿と言われたものであつて、その內容及び弊害については前述の通りである。評價を通告する狙いは、學校が保護者と、保護者が學校と密接に連絡を取つて、家庭と學校との見解の一致點を見出しながら教育の運行を望ましい方向に進ませるにある。本校においては、教師と父兄との意見の一致のみでなく、活動の主體たる兒童を力動的に參加せしめ、自律學習——自己評價の自主的生活の實踐を意圖している。

2. 本校における記錄の內容

本校に於ては、「私の生活」として一年間の生活を一冊にまとめてある。その內容は次の通りである。

a、校　歌

b、私の學校、私の家庭

c、私の勉强

1、生活の態度と能力　2、單元　2、言語　4、數・量・形　5、表現　6、體育　7、自由研究

d、私の頁

e、私の讀んだ本

f、見學・旅行

g、學校だより

h、家庭だより

i、出缺のようす

j、身體のようす（グラフ）

k、身體のへいきん

l、修了證

「私の生活」の取りあつかい方

a、「私の生活」は自分の生活を立派にする爲につくられたものです

b、「私の生活」は自分の力を基にして、ぐんぐんとのびていく自分の生活の記錄です

c、「私の生活」に記錄されたことを、よく考えてよいところはぐんぐんのばして下さい。たりないところはしつかりとりかえしてください。

d、「私の生活」に記入するときは、ていねいにきれいに書いて下さい

e、通信欄は學校と家庭とが、互に通信することがらを記入して認印を捺し、手紙の往復や屆書などに代用して下さい

以下その內容についてのべてみることにしたい。

私の勉强

a、生活の態度と能力は兒童の社會性、責任感、指導性、計畫性、實行力、習慣、情緒等について各學期每に總評を記入する

b、單元（社會・理科・家庭）の學習の評價形式は次表の通りで

第三四表 單元評價表

	評價の基準	A	B	C	備考
1	知識理解の程度はどうか				
2	研究態度はどうか				
3	圖表作製の技術はどうか				
4	報告書作成の能力はどうか				
5	批判力があるかどうか				

a、評價の基準の各項目は、いずれも該課の能力表に基づいて決定されたものである。

b、A・B・Cの欄は。印を以て記入する、其の基準は前述社會科評價表の說明を參照されたい。

c、備考の欄はA・B・Cの評價の裏付けとなる具體的な事項を隨時記入する。

3. 各科の評價項目

各項目の評價の基準を次に示す

單元（社會・理科・家庭）

a、知識理解の程度はどうか

d、研究態度はどうか

c、圖表作製の技術はどうか

d、報告書作成の能力はどうか

ｅ、批判力があるか、どうか
ｆ、討議、劇化の力はどうか
ｇ、他人とよく協力して學習ができるか
ｈ、問題をみつける力はどうか
ｉ、觀察や實驗の態度とその力はどうか
ｊ、實驗器具の使い方はどうか
ｋ、理解と推理力はどうか
ｌ、記錄の仕方はどうか
ｍ、學んだことを新しいものに應用する力はどうか
ｎ、現象に對して、興味をもつているかどうか
ｏ、家庭生活をよく理解しているか
ｐ、生活を合理的にしようとしているか
ｑ、裁縫の基礎をよく習得しているか
ｒ、修理・製作の技術はどうか
ｓ、創意工夫に富んでいるか

言　　語

ａ、文の意味を正しく理解することができるか

ｂ、人の話を正しく聞くことができるか
ｃ、發音やアクセントが正しいかどうか
ｄ、朗讀はよくできるか、どうか
ｅ、思つていることが正しく話せるか
ｆ、文をつづる力はどうか
ｇ、文字を正しく美しくかくことができるか
ｈ、文を鑑賞する力はどうか
ｉ、ことばに對する感覺は鋭いか

數・量・形

ａ、數の性質がよくわかつているか
ｂ、計算の意味がよくわかつているか
ｃ、計算の力はどうか
ｄ、量に對する理解はどうか
ｅ、形に對する理解はどうか
ｆ、問題を解く力はどうか
ｇ、測定のしかた、用具の使い方とそのまとめ方はどうか
ｈ、圖表を作つたり圖表を讀みとる力はどうか

i、生活の中に問題をみつけたり、學んだことをもとにして、生活したりする態度はどうか

表　現（音樂・圖工）

a、歌曲の理解・記憶はどうか

b、表現力（歌唱・樂器・寫譜）に富んでいるか

c、創作力が豊かであるか

d、鑑賞する態度はどうか

e、形や色、圖に對する理解はどうか

、表現內容が豊富であるか

g、表現の技術はどうか

h、創意工夫に富んでいるか

i、學んだことがよく日常生活に生かされているか

體　育

a、走る力はどうか

b、跳ぶ力はどうか

c、投げる力はどうか

d、器械器具を使う力はどうか

e、スポーツをする態度はどうか

f、體育學習への熱意はどうか

g、身體衣服は清潔端正であるか

h、衛生知識の理解はどうか

i、體育が生活によくとり入れられているか

自　由　研　究

學校において、家庭において各自が自由にテーマを持つて研究したことを記錄するものである。型式は次の通りである。

第三五表　自由研究記錄

始めた日	題目と內容	終つた日	自己反省
月　日		月　日	
月　日		月　日	
月　日		月　日	
月　日		月　日	

次に私の頁の欄を設け、（これから自分で實行しようと思うことから、今までの生活や勉强の反省、先生へのお願い、相談など何でも記入しなさい）と心得を記してある、型式は次のようである。

第三六表　私　の　頁

月　日		先生の印

「私の讀んだ本」の欄は讀始め、讀終り、本の名まえ、内容と讀んだ感想を記入するように作られている。

「見學」「旅行」の欄は、月日と行つた所を記入するように設けてある。

「學校だより」「家庭だより」の欄は、双方が兒童を中心とするいろいろな問題について、隨時、學校—家庭、家庭—學校と連絡される。

「賞をうけたこと」の欄を設け、日常生活において賞をうけたわけと日付を記入するようにし、出缺のようすは、出缺の具體的なようすが自分で記入できるようになつている。

「身體のようす」は月々に行われる身體檢査の中、身長と體重がグラフに依つて一目でわかるようになつている。

「發育のへいきん」欄は、身長、體重、胸圍について昭和十五年、二十二年の性別、年齢別表と昭和二十三年本校へいきんとが記録されている。兒童は自分がどのような状態にあるかということを讀み取つて、勵む分である。

五、能　力　表

經驗カリキュラム乃至生活カリキュラムにもとづく單元學習の採用は、「學習單元の計畫」の項において述べられたように、國語能力、數量生活の能力、あるいは圖工・音樂・體育等の面の基礎能力において、その低下が著しいとの批判が行われている。われわれは、この批判に對して、その誤りを指摘する多くの理由をもつているのであるが、一面、この批判の正當性も認めなければならない。

すなわち、われわれの生活カリキュラムにもとづく單元の構成とその展開については、その經驗が淺く、かつ未熟であるために、兒童が、經驗の構成過程において、眞にその譜諡をのこりなく收得することが不可能であるという事實を認めざるを得ないからである。もし、完全な單元が構成されるとすれば、その單元の學習活動においては兒童の取得すべきあらゆる能力が意味ある系列において經驗されることになるので、言語なり數量の面なりの能力の收得について、特別の考慮をわずらわす必要はないのである。しかしながら、われわれの現状における單元構成とその學習過程においては、こゝまでの完全さにおいて單元が構成されているとは考え得られないのである。能力表は、この事實に對する反省から作られたものであつて、この能力表を利用することによつて、兒童の基礎的能力が、教材カリキュラムによつて指導された如き、兒童の生活經驗から遊離したものとならず、一定の系列において意味ある學習活動として經驗されるように配慮したものである。

どのような方法により、どのような内容を能力表として作製するかについては、いろいろの立場が考えられるであろうが、われわれは第一に、一應かつての教材カリキュラムにおいて採用された教科の部面において、その能力の系統をたずねてみることにした。すなわち、國語・算數・圖畫工作・音樂・體育という區分をたてたのである。次に、兒童の生活經驗の中に取得さるべき、生活技術としての部面を學年別の段階においてその系列を求めた。その作製方法は、兒童の實態調査とその分析にもとづく場合と、文部省の指導要領及びその他の調査文献を參考とする兩者の綜合の上に作製したものである。

次に、この調査表の利用方法であるが、これには二つの方法を考えている。その一つは、前述したように、單元の構成とその展開の未熟さを救うために、單元構成の際の一つの規制條件とすることである。單元展開の本來の姿は、兒童の要求と社會の要求の兩極から選擇された單元からその內容を決定し、その內容にもつとも適切な學習活動が構成さるべき性質のものであるが、この場合、內容の決定と學習活動の構成を、能力表の立場から規制する場合を予想したものである。他の一つは、辭書的な意味において利用する場合で、學習活動が展開されるその時々に、能力表を利用することによつて、兒童の能力の系統的な發達を圖ろうとするものである

社會科能力表

	1	2	3	4	5	6
計畫し實行する能力						
(1) 一日の生活の計畫を立てる	━	━	━	━	━	━
(2) ごつこ遊びや劇化の計畫を立てる	━	━	━	━	━	━
(3) 物を作る計畫を立てる	━	━	━	━	━	━
(4) 共同學習を計畫する				━	━	━
(5) グループ學習を計畫する		━	━	━	━	━
(6) 描圖や統計についての計畫				━	━	━
(7) 見學や遠足についての計畫	━	━	━	━	━	━
(8) 計畫を批判檢討する				━	━	━
(9) 計畫にしたがつて着實に實行する	━	━	━	━	━	━
(10) 分擔にしたがつて任務を遂行する			━	━	━	━
(11) おたがいに協力して行く			━	━	━	━
(12) リーダーの指揮にしたがう			━	━	━	━
(13) リーダーと共に仕事をする			━	━	━	━
(14) リーダーとして他を指揮統率する			━	━	━	━

社會科能力表

	1	2	3	4	5	6
(15) 實行した結果を批判し反省する				━	━	━
資料を蒐集し利用する能力						
(16) 参考書をえらぶ				━	━	━
(17) 圖書館から適當な書物をえらぶ				━	━	━
(18) 目次を利用する				━	━	━
(19) 索引を利用する				━	━	━
(20) 手引や脚註を用いる				━	━	━
(21) 序文を讀んで書物をえらぶ						━
(22) 適當な寫眞を見つける			━	━	━	━
(23) スクラツプブツクをつくる					━	━
(24) 参考文献の表を用いる					━	━
(25) 百科辭典や其の他の辭典・年鑑を用いる				━	━	━
(26) 見學場所や面接する人をえらぶ					━	━
(27) 必要な地圖をえらぶ					━	━
(28) 必要な圖表や統計をえらぶ				━	━	━

社會科能力表

	1	2	3	4	5	6
(29) 必要な標本や模型をあつめる		━	━	━	━	━
(30) 身のまわりにあるものの實物標本をあつめる	━	━	━	━	━	━
(31) 資料をまとめる		━	━	━	━	━
(32) 資料を利用する		━	━	━	━	━
(33) 資料をつかつて發表や報告をする		━	━	━	━	━
事物をつかう能力						
(34) 教室の物をきちんと整頓する	━	━	━	━	━	━
(35) 家庭に於て身のまわりを整頓する	━	━	━	━	━	━
(36) 通信の道具をつかう						
(37) 手紙や葉書	━	━	━	━	━	━
(38) 電　報					━	━
(39) 電　話				━	━	━
(40) ラジオ					━	━
(41) 映　畫					━	━
(42) 交通機關をつかう	━	━	━	━	━	━

社　會　科　能　力　表

	1	2	3	4	5	6
(43) 圖書館を使う					■	■
(44) 博物館をつかう					■	■
(45) 公共施設を使う					■	■
(46) 繪畫・寫眞をつかう	■	■	■	■	■	■
(47) 表やグラフをつかう			■	■	■	■
(48) 新聞や雑誌の記事をつかう				■	■	■
(49) 地圖・略圖をつかう				■	■	■
(50) 模型をつかう	■	■	■	■	■	■
(51) 道具をつかう	■	■	■	■	■	■
(52) 幻燈をつかう					■	■
討議(話し合い)の能力						
(53) 討議の問題を把握する	■	■	■	■	■	■
(54) 思想を明確に話す	■	■	■	■	■	■
(55) 言葉をごく自然につかう	■	■	■	■	■	■
(56) 話すことがらを上手にまとめる			■	■	■	■

社　會　科　能　力　表

	1	2	3	4	5	6
(57) はつきり發音する（大きい聲で）	■	■	■	■	■	■
(58) 聽手に趣旨を徹底させる				■	■	■
(59) 理由や根據をのべる			■	■	■	■
(60) 話をする時姿勢をくずさないようにする	■	■	■	■	■	■
(61) 落着いて話す	■	■	■	■	■	■
(62) 話の論理を追求して聽く					■	■
(63) 話の中に自分の目的をえらぶ					■	■
(64) 話の內容について批判する					■	■
(65) 話を聽きながら行動や場面を想像する			■	■	■	■
(66) 話し終るまで自分の話をひかえる			■	■	■	■
物をつくつたり描いたりする能力						
(67) 繪を描く	■	■	■	■	■	■
(68) 繪卷物をつくる			■	■	■	■
(69) 繪日記を描く	■	■	■	■	■	■
(70) 紙芝居をつくる			■	■	■	■

社　會　科　能　力　表

	1	2	3	4	5	6
(71) 人形芝居をつくる					━	━
(72) 繪地圖を描く			━	━	━	━
(73) 地圖を描く						
(74) 方　位				━	━	━
(75) 縮尺（縮圖）						━
(76) 比例尺						━
(77) 模型をつくる	━	━	━	━	━	━
(78) 新聞をつくる					━	━
(79) 文集をつくる				━	━	━
(80) グラフをつくる						
(81) 棒グラフ			━	━	━	━
(82) 折　線			━	━	━	━
(83) 圓グラフ				━	━	━
(84) 繪グラフ						━
(85) 分布圖をつくる			━	━	━	━

社　會　科　能　力　表

	1	2	3	4	5	6
(86) 劇の衣裳をつくる	━					
(87) 劇の小道具をつくる	━	━	━	━		
(88) 分布圖をつくる	━	━	━			
いろいろなきまりを守る能力	━	━	━			
(89) 社會的に氣持よく行動する	━	━	━	━	━	━
(90) 日常生活で禮儀を守る	━	━	━	━	━	━
(91) 普通の作法にしたがう	━	━	━	━	━	━
(92) 時間をきちんと守る	━	━	━	━	━	━
(93) 學校のきまりを守る	━	━	━	━	━	━
(94) 交通規則や安全規則を守る	━	━	━	━	━	━
(95) 家事の分擔範圍をよく引き受ける	━	━	━	━	━	━
(96) グループ學習で協力する						
(97) 消費者としてはたらく能力	━	━				
(98) 生活必需品をえらぶ	━	━	━			
(99) 品物の質と價格を比較する	━	━	━	━	━	━

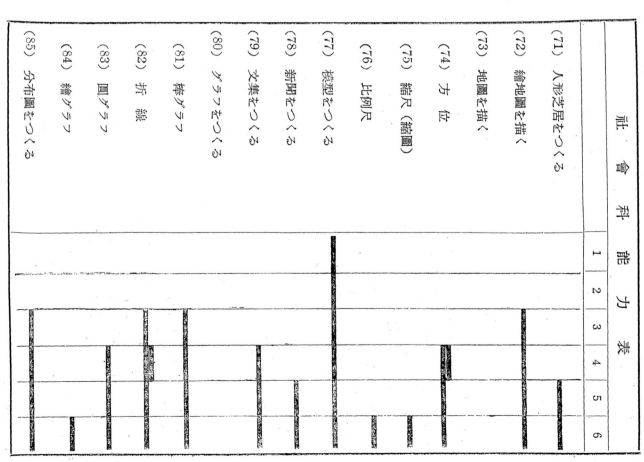

理　科　能　力　表

	1	2	3	4	5	6
考える能力						
(1) 事實をありのままにみる	━	━	━	―	―	―
(2) 問題をつかむ	―	―	―	―	―	―
(3) 比較觀察する		―	━	━	━	━
(4) 數量的に觀察する	―	―	―	―	―	―
(5) 繼續的に觀察する			━	━	―	―
(6) 結果を予想する			―	―	━	━
(7) 企畫する			―	―	━	━
(8) 資料を使う				―	━	━
(9) 事實や原理を應用する				―	━	━
(10) 關係をみる	―	―	―	━	━	━
(11) 分析綜合する			―	―	━	━
(12) すじ道の通つた考え方をする					―	―
(13) 推論する			―	―	―	―
(14) 普遍化する					―	―

社　會　科　能　力　表

	1	2	3	4	5	6
(100) 廣告によつて商品の價値を判斷する						―
(101) 金を上手につかう					―	―
(102) 公のものを大切にする	―	―	―	―	―	―
(103) 物を節約する	―	―	―	―	―	―
(104) 時間を上手につかう				―	―	―
(105) 美術品を鑑賞する				―	━	━

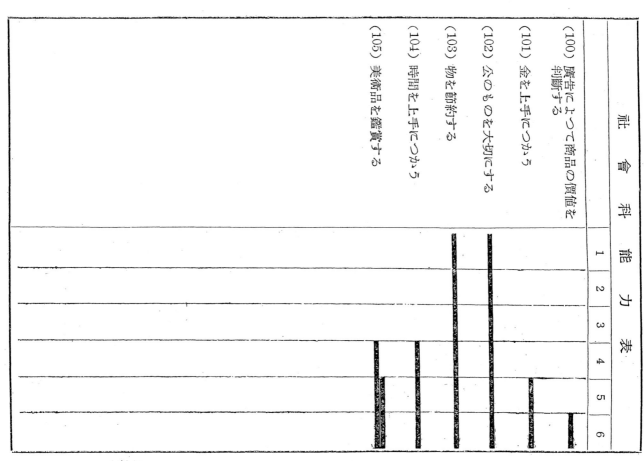

理　科　能　力　表

	1	2	3	4	5	6
技術的能力						
(1) 飼育栽培する	―	―	═	═	―	―
(2) 記錄する	―	―	═	═	═	═
(3) 圖表にあらわす				―	―	―
(4) 資料をあつめる	―	―	―	═	═	═
(5) 整理整頓する	═	═	═	―	―	―
(6) 分類する	―	―	═	―	―	―
(7) 材料を使う	―	―	―	―	―	―
(8) 機械器具を使う						
1　溫度計を使う		―	―	═	―	―
2　濕度計を使う					―	―
3　天秤を使う				═	―	―
4　計量器を使う				―	═	―
5　物指を使う		―	═	≡	═	═
6　氣壓計を使う						―

理　科　能　力　表

	1	2	3	4	5	6
7　風力計を使う					―	═
8　虫メガネを使う	―	―	═	═	―	―
9　顯微鏡を使う					═	―
10　望遠鏡を使う				―	═	═
態　度						
(1) 環境に興味を持つ	═	═	―	―	―	―
(2) 自然に親しむ	═	═	―	―	―	―
(3) 生物を愛育する	≡	≡	═	═	―	―
(4) 科學的作品に興味を持つ				―	═	═
(5) 疑問を起す	═	═	═	═	═	═
(6) 科學を尊重する					―	―
(7) 眞理に從う				―	―	―
(8) 事實を尊重する				―	―	―
(9) 愼重に行動する	―	―	―	―	═	═
(10) 正確に行動する			―	―	═	═

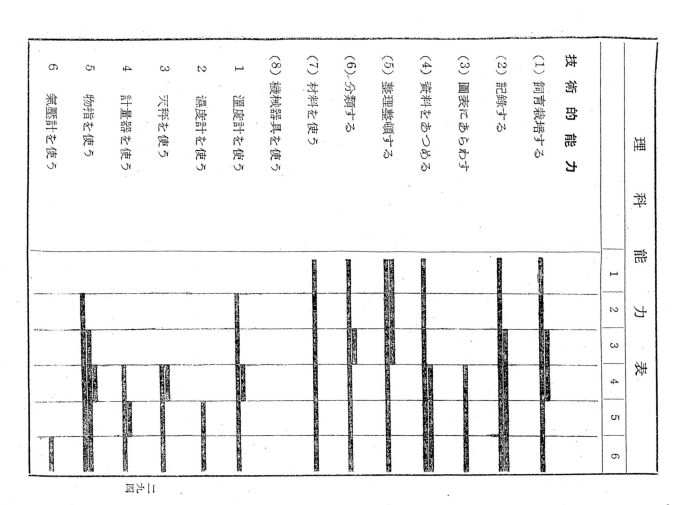

理科能力表

	1	2	3	4	5	6
(11) 偏見や迷信を正す						
(12) 進んで究明する						
(13) 根氣よく物事をやりとげる						
(14) 新しい考えをとり入れる						
(15) 專門家の意見をきく						
(16) 協力する						
(17) 新しいものをつくりだす						

算數科能力表

	1	2	3	4	5	6
整數を用いる						
(1) 事物に即して數の意味を理解する（整數をよんだり書いたりすることを含む）						
1から35まで——100まで數える						
35から100まで——450まで數える						
450から1000まで——1000まで數える						
1000から一萬まで						
一萬から一億まで						
(2) 事物を數えるのにいろいろな方法を用いる						
集合や順序を一つずつ數える						
二つずつを對として2. 4. 6……と數える						
5あるいは10ずつの群に分けて數える						
基數個からなる群にわけて乘法九九を用いて數える						
100ずつの群に分けて數える						
100またはそれ以上の群に分けて數える						
事物を方向距離に整頓して數える						

算數科能力表

	1	2	3	4	5	6
(3) 數系統を明かにし、整數の基本的性質を理解する	━	━	━	━	━	━
順序數の大小と數系列との關係について	━	━	━	━	━	━
基數の構成について	━	━	━	━	━	━
5. 10の補數について	━	━	━	━	━	━
加法減法と數系列の關係について	━	━	━	━	━	━
乘法で乘數が一ずつ增すことの數系列中における意味について			━	━	━	━
倍數、約數について			━	━	━	━
奇數偶數の觀念と數系列中における、その關係について	━	━	━	━	━	━
(4) 整數を加える						
生活の場を通して加法の意味を理解する	━	━	━	━	━	━
10以下の數の合成をする	━	━	━	━	━	━
19までの數の加法の事實を發見し、それになれる（加法九九）		━	━	━	━	━
合計100以下で加法の理解と用法をひろめる		━	━	━	━	━
加數と被加數を交換してたしかめる		━	━	━	━	━
合計1000以下で被加數加數共に一位數二位數三位數の場合（操り上り一二三回に及ぶ）			━	━	━	━

算數科能力表

	1	2	3	4	5	6
合計一萬以下で被加數、加數共に四位數以下の場合（操り上り一、二、三回に及ぶ）				━	━	━
加法を必要とする二種の場を知りその方法を理解する	━	━	━	━	━	━
三つ以上の數を加える場合その順序をかえる			━	━	━	━
合計一億以下で加算をする					━	━
そろばんを用いて加算する					━	━
(5) 整數を引く						
生活の場を通して減法の意味を理解する	━	━	━	━	━	━
減法を必要とする四種の場を知りその方法を理解する	━	━	━	━	━	━
10以下の數を分解する	━	━	━	━	━	━
19までの數の減法事實を發見し、それになれる（減法九九）		━	━	━	━	━
被減法が100以下で減法の理解と用法をひろめる		━	━	━	━	━
差と減數との和が被減數になることによつてたしかめる		━	━	━	━	━
被減數が1000以下で減數が三位數までの場合（操り上り一.二回に及ぶ）			━	━	━	━
被減數が一萬以下で減數が四位數までの場合（操り下り三回に及ぶ）				━	━	━

算　數　科　能　力　表

	1	2	3	4	5	6
いくつかの減數の和を求め被減數から引く				■	―	―
一億以下の引算をする					■	―
そろばんを用いて引算をする					■	―
(6) 整數を掛ける						
生活の場を通して乗法の意味を理解する	―	■	■	―	―	―
基數間の乘法九九の事實を知りそれになれる		―	■	―	―	―
乘數と被乘數を交換してたしかめる			■	―	―	―
二位數に基數を掛ける（逆の場合をも含む）				■	―	―
三位數に基數を掛ける（逆の場合も含む）				■	―	―
二位數に二位數を掛ける				■	―	―
二位數に三位數を掛ける（逆の場合も含む）				■	―	―
數範圍をそれ以上に擴張した場合の掛算				■	■	―
0を適當に處理して掛ける				―	■	―
積の位取りを概算によつて定める					―	■
(7) 整數で割る						

算　數　科　能　力　表

	1	2	3	4	5	6
生活の場を通して除法の意味を理解する	―	―	■	■	―	―
九九を直接に用いて割算をする（等分除、包含除）		―	■	―	―	―
二位數、三位數、四位數の被除數を基數で割る（あまりある場合も含む）				■	―	―
五位數までの被除數を二位數で割る（あまりのある場合も含む）					■	―
數範圍をそれ以上にした場合の割算						■
除數に商を掛けてたしかめる				■	―	―
0を適當に處理して割る					■	―
あまりを剩除、分數、四捨五入によつて處理する				―	■	―
商の位取りを概算によつて定める					―	■
(8) 分數を用いる						
(1) 分數の意味を理解する	―	―	―	■	―	―
物の半分として½という分數の觀念を理解する	■	―	―	―	―	―
½.⅓.¼.という分數の觀念を理解する		■	■	―	―	―
½.⅓.¼.という單位分數の意味を理解する				■	―	―
¾.¼.などの混合分數の意味を理解する				―	■	―

算　數　科　能　力　表

	1	2	3	4	5	6
分母が16までの分數を使つて、量を表わしたり表われた量を理解する					■	─
分數を洞察又は因數分解によつて同分母分數に約す				─	─	─
割合を比や分數の形で表わす					■	─
(2) 分數の加え算引き算をする（分母は主として36まで同分母異分母を含む）					─	■
分數に整數を掛けたり分數を整數で割つたりする						─
分數を用いて量や比を表わす					─	■
連比の意味を理解し、これを使う						─
簡單な比例計算をする						─
(9) 小數を用いる						
$^1/_{100}$の位までの小數を使つて量を表わしたり表わした量を理解する			─	■	─	─
小數の概數をとる				■	─	─
$^1/_{100}$の位までの小數の加減をする（操り上り操り下る場合を含む）				■	─	─
十進法の延長としての小數の意味を理解する				─	■	─
$^1/_{1000}$の位までの小數を使つて量を表わしたり表わした量を理解する					■	─

算　數　科　能　力　表

	1	2	3	4	5	6
小數に整數を掛けたり小數を整數で割る						─
(10)測定をする						
(1) 時間や時刻を知る	─	─	■	■	■	─
午前(午後)何時　午前(午後)何時半を知る	■	─	─	─	─	─
5 分單位で時間や時刻を知る（1時間＝60分）			■	─	─	─
1分單位で時間や時刻を知る				■	─	─
秒單位で時間や時刻を知る（1分＝60秒）					■	─
時間の加減をする					■	─
(2) 方位を知る	─	─	─	─	─	─
四方位を知る	■	─	─	─	─	─
八方位を知る	─	─	─	■	─	─
磁石を使つて方位を知る				■	─	─
(3) 長さや距離をはかる		─	─	─	─	─
cmやm單位を使つて長さや距離をはかる(1m＝100cm)		■	─	─	─	─
mm單位を使つて長さをはかる(1cm＝10mm)				■	─	─

算數科能力表

	1	2	3	4	5	6
km 單位を使つて長さや距離をはかる(1km=1000m)				━	━	━
尺間を使つて長さや距離をはかる(1間=6尺 1尺=約0.3m)						━
目測によつて長さや距離をはかる			━	━	━	━
高さ、幅、廣さ、深さ、大きさをはかる	━	━	━	━	━	━
歩幅、指を開いた幅、兩手を開いた幅などで長さを概測する			━	━	━	━
(4) 角をはかる				━	━	━
回轉の量を表わすものとして角を知る				━	━	━
分度器を使つて角をはかる(1直角=90°1回轉の角は360°)						━
(5) 重量の意味を理解し、これをはかる			━	━	━	━
kg單位で重さをはかる			━	━	━	━
g單位で重さをはかる (1kg=1000g)				━	━	━
t 單位で重さをはかる (1t=100kg)						━
貫、匁單位で重さをはかる(1貫=1000匁 4貫=15kg)						━
(6) 面積の意味を理解し、これを計算する					━	━
正方形長方形の面積を計算す(m^2 1a=100m^2 1ha=100 a)					━	━

算數科能力表

	1	2	3	4	5	6
複雑な圓形の面積を方眼の數によつてはかる						━
町、段、畝、歩、坪單位を用いて面積を計算する(1町=10段.1段=10畝.1畝=30歩.1畝=30坪.1畝=約1a)						━
(7) 體積の意味を理解し、直方體、立方體の體積を計算する(cm^3 m^3 1 l=1000cm^3 1m^3=1000 l)					━	━
(8) 容積をはかる			━	━	━	━
l. dl. 單位を用いて容積をはかる(1d=100dl)			━	━	━	━
kl單位を用いて容積をはかる(1kl=1000l)						━
石、斗、升、合、單位を用いて容積をはかる(1石=10斗.1斗=10升1升=10合.1升=約1.8l)						━
(9) 氣溫をはかる			━	━	━	━
(11)グラフを用いる						
繪グラフ、棒グラフを作つたり、讀みとつたりする			━	━	━	━
折れ線グラフを作つたり、讀みとつたりする						━
(12)簡單な縮圖を書いたり、讀んだりする				━	━	━
(13)術語を用いる						
午前、午後、多少、長短、遠近、深淺、厚薄、高低、上下、前後、	━	━	━	━	━	━

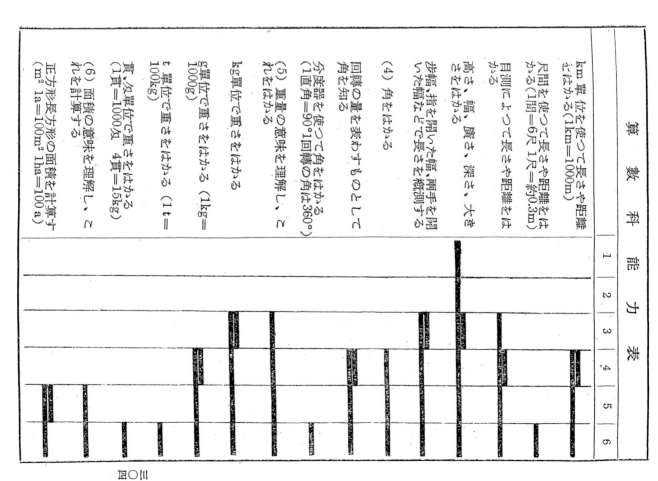

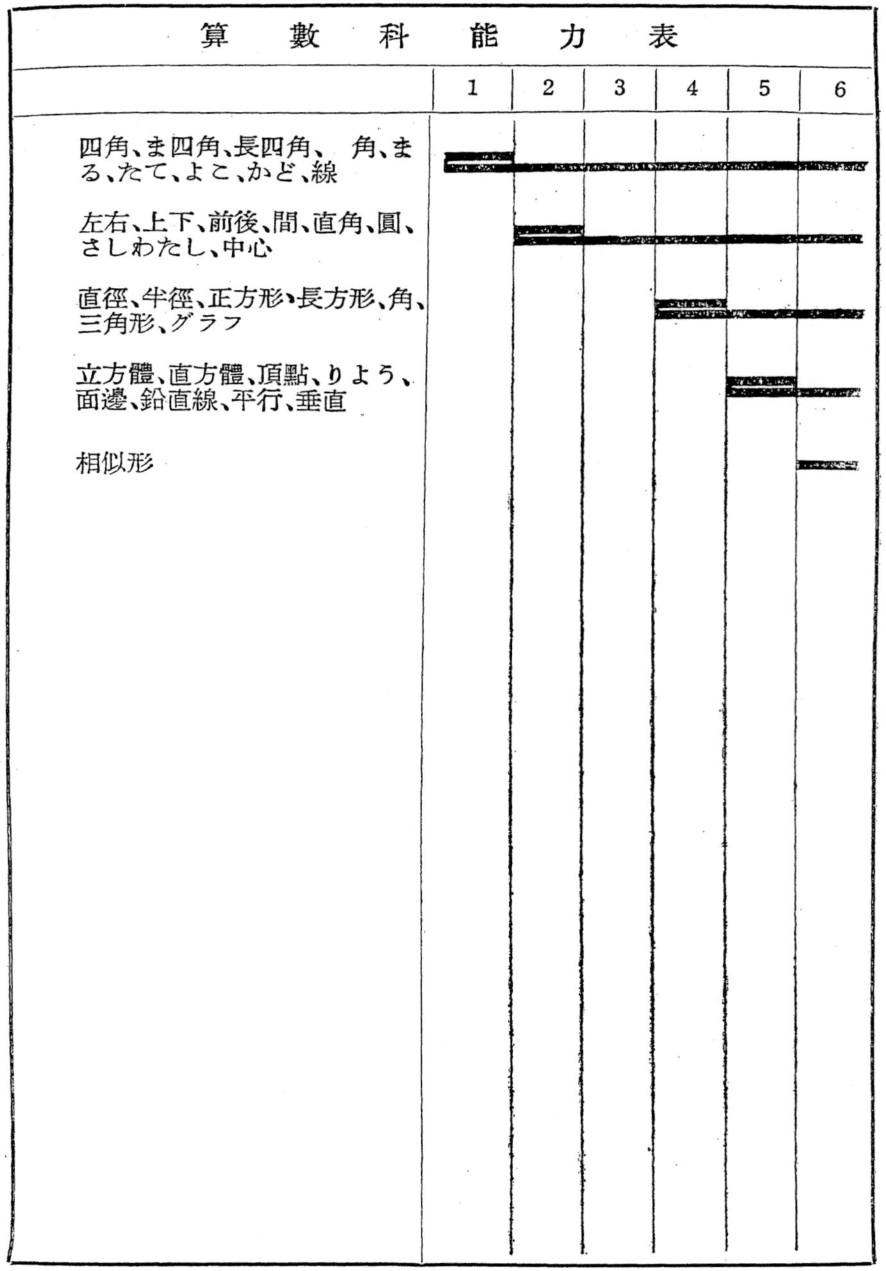
算 數 科 能 力 表
1
2
3
4
5
6
四角、ま四角、長四角、　角、まる、たて、よこ、かど、線
左右、上下、前後、間、直角、圓、さしわたし、中心
直徑、半徑、正方形、長方形、角、三角形、グラフ
立方體、直方體、頂點、りょう、面邊、鉛直線、平行、垂直
相似形

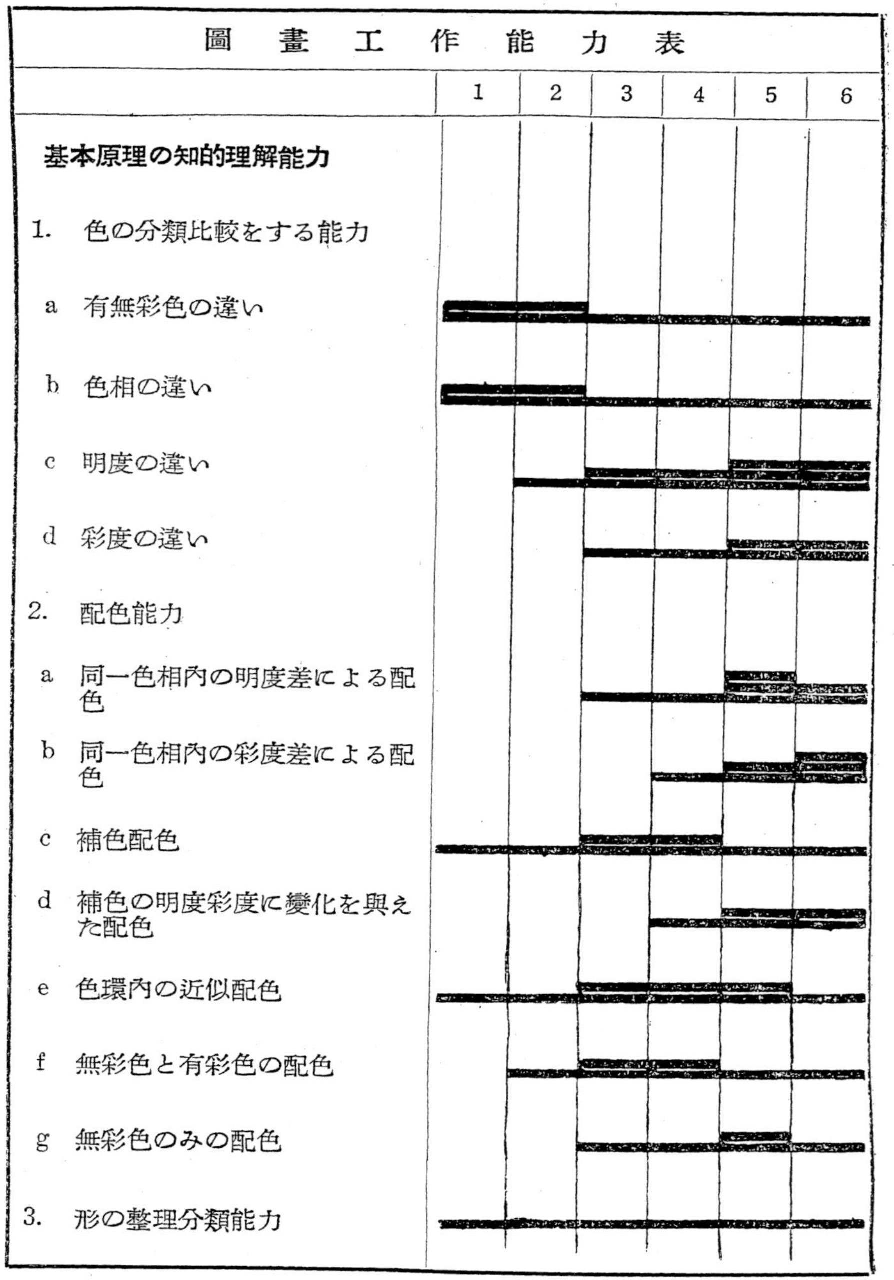
圖 畫 工 作 能 力 表
1
2
3
4
5
6
基本原理の知的理解能力
1. 色の分類比較をする能力
a 有無彩色の違い
b 色相の違い
c 明度の違い
d 彩度の違い
2. 配色能力
a 同一色相内の明度差による配色
b 同一色相内の彩度差による配色
c 補色配色
d 補色の明度彩度に變化を與えた配色
e 色環內の近似配色
f 無彩色と有彩色の配色
g 無彩色のみの配色
3. 形の整理分類能力

圖画工作能力表

	1	2	3	4	5	6
4. 形の構成能力						
a 形の特徴を把握する能力						
b 自然形態と單純化理想化する能力						
c 抽象形態を創造する能力						
(1) 幾何學的形態						
(2) 非幾何學的形態						
5. 構圖の理解能力						
6. 圖法の理解能力						
基本原理の感覺的理解能力						
1. 色の混合能力						
2. 調子(ton)の理解能力						
3. 色價(valoir)の理解能力						
4. 題材(motive)の選擇能力						
5. 基本原理と自由畫に適用する能力						
6. 思想を内に貯える能力						

圖画工作能力表

	1	2	3	4	5	6
道具や材料を使いこなす能力						
1. 創造的表現に種々の材料を使いこなす能力						
a 繪　具						
b クレヨン						
c 色　紙						
d 中原紙						
e 厚　紙						
f 布　切						
g 木　切						
h 金　屬						
i 粘　土						
2. 鋏を使う能力						
3. 小刀を使う能力						
4. 三角定木、コンパスを使う能力						
5. デバイダーを使う能力						

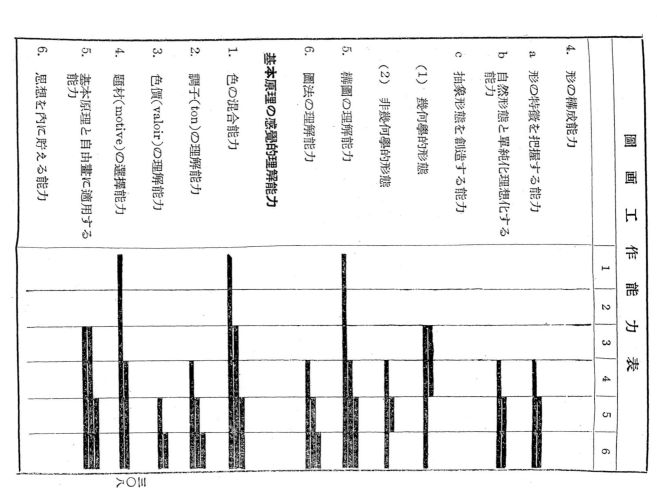

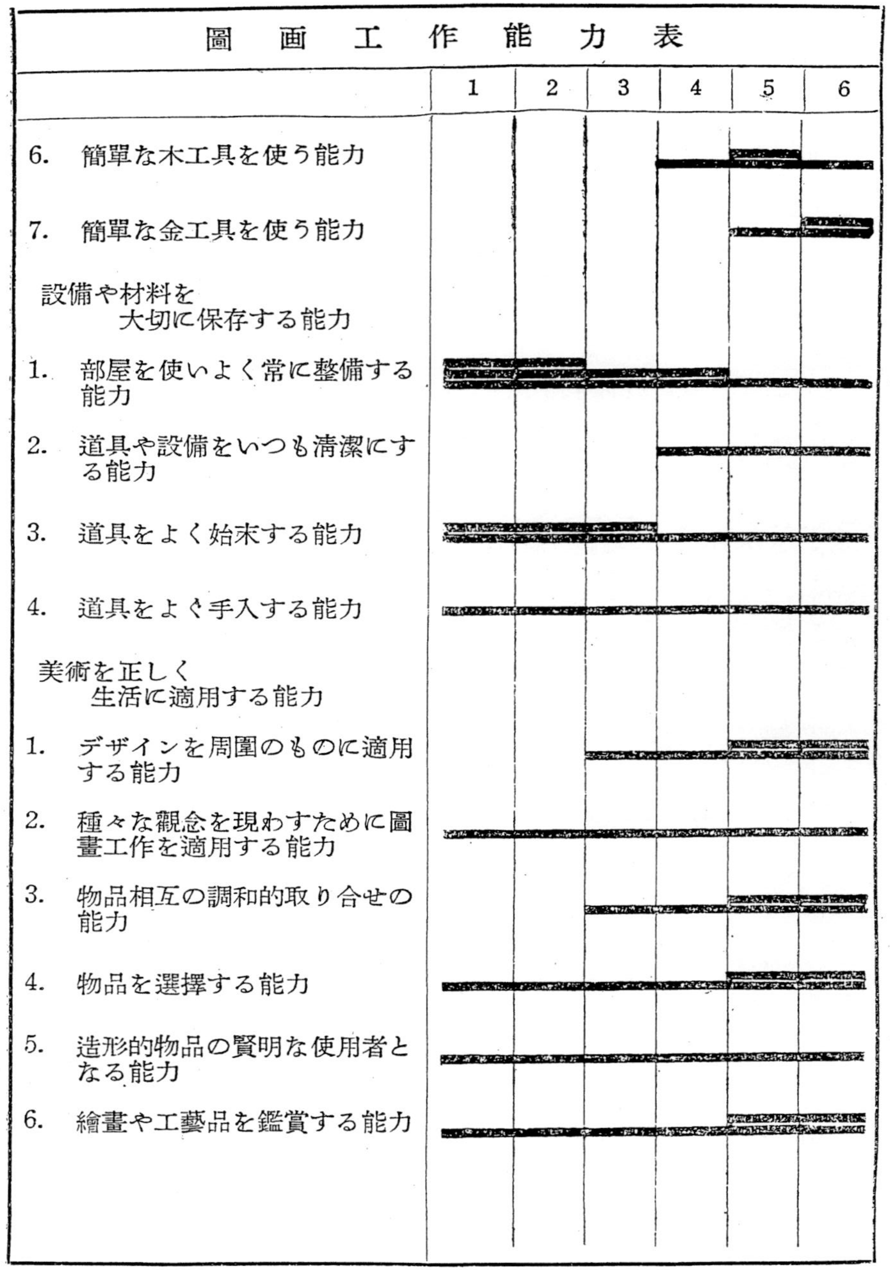
圖　画　工　作　能　力　表
1
2
3
4
5
6
6.　簡單な木工具を使う能力
7.　簡單な金工具を使う能力
設備や材料を
大切に保存する能力
1.　部屋を使いよく常に整備する能力
2.　道具や設備をいつも清潔にする能力
3.　道具をよく始末する能力
4.　道具をよく手入する能力
美術を正しく
生活に適用する能力
1.　デザインを周圍のものに適用する能力
2.　種々な觀念を現わすために圖畫工作を適用する能力
3.　物品相互の調和的取り合せの能力
4.　物品を選擇する能力
5.　造形的物品の賢明な使用者となる能力
6.　繪畫や工藝品を鑑賞する能力

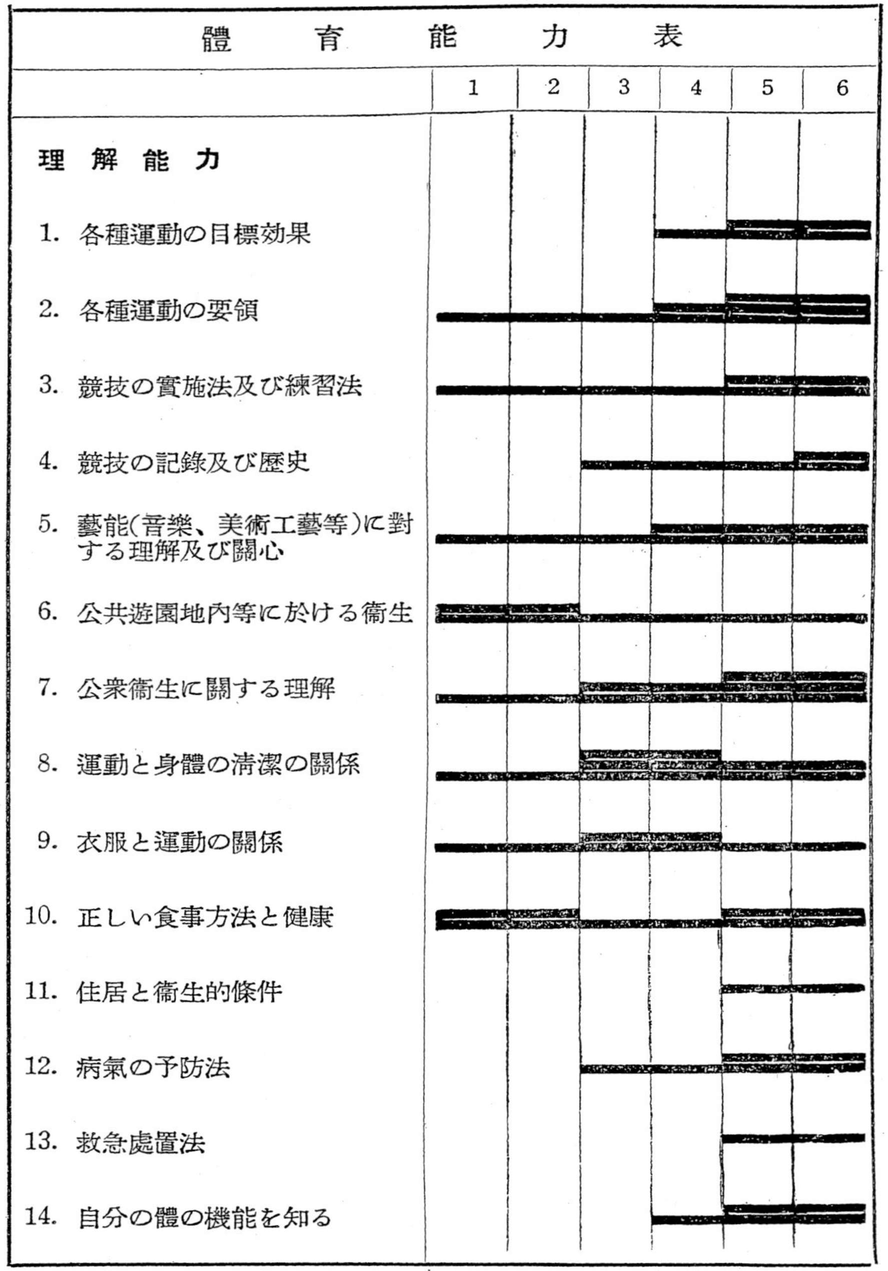
體　育　能　力　表
1
2
3
4
5
6
理　解　能　力
1.　各種運動の目標効果
2.　各種運動の要領
3.　競技の實施法及び練習法
4.　競技の記録及び歴史
5.　藝能(音樂、美術工藝等)に對する理解及び關心
6.　公共遊園地内等に於ける衞生
7.　公衆衞生に關する理解
8.　運動と身體の清潔の關係
9.　衣服と運動の關係
10.　正しい食事方法と健康
11.　住居と衞生的條件
12.　病氣の予防法
13.　救急處置法
14.　自分の體の機能を知る

體　育　能　力　表

	1	2	3	4	5	6
14. 住居の衞生的諸條件實踐						
15. 公衆衞生の實踐						
16. 自己の身體を健康に保つ爲の習慣						
技術の養成						
1. 各種運動でよいフォームをとる						
2. 體の柔軟性及び巧緻性						
3. 體の機敏な運動						
4. 器械器具を使用する						
5. 各種の球を捕る力						
6. 球を蹴る力、打つ力						
7. 走る、跳ぶ、投げる力						
8. 巧みに體得表現する力						
9. 簡單な律動運動とリズムをつくる						
10. 新しい遊ぎ運動をつくる						

體　育　能　力　表

	1	2	3	4	5	6
15. 正しい姿勢と健康の關係						
健全な精神養成の爲の諸能力						
1. 明朗な正しい協力						
2. 團體競技に於ける責任觀						
3. 決斷し實行する態度						
4. 油斷のない活潑な心の働き						
5. 禮儀同情の態度						
6. 勝敗に對する正しい態度						
7. 正義觀						
8. 狀況を分析し要點を發見する判斷力						
9. 指導者としての態度						
10. 鑑賞する態度						
11. 公共施設を巧く利用する						
12. レクリェーションを正しく行う						
13. 目的追求の爲の忍耐力						

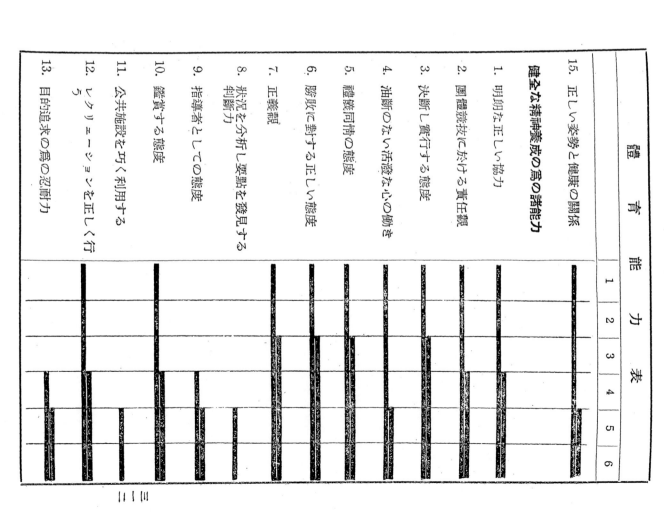

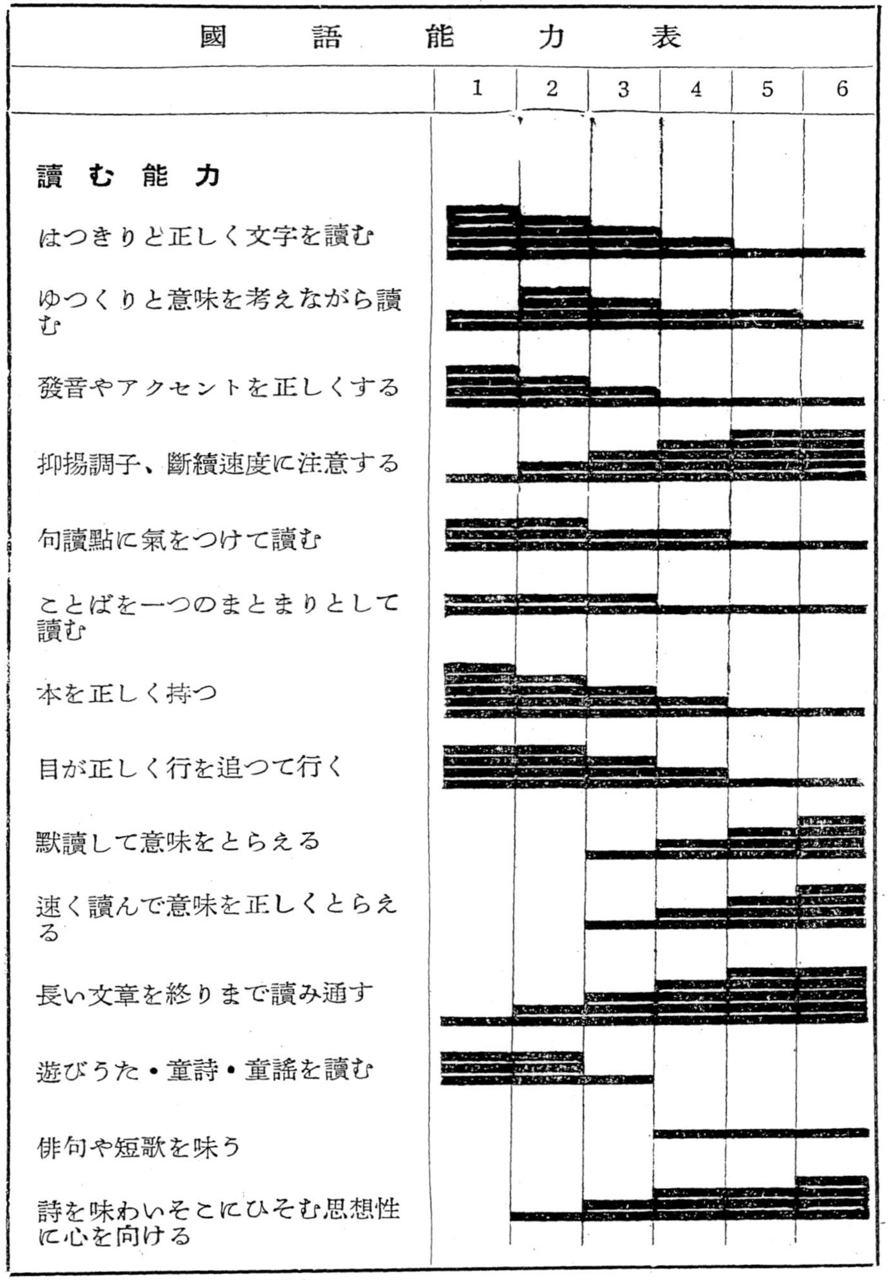
國語能力表
1
2
3
4
5
6
讀む能力
はつきりと正しく文字を讀む
ゆつくりと意味を考えながら讀む
發音やアクセントを正しくする
抑揚調子、斷續速度に注意する
句讀點に氣をつけて讀む
ことばを一つのまとまりとして讀む
本を正しく持つ
目が正しく行を追つて行く
默讀して意味をとらえる
速く讀んで意味を正しくとらえる
長い文章を終りまで讀み通す
遊びうた・童詩・童謠を讀む
俳句や短歌を味う
詩を味わいそこにひそむ思想性に心を向ける

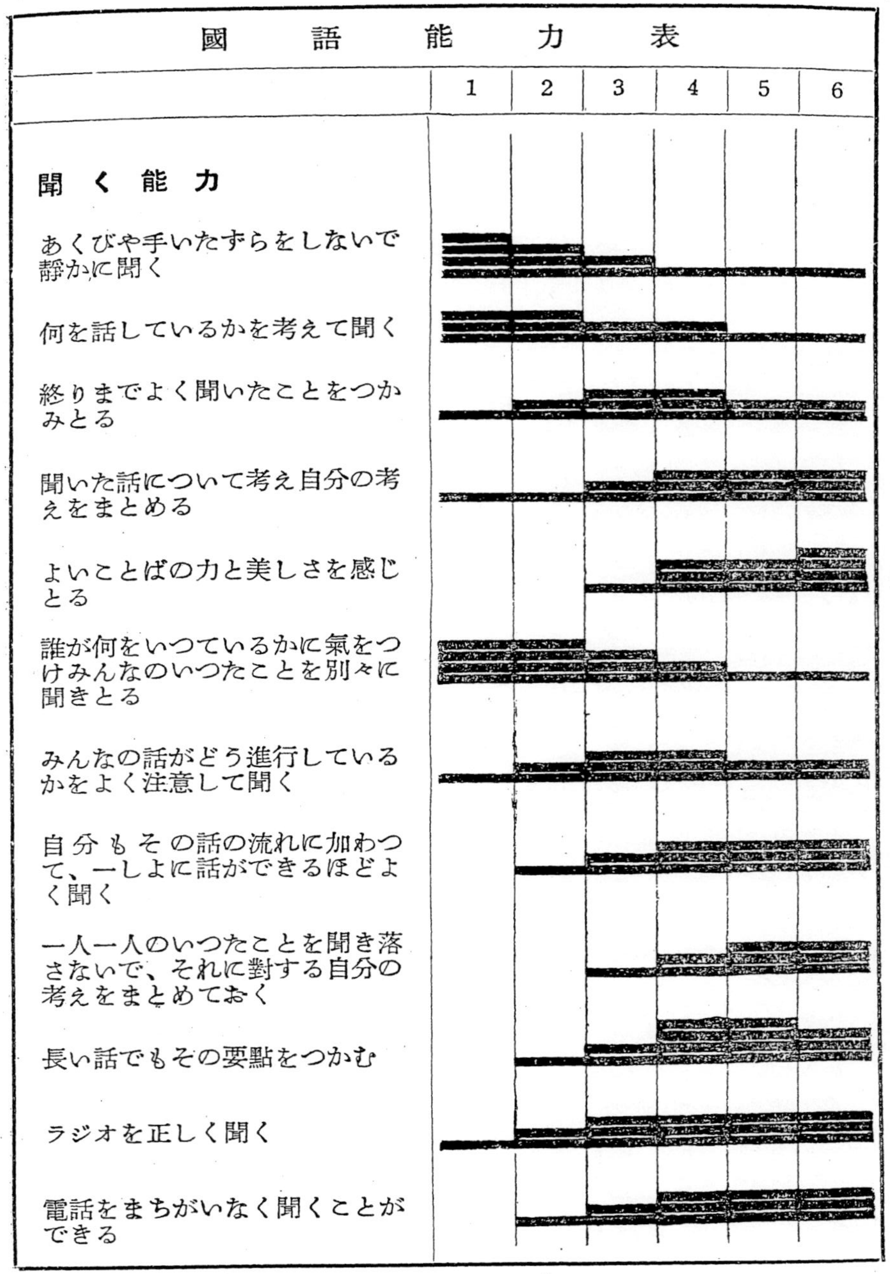
國語能力表
1
2
3
4
5
6
聞く能力
あくびや手いたずらをしないで靜かに聞く
何を話しているかを考えて聞く
終りまでよく聞いたことをつかみとる
聞いた話について考え自分の考えをまとめる
よいことばの力と美しさを感じとる
誰が何をいつているかに氣をつけみんなのいつたことを別々に聞きとる
みんなの話がどう進行しているかをよく注意して聞く
自分もその話の流れに加わつて、一しよに話ができるほどよく聞く
一人一人のいつたことを聞き落さないで、それに對する自分の考えをまとめておく
長い話でもその要點をつかむ
ラジオを正しく聞く
電話をまちがいなく聞くことができる

國語能力表

	1	2	3	4	4	6
繪日記を讀む						
觀察記錄や報告書を讀む						
手紙を讀んで意味がわかる						
學級日記を讀む						
かべ新聞を讀む						
新聞・雜誌を讀む						
告示や回覽を讀む						
隨筆や評論を讀む						
文藝作品を讀む						
童　話						
寓　話						
物語・小說						
科學讀物を讀む						
傳記物を讀む						
劇の脚本を讀む						

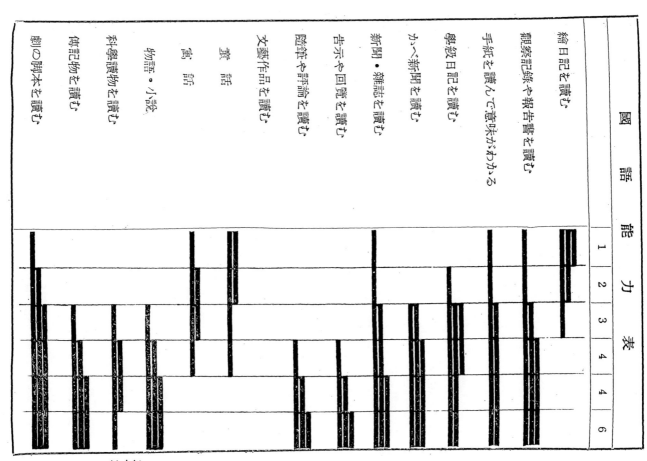

國語能力表

	1	2	3	4	5	6
シナリオを讀む						
放送臺本を讀む						
紙芝居・幻燈の說明を讀む						
話す能力						
はつきりとゆつくり話す						
姿勢を正しくして相手の顏を見て話す						
話す前に話すことがらをよく考えて筋道を立てて話す						
相手によつてことばづかいをかえる						
文法的に正しい話し方をする						
讀んだ本の內容を正確に話す						
相手の氣持を尊重して樂しく話す						
自分だけ勝手なことをいわないで仲よく話し合う						
途中で話をきらないで終りまで話し續ける						
標準語をつかつて話せる力をつける						
他人の意見を十分に理解しつつ自分の考えもよくわからせるように話す						

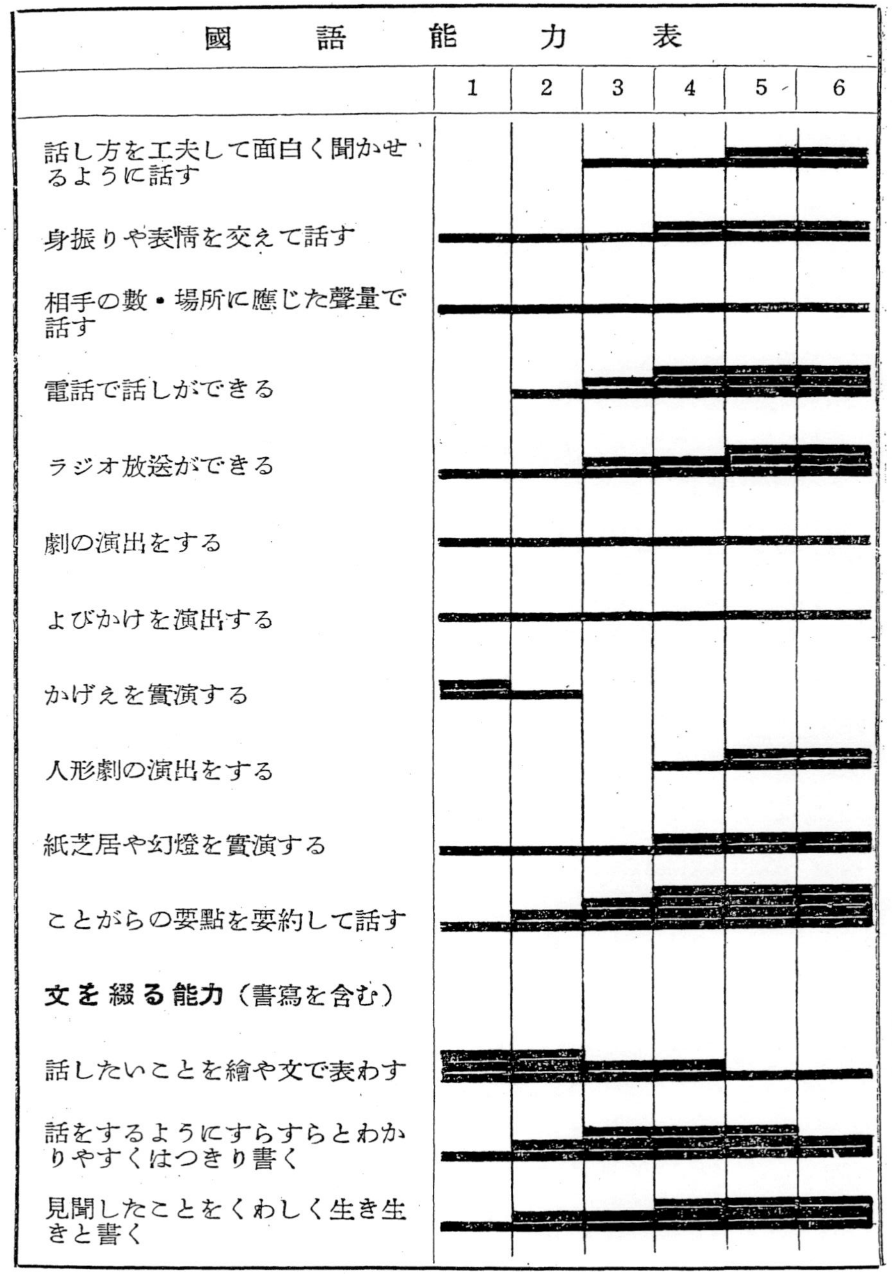
國　語　能　力　表
1
2
3
4
5
6
話し方を工夫して面白く聞かせるように話す
身振りや表情を交えて話す
相手の數・場所に應じた聲量で話す
電話で話しができる
ラジオ放送ができる
劇の演出をする
よびかけを演出する
かげえを實演する
人形劇の演出をする
紙芝居や幻燈を實演する
ことがらの要點を要約して話す
文を綴る能力（書寫を含む）
話したいことを繪や文で表わす
話をするようにすらすらとわかりやすくはつきり書く
見聞したことをくわしく生き生きと書く

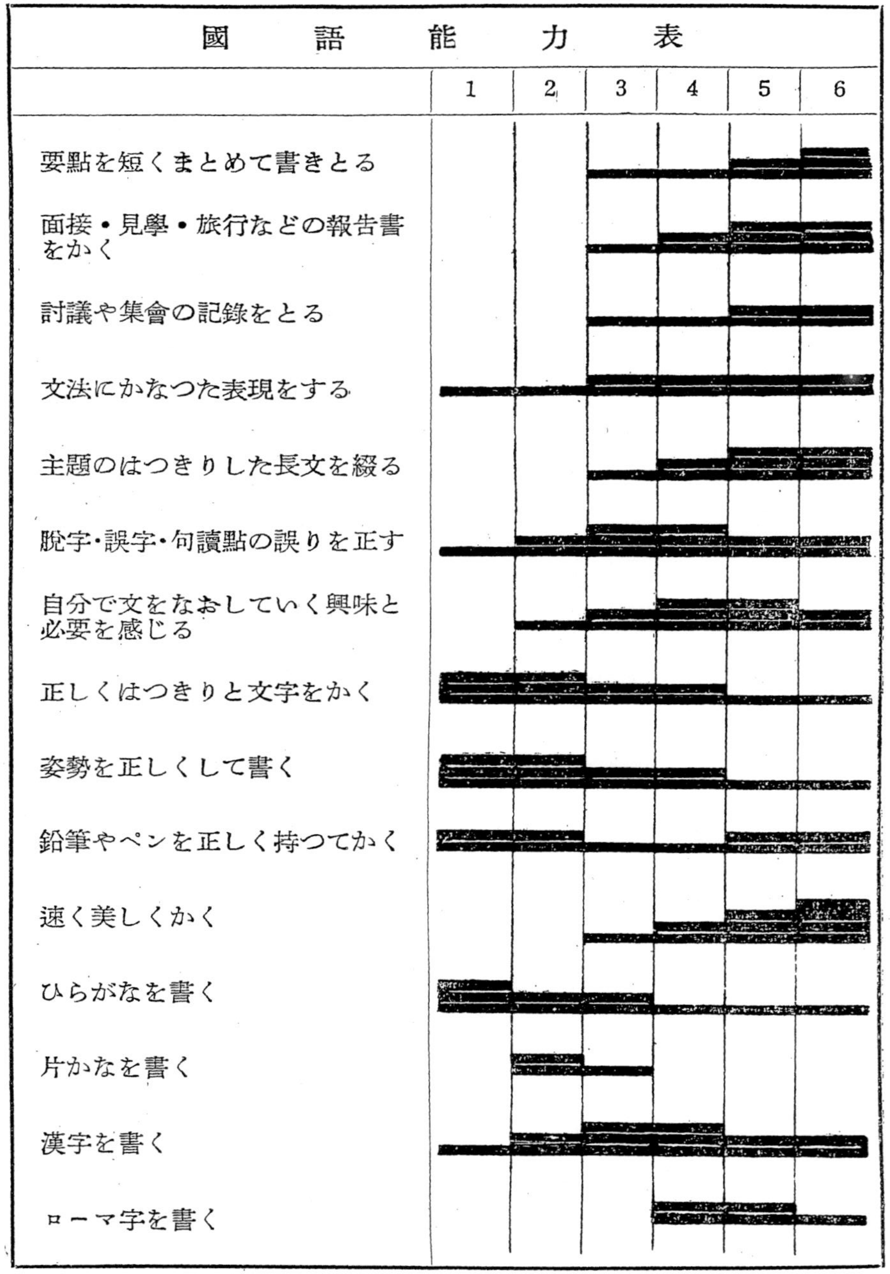
國　語　能　力　表
1
2
3
4
5
6
要點を短くまとめて書きとる
面接・見學・旅行などの報告書をかく
討議や集會の記錄をとる
文法にかなつた表現をする
主題のはつきりした長文を綴る
脫字・誤字・句讀點の誤りを正す
自分で文をなおしていく興味と必要を感じる
正しくはつきりと文字をかく
姿勢を正しくして書く
鉛筆やペンを正しく持つてかく
速く美しくかく
ひらがなを書く
片かなを書く
漢字を書く
ローマ字を書く

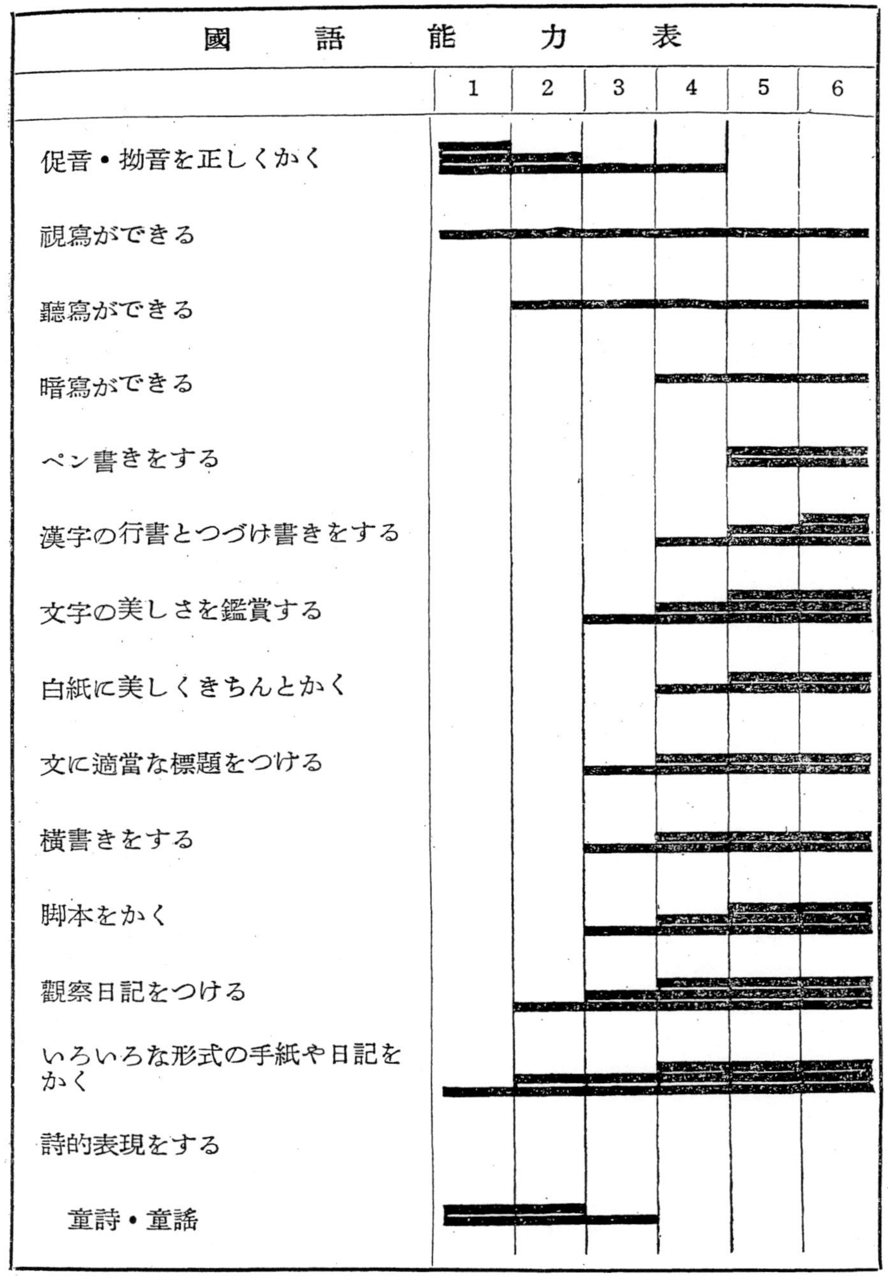
國　語　能　力　表
1
2
3
4
5
6
促音・拗音を正しくかく
視寫ができる
聽寫ができる
暗寫ができる
ペン書きをする
漢字の行書とつづけ書きをする
文字の美しさを鑑賞する
白紙に美しくきちんとかく
文に適當な標題をつける
横書きをする
脚本をかく
觀察日記をつける
いろいろな形式の手紙や日記をかく
詩的表現をする
童詩・童謠

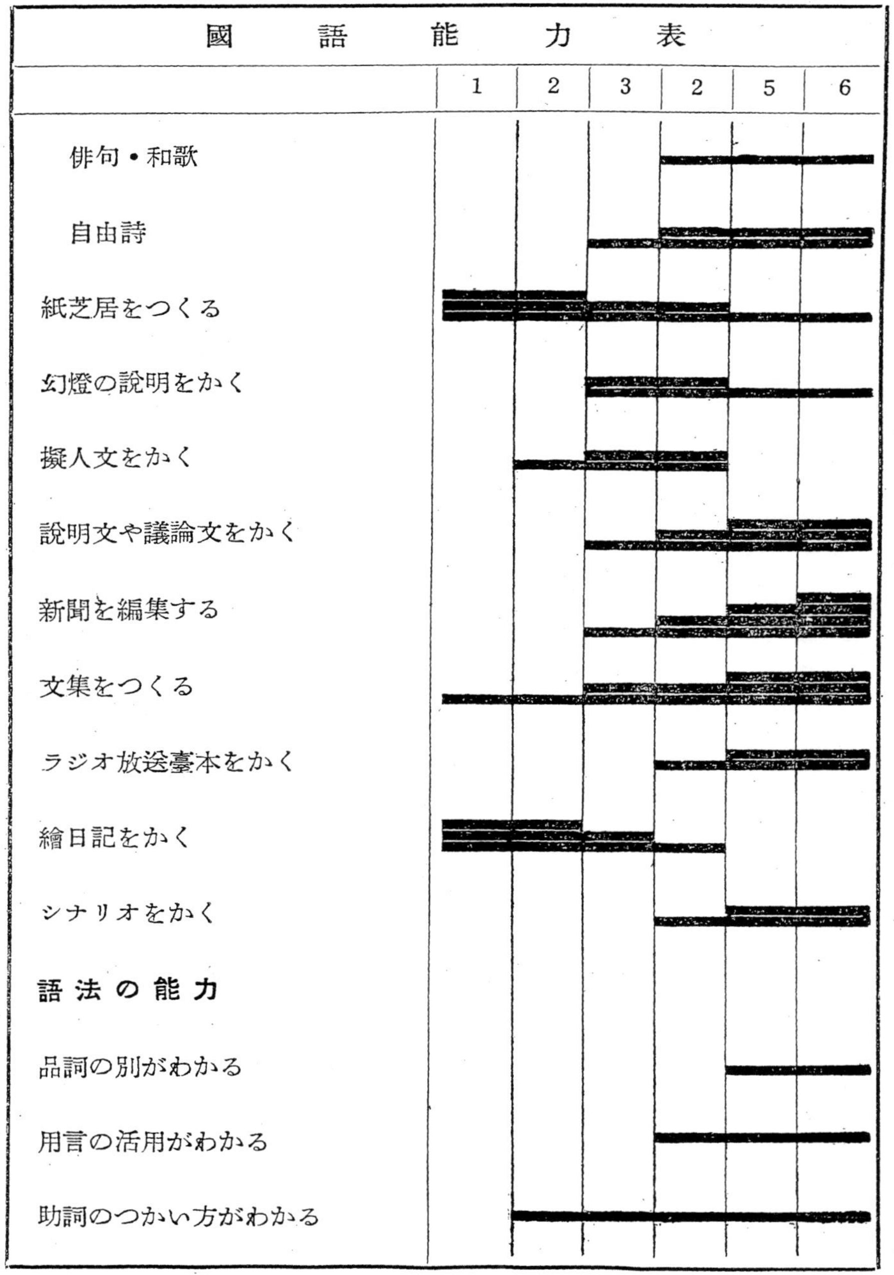
國　語　能　力　表
1
2
3
2
5
6
俳句・和歌
自由詩
紙芝居をつくる
幻燈の說明をかく
擬人文をかく
說明文や議論文をかく
新聞を編集する
文集をつくる
ラジオ放送臺本をかく
繪日記をかく
シナリオをかく
語法の能力
品詞の別がわかる
用言の活用がわかる
助詞のつかい方がわかる

國語能力表

	1	2	3	4	5	6
修飾語のはたらきがわかる				■	■	■
形容詞・副詞が常識的に使える			■	■	■	■
ことばの構造とはたらきがわかる			■	■	■	■
ことばと文字の關係を理解する			■	■	■	■
ことばのふしぎな力を感じる				■	■	■
生きたことばとは何かを知る					■	■
心とことばのつながりがわかる		■	■	■		
主語と述語のはたらきがわかる			■	■	■	■
文章心理がわかる					■	■
句讀點や鉤を正しく使う	■	■	■	■	■	■
ことば集めをして分類する	■	■	■	■	■	■
敬語のつかい方になれる	■	■	■	■	■	■
國語を愛し、正しく育てることを知る				■	■	■
外來語について理解する				■	■	■
參考書を利用する能力						

國語能力表

	1	2	3	4	5	6
辭書を利用して文字やことばの意味をしらべる			■	■	■	■
辭典をつかつて事柄をしらべる			■	■	■	■
單元の學習に利用できる書物を見つける		■	■	■	■	■
書物のどこが有用かを考える			■	■	■	■
必要な箇所を整理してノートする			■	■	■	■
どんな本がよいかを判別する				■	■	■
自分の讀んだ本の內容を他人と交換して助け合う		■	■	■	■	■
圖書の分類や整理の仕方を覺える			■	■	■	■
文庫や圖書館を經營する			■	■	■	■
よい讀書法を身につける				■	■	■
讀書衞生に注意する	■	■	■	■	■	■

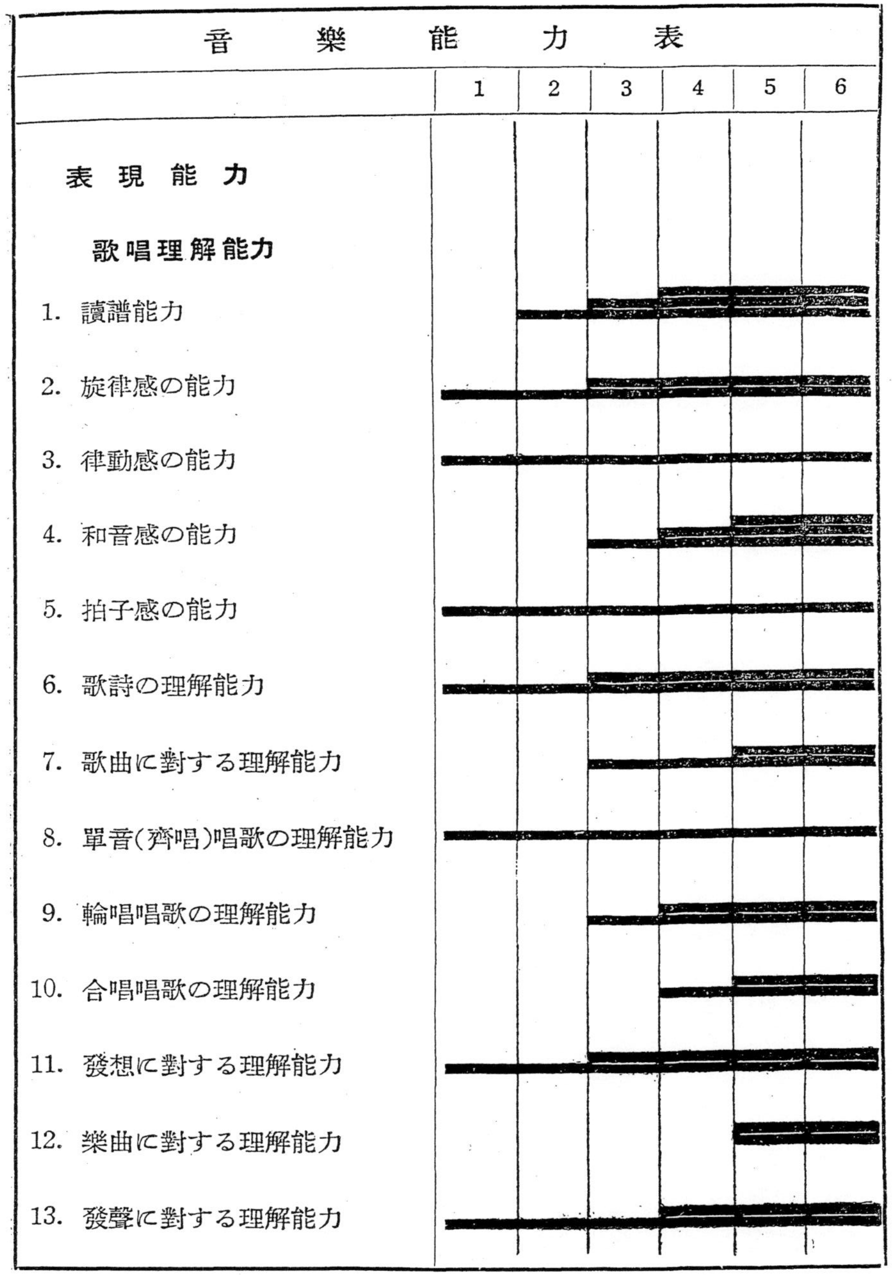
音　樂　能　力　表
1
2
3
4
5
6
表現能力
歌唱理解能力
1. 讀譜能力
2. 旋律感の能力
3. 律動感の能力
4. 和音感の能力
5. 拍子感の能力
6. 歌詩の理解能力
7. 歌曲に對する理解能力
8. 單音(齊唱)唱歌の理解能力
9. 輪唱唱歌の理解能力
10. 合唱唱歌の理解能力
11. 發想に對する理解能力
12. 樂曲に對する理解能力
13. 發聲に對する理解能力

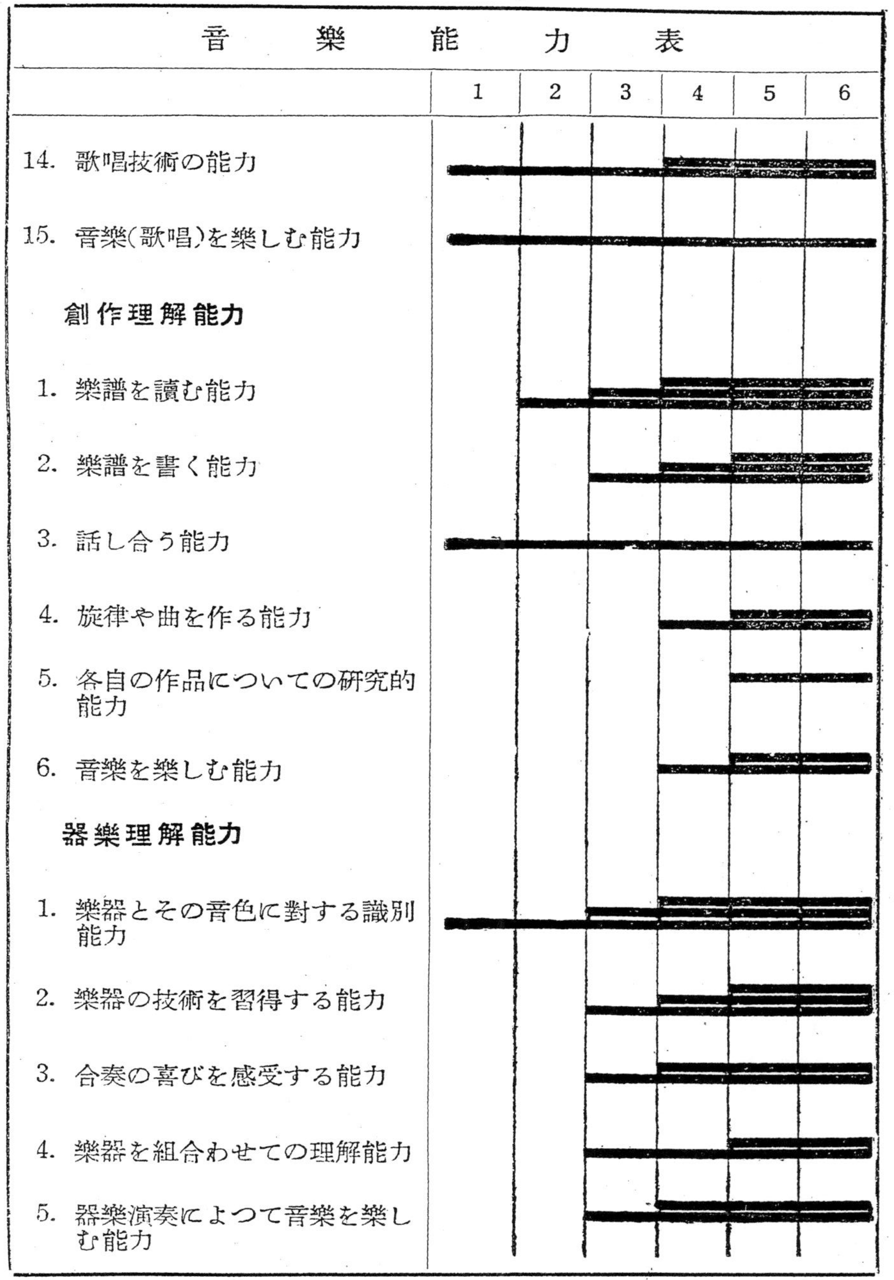
音　樂　能　力　表
1
2
3
4
5
6
14. 歌唱技術の能力
15. 音樂(歌唱)を樂しむ能力
創作理解能力
1. 樂譜を讀む能力
2. 樂譜を書く能力
3. 話し合う能力
4. 旋律や曲を作る能力
5. 各自の作品についての研究的能力
6. 音樂を樂しむ能力
器樂理解能力
1. 樂器とその音色に對する識別能力
2. 樂器の技術を習得する能力
3. 合奏の喜びを感受する能力
4. 樂器を組合わせての理解能力
5. 器樂演奏によつて音樂を樂しむ能力

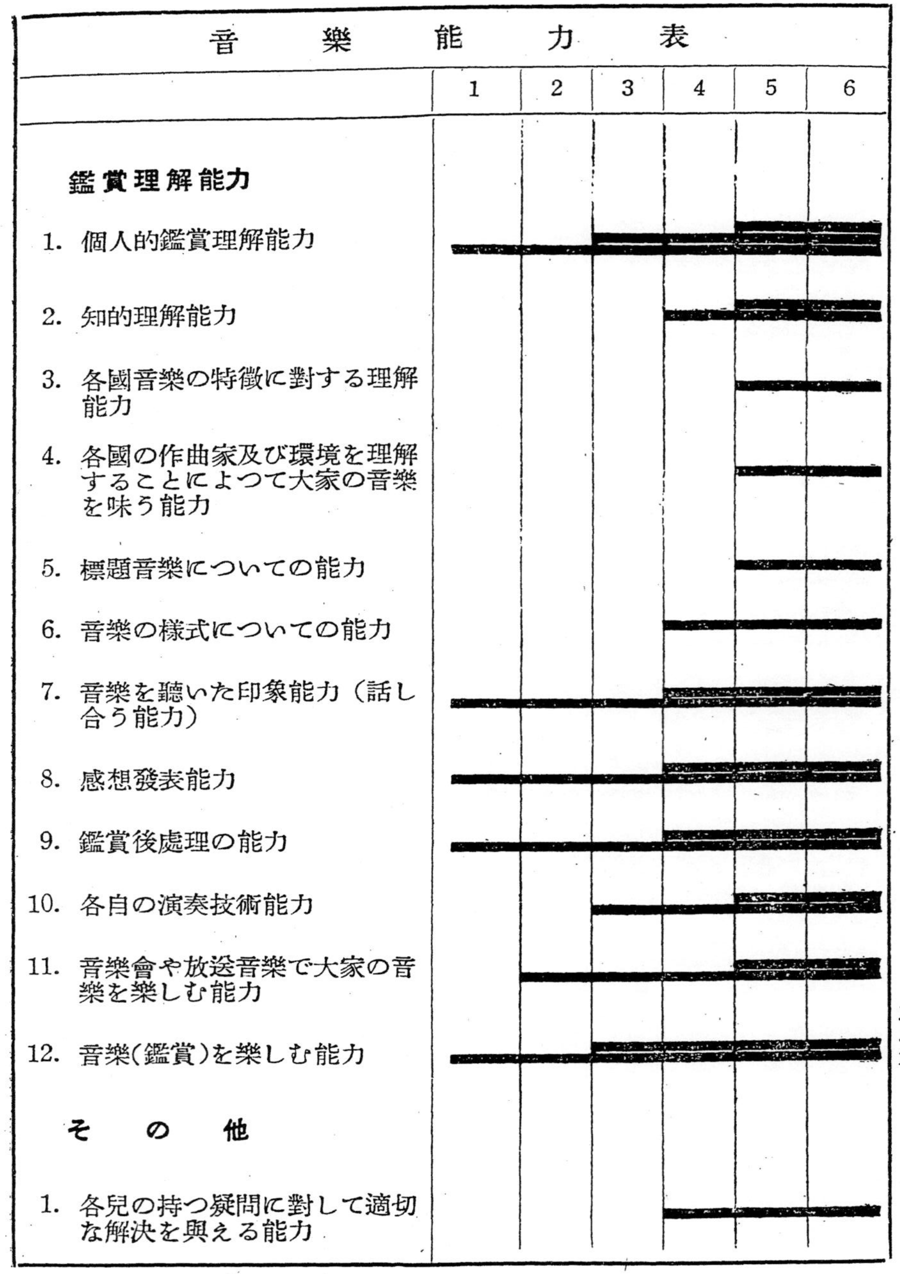

音樂能力表
1
2
3
4
5
6
鑑賞理解能力
1. 個人的鑑賞理解能力
2. 知的理解能力
3. 各國音樂の特徴に對する理解能力
4. 各國の作曲家及び環境を理解することによつて大家の音樂を味う能力
5. 標題音樂についての能力
6. 音樂の様式についての能力
7. 音樂を聽いた印象能力（話し合う能力）
8. 感想發表能力
9. 鑑賞後處理の能力
10. 各自の演奏技術能力
11. 音樂會や放送音樂で大家の音樂を樂しむ能力
12. 音樂（鑑賞）を樂しむ能力
その他
1. 各兒の持つ疑問に對して適切な解決を與える能力

第四章　新カリキュラムをめぐる諸問題

一、カリキュラムと職員組織

（一）職員組織に對する反省

新しいカリキュラムが作成され、それが實踐にうつされる場合にはぜひとも職員の組織とその合理的、能率的な運營との問題について熟慮し、周到な計畫が持たれなければならない。すなわち過去におけるいわゆる傳統的教育の指導の體系から生れた職員組織について、強い反省と批判とが加えられるべきである。過去のいわゆる傳統的な教育の中にあつてももちろん指導の組織ということが考えられなかつたわけではないが、教科内容の習得を本旨としていたが爲に、その意義は現代に比して價値の極めて薄いものであつた。たんに科目別的または行政的な事務系統を中心としたような過去の職員組織は根本的に改革する時期にはいつている。學校活動のすべては、そして學校の教育計畫の重點は、カリキユラムの構成とその十全なる運營にあるのであり、同時に愈々重要度を增してきたガイダンスが新しいカリキユラムの實踐を根幹として動く學校經營、學校計畫の遂行の上に、大きな分野を占めるものであることをわれわれは強く意識せねばならない。そして學校全體が兒童の指導に努力を傾け得るような組織にする必要があるのである。

それならば、その組織が具體的且つ合理的に兒童の實態に基づいて編成されるためにはわれ〳〵はいかなる方針をとらねばならないかを考察してみる必要がある。次にこれらの點につきわれわれの考えを述べると、

a、カリキユラムとガイダンスについて造詣深い教師をその能力と適性とに應じて職能的に見て、それぞれの分野に割當て、その分擔を通して最高度に指導の能力を發揮しうるようにすること。

b、カリキユラム委員會（研究會）、生活指導委員會（研究會）等を設けて全校の實際指導の中心機關としていく。この際全部の教師の責任ある協力が必要であることはもちろんであろう。

c、職員組織の系統はなるべく單純化されたものに整えられるべきである。すなわち數人によつて行われる指導の力が、職能的な完全さを持つた一教師が行うようにうまく整合されていること。

d、職員組織は單に學校における學習並びに生活指導に止まらず、家庭や地域社會あるいは兒童の校外生活の指導にも緊密な關係を持つ如く作られ、常に兒童の全生活に接し得る態勢を整えることが必要である。

e、この組織はかつて殆んど孤立化していた兒童の身體的及び精神的健康教育、情操教育が、新しいカリキユラムの中で十二分にその目的を達成し得られる如く編成されること。

新しいカリキユラムの實踐には、以上のような方針の下に職員の組織を大きく改革して、最高の機能を發揮し得るように系統的に、且つ民主的に職員の擔當を定めることが極めて重要となつてくる。しかしながら、こうした職員組織の計畫と運營の現實問題になると、教育研究の過渡期的な現段階と、經濟的なものを主にしての極めて困難な一般的情勢からして障害となる問題が數多く存在し、その理想的組織を作る上に大きな支障を來すことは免かれ得ないところであろう。われわれとしても、舊來の組織を前記の如く根本的に改革する理想を目指しながらも、現段階においては、そこ迄徹底する時期にいたつていない。現實的にどこ迄改革するかは現在強く迫られている問題である。以下に述べる職員の構想もまた一つの課題たるにとどまつているが、とにかくわれわれの考えている點を述べて參考に供したい。

（二）職員組織への一構想

第一は、從來の擔任制についての反省を行い學級及び教科分擔の組織を合理的にし、研究教科の異なる教師が相協力して指導の效果を擧げるようにすることが考慮されよう。すなわち研究科目の異なる教師が、それぞれの分擔を責任を以て擔當する時に、最も適當な指導が行われると考えられるからである。たとえば全職員を低、中、高學の三グループに配分することが、わが國の現状からして最も能率的であり、缺陷の少い方法ではないかと考えられる。すなわち、低學年、中學年、高學年共に一般教科に堪能な教師が各クラスに一名宛配當され、專科教員はそれぞれ低、中、高の三グループ制として配分されるというごときも、その一つの例となるかもしれない。學科擔任教師

は従來の一年間を通して固定された時間割で行くのではなく、單元内容の發展と共に機動的に各クラスに用て指導に當る立場をとらなければならない。學級から孤立した立場にあるのではなく、あくまで學級の中に融合して、指導をより効果的にする爲に協力しなければならない。

このようにして三つのグループの配屬が決定されたとすれば、次にグループ内における仕事の分擔はどのように考えられなければならないのであろうか。

たとえば、(a)學級事務(經營)、(b)兒童の觀察と評價、(c)校外指導、(d)健康教育、(e)生活指導等のことが考えられる。すなわち從來擔任教師が一人で行つてきた仕事を數人で分擔するのである。指導とカリキユラム構成の反省をし、絶えずこれに檢討を加える爲に(b)の兒童觀察と評價の爲の仕事を一人受持つ事にする。(c)の校外指導は家庭生活と密接な連絡をとることにおいて一層指導の効果を擧げるようにしなければならない。(d)の健康教育を擔當する教師は、體操という授業の面のみに止まるのではなく、校醫、養護教諭とともに適切な協同指導を行い、更に給食等の指導も十分取入れなければならない。とくに校醫その他は、單元の發展の要請に應じて常に兒童生活の指導に當り得るよう、組織されることが好ましい。たとえば「私たちの食べ物」等の單元の場合は、榮養師の指導部面は大いに重要な役割を持つものである。なおこの健康教育は單に肉體的なものに止まることなく、精神的健康教育として圖書施設の完備も期せられねばならない。なお學校全體はもちろん、外部の教育機關との連絡をとりつつ、兒童の校内外の指導を圓滑に行わんが爲に各グループ内より一名乃至二名の生活指導委員を選出することが必要である。ことに外部機關と連絡をとりつつ、家庭と密接不離の關係においてその任に當るのがこの委員會の目指すところである。

以上述べた事項は、生活中心の新しいカリキユラムの實際運營の爲に當然改革せられねばならぬ組織の中の主なる點である。これからの職員組織は、當然このような方向において十分な配慮がなされなければならないものと考える。

二、カリキユラムと教科書

教科別、教材中心のカリキユラムを母體とする過去の教科書と、生活中心のカリキユラムを指向する新教科書とは、その實際的取扱いの方法等につき、かなりの相違がみられるのは當然予想されるところである。カリキユラムに附隨して教科書が、新しい課題としてとりあげられてきたのは、この間の消息を雄辯に語るものといえる。

(一) 舊教科書と新教科書

舊教科書は、そのカリキユラムの性質上、各教科はそれぞれ獨立の立場から、その系統を重んじ、選ばれた既成教材の解説また骨組を主眼として編集されていた。從つて、教科書を使用する側の立場からいうと、全く受容する立場のみ許されていたのであつて、教科書を開巻第一頁から記述の順を追うて學習していけば、おのずから、教育の意圖する目的は果し得られるとしたもので、當時の教科書はそのまま、カリキユラムの意味をあわせ含んでいたともいえる。したがつてカリキュラムといえば、各教科の教材をいかに時間的に配當するかといつた單なる配當表にすぎなかつたのも當然であつた。教育の封建性は、この一事によつても明らかに看取される。

しかるに教育は、民主的社會の一機能としてよりよき社會の形成に貢献すべき個人の育成を目的とするものとして、カリキュラム構成の方向も、兒童中心、生活中心、綜合學習等の教育原理が全面的に採用され、いわゆる生活經驗主義の立場をとるに到り、教科書もまたそうした要求に應えるような内容と方法を持つようになつた。ここに及んで、舊教科書が、それ自體、教育の目的的存在であつたのに比して、新教科書は、カリキュラム實践の場において、方法的解決を目指す一資料たるの役割を果すにすぎないものとなり、その機能は全く新しい立場から見られなければならないようになつた。

この新しい使命に應ずるように新しい教科書制度が生まれ、國定教科書のみならず、民間識者の手になる檢定本が新しい時代の要望をにないつつ、次々と出現するに到つている。

（二）新しいカリキュラムと教科書および指導要領

さて、教育民主化の線に沿い、各學校獨自の立場から、自由にカリキュラムの構成が企てられ、隨所に何々プランと稱するカリキュラムが見られるようである。しかし、いかに自由に構成してよいとはいえなんらの基準もなく、構成できるというものではなく、また實際構成する者の立場としては、技術的にも不可能である。一面、義務教育の立場からも、國の使命と現状に鑑み、そこにおのずから基準があるべき筋合のものであろう。

すなわち文部省の學習指導要領は、いわばその基準ともいうべきもので、試案と銘をうちつつも、一應基準たるの性質と内容を具えている。それは決して制限といつた意味合ではなく、構成上の主な資料としての存在とみてよかろう。たとえば、家を造るにしても、その土地の風土、住民、材料、資金等によつて、しぜんに規格ができ、その規格に反すれば、やはり使いにくいのと同樣である。したがつてカリキュラムの構成にあたる者は、その基準の要請するところを研究するとともに、他のカリキュラムを他山の石とする必要がここに潜むのである。

このことは、教科書の場合においてはなおさら明瞭である。教科書の内容は、指導要領（一般篇、各科篇）に示されている指導目標、すなわち、理解の目標、技能、態度を勘案し、兒童の具體的な生活經驗の中にある資料を媒介として教育の目的を果すように編集されているのであつて、民間檢定本といえどもこの線に沿つて、許可されるものである。

次に、教科書はどのようにして編集されるのであろうか。その一般的な手順をのべてみる。

まず、各教科を含む全般的なカリキュラムを想定し、そのカリキュラムの中から各科に相當する一連の學習課程を抽出し、それを組織し、それぞれのカリキュラムを構成する。

この場合、カリキュラム構成の骨組をなすものは、指導要領にある各科の指導目標である。その指導目標に到達するために、具體的な資料を選び、その資料が兒童の生活の中にどんな位置をしめているか、心身の發達段階に即しているか、等の要素により檢討取捨選擇が行われ、最後に、排列、表現等の技術的經路を經て、編集されるのである。從つて教科書の特色は、想定されたカリキュラムの方向に存し、それを知ることは、實際採用する者にとつては大切な條件の一つとなるであろう。

以上を要約すれば、カリキュラムは、學校教育の全般的な教育計畫であり、教科書はその計畫をおしすすめる際において具體的な兒童の活動を含む資料であり、指導要領は、兩者に通ずる素材であるといえよう。

(三) 教科書の選擇

建築技師が、設計圖を手にして、いよ〳〵家の建築に取りかかるとしよう。最初になすべき仕事は材料の選擇しゆう集であろう。われわれの場合にたとえれば、設計圖はカリキュラムであり、その材料の一つは教科書であるといえる。よい建築はよい材料を選ぶことによつて、可能であると同樣に、カリキュラムの圓滑な進行を助け、目的を十分に果させるものは、選擇された優良な教科書に存することはいうまでもない。われ〳〵は不斷の研究と高い見識とを持ち、よい教科書を選ばなければならない。次ぎに選擇の條件をあげる。

A、**カリキュラムとの一致**　設計圖と一致する材料であつてこそ始めて役に立つ。使いよい教科書はこの第一條件を滿たすものであろう。

B、**指導目標の明かなるもの**　それは、愼重に、良心的に編集され、かつ取扱いの上に無駄や、誤りの少い教科書を意味する。

C、**興味深いもの**　教科書は後に述べるように、學習の導入の段階に使用されることが多い。故に兒童が一目見て、これは面白い、やつてみようという意欲をかきたてるような印象的な記述、表現が最ものぞましい。すなわち、興味の中心が、端的にしかも効果的に、驅使された表現であることが望ましい。

D、**問題の解決に役立つもの**　兒童は、必要に應じて教科書を開き、研究、調査を行う。故に單に問題を投げかけただけではなく、その解決の方法を示唆し、指導するように構成されていることが必要である。さらに兒童の興味の中心の移動を予想しつゝ、それに伴つて適切な指導が、展開されているような、一連の考慮がはらわれていれば、なおさら好都合である。

E、**兒童の活動を予想して一貫した系統を持つているもの**　兒童の活動は、一つ一つ別箇に存在するものではなく、前述のように、一連のものであるから、できるだけ單元の形において展開が試みられ、教科書の内容が、全體を通じて、有機的に組織され、その上一冊の書物として一應まとまりが見えるものでありたい。

F、**學習形態が豊かに取り入れられているもの**　兒童の活動は多種多樣である。從つて學習形態も各種各樣であることはいうまでもない。そこでこの要請にこたえるような教科書の内容、形式が期待される。殊に、生活指導の上からもかかる條件を滿足する教科書が欲しいわけである。

G、**其の他**　兒童の心理に則した記述方式、たとえば、場面の如何によつては映畫的手法や漫畫を採用したりすることもよかろうし、また一方本の材質、印刷技術、等の形式的な分野においても、深い考慮が拂われていなくてはならない。（文部省　檢定基準參照）

(四) 教科書の使用法

思い通りの材料を整えた建築家の次の腕の見せ所は、その材料を生かし、用いることであろう。今日教科書の種類は、社會科や理科のそれの如く一乃至二の單元毎に一冊のまとまりを見せているものや、國語のように、從來の形式を踏襲しているものもあり、資料として、それ〴〵獨自の形式を選んで編集されている。

われわれは建築家が、材料の生命を生かし、それを眞に用うべき所に用いるよう、教科書をカリキュラム實踐の場に活用しなければならない。次ぎに兒童の具體的な學習活動を念頭において、教科書が、學習の現場においてどう使用されているか、いくつかの場合を擧げて考察してみることにする。

A、**學習の導入の資料として用いる**　學習に入る前、まず、教科書を開いて見る。その内容に觸れることによつて、兒童自身で問題を發見することもあろうし、それを話し合いの材料としているうちに、共通の問題を見出すこともあろう。こうして教科書は學習活動の導入として、兒童の自發活動を刺戟し、學習の契機をつくる役目を果すのである。

B、**學習の方法を示す**　どのようなことをどのようにして學習したらよいか、教科書はその良い相談相手となり、學習の進行を助けるであろう。

C、**調査・研究の資料を提供する**　問題解決のためにはその途上多くは調査・研究という段階を伴う。その際、必要に應じて教科書を開いてみる。具體的にいうと、

a. どんどんやつてみてどうしてもわからなかつたら教科書を見る。

b. わかつていても何だか不安でたまらないという時、教科書によつて確める。

c. 自分ではよいと確信しても一應教科書に當つてみる。この場合、教科書は客觀的標準となる。

D、**學習經驗の再組織と整理のために用いる**　學習活動がいよ〳〵終末に近づき、兒童は各自の研究成果を個人的にまたはグループの共同研究として檢討整理統合する際、教科書は、その方法を示すモデルとしてその再組織に貢献するであろう。すなわち、調査研究項目の排列、記述の形式等、教科書を參考として、計畫されるであろう。また、そうした比較檢討の過程において、學習の不備、脱落、誤謬をも發見し、學習の完全なる遂行を助けることになろう。

E、**學習効果の判定に資する**　教科書の内容、テスト問題等は兒童自身それを試みることにより、効果の判定、評價に役立つであろう。

F、**練習教材として利用する**　主として用具學習課程を學ぶ際に適用される。

G、**兒童讀物として用いる**　圖書館、學級文庫に備えて、一般圖書と同樣に利用する。教科書は學習の資料となる性質上、從來のように一人一冊必ず所持していなければならないということはなくなり、又現在の事情では經濟的にも不可能となつて、現實の問題として學級文庫におさめられ、兒童の學習の便に供されているのが實情である。しかし十人に一冊程度の量を以てしては、何としても不足で、將來改善されることを期待する。

三、カリキュラムの實踐と施設

カリキュラムの實踐の展開にともなつて必然的に起るものの一つは、その教育内容に適應した施設によつて教育の効果を最大限に發揮するということである。

今後の教育では、兒童生徒のアクチヴィティを要求する。アクチィヴな活動をさせるのには彼等に多くの刺戟を與えなければならない。その刺戟を與えるものが環境であり、環境を形成する重大な要素の一つが施設である。ここでは新しい學校におけるそれらの施設と環境について考えてみたい。

新しい教育では學校はもはや象牙の塔的存在であつてはならない。學校は社會と直結し、社會の延長が學校であり、いな學校は社會の一部分であると考えることができよう。そのためには社會の機構と學校教育機構はかけ離れたものであつてはならない。學校は社會機構の小規模なもの、あるいは要約されたものであつて、學校教育で學習したことが、社會に出て直ちに生かされなければならないし、社會そのものが尊い教育活動の場でなければならない。デューイがその考案した理想の學校の中に、織物室や作業場を設けたのも、全くかかる考えによるものである。由來社會の進展の速度は大きく、學校建築のこれにともなう改造はなかなか行われ難いのが一般の現情である。ことに現在のわが國の如き實状では、かかる望みをいだくことすら滑稽であるかもしれない。しかし經費をかけなくても、創意と工夫によつてある程度迄その要求をみたすことのできる部面があるのではなかろうか。とにかく教育思潮や學習法の發達變遷に伴つて、その時代に適應した諸施設の改造を計り、それが兒童にとつて幸福と自由と快適の場所たらしめなければならない。

生活カリキュラムによる學校は、ただ行儀よくならんで講義を傾聽する場所ではなく、兒童自らそのアクチィヴな活動で實驗し作業する活動の場である。このための今後の學校建築施設、備品は如何にあるべきか、ということが重要な課題となつてくる。この點について具體的に考えてみたい。

まず學校建築の中で是非とも施設すべきものとしては、次の如きものがあろう。

圖書館（室）博物館（資材室）、圖畫室、工作室、音樂室、科學室、集會室、一般の學習室、給食室、食堂、衞生室等であるが、ここではその中で新カリキュラムによつて特に從來と異るべきものについて簡單に述べたい。

これらを如何に配置し構成するかということは大きな問題で、財政が許し、戰災の復興として新築する機會にめぐまれているようなところでは、當然その配置や構成を全く新しい角度から研究設計し、從來のいわゆる文部省型の學校建築を根本的に革新しなければならない。しかし現状としては、今あるものをいかに轉用し活用するかということを考えるのが實際的であろうから、主としてその點について述べてみたい。（デューイの「學校と社會」の中の理想の學校の構造については大塚三七雄著「新しい學校」の中に紹介されている）

1. 圖　書　館（圖書室）

新しい教育における圖書室の任務は極めて重要であつて、設置する場所によつてその活用が左右されるのであるから、最も手近に且つ平易に使用されるよう考慮すべきである。

すなわち、校舎の中央で光線、通風等の最も快適にして兒童がいつでも自由に利用できるような場所が望ましい。圖書室は各學習室でおこつた疑問課題を提げて集るところであり、ここで淨化され充實された兒童が再び學習室や作業室に流れていく一つのオアシスでなければならない。

圖書室の設備は各部門に亘る豐富な圖書が揃えられることが望ましいことはいうまでもないが、その書架はなるべく兒童の手のとどく低い所で一方乃至三方の壁面に沿つて設けられ、兒童は各自で必要な書物を出し入れすることのできるものがよい。しかしわが國の現状からして、一般の街の圖書館の機構と同じにし、目錄カードによつて選びそれを係員に提示して係員の手を通じて取ってもらうような機構にすることも必要であるかも知れぬ。この場合の係員も児童によって當番制にし、自治的な組織にすることが望ましいが、いろいろな都合で児童では最高度の活用が不可能なこともあろうから、別に學校で專門の係員を雇うのも一つの方法である。やがて一般の圖書館の機構が自治的に改められる時代がくれば、學校圖書室もそれに順應するようそれとの有機的な結合をもつことが望ましいのはいうまでもない。

かけ心持のよい椅子とテーブルの必要なのはもちろんであるが、更に心を楽しませてくれる美術品の適當な配置なども望ましい。圖書の家庭への携出ということも、圖書が相當豊富ならば可能であるが、期間は短くすべきである。いずれにしても、最も多くの者が大きい利益を享受できるように配慮されなければならない。圖書の蒐集、選擇、修理、讀書作法その他多くの問題もあるが割愛する。

2. 博　物　館（資材室）

生活カリキュラムによる學習においては、地形や町の模型、舞臺装置、演出用小道具等の製作、人形劇、紙芝居に必要なものの製作、グラフや地圖を書いたり、製圖や繪をかく構成作業の行われる部面が極めて多い。それにつれて、それらに必要な材料や道具、参考作品、繪畫、寫眞等が絶對に必要になってくる。これらのものは多くの場合、児童の持寄りでなされている場合が多いが、望むべくは、P・T・Aの豫算等で十分用意したい。

ここに設備されるものは、圖書を除いたすべての學習活動の資材ということになるが、後述する圖畫室や工作室等のものとは別に、各學習室での單元學習に必要なあらゆるものが備えられるのである。昔の教具的な性格をもったもので、それよりももっと範圍の廣いものである。部屋の使い方はいろいろ考えられようが、博物館的な性格と、教具室的な性格とは別個にして、陳列の方法やケースや戸棚の置き場所によって合理的に配置さるべきである。ただ、博物館的な性格が餘り強すぎると「觸るべからず」式のものになって、死物化してしまうおそれがある。もっとひんぱんに廻轉運用されるものでありたい。そのためには管理という大きな問題も横わっているが、職員・児童あるいは父母の理解と協力によって、なるたけ費用をかけないでしかも豊富なものが蒐められるよう工夫されなければならない。必ずしも品物の上等のものである必要はない。

大體備えたいものは、

a. 構成模型、参考資料、標本

b. 映畫、幻燈の設備一式

c. 紙芝居、人形芝居の演出設備

d. 舞臺構成、装飾設備

e. 構成作業に使う道具

f. 工具の修理、研磨設備

g. 紙、粘土、紙塑材料、竹、木材、泥繪具等

尚場合によっては、前項の圖書室と兼用にしてもよいであろう。

3. 圖　畫　室

圖畫工作は一つの教科のようになっているが、作業の内容からいってできれば別の部屋が望ましい。圖畫室では兒童の制作欲を刺戟するよう、特にその構造とデザインが考慮さるべきである。大體從來の學校をみると圖畫室の構造も普通教室の構造も同じで、ただ僅かに廣さが違う程度のものであつたが、理想から云えば構造もデザインも大いに異るべきである。その望ましい構造と設備について列擧してみると、

a. 廣い正方形の部屋で、廣い明るい壁面と大きな窓を必要とする。

b. 天窓は必ずしも必要としないが、光線を調節したり、暗室にしたりするための暗幕がほしい。

c. 個人用の机を排して大テーブルを備え、共同制作や製圖、圖案制作に利用する。

d. 別に一學級の兒童數だけ畫架を備え寫生時に使用する。不必要の時はたたんで片隅に整理する。

e. 腰掛は頑丈な布張り携帯用のものを備え、不要の時はたたんで片付ける。更に野外寫生時に利用する。室内での制作には必ずしも必要としない場合が多い。

f. 別に休憩用のソファーを設け、その附近には美術圖書や造形品の廣い分野に亘るコレクションを設ける。

g. 廣い壁面は作品の掲示場となり、又壁畫の對象とする。

h. 水道、流しの設備は是非ほしい。

尙圖畫室のみでなく校舎内の各部屋、廊下の適當な場所には校内放送用のコーンを設け、殊に圖畫の時間など美しい放送音樂を聞かせるようにしたい。

4. 工　作　室

工作室も圖畫室と同じであるが、そこは一層作業場的な性格が强くなる。從來のものと著しく違う點は少いが、工具の整理保管の點で少し述べると、工具は部屋の壁際に横に長く、一列乃至二列に吊したり掛けたりして、一目で全部のものが見られるように並べ抽出しなどにはしまい込まない。なぜなれば、員數の不足や破損が一目で分るし兒童が取るのにも便利であり、また工具と工具とを積み重ねて置くよりは工具のためによいからである。ただこの場合、置く位置と工具に合番號を打つことと、部屋の戸締りを嚴重にすることを閑却してはならない。

從來の學校で餘り備えられていないものとして、木工旋盤、動力鋸、粘土用ロクロ等がほしいし、研究と管理のために教師の研究室も是非附屬したい。尙資料室と同樣資材の置場もほしいものである。

5. 音　樂　室

音樂室は音の世界を樂しむ場として樂器の設備が大切である。できるだけ多く備え（打樂器、旋律樂器、吹奏樂器、電蓄及びレコード、ラジオ放送設備）、各兒童が自分の好きな樂器を手にして自由に研究し、演奏して共に樂しみ同時に技術の向上と鑑賞力の養成に培うよう、まず環境の整理をなすべきである。特に音樂室の場所は他の教室より全く離れた所が望ましい。

また相當廣い室であると同時に、ステージの設備も作り文化面一切の發表の場所とし且つ鑑賞教育の場ともして、兒童の心情を心ゆくまで歌い、演奏し、鑑賞し、高い教養を培うよう望むのである。單元學習で行われた劇な

どの發表も、ここで催され互に研究討議して文化の向上を圖るよう指導研究すべきである。

6. 一般學習室

教室は今や傾聽の場でなく、實驗、活動の場である。そのためには兒童が十分活動できるだけの空間がなければならぬ。部屋の一隅は作業場として、共同研究の場として低い大きなテーブルが置かれ、その近くの壁には簡單な構成作業の資材や構成作品がおかれるべきである。一方學級文庫と休憩のための場所が必要である。低學年ではサンドボックスその他構成的な遊戯のための諸道具等豊富に用意され、それらのものは分類してラベルを貼つて整理し、ちよつとした劇のできるよう部屋の一部分をカーテンで仕切る設備や、更にこの學年の學習室は階下にあつて運動場や砂場に直結するような出入口が欲しい。

机、腰掛は學年の兒童の身長坐高の身體的發達段階や心性的發達段階に適合するような工夫がなされなければならない。一體に共同學習の形態を主とする新しい教育では、個人用の机よりも共用の大テーブルが望ましい。殊にこのことは低學年において强調され、入學當初の兒童などには腰掛だけでもよい。しかし高學年になるに從つてグループの編成替、學習形態の變更に應じ得るためデザインのよい個人用の机がある方が都合のよい場合もあろう。腰掛などちよつとの工夫で機能的に隨分合理的なものができるので、快適で堅牢なものを學年に應じていろいろ工夫すべきである。大テーブルは脚の低いものでその形も圓や角のものがそれぞれの事情によつて考えられその下はさまざまな材具用具を置くことのできるように設計されたりする。この場合の腰掛は個人用のものが都合がよい。

大黒板はその位置を一段とさげて兒童に自由に書けるようにすること。大黒板の板面には淡い方眼を引いて兒童が板書するのに便利にすること。大黒板は正面のみでなく三面位に設けること。

小黒板は一學級少くとも五枚以上整備すること。板書した小黒板を適當した位置に置けるような配慮をすること。

7. 給食室及び食堂

給食室と食堂は直結され、合理的、衞生的に設計さるべきである。

由來我が國の家庭が、合理性を缺いた非科學的な非衞生的な臺所をもつていたことはわれわれは認めながらも、家庭の經濟力などでどうにもならない點があつた。ところが學校という公共機關での設備としては比較的理想に近いものが施設され得る可能性があると思われる。殊に衞生的方面には最大の留意が拂われ、そのためにもP・T・Aとの緊密な連繋協力が望まれなければならない。

食堂は兒童達の最も樂しい場の一つとしたいが、我が國の現狀ではこれを設けること自體なかなか困難なことで、むしろ不可能に近いことであるかもしれない。しかしできれば全兒童が一堂に會して美しい音樂でもきゝながら暖い食事をとることができるような設備は極めて望ましいことである。

更に欲をいえば、おやつとして茶菓子位は供給し得る設備がほしい。

8. その他の施設

その他科學室やその準備室はもちろん必要で、これは從來の理科室といわれるものでちよつとした學校には大ていあるものであるが、こゝでも實驗用具、器械模型等の整備はたえず多大の注意をもつて見守られねばならない。どうかすると破損して役にも立たなくなつたものが埃にまみれて戸棚の中に置き忘れられていたり、「觸るべからず」的に大事をとりすぎて死物化している例が少くない。またこの部屋の窓ぎわには魚類や海藻類を生かしておく小水族館（水槽）がほしいものである。

また兒童達が集つて劇や發表會をやつたり、全校自治會を開くための集會室（雨天運動場兼用の講堂でもよい）自治活動の一つの場としての購買部、運動場と直結した出入口をもつ設備の整つた衞生室、職員のための研究室や會議室等必要なものは澤山あるが、全部をとゝのえるとなると部屋數も尨大なものになるし空想に近いものになるので、實際問題としては性格の似通つた數室はまとめて一つの部屋を兼用にあてるとか、狹くてもちよつとした空間を利用するとか、實状に即した創意工夫が最高度に働かされなければならない。學習の場は學校の内部だけでないことはいうまでもないが、學校以外の社會的環境を學習の場とする整備は必ずしも行われていない。

從つてそれら環境の利用活用に當つては兎角、思いつき、その場限りのことに陷り易い。

現場學習の場としての公共圖書館、博物館をはじめ、工場、官廳、商店、配給所その他山、森、池、丘、田畑等の自然環境や學習に協力して貰える篤志家等を含めて、學習展開のためにその活用計畫を樹立しておかなくてはならない。

四、基底單元と學習單元

（一）基底單元の構成と手續

われわれが、自分の學校のカリキュラムを構成しようとする場合に、何か有效で便利な手懸りが欲しいと思うのは、誰でも同じように感じていることだろう。勿論手懸りといつても、餘り簡潔に過ぎたりまた抽象的な概論めいたものであつてもいけない。われわれがそれを見て、學習單元の設定から展開へ、そして又、豫想される學習活動の系列や評價に到るまで、いろいろと單元構成上參考になる内容が、充分に準備されたものでなくてはならない。このような性質、内容を備えたものが、よくいわれる基底單元であり、あるいはまた源泉單元ともいわれている。

これをもう少し敷衍して云うと、この基底單元は一つの學校單位でめいめいが作るというよりも、その地域地域の教育團體、ないしは公の機關である教育委員會などが、經驗ある教師や學者や有識者や父兄の意見を生かして作ることが望ましい。つまり、教育の目標や社會の根本的機能を、地域社會の要求に基づいて具體化する。これを基礎として各學年の兒童心身の發達状況やその特性を考慮して、學年ごとの主要經驗領域の中に、ある主題によつて統一されたいくつかの經驗領域を設定し、それに關係する學習内容の展開、及びいろいろな學習活動の類例や參考資料等によつて滿たしたものが基底單元と考えられる。

ただこの基底單元を構成する上に注意すべきは、その大きな特色として、當然地域社會の要求を考慮することが强調されるのであるが、單に地域の特性だけをとりあげるのではなくて、地域の特性を直接の基盤とし手懸りとしながら、人間としてまた廣く人類社會の成員としての普遍の全人的性格を育てることを目標としなければならないことは、教育目標に照して特に注意しなければならないことである。基底單元構成に關する地域性の問題は、文部省からの社會科學習指導要領補說にある程度詳しく說明されているが、更に具體的に基底單元設定のための基本的な方法をとり上げてみると、地域社會の要求のほかに、學年の主要經驗領域や各學年の參考問題、それに各學年の目標と兒童心身の發達狀況や特性等四つの手懸りをあげることができ、これらについても補說は一應の說明をつけている。

地域的基盤を持たない文部省が、「作業單元の基底の設定」という表現のもとに說明を加えられた意圖に對しては充分に首肯できることであり、われわれはこれによつても、基底單元設定の目的や方法、內容等をうかがい知ることができるだろう。しかし、現段階においては殘念ながら基底單元構成に對する具體的な活動や成果を耳にしない。われわれとしては、一日も早くそのような有益な資料となる單元が組織された教育關係者の協力によつて作成され、學校單位のカリキュラム構成に有力な手掛りを與えられる日の近からんことを望むだけである。

さてここで、これまでに述べてきた基底單元のあらましをまとめて要約してみよう。まず、その特質として、

a. それはわれわれが學習單元を設定する場合の基礎資料として有効であり、それがそのまま兒童に與えられて單元の學習計畫になるものではないこと。

b. 主なねらいとなる問題を中心として組立てられ、豐富な材料が準備されているものであり、單元の目標や學習活動及び參考書目錄、その他學習材料の示唆を含んでいるものであること。

などがあげられる。次にその形式內容についてであるが、まず兒童の欲求を明らかにして、それに應えるために教師がいつも考えていなければならない立案上の價値や特質をはつきりさせること。また、この單元に關係ある問題や題目や基礎的な概念や概括が述べられて、有益と思われる個人的あるいは集團的活動の例を豐富に述べていなければならないこと。更に兒童のための適切な參考書や註釋書や、適當な道具、設備、教便物等も示され、教師に對しては、使用上必要な參考書や、單元を計畫し展開する場合のいろいろな方法が示されていること。その他兒童の學習經驗から當然生れると思われる學習成果を、主な理解、特殊な技術などの形式であらわし、効果判定に對する諸注意をも與えていなければならないこと。及び關聯をもつ單元への發展についてもまた述べられていることなどである。

以上で基底單元がどんな人々によつてどんなふうに構成されるのか、またわれわれ現場の實際家にとつて、どんなに便利で有効な手懸りとなるものであるかがほぼ推察できる。このような性質、內容、形式を備えた澤山の基底單元が編集されて、われわれの手許に送られると、われわれはその中から、教師としての立場や考えや判斷によつて必要なものを選定し、これから愈々われわれは、教師としてのわれわれ自身の原案作製にとりかかるのである。

（二）學習單元の特質

學習單元の展開は、われわれの直接的に最も大切な仕事である。そして、この目的、內容全般は、まえの基底單元と較べて、より具體的でより實際的である。學習單元が一つの學習プロジェクトとして計畫されることに問題はない。ただ教師と兒童とが力を合せて調査し、討議し、研究して、これを解決することを忘れてはならない。何故ならば、究極のねらいが兒童の有意的な學習のために準備されるものだからである。生活カリキュラムを標榜する

われわれは、このカリキュラムのねらいが、よく云われる「生活を學習する」プロジェクトとして認識している以上、兒童の生活を充分に理解してかかる必要があるのである。

兒童の生活は問題の連續であり、人間の一生もまた問題解決の一生である。從つて、兒童の日日の生活も、たえず問題につきあたり、つぎつぎにこれを解決していく活動である。兒童はこの活動を通して成長していく。だから兒童が常に問題を發見し、問題と取組んで離れない以上この活動は決して止むことはない。そこで、兒童に問題の發見法や解決法などを學ばせることによつて、兒童の生活を自發的に改善する積極的な生活態度をあらゆる面から綜合的につくり上げることが特に必要である。ここにも單元法のもつ實際的なねらいがある。そして、單元展開の過程が、問題解決の過程に從うべきことは當然である。

それではこのようにはつきりした目的のもとに、計畫的な學習プログラムをつくる基本的な考え方とは何か。これについて若干述べてみると、第一に兒童の生活經驗の内容やその實體をよく把握し、その上に立つて焦點となる問題の性格を、具體的に且明瞭につかむことである。そして、その展開はあくまでも問題解決の段階に應ずることである。

第二に最も効果的で能率的な調査方法を工夫し、選定し、その結果を檢討しながらまとめていく學習の進行法を考慮することである。何故ならば、近代の學習は知識を覺えこませるのではなくて、有意義な學習活動それ自體によつて、兒童が自分で知識をつくりあげていくのを助成する活動に外ならないからである。從つて、計畫的で積極的な自學自習の態度が根本的に要求される。この要求を滿足させるような展開段階を考えなければならない。

第三に、學習活動に關する問題であるが、學級活動とグループ活動と個人活動とを巧みに織り込んだ計畫が望ましいと思う。そして、理想的な共同學習へと引き上げるような配慮が大切である。

このような考え方によつて、實際に子供が嬉々として學習活動を繰りひろげられるような、計畫的内容をもつた單元を作りあげなければならない。ここで、われわれが一應注意しておかねばならない點は、できるだけ兒童が參加できる機會を、いろいろな形で與えることである。敎師の計畫を一方的に押付けることは、兒童の眞實の自發活動を阻害する結果になるので、これは嚴重に愼むべきことであり、同時に避けなければならないことである。敎師としては、このように兒童の意見をいろいろな實際面で尊重しつゝ、兒童の活動を最も目的にかなつた、意味ある方向へと補導してやる責任をあくまでとつてやらねばならない。

以上述べたように、學習單元の展開は實際面に關する諸問題を特に考慮しながら、具體的に計畫することがとりわけ重要なのである。

さて、標題に關してこれまで縷々述べてきた一般的な概説はほゞ終ることになるわけだが、なお、殘される問題は限りがない。しかし、これはわれわれ自身の今後の積極的な研究に俟つほかはない。ともあれ、基底單元と學習單元とは、その構成展開においても、また相互關係においても、前者は敎師の計畫または豫想としてのねらいが重點であり、後者は、それならばこれが實際の兒童の學習活動に、どんな具體的な形で働きかけ活用されるかという、兒童直接の生活プログラムであり、裏付けであるところに重要なねらいがあるわけである。そして、このように兩者は共に切つても切れない幹と枝葉のような關係にあるもので、しかも、兩者に關する限り、わが國敎育の現段階においては、細々とした幹から、たよりない枝葉が廣がり出ている恰好にある。從つて、これに對しては、早急に衆智をあつめた具體策と、鋭い覺醒的批判とを加えなければならない必要を痛感する。

(三) 本校の學習單元

われわれの學校で作られた單元表（第二章）は、形式、内容共に基底單元のねらいや構想を含みにおきながら立案され、われわれの學校に最も適切した學習單元を展開したものである。從つてこの單元は個々の學級にとつては基底單元としての性格をもつと共に、本校でいえば、區又は都さらに國により構成さるべき基底單元に對しては學校の學習單元として理解さるべきものである。社會の根本的機能や地域社會の要求などについて調査し、父兄の意見をも參考にしながら、一方では兒童の實態調査を行い、心身の發達狀況や特性を求め、興味の動向をも知つて、それにわれわれの良識をあつめて單元の構成を行つた。その手續きその他の具體的な事項については第三章「學習單元の計畫」の項を參照せられたい。しかし、なお、この構成乃至展開については不滿足の點が多々あることを痛感しているものである。

五、カリキュラムと家庭學習

(一) カリキュラムと家庭

兒童を學校に任せつきりで何の關心も持たず、教育は學校の仕事なりと考えていた時代は去つて、カリキュラムへの理解と學習活動への協力とは、今や家庭にとつての大きな課題となつてきた。われわれの努力は、兒童の學習指導を通して、家庭の啓蒙にまで滲透していかねばならないし、家庭の父母も、新しい教育の認識を深めることに、もつと多くの精力と時間とを費すべきである。

週日でも、兒童は一日の三分の二を家庭で生活しているのが普通である。そこには、教師の目につかない多くの兒童の生活があり、さまざまな經驗がつまれている。これらの生活經驗は、すべてカリキュラムの發展の方向に指導されまた組織されなければならないであろう。兒童の家庭生活は、常に單元學習の内容に連り、その一環をなしている。兒童は、學校にある時はもちろん、家庭にある時にも、その單元の内容に連る興味から離れることはない。ことに、研究日の外出などで見學や參觀をしたりする際は、その單元の主題を忘れることはないであろう。父母は、こうした兒童の生活を正しく導くために、絶えず學校と連絡をとり、カリキュラムに對する理解を深めることに努めねばならないのである。こうした連絡が不十分で、學校と家庭とで、別々の生活を强いられるとしたら、教育の効果は二分されるばかりか、その最大の被害者は兒童である。

しかしながら、家庭の理解を深めてその協力を得ることは、なかなか容易な業ではない。ことに、わが國の現狀では、生活上の困難や、一般の理解の不足が原因して、父母の學校に對する關心は一般的に低く、民主的な教育の目標や内容とその方法についての認識に至つては、まことに薄いものがあるように思われる。いまだに教科書中心の暗記詰込主義の夢を追つたり、自分の子供だけを他に優越させようという淺はかな利己主義を捨てきれないでいる。これでは日本の民主的な建設も前途程遠い感じがする。

時代は大きく動いている。生活中心の學習は、學校という殼を破つて、廣く地域社會の中にその學習の場を展開している。學校と社會とは、今やいろいろの橋によつて結びつけられて、一體となつて兒童の生活經驗を擴充發展させようとしている。そして家庭は、いうまでもなく社會の構成單位として、また兒童の生活の溫床として、重要な意味をもつているのである。

學校と家庭の連絡を强化し、學習における家庭の地域を明確にすることは現代カリキュラムの運營において、特に强調されねばならぬことである。それでは、どんな方法によつてこの目的を達するか。本校においてもいろいろな研究が試みられているが、次にその一端をのべて參考に供したいと思う。

(二)學校と家庭との連絡

1. 父母會・父母講座

これは學級毎に、毎月少くとも一回開かれ、單元の學習狀況から兒童の生活全般にわたつて話し合う。また授業を參觀することもあつて、父母にとつては、學校における兒童の姿をまざまざと見るよい機會となる。この際、話し合いを通して、父母と學校との協力を深めていくことが一つの大きなねらいでもあつた。

また、父母講座が、P・T・Aの會合などと結びつけて催される。こうした際には、敎官が講師となつて各種の敎育問題について講演したり、父母がそれぞれの職能を通して、敎育活動の促進について話し合つたりする。

2. 參　觀

參觀は、隨時に、また父母會等の機會になされるが、日を定めて地域別に行うことも試みられている。參觀は、單なる傍觀でなく、敎師のよき助手となつて、兒童の生活指導にも當つてもらう。父母は、この一日を敎師の立場に立つて、學習活動の現實をじかに把握する。こうした行動を通しての敎育への理解は、父母にとつては貴重な體驗となつて、兒童の家庭學習の指導に役立つのである。

また、父母が集會や研究發表會などに參加して、新しい學習形態について學ぶことも行われている。

3. 學級通信

學級通信が果す役割の大きさは、いまさら說くまでもない。學校家庭一體の生活學習をするカリキュラムにおいて、單元の學習經過と計畫を通信することは、父母の關心を高め協力を得る上から、まことに重要な意義をもつている。殊に、いろいろな事情から、父母會にも出席できず、參觀にもこられない父母の多い今日の狀況では、この學級通信と次にのべる家庭通信とが兩々相俟つて、敎育の効果を發揮するのである。

本校では、毎週木曜に學校の協議會を開いて次週の計畫を討議し、金曜には學級で來週の豫定を話し合つて、その結果を通信している。次にその一二の例を示すことにしよう。

第三七表

1948.5.21　**學級通信**　東三師附小　一年教室

日（曜）	17（月）	18（火）	19（水）	20（木）	21（金）	22（土）
主な作業	一週間の話合い。清潔檢査 持物檢査	青葉展の話合い。（寫生の話合い）	青葉展出品作のけいこ	全校寫生 ヂフテリヤ第二次豫防注射	青葉展作品の提出	研究日
その內容	青葉展の繪をしつかり練習しよう 自分と家の人の持物のおしらべをしよう。 順序數	五月の青葉の樣子を話合い近學校の見學邊をじましょう。 どのような描き方が良い繪でしょうか（話合い）	野外寫生 自然の觀察 花つみをうたう 「ちようちよ」	三寶寺池にいく。 じかん內に、しつかりかきましよう	作品を教室に展示 批評 鑑賞 どんな繪が良い繪でしよう	お家の周圍を寫生し、木の葉で、色色模樣を作つてみましよう 青葉の美しい詩もいいですね。

通信事項

◎ 今週は、本校恒例の青葉展を目標にして、思想表現の一技術としての繪をかくおけいこに、全力を注ぐことにしました。

（イ）どのような繪が良いか

1. 何らかの、まとまつた一つの思想を表現しているもの。
2. 表現意欲のたくましいもの。これは線の强さ、色の豐かさ等に見られます。
3. 取材が多樣で、その配合が調和しているもの。
4. 觀察がゆきとどいているもの。
5. 着想が子供らしく、面白いもの。

以上は大體の標準ですが、一年生の頃はまだ寫生といいましても思想畫の域を脫し得ません故、必ずしも現場で仕上げさせるよりは、その印象を大體まとめて家に歸り、ゆつくりかきあげた方が適當と思います。

（ロ）畫用紙は大きい方がよく、えんぴつの下書きはむしろさけて、すぐにクレヨンで、大膽にぐんぐんかきあげた方が、適當と思います。

◎ 二十日、第二次豫防注射があります。體の異狀がありましたら、事前に御連絡下さい。

◎ バザーの件、學級父母會で、委員から御說明がありましたので、別につけ加える事はありません。何分宜しくお願い致します。

第　三　六　表

第三八表　四菊學級便り　第三十一號　昭・二四・二・二八

三月の行事（いろいろな行事をしらべて書きいれましょう）

日	曜	自然と社會	學校・學級行事	日	曜	自然と社會	學校・學級行事
1	火		附中入試	17	木		卒業式豫行・終業式・大掃除・協議會
2	水		同	18	金	春の彼岸入り	附小卒業式
3	木	ひな祭（桃の節句）	主事·教官會議　同	19	土		春休み始る
4	金		同	20	日		
5	土		同　附中合格者發表	21	月	春分の日	
6	日			22	火		
7	月		本校送別集會	23	水		
8	火		附小音樂會（10時）	24	木	春の彼岸終り	
9	水			25	金		
10	木		協議會・レントゲン撮影	26	土		
11	金			27	日		
12	土		本校卒業式	28	月		
13	日			29	火		
14	月		附小送別集會（10時）	30	水		
15	火	日本貿易博開く（横濱）	成績會議	31	木		
16	水		父母總會・役員選擧・學級懇親會				春休み四月六日まで（始業式四月七日 入學式四月八日）

・十日前後に遠足をしたいと思います。場所や日時は追つて相談しましょう。自分たちの研究に必要なところをよく考えておきましょう。

第三九表　今週の學習

日	曜	單元	先週の研究	今週のけいかく	そのほかの學習	
28	月	東京の發達	政治グループ •江戸の地圖をしあげた •地名を少ししらべた •東京の地圖もしあげた	•ゆかりのある地名をできるだけみつけようと思う •地名のおこりをしらべる	研究發表會…參觀（父母） （一〇・〇〇—一二・〇〇） （晝食） 圖畫……懇談（父母） （一・一五—二・四五）	給食（みそ汁） 父母會
1	火		產業グループ •繪地圖の下繪を畫面にかいた •大きな紙にかきかけている •月よう日に紙しばいを發表した	•繪地圖を色をぬってしあげる。 產業の區域をはっきりする	•江戸の發達をよく讀む •音樂・理科（電氣の利用） •さんすう（分數）	給食（魚の野菜煮） 自由研究
2	水		交通・通信グループ •地圖は鐵道の發達をかき入れていった •昔の街道を地圖にかいた •ひ脚のことをしらべて人形をつくった •トレラーバスをつくりかけた	•地圖をしあげてこまかくかきこむ •關所や見はり所などをかきこんでいく •ポストをつくろうと思っている •トレラーバスをつづけてやる	•理　科（電氣の利用） •ろうどく（朗讀）のれんしゅう「一ぴきのくも」 •體　育	給食（シチュー）
3	木		人口グループ •「人口と生活」をまとめた •人形やパノラマをつくった 教育グループ •人形をつくった	•人々の生活について劇をつくってみる •げきをもっと上手にやるように	•英　語 •おたんじょう會（一月・二月・三月）	給食（魚のみそ煮）
4	金		•劇のきゃく本をプリントにして練習したが、あまりよくできなかった	したい •人形をしあげる	•さんすう（分數） •ダンス　•書き方の練習 •音　樂	給食（ジャム）いためもの 自由研究
5	土		研究日	•いまの東京の生活で、あらためたいことはありませんか。 •これからの東京はどんなになってほしいと思いますか。		

4. 家庭通信

家庭からの學校に對する通信や意見は、その都度書きおくられる。學習についての疑問をただしたり、兒童の家庭生活の狀況を報告したり、内容はいろいろであるが、父母が直接學校にこられない時には、多くこの形式が利用される。本校では「私の生活」の家庭だよりの欄をこれにあてているが、時には、手紙によったり、また特別の調査用紙に記入して提出されたりする。ことに、一年などでは、學校生活に入って間もない兒童の家庭生活を、できるだけ詳細に觀察して毎週報告させ、兒童を知る敎師の手がかりとして活用し、また父母の質問にも答えている。これは、敎師にとっても、父母にとってもきわめて有益なものであるが、學年が進むにつれて、その發達の段階に應じた問題をとらえては、家庭から學校へ報告することが行われている。

このほか、兒童の家庭訪問や、地域別の父母會なども、學校と家庭の連絡上大いに利用されているが、その一々については省略する。

(三) 家庭學習の指導

1. 指導の在り方

新しいカリキュラムの學習に當っては、兒童の家庭學習が意義ある分野を占めてくるが、これが指導はいかになされるべきであろうか。兒童の生活經驗の一切が學習であるとする立場からみれば家庭生活全般が學習を構成していると考えられるが、ここでは學校から歸宅後や、休日に、家庭を基盤として爲される意識的な學習活動を中心として考えてみたい。社會の急激な變化、社會生活の著しい複雜化にともなって家庭の機能が分離し、家庭の指導力が無力化してきたため、その指導の一切は學校に委任されるという結果を招來した。しかしながら生活學習に基盤をおく新しいカリキュラムによる學習は前述のように學校のみにおいては到底その目的を達することはできない。こゝにおいて家庭學習の指導に學校が特別の努力を拂うべきことが要望されてきているのである。

新しい家庭學習の意味は、舊教育における形式的な日課の復習豫習に止まってはならない。學校における學習の補足的學習と共に、自由研究の發展として自主的能率的な學習態度と個性の伸長を圖る活動が爲されねばならない。與えられた日課を受動的に學習するのでなく、生活經驗の主體である兒童の自主的活動によって學習されねばならないことは新しい家庭學習の基本的性格である。兒童が自ら計畫を立て責任を持って活動するように指導し、自ら進んで學ぶ態度と習慣を培うことが家庭學習の第一の課題である。このような指導による結果兒童の個人的興味と特質の發達とが助長されてくる。

かゝる指導の立場に立つ時、留意すべきは學習能率の問題と評價の問題である。兒童の計畫に任せると、學習能率が不經濟になり易くしたがって周到な計畫を立てる指導と方法上の手引きと、几帳面に學習の締めくゝりをつける指導が必要である。また兒童の學習活動を正しく評價し、兒童に常に反省と希望を持たせることが、學習を意欲的ならしめ着實にすることに役立つものである。さらに配慮すべきは兒童の個性個人差である。個々の兒童の異る興味と必要、學習の能力と習慣、身體狀況、家庭狀況等をよく知り、これに應じて個別的な指導を與えることが大切である。そしてそれぞれの家庭における生活を意識的に學習化して行くように導きたい。家庭に對しては誤った助力や干渉をせず正しい理解の下に學習に適した家庭環境を整備し、兒童の活動を大きな眼で見守ることをのぞみたい。次に本校における研究日を中心とした兒童の學習の實際について述べてみよう。

(2) 研究日を中心とした學習の實際

兒童に自由な研究活動を展開させ、自律的學習の訓練と個性の發達を圖ることを目標として、本校では一週一日の研究日を設けている。始め隔週土曜日を研究日として學校で授業を行わず、前述の趣旨にそい家庭學習の指導を行ったところ、好成績であるので、昨年十月より毎週土曜日を研究日としている。

この日は特に自發的發展的な學習を、兒童の責任において計畫させ實行させている。計畫のたて方學習の方法については綿密に指導し、社會施設の活用、參考資料の利用などをすゝめ、父兄の職能特技による協力も得て効果を擧げている。

低學年の場合は、兒童自身の計畫に任せることは未だ不適當なのでプリントにした學習の手引を與え、餘り大きな問題を捉えず、小さな計畫を立てゝ學習するように指導している。

大體學校における學習が中核となり、その補足的なもの發展的なものが主になつているが、計算文字作文圖畫等のドリルから、紙芝居模型つくり等の勞作が多い。又お手傳い表・お天氣表・溫度表等簡單な記錄を毎日つけて、繼續的な學習の習慣を養うよう指導している。家庭の指導で動物園や郊外に出かけ、レクリエーションとして有效に過される日もあり、お使いや畑のお手傳いのような經驗と共に、よい學習材となり、表現活動にまで發展する。

高學年においては、a.博物館展覽會・工場・車庫・農業會等へ調査見學に行く、b.パノラマ・モーター・模型等の製作、c.蒐集標本の作製、d.統計圖表・繪話等の作製、e.讀書や映畫鑑賞、その感想の記錄、f.物語脚本新聞等の創作、g.飼育觀察等々、多彩な活動が繰りひろげられる。これらの活動は共同學習として行われることも多く、三人五人とグループを作つて、調査見學に出かけ、共同で次の計畫を立て、友達の家に集つて學習している。演劇の演出練習もこうしてよく行われている。

これらの計畫はすべて兒童自身に立てさせ、必ず生活記錄に殘すことにしてあるが、研究日設定當時と比較すると、格段の進歩を見出すことができる。最初の頃は、單元で交通に關する學習をしているから鐵道博物館へ行く、車庫へ見學に行く、街に立つて交通に關係あるものゝ寫生をする、發明發見物語を讀む、といつたような、單元の學習の補足發展の域にあるものが多かつたが、漸次學習の視野を廣げるように指導し、一研究日や一週間の計畫でなく、何ヶ月も繼續する大きな計畫を立てるようになつて來た。研究日毎に自分の住む町を歩き廻つて町の實態調

査をまとめている兒童もあり、長期に亙る飼育觀察、大模型の製作、長篇物語の創作等も行われ、生活記錄を綴つて第二の山本映佑を目指している兒童もある。父兄からは、關係している會社・工場へ見學に行つたり、專門の話を聞きに行つたりして、直接間接に、指導協力を得ている。

特筆すべきは、生活の學習化が非常によく行われていることで、一、二の例を擧げると、鳥小屋を直したり掃除道具を作つて、綿密な製作記錄を書いたり、店番を手傳いながら、店の品物や買いに來た人を明細に調べて社會的現象を把握したり、晝食のパンを燒き調理を手傳つて、發酵のことから燒き方、カロリーについてまで調べたりしている。このようにして、どんな經驗にも探求的にぶつかつてゆき、どんな生活からも學び得る能力習慣がほんとうに身についたら、如何なる境遇にあつても一生向上を續け得るであろう。

評價の項で詳述した「私の生活」には、このような兒童の活動を自身で記入する欄があり（私の研究・私の讀んだ本・旅行見學の記錄等）兒童は常に「私の生活」を所持して、學校と家庭の連絡に用いると共に、兒童自身の反省計畫の扶けとして役立てているのである。

以上、われわれは、カリキュラムと家庭學習の關係について、重要な二三の問題にふれたのであるが、家庭と學校、父母と教師の深い理解と協力がなければ、その成果も期待することができないことは、前にもふれた通りである。兒童を中心として、父母と教師がしつかりと手をつなぎ、相共に新しい時代への認識を深め、教養を高めていくことが極めて大切である。これについては、新しく發足したP・T・Aの活潑な活動に俟つところが、まことに大きいといわねばならない。

ことに、社會全體が、その共同責任において、子供を育て導くことに、新しい目を開くことが望ましいことであ

る。自分の子供にもつ關心と愛情を、社會全體の子供の福祉増進の上に注ぐことが必要である。社會が浄化され、全體の子供が良く指導されて、初めて個々の子供の幸福も招來されよう。カリキュラムと家庭學習の問題の、大きな背景として、われわれは、眞劍にこの課題を究明したいと考えるのである。

昭和廿四年七月十五日初版印刷
昭和廿四年七月廿五日再版發行

小學校カリキュラムの構成
定價 三百八拾圓

著者 東京第三師範學校附屬小學校

東京都練馬區東大泉町九一八
發行者 近藤久壽治

東京都江戸川區平井二ノ四一〇
印刷所 東光印刷株式會社

發行所 東京都文京區荷谷町一五
同學社
會員番號 A二〇四〇一
振替東京 一六六九二〇番

印刷・製本・東光印刷株式會社

東京第二師範學校附屬中學校著

中學校カリキュラムの構成

同學社版

まえがき

敎育の現場は家庭であり、學校であり、社會である。家庭において親が子をみる時、學校において敎師が生徒をみる時、意識的にも無意識的にも嚴粛であり眞劍である。その底には愛情があり、學校ではその上に生きて活動する組織がある。それは有目的な内容から滲み出る組織なるが故に、極めて有機的である。

中學校が出發した當初、現場においてその目的が明瞭にせられず、從つて内容が豐富に浮び上らず、組織は貧弱であつた。その頃は食糧の不足から家庭生活が破滅に瀕した時であり、社會の秩序がみだれて、社會的嚴しさの中で子供が敎育される如き惠まれた環境ではなかつた。

しかしこの二年間に中學校がその内容において急速に整つてきたことも見逃し得ない。五里霧中の狀態で難航を重ねていた域を脱して、施設や校舍の整わない中にも、その目標や方針に見透しがついてきて稍々安定したとも思われる。無論中學校が完成されたわけではない。これからの努力が或は一層苦痛であろう。

中學校が出發した當初のわれわれの第一の營みは、中學校の性格を探求することであつた。この營みは直ちに今の敎育理論の流れに着目することとなり、實施の方策を定めることと離れはしなかつた。以來二ヵ年間、血の出るような努力にもかかわらず、その結果として蓄積されたものは貧弱極まるものでしかない。その大部分がカリキュラム研究に費され、カリキュラム構成の努力となつて、いまここに一應實施するまでの手順に運んでいる。この間にも新しいカリキュラムに關する研究が各地で發表せられたが、われわれの動きは地味であつた。現場においてカリキュラムを構成する仕事は、カリキュラムの構成論の順序そのままではない。時には逆になり、先へ飛ぶなど微妙な悩みがありまたことがある。時にはカリキュラムの構成は少人數では手に負えないものと觀

1

ぜられて嘆息し、幾度か根本的な議論を戦わせ、難産に難産を重ねて今日に至った。しかもその結果には早生児のうらみがある。今後このカリキュラムの實施は、この早生兒を育成する仕事に當るであろう。倍舊の努力で手を加えねばなるまいと思う。

われわれの努力の跡を上梓するに當って、紙數から大きい制約をうけた。實施した調査は一部分しか掲載出來ず、その調査の整理の手續を省略せねばならず、根氣よく行った能力調査は一例を掲げるに止めねばならず、單元の展開において、單元の外へ出る教科との關連や、評價、取扱上の注意、參考資料などは、一例のみで割愛した。遺憾ではあるがやむを得なかった。

教育目標にせよ、單元にせよ、出來上った例は多くの書物にこれを求めることが出來る。われわれはかかる目標を作る實際の手續をどうするかという例を他の書物で求め得なかった。内外のどの書物にもその手順が書かれていない。本書の内容の大部分は、カリキュラム構成の實例として、その手順に重點がおかれている。出來た結果を第二義的に考えたわけではないが、實際に諸賢に參考となるのは寧ろ構成の手續であろうと思ったからである。

カリキュラム構成が一應成った時、校舍の新築も出來上った。最後の仕上げに忙殺されて幾日か深更まで仕事をつづけたわれわれは、落成式の前夜この稿を終えた。つつましやかな中學校の出發を回顧して、この二年間の營みを思うときその感慨は淺くはない。近年にない暖冬を送って彼岸明けの日、われわれ一同、同學社の近藤、島内の兩氏と共に、喜んで生んだ子が世に出るのを見送るのである。

昭和二十四年三月

主事　松原元一

目次

表　索　引

圖　索　引

第一章　新しい中學校とカリキュラム

一　新しい中學校の建設

一九四七年はわが國の教育界において歴史的の年であつた。新しい教育制度が實施せられた最初の年であつたからである。一九四九年に新制大學が誕生して一應制度が整つてから、その後のわれわれの營みはこの新制度の充實に全力が注がれるであろう。貧弱な豫算と資材に苦しみつづけ、必ずしも熟していない社會の教育に對する理解をリードしつつ、あれを嘆き、これをかこちながら革新期の苦鬪をつづけて一歩一歩の建設を進めなければならない。

新しい中學校の現狀がその目標に程遠いことは、豫算や資材の面からだけであろうか。六三三の學制がなぜ起つたか。その目標はどこにあるか。中學教育に從事する人達が確實にこれを知り、或はこれを追求しているであろうか。われわれの努力はまだまだこの方面に傾注されねばならないであろう。そしてその結果として、中學校教育を指導すべき原理、完全に一致した基礎の哲學は今日なお存在しないこと、日本は勿論、本家のアメリカでもしきりに議論があり、日夜追求せられていることを知るであろう。

今までの學校教育ではカリキュラムはアカデミックな教材で組織せられていて、教科書はどの學校でも教室の聖典となっていたが、これは青年の必要から作られたものでもなく、變轉する社會的經濟的な條件から作り出されたものでもない。學習指導の方法は古い教育理論によって支配せられている。すでにすてられた心理學が今なお指導の根據となって、教師や生徒の教室における活動が持續せられている。中學校高等學校には依然として教師中心、教科書中心の講義が行われているといってよいであろう。學習の效果を判定すべきテストや評價も、明治以來の試驗制度が習慣として惰性的に繰返されているのが大部分ではなかろうか。中學校高等學校の教師が、自分の學科に閉じこもって自己滿足に陷っている時期はすでに過ぎている。進歩をつづけ、變遷して止まるところを知らぬ社會の狀勢から學校が置き去られてはならない。

學校は生徒に教える所ではない。生徒の活潑な活動によって、彼等が自ら學ぶ場所である。しかし彼等に思う存分活動せしめ學習させるのは學校の、教師の力による外はない。學校の活潑な動きなくして、生徒が新しいカリキュラムを追求し、主動性をよび起し、獨創的に考え、自分の仕事を計畫する能力を發揮することは困難である。家庭における兩親も、一般社會におけるコミュニティの指導者も、教育改革の正しい支配的勢力たり得ないことは勿論である。それはあくまで學校が中心となるべきであろう。校長を中心とする教師達の總力が、基本的な教育の前進を絶えず目ざして、結集せられなくてはならない。

新しい中學校は如何なる方向をたどるべきであろうか。進歩的な學校では、現に新しい方向に動きつつある。舊い學校と新しい學校との相違をまず考えてみよう。

從來の中學校はえらばれた生徒を相手として、知識の精華をとって授業せられていた。新制度の中學校は義務教育として全青年に解放せられた。高等學校も志望者全部に解放せられる機運にある。ここでは青年の能力に應じて、その能力の極限まで、生きた教育を施そうとしている。また從來の學校の内容は御都合主義か、上からの壓力で決定せられていた。しかし學校政策、學校計畫の決定には活氣のある首尾一貫した教育哲學が主導力とならねばならないことはいうまでもない。

教材中心のカリキュラムが傳統的な價値をたたえて、その中に根强く殘っているが、最近漸く民主社會における青年の必要性、興味、能力に基礎をおいた經驗カリキュラムが認められようとしている。毎日の課業が、講義、復習、暗記のコースをとって進められていたのに對して、教師と生徒の協同の努力によって、廣い領域から作業單元がえらばれて、單元學習が進められようとしてきたのは喜ばしく思われる。知識の棒暗記や、特定の技術を强要した從來のテストや試驗にかわって、新しい評價の計畫は、生徒の思考、協同、社會的感覺、創造性、鑑賞力などの刺激に力を入れようとしている。學習上の器具、器械は學校内における授業という限られた視野から一歩も出ていなかったのに對して、近來は地域社會に對し、また青年の生活に對し學校のなすべき役割を中心として工夫せられようとしている。

生徒は課せられた仕事を最も容易な方法で努力を惜しみつつ果そうとするのが常であったようである。しかしこれからの生徒は學校の仕事の計畫にも參加しなくてはならない。その結果の評價にも參加すべきである。これを喜んで積極的に果させるのは、彼等の興味を巧みにとらえた教師の仕事の大部分となろう。教師の指導力によって生徒は自分の仕事に責任をとる態度をもつであろう。

校長は學校の變化を好まず、その日その日が無事平穏に送られよう希求していてはならない。校長の第一義は教育的リーダーたることにある。そして學校における學習の改善に全精力を打ちこまねばならない。それでなくては今後の教育を擔うことは出來ないと思われる。

舊い中等學校の教師は自己の學科に閉じこもつて自己滿足にふけり、その安全感をおびやかされることに恐怖を抱いていた。新しい進歩的な教師はもつと廣い視野をもち、その抱く興味は學校や社會の進歩改善に向けられる。

教師は一日の安穏をのみ求めてはならない。今日の心理學教育學のプリンシプルを常に追求し、これを自ら學ぶ機會を求めねばならない。教師の再教育は有效に計畫せられるべきであり、從來みられた消極的な教育講習會風景は過去に去らしめねばならない。社會秩序の再組織の役割を演じ得る活潑な教師たるべき意圖に滿ちて、常に自己の充實を心がけるのがこれからの教師ではあるまいか。

學校の計畫が上級學校に支配せられた過去の狀態から脫却して、今日の生活中に認められる青年の必要性に支配せられた新しい學校の誕生が望まれる。六三三の學制は制度のみが新しいのではないのである。

二　新しい中學校とカリキュラム

わが國の從來のすぐれた教師達は、學校内でどんな仕事に精進して來たであろうか。すぐれた教師は多くは人格においてすぐれ、學識においてすぐれ、常に努力を怠らない人達であつた。基礎の教育科學にも探求心は向けられていたが、その大きい仕事の一つは如何に教授するかの問題であつた。與えられた教科書による指導を、如何にすれば能率的であるかという點に努力の大部分がかけられていたと思われる。そしてそれには種々の工夫も試みられたし、その範圍内では成功していたといわれよう。しかし一方において基礎の教育科學を探求し、一方において教授法の工夫に精進する中間に大きい溝のあつたことは事實である。研究した教育哲學、心理學が教育の實際に反映する部分が多かつたとはいえない。教育の實際は教科書を中心として行われ、その教科書に即して指導の工夫がなされ、その限りではある程度の成果をあげてはいたが、教科書が改編された時、努力した指導法の工夫の多くはまた改められる運命にあつた。

今後の教師の努力はこの中間にある溝を埋める方向へ向けられねばならないと思う。基礎の教育學から出發して、青年を育成するにふさわしい教育内容の檢討がなされねばならない。青年が民主社會に生活するために何を希求しているか、社會が青年に要求するところは何であるかを探り、青年の眞の問題を發見してこれを提供する仕事に對して教師の眼が向けられねばならない。近時この傾向が次第にあらわれ、カリキュラムの研究が各地に行われ、その構成が試みられ、實践せられている。

學習指導の方法も學校計畫の根本であるカリキュラムの内容から展開されて來なくてはならない。カリキュラムを離れて指導法を研究するのは、一つの抽象論にとどまつて、細部にわたつての發展は望まれない。更に學校の管理も生徒の生活指導も、學校計畫の内容としてカリキュラムと大きい關係をもつものである。

わが國では小學校といわず中等學校といわず教科の内容は國家によつて定められていたが、國家は教育の内容に無關心であつてはならないにしても、これは極く大要にとどめ、指針を示す以上に出るべきではあるまいと思う。中央では地方の及ばない諸種の調査など、カリキュラム構成に必要な資料は十分に整えてその利用に便ならしめるべきではあるが、要目まで劃一的に決定してしまうことは適當ではない。これについては既に論じ盡された感がある。地方の府縣又は都市においては中央の示す大綱を更に地方に適合せしめ、地方の實状に即するカリキュラム作成上の資料を整備し、あるいは地方に適合するカリキュラムを構成して、各學校の活動に便ならしめなければならない。このカリキュラムは各學校で更に修正せられて、その地域の青年の眞の要求に合致せしめるべく、最後には各教室で個々の教師と生徒との協力によつて、事實上實施せられるカリキュラムが作られるのが望ましい。無論教室で教師と生徒によつて作られたカリキュラムも中央におけるカリキュラム專門の委員（日本にはまだないが）によつて作られたカリキュラムの大綱に影響せられ、次には地方のカリキュラム構成委員によつて作成せられた内容に、より多く影響せられるであろう。コース、オブ、スタディや教科書の執筆者の影響も少くはないであろうが、地方なり學校なりで採擇せられた教科書も或はコース、オブ、スタディも、教室における教師や生徒によつて修正せられ補充せられ、或は土地に適するように解釋せられて、はじめて眞の教育内容となる。

かかる態勢の整うのも或は遠くはないかも知れない。わが國の各地で、熱心に新しい自からのカリキュラムを欲する教師達が現在すでに存在する。進歩的な教師達が手を束ねて國定教科書の内容にしたがつて、從來通りその指導法のみに腐心出來ないことは當然である。

三　新しいカリキュラムの構成

中學校が出發してから半年にして、われわれはカリキュラム問題に着目し、以來一ヵ年半の間、中央のカリキュラム專門委員會もなく、地方都府縣にカリキュラム作成の機運も動いていない時期において、必ずしも整備せられていない條件のもとに、一つの學校のカリキュラム作成に從事して來た。それが途中には無謀とも感じられ、時には不可能をさえ思わせたが、曲りなりにも一つの形をととのえてきた。その構成の手順や方法はいろいろあることと思われるし、地方の事情にも制約せられようが、一つの學校の單獨のカリキュラム構成の一例として參考せられるところがあるかも知れない。

われわれのとつた構成の手順は次のようである。

1　教育目標の設定　　社會からの要求、社會の必要性はカリキュラム全般にまたがる問題であるが教育目的、教育目標の設定の意味からも社會の必要性が大きく考えられねばならない。そこには民主、自由、人權等の理念的なものも考えられ、また個人を中心とした人格的なものもあげられよう。文部省の指導要領一般篇には教育目標が數多くあげられているが、個々の學校ではその學校に相應した目標の設定が必要であろう。これは以後のカリキュラム構成を支配する。つくられた單元とこの目標の間に隙があつてはならないであろう。

われわれはアメリカ各地の目標をしらべ、日本の二三の目標を參考にしたが、その設定の手續についてはアメリカなどのどの書物にも見當らなかつた。

一方憲法をはじめとし、教育基本法、學校教育法の檢討も目的や目標の設定には必要と思われる。また中學校自體の性格もよく研究せられて目標の中に織り込まれなくてはならないであろう。

2 カリキュラムの型　第一段としてカリキュラムの型を檢討し、いずれの型をとるかを決定した。在來のセパレートの型からコアに至るまでそれぞれ特色があるが、われわれが大膽にコア・カリキュラムの作成を目指したことは、以後における苦痛を大きくしたものと思われる。最後には徹底したコア・カリキュラムとならなかつたのは、現實の實施面を顧慮するとき學校の建物、施設、教師の組織、費用、その他の外的條件の不備に押されたのである。

國家なり地方なりの援助なしに一つの學校が全面的にコア・カリキュラムを構成することは、資料の不足の點からだけでも如何に困難なことであるかが痛感せられる。無論一年半の日子でカリキュラムを完成させることは不可能としても一應實施に移してみるだけのことは出來ないことではない。

3 スコープとシークェンスの決定　社會の機能からスコープが決定せられるのであるが、スコープはなるべく廣くとる建前をとつた。時日も少なかつたし、資料の不足は今後補つて訂正を加え讀けねばならないであろう。シークェンスは大體の見通しをつけ、個々の調査は單元が定つてから行われねばならない。能力調査の完備したものはわが國に存在しないし、能力調査は年々行われて蓄積され改められねばならない。われわれは毎日生徒に接し、テストを行つている過去の經驗をもとにしてシークェンスを一應きめたのであるが、われわれの仕事ではこの點が最も不備ではないかと思う。今後の調査によつて次第に變更が加えられるであろう。

4 材料を集めること　材料の蒐集は幾重にも行つてきた。一つは從來の教科書の材料を檢討してスコープ毎に分類すること。他の一つは生活環境の調査である。職業とその配分或は行動圏など實に數多い調査が必要となる。更にコミュニティの調査測定が入念に行われねばならないであろう。われわれは事情の許す限りの努力を拂つてきた。

5 單元の設定　3と4の過程をにらみ合せて單元の設定を行つた。單元の本質や單元の具備すべき條件についてはここでは觸れない。同じ材料からでもそこで構成する人の考え方によりいろいろに設定できる。したがつて教師の豐かな識見や創造力が要請せられる。われわれは一度設定したものを根本的に改めたことが一回、小さい修正は幾度も行われている。

6 教科の分科の決定　授業の能力の上から、定められたコア・カリキュラムの問題をめぐつて、いくつかの教科を分科せしめた。その教科の知識内容のもつ性格から定められるが、幾つかの本質的でない事情も出る。これとコアとの連絡には注意せねばならないであろう。なお練習教材は主として分科せしめねばならない。たとえば數學における計算、ピアノ練習その他數々の練習を分科せしめた。

7 單元の展開　單元の目標、內容の配列及び學習に際して豫測出來る生徒の活動、學習のための參考資料、評價の基準などを定めるのがその次の仕事となつた。ここにはやはり教師としての多年の經驗、鋭い生徒觀が必要であり、更に豐富な學識が要請せられる。カリキュラムの構成にはすぐれた、經驗の豐富な教師とともに專門の知識人も參加する必要があることを痛感する。

8 個々の材料についての調査、評價　材料についてもう一度調査を行い、時間數の配當を定め、教師の陣容を考え、時間割を作成するなどの一聯の仕事がこの段階となる。具體化されるにしたがつて實施面における各種各樣の障害に出あう。全教師の緊密な精神的の一致がなくてはならない。

9 カリキュラムに即した學校經營　學習指導の方法は單元の展開においてすでに豫測せられている。それにしたがつて、行事、教師の組織、校外施設の活用、學習資料の整備、圖書館の經營、教師以外の人の協力依賴、更に生徒の生活指導の方面、校友會活動など學校計畫の一切が定められねばならない。これが最後の段階であるが、たとえば生活指導一つとりあげても大きい問題であろう。われわれは生活指導の計畫實踐は別册として報告の機會をもちたいと思う。

以上がわれわれのカリキュラム構成に當つてふんだ順序である。その一つ一つについてその手順を主にして詳細に述べるのが次の章からの內容である。

社會が變化すれば學校も敎育內容もそれに應じて變化しなければ、社會の機關としての機能を失つてしまう。カリキュラムは一度構成すればそれで終るものではない。社會の要求の變化に應じて修正せられねばならないし、また實踐した結果からの反省で改正を續けねばならない。われわれの努力は今後も從前通り續けられるであろう。

第二章　敎育目標の設定

一　國家の要求と敎育目標

新しい敎育の目標をつかむためには、まずわれわれは新憲法の精神を理解することからはじめなければならない。この新しい憲法にかかげられた根本の精神は、憲法前文によると

(1) わが國は將來民主主義平和主義の國となるべきこと

(2) それには國民主權主義が確立されなければならないこと

(3) そうして永遠の國策として、徹底的な平和主義によるべきこと

(4) 普遍的道德主義を基調とすること

を明らかにしている。

この理想の實現は、根本において敎育の力にまつべきものであつて、敎育基本法はその前文において、

われらは、さきに、日本國憲法を確定し、民主的で文化的な國家を建設して、世界の平和と人類の福祉に貢獻し

ようとする決意を示した。この理想の實現は、根本において敎育の力にまつべきものである。われらは、個人の尊厳を重んじ、眞理と平和を希求する人間の育成を期するとともに、普遍的にしてしかも個性ゆたかな文化の創造をめざす敎育を普及徹底しなければならない。

ここに、日本國憲法の精神に則り、敎育の目的を明示して、新しい日本の敎育の基本を確立するためこの法律を制定する。

と述べその第一條に敎育の目的を次のように規定している。

敎育は人格の完成をめざし、平和的な國家及び社會の形成者として、眞理と正義を愛し、個人の價値をたつとび、勤労と責任を重んじ、自主的精神に充ちた心身ともに健康な國民の育成を期して行われなければならない。

學校敎育法は、この基本法の精神を學校敎育の面から、一そう具體的に規定したもので同法第三章第三十五條及び第三十六條は、中學校の敎育の目的ならびに目標をつぎのように述べている。

第三十五條　中學校は、小學校における敎育の基礎の上に、心身の發達に應じて、中等普通敎育を施すことを目的とする。

第三十六條　中學校における敎育については、前條の目的を實現するために、左の各號に掲げる目標の達成に努めなければならない。

一　小學校における敎育の目標をなお充分に達成して、國家及び社會の形成者として必要な資質を養うこと。

二　社會に必要な職業についての基礎的な知識と技能、勤労を重んずる態度及び個性に應じて将来の進路を選擇する能力を養うこと。

三　學校内外における社會的活動を促進し、その感情を正しく導き、公正な判斷力を養うこと。

なお、第一項に深い關連を持つ小學校の目標を参考として掲げると、第二章第十八條には

第十八條　小學校における敎育については前條の目的を實現するために、左の各號に掲げる目標の達成に努めなければならない。

一　學校内外の社會生活の經驗に基き、人間相互の關係について、正しい理解と協同、自主及び自律の精神を養うこと。

二　郷土及び國家の現状と傳統について、正しい理解に導き、進んで國際協調の精神を養うこと。

三　日常生活に必要な衣、食、住、産業等について、基礎的な理解と技能を養うこと。

四　日常生活に必要な國語を、正しく理解し、使用する能力を養うこと。

五　日常生活に必要な數量的な關係を、正しく理解し、處理する能力を養うこと。

六　日常生活における自然現象を科學的に觀察し、處理する能力を養うこと。

七　健康、安全で幸福な生活のために必要な習慣を養い、心身の調和的發達を圖ること。

八　生活を明るく豊かにする音樂、美術、文藝等について、基礎的な理解と技能を養うこと。

また、學習指導要領一般篇にかかげてある第一章「敎育の一般目標」を考究しなければならない。ここでは個人生活、家庭生活、社會生活、經濟生活及び職業生活の四つの領域にわたつて、人間が生活を擴充してゆく各段階において追求すべき具體的目標をかかげてある。ただしここにかかげられている目標は、だいたいの規準であつて、地域社會の實状に應じて修正を施してゆかなければならないものである。

二　本校教育目標設定の經緯

すでに概觀してきたように、教育の目的乃至目標は新憲法に出發し、教育基本法、學校教育法、學習指導要領によつて具體化せられているのであるが、ここに述べられている事柄は、日本全國に共通な、一般的な考え方であつて、なおわれわれは、學校の地域の具體性に即し、われわれの學校における教育の目標を明確にしなければならない。

教育目標の設定をしようとするにあたり、目的と目標とはどうちがうかということが問題になつた。目的という言葉は教育基本法にあらわれており（前掲教育基本法前文及び同法第一條）目標という言葉は學校教育法、學習指導要領において、教育目的と區別して使われており、形式の上では、目標は「目的」に從屬するものとして、いわばそれを演繹的に分析したかたちで示されているが、このような表現は教育目標の新しい意義を把えにくい。教育目標という考え方は、端的にいうと、われわれ自身の生活及びそれをとりまく國家・社會の福祉發展を圖る爲の幾多の問題を、そのままにわれわれの教育の目標におこうとするのである。未來に無限の可能性を望んで、あえてそこに固定したまと（的）を据えようとしないで、一歩一歩と着實に、生活の進歩をはかろうとする考え方に基いている。だから教育の目標とよばれるほどのものは、すべて、その教育を實際に指導するに足るものでなければならない。

それでは教育の目標を明らかにするために、どのような方法によるかということが次の問題であつた。

分析に必要な資料の性質の上からは、直接に調査などを實施して資料を蒐集する直接資料による方法、既に蒐集整理された間接的な資料を利用する間接資料による方法と二分される。前者に屬するものとしては、作業分析法（職業分析法）活動分析法と呼ばれるものが用いられ、後者に屬するものとしては、出現頻數法、新聞雜誌法と呼ばれるものが用いられる。われわれはまずこれらの方法の特質を明らかにすることにつとめたのであるが、われわれのおかれている勞力、經費の二點から、その主な方法として、委員會法、すなわち有識者、專門家、その他の人人の意見を集めて教育目標を設定しようとする方法をとり、他の方法（特に新聞雜誌法）をこれに加味して、委員會法の弱點を補うことにした。

まず第一段の方法として、次の質問紙を生徒の全家庭に配布しその回答を求めた。

> お　願　い
>
> 新しい時代の教育は郷土に即し、生徒の實状に即したものでなければなりません。
>
> 教育基本法の第一條には
>
> 教育は人格の完成をめざし、平和的な國家及び社會の形成者として、眞理と正義を愛し、個人の價値をたつとび、勤勞と責任を重んじ、自主的精神に充ちた、心身ともに健康な國民の育成を期して行われなければならない。
>
> とあります。この第一條は教育の目的でありますが、この目的は日本全國に共通な教育の目的でありまして、それぞれの學校における教育の目標は、もつと具體的に規定されなければならないのであります。
>
> 最近の教育研究の方向は、この教育の目的をどのように具體化するか、その重點をどこにおくかに向けられております。

そしてこのことは、學校だけが勝手につくるのではなく、家庭及び土地の有識者との協力にまたなければならないといわれているのも當然なことであります。

このような理由から、學校におきましては皆樣方の協力により、學校獨自の教育の方針を明確になし、もつて民主主義教育を強力に實踐し皆樣の御期待にそいたいと念願している次第であります。

右の事情を御賢察下され、左記の事柄につき皆樣方の御意見をお洩らし下されたくお願いいたします。

1　現代の青少年（附屬小學校兒童、附屬中學校生徒）の長所及び缺點はどこにあるでしよう。特に附屬中學校の生徒の長所、短所はどこにあるでしよう。

2　右に鑑み、本校の教育は、その重點をどこにむけてほしいとお考えになりますか

3　これがため、どのような手段、方法が必要でしようか

注意

（一）1、2、3の全題について御意見をいただいても、これらのうちのいずれか一つだけについてでも結構です。皆樣方の忌憚のない御意見を承りたいと思います。

（二）一家庭一通の回答でも結構なのですが、希望といたしましては、父、母、兄、姉がそれぞれの立場から、御意見を寄せられますことをお願いいたします。

（三）用紙は別に差上げません。適當な便箋をお使い下さい。

（四）回答には必ず氏名、年令、職業或は在學校名、性別を明記して下さい。

（五）七月二十四日までに御提出願います。

お忙しいとき恐縮ですが、本校教育の發展のためにぜひ御回答下されるように重ねてお願いいたします。

七月二十一日

東京第三師範學校附屬中學校

各位

これに對してどのような回答がなされたか一、二その例を掲げてみよう。

○

有言實行たれ！過去において不言實行が尊ばれたことがあつた。現今では、それは駄目で、自分の意志は忌憚なく全幅的に充分發言し、しかもそれを實行しなくてはならない。昔聞耳にしたことですが、「附屬の生徒は口では立派なことをいうが實行が伴わない」と。これは附屬に限つたことではなく他にもあることですが、われわれも感ずることは確かに附屬學校は表現については他に比し立派だと思うが、實行がこれに伴わないことは事實でしよう。たとえば生徒に「お家で皆お手傳いをしていますか？」「いいつければ實行しますか？」と尋ねてみると實行しているというでしよう。しかもその實、實行しているものはその何パーセントかです。又他人はよく批評するが自分はその人の行爲に恥じない行いをしているか反省すべきで、自分が優れた行爲をして他人の非を諄々と說くところに社會人としての進步があると思います。悪い意味の有言實行は勿論困るが善意の有言實行の人格をつくるべきではないでしようか。（會社　庶務課長　五六歲）

○

現代の青少年の缺點は何と申しましても道義の頽廢にあると思います。随つてこの際、教育の重點を訓育に向けていただきたく存じます。この責任は社會家庭に大半があるのでありますから、具體的な方法については父兄とも御連絡の上、父兄に協力させると共に責任を持たせていただきたく存じます。なお附屬小中學校生徒で氣づきますことは、附屬の生徒であるという自覺心を持つている點は良いと思いますが、最近は自覺心を通り越した態度が通う電車の中などで見うけられます。生意氣な傍若な態度とも感じられます。自覺心と共に謙虚な態度がほしいと存じます（官吏・四六歲）

○

民主主義の下で教育は自由に活潑に行われ誠に結構だと思いますが、ただそれが餘りにも急激に、少しの準備も心がまえもない所に行われただけに、そこに反省し考えなければならない點があると思います。現代の青年層の中には今までの餘りにも高壓的な軍國的な教育から解放された爲か、反動的に、自由というよりはむしろ放縱な生活を營む傾向があるのではないでし

ようか。大きな聲で他を批判するのも結構ですが、それと同時に深く自己を批判し、權利を主張すると共に必ず義務も完遂してほしいと思います。

又現在の少年達は是非ともこういう青年に成長するように敎育して頂きたいと思います。魂と魂とのふれ合い、人格と人格との接觸による敎育を熱望致します。なお附屬の生徒は敎生を迎える關係上、師に慣れすぎているように思われます。親しいのはよろしいのですが、親しさの中にも節度を守つて頂き度いと思います（生徒の母）

○

一、理窟つぽく實行力がとぼしい。

二、あくまでも言行一致の精神を涵養して頂きたい。

三、生徒間の自發的な自治會等によりお互いの行動につき反省しあうことが良いと思います。

（會社員・五五歳）

本校の父兄を中心としたこれらの回答を整理して次のようにまとめた。（回答數七七、附屬家庭數の四十%）

1. 自己を主張するとともに、責任の裏づけをする人間――實行の裏づけ
2. 勉學、行動、すべての上に眞の追求を強くさせ、獨立自尊の實をあげる
3. 科學的態度――科學尊重の精神
4. 個性の十分な展開――劃一主義の徹廢――自信を持たせる
5. 正確な日本文の讀み書き、基礎計算、法則の明確な記憶と應用
6. 自覺心に基く極めて鞏固なる意志の鍛錬と透徹せる批判力
7. みなりを正しくする

第一表　教育目標設定資料（保護者よりの答申）

8. 健康なからだ
9. すなお、あかるく、のびのび、無邪氣
10. よく考えて「實行する」力
11. 禮儀、作法
12. ことばづかいを正しく美しく
13. 敬愛の精神
14. 自己の權利の主張とともに、他人の權利を尊重する
15. 在來の日本の美點（仁義、禮智、勇氣、女性にはしとやかさ）の尊重
16. 感謝と謙虚――謙虚な自由人
17. 民主主義の眞の意味を把握する――自由と放縱とのはきちがえ
18. 正しい勤勞觀――生徒自身の勤勞參加
19. 新しい道義觀に徹した徳育――公共に奉[illegible]る人
20. 男女共學から、女子が男子にならつて粗野に流れないよう
21. 讀書の趣味と態度
22. 忍　耐
23. 「國民經濟」の基本的項目を把握する
24. 有言實行……言行一致の精神
25. 企劃性と實行力
26. 敢鬪の精神

27・正義、眞理を愛する
28・人物の大成主義
29・〃少年よ大志を抱け〃
30・男女間の相違に對する考慮
31・腹のすわつた人間、統率力のある人間
32・長上を敬う態度
33・奉仕という觀念がほしい
34・發溂とした元氣がほしい
35・團結力がほしい。
36・高い智力のもとに強い實行力のある人間
37・正義に服從する
38・恩義を感ずる氣持
39・物を大切に扱う氣持
40・時間的規律をまもる
41・附屬の生徒という優越感を起させぬこと
42・「徹底したよろこび」を味わわせる
43・數學と實生活とを一本にする
44・ものを徹底的に觀察し思考する
45・意志の強い人間――同時に明朗な氣分

次の問題は教育目標設定委員會を組織することであつた。まず委員の人選であるが、これは附屬小學校の家庭の保護者の職業構成（第一圖參照）を基準にして、各階層の代表者として四十四名を依囑し、これに職員が參加して委員會を構成した。委員の內譯は第二表の如くであつた。

註　附屬小學校の保護者の職業構成を基準にしたのは、附屬中學校の保護者家庭數は一八七であり、その職業構成ではかたよるおそれがあると考えたからである。

第一圖　兒童の家庭職業別圖

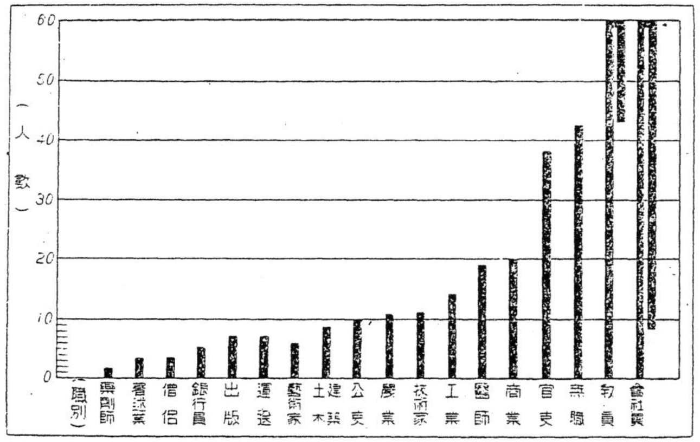

第二表　教育目標設定委員會職業構成表

職業別	人數
會社員（各種の會社、工場）	10
教員	6
官公吏	5
商業（自家）	2
醫師	2
技術家	2
農業	2
藝術家	2
出版業	2
銀行	2
宗務監事	1
僧侶	1
主婦	7
計	44

委員會は昭和二十三年七月から八月にかけ三回開かれた。（隔週の土曜日、午後一時から午後六時まで）

第一回目の委員會においては、學校側から教育目標設定の趣旨について説明をし、ついで教育目標設定資料（第一表）のプリントについて解説を加えた。そうしてこれをどのようにまとめたらよいかについて種々論議を重ね、次の諸點が問題となつた。

1．教育における地域性をどのように考えたらよいか。特に附屬中學校の地域性はどのような範圍か。

2．教育目標の設定は非常に重大な事業であつて、教育基本法、學校教育法等に示してあることで大體つきるのではないかと思う。そこでは教育の目標はどのように表現されているかくわしく知らせてもらいたい。

3．學校としては教育目標設定委員會にどういうことを望むか。

4．特に保護者中の委員代表からは、學習指導要領一般篇に示されている個人生活、家庭生活、社會生活、經濟生活および職業生活という四つにこれらの設定資料を分け、これについて審議を進めたらよいとの意見が出された。

これらに對し、われわれとしては、從來發表されている教育目標（日本及びアメリカ）を提示することは、考えかたを方向づけてしまう危險があるのでこれをさけ、それぞれの職域からみて理想の中學校生徒の姿を頭に描き、その特質を自由に發表してくれるように導いた。

これらを通じてわれわれが特に感じた點は、いわゆる有識者に、その該博な智識を巧みにくみたてて、教育の目標を形式的に設定しようとする態度が見えるのに反し、かえつて、家庭の母親から具體的な問題が提示されたということであつた。その例を二三揭げる。

母親a—設定資料の（八）に、健康なからだということがあげられておりますが、私は自分のからだを自分で、コントロールできるようになつてほしいと思つております。朝ねどこの中で目をさました時、自分のからだのことを考えてみる、睡眠はどうか。血行はどうかと。

母親b—私達はものを出しおしみする。たとえば砂糖の配給があつたとき、臺所の奧深くしまつて少しずつ出しては子供達になめさせる。おいしいおしるこでもつくつて飽きるほどたべさしてやりたい。こうしてはじめて砂糖の有難味がしみじみとわかると思う。

母親c—私達日本人はうわべばかりに氣をとめる。美しい衣服もそれを一枚ぬいでしまうとつぎはぎだらけ。つぎはぎでもそれがさつぱりとよく洗濯されておればよいが、それがあかでよごれている。テーブルをみても表面はきれいにできているが、一ど色がはげはじまるとベニヤで粗製濫造物であることがすぐあらわれる。われわれはもつと眞實を愛さなければならない。

こんなことから話の糸がほぐれて、自由なやわらかい雰圍氣が生れた。

第二回——好ましい中學生の像を幾つかに分類して提示することが、審議を速かにするために便利であるし、また第一回の委員會においても、そのことが指摘されたので、學校側においてその原案を第二表のようにまとめて提出した。

試案1.

教育された中學生

一、個人生活

1、自己を主張するとともに、責任の裏づけをする
2、正義、眞理を愛する
3、科學性、合理性を身につける
4、物を徹底的に觀察し、思考し、究明する
5、眞理の追求にはげむ
6、讀書の趣味と態度を養成する
7、ゆたかな想像力
8、藝術を解する
9、自信（信念）がある
10、鞏固な意志がある
11、實踐力がある
12、忍耐强く、明朗である
13、大志を持つ（人物の大成）
14、腹がすわつている
15、潑剌として元氣がある

二、家庭生活

1、協調的な態度

第三表

2、家政に堪能である

三、社會生活

1、自己の權利を主張する前に他人のことを考える
2、敬愛の精神（長上を敬う）
3、公共のために奉仕的精神がある
4、禮儀に厚い
5、個人よりも社會を考える
6、民主主義への獻身（民主主義への眞の意義を把握する）

四、經濟生活――職業生活

1、正しい勤勞觀を持つ
2、物を大切に扱う
3、買物が上手にできる

アメリカの教育政策委員會の教育目的の分析は、(一)、人間それ自身、(二)、家庭及び社會における人間との關係　(三)物質的な財貨の創造と使用　(四)社會公民的活動、となつている。

この四つの大きな目的のまとまりはまた、自己實現、人間關係、經濟的能力及び公民的責任とに分けられるが、われわれは學習指導要領一般篇に掲げている分類の方法がより理解し易いので、この方法によつて分類を試みた。見出しに「教育された中學生」としたのは好ましい中學生の像を描いておくことが便利と考えたからである。

このようにして第一回目は、個人生活、家庭生活、社會生活、經濟生活（職業生活）の順序に、教育された中學生はどのような特質を持つべきであるか、自由な雰圍氣の中で意見の交換が行われた。

ここで注意しなければならないことは、家庭よりの答申は主として個人生活の面に多く、家庭生活、經濟生活の面においては非常に少いということであつた。

第三回――第二回目の委員會の結果、別表のような原案（第四表）を作成し、これを第三回の委員會に提出した。

試案2

一、鞏固な意志の所有者、忍耐強く、自主積極性に富み、實證性科學性を身につけて眞理を探求し、正邪善惡の別を知るとともにこれを行動に具現し、豊かな感情を持つとともに廣く藝術を理解し、常に健康に留意して頑健なからだとなり、自己を信ずるとともに個性を發揮し、生のよろこびを感じ、透徹した批判力を持つて自己の生活を統御する溌剌として明朗な中學生

1、基礎的な知識　正確な日本文のよみ、かき　基礎計算　法則の明確な記憶
2、基礎的な技能
3、健　康　自分で自分の健康に留意する
4、公 衆 衛 生
5、身だしなみ　ことばづかい、作法
6、娯　樂　スポーツ
7、藝　術　藝術に對する感受性
8、讀 書 の 趣 味

第四表　教育の目標

二、家庭を重んじ、家族を敬愛し、家庭内における自己の地位を自覺し、協力して家庭の繁榮のために努め、家庭生活の營みを科學的合理的に考え、これを能率的にする知識と技能とを身につけ、たのしい、明るい、民主的な家庭生活を營なもうとする中學生

1、家庭の尊重　2、家庭の繁榮
3、家　政　4、民主的な家庭生活（和樂、愛情、感謝）

三、社會生活の意味を理解し、社會のなりたち、社會の理想をわきまえ、敬愛の心ひろく、禮儀に厚く、自己のことを考えるとともに他を考え、暴力をにくむとともに法を尊重し、宣傳に迷わされることなく、平和を希求し、社會の幸福、繁榮のために奉仕し、民主的な社會生活をたのしむ中學生

1、敬　愛　長上を敬愛する　2、奉　仕
3、禮　儀　4、協　力
5、社會生活をよろこぶ　6、社會正義　暴力をにくむ
7、法の尊重　8、寛　容　他人をゆるし、その意見を尊重する
9、批判的判斷（宣傳に迷わされない）　10、平和への希求

四、經濟生活を營んでゆくために必要な知識を身につけ、困苦に耐えて經濟生活を良心的に營み、おのれの生活の經濟を計畫し、正しい勤勞觀を持ち、境遇の變化に對應できる自立の精神に富む中學生

1、經濟生活上の基礎的知識　2、經濟生活を營む良心的態度
3、個人經濟　4、勤勞觀
5、消　費　物資愛護　物の大切な扱い方　上手な買いもの

この原案の形式については第二回目の委員會においても、委員數氏からかずかずの意見が述べられたが、このような形式をとつたのは次のような理由からであつた。

教育目標設定の仕方にはいろいろあるが、先にあげたアメリカの教育政策委員會の試案乃至、わが國の學習指導要領一般篇に見えるような提示の仕方は、詳細ではあるが、立體的な人間像を描くには困難である。

又これと反對の立場にたつのは、サンタ・バルバラ市及び郡の教育目的提示の例であるが、ここでは兒童生徒の望ましい行動を、その行動環境において指導することで、（一）自重心、（二）創造力、（三）科學的態度、（四）協力、（五）責任、（六）社會的效果をそのうちに含んでおり、教育の具體的な目標を捉えることは容易であるが、包括的であるため、カリキュラムを構成するに當つての手がかりを得るのには困難に思われる。

われわれはこれらの長所、短所を酌量し、上述のような形式を一應採つたのである。

第三回の委員會においては、この試案を中心にして逐語的な審議をなし、その後實態調査の資料を勘案して一部の修正を加えて教育目標を決定した。

即ちわれわれは委員會による審議と平行して社會調査、生徒の生活調査を實施したのであるが、その資料は整理に多大の時間がかかつたため委員會にはまに合わなかつた。（第四章實態調査參照）ところで、これらの資料を檢討してみると委員會の試案になる教育目標の一部を改訂することが必要と思われたので、再度委員會を招集して審議を重ねた。

改訂の主な點は次の如くであつた。

（1） 教育目標の三、（社會生活という觀點からのぞましい中學生の資質をあらわしたもの）を次のように修正する。

「禮儀に厚く」と「社會秩序を尊重して」の間に「憲法の精神を體し」を挿入する。これは、廣く考えれば、社會秩序を尊重することは、その根源にさかのぼれば當然憲法の精神を體することになるのであるが、その意味を一層明らかにするために挿入することにしたのである。

「虚僞の宣傳に迷わされることなく」の次に「國際間の協力につとめ」を挿入する。

即ちわれわれは、いまだ世界の一員としての資格が與えられず、從つて世界人の待遇も得ていないが、價値ある眞の資格を自らもち、世界人としての知識と態度と技能とを身につけた上で、來るべき日を待たなければならない。次代を背負うべき青年にはこの點に深く想をいたさせ、堅き決意と努力とを携うべきことを自覺させなければならない。

（2） 教育目標の四、（經濟生活、職業生活という觀點から、のぞましい中學生の資質をあらわしたもの）を次のように修正する。

「經濟生活を營んでゆくため必要な知識を身につけ」の次に「貿易の眞義を理解し」を挿入する。

これも「經濟生活を營んでゆくために必要な知識を身につけ」の中に包括されるとも言えるが、貿易の振興はわが國再建の土臺を築くものであり、自分らの國、祖國日本の經濟的、社會的立ち直りに對し、正しい認識をもつと共に、自らの力により一たとえ、それが間接的なものであるにしても一將來の日本に貢献し得る努力をなし得るとの自信と責任と義務とを認識させることが強く要求されるので、多少の重複をかえりみず挿入して、その意味を強調した。

本校の教育目標はこのようにしてできあがったのである。（第五表）

註、本校の教育目標として掲げた全文は、このさいごの案である。挿入した箇所をのぞいた以外は全部委員會において（昭和二十三年八月下旬）まとまった原文のままであり、これが改訂の委員會は、二十三年の十二月下旬に開かれた。

第五表　教育の目標

一、鞏固な意志を持ち、忍耐强く、自主積極性に富み實證性科學性を身につけて眞理を探求し、自己を信ずるとともに透徹した批判力を持つて自己の生活を統御し、豊かな感情を持ち廣く藝術を理解し常に健康に留意して頑健なからだとなり、生のよろこびを感じ潑剌として明朗な中學生	1、基礎的な知識 正確な國語のよみ、かき、はなし　基礎計算 法則の明確な理解 2、基礎的な技能 3、健康 4、身だしなみ（ことばづかい、作法） 5、娯樂 6、藝術……感受性 7、讀書の趣味 8、創造力 9、發表力
二、家族を敬愛し、家庭内における自己の地位と責任を自覺し、協力して家庭の繁榮と和樂のために努め、家庭生活を科學的合理的に考え、これを能率的にする知識を身につけ、たのしい、明るい、民主的な家庭生活を營もうとする中學生	1、家庭の秩序 2、家庭の繁榮 3、家政 4、民主的な家庭生活 （家にひかれる心）
三、社會のなりたち、社會の理想をわきまえ、敬愛の心ひろく、禮儀に厚く、憲法の精神を體し、社會秩序を尊重して暴力をにくみ、虚僞の宣傳に迷わされることなく、國際間の協力につとめ平和を希求し、社會の幸福、繁榮のために奉仕し、民主的な社會生活をたのしむ中學生	1、敬愛……長上を敬愛する 2、奉仕 3、謙讓……禮儀 4、協力 5、社會生活をよろこぶ 6、社會正義……暴力をにくむ 7、遵法の精神 8、寛容……他人の意見を尊重する 9、批判力 10、平和への希求 11、公衆衛生
四、經濟生活を營んでゆくために必要な知識を身につけ、貿易の眞義を理解し、艱苦に耐えて公正なる經濟生活を營み、職業に對する社會的意義を理解し、正しい勤勞觀を持ち、境遇の變化に對應できる自立の精神に富む中學生	1、經濟生活上の基礎的知識 2、經濟生活を營む良心的態度 3、勤勞觀 4、消費…物の大切な扱い…上手な買いもの

第三章　カリキュラムの型

一　各型のカリキュラムの特質

カリキュラム構成にあたつて、どのような型式のカリキュラムをとるかが先決問題となる。われわれはまずこれについて論議を進めた。最初の仕事は教材カリキュラムから經驗カリキュラムにいたるそれぞれのカリキュラムの特質、特にこれらのカリキュラムがどのような根據の上に成立つているかを明らかにすることである。

ホプキンスはカリキュラムの型式の系統的な分類において、最も傳統的な科目カリキュラムと、最も進步的な經驗カリキュラムを兩極とする一つの系列の上に、種々の型式のカリキュラムを位置づけた。すなわち兩極の中間には、科目型式と經驗型式との兩者の特質を等分に含む廣領域カリキュラム（Broad-field Curriculum）がおかれる。また科目型式と廣領域型式との間に、科目型式の多くの特質と經驗型式のある特質とをもつ相關（Correlated）合科（Fused）統合（Integrated）等のカリキュラムが位置する。更に廣領域型式と經驗型式との間には、經驗型式の多くの特質と科目型式の僅かな特徵とを持つ核心（Core）、作業單元（Unit of Work）、社會生活機能（Function of Social life）等のカリキュラムがある。

これらのカリキュラムの特質としては次の諸點が指摘されよう。

（１）教材カリキュラム

相互に獨立して教授される多くの並列的な教科によつて構成され、個々の教科はそれぞれの專門分野の知識體系を盛りこんだ教科によつて學習が行われる。學習は記憶主義となり、現代社會の教育にはふさわしくない。

（２）相關カリキュラム

科目型式と基本的には同一の立場に立つが、效果的な學習をもたらすために、各教科の教材內容を再組織しようとする。關係の深い教材や主題を關係的にあつかう。

（３）合科カリキュラム

相關カリキュラムの方向が更に强調されると合科カリキュラムに發展する。たとえば一般社會科とか一般理科のようなある一つの大きな領域に含まれる教科の教材內容の統一を意味する。この類型で問題となるのは融合される要素の選擇基準が兒童、生徒の興味や社會的必要にあるのか、教材にあるのかということである。もし後者だとしたら、それは教材カリキュラムの別な排列であるにすぎない。

（４）廣領域カリキュラム

個々の兒童、生徒の興味や必要を重視し過去の分科的の集合を排斥して、すべての子供に共通な主題を、從來の教材區分よりも廣い領野にもとめる場合である。たとえば、健康、村の生活、暇の利用、社會經濟研究というような主題で學習がなされる。

（５）核心（コア）カリキュラム

廣領域カリキュラムと區別するのは困難であるが、これを定義的にいえば、何人にとつても共通に必修とされるが、個々人の必要と要求に相應する多樣な變化性をもつた教科群又は經驗群によつて構成されるものである。

この類型的な型式としては、たとえば社會科のような一つの教科群又は領域を中心としてこれに他の教科や領域を綜合させる方式、あるいは社會科のみならず、すべての教科または領域を單一の中心として構成する方式、成人の生活過程を分析して得られた社會機能を中心として組織された統一ある一群の活動によつて構成される方式がある。

（６）經驗カリキュラム

右にあげた社會機能方式が更に强調されれば、兒童生徒の興味から出發して社會生活の理解とそれへの知的な參加を目指す意圖的な經驗によつて構成される經驗カリキュラムの段階に達する。

二　本校カリキュラムの型

われわれはカリキュラムに關する資料を求めて、その特質、その根據を明らかにしようとつとめたのであるが、われわれのとるべきカリキュラムの型式を容易に決定することはできなかつた。論議はおのずと二つにわかれた。一つはコア・カリキュラム、特に社會機能を中心としたカリキュラムを組織しようとする立場、他の一つは、われ

われの經驗を生かして現在の教科書の缺點を明らかにし、これを是正し、教科相互の連關に注意し、（これは前にあげたカリキュラムの類型に從えば相關カリキュラムに相當する）次第にコア・カリキュラムに進んだらよくはないかという立場である。まず、コア・カリキュラムを組織することについて加えられた意見をみよう。コア・カリキュラムを組織することについては、多大の勞力と時間と經費が必要であり、一つの中學校として、はたしてこの負擔に堪えられるか否かということが痛切な當面問題であつた。確かにこの國の現狀をふりかえつてみると、一定地域の學校が協力してカリキュラムの構成に努力することは僅かの例をのぞいては稀であり、今なお大多數の學校は、文部省によつて定められた教科書を使用してその内容が畫一的になつているか、または進歩的な學校ではそれぞればらばらの教育を實施している。この點について教育委員會が中心となつてカリキュラムの基本的な資料を整備し、同じ地域社會における學校が相互に協力してこれが實踐にあたるならば、强力なカリキュラムを編成することができるであろうと、强く反省させられた次第である。

なおわれわれの學校における職員組織についてみると、中學校專任教官七名、師範學校教授の出講十八名、非日勤講師二名という現狀においては、（昭和二十三年度）コア・カリキュラムが組織されたとしても、はたしてその運營が可能であるかどうか、特に獨立校舍はあるものの、設備としてはほとんど皆無といつてもよい現狀では、これはあまりにも冒險ではないかということも指摘され論議がなされた。このような事由からまず研究の方向として、われわれの經驗から出發し、從來の教科書の内容及び指導の方法を充分に反省したならば、これを基にして適切なカリキュラムを構成することができるではないかということが提案されたのはもつともなことといえよう。

しかし考えてみると、われわれの經驗を生かし、教科書の内容を檢討し、教材の取捨選擇をなすとともに、適當

な教材を加味するならば、今の段階としては好ましいカリキュラムではないかという、この論理の中に、大きな矛盾が内在していることを見逃すことはできない。

経驗に照らし、教科書の内容を檢討し、教材の取捨選擇をするといつても、教材選擇の基準をどこに求めるか。この基準はどこから得られるかと反省してみるならば、この基準は教科書の内容をいくら檢討しても、そこからは生れては來ないことがはつきりするであろう。

それでは、この基準はどこから生れるかといえば、簡單にいうならばそれは社會の要求であり、生徒の欲求から生れる。ここで社會という意味は一つには地域社會の意味であり、一つには日本全體をさす社會の意味であるが、今暫く地域社會について考察を進めてみよう。

われわれの生活は、今日の日本が擔つている各般の課題に直面しており、それから直接間接の影響を受けるとともに、われわれは地域社會としての本校の位置する東京都乃至練馬地區の背負つているもろもろの課題に直面して生活している。今までここに生活してきた人々には、こうした地域社會の課題を解くことによつて、この地域社會をつくりあげてきたのであり、ここに生活しているわれわれはまた、この地域社會の課題を解くことによつて、地域社會の生活を繁榮に導かなければならない義務を負わされているのである。地域の社會生活に存在する不合理を改良し、社會生活を改造して進まなければならないとする意欲が、われわれをして、新しいカリキュラムの構成へとかりたてる。

この地域社會は、ここに指摘したように、もろもろの課題―解決を要する問題―を擔つているのであるが、このためにこそ、社會は、地域社會の課題の解決に充分の力のある、實踐的な青少年を育てあげなければならないのである。このためには地域社會の現實と結びついた、地域社會の課題解決を可能とするカリキュラムが要請されるのである。

食物についての學習をするのは、これが人間の生命保持に何故必要であるかという理由によつてではない。配給の不足、配給の不合理等の問題が起り、これを解決しなければならないとする欲求が、食物についての學習を成立させるのである。われわれは何を食べて生きられるかという一般的な人間生活の問題によつて學習を展開させるのではなく、地域社會における食糧の生産や分配や消費に關する現場の課題ととりくみながら、これが解決への考え方を學ばせようとするのである。このように地域に即した教育計畫を推進することがわれわれの立場だとするならば、このことがわれわれのカリキュラムを構成する條件であるとともに、またここに教科書の内容及び指導の方法を批判する據點があることが明確になる。

このようなわけで、われわれは地域社會における生活課題を中心として教材の再組織を圖ろうとしているのであるが、このようなカリキュラムを構成をするには、單に現行の教科書の分析とそれからの批判とだけでは教材選擇の基準を得ることは不可能である。しかしこういつても新しいカリキュラムを構成する上に現行教科書の分析とその批判が不必要だというのではない。現在行われている教科書の作成にあたり、著作者はカリキュラムの基本的問題については全然顧慮せずに一般的な兒童、生徒の生活を、しかも心理學書が示しているような抽象的な生活を豫想するだけで、各教科ばらばらの（Separated）教科書を目標にして編集している。しかし最近の傾向として徐々にではあるが、兒童、生徒の教科學習に對する能力の調査が實施され、これらの調査を基にして、教科別に兒童、生徒の學習目標（到達目標）を明らかになし、このような方針のもとに教科書が編集されていることも認められる。その上教科書にひろわれている教材も、それがそのまますぐに地域社會の課題解決に役立つとは期待できないが、有力な手がかりとなることは十分認められるところである。

カリキュラムの型式の論議において、活溌に意見が交換された問題に、この新しいカリキュラムを中心に學習指導をすすめる際、中學校のもつ性格を十分に理解しておかなければならないという提案があつた。

日本においても、またアメリカにおいてもコア・カリキュラム編成の動きは主として小學校においてであり、中學校乃至高等學校においてはその例が僅少である。

アメリカにおけるカリキュラム研究の進歩の跡をみるに、バージニヤ案にしても、またカリフォルニヤ案にしても、その研究の成果は主として小學校のカリキュラム研究にみられる。勿論、進歩的敎育協會（P・E・A）の有名な「八年研究」――これは全國から三〇の實驗中學をえらび、ここでコア・カリキュラムその他の進歩的なカリキュラムを實驗し、その卒業者には、約三〇〇のカレッジとユニバシテイが、入學要件として在來の教科と單位を免ずることとし、コア・カリキュラムで中學教育をうけた青年と、傳統的なカリキュラムで中學をおえた青年と、カレッヂへ進んでどちらがのびるか、これを八年計畫で實驗したのである。――などが發表されているが、概していえば、中學校におけるカリキュラムは小學校のそれに比して遅れているように思われる。これは一つには、中學校におけるコア・カリキュラムの設定の困難さを物語つているといえよう。

特にわが國では、小學校においては比較的成功した例をみるが、中學校においてはその例が至つて少いという事實をわれわれは十分反省しなければならない。

その主なる理由としてあげられるのは、學問は次第に分科する、これが學問本來の姿だということである。小學校の三、四年位までは、兒童の生活を中心として學習指導をすすめることが可能であるが、五、六年ともなれば、むしろ分科で指導を進めた方が、學習の效果をたかめるということが一般に信ぜられてきた。中學校となれば、この傾向は一層强く、各教科の價値を十分認識しなければならない。

以上は比較的消極的な觀點からの論述であつたが、從來の小學校におけるコアは概して學級擔任を中心とし、二人乃至三人の專科敎員の協力による指導陣であり、ここにその長所と短所が内在している。長所の最大は、學級擔任の自由な企劃のもとに大膽に生活中心のカリキュラムの指導が展開できることであるが、その短所は、學級擔任の能力の限界、つまり、あらゆる指導面においてたくましい指導者となり得るかどうか、得意な教科の反面、不得意な教科もあるという工合で、時によると觀念のからまわりに墮する危險がある。

これにちようど正反對なのが中學校であるといえよう。中學校においてはそれぞれ專門の指導者によつて指導を受けることにその長所があり、これらの敎官相互の連絡がみだれやすいのはその弱點である。

しかしすでに見てきたように、われわれは小學校、中學校のそれぞれの長所を十二分に發揮し、その短所を除去するようにしたいと思う。前にもあげたように、われわれは綜合から分化への科學の進步にも十分耳を傾けよう。しかしその前に、地域社會の課題の解決を中心に敎材の再組織をはかろう。特にわれわれが注意しなければならないことは、現行の教科書に盛られており、當該教科では重要であるとされている敎材でも、われわれに豊富な知識や經驗がないか、または研究が足りなければ、生徒の生活に縁遠いものとして路傍の石のように捨てさられる危險があるということである。われわれがもし該博な識見を持つているならば、これを生徒の生活のうちに見出し、生徒の關心をそこにひきつけ、これを解決させることによつて、一層生徒の生活を廣め、かつ深めることができるであろう。敎師のたえざる努力が肝要な所以である。

たとえば、配給のために一列に並んだ行列を二列にするには、奇數番號の人の隣へ偶數の番號の人がでるとよい。三列にするには、第一列には三で割って一餘る番號の人、第二列には三で割って二餘る番號の人、第三列には三で割り切れる番號の人が並ぶとよいであろう。こう考えると奇數とは二で割って一餘る數、偶數とは二で割り切れる數であるから、明らかに三列の場合は、奇數偶數の考え方の擴張である。こんな例は日常茶飯事の中にいくらもあるが、敎師が注意しないと見落される。

また學校圖書館の圖書の整理番號をつけるにも順列、組合せの知識があったら、どの部門に幾らの圖書が含まれ得るかを確實に豫定出來るし、このような所作を通して個數を整理し處理する方法が會得されよう。

學級對抗の競技會などでトーナメント式をとるならば、はじめにいくつの組を不戰勝とするかは、絶えず起る問題である。これを合理的に考えてチームの數がいくつのときにも當てはめることの出來る一つの法則を確立することは、敎師の少しの注意でなし得るが、敎師に順列や組合せの知識が不足していたら、あるいは見落されてしまうのではあるまいか。

舊い石段などで中央部がすり減っているものなどは、長い年月をかけて作られた自然の蓋然曲線を図にしたものと考えたら、誰もがうなづくことの出來る統計の說明ではないかと思われる。敎師の知識はいくら深くても足りることのないものである。殊に固定した敎科書を使用しない時、敎師は該博な知識、あるいは一部門に精通した知識を必要とするのである。

第四章　實態調査

前にも述べたようにわれわれのカリキュラム構成の基本的方向は、地域社會の繁榮に貢獻すべきものであり、この意味において地域社會の課題をとらえ、これを青少年の欲求及びその發達との關連において、解決への前進をはかろうとするものであるから、われわれの研究は、その地域性をどうみるかということから出發しなければならない。まず本校の沿革と實狀について簡單にふれておこう。

一　本校の沿革と實狀

1　本校の創立

本校は昭和二十二年四月、東京第三師範學校の附屬中學校として創立された。場所は、東京都練馬區東大泉町、武藏野線大泉學園驛より徒歩七分、武藏野のおもかげをのこした景勝の地にある。附近一帶は古來練馬大根の名をもって有名な大根やごぼう、人參等の名産地である。師範學校の創立當時（昭和十三年）のこの邊は、僅かの農家がところどころにあるだけであつたが、最近ではかなりの住宅がみられる。行政區域からみると、東京都練馬區に屬しているが、一里位で、埼玉縣朝霞町、北多摩郡保谷町に接しており、純農村地帶であるといつてよいであろう。

2 生　　　徒

第一回の入學生は、當時の附屬小學校の六年終了者及び高等科一年終了者の一部であつて男女共學を建前として、これを二組に編成した。第二回及び第三回の入學者は、附屬小學校の終了生及び外部からの志願者の中から選び、男女共學により、各學年二學級編成計六學級、生徒數は約三〇〇人である。

生徒の通學の範圍は學校を中心として約一時間以内であつて、徒歩通學は全體の約一割、大部分は、武藏野線乃至バス、山手線等を用いている。

附屬小學校の兒童は小學校入學のとき、一應の選拔試驗と抽籤を通つた者であるから概して優良ではあるが、必ずしも最優ではない。ただ普通一般の學校とくらべると、劣等な者がいないという程度である。

右のような理由から、附屬中學校の生徒の素質は、大體普通一般の中學校の生徒に比較し中等程度以上の生徒であると考えてよいであろう。

3 校　　　舍

附屬中學校の創立當時は、まだ校舍がなかつたので、最初の一年間は附屬小學校の校舍の一部を借用して授業を開始した。第二年度においては、それに加うるに師範學校の敎室を二敎室借用して授業を行つたが、昭和二十三年

六月から獨立校舍建設のため、「附屬中學校校舍建設委員會」を設け、建設のための諸準備を進めた。幸いに師範學校の寮舍改造によつて附屬中學校の校舍を建設することに話がまとまり、二寮のうち一寮は昭和二十三年十二月十日に竣工し、十三日から、新校舍で授業を行つた。他の一寮は昭和二十四年三月に竣工し、これで一應の完成をみたのである。その敎室、特別室は次の如くである。

普通敎室六、理科室一、仝準備室一、圖書室一、衞生室一

主事室一、敎務室一、事務室一、宿直室一、使丁室一

4 職　員　組　織

創校以來の職員組織は第六表の如くである。

第六　本校職員組織

	第一年度	第二年度	第三年度
學級數	二	四	六
主事	一	一	一
專任	四	七	一一
兼任（本校敎授）	五	一八	七
講師（非日勤）	一	二	一

中學專任敎官の担當敎科とその人數は次の如くである。

國語二　社會二　數學理科三　體育一　英語二　家庭一

音樂、圖工、體育、職業（農業）、家庭のうち家事、歴史は本校敎授の兼任によつて担當される。

二　地域性について

コミユニテイについては、もしこれを定義的に示そうとするならば、ヘレン・ヘファナン博士のいうように「コミユニテイとは統合を知り、共同團體として行動をなすことができ、隣接的地域を占め、ある共同の傳統を有し、共有の施設を有している人々の集合體である。」と一應の理解は持つても、われわれの學校の現實を考えるとその地域の決定はなかなかに困難である。學校の所在地は練馬區にあるので、地域の範圍を練馬區にかぎつてみても、生徒の住所を調査してみると、練馬區に居住するものは約五分の三であり、殘りはその他の地區から通學している。（第二圖第七表參照）

生徒の日曜日の外出調査によつてみると、生徒の外出先は、上野公園を中心とした地區、神田の書店街を中心とした地區、日比谷を中心とした地區、新宿を中心とした地區、後樂園を中心とした地區に集中され、その他としては、父兄の勤務先、親戚先、學友の家等があげられ、練馬區内における外出先としては豊島園、大泉市民農園等があげられるにすぎない。

このようなことからみると、生徒の生活は學校の所在地である練馬區に關係を持つよりは、保護者の勤務先乃至文化施設の所在地としての臺東區、新宿區、千代田區等に深いつながりを持つている。

第二圖　生徒家庭分布圖

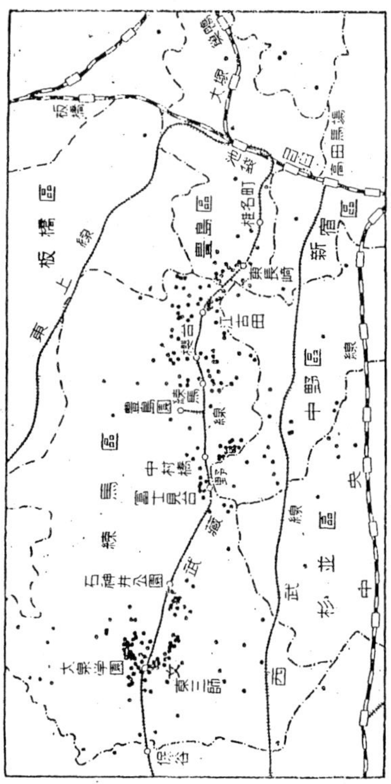

第七表　生徒住所地區表

練馬區	二一八
豊島區	二八
中野區	二三
杉並區	一〇
文京區	三
荒川區	二
新宿區	三
北區	一
港區	一
臺東區	一
千代田區	一
板橋區	一
北多摩郡	二三
埼玉縣	一三

また生徒が現在居住している住所に現在までひきつづきどの位住んでいるかとをみると、第八表に見えるように、三年より八年位が比較的多く、土地とのつながりは至つて少ない。特に終戰前後に疎開をかねて移轉しその後永住

してしまつた家庭が多く、中に僅かに見える三十年以上にもわたつて永住している者は、大體において農家の子弟

第八表 生徒定住年数

年数	人数	年数	人数	年数	人数
三カ月	一	九年	六	二〇年	五
五カ月	七	一〇年	七	二一年	一
一年	六	一一年	八	二三年	二
二年	五	一二年	五	三〇年	四
三年	二三	一三年	九	四〇年	一
四年	九	一四年	二	五〇年	一
五年	一三	一五年	二	六〇年	三
六年	一一	一六年	四	七〇年	二
七年	五	一七年	四	八〇年	一
八年	一〇	一九年	三	先祖より	八

である。近所隣りの團結ということは、戰時中の隣組の影響を受けていて親密であるが、東大泉町さては練馬區としての團結という點からみると、至つて心細い。

つながりといえば、さつまいもの配給などに際し、近くに住んでいるよしみで、比較的上等ないもが土地のものにまわされるという位であろう。またわれわれの日常生活をみても、簡單な買物は近所の店ですませるが、親戚、知己へ贈り物をするとか、多少上等なものを購入する等の場合は都心にまででかけていつて用事を果すということ

が比較的多い現状である。厚生慰安等については特にこのことが著しい。このようなことから地域性の決定はなかなかに困難になつてくるが、これらのことを考慮にいれて、われわれは地域性の結論をつぎのように考えている。

1、學校の所在地である練馬區に地域を限ることはせますぎるが、練馬區特に東大泉町はわれわれの生活と特に深い關係を持つていることを十分に認識する。

2、東京全體があらゆる生活の面でわれわれと關連を持つているが、とりわけ、武藏野線沿線、山手線沿線及び都市内は特に深いつながりを持つている。（第二圖參照）

三 調査の實際

われわれの實施した實態調査は大別して二つとなる。その一つは社會調査であつて、ここでは、地域社會の課題を明らかにするために、

a、質問紙による地域の課題調査

b、地域の社會施設についての課題の調査

c、新聞について地域の課題の調査

d、生徒の生活課題の調査

他の一つは生徒の調査であつて、ここでは生徒の欲求、生活の實態を明らかにするために、

a、生徒の欲求の調査

b、讀書の調査
c、生活調査

等を實施した。

次にこれらについて、調査の跡をふりかえつて、その大體を記してみよう。

（一）質問紙による地域の課題調査

1 調査の方法

地域の課題を明らかにすることは、カリキュラム構成上重要な仕事であるが、どのようにして地域の課題を捉えたか、その經緯についてふりかえつてみよう。

最初は地域における課題を捉える方法として任意抽出標本法（Random sampling method）を採用しようとして計畫を進めた。この方法は、今日有名新聞社の世論調査等で活用されているように、地域社會の中を、人口密度や産業形態や文化水準からみて平均になるように層別し、この地域をさらに町内（部落）會の單位に分かち、その單位地區内の全人口に通し番號を打つて並べこの中から一定の比率＝抽出比、たとえば八十五人に一人の割で無作爲に調査對象＝標本を抽き拔くのである。このようにして拔いた被調査者に、質問紙を配布して地域の課題を記入してもらうわけであるが、この調査を施行するについては相當な努力と經費と日時を要するので、この調査は別の機會にゆずることにしたが、近い將來において實施したいと思つている。

そこでわれわれは調査の方向を轉じ、主として中學校關係の保護者の協力を得、質問紙によつてその課題を捉えようとした。ところでその最初の難關は質問紙の作成についてであつた。幾度も幾度も質問紙をつくりかえてみたがどうしても滿足する質問紙ができなかつた。その最大の缺點はむずかしすぎることであつた。誰にでも、容易に書けるということが狙いであるが、このような質問紙はなかなか生れなかつた。

その一つの案として、次のような形の質問紙を作つた。

○あなたの生活がもつと氣持よくなるためにはどうしたらよいでしよう。

○あなたの近ごろの生活の中に工合のわるいことはありませんか。もしその工合のわるいことがなくなつたら、もつとあなたの生活が氣持よく、もつとたのしくなるというような、工合のわるいことはありませんか。

○あなたの近ごろの生活を反省し、どういうことが工合がわるいか、くわしくかいて下さい。

このような問題の出し方は、誰にでも容易に地域社會の生活における課題を書いてもらえる長所があるに反し、あらゆる生活における課題がこれで得られるかどうか、その不安がないでもなかつたので、社會機能ごとに、その課題を記錄してもらうことにして、その質問紙を考えてみた。（第九・一〇表參照）

第九表　質問紙 1

お　願　い お忙がしいところを恐縮ですが、生徒の教育上重要な資料を得たいと思いますので、次の各項について御回答下さるようにお願い致します。 十月九日 東京第三師範學校　附屬中學校 各位

（質　問）

私たちの住んでいる社會を一層住みよい社會にするために、私たちが一層平和な幸福な心配のない生活を營むことができるようになるには、現在どのような障害があるでしょう。解決しなければならない問題はどんなことでしょう。

（説　明）

私たちが自分たちの生活をふりかえつてみますと、ほとんど無意識的に習慣的に營んでいる生活がありますが、このような生活問題は本調査ではとりあげません。たとえば

夜になると寢る。新聞を見る。食事をとる。子供を毎日學校にだす。

しかしこのようなこともある人にとつては障害（問題）となります。たとえば

ねようとしてもラジオの騒音のためにねつかれない。新聞を三種類とりたいがとれない等

本調査は、皆さんが平生氣にかけており、どうしても解決しなければならないとお考えになつている生活上の障害（問題）であります。

回答は十月十三日（水）までにおとどけ願います。

第一〇表　質　問　紙　2

回　　答　　住所　職業　姓名　　年齢

一、あなたの障害（解決しなければならない問題）は次の事柄のうちどれに屬しますか。

	1	生命の保全、愛護に關することがら 健康、衞生に關することがら
	2	財産の保障、保全に關することがら 資源の保全に關することがら
	3	生産、配給に關することがら
	4	物資の消費に關することがら
	5	輸送、運搬等に關することがら
	6	交際、通信等に關することがら
	7	藝術、宗敎等に關することがら
	8	敎育に關することがら
	9	厚生、慰安、娯樂に關することがら
	10	政治に關することがら

1、上の表は生活上あらゆる問題を敎育上の便宜のためにわけたものです。あなたの最大の障害（解決しなければならない問題）はこの1から10までの中でどれに屬しますか。その番號の上の空欄に（1）とかいて下さい。

2、それに次ぐ障害はどれに屬しますか。その番號の上の空欄に（2）とかいて下さい

3、以下同樣にねがいます

4、障害がなくなつたら、そこでやめて下さい

二、あなたの障害（解決しなければならない問題）はどんな事柄ですか、くわしくおかき下さい。

（1）（2）は前表であなたがつけた障害です

1	
2	
3	

三、あなたの障害（解決しなければならない問題）を解決するにはどうしたらよいでしょう。解決策はありませんか。

（1）（2）は前表であなたがつけた障害です。

1	
2	
3	

4	
5	
6	

4	
5	
6	

次の問題は、この調査の趣旨を十分にわかつてもらい、記入上遺憾なきを期するためにはどうすればよいかということであつた。この結果われわれは父母會を開催し、その席上、調査の趣旨、記入上の注意などを詳細に說明した。このときの質疑及び調査の結果からみて特に感じた點を記してみよう。

（1）一から十までに至るスコープの內容がやや理解が困難なようであつた。別表を掲げその實例を豊富に記入して用意しておいたならば良かつたと思う。

（2）これらの項目にあてはまらない事項はどうすればよいかという質問も幾つか出た。

ここにかかげた十のスコープは人間生活のあらゆる活動を包含するわけであつて、すべての生活內容を劃然とこの十のスコープにわけることは到底不可能であり、右のような質問が出るのは當然だといえよう。このような場合は、適當な紙に具體的にその內容を記して提出してもらうことにした。結果からみると、この種の記錄は一〇〇の回答の中で七つほどあつた。

（3）この質問紙による調査の趣旨は、ある個人の障害、それは一般的ではなく、一定の職業に從事しあるいは家庭の主婦として、日常障害なりと考えなやんでいる事柄を記してもらいたかつたのであるが、結果をみると、

個人というよりは、一般的な立場からその回答を寄せた者があつた。

（4）このような調査の趣旨が十分にのみこめなかつた者がいた。學校は文部省發行の教科書を勉强すればよいのではないかというのである。われわれはこれに對し、地域學校における教材の選擇は地域社會の要求から出るのだということを根氣よく說明した。勿論一度や二度の說明で、この根據を理解できるとは思わないが、機會がある每に父母の啓蒙につとめてなければならないと思う。

（5）ある者は、このような調査は新聞雜誌をみれば出ているではないか、わざわざこのような調査をする必要はないと强調した。われわれはこの點についても、根氣よく地域社會學校の考えかたについて說き、父母の啓蒙につとめた。父母から寄せられた回答の一例を次に掲げてみよう。（第一一表參照）

第一一表　質問紙に對する回答の一例

障害の內容
種々な觀點から考えることができると思いますが、生活の目標をひとまず次の二點に置いて、これを實現する爲の障害を擧げることにしました。
（1）正しい勤勞に從事するものが、餘裕ある樂しい平和な生活をなし得る社會
（2）國民全體の文化的な水準が高まり、學術藝能が重んぜられて淸潤な慰安娛樂を心から樂しみ得る社會
1、政治に關することがら
眞面目な勤勞者の生活を壓迫しているものは主として經濟的な理由に基づくものが現在多いと思いますが、問題の根源は之を政治の如何に求めるべきで、この解決がなければ種々な障害は除去不可能と考えます。
◉官僚的統制の弊害
現在、官僚の專横は嘗ての軍閥にとつて代らんとしている傾向があります。國民一般が生活必需物資の入手に甚しい不便を感じていることも、鐵道、通信等國家事業のサーヴイスの悪さも、區役所その他の不親切もすべて官僚的な統制が餘りにも多過ぎる結果と考えます。官公吏が國民の公僕である事實を忘れて一種の特權意識

を以て我々に臨んでいることが、我々の公生活でも私生活に於ても、不愉快なことを多くしています。最近の政局の混亂も特權を握る官僚統制が行われているかぎり罪を培う温床を提供していることになります。不必要な統制をできるかぎりやめるか、全く民主的な方式に統制が切り替ったら乏しいながらも私共はもつと愉快な安心した生活が可能と思います。

具體的な障害の例を擧げれば

（1） 會社の仕事で資材の申請割當の爲に幾人も專從の從業員がいて骨を折つている。そして割當資材はホンの少しで到底之だけでは生產を繼續できない。然るに市場には物によると公定價格又はそれ以下で同じものが出ている。それならばこんな手數は不必要ではないか。

（2） 私生活ではやれ登錄やれ配給と非常な手數がかかり日常生活を非常に煩雜なものにしている。

（3） 每月乳兒の粉乳割當をもらうのですが、區役所の不親切と手數とにはあきれています。

⊙物價と賃金給料の不均衡

現在の様なインフレ時代にはどこの家庭も物價の昂騰に惱まされているが、殊に俸給、賃銀生活者はその收入が物價について行けない點で問題が多い。寧ろ正しい勤勞に基をおいている家庭の最大の障害はこのことではないであろうか。敗戰國民たる我々は勿論ゼイタクな生活はもとより期待すべくもないが、最低限の生活にも事かくのが實状である。甚しいときは食糧の調達さえ、意の如くならない。醫療費や文化費にまで手がまわらぬのは當然である。

この問題は最重要問題として早急に解決されなければならない。正しい勤勞意慾を失つて個人も國家も破滅するかしないかの瀬戸際にある。しかしこの問題は之だけを單獨にきり放しては考えられない。實質的な配給を確保すること、生活必需品の生產が增すこと、價格政策の强化、金融政策の如何等、一連の政策と密接な關係がある。

2、生產、配給に關することがら

主食を始め生活必需品の配給が不圓滑である爲、家庭の主婦は多大の時間と勞力を費している。特に主食の小刻み配給は數倍の時間を必要とし、而も主婦が重い物を配給所より運ばねばならぬと云う犧牲を買わされている。之だけの勞力と時間が省けたら家族の保健、敎育、自分の敎養にもつと行きとどいた配慮ができて少しでも生活を豊富にすることに努力できると思う。

3、物資の消費に關することがら

電力、ガスの不足の爲、家庭では三度々々原始的な薪をたいて食事の用意をする。主婦の一日の仕事のうちで費やされる時間が一番多い。主婦のみならず、家族全體が食事の支度に動員される。こんな不經濟な時間のつかい方はない。止むを得ないとあきらめればともかく、こうした無益な勞働から家庭が解放されなければ平和な文化的な生活などは絕對にのぞめない。

4、健康、衞生に關することがら

醫療費負擔の增大はどの家庭にも不安のもととなつている。スウェーデンの醫療制度として傳えられる如く、國民は保險によつて、醫藥は特殊のものを除いて全部無料、特殊藥は價格の四分の一にて入手できると云う。萬一病氣の時のことを考えれば醫療制度の不合理が、我々の生活の上に暗い壓迫を與えて、不安感を與えていることは非常なものである。

5、輸送、運搬に關すること

交通機關のダラシナさと從業員の不親切とは每日の生活に直接的な暗い影を投じている。通勤がもつと愉快にできたら一日中氣持よく働かれるのではないか。

6、其の他

以下は小生の特殊な立場からの問題ですが

（1） 外國文獻の入手不能

一九四一年（昭和十六年）後半から今に到るまで外國の研究文獻が杜絕して全く井中蛙の感じです。戰後僅に一部のものが東大圖書館にきたので、その一、二を閲覽しましたが、不便と時間の勞費の爲、とても度々は見られません。又外國に論文を寄稿する手段がないので一九三九年以後は全く絕緣狀態です。その爲、我々も獨りよがりに陷つているし、世界の進步の狀態に全く盲目です。之は日本の文化の爲にも早く解決されなければなりません。

(2) 研究費の不足

インフレの結果としてどこも研究費が爪の垢位しかなくて、事實上研究は不可能なのが實状です。研究所は開店休業の状態であるし、民間の研究所は何もしていないのが本當の姿でしょう。文化國家と云う掛聲がおかしくなります。敗戰國に多くを期待できませんが、現状は餘りにも情けない有樣です。

(3) 研究者、敎育者の待遇

小生は生産關係の仕事にも携わつておりますが、研究に從事している先輩、同僚等の待遇を思うと暗い氣持になります。大切な敎育に從事される方々も同樣です。之が改善され、寧ろ一層尊敬される社會とならなければ日本はいつまでたつても下品な國として殘るでしょう。

會社取締役　慈惠醫大講師　四二歳

2 調査の結果

調査の結果は次表（第一二表）の如くである。

第一二表　質問紙による地域社會の課題表

社會機能	要項	頻數	障害	頻數
生命及び健康の保全と愛護（總頻數 四一）	1 治安の確保	六	1 治安がみだれている	3
			2 殺人、强盗の横行になやむ	2
			3 社會が無秩序のため生命の不安を感ずる	2
	2 保健衛生	一六	1 病氣した場合完備した病院が手近にない	4
			2 病氣にかかつた場合不安がつきまとう	4
			3 入院費がたかい	1.
			4 病院の適當な配置替えが急務である	1
			5 病院の數が少い	1
			6 官公立の病院が日曜日に休診するので不便である	1
			7 醫療費が高い	2
			8 藥品がたかい	2
			9 よい藥品の入手が困難である（統制下にあるため）	1
			10 衞生觀念が乏しい	2
			11 保健施設が形だけはできてきたが利用するまでに至らない	1
			12 結核患者をへらすこと	1
			13 結核患者に職業の保障をあたえること	1
			14 榮養が少いため病氣にかかると恢復が容易でない	1
			15 日本人の健康が疾病の一歩手前にあり豫備の活力がない	1
			16 共同便所その他に手洗いの水が十分でない	1
			17 入浴をたびたびしたいが思うようにいかない	1
			18 無醫村のため不安である	1
	3 健康	一七	1 生來丈夫でないので日常生活にも過勞にならないように注意している	2
			2 主婦の勞働時間が長すぎる	4
			3 食生活の不良と過勞は必然的に健康に惡影響を與える	1
			4 體力の消耗が甚だしく生活全般に大きな支障となる	1
			5 中學生にも給食がほしい	1
			6 主食の配給量が不足、これでは健康が保てない	2
			7 食生活をどのように合理化したら良いかなやんでいる。	1
			8 妻及び子供の健康特に結核性疾患の發生を憂慮	1
			9 家族の者が病弱なので困つている（胃腸）	2
			10 家族に一人の病人も出ないように注意している	1
			11 健康を保つため必要なだけのカロリーがとれない	1
	4 住宅	二	1 せまい部屋をどうしたら最大限に使用できるか	1
			2 住宅がないので困つている	1

社會機能	要項	類數	障害	類數
一五 財産の保全と天然資源の愛護	1 治安の維持	九	1 資源の保全は今後の國民教育上大切	1
			2 財産の保障を自分で解決しなければならないところに不安がある	4
			3 盗難の危險、スリの横行	4
	2 家屋の修理	四	1 補修資材の入手難	2
			2 家屋修繕費の値上り	2
	3 資源と物資の扱い	二	1 貴重な物資をむだにしている	1
			2 私有物は大切にするが官有品は無駄にする	1
生	1 統制經濟と自由經濟	三	1 統制品目は原材料たる品目に限定すべきである	1
			2 生産は金融と資材難のため、配給は官僚統制のゆきすぎのため不圓滑である	4
			3 統制を徹廢して自由經濟にしたい	3
	2 生産	三	1 生産が能率化せられていない	3
			2 良質品が多量に安價に生産できるようになること	1
			3 生産に對してわれわれの工夫が必要	1
			4 主要物資の増産によつてインフレをとめたい	1
			5 電力やガスが不足していて平和な文化的生活はできない	1
			6 停電にこまる	3
			7 紙の生産をふやし純學術雜誌、研究論文、發表の雜誌にもつと紙を配給する	1
			8 科學實驗用の器械類藥品類の増産	1
			9 纖維品がたりない（手拭、靴下）	3
			10 純綿、毛、絹等の强い布地の生産	1
			11 生活必需物資の大量生産	1
			12 新聞製作に十分の精力を注ぎ得ない、客觀的に資材勞働問題の影響がある	1
	3 合理的な配給	三七	1 主食の配給が少い（やみ食糧を買わねばならない）	10

社會機能	要項	類數	障害	類數
産 六二			2 配給が不圓滑（遅配）	1
			3 配給の主食の種類が片よりすぎる	1
			4 燃料の配給をしてもらいたい	1
			5 米麥薪炭の配達制	6
			6 配給には良品がない	3
			7 學童に優先配給を希望する（衣服學用品）	1
			8 都會も田舍も配給を平等にしてもらいたい	1
			9 生産配給が十分でないため社會生活がうまく行われない	4
			10 水道が出る時間より斷水している方が多い	1
			11 十分なだけ肥料の配給がない	2
			12 作業衣地下足袋の配給がない	1
	4 工場の經營	一	1 金融難、工賃の値上りのため工場の經營難を來している	1
消費 四九	1 高物價	三八	1 物價がたかい、ひき下げねばならない	10
			2 やみ値がはびこつている	2
			3 物價と賃金給料の不均衡	16
			4 生活に必要なだけの消費はゆるされない	1
			5 生活費の増大が不安である	5
			6 貨幣價値の變動が不安である	4
	2 安定した生活	四	1 衣食住について安定した生活をしたい	3
			2 カロリーの多いもの、實用的なものがほしい	1
	3 月末勘定制	一	1 月末勘定制をとりたい	1
	4 勤儉生活	一	1 勤儉生活を身につかせる	1
	5 税金	四	1 税のとり方がまずい	1
			2 税金が高い	3

社會機能	要項	頻數	障害	頻數
運搬 三〇	1乘物が混雜	二一	1出勤の電車が混雜で生命の危險を感ずる	10
			2身心の消耗が大きく仕事の能率を妨げる	2
			3生活全體を低調にしている	4
			4一寸した夕立でも故障	2
			5バス網の運轉回數がたりない	2
			6子供が電車通學のため心配	1
	2物資の輸送	二	1生産物資の輸送が不圓滑のため生活に影響する	1
			2輸送が圓滑になつたら私生活の上にも改善がある	1
	3交通費	三	1交通費が高い	3
	4從業員の不親切	三	1從業員が不親切である。熱意がない	2
			2拔取、不注意による損害が多い	1
	5交通の便	一	1どこでも通用する切符があれば良い	1
通信 五	1交際費	二	1交際費が高すぎる	2
	2電話	二	1燒失電話がまだとりつけられない	1
			2不便なところなので電話をひいてもらえない	1
	3交際の合理化	一	1時代にあつた簡易な交際があつて良い	1
美的宗教的表現 一九	1宗教的信念を持たせたい	一〇	1藝術や宗教を子どもの生活の中に入れたい	2
			2宗教的信念を持たせたい	3
			3佛教的信仰が動搖している	1
			4ほんとうの宗教を會得した人に接したい	2
			5知識人のうなずける宗教がほしい	1
			6宗教に關心の深い人を保守的な人物のように見るかたむきがある	1
	2健全な藝術	七	1よい藝術にふれたい	1
			2不健康な藝術の增加により清純な情操が低下する	1
			3高踏的なものを世に出すこと	1
			4日本畫、日本的工藝の復興	1
			5藝術を正統にひきもどす新しい倫理の確立	1
			6眞の藝術ということについて敎えていただきたい	1
	3祖先の崇拜	一	1子供達が祖先崇拜の觀念に乏しい	1
	4藝術宗敎による隣人愛の精神を高揚する	一	1藝術宗敎による隣人愛の精神の高揚	1
敎育の制度と施設 七八	1民主主義敎育の樹立	一五	1自由主義民主主義のはきちがい	2
			2うそに對して無感覺	1
			3個性に應じた敎育	2
			4人間味のある敎育をうけさせたい	1
			5民主主義敎育の確立が急務	1
			6敎育の意欲をたかめたい	1
			7日本再建に役立つ敎育	1
			8眞の人間性にねざした宗敎心のある人間	1
			9青少年の敎育に一貫した指導性がほしい	1
			10日本人として誇を持たせたい	1
			11敎育を尊重する大臣市町村理事の出現	1
			12男女同權がゆきすぎはしないか	1
			13實質的な六、三敎育の實現をのぞむ	1
	2敎育費	八	1敎育費がたかい	8
			2經濟上の關係から子どもに十分參考書が與えられない	3
	3家庭の敎育	二〇	1家庭においてどう敎育したらよいかわからない（敎育制度の轉換期にあたり）	3

社會機能	要項	數頻	障害	數頻
教育の制度と施設			2 學用品參考書の不足	3
			3 道義頽廢のこのとき子弟の教育をどうしたらよいか	2
			4 學習の態度が全然なつていないで困つている	4
			5 勉强をみてやる餘裕がほしい	4
			6 人間的に立派なものに育てるのに苦心	4
			7 勉强部屋がない	1
			8 子供は社會を不安げにみつめている	1
			9 良書をえらんで紹介してほしい	3
			10 いかにして子供の實力をつけるか	1
			11 近所の環境がわるく子供に惡い影響を與えている	1
			12 家庭生産に子どもは協力しない	1
			13 父なきため早く商賣上の手紙位はかいてもらいたい	1
			14 女子の教育をどのようにしたらよいか	1
	4 進學	一	1 上級學校の入學につき今のうちに力をつけたい	1
	5 教育者	九	1 よい教育者がほしい	1
			2 教育者は象牙の塔にこもり、理想を仰いで教育してほしい	1
			3 待遇がわるい	4
			4 教育者のありかたと本務についての再教育	1
			5 中學校の經營、生徒の育て方、校風の樹立	2
			6 教育者は毅然たる態度で教育に當つてほしい	1
	6 設備	四	1 奉職先學校における研究、實驗設備の擴充强化	1
			2 新制學校の完備	2
			3 實驗用具がない	1

社會機能	要項	數頻	障害	數頻
七八	7 研究	六	1 研究費の不足	3
			2 外國文獻の入手不能	2
			3 辭典が高價	1
	8 社會教育	五	1 低級文化が横行	1
			2 政治教育――成人教育	1
			3 圖書館の充實	1
			4 映畫教育の普及	1
			5 子供の教育、公共事業のてつだい位はしたいと思うがなかなかできない	1
二七 厚生の制度と施設	1 慰安及娯樂の施設	二	1 青少年に健全な娯樂がない	6
			2 厚生施設が必要	1
			3 慰安、娯樂が無秩序のためこれが道義頽廢の因となる	1
			4 都心を遠ざかる程厚生娯樂機關が乏しい	1
			6 家庭婦人の立場から心からの慰安を求めたい	1
			7 子供達が道路や畠で遊んでいて危險	1
	2 休養娯樂	九	1 實行上困難（經濟上、交通上）	6
			2 時間的餘裕がない	1
			3 土地に親む健康的な休日を持ちたい	1
			4 日本人にあつた體育が考えられねばならない	1
	3 ラジオ	一	1 成長期の子どもには困るものがある	1
	4 雜誌	一	1 こまるものがある	1
	5 新聞	二	1 片田舎のため新聞が毎日配達されない	1
			2 ひつこしてきたところが新聞がとれない	1
	6 書籍	一	1 高價である	1
	7 浴場映畫	一	1 分散させてほしい	1
	8 圖書館	一	1 大泉にもほしい	1

社會機能	要項	頻數	障害	頻數
政治の制度と施設 三四 計 三七五	1 政治の確立	三	1 政治が完全に行われていない	7
			2 自己や政黨を空しうして國民生活の安定向上にまい進する政治を切望する	5
			3 明るい政治	4
			4 りつぱな政治家がいない	4
			5 二大政黨の確立	
			6 思想的には反動、道義的には無節操の輩によつて國家が指導されている	1
			8 政府及び大臣を信頼して生活出來る日が望ましい	1
	2 現在官僚の横暴	二	1 官僚の横暴は嘗ての軍閥に代らんとしている	1
			2 官界特に警察制度の肅清をのぞむ	1
	3 政財、官界における贈収賄	三	1 心をいためている	1
			2 敎育に悪影響をあたえている	1
			3 上は政府から下は町内の役人に至るまできたない	1
	4 共産主義の脅威	一	1 共産主義者及び一般の左翼運動による社會及び敎育の攪亂	1
	5 政治敎育	二	1 政治敎育が貧困	2
	6 内閣	一	1 たびたび内閣が變るのはよくない	1
	7 平和會議	一	1 早く平和會議を締結すること	1
	8 ソ聯地區から引あげの	一	1 ひきあげを速に完了してもらいたい	1

六四

回答者の男女別・職業別・年齢別は次の如くである。

男子　六五名　　女子　三五名

第一三表　社會課題調査回答者年齢別表

年齢	男	女
二一—二五	1	1
二六—三〇	1	0
三一—三五	1	5
三六—四〇	8	9
四一—四五	15	11
四六—五〇	11	6
五一—五五	14	2
五六—六〇	6	1
六一—六五	2	0
六六—七〇	1	0

第一四表　社會課題調査回答者職業別表

	社會機能	職域　（　）内の數字は人數を示す
1	生命及び健康の保全と愛護	醫師（4）醫療器械製造（2）生命保險會社（1）藥品會社（2）助産婦（1）
2	財産及び天然資源の保全と愛護	火災保險會社（1）
3	生産	農業（1）染色業（1）建築業（3）陶器會社（1）燃料協會（1）ゴム統制組合（1）農業協同組合（1）萬年筆製作會社（1）電氣器械製作（1）電氣器具製造（1）
4	消費	洋品店（1）化粧品卸店（1）
5	運搬	交通公社（1）鐵道官吏（2）
6	通信	新聞社支局長（1）新聞社論説委員（1）
7	美的宗敎的表現	寫眞師（2）宗敎文化協會（1）百貨店美術部長（1）畫家（2）洋裁業（2）

六五

8	9	10	考備
教育の制度と施設	厚生の制度と施設	政治の制度と施設	無職（家庭の主婦）三一名
教員（16）京大醫務課（1）區役所教育係（1）教育文化協會（1）	出版社（1）造園技師（1）印刷業（2）映畫館支配人（2）	警察署長（1）	不明の者　五名

それぞれの社會機能における障害（課題）の分布は次のようである。

第一五表　社會機能における課題の分布

障害の順位		1 生命及び健康の保全と愛護	2 財産及び天然資源の保全と愛護	3 生産	4 消費	5 運搬	6 通信	7 美的宗教的表現	8 教育の制度と施設	9 厚生の制度と施設	10 政治の制度と施設
1	男	14	4	14	9	2	2		10		10
	女	11	3	1	7		1		7		5
2	男	8	4	13	7	2		1	12	2	6
	女	2	5	7	4	1		2	10	2	
3	男	2	4	8	7	3	1	4	14	3	2
	女	2	2	4	2	5	2	2	2	2	3
4	男	2	4	4	3	3		3	7	5	4
	女	2		3	1	1		2	4	2	1
5	男	4	1	1	1	4		2	5	4	5
	女			1	1	2				1	1
6	男	1			1	2	3	2	1	1	3
	女									1	2
7	男		1					1		1	
	女					1					
8	男							1			1
	女										
9	男				1		1				
	女										
10	男		1							1	
	女										

この調査から、地域社會における主なる課題を社會機能別にとりあげてみると次表（第一六表）のようである。

第一六表　社會機能と課題（障害）

社會機能	課題
1 生命及び健康の保全と愛護	1、治安の確保 2、保健、衛生對策の確立 3、健康維持に十分なる榮養の確保 4、住宅問題
2 財産及び天然資源の保全と愛護	1、治安の確保
3 生産	1、統制の撤廢 2、生産の增加 3、配給の合理化

4	消　費	1、物價のひきさげ 2、安定した生活
5	運　搬	1、乗物が混雑 2、交通不安 3、交通從業員の不親切
6	通　信	1、電話の急速復舊
7	美的宗敎的表現	1、宗敎的信念の涵養 2、健全な藝術 3、祖先の崇拜
8	敎育の制度と施設	1、民主主義敎育の確立 2、敎育費の低減 3、家庭における敎育になやむ 4、低級な文化の追放
9	厚生の制度と施設	1、慰安、娯樂施設の充實 2、餘暇がほしい 3、文化施設の不足
10	政治の制度と施設	1、良い政治 2、政、財、官界における贈收賄の絶滅 3、正しい政治敎育の確立 4、平和會議の促進

3　調査の結果とその活用

この調査は前にも記したように、それぞれの個人の立場からみての障害を調査したものであるから、その個人の職業、住居、年齢、性別等によつて雜多であるが、これを大別してみると、共通の障害（課題）と個人的な障害（課題）とにわけられる。共通の障害のうち特に著しいものは第一六表に示した如くであるが、その具體的な内容は第一二表に示した如くである。

これらの個々の内容についてみるに、「生命及び健康の保全と愛護」における治安の確保、警察力の充實を要望する聲や、同じスコープにおける、病氣にかかつたときの醫療費の高騰についての不安は、だいたいにおいて共通の障害（課題）といつて差支えないであろう。

これに反し、「電話をひいてもらいたいが、なかなかとりつけてもらえない」とゆう障害は、その住居が、ただ一軒だけ極端に離れている特殊事情からきているのであつて、個人的な障害（課題）といつてよいであろう。

われわれが、カリキュラムを構成するにあたつては、その障害が共通の課題であるか、個人的な障害であるかを明確にしておくことが大切である。又一方甚だ複雜な障害がある。たとえば、「生産」の項に、「統制を徹廢して自由經濟に」という提案がなされている。今直ちに自由經濟にすることが好ましいかどうか、今にわかに斷定することは困難である。これらの點については、われわれ自身が十分な識見を持ち、國家的視野においてその可否を考えなければならないと思う。

個人の職業を通しての課題も、統計學上必要な調査人員、しかも、これらの調査者がわれわれの地域社會を十分に代表し得る者であるならば、その課題を正當なりと考えることができるわけであるが、われわれの實施したこの調査においては、抽出統計の理論にたつた調査ではないので十分な信頼をおくわけにいかない。ここにこの調査の信頼度の限界がある。われわれはこの缺點を補うために、それぞれの社會機能における施設を中心としての課題の調査、新聞にあらわれた記事から地域社會の課題を捉えんとする新聞紙法により、地域の課題を一層明らかにしようと試みた。

（二） 社會施設の課題調査

1 調査の方法

前項において考察したことは、地域社會の課題を、その地域に生活を營んでいる者の個人的な面において捉えんとしたのであるが、地域社會には、その社會の幸福、發展のためのもろもろの施設が存在し、地域社會の課題障害の解決にあたつている。

ここにおいて我々は、これらの諸施設がどのような課題を擔つているか、この解決のためにどのような對策を樹てているか、又これらの諸施設は中學校教育ないし都民にたいしてどのような要求を持つているか等々について調査を進めた。調査箇所、調査の方法、調査によつて明らかになつた社會施設の擔つている課題は次の如くである。

第一七表 社會施設調査箇所一覧

	社會機能	調査箇所
1	生命及び健康の保全と愛護	國立清瀬病院　練馬病院　警視廳衛生係　交通係
2	財産及び天然資源の保全と愛護	警視廳　消防廳　警視廳防犯課
3	生産	三越　鐘淵紡績
4	消費	築地市場　三越　勸業銀行　關東配電會社
5	運搬	都交通局　西武線（武藏野線）本社　日本交通公社
6	通信	石神井郵便局
7	美的宗教的表現	
8	教育の制度と施設	文部省　都教育局
9	厚生の制度と施設	映畫館（新宿新星館）　大泉スタジオ　豊島園　日本交通公社
10	政治の制度と施設	東京都議會

調　査　問　題

一、あなたの職域では現在どのようなことが問題となっていますか

二、なぜそのようなことが問題となっていますか

三、その問題を解決することについて、どのような方法を考えておりますか

四、都民に對してどのようなことを希望しますか

五、中學校教育に對してどのようなことを希望しますか

調査にあたっては、教育實習中の教生の勞をも煩わし、二人一組の班を組織し、これらの施設を訪ね、それぞれの責任者と面接してその課題をきくことにした。なお一部の施設については質問紙を送附して記入を依頼した。

2　調　査　の　結　果

調査した結果の報告の一例。

1、調査場所　築地卸賣市場　大正十二年中央市場法によって設置さる。

2、事業の概要

中央市場はその集った荷を公認荷受機關を通じて委託販賣する。その際荷受機關は一割以下の利をみる。各分場の買出人が三割以下の利をみて、消費者には公定價で販賣される。

集荷物は東京都の中央卸賣市場本分場（青果の場合）、中央卸賣市場指圖課（魚類）で各分場へ割あてる。各分場の業者はそれを販賣する。もし品物が不良である場合はこれを受とらないこともできる。

3、職域における課題

（イ）價格違反が多い。——これは消費者よりえらばれた物價公安委員なる者があり、監督にあたっている。

（ロ）目方がへること——生鮮食料品なるため多少の目方減りは止むを得ない。これは業者の良心にまかせる。

（ハ）配給品の質の低下——現在生産物に制限があり、強制的な供出制度であるため多少質が低下していても止むを得ない。

（ニ）高級品（マグロ、タイ）の配給が少いこと——これらは時期により又、船舶、燃料などの關係で思うように收穫できず、從って、高級品は思うように配給できない

5、この問題の起因

（イ）（ロ）（ハ）（ニ）を通じて言えることは、終戦後業者の質の低下を指摘することができよう。（ハ）に於ては配給機構の缺點が指摘され、（ニ）に於ては船舶の數が少く、且、燃料の減少、急激なる人口の增大があげられる。

6、この問題の解決策

（イ）業者の良心に訴えること、消費者が自覺した消費生活を營むこと。

（ロ）目方切れは業者の良心と消費者（家庭の主婦）の業者に對する理解とをあわせて望みたい。

（ハ）都の命令により荷受機關が配給品を業者に一割の手數料をとって賣渡すが、その際、配給品と希望配給品（質の劣る品、拒否された品）を混合して業者がもうける。かかる不正を正すため物價監視委員が活動するようになっている。消費者もこのことを十分理解して買うことが大切である。

（ニ）高級品は收穫量も少く、そのため高價であるが、これが解決は現在のところ船舶や燃料などの都合で不可能である。

（ホ）東京都の計畫としては均分な配給を望んでいるが、運賃は現在國家からの補助がなくなったため業者は目方切れと、運賃が自分の負擔となり、從って遠隔な地域に於ては業者の利益がうすくなるため均分の配給がおくれがちになる。

7、將來の見透し

現在としては船舶、燃料が不足のため收獲が限定され、十分な配給ができないが、將來は自由經濟にするつもりでいる。魚

類青果物も統制を撤廢する氣運が次第に起りつつある。近い將來に於ては統制が撤廢されて自由經濟となるであろう。

8、都民に對する要望

（イ）消費者の協力により闇買いをなくす。

（ロ）東京都としては末端配給にまで手がとどかぬから、消費者自身に自覺してもらう。

（ハ）配給品を完全にしてもらい、横流しを防ぐ。

9、中學校教育に對する要望

參觀乃至見學をぜひやつてもらい、その實状について深い認識をもつてもらいたい。我々としてもできるだけの協力をする。

次にそれぞれの社會施設がどのような課題を持つているかその要點を掲げてみよう。

國立清瀬病院

この病院は結核患者のための病院であつて、病棟約六〇〇。東京都北多摩郡清瀬村にある。本校より約八キロのところにある。

中學校教育に對する要望（都民に對する要望も含む）

1、病氣に對する知識を持つていてほしい。

たとえば、チフスにかかつたような場合、チフスについての症状を知つていれば、早目に醫師に相談することもできる。

社會に對する要望

1、病後の結核患者に對して適當な職業を與えてもらいたい。このような施設をのぞむ。

2 一年に一回は健康診斷（レントゲン檢査も含む）を受けるようにしてもらいたい。

練　馬　病　院

この病院は産業組合法により昭和二十三年一月發足したばかりである。組合員は約一二〇〇人、資金口數約四〇〇〇口（一口二〇〇圓）となつていて、病院建築資金の約一割にすぎない。このため借金及び未拂金でやりくりしている現状である。

1、中學校に對する要望

健康診斷を定期的に行い徹底させてほしい。

2、練馬區民に對する要望

a　一般に經濟的理由から醫師にかかるのが遲く病氣を惡くしてしまう。からだに對して神經質になる位になつてほしい。

b　健康保險證を利用すると不親切な扱いを受けるという惡觀念があつて、このため利用しない人がいる。少くも當病院においてはそのようなことはない故、大いに健康保險證を利用されたい。

警視廳衛生係

都民の保健衛生についての課題

1、豫防衛生學及び公衆衛生學のだいたいを都民が理解すること。

2、個人の衛生にかぎらず、公衆の衛生についても都民が十分に理解をもつてほしい。

警視廳交通係

都民に對する要望

1、一人一人がよく交通規則を守り正しい、明るい交通をするように留意してほしい。

東京消防廳

一、災害對策上都民に對する要望

1、民主化消防の確認

自治體消防としての發足は法律によつて規定されてあるように、その區域內の消防は「その市町村が責めを負つている」のであつて、消防は都民の責任である。民衆の消防としてこの機關に對する新たな確認を要望する。

2、消防力の確保

消防力の必要性について深い理解を持たれ、昨年の消防力をそのまま今日に持越すことなく、消防力の强化に協力してほしい。

3、消防の社會的性格の再認識

都市と消防との相關關係を再認識してほしい。

4、消防の本質を把握

災害對策上、常時專任の獨立機關として、他に類をみない組織力をもつ消防の本質を理解してほしい。

警視廳防犯課

都民に對する要望

1、道義的觀念の昂揚を圖つてもらいたい。

不良行爲者が、十四、五歲以上の少年層から多數出ている現況からみれば、青少年の指導敎育が重要であり精神的訓練の必要が痛感せられる。

2、隣保協助心の涵養を圖つてもらいたい。

隣近所が團結し相扶け合うという觀念を養成してもらいたい。

3、自衞心を振いおこすこと。

最近の犯罪被害の狀況からみると、その約九割が「若し被害者がもう少し注意をしたら」と考えられる。都民一般の自衞心を强調したい。

4、防犯施設をできるだけ備付けてほしい。

5、犯人檢擧に都民一般が協力してもらいたい。

6、密　告

犯罪その他につき知得した事項を速かに捜査當局に通告してほしい。

7、聞込みの協力

「かかりあいはいやだ」「仇をされると馬鹿をみる」などという犯人側のデマなど全然考慮するようなことなく、都民全部が、自分の町から犯罪を追放するという觀念のもとに積極的協力を望みたい。

8、逮捕時の協力

a　犯罪の現場をあらさないこと。

b　もよりの派出所又は警察署へ通報すること。

三越本店

産業再建のために解決しなければならない課題

1、企業の合理化を行うこと
2、資金問題を解決すること
3、動力資源を確保すること
4、基礎物資の必要量を確保すること
5、交通、運輸、通信等の設備の復活をはかること
6、需要のバランスのとれている物資の統制を速かに廢止すること

鐘淵紡績

東京都の産業再建のために解決しなければならない課題

1、原綿入手の困難を解決すること
2、アジア各地のドル不足のため製品の輸出がはかばかしくない。
3、貸金不安定のため生産があがらない、

都民に對する要望

1、女子従業員に對する理解と溫い思いやりを持つこと。
2、東京ないしその周邊地區から勞働力の供給を仰ぎたい。

三越本店

消費の面で都民に對する要望

1、物資購入のときは、價格に拘泥せず、優良品を選擇し、不良品を淘汰してゆかねばならない。
2、科學的な知識を養い、消費の合理化につとめなければならない。

勧業銀行

消費の面で都民に對する要望

1、闇物資の高價を極力抑え、流通を圓滑ならしめるように心がけてほしい。
2、貯金の增加、納税の完全を期し、國家の資金計畫に寄與してもらいたい。
3、證券投資に留意し、インフレ防止に協力してもらいたい。

關東配電

消費の面で都民に對する要望

1、電氣の割當制について、これはやむをえない當面の措置であることを知つてもらい、この割當を守ることを要望する。
2、不要な電灯はまめに消すこと、裸電球はこれをやめて笠を用いること。

東京都交通局

1、課　題（獨立採算制の解決）

a、獨立採算制のためには設備費の儉約人員の整理が必要であるが、交通網の擴張のためにはかえつて人員をふやさなければならない。これをどう解決したらよいか。

b　ラッシュを解消させるためには增車が必要であるが、この增車はラッシュ時以外はねむらせておかなけれ

ばならない。即ち一日中乘客數が平均化されないため設備費に多大の費用がかかり、このためにも獨立採算制がとれない。

2、課題解決のため對策

これからの都市計畫としては、都の中心部神田、港、中央區の官廳を他の衞星都市に分散させ、交通網は、主としてその衞星都市の連絡機關とする。

又交通の發展（特にバス）は　區の人口の分布に應じて重點的に計畫されなければならない。

現在の對策としては、都の中心部と、各區を結ぶバス網の發達に目標をおいている。

3、中學校に對する希望

a、交通の歴史、發展狀態、交通從業員の仕事を理解させてほしい。

b、交通道德を昂揚してほしい。

武藏野線本社

本社の組織　1、運輸（運行、運轉）　2、工務（保線、電氣、整備）　3總務（庶務計理、厚生）

1、課　　題

a、資材の不足をどうするか

b、乘客の激增に伴う車體の不足をどう解決するか

c、交通道德の高揚を圖るにはどうするか

d、職員（含從業員）の教養をたかめるために苦心している。

2、都民に對する要望

交通道德の高揚を期待する（乘降時、車中における態度）

3、中學校に對する希望

a、交通道德を高揚してもらいたい。

b、交通に對して一般的な知識をつけてほしい。

c、信號に對する注意の喚起

日本交通公社企畫室

1、課　　題（次の各項を國際觀光の立場より、觀光國の首都として恥しからぬように整備する）

a、道路の修理改善

b、街路の美化

c、通信、運輸におけるサーヴィス向上

d、乘用車、觀光バスの整備

2、都民に對する要望

外客をむかえる觀光國首都の一員として、一般教養を基礎としたエチケットを主體として交通道德をたかめてほしい。

石神井郵便局

組　　織　1、通信關係（郵便、電信、電話）　2、金融關係（生命保險、簡易保險、郵便貯金）

1、課　題

a、獨立採算制の確保。

b、通信の利用範圍を擴大し、一般人民大衆の郵便としての本領を發揮する。

2、課題の理由

區域により利益のあがるところとあがらないところがあるので、均一に利益を得るには獨立採算制がとられる理由がある。このため一般金融と通信とを分離して運營する。

3、都民に對する要望

a、社會生活に密接な關係がありすぎるため通信問題に對して無關心のように思はれる。深い理解を持つてほしい。

b、通信機關は晝夜の別なく運營されていることに留意されたい。

4、中學校に對する希望

a、基礎的な組織、機構を理解させてほしい。

b、郵便物の目方と郵便料、荷づくり等に對する一般的な知識が少い。

c、日常生活に最も關係深い通信についてよく生徒に理解させてほしい。

文　部　省

學校敎育局、科學敎育局、敎科書局

東　京　都

練　馬　區

指導課、初等敎育課

敎　育　課

1、課　題

a、中學校の設置基準の法律をつくること

b、中學校のカリキュラムを改正すること

c、中學校、高等學校の學籍簿、または生徒指導簿をつくること

d、中學校の建設費補助の法律をつくること

e、中學校敎員の現職敎育の資料又は機會をつくること

f、職業指導敎育の新方針を具體化すること

g、六三制の完全實施を圖ること

h、學校敎職員の給與の增額と地位の向上

i、學術圖書、研究圖書、及び雜誌類の出版斡旋

j、科學研究奬勵金の增額

k、青少年の不良化防止

2、課　題　の　理　由

a、G・H・Qの指令と、民主敎育建設のため必要である。

b、新憲法の具體化のため

3、都民に對する要望

a、法律の定める權利義務を十分に知つてもらいたい。

b、P・T・Aの責任と公共團體の責任の區別を十分に知つてもらいたい。

c、新しい敎育の本質を理解し、その促進に協力してほしい。

4、中學校に對する要望

a、中學校の性格が、學校にも市民にも生徒にも把握されていない。

b、中學校の性格を實現する具體的な敎育計畫を各學校が樹立し、これを實施してもらいたい。

新星館（洋畫上映館）

1、課　題

a、現在のようなアメリカ映畫では大衆に受けないため、收入が少くてこまつている。

b、大衆にむいて、大衆を墮落させないよい映畫で大衆によい影響を與えるものを上映したい。

2、課題の理由

現在のアメリカ映畫は大衆に受けていない。これは大衆の批判力が增大してきたからである。良いアメリカ映畫の輸入されない理由としては、爲替相場がきまつていないため、輸入は物々交換で行われており、フィルムはその交換の物資がないために、フィルムが輸入されてもハリウッドには金がゆかない。このため早く爲替相場をきめなければならない。

3、都民に對する要望

社會道德の向上を圖つてもらいたい。

4、中學校に對する要望

大衆の最大の娯樂として重要な位置にある映畫を敎育實踐の場として（道德的行動を含む）考えてもらいたい。社會道德を自然のうちに指導してほしい。生物にもつと關心を持たせてほしい

太泉スタヂオ

1、課　題

a、丙種產業に屬しているため資金面に支障をきたしている。

b、電氣の不足

c、特殊な企業であるため勞働基準法の制約にこまつている。

d、敎育映畫をつくり、これを免稅興行として文化敎育の一助としたい。

e自轉車等の輸出宣傳映畫をつくり、產業復興の一助としたい。

今までに撮影した映畫

狸紳士、うわさの男、我が町は綠なり、群狼、臺風圈の女、肉體の門、風の子、

2、都民に對する要望

われわれも又もうからねば經營してゆけない、このため都民の望みにあわせて作つており、われわれが理想とする藝術的、敎育的なものは作れない。

われわれとしてもエロ・グロ映畫を作るのはいやだが、生活のために止むを得ないのだ。

映畫が文化、藝術、娯樂への眞の一助となるために、都民も自覺して教養を深めてほしい。

豊島園

現在の施設　競技場六　テニスコート六　プール二　野球場二　その他兒童の遊戯場　一年間に有料入員五十萬人が入場する。

1、課　題

（イ）資金難をどう克服するか。

（ロ）社會道徳の低下にこまつている。

2、課題の理由

社會の道徳が低下し園内を汚したり器具を破損する。そのため修繕費がかかるし掃除人夫を余分に必要とする。汚いから入園者が少くなる。

これらが原因となり結果となり、大きな頭痛のたねである。

3、將來への抱負

昆蟲館の設立、各種植物の增殖、屋内體育館の設立、兒童圖書館の設立、一、二割の擴張、豊島園行電車の回數を增すこと

4 都民に對する期待

社會道德の向上

5、學校教育に對する期待

社會道德を自然のうちに指導してほしい。生物にもつと關心を持たせてほしい。

日本交通公社

東京都の厚生、慰安について解決しなければならない課題

1、公園の整備

2、公衆便所の整備

3、綠地の保護と整備

4、健全娯樂の育成

都民に對する要望

1、文化國家の首都としてはずかしからぬ東京ならしめるために、公共物の使用については各人が一層心し、道德心、公共心をたかめてほしい。

東京都議會

1、東京都の發展上解決しなければならない都政の課題

a、都議會事務局の法制化と議會に屬する豫算執行權の獨立

b、議會閉會中に常任委員會を開會し、活動し得る如き條項を明記すること

c、地方自治法中に明文化されている權限を强化すること

2、都民に對する要望

a 都民が都議會の議員選出及び議會の運營、議員の活動等に對して深く留意し、これを住民のために活動させるようにしてもらいたい。

b、都民は直接請求の權限があり、議長に對して請願、陳情をなすことができるから、これを活用してもらいたい。

c、議會の傍聽をすることによつて、直接に議會の狀況を知り、間接に議員の活動を監視督勵してもらいたい。

このようにして社會施設が擔つている課題を一應明らかにしたのであるが、本調査は、前節の「質問紙による地域社會の課題調査」に缺けている點を滿たすのに役に立つた。ただ十分な時間がなかつたがために、最初に計畫した社會施設の全體について調査ができなかつたのは殘念であつた。これらは今後の調査によつて一層の完璧を期したいと思う。

(三) 新聞による課題調査

すでにみてきたように、われわれは地域社會における課題を明らかにするために、それぞれの社會機能に應じて、保護者の職業の面からないし家庭の主婦の立場から、地域社會に存在する社會施設の測面からと、その調査を進めてきたのであるが、これ等の調査においては、被調査者ないし被調査施設が制限されており、必ずしも地域社會における課題を網羅したということはできないであろう。特にわれわれの地域社會の生活を大きく左右する日本社會の擔つている課題については不十分であつた。そこでわれわれは、この二つの問題を解決するため、新聞にあらわれた記事から、これらの課題を一層深く見きわめようと試みた。

まずわれわれは、調査の對象として、毎日、朝日、讀賣の三紙をとりあげ、そのみだしを中心として、これを前にあげた十の社會機能に分類して整理した。分類、整理する上に留意した點は次の如くである。

(1) 新聞記事のうち除外したもの、小說、廣告、ラジオ欄、天氣欄、株式等

(2) 主としてとりあげたもの、政治經濟面、社說、投書、社會面、學藝、婦人、家庭欄等

(3) 政治經濟面、社會面においても、とりあげるに價値なしと考えられるものは除外した。みだしが小活字のもの、主としてある個人に關する記事等がこれに屬する。しかし、たとえ小活字で組まれていても意味のあるものはこれをとりあげた。また最初に出た記事で格別の變化がない場合、これらの後續記事は省略した。

(4) どの社會機能に分類したらよいか必ずしも明瞭でないものは、協議の上決定した。

2 調査の結果

分類、整理したものを各社會機能ごとに示してみよう。(第一八表參照)

1、社は社說、投は投書の略、數字は月及び日附、十一、十二は昭和二十三年の十一月、十二月を意味し、一、二は昭和二十四年一月、二月の意味であり、それに續く數字は日附を表わす。

2 社會機能を中心とするスコープのとりかたは社會生活を中心の問題とするから、個人に關することがらは、どのスコープにくみいれたらよいか、不可能な場合がある。たとえば、自分の頭のわるいことを悲觀して自殺したとか、頭の髮の毛がうすいのを氣にかけて家出をした等はこれに屬する。同じ個人に關することがらであつても、學校校舍の建設のために寄附をするというような場合には分類が可能である。

第一八表　新聞の調査による課題表

生命及び健康の保全と愛護

事項	日附
1、鬼畜の少年强盗	一一・三
2、增える凶惡犯罪、今月早くも殺人五件	一一・一〇
3、新しい日本服（社）	一一・一二
4、幼兒五百名罹患、京都豫防注射の副作用	一一・一六
5、都營住宅申込み　一日から三日まで　一般と洋風一七〇〇戸	一一・二一
6、輸血の人妻梅毒で失明	一一・二二
7、相つぐ〝輸血性病〟さらに三名が感染	一一・二三
8、飲み殘りで卽死　酒に青酸カリ混入か	一一・二四
9、〝封建親子觀〟の判決子殺の母執行猶豫參院で問題化す	一一・二六
10、うどんで中毒　中野で五〇餘名	一一・二七
11、〝ハシカが流行する〟余病の併發を防げ	一一・二八
12、銀座にピストル强盗、澁谷へ走らせて自動車强奪	一二・四
13、予防接種法（投）	一二・五
14、輕視された子供の人權　參院法務委員會　愛兒殺しの眞相報告	一二・八
15、日本の人口（投）	一二・九
16、〝人權おかした判決〟愛兒殺し　參院法委で結論	一二・一七
17、目藥はほとんどゴミ入り　驅虫劑もあてにならぬ	一二・二六
18、强盜一夜に七軒　ブッソウな都の歳末	一二・二七
19、ストレプトマイシン輸入	一二・二九
20、人身賣買の契約　無効宣言發す	一・八
21、日本のガン研究を高く評價　木下博士歸國談	一・一三
22、賣られ行く子ら（社）	一・一四
23、十日間に六萬人　都への自由轉入豫想通り	一・一九
24、夜警尻目に〝放火魔〟横行	一・一九
25、近く再度の接種　京都のジフテリヤは業者の不注意	一・一九
26、人買い契約無効　法務廳が勸告を發す	一・二三
27、あと十年で患者を半減　結核撲滅に病床も整備	一・二八
28、住宅金庫設置へ　政府で計畫を進む	一・三〇
29、野口博士たたえて外苑に記念立像	一・三一
30、信濃町にまた天然痘	二・二
31、住宅融資に手を打て、全國に上る切なる聲	二・四
32、金詰りで家建たず　公營住宅に希望者千八百倍　喘ぐ重苦の勤勞者	二・四

財産及び天然資源の保全と愛護

事項	日附
1、民報編集室燒く	一一・二
2、納得できない課税（投）	一一・六
3、地代、家賃の改訂について	一一・八
4、著作權と課税（投）	一一・九
5、停電利用で荒稼ぎ、僞札束使を逮捕	一一・一七
6、勤勞者に痛い税の嵐	一・一九
7、こども銀行（投）	一一・二三
8、殖える災害　鑛山保安を現地に視る	一一・二〇
9、すぐは止められぬ　取引高税で首相答辯	一一・二三

生産

事項	日附
10、六區のボス九名檢擧	一一・二六
11、火事見物即死　南千住で九棟燒く	一二・六
12、税が拂えず一家心中　麻布の洗濯屋親子四人	一二・七
13、滯納二七〇億　徴税に差押え强行	一二・八
14、放射性希元素を發見　丹後で京大田久保敎授	一二・八
15、留守宅に御注意、サギが横行	一二・八
16、燒切り專門の怪盜、城西方面を軒なみにあらす	一二・九
17、今樣紀文の正體、稀代の土藏破り	一二・一一
18、神田の時計商を襲う	一二・一八
19、國寶さらに九二件	一二・一九
20、再武裝の素地なし　米、ソの日本警察力非難反駁	一・六
21、キラッと光る砂金、未開の黄金境をゆく	一・一〇
22、一番大きな金塊は二〇匁位、部落の故老が語る黄金境	一・一一
23、カムイの金鑛調査終る	一・一一
24、通貨處理の要なし　マ經濟科學局長言明	一・一六
25、法隆寺の金堂燒く	一・二一
26、都内火事ひんぱん　巣鴨署燒く	一・二七
27、またピストル强盜	一・二七
28、豫算なき國寶の末路	一・二八
29、國寶燒失（投）	一・三〇
30、不備な著作權法を全面的に改正、音樂、美術にも新規定	二・三
31、城北荒す〝燒切り團〟被害既に一一二〇餘軒	二・四

事項	日附
1、三千六百萬トン出炭可能、ワ石炭調査官談	一一・六
2、二次農地改革年末に終了	一一・六
3、賃金安定策の焦點（社）	一一・七
4、災害の査定、事前割當と天災（投）	一一・七
5、英連邦と通商協定成る	一一・一〇
6、炭鑛波狀スト　二〇パーセントの減炭を豫想	一一・一一
7、米八十萬トン　夏に備えて貯藏	一一・一四
8、日英通商協定	一一・一四
9、企業合理化へ三原則、物價賃金の惡循環斷つ	一一・一五
10、連夜停電の惱み斷つ、惡質違反を處分	一一・一七
11、石炭問題の解決策	一一・一七
12、貿易、人口に食違い、經濟復興五カ年計畫きよう再檢討	一一・一八
13、豆炭配給の不正怒る、町民檢察廳へ陣情	一一・一九
14、補修用疊表配給	一一・一九
15、臺灣から砂糖十萬トン	一一・一九
16、ソ聯へ機關車輸出	一一・一九
17、今年の米は何石とれるか	一一・二〇
18、野菜統制を廢止せよ（社）	一一・二〇
19、日本自立を强化、産業擴充、輸出を增進、歸國のファイン總司令部使節團長語る	一一・二〇
20、産業文化の功績者（社）	一一・二二
21、十二本の煙草の木（投）	一一・二三
22、スト中止勸告取止め、電産爭議	一一・二三
23、輸出と生活（社）	一一・二三
24、炭鑛スト一應延期、組合側團體交渉を應諾	一一・二四
25、インフレの足取り、經濟常態化の兆、かぎは輸入物資と賃金	一一・二四
26、纖維二億ヤール（約四千萬ドル）オランダと輸出新協定	一一・二四

27、配給品の行方（投）	一一・二四
28、停電のない冬、賢配で親心の對策	一一・二五
29、勞働界の左右抗爭	一一・二五
30、食糧二億二千萬ドル、年内に對日供給	一一・二六
31、タイ米廿萬トン、國際緊急食糧委 日本輸出を討議	一一・二六
32、勞務配給に重點、衣料一人平均一〇八ポンド	一一・二六
33、日本へ米廿萬トン、米陸軍省國連へ許可を要請	一二・五
34、日本への輸出を增大、極東委員會マ元帥に勸告	一二・八
35、日本貿易の擴張案、極東委員會マ元帥に勸告	一二・八
36、正月から六十本に、家庭用タバコを增配	一二・八
37、十月は戰後最高、好調つづく生產狀況	一二・九
38、主食は三合ほしい、副食物の統制廢止は好評	一二・一〇
39、八五品目の統制撤廢	一二・二〇
40、生糸の輸出、目標を突破	一二・二〇
41、國外市場を擴張、九原則に政府の決意、首相談	一二・二八
42、追加供出割當制も必要、總司令部主食增配措置を指令	一二・二八
43、年末年始を明るく、雨で電力制限を緩和	一二・二八
44、明年度米芋の事前割當、米六七〇〇萬石生產、供出は三二〇〇萬石	一二・二九
45、日本農民の新しい課題（社）	一二・二九
46、綿製品など六千四百萬ドル、日蘭貿易協定正式に決る	一二・三一
47、米になる輸出機關車	一二・三一
48、經濟的自立達成の期至る、マ元帥日本國民へ年頭の辭	一・一
49、農村に期待するもの（社）	一・六
50、バナナより米（社）	一・八
51、輸出一六七億ドル目標、昭和五一九年生活水準は無理	一・一二
52、再び有力競爭國、日本纖維品の進出	一・一三
53、直接統制か、間接統制か	一・一四
54、綿花融資を增額、日の丸を配給、三月末から希望者に	一・一四
55、外資導入の新規則決る、外商の活動を擴大、日本の商社と無差別	一・一五
56、外國人の商業活動を擴大、總司令部發表	一・一五
57、外資への受入れ態勢は十分か（社）	一・一六
58、一六五萬石の目標	一・一八
59、外資投下基準決る、總司令部發表、投資委員會も任命	一・一八
60、シャム米、三月中に受渡、夏の配給に豫定、見返りは鐵道施設	一・一九
61、今月中に結論、單一爲替審議會	一・二〇
62、法人税の引下げ、外資受入れ體制急ぐ	一・二〇
63、キューバ糖入港す	一・二三
64、佛連合と貿易協定、總司令部あすから會談	一・二三
65、勞資協議會開く、增產へ最善の組織、阻害勢力は斷乎排せ	一・二八
65、石油配給民營へ、公團三月で開散	一・二九
67、日本一黑鉛の山、月產五〇〇トンを突破	一・三〇
68、勞資協議會に期待する（社）	一・三〇
69、勞資協議會の成果、廣範な協定に達す	一・三〇
70、爲替審議會の構想進む、補給金の決定が難關	一・三〇
71、鯨肉初荷八百トン、南氷洋の第一船歸る	二・二
72、芋の腐敗を防ぐ「蔭の力」二氏を表彰	二・三
73、勞組の資格審査、基準發表、御用組合等は失格	二・四

運搬

事項	日附
1、海洋の道しるべ燈臺生れて八十年	一一・一

事項	日附
2、都電衝突、二名が負傷	一一・七
3、列車のスチーム復活	一一・一一
4、宵の銀座で六人ひき逃げ　ほろ酔いトラック	一一・二四
5、民營と都營の差（投）	一一・二五
6、生糸四百キロ紛失　岡谷―横濱へ輸送中	一一・二六
7、吹雪で青函連絡客を制限	一一・二七
8、除雪列車出動　奥羽、北越などへ積雪	一二・一
9、海底銀座の前奏　關門國道トンネル工事再開	一二・八
10、外國船の借入れに期待	一二・一二
11、輕犯法の活用（投）	一二・一五
12、都電、私鐵も停まる　電源ストで十時から一時間	一二・一五
13、砂利道から橋まで　全部を國家が負擔　道路補修の5カ年計畫	一・六
14、道路改修の財源（投）	一・六
15、けさから四十八時間制　通勤列車に新ダイヤ	一・一〇
16、四月から船舶民營へ　一齊に定期用船實施	一・一三
17、死者12、行方不明？　利根川で渡し船が轉覆	一・三一
18、世は正に大型バス時代　電車尻目にラッシュ埼玉、千葉縣まで進出	一・三一

通信

事項	日附
1、年賀郵便が復活　十五日から受付け	一二・一
2、十年おくれた電話　ようやく改良へ第一歩	一二・一二
3、電話の賣買など禁止	一・二〇

美的宗教的表現

事項	日附
1、毎日出版文化賞決る	一一・一
2、文化の日を飾る、五氏に文化勳章	一一・二
3、毎日演劇賞を設定、文化の日を記念して	一一・三
4、音樂コンクール總評	一一・八
5、出版文化賞の推賞に際して（社）	一一・一二
6、國立國語研究所設置へ	一一・一七
7、英譯も五七五七七、二世學徒が「萬葉集」完譯に着手	一一・二四
8、伊藤裕ピアノ獨奏會	一一・二四
9、戰後文學への赤信號	一一・二四
10、露伴の未發表詩六年ぶりに現る	一一・二六
11、京都の日展五日から	一一・二六
12、新映畫「破戒」	一一・二九
13、ここにも金づまり、讀書クラブに經營難	一二・五
14、調べられる新興宗團、日本觀音敎、大口脫税の疑	一二・九
15、演劇界今年の回顧、映畫に押され苦境	一二・一二
16、占のけんらん（投）	一二・二七

敎育の制度と施設

事項	日附
1、敎育廳に改組　きのう敎育委員會の初會議	一一・二
2、キリスト敎大學軌道へ　フイーザー博士訪日	一一・二

事項	日附
3、PTAの態度。町役場と學校（投）	一一・三
4、荒れる文化財（投）	一一・一〇
5、圖書館と公徳心（投）	一一・一〇
6、良書とPTA（投）	一一・一七
7、不勉强な學校（投）	一一・一七
8、〝赤い教員〟取締る	一一・二一
9、舊制專門學校廿八年まで置く	一一・二三
10、學生就職早くも活氣　女學士ひつぱりだこ	一一・二五
11、陛下が援助申出　キリスト教大學設立に	一一・二七
12、共產學生を退校　日大豫科で	一一・二七
13、闘根組氣取る中學生　ゆすり、たかつてカストリ宴會	一一・二八
14、東大に不正入學	一二・一
15、英國の原書も來る　第一回は明春三月ごろ	一二・一
16、新教育に徹せぬ、不熱心な校長がいる、軍政部指摘	一二・一
17、日本の論文百四十六種・明春太平洋學術會議で發表	一二・四
18、親しめる教科書を（投）	一二・四
19、盗まれた本（投）	一二・六
20、日大豫科生が十人組で强盗	一二・七
21、生徒は校長の犧牲　東京軍政部當局　教育の欠陥指摘	一二・一一
22、音樂學校邦樂科教官が總辭職　藝術大學に邦樂除外の不滿から	一二・一一
23、移管問題でこじれる、商船水產兩新制大學、三省がいがみあい	一二・一五
24、育英事業の範圍を擴充	一二・一五
25、師を思う愛弟子に　放送局が特別プロ	一二・一七
26、不潔な新宿の工學院　施設不備に警告	一二・一七
27、日本の學科を見直す　米科學視察團　ラビ博士語る	一二・一七
23、遲刻した生徒にも授業を受けさせよ　法務廳　先生の心得七カ條	一二・一七

事項	日附
29、高等教育の機會均等	一・一三
30、「學校信用せず」和光學園　おさまらぬ父兄會	一・一七
31、生徒盟休に入る　和光學園　校長要求拒否	一・一八
32、教育者の自覺（投）	一・一九
33、會長に龜山博士　日本學術會議初顏合せ	一・二一
34、二月一杯立退き　教室不當使用に政令	一・二九
35、六五校に運動場工事	一・二九
36、大學は新舊二本建高校、通學區域本位に按配、設備も充實した公立中學	一・三〇
37、全市町村に公共圖書館、一萬五百餘館を新設	一・三一
38、狹き門解消へ都の對策　中學一三三を增築	二・二
39、誤つた「學生自治」デュ大尉共產主義に警告	二・四

厚生の制度と施設

事項	日附
1、實力、早に一日の長　見逃せぬ明慶の地力	一一・一
2、日本野球ホームラン王を圍んで	一一・一
3、よい漫畫讀本を（投）	一一・一
4、天皇杯爭奪高潮す	一一・二
5、愛に飢えた孤兒へ　溫情の名刺一枚	一一・九
6、動物園を見て（投）	一一・一二
7、最高殊勳選手に南海の山本監督	一一・二〇
8、戸惑う〝異國の丘〟作詞、作曲者が三人も名乘り出る	一一・二一
9、東軍先勝す、東西對抗第一日	一一・二一
10、東西半球對抗野球講和後け年中行事に	一一・二三
11、早慶引分け關東大學ラグビー	一一・二四

12、天皇賞かけて　東京競馬三萬五千の大人氣	一一・二四
13、一枚の温かさ（投）	一一・二五
14、浮浪者に嚴しい冬	一一・二七
15、ブラジルに沸る故國救援の運動　すでに集む十億圓	一一・三〇
16、日本のオリンピック參加　米委員長言明　マ元帥が認めれば可能	一二・六
17、きのう慈善ショウ	一二・八
18、孤兒たちへ温い品　米婦人からの第一回贈り物	一二・八
19、厚くなる月刊雜誌　三月號から九六ページ建	一二・一五
20、兩陛下から十萬圓「愛の運動」の一助に	一二・一七
21、邪道ダンスを追放	一二・二〇
22、一位は古橋と東富士　今年のスポーツ界の優秀選手	一二・二八
23、横綱に東富士　大相撲春場所新番附きまる	一・六
24、低俗雜誌の影響　カバンをのぞけばギャング物　少年犯罪ここに生る	一・一〇
25、嚴冬氷の乃に挑む　鬪志滿々明大山岳部	一・一一
26、織田氏を米へ派遣　陸上競技の新技術を視察	一・三一
27、北海道三連覇す　國體氷上終る	一・三一

政治の制度と施設

事項	日附
1、自らの歸國斷念し邦人引揚を嘆願、長命元中佐らソ連で重監禁	一一・一
2、きょう「白ア館」の主きまる	一一・三
3、東京裁判　歴史的判決始る	一一・五
4、申告の簡易化（投）	一一・六
5、公約實行を追究せよ（社）	一一・八
6、きょう臨時國會再開	一一・九
7、解散國會に望むもの（社）	一一・八
8、新給與ベース（社）	一一・一一
9、きょう刑の宣告　東京裁判	一一・一二
10、歸らぬ夫を憶う（投）	一一・一四
11、國會は審議を盡すべし（社）	一一・一五
12、容疑線上に十議員　炭管捜査の段階飛躍す	一一・一六
13、更に六船を追加　シベリヤ引揚續々入港	一一・一七
14、解散、今月末がヤマ、表面化した〝憲法解釋〟	一一・一七
15、中共除州占領を發表	一一・一七
16、中國の戰いを注意せよ（社）	一一・一八
17、四頭會談行わず　ト大統領言明　對華援助は繼續	一一・一八
18、米大統領選擧後の世界情勢	一一・一九
19、緊張の檢察陣　各疑獄で協議續く	一一・一九
20、政府豫算案で難航　越年資金で當面糊塗	一一・一九
21、平和國家建設の責務　天皇陛下現在の御心境	一一・二〇
22、炭管捜査中央舞臺へ	一一・二〇
23、永江前農相を收容	一一・二〇
24、新聞購讀調整の不正を正す　政令公布の意義	一一・二一
25、マ元帥あす最終審査　二五戰犯十一　國代表と協議	一一・二一
26、追加豫算をみる（社）	一一・二一
27、業者の魅力、特別調達廳	一一・二二
28、「月末解散」なお固持　政府追豫取扱いに苦慮	一一・二二
29、對華援助も協議　ト大統領政府首腦と會談	一一・二三
30、マ元帥今週中に最後の斷	一一・二三
31、特權の象徴（投）	一一・二三
32、六二五億圓案を内定　新給與水準は五五〇〇圓見當	一一・二三

33、	西歐案を採擇　國連總會　ソ連案は否決	一一・二三
34、	あす國管首腦會議　炭鑛國管事件　舞臺は中央へ	一一・二三
35、	炭管本舞臺の第一彈　田中法務政務次官宅など捜索	一一・二四
36、	戰爭判決の最終判定　きよう發表せん	一一・二四
37、	對日賠償米の態度決定し極東委へ强硬主張せん	一一・二四
38、	二十五戰犯、原判決通り決定　マ元帥處刑を第八軍司令官に指令	一一・二五
39、	政黨の休業（社）	一一・二五
40、	米の緘日豫算近く大統領へ提出　總司令部使節團任務をほぼ完了	一一・二五
41、	岐路に立つ米の對華政策　高田特派員發	一一・二六
42、	解散問題大づめへ、政府、野黨聲明で應酬	一一・二六
43、	移民への道（投）	一一・二六
44、	ユネスコ活動　日獨へ及ぼす	一一・二七
45、	福島事件　不當財委乘出す	一一・二七
46、	全國にはびこる官公吏の汚職	一一・二七
47、	國會は使命を果せ（社）	一一・二八
48、	日本復興の特別計畫　ファイン使節團が勸告案起草	一一・二八
49、	戰時内閣を組織　孫行政院長　反共體制確立へ斷	一一・二八
50、	公務員法改正について（鮎澤　巖）	一一・二八
51、	「月末解散」の成否給與豫算の審議にかかる	一一・二八
52、	第四國會きよう召集　保守提携漸く活潑	一二・一
53、	公務員法の實施を監視せよ（社）	一二・一
54、	七戰犯者の心境　家族と花山氏にきく	一二・三
55、	天皇、米の寛大に感謝　キーナン檢事を通じて大統領へ傳言	一二・四
56、	日米關係の親密化に協力　天皇ト大統領にメッセージ	一二・四
57、	役所の親切心	一二・四
58、	五三〇〇圓に決定　新給與法案きのう提出	一二・四

59、	芦田氏等きよう逮捕　衆院廿票の差で許諾	一二・七
60、	芦田氏ら强制收容	一二・八
61、	實人員五七萬餘　行政整理の方針	一二・八
62、	明年度は約五十億ドル　米國の對外復興援助費	一二・九
63、	樺太引揚げも中斷か	一二・九
64、	引揚げ今冬も中止　ソ連から正式に通知	一二・一二
65、	解散は一兩日中　不信任案きよう可決	一二・一三
66、	岐路に立つ英連邦（社）	一二・一三
67、	中共の經濟政策	一二・一三
68、	蔣總統辭職說	一二・一五
69、	新給與は滿足すべきか（社）	一二・一七
70、	中共軍北平へ無血入城	一二・一七
71、	賠償費に輕減措置　修理とその輸送費は相手國持ち	一二・一七
72、	米大審院、訴願聽取を開始	一二・一八
73、	マ元帥賠償安定原則を强調	一二・二〇
74、	平和の科學的探究（社）	一二・二〇
75、	公明正大に選擧を爭え（社）	一二・二七
76、	蔣總統辭任の時期	一二・二九
77、	平和條約への希望近し　まず暫定協定へ　九原則達成こそ近道	一・四
87、	九原則實行への要望（社）	一・四
79、	四大國に調停依賴　中國政府正式に確認	一・一〇
80、	黨か人か（社）	一・一三
81、	毛澤東氏の回答（社）	一・一六
82、	八項目の和平條件　毛主席正式に提示	一・一六
83、	極東防共協定の締結	一・一七
84、	投票日を知らぬ人がいる（社）	一・一八

85、米陸軍長官訪日決る　廿八日華府を出發	一・一九
86、世界情勢と日本（社）	一・一九
87、無條件停戰に決定、中國政府和平宣言せん	一・二〇
88、廣東に遷都きまる	一・二〇
89、蔣總統下野を言明、後任は李將軍が承諾	一・二二
90、東京にユネスコ事務所	一・二二
91、中共提案を拒否、停戰前に和平交渉要求	一・二二
92、蔣總統の下野（社）	一・二二
93、どんな人を選ぶべきか	一・二二
94、きよう投票日、自分の一票自分の爲に	一・二三
95、和平使節張氏ら四名　三日内に延安に向う	一・二三
96、政界の分野明確化す、民自二六三名　共產黨は三五名當選	一・二五
97、政局け急速に進展せん、國會十一月召集　近く吉田、犬養會談	一・二六
98、共產黨はなぜ躍進したか（社）	一・二六
99、社會黨に與う（社）	一・二七
100、九原則の實行へ、財界民自黨の脫皮要望	一・二六
101、總額は六千餘億圓、本豫算の檢討に着手	一・二八
102、日本赤化の恐れなし、マ元帥誕生祝賀會に聲明	一・二八
103、公營選擧の將來（社）	一・二九
104、ソ連の平和攻勢	一・三一
105、南京相手とせず、中央放送　地域協定を望む	一・三一
106、謙虛かつ賢明な施策を望む（社）	一・三一
107、日本戰犯を送還、中國政府要請、復員船上海派遣	一・三一

108、單獨內閣で押切れ（社）	一・三一
109、ロイヤル長官訪日第一聲　民政移管を示唆	二・二
110、ロイヤル長官の來訪（社）	二・二
111、總選擧後の政局〝單獨〟要求が半數　物價安定をまず望む	二・三
112、スターリン聲明をめぐつて（社）	二・四

新聞記事に現われた記事から地域の課題乃至日本の課題を見出すことは困難な仕事であつた。まずわれわれは社會機能ごとに、類似の內容を集めてみた。たとえば一のスコープについてみると次のようである。（カツコ內の數字は前掲問題の番號）

一、治安に關することがら　（1　2　12　18　24）
二、保健、衛生に關することがら　（4　6　7　10　11　13　17　19　21　25　27　29　30）
三、人權の尊重に關することがら　（8　9　14　16　20　22　26）
四、住宅、住居に關することがら　（5　23　28　31　32）
五、衣料、衣服に關することがら　（3）
六、人口問題　（15）

これでみると、保健、衛生に關することがらが第一位、次は人權の尊重に關することがら、第三位は治安に關することがらであり、衣食住に關することがらや、人口問題はごく僅かである。

それでは、新聞にあらわれたあることがらに關する頻數が、その課題の重要の順位を決定するかといえば、必ずしもそうはいえない。一から六までのことがらで、どれが最大の課題であるか順位をつけることは誰にとつても容易なことではない。そこで、この順位をつけることは暫く保留し、スコープ毎に整理した前表について自由討議をなし、それぞれのスコープにおける課題をみいだそうとした。

中央において發行されるこれら新聞の調査からみいだされる課題は、地域社會における課題というよりは、むしろ、日本の課題といつた方がより適切であろう。これらの新聞は、日本全國の讀者を相手としているのであるから、おのずから新聞紙面にあらわれる記事は、日本國民にとつて共通の内容を持つていることが多いからである。むしろこの點では中央發行紙の地方版び地方新聞に特定地域社會の課題が豊富である。

檢討の結果選びだされた課題を社會機能ごとにあげてみよう。〇印は地域社會からみて重要な課題と考えられるものである。

生命及び健康の保全と愛護

〇1、治安の確保——警察制度の充實を圖る
2、新しい日本服の創案
3、傳染病の予防對策
〇4、住宅の建設と住宅難の解決
5、基本人權の擁護
6、結核對策をたてること
7、藥品の質の向上

財産及び天然資源の保全と愛護

〇1、火災の防止と災害對策
〇2、治安の確保
3、適切な納税對策と税金の減廢
4、國寶の保護
5、資源の發見とその利用をはかること

生　　産

1、物價と賃金の安定
2、爲替レートの設定により輸出入の擴大を圖る
3、勞資の協力による生産の增强
4、主食の增産と增配
5、公正な配給方法の確立
6、統制の撤廢
7、電力對策
8、供出の合理化

消　　費

1、物價の安定

運　　搬

○1、交通事故の防止

○2、交通地獄の解消と交通道徳の涵養

3、道路の擴張整備と補修對策

○4、都を中心とした交通網の整備

5、海上輸送の充實

通　　信

1、通信機構の改良

美的宗教的表現

1、日本文化の高揚

教育の制度と施設

1、教育界の活潑な活動を促すこと

2、新しい學校制度の確立と六三教育の完全實施

3、ＰＴＡ活動をそのあるべき姿にもどすこと

4、公徳心の涵養

○5、青少年不良化防止のための補導對策

6、育英事業計畫の樹立

7、教育者の自覺

○8、社會教育施設の整備

厚生の制度と施設

1、兒童・生徒の讀物の質の向上

2、「愛の運動」の理解とそれへの協力

3、健全な娯樂・運動の普及

政治の制度と施設

1、未歸還邦人の速かなる歸國の實現

2、窓口行政の簡易化と親切心の發揮

3、公正・明朗な政治の實現

4、單一爲替レートの設定と九原則の實行

5、行政整理と官界肅正

6、國會の權威をたかめる

7、世界情勢の推移に關心を持つ

8、平和主義への徹底

昭和二十四年二月三日の毎日新聞は世論調査の結果を次のように報じているが、これは現在日本の當面している課題といってよいであろう。新聞面にあらわれたみだしから地域社會乃至日本の課題をみいだそうとしたさいの、重要な手がかりとした。

第一九表　新聞世論調査表

問1 あなたはどんな内閣を希望しますか、單獨か、連立か、その政黨名もあげて下さい

	單獨内閣 民自單獨	單獨内閣 その他	單獨内閣 計	連立内閣 民自民主保守連立	連立内閣 その他	連立内閣 計	わからない	回答なし	計
	%	%	%	%	%	%	%	%	%
全回答者	47.3	8.6	55.9	12.0	11.5	23.5	19.9	0.7	100.
民自黨投票者	65.0	1.2	66.2	11.9	7.2	19.1	14.5	0.2	100.
民主同	15.6	15.3	30.9	32.1	15.0	47.1	21.4	0.6	100.
社會同	26.0	29.5	55.5	6.4	14.4	20.8	16.0	7.7	100.
共産同	26.6	29.1	55.7	2.6	26.0	28.6	15.7	0	100.

問2 新内閣に一番先に何を實行してほしいと希望しますか、一つだけ極めて簡單にお答え下さい

	男	男職業別 給生活料者	男職業別 勞務者	男職業別 商業工者	男職業別 農業漁者	男職業別 その他	女	女地域別 市部	女地域別 郡部
	%	%	%	%	%	%	%	%	%
食糧の增配	4.2	4.9	6.5	4.6	3.1	2.8	8.9	10.8	8.0
税金の減廢	21.9	14.3	20.0	33.3	23.4	14.2	13.2	12.1	13.8
物價の安定	28.2	35.3	36.9	24.6	21.8	30.7	35.3	42.5	31.7
統制の撤廢	10.2	9.1	6.1	16.5	8.8	10.4	666	7.1	6.3
行政整理と官界肅正	5.1	4.4	4.5	8.1	3.7	6.6	1.7	2.3	1.5
社會對策	3.7	6.3	6.1	1.2	1.9	6.1	4.8	6.2	4.1
供出の合理化	5.7	1.7	0.4	0.6	14.6	0.9	4.2	0.4	6.1
その他	15.0	20 7	13.8	9.0	14.1	18.9	9 8	8.6	10.4
答なし	4.9	3.3	4.9	1.5	7.2	6.6	9.7	5.2	11.8
わからない	1.1	0	0.8	0.6	1.4	2.8	5.8	4.8	6.3

昭和24年（1947年）2月3日（木曜日）

(四) 生徒の課題の調査

われわれが地域社會における生活を營む上に、もろもろの課題を持つと同樣、生徒も又地域社會における生活を營む上にもろもろの課題を持つている。このような課題が大人の課題とどのような關係を持つているか。大人の課題がそのままに生徒の課題となるかどうか。生徒の生活課題の實態を捉えようとするのがこの調査の目的である。

1、調査の方法

次のような說明を生徒に與え別に用意しておいた記錄用紙に記入させた。

『私たちは毎日こうして學校に來ては友だちといつしよに運動をしたり勉學に勵んだりして、愉快な日を送つております。又家庭においても親の愛のもとに生活を樂しんでいます。社會においても、多くの人々や、いろいろな施設から多大の恩惠を受け、一日一日をたのしく送つています。しかしよく考えてみますと、私たちは必ずしも滿足した生活、「もうこれで十分だという生活をしているわけではなく、」そこに不滿足なことがらがあるでしよう。なんとかして解決しなければならない生活上の障害があるでしよう。今日はこれからみなさんに、生活上こまつていて、何とかして解決したいと思うことがら、つまり生活上の障害をくわしくかいてもらいたいと思います。それは、家庭のことでも、學校のことでも、社會のことでも、何のことでも結構です』

第二〇表　生徒の生活課題

社會機能	要項	生活課題	一年 男	一年 女	二年 男	二年 女	三年 男	三年 女
生命及び健康の保全と愛護	醫療（頻数計八）	醫療費藥代が高くて困る	1			2		
		注射をするのがいやである		1				
		病氣がないと良い	1					
		どんな病氣でもなおる藥ができるようになるとよい			1			
		不老長命藥がほしい	2					
	衛生（四）	家に風呂がほしい	1		1			
		家の風呂がこわれて入れない			1	1		
	強いからだ（二八）	體が弱くて勉强できない	1	1		1		
		体が弱い、どうしたら丈夫になるか	1	1	2			
		家で運動をしているが丈夫になれない	1					
		生れつき氣管が弱い	1					
		寒くて登校の時手足が冷くて困る		1				
	（結核）	X線検査で少し悪いといわれて心配	1	1				
		結核要注意者の爲早寢するため宿題ができない				1		
		結核要注意者のため運動ができない	1	1				
		結核はなおらないか		1				
		運動すると直ぐ頭痛がする	1					
		勉强しすぎると氣持が悪くなる	1					
		目が悪い、なおす方法はないか	1	1				
		耳が早くなおりたい	1					
		風邪をひいている、早くなおりたい	1					
生命及び健康の保全と愛護	（父母の病氣）	學校でかけ足をしてから足が痛くて坐れない	1					
		六年の時體育館でうつた腰が痛む	1					
		右手をいため不便である	1					
		父の病氣が早くなおるとよい		1				
		母が丈夫になつてほしい	1					
	遺傳（體質）（二一）	父は酒をのみすぎる、體を弱くすることを心配する				1		
		髪がうすいのでなやむ		1				
		髪がもつとつやつやしく美しくありたい		3				
		僕の白髪はどうしてなくならないか	1					
		食を十分とつているのに何故手が細いのだろう				1		
		ふとらないで困る	1					
		猫背で困る			1			
		冬になるとヒビが切れる			1			
		しもやけが出來て困る良い藥はないか		1		1		
		冬になると顔にボツボツ（皮膚病）ができて困る		1				
		背はどうして伸びないのだろう	1	1		3		
		どうして体が小さいか	2	2				
		便所に近い、どうしたら直るだろう	1					
		美人になりたい		1		1		
	生活習慣（七）	大食なので困る			1			
		食物にすき嫌いがある、どうしたらよいか				2		
		朝早起ができないで困る	1					
		夜早く寢ても朝ねむい	1					
		夜ねむくならないようにしたい		1	1			
		計	27	23	10	15		

社會機能	要項	生活課題	一年 男	一年 女	二年 男	二年 女	三年 男	三年 女
財産及び天然資源の保全と愛護	犯罪（一〇）	どうして世の中が物騒なのだろう、安樂な世にしたい	2	1	1			
		どうして學校、社會で不正をする人が得をするのか	1					
		火つけどろぼうが多くて安心できない	3					
		戸締りを嚴重にしたが火事地震の時どうしたらよいか	1					
		スリが流行していて困る	1					
	住居（八）	家の雨もりをなおしたい		1				
		自分の家がほしい	1					
		もつと良い家に住みたい	1	2	1			
		日本風の自分の家が氣に入らぬ			1			
		計	2	3	2	1		
生産	衣料と配給（七）	洋服、靴が少ししかない、どうしたら多くなるか		1				
		衣類を多く配給してほしい		1		3		
		靴下、靴等自由に買えるようにしてほしい		1				
		學校で洋服靴等を配給してほしい	1					
	食糧と配給（三）	食糧が多くなつてほしい			1			
		主食配給がかたよつてくるので困る				1		
	電氣ガス停電（二二）	東京は魚野菜の配給はあるが私の家の方は一度もない				1		
		電氣を自由に使えるようにしたい			2	1		
		毎日停電して困る	7	4	5	2		
		電氣が暗いので困る		1				
		計	8	8	8	8		

社會機能	要項	生活課題	一年 男	一年 女	二年 男	二年 女	三年 男	三年 女
消費	學用品（三〇）	學用品が高くて困る、安くしてほしい	1	1	2	1		
	雜誌 參考書	參考書が安くなるとよい			1			
		良い本を安くしてほしい	4	1				
		雜誌はどうして高いか	1	1				
		少女小説の本が高くて小遣で買えない		2				
	運動具	遊び道具（グローブ等）が高價で買えない	1					
	衣服	衣服が高くて困る	2					
		洋服がもつと安價に手に入るようにしてほしい			1			
	欲しいもの	長ぐつがほしい		1				
		革靴がほしい						
		もつと服がほしい	1	2				
		もつと良い服が着たい	1					
		着物もなく靴下も破れてくる		1				
		オーバーがなくて困る			1			
		長靴下がなくて困る		1				
		時計がほしい		1				
	インフレ（一一）	物價を安くしてほしい	2	3	1	4		
		どうして闇を防ぐ事ができないか				1		
	小遣（一〇）	月にもらう小遣で何を買つたらよいか		1				
		毎月の小遣高をきめてほしい	1					
		小遣が澤山ほしい	3	3				
		正月のお年玉を澤山ほしい	2					
		計	20	18	6	6		

社會機能	要項	生活課題	一年 男	一年 女	二年 男	二年 女	三年 男	三年 女
運搬	交通費（三）	電車賃が高くて困る	1	1	1			
	交通機關（五〇）（混雜）	電車が混んで困る	5	4	7	4		
	（事故）	電車事故を少くしたい	2	1	2			
		電車が運休して困る			2	1		
		バスが時刻通り來ない				1		
	（ダイヤ編成）	電車を十五分間隔にしてほしい	1					
		飯能行が三十分置で不便である		2				
		吉祥寺―新倉間のバスを三十分置にしてほしい				1		
		電車のダイヤ編成がまずい		1	1			
	（その他）	自家用車がほしい	5					
		自轉車で通いたい	1					
	（驛）	各驛をもつときれいにしてほしい				1		
	（道路）	道路を廣くして車道と歩道と分けよ			1			
	（海外旅行）	自由にどこへでも行けるようになりたい		1				
		外國へ行きたい（世界一週）	2					
		アメリカへ行つて見たい	2					
		海外旅行がもつと許されてほしい	1					
		計	21	10	14	8		
通信	手紙（一）	手紙のつくのがおそい			1			
	世界少年クラブ（一）	世界少年クラブといつた世界少年の通信機關をつくりたい			1			
	新聞（二）	新聞が早く來ないから困る			1			
		新聞が自由にとれるようにしてほしい		1				

社會機能	要項	生活課題	一年 男	一年 女	二年 男	二年 女	三年 男	三年 女
通信	友人がほしい（二二）	親しい友を得たい		7				
		近所に友人がほしい	1	1				
		皆にすかれる人になりたい		3				
		或人と友達になりたい		1				
		世界と日本が公平に交際できる様になりたい			1			
	（意地惡）	意地惡な人がいて困る		2				
		父が亡くなつてから淋しく他人に馬鹿にされる				1		
		兄弟が冷たくあたる氣がする		1				
		皆競爭心があつて他人を惡く言う、良くない		1				
		あだなをいつてもらいたくない	1					
	（約束）	友人と映畫見物の約束をしたが日が都合惡くなり困つている		1				
		正月に何を皆に贈つたらよいか		2				
	クリスマス正月の贈物（九）	クリスマスの贈物として友人へ何が良いか		1				
		クリスマス、正月には何か買つてほしい	2					
		クリスマス、正月の贈物が自分で作れるようになりたい		1	1			
		クリスマスの贈物の爲金を貰う事が多くて困る				1		
		クリスマスの贈物を送りたい人が多くて困る		1				
		計	24	32	21	12		
美的宗教的表現	文學（一）	美しい風景を畫や詩に表してみたい		1				
	美術（一）	字がきたなくて困る			1			
	音樂（四）	よい聲になりたい		1		1		
		歌を習つてラヂオに出てみたい		1				
		歌を勉強したい		1				
	樂器（一〇）	ピアノがほしい		10				

社會機能 要項	生活課題	一年 男	一年 女	二年 男	二年 女	三年 男	三年 女
宗教（一）	人間は死んでからどうなるか	1					
	計	2	14	1	2		

教育の制度と施設

要項	生活課題	一年 男	一年 女	二年 男	二年 女	三年 男	三年 女
六三制（二）	六、三制はどうしておきたか			1			
	高等學校を義務制にしてほしい				1		
五日制（一七）	五日制にしてほしい	2	6	7			
	冬は土曜日を休にしてほしい	1	1				
冬休（八）	冬休を長くしてほしい	1	1	2			
	冬休みを早くしてほしい	2	2				
校舍（五）	もつと良い校舍がほしい	2					
	新校舍を早く作つて立派な理科の研究をしたい	1					
	校舍内をどうして塗裝しないのか		1				
運動場（一七）	校門をつくつてほしい			1			
	中學校の運動場がほしい	7	1	5			
	霜でぬからないような運動場がほしい	1		2			
學校の設備（一二）	庭球コートがほしい	1					
	敎室に暖房裝置がほしい	3	1	2			
	敎室の中で私の所は日光があたらないので困る	1					
	學校に寮があつたらよい			1			
	理科の實驗室がほしい	1		1			
	氣象觀測の器械がほしい	1					
圖書室（一五）	學校内に賣店がほしい			1			
	圖書室にもつと良い本を多く揃えてほしい	2	2	2	1		
	圖書室に社會歷史の參考書を多く入れてほしい	1		2			
	圖書の貸出期間を二、三日延長してほしい		1				
	社會科等の時間に圖書室で調べられるようにしてほしい		1	1			
	敎室に圖書棚を置き授業中參考できるようにしたい			2			
學校の始業終業（一九）	九時始業にしてほしい	6	8	3			
	學校の始業を三十分早くしてほしい			1			
	終業がおそいため家に歸つて暗くなつてしまう	1					
給食（七）	給食がほしい	3			4		
清掃（一二）	週に一度大掃除をして校内をきれいにしたい				1		
	本校との間の敷石をきれいにして上履で歩けるようにしたい			1			
	校舍をもつときれいにしたい		2		1		
	何故敎室内がきたなくなるか		3	1			
	朝掃除はなくしたい	1	1				
	朝掃除をするのが何故嫌なのか		1				
學習（四六）	掃除をしなくても良いようにしてほしい	1					
	自分の習いたいと思うものが自由に習えると良い		1	2	1		
	社會科の時間を一週五時間位にしてほしい		1				
	お正月農村生活を調べてみたい	1					
	理科の時間に研究實驗を增してほしい			1			
	農業の時間に牧畜のことも敎えてほしい	1					
	國語、職業の時間を少くして理、英、社の時間にまわしたい	1					
	冬は體操の時間を多くしてほしい	1					
	目で見る勉强を一月に二回位したい			1			
	氣が弱くて發表できない	2	3	2			
	もつと勉强ができるようになりたい	2	5		2		

社會機能	要項	生活課題	一年 男	一年 女	二年 男	二年 女	三年 男	三年 女
教育の制度と施設		英語が分らない	9	4	3			
		英文法の時間がほしい	1		1			
		英語早分り法はないか				1		
		英單語をどのようにしておぼえたら良いか		1				
		英、家庭、數學が皆よりおくれていく氣がする				1		
		何故社會科が好きにならないのか	1					
		社會科の問題は大きすぎる			1			
		圖書が下手で困る	3					
		何故作文が下手なのか	1					
		音樂ができないで困る		1				
		家庭科の練習ができない				1		
		習字に一級になりたい		1				
		體操が上手にできない	1					
		國語が嫌いで困る	1					
		數學はどうしてできないか		1	1	1		
	宿題（八）	宿題が多すぎる	2	3				
		冬休の宿題が多いか少いか心配		3				
	考査（一〇）	舊制度のように試驗をして席順を決めると良い			1			
		試驗がなくなると良い	2	3		1		
		休近くなると試けんが多くて困る		1				
		二學期の試けんに不安を感ずる		2				
	良い學級（八）	クラス中で暴力を用いる人がいる、その人がいなくなると良い	1					

二二〇

社會機能	要項	生活課題	一年 男	一年 女	二年 男	二年 女	三年 男	三年 女
教育の制度と施設		クラスが良くまとまり他の組におとらないようにしたい	3			2		
		もつとクラスが自由であつてほしい	1			1		
	男女共學（四）	男子は女子を馬鹿にする				4		
	學校生活（八）	學校生活を明るくしたい		2	1	1		
		學校社會では正しい人が損をする	1					
		家に歸るより學校でぶらぶらしている方が面白い		2				
		校舎建設が終つたら記念藝能會、バザーをしたい				1		
	自治會（四）	自治會は少し獨裁政治式ではないか			1			
		どうしたら良い自治委員になれるか	1					
		運動場が遠くてベルがきこえない						
		連絡係を作つたら良い			1			
		三日置に放課後校内を廻る役目を持ち歸宅がおそくて困る	1					
	校友會活動（二四）	校友會はもつと活躍しなければいけない			3			
		放課後だけでは練習できない			1			
		學校でグローブを澤山買つて組に分けてほしい	1					
		野球部で本ボールを使いたい	1					
		キックボールが早く組にほしい		2				
	體育大會	校内體育大會を月に一度づつ行つてほしい	1	2				
		校内體育大會に優勝した時記念品がほしい	1					
		バレーに優勝したい		4				
		ポートボールに優勝したい		1				
		キックボールにホームランを打ちたい		1				
		どうして一組に勝てないのか		1				
		試合の練習で歸宅がおそくなる		3				
		バレー練習で歸宅後つかれて直ぐねむくなつてしまう		1				

二二一

社會機能	要項	生活課題	一年 男	一年 女	二年 男	二年 女	三年 男	三年 女
教育の制度と施設		運動するひまがない		1				
	制服（二）	校服ができればいい		1		1		
	卒業轉校（三）	家が見つかると轉校せねばならない		1				
		卒業したくない				2		
	學費（四）	私の事にばかり費用がかかるため父母に苦勞をかける		2				
		學用品の金がかかつて困る	2					
	家庭（七）	家庭において氣持良い生活がしたい		1		3		
		生活をもつと規則正しくしたい		2				
		母親の愛がほしい				1		
	家庭での勉强（二一）	自分の勉强室がほしい	1	9				
		家庭敎師がほしい		1				
		兄と比較されるので困る	1					
		勉强の時間がほしい		3		2		
		私の計畫通り勉强が進まない	1	3				
	習慣（七）	不器用で困る	1	2				
		お手傳をおつくうがる		1				
		物の使い方が下手で困る	1					
		いくら片付けても直ぐごちや／＼になる	1	1				
	性質（一二）	ほがらかになりたい		2				
		どうして氣が好いのだろう		1				
		何故氣が弱いのだろう			1			
		もつと素直になりたい		1				

社會機能	要項	生活課題	一年 男	一年 女	二年 男	二年 女	三年 男	三年 女
教育の制度と施設		沈着になりたい		2				
		笑いじようごでお人好で困る				1		
		淺はかであわて者で困る		1		1		
		どうしてひがみやなんだろう		1				
		短氣で困る		2				
		忍耐のない性質で困る	2					
		わすれんぼで困る		1				
		自分の反省が足りず失敗することがある		1				
	學用品參考書（一六）	萬年筆が三本位ほしい	1					
		學用品勉强具等多くほしい	2					
		家庭科に使うズボンの布がなくて困る		3				
		もつ良い參考書がほしい	4	6	1			
		英語の辭典が一冊ほしい			1			
		社會科の勉强（家）によい資料書がほしい	1	2				
	將來の志望（一五）	私は將來、何になつたら良いか	1	1	2			
		將來成功したい		2				
		先生になりたいがどうしたらなれるか		1				
		踊を習つて藝術方面に進みたいが兩親が許さない		1				
		高等學校に進みたいが自分には學力がない				1		
		高等學校のことについて知つて置きたい			1			
		人々に親切なヘレンケラーのような人になりたい		1				
		早く大きくなつてフイリツプの手紙を母に讀んで上げたい		1				
		自分自身を滿足させる人になりたい				1		
		精神的に大きい人になりたい				1		
		ピアニストになりたい		1				
		計	96	143	61	44		

社會機能	要項	生活課題	一年 男	一年 女	二年 男	二年 女	三年 男	三年 女
厚生の制度と施設	映畫（一）	映畫觀覧料を安くしてほしい	1					
	運動（一二）	色々な運動競技が上手になりたい	1			1		
		ダンスが上手になりたい		1				
		バレーが好きだ、バレーの練習をしたい		1				
		泳げないでこまる			1			
		野球の打撃をよくしたい	2		1			
		野球を見に行きたいが、自分の小遣ではいけない	1					
		かけ足がおそくて困る	1		1			
		運動神經をもつと發達させたい		1				
	ほしい運動具（九）	スパイクがほしい	2					
		ユニホームがほしい	1					
		グローブがほしい	4					
		ボールがほしい		1				
		バレーボールがほしい		1				
		ラケットがほしい	1					
		運動靴がほしい	1					
	飼育（六）	動物、鳥を飼つてみたい	2					
		犬を飼いたい	2					
		鶏を多く飼いたい	1					
		うさぎ箱をつくるひまがない	1					
	讀書（一五）	良い本がない	2	1				
		讀書が思うようにできないのが悲しい	1					

社會機能	要項	生活課題	一年 男	一年 女	二年 男	二年 女	三年 男	三年 女
厚生の制度と施設		色々な本がほしい（讀みたい）	2	2		1		
		色々科學の本が買いたい	1					
		小説の本が澤山讀みたい	1					
		よい本を多く買つて讀みたい	1					
		生物の本を買いたい	1					
		犬の飼育法の本がほしい	1					
		色々の雑誌のうちどれが一番よいか		1				
	花壇（一）	家に花壇があつて樂しみたい		1				
	登山臨海（二）	冬は一週間位スキーに夏は海へ秋は近くの山でキャンプをしたい	1					
		今年はぜひ富浦へ行かせてほしい	1					
	戰災孤兒に對して（一）	戰災孤児を本當に樂しめる家庭に入れてやりたい				1		
	施設（八）	圖書館をふやしてほしい	1		1			
		社會の人が自分の事よりも人の事を考えるようになつたらよい			1			
		社會を明るく樂しくしたい	1		1			
		不良防止はできないか				1		
		日本國民が社會道德を身につけるにはどうしたらよいか			1			
		日本を忘れてアメリカの眞似ばかりしている、よくない				1		
		計	32	9	7	5		
政治の制度と施設	國會（二）	國會は何故解散したか			1			
		議事堂の歴史について學びたい			1			
	內閣（五）	日本の國から惡い人を放逐し學生の立場を重要視する內閣を望む			1			
		大臣がもつと積極的でほしい	1					
		政府社會が我々の思う通りの政治をし經濟的に苦痛のないものにしたい			1			
		政府が現在の家庭を理解し税を安く給料を上げ生活を安定させてほしい			1			

社會機能	要項	生活課題	一年 男	一年 女	二年 男	二年 女	三年 男	三年 女
政治の制度と施設	都市計畫（一）	都市計畫の實行			1	1		
	住み良い日本（四）	食料が豊になり物價が下り住みよい日本にしたい						
		日本が早く平和な國になればよい	1					
	國際關係（八）	母が會社へ務めなくとも良いような生活のできる世にしたい	1	1		1		
		世界の人が助け合つて世界から戰爭をなくしたい				1		
		世界戰爭を起さないようにしたい				1		
		米ソ戰爭の空氣がある、世界の人々は何故戰爭をするのだろう			1	1		
		講和條約をむすんでほしい	1					
		ソ連からの引揚をもつと早くしてほしい	1			2		
	東京裁判（二）	東京裁判の眞相を知りたい			1			
		計	5	1	9	7		

第一一表 機能別生活課題頻數表

	一年 男	一年 女	二年 男	二年 女	三年 男	三年 女
1 生命及び健康の保全と愛護	27	23	10	15		
2 財産及び天然資源の保全と愛護	2	3	2	1		
3 生　　産	8	8	8	8		
4 消　　費	20	18	6	6		
5 運　　搬	21	10	14	8		
6 通　　信	24	32	21	12		
7 美的宗敎的表現	2	14	1	2		
8 敎育の制度と施設	96	143	61	44		
9 厚生の制度と施設	32	9	7	5		
10 政治の制度と施設	5	1	9	7		

2　調査の結果

調査の結果を整理してみると第一〇表及び第一一表に示す如くである。これは生徒の課題を社會機能毎に分類し、學年別、性別に整理したものである。これらの課題をみると誰しも氣がつくように、生徒の生活課題が端的に表われているものと、必ずしもそうでないものとがある。

たとえば「生命及び健康の保全と愛護」についてみると、「體が弱くて勉强できない」「體が弱いどうしたら丈夫になるか」「生れつき氣管が弱い」と訴えているが、これらは確かに生徒にとつて切實な課題であろうと思われる。特に本調査の施行直前、全生徒に對しレントゲン檢査を實施したが、全生徒の約一割は要注意者として醫師から過激な運動を禁じられ、且十分に睡眠をとるように注意を受けた。このことが直接影響して、右のような生活課題が記錄されたのであろう。

つぎに「政治の制度と施設」についてみると「國會は何故解散したか」「大臣がもつと積極的でほしい」「議事堂の歴史について學びたい」等が記錄されている。ここで疑問となることは、はたしてこれらの内容が生徒の生活課題と言いうるかどうかである。生活課題ということばの意味を嚴密に考えれば、ここに揭げたような内容は、その意味が甚だ稀薄である。しかし一人一人の生徒と個別的に語りあつてみると、これらの内容が生活課題としての意味を持つていることもうなずかれないこともないが、これらのうちあるものは欲求の調査に記錄されたことと甚だ類似している。又欲求の調査の中にも、生活課題的な内容が含まれており、結局われわれは、これら兩者の生徒の記錄を檢討し、生徒の實態を摑むことに努めなければならないと思う。」

この調査によって明かとなったことがらは次の如くである。

（1） 生徒の課題は、生活に直接關係していることがら、現在の日々の生活内容に深く結びついている。第二〇表についてみると敎育の制度と施設が第一位、次が生命及び健康の保全と愛護、消費、運搬（交通）等となっており、下位に屬するのは、美的宗敎的表現、財産及び天然資源の保全と愛護、政治の制度となっている。

これを大人のそれと比較してみると（第一二表參照）大きな相違があることがわかる。

（2） 生徒の課題が、各學年の相違によってどのように變化するか。

これを課題の量の面からみると、一年生の課題は二年のそれに比較して、どのスコープにおいてもその數が多くなっている。例外は、「政治の制度と施設」と「運搬」（交通）だけである。この理由をにわかに斷定することは困難であるが、生活の課題という範圍を緩るくとったか、嚴しくとったかということに起因するのではないかと思う。加うるに一年は、ゆるやかにとりがちであり、二年は批判を加えて嚴正にとりがちなところにその原因があるのではないかと思う。尚このことは將來の問題として殘しておきたい。

これを質の面からみると、一年の課題は概して甘い考えのように思われる。たとえば醫療としてまとめたところをみると（第二三表參照）1．醫療費、藥代が高くて困る、2．注射をするのがいやである。3．どんな病氣でもなおる藥ができるようになるとよい、4．不老長命藥がほしい、となっている。

これをほかの言葉でいえば、一年はまだ夢を追っているとも言えるであろう。消費のところ（第二〇表參照）に見えるように、親のふところ工合も考えずに、「もっとよい服がきたい」「長靴下がなくて困る」「小遣がたくさんほしい」と訴えている。そこにゆくと二年の考え方は現實的と言ってよいであろう。着實な考え方を持ち、大地に根をはっているように思われる。このような考え方から「政治の制度と施設」などに一年と比較してより多くの關心を持つのではないかと思う。

（3） 性別による課題の相違も多少見えている。特に著しいのは一年の「通信」であって、女子は特に交際に關することに大きな關心を持っている。又これと反對なことも見られる。たとえば一年の男子は强盗、殺人等の事件に心をひかれているが、女子はほとんど關心を示していない。

3．調査の結果とその活用

この調査の結果は二つの點から活用していきたい。

（1） シークエンスと生徒の課題　　まず、生活における生徒の課題は、シークエンスを考える上の資料となるであろう。（第二〇表參照）

（2） 單元の設定と生徒の課題　　生徒が自己の生活上何らかの課題を持っており、しかもこの課題が生活上價値のある課題であるならば、この課題の解決を中心に學習を進めることは、全く學習の名にあたいする。しかもこの課題を自分達の課題と感ずる者が多ければ多いほど、この課題を中心とする學習は、生き生きとなされるであろう。このような意味から、本調査を、あとに述べる生活調査とともに、單元の設定上の重要な手がかりとした。

（3） 單元導入と生徒の課題　　又生徒の課題は、單元學習においては、特に導入の段階における有力な手がかりをわれわれに與えるであろう。勿論生徒の課題を解決するだけで學習が終るわけではなく、これを出發點として、地域社會の課題を解決する方向に導かなければならないわけであるが、それにはまず、手近な、生徒の課題を手がかりにすることが上策である。

（六） 生徒の欲求の調査

われわれ人間は常に不満足な状態にいるということができるであろう。幼児は幼児の程度なりに、小學兒童は小學兒童の程度に應じ、又中學の生徒は又その程度なりに、常になにらかの欲求をつつんでいる。勿論そこにはそれぞれの個人による相違もあるが、その發達に應じて恒常的な傾向が見えないであろうか。このような恒常的な傾向が學年の相違、男女の別によつてみいだされると假定するならば、この傾向が教材の選擇にあたつての一つの指點となるであろう。われわれはこのような構想に立ち、生徒の欲求についての調査を試みた。

1 調査の方法

學級を單位として大凡次のような話をなし、記入用紙（第三三表参照）に記録させた。

「私たち人間の生活」を他の動物の生活とくらべてみますと、私たちは、いつも現在の自分の生活に滿足しないで、もつとこういうことを知りたいとか、こういうことをやつてみたいとか、何故こういうことになるのだろうとか、そのもののわけ、そのもののおくにあることがらをあきらかにしようとして努力をします。たとえば、近ごろ世間が物騒で、集團强盗が横行していますが、このような新聞記事を讀みますと、きつと諸君は、警察は何をしているのだろう、このようなことをして警察にとらえられる者は、その何%位だろう、警察にとらえられた者はどのような順序で裁判にまわされるのだろう等と次々に疑問を深め、そうしてもし手近なところに適當な參考書があれば、きつとそれについて調べてみるでしよう。手近に本がなければ友だちにきいてみるとか、或いは警察署にいつて調査してみたくもなるでしよう。しかし疑問の程度がそれほど强くないときには、この疑問は次第にうすれて次第に忘れ去つてしまうでしよう。

近ごろのみなさんの生活を考えてみて下さい。みなさんはいろいろな機會に、いろいろのできごとに出會うでしようが、そのようなとき、こういうことをもつと深く知りたい、なぜこういうことがおきるのだろう、こういうことが起きるとその結果はどうなるのだろうなどと疑問を持ち、そのことがらについてもつと深く知りたいと思つたことがありませんか。今日はみなさんに、みなさんがもつとよく知りたがつていること、しらべてみたいことをかいていただきたいのです。どんなことがらについても結構です。社會のできごと、家のできごと、近所のできごと、學校のできごと、世界のできごと、自分に關すること、自然や動物に關すること、そのほかどんなことについても結構です。一つでも二つでも結構です。

みなさんの思いついたことは、記入用紙（第三三表参照）の1から10までの項目のどこかに關係があると思いますから、そこにかいて下さい。どこにかいてよいかわからなかつたらたずねて下さい。又誤つたところにかいてあつたら、それは私の方でなおしますから心配いりません。

第三三表のような記入用紙を與えて記録させたことは次のような理由でいけなかつた。右のような説明をしたあとで、生徒の机間を見廻つていると、自分の欲求をどの項目のところにかいてよいかわからないという質問を多く受けた。これはもつともな質問であつて、新聞の調査のところでも指摘したように、われわれの生活活動や、また生徒の欲求を十のスコープに分類すること自体が甚だ無理なことなのである。生徒が、自分の欲求をどのスコープのところにかきこんだらよいかというのも當然であつた。あとの祭であるが、このようなスコープの名などは表面には出さないで、生活課題の調査のときのように、白紙に番號をつけ、欲求を自由にかかせた方がよかつた。

2 欲求と興味　　ここの意味における欲求は興味とことなる。あることがらについて興味があるということは、そのことがらが生徒の心をひいていることは確かであるが、そのことがらをどうしても解決しなければならないとして、その問題の解決にたち向つていく狀態ではない。あることがらに興味があつても、何かの事情で、この興味は消失してしまうかも知れない。欲求という心の狀態は、問題の解決をはかるまでは、斷じてやまないという積極的な心の狀態を意味している。

3 欲求の調査と生活課題の調査との關係　　欲求ということと、生活課題ということは同じことを別なことばで表現したと言えないことはない。生活の課題ということは、これを心理的にみればあることがらが生活上の障害となつたとき、どうしてもこれを解決しなければいられないという心の狀態であつて、われわれはこのような心の狀態を欲求と呼んだことは、註2で明らかにした。

嚴密に考えれば欲求ということ、生活課題ということは同義語であるが、生徒の受けとりかたは必ずしも同一ではなかつた。欲求の調査及び生活課題の調査にあらわれた結果を比較してみよう。

(1) どちらの調査も、生徒にとつてぜひ解決しなければならない、その疑問を解きたいという問題を提出している。この點は共通している。

(2) 欲求の調査には、現實の生活に即しながらも稍自由に、知りたいこと、疑問としていることがあらわれている。これに反し生活課題の調査においては、自己の現實の生活に即して、實際的、具體的な問題がかかれている。

(3) 欲求の調査においては、社會機能の各スコープにわたつてあらゆる問題がみえているが、生活課題の調査においては、いくつかのスコープに問題が集約されており、特に敎育に關するスコープに集中されている。なお個人的な問題が比較的多くあげられているのも特徴である。

第二二表　欲求の調査

生命 健康 衛生	1	私達の生命や健康や衛生を守つてくれる所はどことどこですか。
	2	その人達はどう言う風に守つてくれているのですか？　日本には不健康な人がどの位いますか。
財産 天然の 資源	1	どのように守られていますか？
	2	
生産 配給	1	今年はほう作だと言うのに、どうしてお米の配給が充分ないんですか？
	2	主食はどのように生産され配給にまわつてくるのですか。 ゴムぐつ等の配給はどうしてすくないのですか？
物資 の 消費	1	どうしてこの頃物のねだんが高いんだろう。
	2	
輸送 運搬	1	外國からどんな物がはいつてきますか。
	2	

通信	1	通信方法(日本は葉書を出したり電話で通信したりしていますが、外國では、どのようにしていますか。
交際	2	交際をする上の禮儀(大きくなつて) 外國の方ではどんな交際をしていますか。
藝術	1	日本の有名な藝術者にはどんな人がいるのですか。 藝術は私達のためどんな利えきがありますか。
宗教	2	宗教はあまりよくわからないので、一たい宗教とはどういう事をいうのか?どんなことですか。
教育及その制度	1	外國のお友達は、どんな勉强をしているのでしょうか。
	2	
厚生慰安娯樂	1	どんな娯樂があるか? アメリカや、その他外國では、どのような娯樂があるか。
	2	
政治及その制度	1	政治はどんな風にやり方が變つてきましたか。くわしくしりたい
	2	

2 調査の結果

(1) 生命及び健康の保全と愛護　ここにおける生徒の欲求は、われわれの生命、健康を守つてくれる施設に關することの問題に集中している。特に病院にはどのような設備があるか、このような設備はどのように生かされているか、これらの設備は近代醫學の進歩に伴うて、どのように改善されているかは大きな關心事になつている。又醫學についての一般的な知識、たとえば簡單な病氣の手當、藥品に對する知識等を持ちたいということも彼等にとつての第二の關心事である。ところでこれらの事柄は各學年の男女兩生徒にとり、共通に關心事となつているが、上學年になるに從い、厚生施設の問題に生徒の眼がむけられていること、僅少ではあるが、險惡な世相を反映して、一年生の中に警察に關する事柄に學習の意欲がむかつている點に注意しなければならない。

(2) 財產及び天然資源の保全と愛護　この社會機能における生徒の欲求には、特に著しい特徴がみられない。これを他の社會機能における欲求と比較してみても、(第二一表參照)財產及び天然資源の保全と愛護に關する欲求は大體において低調である。

(3) 生產　このスコープにおける生徒の學習の欲求は、甚だ高く(第二一表參照)全體の中で第一位に位している。このことから、現在の生活において、生產ということが、われわれ大人にも又生徒にとつても大きな關心事となつていることがわかる。生徒の欲求の程度をみると、ものの生產ということが第一の關心事となつており、配給の方法、その量と質に第二の關心がある。(第二〇表參照)學年の發展に應じた傾向は認められない。男女の別からみると一年の女子は異狀な關心を持つているが、二年の女子においてはそれほどの關心はみられない。この原因がどこに存するか今後の研究課題である。

(4) 消費　ここにおける生徒の欲求は、生產に關するほどではないが、中學一年においては相當な關心を示している。特にインフレと關連しての高物價にその欲求が集約されていることは注意を要する。われわれの消費生活がどのように営まれてゆくことが望ましいか、消費生活の合理的改善については、ことの重要であるに反し、比較的欲求が少い事實にも意を用いなければならない。

（5）運搬　ここにおける生徒の欲求は、輸送とその機關、特に乘物の混雜を中心として、乘客數、車臺、汽車、電車のダイヤ作成、輸送の改善等にその關心がむけられている。これは生徒の九割までが電車、バスによつて通學している實際の課題から出發しているといえよう。學年による差異はほとんど認められないが、二年の女子はやや低調を示している。

（6）通信　このスコープにおける生徒の欲求は、いろいろな通信法とその料金の問題に集中している。郵便物の發送より到着までの經路、電報、速達、各種の通信機械とその原理等多方面にわたつている。學年及び男女による差異は判然としない。

（7）美的宗教的表現　藝術に對する欲求と、宗教に對する欲求とを比較してみるに、生徒の欲求は宗教面に比較的多く集つている。十の社會機能における比重をみるに、生産、生命及び健康の保全と愛護、政治の制度と施設について生徒の關心は甚だ高い。ここで注意をひくことは、文學方面に對する欲求が僅かに二つあるだけで、甚だ低調を示していることである。これは必ずしも生徒が文學に對して無關心であるということの證左であると斷定することはできない。生徒の讀書調査（一六六頁第二四表參照）は明らかにこのことを示している。

又宗教方面についてみると、生徒の關心は宗教とは何か、宗教はなぜおきたのだろう、宗教にはどんな種類があり、人々はなぜ宗教を信ずるのか、人間の死とはどういうことであるか等にむけられており、宗教心の芽生えが次第にたかまつていることを示している。

（8）教育の制度と施設　ここにおける生徒の關心は、第一に外國、特にアメリカにおいて、自分たちと同じ位の者がどのような教育を受けているかにむけられており、それについては六三教育を中心として、教科書、學用品、教育の制度とその歴史に欲求の焦點がむいている。學年による相違はあまり認められないが、學年が進むに從い、關心の範圍が次第にひろがつている點は注意しなければならない。

（9）厚生の制度と施設　このスコープの中で、生徒の關心を最もひくものは映畫についてであり、次には娯樂、運動等となつている。映畫に比較的大きい關心が集つているのは、都會生活の一つの特徴とも言えるであろう。二年女子が、映畫や娯樂の面において積極的な關心をみせているのは注目を要する。

（10）政治の制度と施設　このスコープにおいては他の社會機能に比較し、各學年の生徒が大きな關心を持つているが、特に政府の施政方針各政黨の政策、內閣の交替等現實の政治に關することがらに最大の焦點があり、次には國會に關すること、裁判に關すること、特に極東國際軍事裁判、各種疑獄事件及び國際關係の諸問題に關心が集中しているのは世相の反映と見るべきであろう。憲法に關することがらに比較的關心が薄いのは、一應憲法に關する世論が落ちついたことによるのであろう。

3　調査の結果とカリキュラム

生徒の欲求はわれわれのカリキュラム構成において、重要な一視點を與えてくれる。生徒の欲求のないところでは、學習活動を考えることすらできないからである。

ところでこの調査の意圖は生徒の欲求の段階、それは男女の別、學年の相違によつてあらわれる傾向を摑もうとしたのであるが、それは前述したように、一部のものをのぞいては、明瞭な段階的傾向をみることはできなかった。しかしこの點は今後より多くの資料によつて明らかにしてみたいと思う。

又この調査は、讀書の調査とか、勤勞の調査というように、個々の問題についての調査ではなく、生徒の欲求を十の社會機能の面からながめたのであつて、ある一人の個人についていうならば、その個人のすべての欲求が質問紙に表わされているわけである。卽ち本調査に、生徒はどういうことがらを解明したいと考えているか、それらのことがらの中で、どれに一ばん生徒の關心がむいているか、その次はなんであるかというように、欲求の相對的關係をあらわしている。それはあくまでも相對的な意味であつて、個々のことがらについては、その個々の問題について調査をしなければならないと思う。

又このような欲求も一定不變のものではなく、强烈な刺戟に出會うと新たな欲求も生ずるであろうし、今までの欲求にも變化を齎すであろう。又この調査の缺點とも考えられるが、社會機能を正面からとりあげたため、生徒はこれを理解するのにやや困難を覺えたのではなかろうか。先にもあげたが、文學に對する關心が低いというより、美的、宗敎的表現の中で、文學を考えることができたかどうか檢討を要する。

しかし、このような事情にもかかわらず、われわれはここにあげられた調査の結果に基き、單元の選定、及びこれが排列、單元の展開にあたつての一觀點をここに求めたいと思う。

第一九表　生徒の欲求

社會機能	要項	課題	一年 男	一年 女	二年 男	二年 女	三年 男	三年 女
生命及び健康の保全と愛護	生命健康をまもつてくれる施設	醫療費はなぜ高いか				1		
		病院にはどのような設備があるか	13	10	16	20		
		生命保險について知りたい	6	4	3			
		厚生省はどんな仕事をする所か	6	1	2	1		
		厚生施設はどのようになつているか			6	3		
		厚生施設の發達と設備（養老院收容院）			2	1		
		日本の厚生施設と外國の厚生施設との相違			3	1		
		都市綠化はどうなつているか			1			
		無醫村はどの位であるか			1			
		警察官の仕事	8	9	4			
		警察は犯罪に對してどのような對策をもつているか	1	8	1			
		警察制度はどうなつているか		1	2			
		婦人警察官の任務		2				
		終戰後犯罪の多いのはどうしてか		2	7			
		罪を犯すのはどのような人か		1	1			
		計	34	33	49	27		
	生命健康を守るための生活習慣	睡眠はなぜ疲勞を回復するか			1			
		日光は人體にどのような影響を及ぼすか	1					
		いつも健康でいるにはどうしたらよいか	4		1	1		
		ながいきをするにはどうしたらよいか	2		1			
		計	7		3	1		

社會機能	要項	課題	一年 男	一年 女	二年 男	二年 女	三年 男	三年 女
財産及び天然資源の保全と愛護	日本及び世界の資源	天然資源の豊富な國はどこか			2			
		外國ではどんな資源がどこで一ぱんとれるか		1				
		日本と外國の鑛業比較		1				
		計		2	2			
	財産とその保護 財産と税金	遺産の相續はどうなつたか	1	1	1			
		日本ではなぜ長男が財産をつぐか				1		
		外國ではどのように財産を分配するか				1		
		國家財産にはどんなものがあるか			1			
		皇室の財産はどの位か			1			
		財産の多い者と少い者とがいるのはなぜか		1				
		山の木は誰の所有か	1					
		その他財産に關する質疑				6		
		計	2	2	3	8		
		財産税はどのようにしてきめたか	3	3	2			
		關成金からどうすれば税をたくさんとることができるか		2				
		日本ではなぜ税が高いのか	1	2				
		取引高税とはなにか	3					
		計	7	7	2			
	財産の保護	個人の財産はどのように保護されているか	4	9	10	3		
		財産保護のための法律		1				
		泥棒を防ぐにはどうすればよいか	2					
		計	6	10	10	3		

社會機能	課題	一年 男	一年 女	二年 男	二年 女	三年 男	三年 女
生産	發電方法（水力、火力）	1	4	8	2		
	ガスの製法		2	6	1		
	電車汽車のできるまで	3	5	4			
	自動車のできるまで	3					
	乘物のできるまで			6			
	ガラスの生産過程	4	5	1	1		
	電球の製法	1	1		1		
	毛織物の生産過程	1	4				
	ラシヤの生産過程				1		
	衣服の作り方		15		1		
	紙ができるまで		4	7			
	セルロイドの製法		4				
	ゴムの生産について	1					
	鑛産物の生産過程	1					
	エンピツのできるまで	2					
	罐詰のできるまで	1					
	レースの生産について	1					
	コツプの製造法		1				
	絹靴下について		1				
	ミシンの製造法		1				
	農器具の製造法		1				
	纖維工場の見學			2			
	ガス、電氣、工場の見學			2			
	醫藥品の生産について			1			
	生産に必要な新機械が發明されるか			1			

機能	要項	課題	一年 男	一年 女	二年 男	二年 女	三年 男	三年 女
生産		綿の生産法及び現在の不足理由				1		
		本の製作される順序				1		
		眞空管の生産について			1			
		日本ではゴムはできぬのか	1					
		時計の中はどのようになつているか		1				
		作物のできるまでの過程	1					
		鐵はどこから採れるか	1					
		生産は工場とか農家だけか				1		
		農業の歴史						
		石油の採掘法		1				
		計	22	50	33	10		
	生産量	日本の一年間の食糧生産高及び不足高	2			3		
		停電になる理由	2	2	1			
		何故物資が少くなつたか		5				
		日本と外國の生産及び消費高の比較	1		1			
		物資を豊かにするにはどうしたらよいか		3		1		
		日本の生活水準を戰前の樣にするには何をどのくらい生産すればよいか	2			1		
		どうして石炭が少いのか		2				
		戰前戰後の生産量の比較		2				
		家の建築は何故遅れているか	2	2				
		電氣は大量に必要なのに何故發電所を多くつくらないのか	1					
		果物の生産を更に多くできぬか	1					

機能	要項	課題	一年 男	一年 女	二年 男	二年 女	三年 男	三年 女
生産		乘物の生産量			1			
		世界各地の麥や米の生産額			1			
		廢品に依つて新しく作られる品物と生産高			1			
		インフレと生産量との關係			1			
		南氷洋の鯨の捕獲高	1					
		計	12	16	6		6	
	生産物の種類	日本の主要な生産物	1		2	1		
		地方別生産物			1			
		生産物の種類		1				
		日本で生産されないものでアメリカで生産されるもの	1					
		計	2	1	3	1		
	生産の状態	生産は社會にどのような影響を及ぼすか				1		
		日本の自動車工業について			2			
		日本輸出工業の状態及び如何なるものが將來性があるか	2					
		現在の生産状態	1		1			
		日本工業のレベル			1	1		
		工業に従事している人の數と勞働時間と月給		1				
		アメリカの自動車の生産の樣子			1			
		何故まずいものを作るのか	1					
		何故生産があがらないのか	4	6	4	1		
		計	8	7	9	3		
	生産と輸出入	電氣はどんなに役立つか	4					
		ガスはどんなに役立つているか	1					
		貿易について	2	2				
		日本では食糧を輸入する爲にどんなものを輸出しているか			2	3		

社會機能	要項	課題	一年 男	一年 女	二年 男	二年 女	三年 男	三年 女
生産		アメリカから放出される物資とその種類			1			
		石炭の不足をどのように補つているか		2				
		計	7	10	3	3		
	配給の過程と制度	生産から消費までの順序	14	14	8	5		
		家庭への送電方法	4	4	2			
		車輌の販賣方法		5	2			
		ガスはどのようにして家庭へ送られるか	1		1	1		
		東京に來る食物はどの邊から來るか	1					
		配給になる野菜はどの地方から送られるか		1				
		米の配給ルート				1		
		地方別の配給方法				1		
		計	20	24	13	8		
	生産配給	配給制度はどのようになつているか	1	4	12	1		
		外國ではどの國が配給制度を行つているか	1	1	2	14		
		配給制度の改善について	2	2		1		
		配給品の決定方法		1		6		
		配給制度は何故起つたか	1			1		
		統制撤廢はいつか			2			
		主食の遅配は何故起るか		1				
		農家に對する供出割當量について		1	1	1		
		自轉車やミシンは何故家庭配給にならぬか		1				
		日本で配給が一ばんよく行われているのはどこか	1					
		計	6	10	17	24		
消費	配給量及び質	配給品は少く自由販賣が多い理由	4	2	2			
		最近配給品の粗惡なものが多い理由	5	2	2	1		
		配給だけで足りるか		2				
		主食配給量は年齢によつてどうなつているか		1				
		私達一人當り配給量は何を基として定めるか		1				
		學校で配給になるものには何があるか	2					
		計	17	17	21	25		
	物のねだん	配給品は何故安いか	1	2				
		配給品でも何故高いか		2				
		公定價の高くなつた理由			2			
		配給品より闇の方が安い所があるが何故か				1		
		何故最近公定と闇値が接近したか		1				
		エンピツの高い理由	1					
		五十年前にも今のように物價が上つたか	1					
		卸商はどの位もうけるか			1			
		需要と供給との關係	2	1	2	2		
		物のねだんは如何にして定まるか	1	3	1			
		何故物が高いか(物價引下げ)	1	10	4	1		
		インフレについて	11	6	2	1		
		計	22	32	18	6		
	物資の消費量	石炭の消費量及び使途	1					
		機關車一臺どの位石炭を使うか			1			
		野菜の消費量(日本全國一日分)				1		

社會機能	要項	課題	一年 男	一年 女	二年 男	二年 女	三年 男	三年 女
消費		主食物の消費量		1	1			
		野球ボールの消費量	3					
		戰前と戰後では物資の消費量は如何に變化したか				1		
		木材の消費量とその使途			1	1		
		日本では何が一番多く消費されるか	3		2	1		
		電力の消費量(停電)	8	6	2			
		家庭燃料の消費量		1				
		計	15	8	7	4		
	消費生活	何故消費者の生活が苦しいか	1	1	1	2		
		消費生活を營むにはどういうことが大切か	4	5	2	2		
		生活費の最大を占めるものは何か		1				
		消費生活について詳しく知りたい		1				
		日本人の消費生活と各國との比較		1	1			
		生活必要品にはどんなものがあるか	1					
		生活物資の生産高と消費との關係		2	1			
		公定價格と闇値		8	5			
		公定價格は如何にして定められるか	1		1			
		何故闇でないとよいものが手に入らぬか		2	1	1		
		計	7	20	12	5		
	貨幣	貨幣の歴史	1	1				
		貨幣の流通(高)			2			
		貨幣の制度			1			
		圓と外國貨幣との關係		1				
		各國の物價指數			1	1		
		計	1	2	4	1		
搬運	運賃	貨幣としてなぜ紙幣がつかわれるか	1					
		銀行の役割	1					
		印紙はなんのために使われるか	2					
		計	4					
		運賃を値上げるする理由	7	3	2	1		
		運賃を下げるにはどうするか	1					
		バスの料金は電車賃に比かくして何故高いか	1					
		乘車賃の高いのにこむ理由	1					
		荷物の料金と重量の關係	1			1		
		政府は安全輸送のために何をしてるか						
		輸送はどのようにして行われるか	3		1	4		
		外國からの輸入はどのように行われるか	2	5	2	2		
		現在の鐵道の混雜する理由	1	8	1			
		混雜の防止はどうすればできるか		2	2	3		
		電車汽車のダイヤ作成について		2	3			
		一日の乘客數(電車、バス汽車)			3			
		荷物が届く過程(經路)	3	5	2			
		輸送機關にはどんなものがあるか	5	3	4			
		運送業の組織			2			
		小荷物の遲れるわけ	1	3	3	1		
		輸送の改善について	3	3	1	2		
		外國からの引揚げについてその經路	1	1				

社會機能	要項	課題	一年 男	一年 女	二年 男	二年 女	三年 男	三年 女
運搬	交通機關の保全	輸送不能な品別とその量	1		1			
		計	31	35	27	14		
		日本にはどのような交通機關があり、どのように使われているか						
		交通機關の保安施設	1					
		牛馬豚等の生物運搬法について		2				
		鐵道事故（小荷物など）について		2				
	運輸の交通歴史	計	1	4				
		輸送の發達について		1				
		日本の鐵道の歴史について	4			2		
		鐵道の發達より受ける人類の影響	1					
		電車汽車はどのように改良されているか	1					
		外國における交通機關の發達の歴史と現在				1		
		外國への旅行經路				1		
		世界の汽車の數と乘客の狀態			1			
		日本と世界の鐵道の比かく			3			
		米國までの旅行經路	1					
		電車や汽車が日本に少いのになぜ輸出するか	1					
		自動車のガソリンと木炭の使用量			1			
		計	8	1	5	4		
	通信の歴史	通信の種類、發達の歴史	4	10	11	4		
	通信の機關	通信機關にはどんなものがあるか	5		2			
		郵便局の仕事		1		1		
通信	いろんな通信とその料金	東京中央郵便局の仕事			1			
		運輸省の仕事	1					
		計	10	11	14	5		
		郵便物の發送より到着までの經路	4	6	1			
		外國との通信の仕方	6	3	4	1		
		電報速達の遲れるわけ	1	2				
		速達の早くつくわけ		1				
		電報を出してからつくまで	2	1	1			
		光線をどのようにして通信に利用するか			1			
		無線電信の原理			1	1		
		いろいろな通信機械とその原理及び發達	5	3				
		世界にはどのような通信上のとりきめがあるか	1		3	3		
		通信上の規則	4			1		
		外國の通信制度	1		1	1		
		通信料金について	1	3	5	3		
		將來の通信はどうかわるか	1					
		占領軍の手紙の檢閲				1		
		通信網について		2				
		電話の原理	2	4	5	3		
		國際電話	2	1	2	3		
		電話の歴史				1		
		ラジオの原理		1	2	2		
		テレビジョンの原理	4					
		電送寫眞	1					
		新聞ができるまで		1				

社會機能	要項	課題	一年 男	一年 女	二年 男	二年 女	三年 男	三年 女
通信		計	33	26	25	24		
	交際	友達との新しい交際法		3	2	1		
		交際のエチケット		3	2	4		
		外國人と交際したいがどうすればよいか	1	3	4	2		
		なぜダンスをしてはいけないか				1		
		計	1	9	8	8		
美的宗教的表現	宗教の諸派（教義、教祖）	宗教のはじめ	5	9	11	2		
		宗教の種類とその思想	9	16	1	12		
		それぞれの宗教は誰が始めたか		2				
		宗教で有名な人	1					
		宗教の歴史と社會への影響	2			7		
		宗派の爭いはどうして起きるか	1					
		各國の宗教について知りたい		1				
		世界宗教思想史		1	2			
		宗教に關する昔からの傳統		1				
		アメリカ人はなぜキリストを信ずるか			2			
		日本人はどうしてキリストをきらうか			1			
		日本の宗教とアメリカの宗教との比較	2		2			
		計	20	20	19	21		
	日本の宗教	日本の宗教は世界にどれだけ認められているか						
		宗教はどのように傳わってきたか						

社會機能	要項	課題	一年 男	一年 女	二年 男	二年 女	三年 男	三年 女
美的宗教的表現	外國の宗教 キリスト教	キリスト教の思想と歴史		1		3		
		キリスト教と佛教との相異	1					
		聖書について				1		
		アメリカの宗教について		1				
		カトリックの教え			1			
		計	1	2	1	4		
	人間生活と宗教	宗教とは何か		2	5	2		
		宗教はなぜ必要か	5		1			
		なぜ宗教を信ずるのか			3	3		
		宗教の特徴				3		
		宗教によって人間はどのように感化されたか			2			
		法事にお經をよむのはなぜか		1				
		迷信と宗教との相違		1	1			
		人間は死ぬとどうなるか		1	5			
		人間の死については學者はどう考えているか			1			
		極楽、地獄は實際にあるのか			1			
		この頃どうしてへんな宗教がはやるのか			1			
		宗教團體はどのような活動をするのか				1		
		信仰とはどんなことか				1		
		宗教は自由にかえてよいか						
		今日本ではどの宗教が一番信ぜられているか		1		1		
		教會はどんなことをするか				1		
		宗教の分布について知りたい		1				
		この頃踊る宗教というものがあるがこの神はどんな神か		1				
		計	5	8	20	12		

社會機能	要項	課題	一年 男	一年 女	二年 男	二年 女	三年 男	三年 女
美的宗教的表現	文學	フランスの文學についてもつと學びたい			1			
		文藝作家の生活について知りたい			1			
		計			2			
	美術工藝	美術で有名な人を知りたい	6					
		繪畫の歴史について知りたい		1				
		日本畫の歴史				1		
		首かざりや寶石のつくり方		1				
		世界の名畫を見たい				1		
		日本美術の歴史				1		
		なぜ女の裸體畫がかかれるか				1		
		日本の美術は海外に紹介されているか				1		
		圖畫の評價について知りたい			1			
		外國では圖畫、工作のときどんなことを學ぶか		1				
		計	6	3	1	5		
	音樂	音樂の發達について知りたい	1	5				
		樂器の歴史について知りたい		2				
		音樂をもつとよく知りたい		2		1		
		歌曲のことをよく知りたい			1			
		計	1	9	1	1		
	その他	現代の藝術家はどんな希望をもつているか				1		
		藝術家にはどんな性格の人が多いか			1			
		藝術家の傳記を知りたい（日本及び世界）		5	1			
	藝術と生活	藝を身につけるにはどうすればよいか	2					
		藝術でたつていける人といけない人がいる、なぜか	2					
		アメリカの藝術が知りたい		13	1			
		藝術の發達について知りたい		2				
		藝術について知りたい（古代も含む）	1			2		
		藝術の一ばん盛んな國について知りたい	1		2			
		藝術の盛んな國とそうでない國があるがなぜか		1				
		昔と今の藝術のちがい			1			
		藝術の種類			1			
		各國の藝術の特徴			1			
		書道について知りたい	1					
		演劇について知りたい			1			
		計	7	21	9	3		
		藝術はどうして生れたか		1	3	1		
		藝術とはなにか		1	1			
		藝術はわれわれにどんな利益を與えるか		1				
		展覽會を見にいきたい	1					
		宗教と藝術の關係を知りたい		1				
		藝術院はなにをする所か			1			
		藝術院會員にはどうすればなれるか	1					
		計	2	4	5	1		

教育の制度と施設

社會機能 要項	課題	一年 男	一年 女	二年 男	二年 女	三年 男	三年 女
六三教育	なぜ教育はあるか	1					
	なぜ六三制になつたか	2	1	4	2		
	教育の歴史について				1		
	六三制の長所短所			1	1		
	日本と外國との教育制度の比較			5	1		
	新舊教育制度はどうちがうか		1		1		
	六三制になつて入學試驗があるのはなぜか			1			
	今の教育は民主主義と言えるか	1		1			
	自分の將來の職業として何をえらんだらよいか				1		
	なぜ男は女より智能が高いか				1		
	不具者の教育はどうなつているか		1				
	日本歴史について知りたい				1		
	なぜ略字を使用するか				1		
	計	4	3	12	10		
校舍	なぜ校舍が不足しているか			2			
	理想的な學校建築		1				
	計		1	2			
教科書と學用品	日本の教科書はなぜ貧弱か				1		
	良質の學用品はなぜ少いか	2					
	教科書が少くて雜誌が多いわけ			2			
	計	2		2	1		
教育機關	教育委員會の制度とその役割	2	8	4	2		

教育の制度と施設

要項	課題	一年 男	一年 女	二年 男	二年 女	三年 男	三年 女
	文部省の仕事				1		
	郡の教育局の仕事						
	政府の教育政策				1		
	PTAはどんな仕事をするか				1		
	日本の教育に貢献した人々				1		
	計	2	8	4	6		
教育豫算	文教豫算はなぜ少いか		1				
	教育費がかかりすぎるのはなぜか				1		
	計		1		1		
教育の方法	昔の教育法と今の教育法との比較	1			1		
	青少年に對する理想的教育法	1		1	1		
	不良兒の教育法				1		
	計	2		1	3		
教師	教員にはどのような資格がいるか	1					
社會教育	博物館圖書館の設備	1		1			
	上野圖書館に十三歳以下の者を入れないのは何故か				1		
	圖書館は全國にどの位あるか			1			
	計	1		2	1		
家庭教育	理想的な家庭教育		2				
外國における教育	外國の教育について		11	8	1		
	外國の教育制度について	5	5	11	15		
	東京における外國學校の實際				1		
	外國の校舍の作り方		2				
	世界で一番教育の進んだ國と日本の教育との比較	5	11	2			
	外國の教育方法と日本のそれとの比較		4				

社會機能	要項	課題	一年 男	一年 女	二年 男	二年 女	三年 男	三年 女
教育の制度と施設		外國における家庭教育		2		2		
		諸外國の古代の家庭教育				1		
		學校の種類				2		
		學問の種類				1		
		アメリカの少年少女教育	8		1	2		
		アメリカの學校制度	2		6			
		アメリカの學校生活			1	2		
		〃 教育法			2	3		
		〃 圖書館				2		
		〃 教育史について	1		2			
		〃 化學について	1					
		ソビエットの教育制度	2					
		ソヴエットの教育史	1					
		土人の教育はどの位進んでいるか	1					
		計	23	37	33	32		
	映畫	映畫の歴史	3	14	2	1		
		映畫の發明者	1	1				
		入場料の高いわけ	1	1				
		俳優の生活、俳優になるまでの順序	1		1	1		
		撮影方法	3					
		會社の經營	1					
		子供向の映畫の少いわけ		1	5	1		

社會機能	要項	課題	一年 男	一年 女	二年 男	二年 女	三年 男	三年 女
厚生の制度と施設		惡い映畫をなくするにはどうしたらよいか		3				
		良い映畫がどうして見られないか			2			
		映畫のできるまで(作り方)			5	9		
		外國映畫の輸入方法			1			
		映畫の盛なわけ			1			
		今の映畫は何故子供が見てはいけないか				1		
		トーキーについて				1		
		映畫館に入る人はどの位いるか				2		
		計	10	20	17	16		
	娯樂	外國の娯樂施設	2		1	2		
		外國と日本の娯樂のちがい	1		1	1		
		娯樂の種類	2	3	2	3		
		私たちの娯樂はどんなものがよいか		2				
		國立の娯樂場はいくつあるか		1				
		日本の昔からの娯樂について		1				
		現代と昔の娯樂について		1				
		娯樂の發達		2	1			
		私達の娯樂施設のできないわけ			2			
		良い娯樂と惡い娯樂			3	1		
		現在の娯樂は良い影響を與えるか			1	1		
		娯樂の設備について			1			
		政府は娯樂のためにどんなことをしたか				1		
		私達の娯樂場はどの位あるか				1		
		教科書が少なくて雜誌等の多いわけ			2			
		私たちの讀む本が何故高いか			1	1		

厚生の制度と施設

要項	課題	一年 男	一年 女	二年 男	二年 女	三年 男	三年 女
	計	5	10	15	11		
演劇	芝居の歴史	1	4				
	放送番組はどのようにして組むか	1			1		
	セリフを知りたい	1					
	放送局について		2		1		
	演劇について		1		1		
	狂言について		1				
	歌劇のできるまで				1		
	計	3	8		4		
運動	アメリカの子供の遊び	1	1	1			
	野球の歴史	2					
	私達のレクリエーションの在り方		1				
	オリンピックについて		1				
	世界で野球をする國はどことどこか			1			
	現在野球の盛んなわけ（運動）			3			
	外國のレクリエーションの設備				3		
	各種運動のルール				1		
	計	3	3	5	4		
兒童福祉	孤兒を保護する施設の數、樣子、經營法		1	2			
	兒童福祉はどのように行われているか				1		
	私達と孤兒院の子供とは仲良くできないか				1		
	計		1	2	2		

政治の制度と施設

要項	課題	一年 男	一年 女	二年 男	二年 女	三年 男	三年 女
慈善行爲	傷病兵をこの頃慰問しないわけ		3				
	引揚者の慰安について政府の考え			1			
	傷病兵に部では慰問しているか				1		
	困つている人を慰めるにはどうしたらよいか		1				
	外國のお祭りについて		1				
	計		5	1	1		
國會	國會について知りたい（歴史的にも）	6	15	3	11		
	代議士は何をしているか		4	5			
	女代議士の活動狀況		1				
	議事堂内のようすをみたい	1	3				
	アメリカ國會と日本國會との比較	3	1	2			
	大臣はどんな仕事をするか		2				
	私達の意見を國會に示すにはどうするか		1				
	大臣になるにはどうするか（資格）		1	3			
	參議員と衆議員のちがい	1					
	解散はどういうふうに行われるか				1		
	各黨派の政策	1					
	計	12	30	24	22		
政治	昔の政治	2			1		
	終戰前の政治	1					
	アメリカと日本の政治の比較	4	2	5			
	政治の歴史	1	3	3			
	政府の施設方針	1	2		2		
	各大臣の仕事	3					
	政府の組織	1	1				

社會機能	要項	課題	一年 男	一年 女	二年 男	二年 女	三年 男	三年 女
政治の制度と施設		外國の政治（制度）	3	1	4	9		
		內閣	1			3		
		マッカーサーの政治方針について		1				
		日本の政治とマッカーサー司令部の關係		1				
		マッカーサー司令部の仕事	1					
		政黨について（方針成立）	2	2	5	6		
		政治不安について		1				
		日本の政治に貢獻した人々		2	2			
		吉田內閣と國民の生活		1				
		民主政治に必要な知識		1				
		內閣が變つても政治の變らぬ理由		1				
		よい政治とは何か		2		1		
		外交官の役目		1				
		共產黨について		1				
		世界の政治思想について			2			
		政府のインフレ防止對策			2	1		
		吉田內閣の解散理由			2			
		アメリカとソビエットは何故對立するか				2		
		一度失敗した內閣が再びたつのは何故か				1		
		子供の政治家はできないか						
		部長官、縣知事の職務		2		1		
		ストライキの原因	1					
政治の制度と施設	裁判	鐵道従業員はなぜストライキをするか	1					
		計	22	30	23	27		
		裁判についてくわしく知りたい	4					
		東京裁判について	6	8		8		
		昭電事件について	1		4			
		軍事裁判について		1	6			
		軍事裁判で日本人だけが罰せられるのは何故か		1				
		裁判はどのように行われているか		1	2			
		外國の裁判と法律				2		
		計	11	10	12	10		
	憲法	憲法について（現在過去）	1	2		1		
		新舊憲法の相異		1				
		日本及び米國憲法の比較		1				
		天皇は退位するか			1			
		計	1	4	1	1		
	新しい法制度	公務員法について知りたい		1				
		タフト•ハートレー法について知りたい		1				
		勞働に關する法律について知りたい				1		
		制度はどうすれば進歩するか		1				
		農地改革について	1					
		選擧のおこりについて	1					
		アメリカ大統領の任務				1		
		民法について			1			
		戰後の法律制度と戰前のそれとの比較		1				
		計	2	4	1	1		

社會機能	要項	課題	一年 男	一年 女	二年 男	二年 女	三年 男	三年 女
政治の制度と施設	國際關係	國際聯合について		2				
		同盟とは何か		1				
		米ソの關係について		1	2			
		外交はどのように行われるか		5	8	6		
		國際連合の組織	2			6		
		世界聯邦制はできているか				1		
		國際状勢について	2			1		
		ベルリン問題について			1			
		ユネスコについて		1				
		計	4	10	11	14		

第十二表

機能別生徒欲求頻數表

		一年 男	一年 女	二年 男	二年 女	三年 男	三年 女
1	生命及び健康の保全と愛護	27	23	10	15		
2	財産及び天然資源の保全と愛護	10	4	3	1		
3	生産	9	9	6	7		
4	消費	20	19	5	6		
5	運搬	20	9	19	8		
6	通信	4	22	5	4		
7	美的宗教的表現	3	13	0	2		
8	教育の制度と施設	96	144	62	44		
9	厚生の制度と施設	35	10	7	6		
10	政治の制度と施設	5	1	9	7		

（六）讀書調査

1．調査の方法

本校における學校圖書室は、創校日淺いため、まだわれわれの滿足するように整備されていないが、それでも豫算の許すかぎり、新刊圖書の購入、保護者の協力を得て各種參考文献の蒐集に努力してきた。生徒は圖書使用規定により、これらの圖書を自由に借り出し使用し得ることになつている。われわれは、生徒が、これらの圖書を借り出すときに記載することになつている學校圖書借出簿により、どのような圖書が、生徒に多く讀まれるか、學年の相違によつてどのような傾向がみられるか、又男女によつてどのような變化があるか等を明らかにし、カリキュラム構成上の手がかりを得ようとした。なお次に調査の條件をあげる。

1．本調査は昭和二十三年十月一日から、二十四年二月十五日までに借り出された圖書である。

2．生徒がある圖書を借出したとき、どの程度に讀んだかということが問題になる。極端な場合には、持つていつただけで返却されたかも知れない。しかしこのことも本調査においては考慮していない。

二、調査の結果

調査の結果は第二四表の如くである。上、中、下の分類は、圖書の内容から、その上下をあらわしているのであるが、嚴密な意味における分類ではない。

第二四表 生徒讀書調査

程度	類別	圖書名	一年 男	一年 女	二年 男	二年 女	三年 男	三年 女
上	文學	こぶ	4	2	1	2		
		竹	1	1				
		日本小説代表作全集（一七）			2	4		
		日本小説代表作全集（一五）	1		3	1		
		散文詩		1	1	1		
		中國の小説			1			
		トルストイ讀本			2			
		鶴の話	1	1		1		
		二つの庭	1	3		3		
		小倉百人一首	1		3			
		ジャン・クリストフ	1		1	1		
		吾輩は猫である			3	1		
		ヘルマンとドロテア				1		
		虞美人草				2		
		萬葉秀歌			3			
		東京の三十年			3	2		
		キューリー夫人	2	3	8	2		
		和解	1		6	5		
		小さき者へ			6	1		
		柿二つ	1		3	6		
		破戒	2	1	1			
		小泉八雲讀本			3			
		國木田獨歩全集			1	1		
		漱石全集（五卷）	1		5	1		
		風			1	5		
		家	3		4	1		
		ファウスト物語		1		1		
		長塚節全集				3		
		この子を殘して			1	1		
		クラーク先生とその弟子達			1			
		世界名作大觀（ドイツ）			1			
		播州平野			2	1		
		群盗				1		
		孟子			1			
		若きヴェルテルのなやみ			1	3		
		藤村全集	1		1	3		
		柿の種		1	4			
		二百二十日、野分			3			
		夏目漱石				1		
		藤村			1			
		俳句の五十年				1		
		盧子全集			1	2		
		石川啄木				1		
		讀書と人生				1		
		寅彦先生閑話		1				
		藤村の藝術と生涯				1		
		文學論				1		
		文藝五十年史			1			
		名作講話				1		
		中國の小説				1		
		春の岬				1		
		計	21	15	79	65		
中	文學	ソロモン王の寶窟	1		8	2		
		巖窟王	1		3	1		
		ロミオとジュリエット	1	1	3	3		
		ガーフィールド	1	5	4	3		
		ロビンフッドの冒險	4		5	1		
		人は何によつて生きるか	1	3		2		
		シェクスピヤ物語	1		4	1		
		文學教室	1		1	4		
		サンデイ				2		
		自殺クラブ	1		7	2		
		おじいさんの椅子	1		3	5		
		友			2	6		
		ジョン萬次郎漂流記		1	6			
		少年部落			1			
		ロビンソンクルーソー物語	1	1	1			
		雪の上の足あと	3	3	3			
		新約十日物語	1			1		
		密林の王者			1			
		百花村物語		1		1		
		アルプスの學校	2	2	1	1		
		生ひ立ちの記			3	1		
		三銃士			10	1		
		レスター先生の學校		3				
		若草物語	1	2				
		赤い鳥名作童話集		1	1	1		
		アルプスの山の娘		2	1			
		國姓爺合戰		2	1			
		アンクルトム物語	2		2	1		
		次郎物語	5	9	17	1		
		神がみのおくりもの		1		5		
		日曜日	1		2	5		
		全權先生	3	4	2	2		
		兄弟行進曲	5	1	6			
		盲の大臣		1		1		
		ハワイの魔法使						
		ハックルベリイ・フィンの冒險	2		5	2		
		西遊記	1	1	2	1		
		ドン・キホーテ			1	5		

程度	類別	圖書名	一年 男	一年 女	二年 男	二年 女	三年 男	三年 女
		青空				1		
		計	17	21	24	27		
上	理科	氣象の話		2				
		知能と知能測定法	2					
		野鳥の生態	1					
		メンタルテスト	2		2	1		
		野鳥ガイド	1					
		動物の採集と飼育	2					
		木から紙になるまで						
		地球の解剖			3			
		モーターと變壓器の作り方	1					
		野球の科學	2		3			
		地震と津浪の話	1					
		生物研究		1				
		科學の學校	2			2		
		海流の話	1					
		大自然科學史			1			
		計	15	3	9	3		
中	理科	新しい動物學	1					
		魚と私たち		1	1			
		植物圖繪	1					
		植物の學習	1		1			
		偉い科學者			2			
		豆の一生			1	1		

程度	類別	圖書名	一年 男	一年 女	二年 男	二年 女	三年 男	三年 女
		僕等の質問箱	3					
		魚の生活		1				
		僕らの電氣學	1					
		私たちの氣象敎室		1				
		工作人間			1			
		生きている地球	1					
		蟻の世界	2					
		僕らのラヂオ受信機			3			
		海は生物の世界				2		
		魚の話	1		2	1		
		キノコやかびの研究	2					
		光の世界	1					
		宇宙旅行	3		3			
		火と熖	1					
		魚貝圖繪				1		
		熱の話	1					
		鳥の生活と巣箱	1					
		衣料物語		2				
		水と生活		2	2			
		トンネルを掘る話			5	1		
		トンビと油揚げ	1	2	1			
		水の科學	1					
		子供と蛙の研究		3				
		未來につらなる我等の体				3		
		雷の話	1					

一六七

程度	類別	圖書名	一年 男	一年 女	二年 男	二年 女	三年 男	三年 女
		世界名作大系（ロシヤ）			1	2		
		新日本文學讀本			1	1		
		ゼンダ城のとりこ	1	1	1			
		ナイティンゲール	1	1	3	1		
		ロビンソン漂流記		1		1		
		ハムレット		1	2			
		乙女の港		2		2		
		ホーマー物語		1				
		日本を	1					
		日本の心			1			
		山椒太夫と森鷗外			2	2		
		小妖女				1		
		ジュリヤス シーザー		1	1			
		猫のフエリックス	2	2	1			
		マクベス			2			
		藤村讀本	1	2		1		
		寶島		1	1			
		私達の讀書クラブ			2	1		
		空中の藝當				1		
		藤村兒童讀本		1				
		向いの奥様の思い出話				1		
		計	46	58	128	71		

程度	類別	圖書名	一年 男	一年 女	二年 男	二年 女	三年 男	三年 女
下	文學	家に子供あり	3	2	1	1		
		友情の曲		2		2		
		鐘のなる丘	4	1	6	1		
		花物語		1		2		
		嵐の中の少女		2		1		
		象とさるとバラモント	1	2	4	1		
		青い玉の少女		2		2		
		あゝ無情	1	2				
		ガリバーの冒險	1		1			
		動物のふしぎ	1		1			
		古都の乙女		2	2	3		
		ペローおとぎ話		1	1	1		
		クオレ	1	3	2	4		
		ばら色の雲				2		
		少女時代		1		2		
		りくんべつの翁			3			
		火の鳥			3	1		
		山の神とほうき神	2			1		
		小公子	1					
		ピノチオ	1					
		大きな虹	1			1		
		春の來る町				1		

一六八

程度	類別	圖書名	一年 男	一年 女	二年 男	二年 女	三年 男	三年 女
		天体の話		1	2			
		人はどうして出來たか	1					
		お庭の動物研究	2					
		太郎のラヂオ實驗讀本			2			
		植物はどうしてふえるか				1		
		とげのないさぼてん	1		2			
		子供の天文學	1	1				
		私たちのちゑ袋	2	1	1			
		魚の質問帳	1					
		寒い國	2	1				
		美しき科學者			1			
		小さい科學	1					
		榮養をどうしてとるか	1	2				
		計	35	18	30	10		
下	理科	蛙の研究どうするか	1	9				
		少年昆虫記			1			
		霜柱		1				
		計	1	10	1			
上	社會	現代用語の基礎知識			3			
		リンカーン傳			2			
		經濟と交通						
		哲學の話	1					

程度	類別	圖書名	一年 男	一年 女	二年 男	二年 女	三年 男	三年 女
		日本國勢圖繪	2		1	2		
		平地と生活	2					
		江戸時代の農民生活		1				
		アメリカ大陸のたんけん時代			1	1		
		概說日本歴史			1	1		
		計	5	1	8	4		
中		最新世界現勢大觀			4			
		世界人類史物語	1		1			
		人類解放物語			1	1		
		地圖の話			1			
		郷土の地圖			1			
		人間の歴史をたづねて	1		2	1		
		僕の歐米日記	1	1	3	1		
		日本古代文化の話			2	1		
		二年生の社會科	1					
		星條旗の子供	1		2	1		
		人間の初め	1		1			
		アメリカ建國史物語	1					
		ユートピア物語	2		1	1		
		登呂遺跡の話			1			
		社會科統計集		1				
		文字といんさつ	1		1			

一七〇

程度	類別	圖書名	一年 男	一年 女	二年 男	二年 女	三年 男	三年 女
中	社會	人權の尊さを守ろう				1		
		計	10	2	21	7		
上	體育	卓球	1			1		
		オリンピック、レポート	1		1			
		野球	2		2			
		庭球	2					
		最新スポーツの知識				1		
		籠球　排球			3			
		軟式野球				1		
		計	6		6	3		
中		ベースボール	1		3			
		巨人ベーブルース	1		5			
		計	2		8			

程度	類別	圖書名	一年 男	一年 女	二年 男	二年 女	三年 男	三年 女
上	美術	本朝畫人傳			1	3		
		計			1	3		
中		繪畫讀本		1				
		繪畫教室	1					
		計	1	1				
上	音樂	樂典解說				1		
		計				1		
上	數學	數學辭典			1	1		
		計			1	1		
中		趣味の數學	1					
		計	1					

この調査に見える傾向をまとめてみると次の諸點が指摘できるであろう。

（1）　讀書欲と學年的傾向

學年が進むにつれて讀書欲が旺盛になることが第二六表によつて察知し得る。特にこの傾向が文學、それについては社會、體育等において甚だしいが理科においては必ずしも明らかでない。これは一つには、學級の特殊事情によるものと思われる。つまり、一年生においては、二年に比較して相對的に智能が高く、理科に對する興味が大きいためであろうと思われる。

一七一

第二六表　讀書欲と學年的傾向

類別		文學				理科				社會				体育				美術				音樂				數學				總計
程度		上	中	下	計	上	中	下	計	上	中	下	計	上	中	下	計	上	中	下	計	上	中	下	計	上	中	下	計	
一年	男	21	46	17	八四	15	35	1	五一	5	10		一五	6	2		八		1		一					1			一	一六〇
	女	15	58	21	九四	3	18	10	三一	1	2		三						1		一									一二九
二年	男	79	128	24	二三一	9	30	1	四〇	8	21		二九	6	8		一四	1			一					1			一	三一六
	女	65	71	27	一六三	3	10		一三	4	7		一一	3			三	3			三	1			一	1			一	一九四

（2）　圖書內容にみられる學年的傾向

學年が進むにつれて、圖書の內容がどのように變化するか、前揭第二五表、第二六表によつてうかがわれる。

a．文學方面における二年生の讀書傾向は、一年生に比較して著しく多方面にひろがり、又その程度もはるかに高い。（この一つの原因は學級擔任の影響に負うところが大きいだろうと思われる。）又日本の文學だけではなく、外國の小說、文學に對して關心を持ちはじめていることが注意されよう。一年生においては、少年少女小說という表現が適切な感じを與える類の圖書に關心がむけられている。

b．理科に關しては、先にも指摘したように必ずしも明瞭ではない。ただここで注意されることは、男子が女子に比較して、科學方面に甚だ大きい關心を示していることである。

c．大體において文學におけると同じ傾向が見られる。二年生は一年生に比較して日本の事情から外國の事情へとその關心が廣範圍に、又時間的にも現在から過去へ、現在から未來へとひろがつている。

d．體育、美術、音樂、數學等については頻數が少いため本調査では明らかでない。

（七）生活調査

新しいカリキュラムを構成しようとするわれわれの意圖は、生徒の現實における全生活の指導を正しく行うことにあるが、ここで問題になるのは、生徒がその日常の生活においてどのような生活をおくつているか、又生活の個個の內容が、どのような一般性を持つているか、又學習指導が生徒の自發活動によつて進められなくてはならない以上、それぞれの生活內容についての興味の一般性がどのようであるかについて知ることであつた。

1　調査の方法と條件

調査の方法と條件は、文部省教材研究課から出ている「兒童青年の生活內容の一般性と生活內容に對する興味について」により、嚴密に實施した。

調査期日は日曜日の調査は昭和二十三年十二月十二日をとりあげ、これを翌十三日（月）の第一時限に實施し、授業日については十二月十五日をとりあげ、これを翌十六日第一時限目に實施した。

調査人員は次の通りである。

	一年男	一年女	二年男	二年女
日曜日	五〇	五一	五〇	四〇
授業日	五二	五〇	五四	三三

第二五表　生活調査質問紙

昨日は昭和＿＿年＿＿月＿＿日＿＿曜日　　天候＿＿＿＿授業日

東京第三師範附屬中學校　第＿＿學年　男 女　昭和＿＿年＿＿月＿＿日生

氏　名＿＿＿＿＿＿＿＿＿＿＿　　家庭の職業＿＿＿＿＿＿＿＿

あなたは昨日朝起きてから夜眠るまでどんなことをして過しましたか。

○　次に書いてあるいろいろな事柄の中から、あなたがしたことを選び出して（　　）の中に○印をつけて下さい。（もしここに書いてないことで、あなたが昨日したことがあつたらいちばん終のあいているところに そのことを書いて下さい）

○　それが出來ましたら、次にあなたが昨日したことの中で、何が最も樂しく面白かつたかを思い出して、前につけた ○印を黒くぬりつぶして下さい。（澤山樂しく面白かつたことのある人は 三ツだけ選んで下さい）

○　次に昨日はしなかつたが 最近ひと月の間にしたことがあるものについて、よく思い出して（　　）の中に△印をつけて下さい。

1（　　）朝の食事をした
2（　　）晝の食事をした
3（　　）晩の食事をした
4（　　）間食（おやつ）を食べた
5（　　）飲食店に入つて何か食べた
6（　　）晝寢をした
7（　　）大便をした
8（　　）酒をのんだ
9（　　）煙草をのんだ
10（　　）風呂に入つた
11（　　）お化粧をした
12（　　）頭の髪をすいた
13（　　）さんぱつをした
14（　　）體操をした
15（　　）運動競技（野球、テニス、ピンポンなど）をした
16（　　）散歩をした
17（　　）ハイキングをした
18（　　）病氣で寢ていた
19（　　）醫者にかかつた
20（　　）家の仕事の手傳をした
21（　　）洗たくをした
22（　　）家の掃除をした
23（　　）寢まきや布團などを日光にあてた
24（　　）自分の持物（勉强の道具や遊び道具など）の整理整とんをした
25（　　）種々な家庭の道具の手入れや整理をした
26（　　）野菜、花、ぼんさい、植木などの世話をした
27（　　）動物の世話をした
28（　　）弟や妹の世話をした
29（　　）老人の世話をした
30（　　）病人の看護をした
31（　　）家の用事で使いに行つた
32（　　）公のことのいろいろの仕事をした
33（　　）勉强をした
34（　　）學校の宿題をした
35（　　）新聞をよんだ
36（　　）雜誌をよんだ

37（　　）單行本（雜誌繪本教科書以外の書物）を讀んだ
38（　　）繪本を見た
39（　　）圖書館へ行つた
40（　　）講演會に行つて講演を聞いた
41（　　）博物館へ行つた
42（　　）動物園へ行つた
43（　　）植物園へ行つた
44（　　）展覽會を見た
45（　　）映畫を見た
46（　　）芝居を見た
47（　　）紙芝居を見た
48（　　）運動競技を見に行つた
49（　　）音樂會へ行つて音樂を聞いた
50（　　）ラジオを聞いた
51（　　）レコードを聞たい
52（　　）友達や家族のやる音樂を聞いた
53（　　）飾窓や露店を見ながらぶらぶら歩いた
54（　　）一人で遊んだ
55（　　）友達と一緒に遊んだ
56（　　）家族の者と一緒に遊んだ
57（　　）その他のものと一諸に遊んだ
58（　　）音樂を習いに行つた
59（　　）おどりを習いに行つた
60（　　）生花を習いに行つた
61（　　）茶をたてることを習いに行つた
62（　　）裁縫や編物を習いに行つた
63（　　）自分で音樂をやつた
64（　　）花をいけた
65（　　）おどりをした
66（　　）茶をたてた
67（　　）字を習つた
68（　　）繪を書いた
69（　　）寫眞を自分でうつした
70（　　）裁縫や編物をした（衣服のつくろいをふくめて）
71（　　）細工物（竹細工、ししゆうなど）をした
72（　　）遊ぶためのいろいろな道具を作つた
73（　　）作文や小説などを書いた
74（　　）和歌、俳句、詩などを作つた
75（　　）日記をつけた
76（　　）いろいろな動物、植物、鑛物などを集めた
77（　　）動物、植物、鑛物、繪、寫眞、切手、切りぬきなど集めたものの整理をした
78（　　）釣をした
79（　　）手紙や葉書をかいた
80（　　）お客樣の接待をした
81（　　）友達の家にいつた
82（　　）親類の家に行つた
83（　　）自轉車に乘つた
84（　　）電車、汽車、自動車に乘つた
85（　　）自分の買物をした
86（　　）人に頼まれた買物をした
87（　　）お墓にお參りした
88（　　）お宮にお參りした
89（　　）敎會へ行つた
90（　　）自分の家の神樣や佛樣を拜んだりお供物をしたりした
91（　　）お寺にお參りした
92（　　）一人で考え事をした
93（　　）
94（　　）

2 生活内容とその一般性

生活内容の一般性は、生徒の營んだそれぞれの生活内容が、その日において、全生徒の何パーセントによつて營まれたかを見ることによつて知ることができると考えられるので、男女別、學年別に、生徒の調査人員とその生活をなしたものの數、及びその生活を營んだものの數が、全生徒に對して幾何の百分率を有するかをみた。

（第二六表（日曜日）及び第二七表（授業日）參照）

第二六表　生活調査表（休日）

（數字上段は實人員 下段は百分率）

（各欄は「實人員 / 百分率」の順に記す）

區分		學年	調査人員	1 朝の食事をした	2 晝の食事をした	3 晩の食事をした	4 間食（おやつ）を食べた	5 飲食店へ入つて何か食べた	6 ひるねをした	7 大便をした	8 酒をのんだ	9 煙草をのんだ	10 風呂に入つた	11 お化粧をした	12 頭の髪をすいた	13 さんぱつをした	14 體操をした	15 運動競技（野球、テニス、ピンポン競技など）をした	16 散歩をした	17 ハイキングをした	18 病氣でねていた
男子	休日の生活内容	1	50	49 / 98.0	84 / 96.0	50 / 100	47 / 94.0		1 / 2.0	43 / 86.0			26 / 52.0		4 / 8.0	1 / 2.0	7 / 14.0	30 / 60.0	13 / 26.0		1 / 2.0
		2	50	50 / 100	50 / 100	50 / 100	38 / 76.0	2 / 4.0	1 / 2.0	47 / 94.0			27 / 54.0			10 / 20.0	5 / 10.0	21 / 42.0	4 / 8.0	2 / 4.0	
		合計	100	99 / 99.0	98 / 98.0	100 / 100	85 / 85.0	2 / 2.0	2 / 2.0	90 / 90.0			53 / 53.0		4 / 4.0	11 / 11.0	12 / 12.0	51 / 51.0	7 / 17.0	2 / 2.0	1 / 1.0
	調査日以外最近一ケ月の生活内容	1	50	1 / 2.0	1 / 2.0		3 / 6.0	6 / 12.0	6 / 12.0	6 / 12.0	1 / 2.0		17 / 34.0		2 / 4.0	18 / 36.0	30 / 60.0	11 / 22.0	8 / 16.0	7 / 14.0	5 / 10.0
		2	50				10 / 20.0	8 / 16.0	5 / 10.0	2 / 4.0			21 / 42.0			34 / 68.0	39 / 78.0	25 / 50.0	21 / 42.0	28 / 56.0	6 / 12.0
		合計	100	1 / 1.0	1 / 1.0		13 / 13.0	14 / 14.0	11 / 11.0	8 / 8.0	1 / 1.0		38 / 38.0		2 / 2.0	52 / 52.0	69 / 69.0	36 / 36.0	29 / 29.0	35 / 35.0	11 / 11.0
	特に興味のあつたもの	1	50		1 / 2.0	1 / 2.0	3 / 6.0											24 / 48.0	2 / 4.0		
		2	50			2 / 4.0	3 / 6.0											16 / 32.0			
		合計	100		1 / 1.0	3 / 3.0	6 / 6.0											40 / 40.0	2 / 2.0		
女子	休日の生活内容	1	51	51 / 100	51 / 100	51 / 100	48 / 94.1	6 / 11.7		49 / 96.0			31 / 60.7	6 / 11.7	51 / 100	2 / 1.9	5 / 9.8	21 / 41.1	6 / 11.7		
		2	40	40 / 100	40 / 100	40 / 100	40 / 100	2 / 5.0	1 / 2.5	33 / 82.5		1 / 2.5	27 / 57.5	1 / 25.0	38 / 95.6	1 / 2.5	4 / 10.0	12 / 30.0	4 / 10.0		
		合計	91	91 / 100	91 / 100	91 / 100	88 / 96.7	8 / 8.7	1 / 1.1	82 / 91.0		1 / 1.1	58 / 63.7	7 / 7.7	89 / 97.8	3 / 3.3	9 / 9.8	33 / 36.2	10 / 10.9		
	調査日以外最近一ケ月の生活内容	1	51				2 / 3.90	12 / 23.6	3 / 58.9	5 / 9.80			20 / 39.0	1 / 1.96		13 / 25.4	22 / 43.1	14 / 27.4	17 / 33.3	10 / 19.6	12 / 23.6
		2	40					12 / 30.0	3 / 7.5	5 / 12.5			12 / 30.0	3 / 7.5	2 / 5.0	18 / 45.0	20 / 50.0	23 / 57.5	2 / 5.0	21 / 25.5	13 / 33.5
		合計	19				2 / 2.2	24 / 26.4	6 / 6.6	10 / 11.0			32 / 35.2	4 / 4.4	2 / 2.2	31 / 34.1	42 / 46.1	37 / 40.6	19 / 20.9	31 / 34.1	25 / 27.5
	特に興味のあつたもの	1	51	1 / 1.9		1 / 1.9	5 / 9.8	1 / 1.9					1 / 1.9				1 / 1.9	19 / 37.2			
		2	40				2 / 5.0								1 / 2.5			5 / 12.5	1 / 2.5		
		合計	19	1 / 1.1		1 / 1.1	7 / 7.7	1 / 1.1					1 / 1.1		1 / 1.1		1 / 1.1	24 / 26.4	1 / 1.1		
男女合計	休日の生活内容	1	101	100 / 99.0	99 / 98.0	101 / 100	95 / 94.1	6 / 5.9	1 / 0.9	92 / 91.0			57 / 56.4	6 / 5.9	55 / 54.4	3 / 2.9	12 / 11.8	51 / 50.4	19 / 18.8		1 / 0.9
		2	90	90 / 100	90 / 100	90 / 100	78 / 86.6	4 / 4.4	2 / 2.2	80 / 88.8		1 / 1.1	54 / 60.0	1 / 11.0	38 / 42.2	11 / 12.2	9 / 10.0	33 / 36.6	8 / 88.8	2 / 2.2	
	調査日以外最近一ケ月の生活内容	1	101	1 / 0.9	1 / 0.9		5 / 4.9	18 / 17.8	9 / 8.1	11 / 10.8	1 / 0.9		37 / 36.6	1 / 0.9	2 / 1.9	31 / 30.6	52 / 51.4	25 / 24.7	25 / 24.7	17 / 16.8	17 / 16.8
		2	90				10 / 11.1	20 / 22.2	8 / 8.8	7 / 7.7			33 / 36.6	3 / 3.3	2 / 2.2	52 / 57.7	59 / 65.5	48 / 53 3	23 / 25.5	49 / 54.4	19 / 21.1
	特に興味のあつたもの	1	101	1 / 0.9	1 / 0.9	2 / 1.9	8 / 7.9	1 / 0.9					1 / 0.9				1 / 0.9	43 / 44.05	2 / 1.9		
		2	90			2 / 2.2	5 / 5.5								1 / 1.1			21 / 23.3	1 / 1.1		

29 老人の世話をした	28 弟や妹の世話をした	27 動物の世話をした	26 野菜、花、ボンサイ、植木等の世話をした	25 いろいろの家庭の道具の手入れや整理をした	24 自分の持物（勉強道具や遊び道具など）の整頓をした	23 腰まきやふとんなどを日光にあてた	22 家の掃除をした	21 洗たくをした	20 家の仕事の手傳いをした	19 醫者にかかつた
3 6.0	8 16.0	23 46.0	4 8.0	9 14.0	11 22.0	13 26.0	32 64.0	2 4.0	44 88.0	1 2.0
	14 28.0	19 38.0	3 6.0	12 24.0	25 50.0	4 8.0	32 64.0	5 10.0	39 78.0	
3 3.0	22 22.0	42 42 0	7 7.0	19 19.0	36 36.0	17 17.0	64 64.0	7 7.0	83 83.0	1 1.0
4 8.0	13 26.0	5 10.0	6 12.0	16 32.0	11 22.0	16 32.0	7 14.0	6 12.0	2 4.0	7 14.0
3 6.0	10 20.0	7 14.0	15 30.0	23 46.0	20 40.0	30 66.0	10 20.0	10 2.00	7 14.0	4 8.0
7 7.0	23 23.0	12 12.0	21 21.0	39 39.0	31 36.0	46 46.0	17 17.0	16 16.0	9 9.0	11 11.0
		7 14.0	1 2.0		2 4.0		1 2.0			
									1 2.0	
		7 7.0	1 1.0		2 2.0		1 1.0		1 1.0	
2 3.9	17 30.0	25 49.0	1 1.9	10 19.6	30 58.8	17 30.0	38 74.5	15 29.4	46 90.3	1 1.9
2 5.0	12 30.0	13 32.5	2 5.0	8 20.0	17 42.5	5 12.5	32 80.0	23 57.5	31 77.5	1 5.0
4 44.0	29 31.9	38 41.7	3 33.0	18 19.8	47 51.6	22 24.2	70 76.9	38 41.7	77 84.6	2 2.2
2 3.9	3 5.89	5 9.80	11 21.6	15 29.4	13 25.4	19 37.2	8 15.6	18 35.2	4 7.8	9 17.6
1 2.5	5 12.5	5 12.5	20 50.0	23 57.5	23 57.5	25 62.5	4 10.0	15 37.5	7 17.5	9 22.5
3 3.3	8 8.8	10 11.0	31 34.1	38 41.7	36 39.6	44 48.3	12 13.2	33 36.3	11 12.1	18 19.8
		5 9.8			1 1.9					
	1 2.5		1 2.5				1 2.5			
	1 1.1	5 5.5	1 1.1		1 1.1		1 1.1			
5 4.9	25 24.7	48 47.5	5 4.9	17 16.8	41 40.8	30 29.7	70 69.3	17 16.8	90 89.1	2 1.9
2 2.2	26 28.5	32 33.5	5 5.5	20 22.2	42 46.6	9 10.0	64 71.1	28 31.1	70 77.7	1 1.1
6 5.5	16 15.8	10 9.9	17 16.8	31 36.9	24 23.7	35 34.6	15 14.8	24 23.1	6 5.9	16 15.8
4 4.4	15 10.6	12 10.3	35 30.8	46 50.1	43 47.7	55 61.1	14 15.5	25 27.7	14 15.5	13 14.4
		7 6.9	1 0.9		3 2.9		1 6.9			
		1 1.1	1 1.1				1 1.1		1 1.1	

41 博物館へ行つた	40 講演會にいつて講演をきいた	39 圖書館へ行つた	38 繪本を見た	37 單行本（雜誌、繪本、教科書以外の書物）を讀んだ	36 雜誌をよんだ	35 新聞をよんだ	34 學校の宿題をした	33 勉強をした	32 公のことのいろいろの仕事をした	31 家の用事で使いにいつた	30 病人の看護をした
		1 2.0	7 14.0	25 50.0	37 74.0	50 100	23 46.0	46 92.0		33 66.0	4 8.0
			4 8.0	27 54.0	30 60.0	48 96.0	27 54.0	46 92.0	4 8.0	33 66.0	2 4.0
		1 1.0	11 11.0	52 52.0	67 67.0	98 98.0	50 50.0	92 92.0	4 4.0	66 66.0	6 6.0
5 10.0		5 10.0	7 14.0	13 26.0	11 22.0		23 46.0	1 2.0	4 8.0	11 22.0	
4 8.0	9 18.1	11 22.0	6 12.0	13 26.0	17 34.0	1 2.0	18 36.0	3 6.0	2 4.0	15 30.0	
9 9.0	9 9.0	16 16.0	13 13.0	26 26.0	28 28.0	1 1.0	41 4.1	4 4.0	6 6.0	26 26.0	
				6 12.0	6 12.0	2 4.0					
				8 16.0	2 4.0						
				14 14.0	8 8.0	2 2.0					
	2 3.9		4 7.8	27 52.9	33 64.7	50 98.0	41 80.0	49 96.0	2 3.9	30 58.8	
			1 2.5	16 40.0	21 52.5	37 92.5	27 67.5	36 90.0	3 7.5	21 52.5	3 7.5
	2 2.2		5 5.5	43 47.2	54 59.3	87 95.6	68 74.7	85 93.4	5 5.5	51 55.0	3 33.0
3 5.89		1 1.96	13 25.4	12 23.6	18 35.7	1 1.96	8 15.0	2 3.9	3 5.89	17 30.0	40 78.0
3 7.5	3 7.5	6 15.0	12 30.0	20 50.5	17 42.5	3 7.5	9 22.5	2 5.0	3 7.5	17 42.5	4 10.0
6 6.6	3 3.3	7 7.7	25 27.5	32 35.2	35 38.5	4 4.4	17 18.7	4 4.4	6 6.6	34 37.4	44 48.3
	1 1.9			1 1.9	9 17.6		1 1.9	3 5.8		2 3.8	
				1 2.5	4 1.00	2 5.0			1 2.5		
	1 1.1			2 2.2	13 14.3	2 2.2	1 1.1	3 3.3	1 1.1	2 2.2	
	2 1.9	1 0.9	11 10.8	52 51.4	70 69.3	100 99.0	64 63.3	95 94.0	2 1.9	63 62.3	4 3.9
			5 5.5	43 47.7	51 56.6	85 94.4	54 60.0	82 91.1	7 7.7	54 60.0	5 5.5
8 7.9		6 5.9	20 19.6	25 24.7	29 28.7	1 0.9	31 30.6	3 2.9	7 6.9	28 27.7	40 39.6
7 7.7	12 0.3	17 18.8	18 20.0	33 30.6	34 30.7	4 4.4	27 30.3	5 6.5	5 5.5	22 35.5	4 4.4
	1 0.9			7 6.9	15 14.8	2 1.9	1 0.9	3 2.9		2 1.9	
				9 10.0	6 5.5	2 2.2			1 1.1		

54 一人で遊んだ	53 飾窓や露店をみながらぶらぶら歩いた	52 友達や家族の音樂をきいた	51 レコードを聞いた	50 ラヂオを聞いた	49 音樂會へ行って音樂をきいた	48 運動競技をみに行った	47 紙芝居をみた	46 芝居をみた	45 映畫を見た	44 展覧會を見た	43 植物園へ行った	42 動物園へ行った
12	1	6	10	46		1	3		5	2		
24.0	4.0	12.0	20.0	92.0		2.0	6.0		10.0	4.0		
6	7	2	5	42	1		1		3			
12.0	14.0	4.0	10.0	84.0	2.0		2.0		6.0			
18	9	8	15	88	1	1	4		8	2		
18.0	9.0	8.0	15.0	88.0	1.0	1.0	4.0		8.0	2.0		
17	4	4	6	2	2	10		6	17	8	2	3
34.0	8.0	8.0	12.0	4.0	4.0	20.0		12.0	34.0	16.0	4.0	6
11	23	5	13	3	4	10	1		17	13	2	
22.0	46.0	10.0	26.0	6.0	8.0	20.0	2.0		34.0	26.0	4.0	
28	27	9	19	5	6	20	1	6	34	21	4	3
28.0	27.0	9.0	19.0	5.0	6.0	20.0	1.0	6.0	34.0	26.0	4.0	3.0
1			1	15			1		5	1		
2.0			2.0	30.0			2.0		10.0	2.4		
2	1			17	1				2			
4.0	2.0			3.40	2.0				4.0			
3	1		1	32	1		1		7	1		
3.0	1.0		1.0	32.0	1.0		1.0		2.0	1.0		
5	4	12	9	46	1			1	4	2		
9.8	7.8	23.5	17.6	90.3	1.9			1.9	7.8	3.9		
8	3	1	6	31		1			1			
20.0	7.5	2.5	15.0	77.5		2.5			2.5			
13	7	13	15	77	1	1		1	5	2		
14.3	7.7	14.3	16.5	84.6	1.1	1.1		1.1	5.5	2.2		
14	13	4	12	2	9	13	3	2	19	7		3
27.4	25.4	7.8	23.6	3.9	17.6	25.4	5.89	3.9	37.2	13.7		589
9	10	12	11	1	7	3		2	15	11		1
22.5	25.0	30.0	27.5	2.5	17.5	7.5		5.0	37.5	27.5		7.5
23	23	16	23	3	16	16	3	4	34	18		4
25.3	25.3	17.6	23.3	3.3	17.6	17.6	3.3	4.4	37.4	18.9		4.4
		2	1	25	1			1	2	1		
		3.8	1.9	49.0	1.9			1.9	3.8	1.9		
				8	1	1						
				2.00	2.5	2.5						
		2	1	33	2	1		1	2	1		
		2.2	1.1	36.3	2.2	1.1		1.1	2.2	1.1		
17	6	18	19	92	1	1	3	1	9	4		
16.8	5.9	17.8	18.8	91.0	0.9	0.9	2.9	0.9	8.9	3.9		
14	10	3	11	73	1	1	1		4			
15.5	11.1	3.3	12.2	81.1	1.1	1.1	1.1		4.4			
31	17	8	18	4	11	23	3	8	36	15	2	6
30.6	16.8	7.9	17.8	3.9	10.8	22.7	2.9	7.9	35.6	14.8	1.9	5.9
20	33	17	24	4	11	13	1	2	32	24	2	1
22.2	36.6	18.8	26.6	4.3	12.2	14.4	1.1	2.2	35.5	26.6	2.2	1.1
1		2	2	40	1		1	1	7	2		
0.9		1.9	1.9	39.6	0.9		0.9	0.9	6.9	1.9		
2	1			25	2	1			2			
2.2	1.1			27.7	2.2	1.1			2.2			

67 字を習った	66 茶をたてた	65 おどりをした	64 花を生けた	63 自分で音樂をやった	62 裁縫や編物を習いに行った	61 生花を習いに行った	60 茶をたてることを習いに行っている	59 おどりを習いに行った	58 音樂を習いに行った	57 其の他の人と一緒にも遊んだ	56 家族の者と一緒に遊んだ	55 友達と一諸に遊んだ
15				2						17	17	27
30.0				4.0						34.0	34.0	54.0
	1			2						10	15	17
	2.0			4.0						26.0	30.0	34.0
15	1			4						27	32	44
15.0	1.0			4.0						27.0	32.0	44.0
18	1			2					2	7	6	16
36.0	2.0			4.0					4.0	14.0	12.0	32.0
4				3	1					11	16	30
8.0				6.0	2.0					22.0	32.0	60.0
22	1			5	1				2	18	22	46
22.0	1.0			5.0	1.0				2.0	18.0	22.0	41.0
										1	6	8
										2.0	12.0	16.0
											1	1
											2.0	2.0
										1	7	9
										1.0	7.0	9.0
10	2	2	2	16					4	16	29	8
19.9	3.9	3.9	3.9	31.3					7.8	31.3	56.8	15.6
				9					2	7	8	8
				22.5					5.0	17.5	20.0	20.0
10	2	2	2	25					6	23	37	16
11.0	2.2	2.2	2.2	27.5					6.6	25.3	40.5	17.6
22	1	3	1	5	1				11	15	14	33
43.1	1.96	5.89	1.96	9.80	1.96				21.6	29.4	27.4	64.8
1		3	5	9	1			1	3	6	9	11
2.5		7.5	12.5	22.5	2.5			2.5	7.5	15.0	22.05	27.5
23	1	6	6	14	2			1	14	21	23	14
25.3	1.1	6.6	6.6	15.4	2.2			1.1	15.4	23.1	25.3	48.3
3		1		4					3	2	12	1
5.8		1.9		7.8					5.8	3.8	23.5	1.9
				3							2	2
				7.5							5.0	5.0
3		1		7					3	2	14	3
3.3		1.1		7.7					3.3	2.2	15.4	3.3
25	2	2	2	18					4	33	46	35
24.7	1.9	1.9	1.9	17.8					3.9	32.6	45.5	34.6
	1			11					2	17	23	25
	1.1			12.2					2.2	18.8	25.5	29.7
40	2	3	1	7	1				13	22	20	49
39.6	1.9	2.9	0.9	6.9	0.9				12.8	21.7	19.8	54.6
5		3	5	12	2			1	3	17	25	41
5.5		3.3	5.5	13.3	2.2			1.1	3.3	18.8	27.7	45.5
3		1		4					3	3	18	9
2.9		0.9		3.9					2.9	2.9	17.8	8.9
				3							3	3
				3.3							3.3	3.3

68 繪をかいた	69 寫眞を自分で寫した	70 裁縫や編物をした（衣服のつくろいを含めて）	71 細工物（竹細工、ししゅうなど）をした	72 遊ぶための道具をいろいろつくった	73 作文や小説などを書いた	74 和歌、俳句などを作った	75 日記をつけた	76 いろいろな動物、植物、鑛物などを集めた
3 6.0	1 2.0	3 6.0	8 16.0	11 22.0	2 4.0		1 2.0	2 4.0
1 2.0		2 4.0	17 34.0	4 8.0			1 2.0	
4 4.0	1 1.0	5 5.0	25 25.0	15 15.0	2 2.0		2 2.0	2 2.0
17 34.0	2 4.0	1 2.0	4 8.0	10 20.0	12 24.0	5 10.0	1 2.0	4 8.0
20 40.0	1 2.0	13 26.3	15 30.0	20 40.0	10 20.0	6 12.0	3 6.2	6 12.0
37 37.0	3 30	14 14.0	19 19.0	30 30.0	22 22.0	11 11.0	4 4.0	10 10.0
1 2.0			1 8.0	3 6.0	1 2.0			1 2.0
			4 2.0					
1 1.0			5 5.0	3 3.0	1 1.0			1 1.0
6 11.7		28 54.9	4 7.8	2 3.9		3 5.8	4 7.8	
3 7.5		25 62.5	7 17.5	1 2.5	1 2.5		6 15.0	
9 9.9		53 56.2	11 12.1	3 3.3	1 1.1	3 3.3	10 11.0	
24 47.0	2 3.9	10 19.6	7 13.7	6 11.7	23 45.0	13 25.4	4 7.8	8 15.6
12 30.0	3 7.5	11 27.5	14 35.0	2 5.0	6 15.0	7 17.5	7 17.5	1 2.5
36 39.6	5 5.5	21 23.1	21 23.1	8 8.8	29 31.9	20 22.0	11 1.2	9 9.9
1 1.9		2 3.8						
		1 2.5	1 2.5		1 2.5		1 2.5	
1 1.1		3 3.3	1 1.1		1 1.1		1 1.1	
9 8.9	1 0.9	31 30.6	12 11.8	13 12.8	2 1.9	3 2.9	5 11.9	2 1.9
4 4.3		27 30.0	24 27.7	5 5.5	1 1.1		7 7.7	
41 40.5	4 3.9	11 10.8	11 10.8	16 15.8	35 34.6	13 17.8	5 4.9	12 11.8
32 2.2	4 4.3	24 26.6	29 32.2	22 24.4	16 17.7	13 14.4	10 11.1	7 7.7
2 1.9		2 1.9	1 0.9	3 2.9	1 0.9			1 0.9
		1 1.1	5 5.5		1 1.1			

77 動物、植物、鑛物、繪、寫眞、切手、切りぬきなどの集めたものを整理した	78 釣をした	79 手紙や葉書をかいた	80 お客様の接待をした	81 友達の家にいった	82 親類の家にいった	83 自轉車に乗った	84 電車、汽車、自動車に乗った	85 自分の買物をした	86 人に頼まれた買物をした	87 お墓にお参りした	88 お宮にお参りした
4 8.0		8 16.0	4 8.0	9 18.0	10 20.0	25 50.0	18 36.0	26 52.0	24 48.0	3 6.0	1 2.0
3 6.0		6 12.0	2 4.0	7 14.0	4 8.0	14 28.0	30 60.0	20 40.0	21 42.0		
7 7.0		14 14.0	6 6.0	16 16.0	14 14.0	39 39.0	48 48.0	46 46.0	45 45.0	3 3.0	1 1.0
6 12.0	2 4.0	9 18.0	7 14.0	12 24.0	8 16.0	12 24.0	25 50.0	10 20.0	9 18.0	1 2.0	2 4.0
6 12.0	3 6.0	17 24.0	9 18.0	23 46.0	20 40.0	20 40.0	17 34.0	24 48.0	9 18.0	1 2.0	3 6.0
12 12.0	5 5.0	26 26.0	16 16.0	35 35.0	28 28.0	32 32.0	42 42.0	34 34.0	18 18.0	2 8.0	5 5.0
2 4.0				1 2.0		1 2.0		1 2.0			
1 2.0						3 6.0		1 2.0			
3 3.0				1 1.0		4 4.0		2 2.0			
5 9.8		6 11.7	19 37.2	6 11.7	4 7.8	12 23.5	16 31.3	25 49.0	16 31.3	2 3.9	1 1.9
		11 27.5	12 30.0	4 10.0	1 2.5	14 35.0	16 40.0	8 20.0	11 27.5		
5 5.5		17 18.7	31 34.1	10 11.0	5 5.5	26 28.6	32 35.2	33 36.3	27 29.7	2 2.2	1 1.1
2 3.9	2 3.9	19 37.2	14 27.4	23 45.0	13 25 4	11 21.5	27 52.9	18 35.2	15 29.4	1 1.96	1 1.96
4 12.5		17 42.5	16 40.0	16 40.0	12 30.0	7 17.5	19 47.5	21 52.5	11 27.5	1 2.5	2 5.0
6 6.6	2 2.2	36 39.6	30 33.0	39 42.8	25 27.5	18 19.8	46 50.5	39 42.8	26 28.6	2 2.2	3 3.3
			2 3.8			4 7.8					
			1 2.5	1 2.5	1 2.5		1 2.5				
			3 3.3	1 1.1	1 1.1	4 4.4	1 1.1				
9 8.9		14 13.8	23 22.7	15 14.8	14 13.8	37 36.6	34 33.6	51 50.4	40 39.6	5 4.9	2 1.9
3 3.3		17 1.88	14 14.4	11 12.2	5 5.5	28 31.1	46 51.1	28 31.1	32 35.5		
8 7.9	4 3.9	28 20.7	21 20.7	35 34.6	21 20.7	23 22.7	52 51.4	23 27.7	24 23.7	2 1.9	3 2.9
10 11.1	3 3.3	34 37.7	25 27.7	39 38.7	32 35.5	27 30.0	36 40.0	45 50.0	20 22.2	2 2.2	5 5.5
2 1.9			2 0.9	1 0.9		5 4.9		1 0.9			
1 1.1			1 1.1	1 1.1	1 1.1	3 3.3	1 1.1	1 1.1			

92 一人で考え事をした	91 お寺におまいりした	90 自分の家の神様や佛様におそなえ物をしたりした	89 教會へ行つた
13 26.0	1 2,0	17 34.0	
15 30.0		8 16.0	1 2.0
28 28.0	1 1.0	25 25.0	1 1.0
10 20.0	2 4.0	2 4.0	1 2.0
14 28.0		17 34.0	2 4.0
24 24.0	2 2.0	19 19.0	3 3.0
1 2.0			
1 1.0			
15 29.4		14 27.4	1 1.9
13 32.5		8 20.0	2 5.0
28 30.8		22 24.2	3 3.3
16 31.3		3 5.89	3 5.89
11 27.5		9 22.5	4 10.0
27 29.7		12 13.2	7 7.7
1 1.9			
4 10.0			
5 5.5			
28 27.7	1 0.9	31 30.6	1 0.9
28 31·1		16 17.7	3 3.3
26 25.7	2 1.9	5 4.9	4 3.9
25 27.9		26 28.8	6 6.6
1 0.9			
5 5.5			

第二七表 生活調査表（授業日）

男子	分類	學年	調査人員	1 朝の食事をした	2 晝の食事をした	3 晩の食事をした	4 間食（おやつ）を食べた	5 飲食店に入つて何か食べた	6 晝寢をした	7 大便をした	8 酒を飲んだ	9 煙草をのんだ	10 風呂に入つた	11 お化粧をした	12 頭の髮をすいた	13 さんぱつをした	14 體操をした	15 運動競技（野球、テニス、ピンポン競技など）をした	16 散歩をした	17 ハイキングをした	18 病氣で寢ていた	19 醫者にかかつた
男子	授業日の生活内容	1	52	52 100	52 100	52 100	52 100		1 1.9	51 98.0		1 1.9	17 32.6		1 1.9	1 1.9	18 34.6	23 44.2	7 13.4		2 3.8	3 5.7
		2	54	54 100	54 100	54 100	39 72.0			44 81.4			12 20.0		2 3.7	1 1.8	46 85.1	38 70.3	3 5.0		1 1.8	
		合計	106	106 100	106 100	106 100	91 86.0		1 0.95	95 89.5			29 27.5		3 2.84	2 1.90	64 60.5	51 58.0	10 9.4		3 2.84	3 2.84
	特に興味のあつたもの	1	52		1 1.9	1 1.9	1 1.9										4 7.6	16 30.7				
		2	54				5 9.2										1 1.8	11 20.3				
		合計	106		1 0.95	1 0.95	6 5.65										5 4.7	27 25.5				
女子	授業日の生活内容	1	50	50 100	50 100	50 100	50 100			41 82.0			18 36.0	9 18.0	47 94.0		17 34.0	19 38.0	2 4.0			
		2	33	33 100	33 100	32 96.6	32 96.6			26 75.0			12 39.0		28 84.0	1 3.0	8 24.0	1 3.0				1 3.0
		合計	83	83 100	83 100	82 98.8	82 98.8			67 80.7			30 36.4	9 10.8	75 90.0	1 1.2	25 30.0	20 2.40	2 2.4			1 1.2
	特に興味のあつたもの	1	50			2 4.0	3 6.0						1 2.0				3 6.0	7 14.0				
		2	33			1 3.0							1 3.0									
		合計	83			3 3.6	3 3.6						2 2.4				3 3.6	7 8.4				
男女合計	授業日の生活内容	1	102	102 100	102 100	102 100	102 100		1 0·98	92 90.2		1 0.98	35 34.3	9 8.8	48 47.0	1 0.98	35 34.3	42 41.2	9 8.8		2 1.96	3 2.94
		2	87	87 100	87 100	87 100	71 81.5			87 80.5			24 27.5		30 34.5	2 2.30	54 62.0	39 39.2	3 3.45		1 1.15	1 1.15
		合計																				
	特に興味のあつたもの	1	102		1 0.98	3 2.95	4 3.92						1 0.98				7 6.86	23 22.5				
		2	87			1 1.15	5 5.75						1 1.15				1 1.15	11 12.7				
		合計																				

20 家の仕事の手傳をした	21 洗たくをした	22 家の掃除をした	23 寢卷やふとん等を日光にあてた	24 自分の持物（勉强の道具や遊び道具など）の整理整頓をした	25 野菜、花、ぼんさい、植木などの世話をした	26 動物の世話をした	27 弟や妹の世話をした	28 いろいろな家庭の道具の手入や整理をした	29 老人の世話をした	30 病人の看護をした	31 家の用事で使いにいつた	32 公のことのいろいろの仕事をした	33 勉强をした	34 學校の宿題をした
36 69.2		24 46.1	6 11.5	19 36.5	2 3.8	22 42.3	10 19.2	8 15.3		3 5.7	27 51.9	1 1.9	48 92.3	21 40.3
36 60.0	1 1.8	21 38.0	1 1.8	14 25.9		17 31.4	16 29.6	3 5.0	1 1.8	1 1.8	16 29.6	2 3.7	49 90.7	39 72.0
72 66.0	1 0.95	44 24.5	7 6.6	33 31.2	2 1.90	39 36.6	26 24.5	11 10.2	1 0.95	4 3.78	43 40.5	3 2.84	97 91.5	60 56.8
						2 3.8							5 9.6	
														2 33.7
						2 1.9							5 4.7	2 1.9
43 86.0	4 8.0	31 62.0	1 2.0	16 32.0		19 38.0	17 34.0	3 6.0	2 4.0		19 38.0	7 14.0	50 100	40 80.0
24 72.0	3 9.0	16 48.0	2 6.0	5 15.0		5 15.0	6 18.0	1 3.0			11 33.0		30 90.0	22 66.0
67 80.7	7 8.4	47 56.5	3 3.6	21 25.8		24 29.0	23 27.8	4 4.8	2 2.4		30 36.4	7 8.4	80 96.5	62 72.0
						4 8.0	2 4.0	1 2.0					2 4.0	
						1 3.0								
						5 6.0	2 2.4	1 1.2					2 2.4	
79 77.2	4 3.92	55 54.0	7 6.85	35 34.3	2 1.96	41 40.2	27 26.5	11 10.8	2 1.96	3 2.94	46 45.0	8 7.85	98 95.0	61 59.8
60 69.0	4 46.0	37 42.5	3 3.45	19 21.9		22 25.3	22 25.3	4 4.6	1 1.15	1 1.15	27 31.0	2 2.30	79 90.8	61 70.2
						2 1.96	1 0.98	2 1.96					5 4.9	
														2 2.30

35 新聞を讀んだ	36 雜誌を讀んだ	37 單行本（雜誌、繪本、教科書以外の書物）をよんだ	38 繪本を見た	39 圖書館へ行つた	40 講演會に行つて講演をきいた	41 博物館へいつた	42 動物園へ行つた	43 植物園へいつた	44 展覽會をみた	45 映畫をみた	46 芝居をみた	47 紙芝居を見た	48 運動競技を見にいつた	49 音樂會へ行つて音樂をきいた
48 92.3	39 75.0	26 50.0	3 5.7							3 5.7				
51 64.0	26 48.1	30 50.0	3 5.0	1 1.8										
99 93.5	65 61.2	56 50.8	6 5.65	1 0.95						3 2.84				
2 3.8	8 15.3	6 11.5	1 1.9							1 1.9				
1 1.8	1 1.8													
3 2.84	9 8.5	6 5.65	1 0.95							1 0.95				
47 94.0	33 66.0	21 42.0	3 6.0							2 4.0				
30 90.0	16 48.0	17 51.0												1 3.0
77 93.0	49 59.0	38 45.8	3 3.6							2 2.4				1 1.2
2 4.0	7 14.0	5 10.0								1 2.0				
	2 6.0													
2 2.4	9 10.4	5 6.0								1 1.2				
95 93.0	72 70.6	47 46.0	6 5.90							5 4.90				
81 94.0	42 48.3	47 54.0	3 3.45	1 1.15										1 1.15
4 3.92	15 14.7	11 10.8	1 0.98							2 1.96				
1 1.15	3 3.45													

50 ラヂオを聞いた	51 レコードを聞いた	52 友達や家族のやる音樂をきいた	53 飾窓や露店を見ながらぶらぶら歩いた	54 一人で遊んだ	55 友達と一緒に遊んだ	56 家族の者と一緒に遊んだ	57 その他の者と一緒に遊んだ	58 音樂を習いにいつた	59 おどりを習いにいつた	60 生花を習いにいつた	61 茶をたてることを習いにいつた	62 裁縫や編物を習いにいつた	63 自分で音樂をやつた	64 花を生けた
42 80.7	1 1.9	4 7.6		12 23.0	36 69.2	8 15.3	14 26.9						1 1.9	
44 80.0	1 1.8	1 1.8		5 9.2	40 74.0	13 24.0	4 7.4						1 1.8	
86 81.0	2 1.9	5 4.7		17 16.0	76 71.8	21 19.9	18 17.0						2 1.9	
11 21.1		1 1.9		5 9 6	5 9.6	1 1.9	2 3.8							
15 27.0					5 9.2	1 1.8								
26 24.5		1 0.95		5 4.7	10 9.4	2 1.9	2 1.9							
49 88.0	5 10.0	3 6.0	2 4.0	10 20.0	18 56.0	15 30.0	21 42.0	1 2.0				2 4.0	13 26.0	
29 87.0	2 6.0	1 3.0		2 6.0	12 36.0	3 9.0	2 6.0	1 3.0				1 3.0	1 3.0	
78 84.6	7 8.4	4 4.8	2 2.4	12 14.5	30 48.0	18 21.7	23 27.8	2 2.4				3 3.6	14 16.9	
11 22.0	1 2.0				10 20.0	2 4.0	1 2.0						4 8.0	
3 9.0		1 3.0			3 9.0								2 6.0	
14 16.9	1 1.2	1 1.2			13 15.7	2 2.4	1 1.2						6 7.2	
91 89.2	6 5.90	7 6.85	2 1.69	22 21.5	64 62.8	23 22.5	35 34.8	1 0.98				2 1.96	14 13.3	
73 84.0	3 3.45	2 2.30		6 6.9	52 59.8	16 18.4	6 6.9	1 1.15				1 1.15	2 2.30	
22 21.5	1 0.98	4 3.92		5 4.9	15 14.7	3 2.95	3 2.95						4 3.92	
18 20.7		1 1.15			8 9.2	1 1.15							2 2.30	

65 おどりをした	66 茶をたてた	67 字を習つた	68 繪を書いた	69 寫眞を自分でうつした	70 裁縫や編物をした（衣服のつくろいをふくめて）	71 細工物（竹細工、ししゆう等）をした	72 遊ぶためのいろいろな道具を作つた	73 作文や小説などを書いた	74 和歌、俳句、詩などを作つた	75 日記をつけた	76 いろいろな動物、植物、鑛物などをあつめた	77 動物、植物、鑛物、繪、寫眞、切手、切り抜き等集めたものの整理をした	78 釣をした	79 手紙や葉書を書いた
1 1.9		30 57.6	2 3.8			4 7.6	5 9.6	1 1.9				2 3.8		9 17.3
						1 1.8	1 1.8	2 3.7		2 3.7				4 7.4
1 0.95		30 23.8	2 1.9			5 4.7	6 5.65	3 2.84		2 1.9		2 1.9		13 12.2
		2 3.8												
		2 1.9												
3 6.0	2 4.0	23 4.6	2 4.0		36 72.0		3 6.0			3 6.0	1 2.0	2 4.0		6 12.0
			2 6.0		20 60.0	1 3.0		1 3.0		5 15.0				
3 3.6	2 2.4	23 27.8	4 4·8		56 67.5	1 1.2	3 3.6	1 1.2		8 9.6	1 1.2	2 2.4		8 9.6
	1 2.0	4 8.0	1 2.0		3 6.0									
			1 3.0		3 9.0					1 3.0				
	1 1.2	4 4.8	2 2.4		6 7.2					1 1.2				
4 3.9	2 1.96	53 52.0	4 3.9		36 35.3	4 3.9	8 7.85	1 0.98		3 2.94	1 0.98	4 3.9		15 14.6
			2 2.3		20 23.0	2 23.0	1 1.15	3 3.45		7 8.05				6 6.9
	1 0.98	6 5.89	1 9.98		3 2.95									
			1 1.15		3 3.45					1 1.15				

80 お客様の接待をした	81 友達の家にいつた	82 親類の家にいつた	83 自轉車に乘つた	84 電車、汽車、自動車に乘つた	85 自分の買物をした	86 人に賴まれた買物をした	87 お墓にお參りした	88 お宮にお參りした	89 教會へ行つた	90 自分の家の神樣や佛樣を拜んだりお供物をしたりした	91 お寺にお參りした	92 一人で考え事をした
2 3.9	5 9.6	2 3.9	18 34.6	33 63.4	21 40.3	5 9.6				10 91.2	1 1.9	17 32.6
1 1.8	4 7.4	1 1.8	12 20.0	28 51.8	8 14.8	3 5.4			1 1.8	3 5.0		15 27.0
3 2.84	9 8.5	3 2.84	30 28.3	61 57.5	29 26.5	8 7.55			1 0.95	13 12.2	1 0.95	32 30.2
			1 1.9	1 1.9								
			2 3.7						1 1.8			4 7.4
			3 2.84	1 0.95					1 0.95			4 3.78
6 12.0	7 14.0		4 8.0	16 32.0	9 18.0	7 14.0				7 14.0		26 52.0
1 3.0	1 3.0		4 12.0	20 60.0	4 12.0	2 6.0				3 9.0		8 24.0
7 8.4	8 9.6		8 9.6	36 43.5	13 15.3	9 10.4				10 12.2		34 41.0
1 2.0	1 2.0		1 2.0		1 2.0	1 2.0						9 18.0
1 3.0	1 3.0											1 3.0
2 2.4	2 2.4		1 1.2		1 1.2	1 1.2						10 12.2
8 7.85	1 11.7	2 1.96	22 21.5	49 48.0	30 29.4	12 11.7				17 16.7	1 0.98	43 42.2
2 2.30	5 5.75	1 1.15	16 18.4	48 55.2	12 13.8	5 5.75			1 1.15	6 6.9		23 26.5
1 0.95	1 0.95		2 1.96	1 0.95	1 0.95	1 0.95						9 8.8
1 1.15	1 1.15		2 2.30						1 1.15			5 5.75

生活内容について一般性を持つとみられるものを學年別(一年一〇二名、二年八七名)に示すと、その内容は次の如くである。(平常日)

第二八表 授業日の一般的生活内容(一年男女)

	項目	(%)
4	間食をする	100%
20	家の仕事の手傳をする	77.2%
22	家の掃除をした	54%
33	勉勉をした	95%
34	學校の宿題をした	59.8%
35	新聞を讀んだ	93%
50	ラヂオを聽いた	89.2%
55	友達と一緒に遊んだ	62.8%
69	字を習つた	52%

まず一年についてみると第二八表に示す通りであるが、これらについで多いのは髪をすいた(四七%)教科書以外の本を讀んだ(四六%)電車、汽車、自動車に乘つた(四八%)などであるが、いずれも半數に滿たない者が營んでいるにすぎない。

第二九表 授業日の一般的生活内容(二年男女)

	項目	
4	間食をする	81.5%
14	體操をした	62.0%
20	家の仕事の手傳をすず	69.0%
33	勉强をした	90.8%
34	學校の宿題をする	70.2%
35	新聞を讀んだ	94.0%
37	教科以外の單行本を讀んだ	54.0%
50	ラヂオ聽いた	84.0%
55	友達と一緒に遊んだ	59.8%
84	乘物に乘つた	55.2%

二年についてみると第二九表に示す通りであるが、これらについで多いのは洗濯をした(四六%)雜誌を讀んだ(四八、三%)などである。

このように質問書にはさまざまな生活内容を掲げたにもかかわらず五〇%以上の者の生活内容は前記のものに限られ更に一般的といい得る七五%以上の者の營む内容は、間食、家の手傳、勉强、ラジオを聽く、新聞を讀む等に限られている。

男女別により、一般性をもった生活内容をあげてみると次の如くである。（五〇%に満たないものは括弧する）

第三〇表　男女別一般的生活内容

項目		1年 男	女	2年 男	女
40	間食をする	100%	100%	72%	96.6%
20	家の仕事の手傳をする	69.2%	86%	60%	72%
22	家の掃除を（する）した	(46.1)%	62%	(38) %	(48) %
33	勉强をした	92.3%	100%	80.7%	90%
34	學校の宿題をした	(40.3)%	80%	72%	66%
35	新聞を讀んだ	92.3%	64%	94%	90%
36	雑誌を讀んだ	75%	66%	(48.1)%	(48) %
50	ラヂオを聴いた	80.7%	88%	80%	87%
55	友達と一緒に遊んだ	69.2%	56%	74%	(36) %
67	字を習つた	57.6%	(46) %		
37	單行本を讀んだ	50%	(42) %	50%	51%
84	乘物に乘つた	63.4%	(32) %	51.8%	60%
14	體操をした	(34.6)%	(34) %	85.1%	(24) %
15	運動競技をした	(44.2)%	(38) %	70.3%	(3) %
10	入浴をした	(32.6)%	(36) %	(20) %	(39) %

これによつてみると、性別による一般性は顯著ではなく、學年によつて若干の差異が見いだされる。〃字を習つた〃項目について一年生は男女とも相當なパーセントを示しているが、二年生においては皆無である。これは、現在二年生は學校において習字の授業を受けていないことにその理由があるのではなかろうか。しかし生活者が五〇%に満たない内容であつても、他の基準（たとえば生徒の興味や社會のそれに對する要求など）からみて重要であれば問題である。從つて今生活者五〇%未満の内容のうちに、比較的一般性

（生活者二五%以上）を有するものを男女別、學年別にとりあげ、かつその興味をみれば次の如くである。

註、括弧内は一方との比較参考のため五〇%以上或は二五%未満でも掲げた。

第三一表　比較的多い生活内容

（1. 2. 學年を通じた性別）

番號	項目	1.男女%	興味の比較的多いもの %	2.男女%	興味の比較的多いもの %	男	興味の比較的多いもの	女	興味の比較的多いもの
15	運動競技をする	41.2	22.5	39.2	12.7	(58.0)	25.5	24.0	8.4
16	散歩をする	8.8		3.45		9.4		2.4	
21	洗濯をする	3.9		46.0		0.95		8.4	
23	寝具、寝衣を日光にあてた	6.85		3.45		6.6		3.6	
25	家庭の道具の手入整理	10.8		4.6		10.2		4.8	
26	野菜、植木などの世話	1.96		—		1.9		—	
27	動物の世話	40.2	5.89	25.3	1.15	36.6	1.9	29.0	6.0
28	弟妹の世話	26.5		25.3		24.5		27.8	
31	家の用事の使いに行く	7.85		2.3		40.5		36.4	
34	學校の宿題をする	(59.8)		(70.2)		(56.8)		(72.0)	
36	雑誌を讀む	(70.6)	14.7	48.3	3.45	(61.2)	8.5	(59.0)	10.4
37	單行本を讀む	46.0	10.8	(54.0)	—	(50.8)	5.65	(54.8)	6.0

38	繪本を見た	5.9		34.5		5.65		3.6	
46	紙芝居を觀る	—		—		—		—	
51	レコードを聽く	5.9		3.45		1.9		8.4	
54	一人で遊ぶ	21.5		6.9		16.0		14.5	
56	家族と遊ぶ	22.5		18.4		19.9		21.7	
57	友達以外の者と遊ぶ	34.3		6.9		17.0		27.8	
63	自分で音樂をする	13.3	3.92	2.3	2.30	1.9	—	16.9	7.2
65	おどりをする	3.9		—		28.3		27.8	
67	習字をする	—		—		1.9		4.8	
68	繪をかく	3.9		2.3		1.9		16.9	
81	友達の家に行く	11.9		5.75		8.5		9.6	
83	自轉車に乘る	21.5		18.4		28.3		9.6	
85	自分の買物をする	29.4		13.8		26.5		15.3	
90	自家の神佛の禮拜や供物をする	16.7		6.9		12.2		12.2	

以上の表により、一、二年の學年別に生活者五〇％未滿の内容でその主なものをあげてみよう。

一年　單行本を讀む（四六％）　　　二年　雜誌を讀む（四八、三％）
　　　運動競技をする（四一、二％）　　　洗濯をする（四六％）
　　　動物を世話する（四〇、二％）　　　家庭の道具の手入整理整頓する（四六％）

　　　家族以外の者と遊ぶ（三四、三％）　　　運動競技をする（三九、二％）

これを性別にみるならば

男子　家の用事の使いにゆく（四〇、五％）　　　女子　家の用事の使いにゆく（三六、四％）
　　　動物の世話をする（三六、六％）　　　弟妹の世話をする（二七、八％）
　　　自轉車に乘る（二八、三％）　　　家族以外の者と遊ぶ（二七、八％）
　　　自分の買物をする（二六、五％）　　　運動競技をする（二四％）

次に休日（日曜日）の生活内容についてみよう。次の第三二表は、一般性を持つとみられるもので、五〇％以上の生活を營んでいる内容である。（五〇％に滿たないものは括弧する）

第三二表　休日の一般的生活内容

	項　目	學年別		性別	
		1. 男 女	2. 男 女	1. 2 男	1. 2 女
4	間食をした	94.1	86.6	85.0	96.7
10	入浴をした	56.4	60.0	53.0	63.7
12	頭の髮をすいた	54.4	(42.2)	(4.0)	97.8
15	運動競技をした	50.4	(36.6)	51.0	36.2
20	家の仕事をした	89.1	77.7	83.0	84.6
22	家の掃除をした	69.3	71.1	64 0	76.9

31	家の用事で使をした	62.3	60.0	66.0	55.0
33	勉强をした	94.0	91.1	92.0	93.4
34	學校の宿題をした	63.3	60.0	50.0	74.7
35	新聞を讀んだ	99.0	94.4	98.0	95.6
36	雜誌を讀んだ	69.8	56.6	67.0	59.3
37	單行本を讀んだ	51.4	47.7	52.0	47.2
50	ラヂオを聽いた	91.0	81.1	88.0	84.6
84	乘物に乘つた	(33.6)	51.1	(48.0)	(35.2)
85	自分の買物をした	50.4	(31.1)	(46.0)	(36.3)

これによると、五〇％以上の者の營んでいる生活内容が平常日のそれに比較して多少の變化を示している。「入浴した」「頭の髪をすいた」「自分の買物をした」等が新しく出ており、又「運動競技をした」ものは增加している。次にこれを學年別、性別からみると第三三表の如くなる。

第三三表　休日の學年別性別一般的生活内容

(50%未満は括弧でくゝる)

	項目	1 男	女	2 男	女
4	間食を食べた	94.0	94.1	76.0	100
10	入浴をした	52.0	60.7	54.0	67.5
12	頭の髪をすいた	(8.0)	100	(0)	95.0
15	運動競技をした	60.0	(41.1)	(42.0)	(30.0)
20	家の仕事をした	88.0	90.3	78.0	77.5
21	洗濯をした	(4.0)	(29.4)	(10.0)	57.5
22	家の掃除をした	64.0	74.5	64.0	80.0
24	自分の持物の整理をした	(22.0)	58.8	50.0	(42.5)
31	家の用事で使に行つた	66.0	58.8	66.0	52.5
33	勉强をした	92.0	96.0	92.0	90.0
34	學校の宿題をした	(46.0)	80.0	54.0	67.5
35	新聞を讀んだ	100	98.0	96.0	92.5
37	單行本を讀んだ	50.0	52.0	54.0	(40.0)
50	ラジオを聽いた	92.0	90.3	84.0	77.5
55	友達と一緒に遊んだ	54.0	(15.6)	(34.0)	(20.0)
56	家の者と一緒に遊んだ	(34.0)	56.8	(30.0)	(20.0)
70	裁縫や編物をした	(6.0)	54.9	(4.0)	62.5
83	自轉車に乘つた	50.0	(23.5)	(28.0)	(35.0)
84	乘物に乘つた	(36.0)	(31.3)	60.0	(40.0)
85	自分の買物をした	52.0	(49.0)	(40.0)	(20.0)
36	雜誌を讀んだ	74.0	64.7	60.0	52.5

次にこれを學年別、性別からみて、その差異のあるところを指摘してみよう。

第三四表　學年別性別による生活内容の差異

男子	一年	二年
運動競技をした	六〇、〇	(四二、〇)
自分の持物を整理整頓した	(二二、〇)	五〇、〇
友達と一緒に遊んだ	五四、〇	(三四、〇)
自轉車に乘つた	五〇、〇	(二八、〇)
乘物に乘つた	(三六、〇)	六〇、〇
女子		
洗濯をした	(二九、四)	五七、五
家の仕事の手傳	九〇、三	七七、五
家の用事で使に行つた	五八、八	(四二、五)
ラヂオを聽いた	九〇、三	七七、五
家族のものと一緒に遊んだ	五六、八	(二〇、〇)
自分の買物をした	(四九、〇)	(二〇、〇)

次に、生徒の興味という觀點から、比較的興味のおおいものをあげると第三五表の如くなるであろう。

第三五表　興味のある生活内容

番號	項目	1.男女%	興味あるもの	2.男女%	興味あるもの	1.2 男%	興味あるもの	1.2 女%	興味あるもの
15	運動競技をした	50.4	42.5	36.6	23.3	51.0	40.0	36.2	26.4
27	動物の世話をした	47.5	6.9	33.5	—	42.0	7.0	41.7	5.5
36	雜誌を讀んだ	69.3	14.8	56 5	5.5	67.0	8.0	59.3	14.3
37	單行本を讀んだ	51.4	6.9	47.7	10.0	52.0	14.0	47.2	2.2
45	映畫を觀た	8.9	6.9	4.4	2.2	8.0	7.0	5.5	2.2
50	ラヂオを聽いた	91.0	39.6	81.1	27.7	88.0	32.0	84.6	36.3
55	友達と一緒に遊んだ	34.6	8.9	29.7	3.3	44.0	9.0	17.6	3.3
56	家族の者と一緒に遊んだ	45.5	17.8	25.5	3.3	32.0	7.0	40.5	15.4
71	細工物をした	11.8	0.9	27.7	5.5	25.0	5.0	12.1	1.1

平日同様五〇%未満の項目をあげれば次の第三六表の如くなる。

第三六表　休日に比較的多い生活内容

番號	項目	1. 男女 %	2. 男女 %	1. 2 男 %	1. 2 女 %
10	散歩をする	18.8	8.8	17.0	10.9
21	洗濯をする	16.8	31.1	7.0	41.7

番號	項目	1. 男女 %	2. 男女 %	1.2 男 %	1.2 女 %
23	寢具を日に當てる	29.7	10.0	17.0	24.2
25	家の道具の手入や整理をする	16.8	22.2	79.0	19.8
26	野菜、植木の世話	4.9	5.5	7.0	33.0
28	弟妹の世話	24.7	28.5	22.0	31.9
31	家の用事の使い	62.3	60.0	66.0	55.0
67	習字をする	24.7	—	15.0	11.0
68	繪をかく	8.9	4.3	4.0	9.9
34	學校の宿題をする	63.3	60.0	50.0	74.7
38	繪本を見た	10.8	5.5	11.0	5.5
46	紙芝居を見る	2.9	1.1	4.0	—
51	レコードを聞く	18.8	12.2	15.0	16.5
54	一人で遊ぶ	16.8	15.5	18.0	14.3
57	友達家族以外の者と遊ぶ	32.6	18.8	27.0	25.3
63	自分で音樂をする	17.8	12.2	4.0	27.5
65	おどりをする	1.9	—	—	2.2
81	友達の家に行く	14.8	12.2	16.0	11.0
83	自轉車に乘る	36.8	31.1	39.0	28.6
85	自分の買物をする	50.4	31.1	46.0	36.3
90	自家の神佛の禮拜や供物をする	30.6	17.7	25.0	24.2

（八）能力調査

1. 敎師の經驗と能力調査

生徒の能力の實態がカリキュラム構成の上に持つている重要性について、疑いをはさむものは無いであろう。又それと同時に能力調査の困難なことを、誰もがしみじみと味わつていることであろう。

われわれもまた同樣なやみを持つている。

しかしわれわれは毎日學級において生徒を扱い、あまり大きな間違いもせずに學習の指導に當つている。これは一つには敎科書自體が、生徒の能力をある程度見透して、敎材の選擇、及び排列をしているからではあるが、二つには、われわれの經驗が、生徒の能力について、ある程度の認識を與えてくれるからであろう。たしかにわれわれの經驗は、それぞれの學年の生徒に適した敎材、不適當な敎材を敎えてくれる。

勿論、經驗だけに頼つて、生徒の能力をきめることは、ときにはそれが、獨斷に陷り、誤つた結論をとることもあるわけであつて、ここに客觀的な能力調査を實施しなければならないことは申すまでもない。

われわれは、本校におけるカリキュラムを構成するにあたり、生徒の能力を明かにするため、われわれの日頃の經驗を反省し、これを中心に研究會を開いたり、又生徒の能力調査を實施して、その實態の調査につとめてきたが、正直なところ、まだ不徹底なところを充分に認識している。これは今後の研究にまちたいと思う。

ここでは一つの見本として家庭科における能力調査の一例を掲げておく。

2. 家庭科學習能力調査（被服）

家庭科のうち被服に關する學習も、生徒の能力の上に基礎をおかなければ充分にはいかない。それであるのに被服關係の能力テストを見かけないのは何故であろうか。視野が狭いかもしれないが、その方面の文献が見られなかつたので、あえてこの調査を自分の學校の生徒に行つて、被服指導の基礎としてみた。勿論充分ではないが、少しでも學習指導の手がかりとしたかつたのである。

ここでは家庭科のうちの被服關係の能力調査をあげたのである。この調査について、被服以外の學習能力調査も充分研究してゆくつもりであるが、この度は第一着手として被服關係の教材に重點をおいてみた。

被服科指導においては、構成能力、技術の兩面に重點をおき、次の能力調査によつて指導の力點を知る事ができる。

（1） 家庭科學習能力調査の方法

a 洋服構成能力調査問題（一―三）　b 洋服デザイン能力調査（問題四―六）　c 技術調査（問題七―十四）

イ 運針　ロ まつりぐけ　ハ 穴かがり　ニ 原型のひき方　ホ 編物（本目、逆目、くさり編、短編）

問題一より三までは、非常に時間はかかつたが、二、三人づつ落付いた部屋で同じ環境のもとに行つたものである。時間のゆとりがない場合は、一齊に行つてもかなり効果はあるが、遲くなるとあせるため、正しい結果はあらわれない。もし一齊にする場合はスタイルは印刷して渡し、型紙は全部教師側で切つて用意するのがよい。問題4よりは、全部印刷して渡し、一齊に行つたものである。次に實際の問題をあげる。

家庭科學習能力テスト　（　年　月　日調査）

第三師範學校附屬中學校　第　學年

なまえ

一、五分の一縮圖の原型に整圖して切つてある型紙がいろいろにおいてあります。この型紙をつかつて次のワンピースドレスを構成しましよう。

二、五分の一縮圖の原型に整圖して切つてある型紙がいろいろにおいてあります。この型紙をつかつて次のワンピースドレスを構成しましよう。

三、五分の一縮圖の原型に整圖して切つてある型紙がいろいろにおいてあります。この型紙をつかつて次のブラウスを構成しましょう

イ

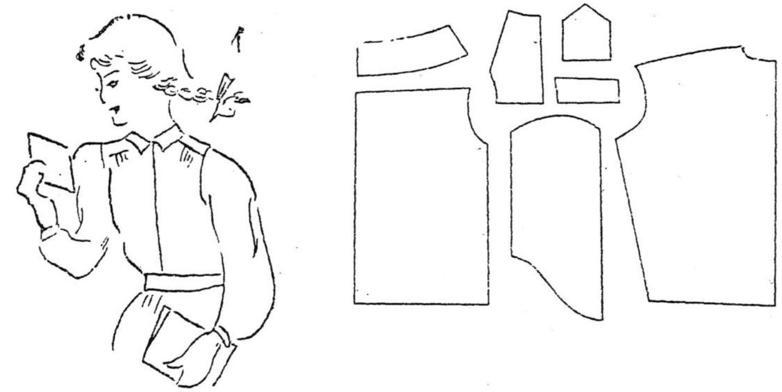

ロ

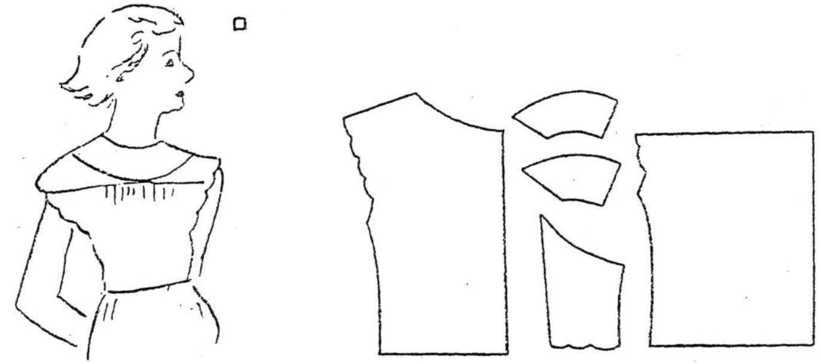

四、次のワンピースドレスを$\frac{1}{5}$縮圖でデザインしてみましよう。（十四才中寸法にて）

五、次のジャンパースカートを$\frac{1}{5}$縮圖でデザインしてみましよう。（十五才中寸法にて）

六、次にスリツプの整圖がしてあります。三つのうちどれが正確でしよう。正しいのに〇印をつけましよう。（$\frac{1}{5}$縮圖前身頃のみ）

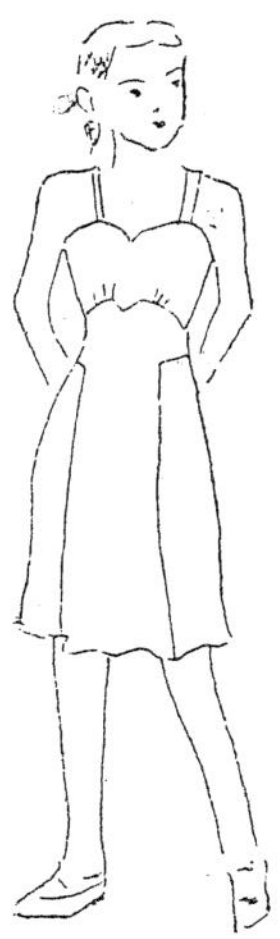

七、さあ運針をしましょう。

運針用布になるべく木綿糸で針目は約四粍とします一分間にどの位ぬえますか。長さ針目數を記入しましょう。

1分間にぬつた長さ
cm

1分間にぬつた目數
目

正確さ

八、まつりぐけの練習をしましょう。

なるべく木綿の布に目立つ糸（絹小町）で針目の間隔は五粍にしましょう。

五分間にどの位出來ますか。

長さを記入しましょう。

5分間にぬつた長さ
cm

正確さ

九、さあ穴かがりをしましょう。

殘り布（なるべく木綿）上り五糎角三枚重ねにし穴の長さ二糎としましょう。

一つをどの位時間がかかりますか次に記入しましょう。

穴かがり（一つ）
分　秒

正確さ

十、ワンピースの原型、（後身頃、前身頃、袖）を中寸で實物大にかきましょう。

何分でひけますか。

ワンピースの原型
分　秒

正確さ

十一、なるべく中細毛糸で掛目七〇して本目で編みましょう。
一分間に何目編めますか。

一分間に編めた目數
目

正確さ

十二、逆目で編みもどりましょう。
一分間に何目編めますか
次に記入しましょう。

一分間に編めた目數
目

正確さ

（2） 家庭科學習能力テストの結果

十三、さあくさり編をしましょう。
なるべく中細毛糸でヘーケルをつかって一分間に何目編めますか。

一分間に編めた目數
目

正確さ

十四、さあ帽子編（短編）をしましょう。
一分間に何目編めますか。

一分間に編めた目數
目

正確さ

以上の問題のうち構成テスト問題一と三（ロ）の結果を代表的にあげる。

a 構成テスト、デザインテストの成績尺度

テストの結果を次のように五段階にわけて整理し、個人指導に役立てた。

構成テスト

優　秀	十分構成されている。
やや優秀	かなり構成されている。
ふつう	大體構成されている。
やや下	やや構成されている。
最　下	全く構成されていない。

デザインテスト

優　秀	十分デザインされている。
やや優秀	かなりデザインされている。
ふつう	大體でデザインされている。
やや下	ややデザインされている。
最　下	全くデザインされていない。

以上の段階によつて、次に實際の構成の結果を示す。ここにのせてある通りでなく、變つたやり方をした生徒もあるが、殆んどこの種に入つて行くのでここへは、全部をのせない。

問題（一）

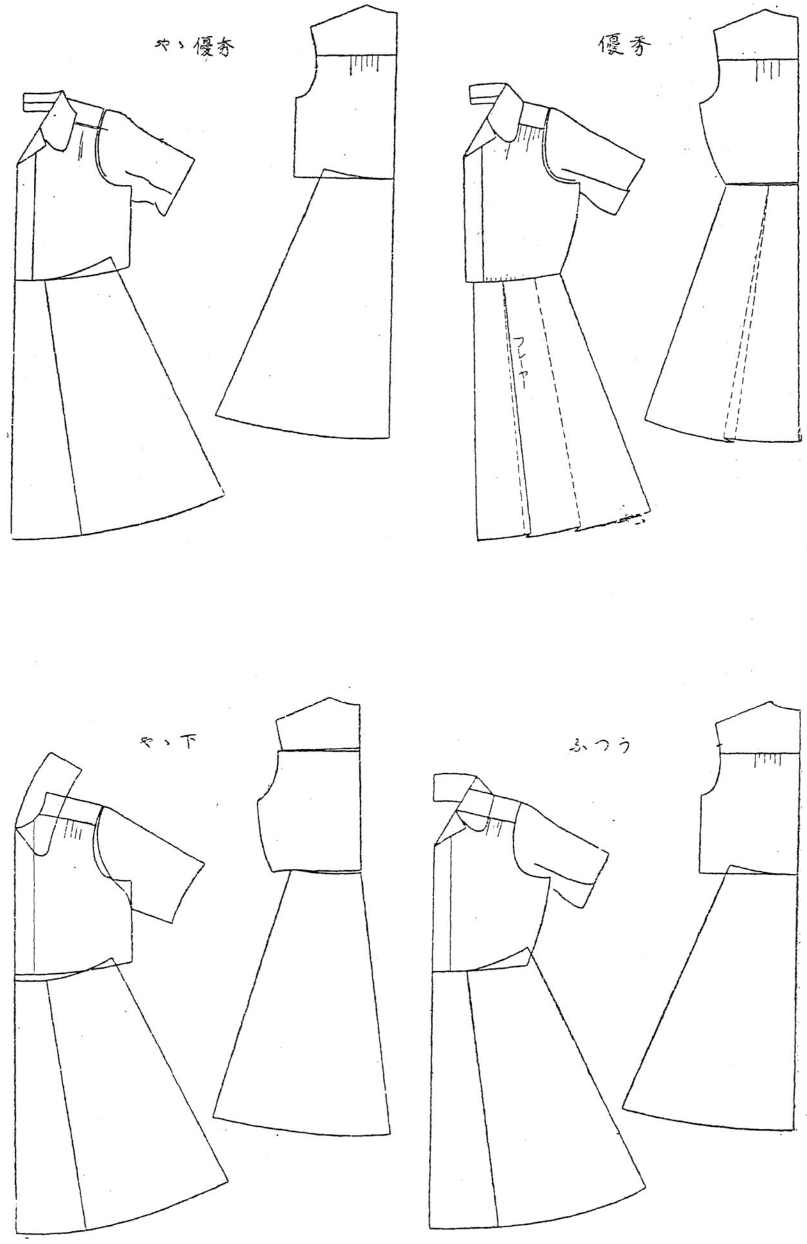

第三七表　個人別による能力及び基礎技術との比較

構成テスト（問題1）　第二學年

種類／氏名	構成した成績	頻数	基礎技術の成績（テスト）8–15	構成できた時間	段階毎の平均
1	優秀	6人	A	1分00秒	1分20秒
2	〃		A	1 00	
3	〃		B	1 20	
4	〃		A	1 30	
5	〃		A	1 30	
6	〃		A	1 35	
7	やや優秀	11人	C	1 40	3分30秒
8	〃		C	1 45	
9	〃		B	1 50	
10	〃		C	2 00	
11	〃		B	2 10	
12	〃		B	3 40	
13	〃		A	3 50	
14	〃		B	4 10	
15	〃		C	6 00	
16	〃		C	6 15	
17	〃		B	9 20	
18	ふつう	14人	D	2 10	5分45秒
19	〃		C	3 00	
20	〃		D	3 50	
21	〃		B	3 50	
22	〃		C	4 30	
23	〃		D	5 00	
24	〃		B	5 20	
25	〃		C	5 20	
26	〃		A	5 20	
27	〃		D	5 50	
28	〃		C	6 00	
29	〃		D	7 00	
30	〃		B	10 00	
31	〃		C	14 00	
32	やや下	8人	E	4 00	8分40秒
33	〃		D	7 00	
34	〃		C	7. 30	
35	〃		B	9 30	
36	〃		E	10 00	
37	〃		C	10 30	
38	〃		B	10 30	
39	〃		B	11 00	
40	最下	3人	C	10 30	14分00秒
41	〃		E	12 30	
42	〃		E	19 00	
		42人	成績五段階	計1520	

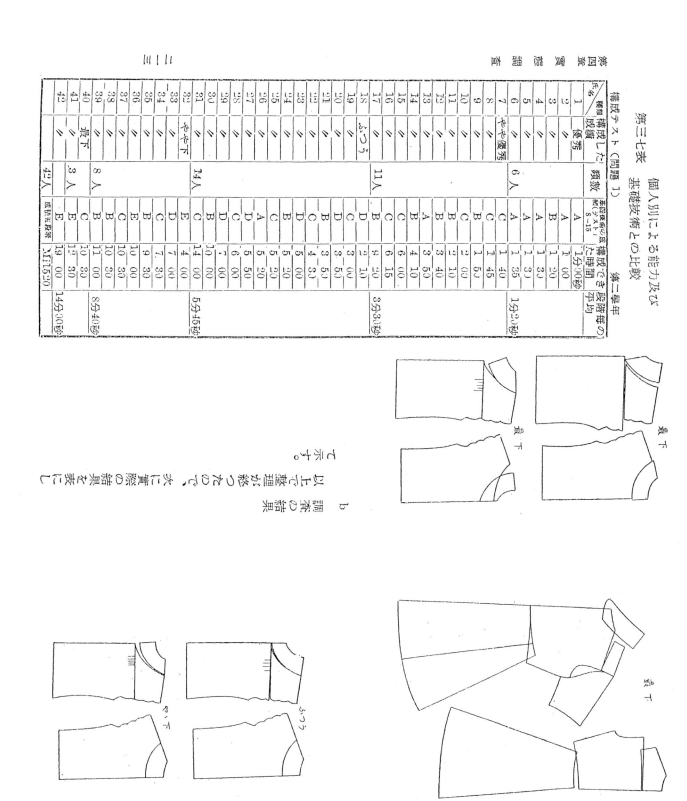

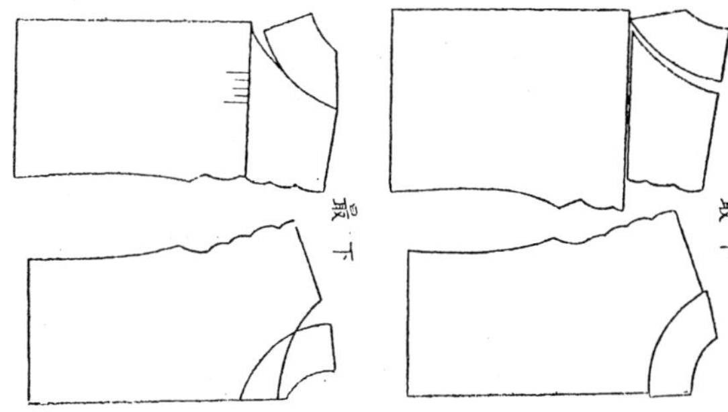

b　調査の結果

以上で整理が終ったので、次に實際の結果を表にして示す。

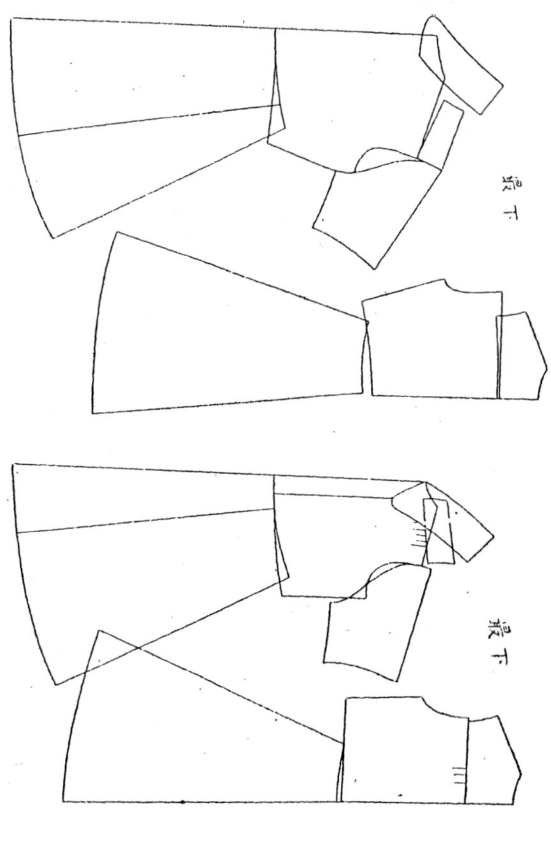

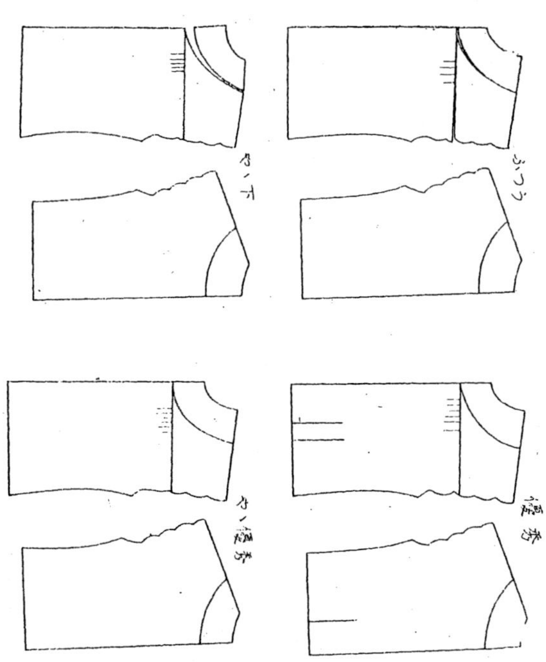

問題三（ロ）

第三八表　構成テスト問題からみた學年の能力

問題別 / 學年別 / 段階	1		2		3（イ）		3（ロ）	
	比較（%）		比較（%）		比較（%）		比較（%）	
	一年	二年	一年	二年	一年	二年	一年	二年
優秀	4%	14%	6%	12%	15%	20%	8%	10%
やや優秀	28	26	14	13	13	15	18	25
ふつう	32	33	42	40	40	37	42	33
やや下	31	20	22	20	27	23	22	20
最下	5	7	16	15	5	5	10	12

第三九表　デザインテスト問題からみた學年の能力

問題別 / 學年別 / 段階	4		5		6	
	比較 %		比較 %		比較 %	
	一年	二年	一年	二年	一年	二年
優秀	15%	27%	10%	12%	12%	18%
やや優秀	23	22	10	19	23	26
ふつう	45	38	34	32	37	30
やや下	12	10	40	32	25	23
最下	5	3	6	5	3	3

第四〇表　構成テスト問題からみた學年の速度

問題別 / 學年別	1	2	3（イ）	3（ロ）
一年	6分05秒	6分40秒	7分05秒	6分00秒
二年	5 20	5 30	5 00	5 10

時間の中間數を示す
（異例のものは除いた）

第四一表　技術テスト個人別による成績表

（問題７～１４）　　　　第二學年

問題別 / 氏名	運針（問題7）		まつり（8）	穴かがり（9）	原型（後前）（そで）（10）		問題7～14迄の平均成績	問題(11)	(12)	(13)	(14)
	長さ（1分間）	針目（1分間）	長さ（5分間）	速度	速度	正確度	正確度	本目（1分間）	逆目（1分間）	くさり編（1分間）	帽子編（1分間）
1	116cm	118目	63cm	4分45秒	4分00秒	A	A	58目	48目	67	27
2	150	162	92	3 20	3 56	A	A	59	45	79	39
3	140	112	50	4 05	5 10	A	B	47	26	80	40
4	108	107	40	4 00	3 55	A	A	64	38	69	27
5	110	120	62	4 20	3 20	A	A	50	45	83	42
6	103	95	58	3 30	4 10	A	A	54	40	79	30
7	95	103	50	5 20	5 45	A	C	60	45	61	27
8	99	127	36	4 30	5 10	A	C	51	41	83	40
9	135	131	50	7 35	4 20	B	B	55	50	58	18
10	116	86	64	5 50	6 50	B	C	49	40	65	24
11	139	126	63	4 00	5 20	C	B	48	32	77	30
12	94	115	48	8 30	6 55	A	B	34	36	51	15
13	98	118	52	10 00	9 00	B	A	50	58	79	33
14	125	130	64	6 00	5 30	C	B	38	32	63	29
15	103	123	42	8 10	6 05	B	C	34	36	61	25
16	91	111	36	8 20	5 00	B	C	58	50	62	28
17	106	115	95	4 40	4 35	C	B	52	50	77	38
18	105	118	61	4 30	5 55	C	D	51	36	70	28
19	86	[illegible]	48	4 25	6 00	C	C	41	33	65	25
20	100	130	86	5 50	5 35	D	D	35	25	69	20
21	107	112	86	7 40	7 25	C	B	40	35	68	25
22	115	108	86	5 20	5 20	C	C	51	37	60	27
23	98	88	49	7 10	8 45	D	D	51	30	79	30
24	101	113	54	9 00	6 25	C	B	40	36	60	28

25	95	101	25	6 20	6 10	D	C	42	38	69	29
26	103	107	39	4 35	6 25	B	A	36	32	60	25
27	12[illegible]	127	69	5 20	5 20	A	D	55	50	68	30
28	110	122	63	4 20	5 30	D	C	59	52	70	39
29	155	153	64	6 40	8 10	B	D	43	44	69	26
30	159	162	59	4 10	4 10	D	B	57	42	78	31
31	95	80	42	5 45	6 45	D	C	48	40	65	23
32	105	99	38	4 03	6 45	C	E	59	47	71	37
33	110	112	32	6 30	7 30	B	D	57	50	71	31
34	80	110	36	4 10	2 25	B	C	52	43	73	35
35	112	120	50	6 50	6 30	B	B	49	38	65	34
36	118	129	42	4 00	5 30	A	E	39	23	60	32
37	100	133	44	4 40	3 40	C	C	60	40	60	20
38	70	89	100	5 50	6 00	E	B	73	20	65	26
39	112	120	41	6 01	8 50	E	B	43	40	58	21
40	99	105	66	5 00	5 30	C	C	65	36	57	31
41	68	85	32	6 10	6 10	C	E	31	28	58	16
42	112	93	36	6 30	7 00	D	E	42	46	50	24
	Mi 107	Mi 115目	Mi 50	Mi 4 54	Mi 5 30	成績は五段階	成績は五段階	Mi 50	Mi 41目	Mi 69目	Mi 28

第四二表　技術テスト學年による平均成績表

（問題７～１４）　（第一、二學年）

問題別／學年別	問題7 運針 長さ（一分間）	問題7 運針 針目	〃8 まつり 長さ（一分間）	〃9 穴かがり 速度（一分間）	〃10 原型 速度	〃11 編物本目 目数（一分間）	〃12 逆目（一分間）	〃13 くさり編（一分間）	〃14 帽子編（一分間）
一年	95 cm	100	52	4.20	6.40	48目	40	61	25
二年	107	115	50	4.45	5.30	50	41	69	28

數字は median を示す

第五章　現行教科書とカリキュラム

教育目標の設定、カリキュラムの型の決定、實態調査等一連の手續きを一歩一歩進めてきたのであるが、ここでは、文部省發行の現行教科書につき、われわれの經驗を生かして、その内容を檢討してみたいと思う。

現行の教科書については、それが全國劃一的のものであり、かつそれぞれの教科を中心として組織されたものであり、今われわれが意圖している單元學習の構想からみれば、相當に相離れたものではあるが、これらの教科書は比較的大ぜいの手によつて、豐富な基礎資料によつて、かつ長い年月の經驗によつて編集されたものであるから、われわれが今學習單元を設定しようとするにさいしては、重要な資料を與えると思われる。

特に、われわれが、比較的短い期間に、そのカリキュラムを構成しようとするに際しては教科書を全然無視して、新しいカリキュラムを構成することはほとんど不可能といつて差支えないであろう。このような理由から、われわれは、その經驗を生かし、社會の要求（地域社會の課題）生徒の發達段階という觀點から、現行の教科書につき、その内容に檢討を加え、カリキュラム構成上重要な資料とした。ここに、主として一年の教科書につき、檢討のあとをふりかえつてみよう。

一、國語科

現在のように教材の選擇の範圍が制約限定されている情勢下においては、教科書が學習指導上にもつ役割は甚だ重大な位置を占めざるをえない。このことはカリキュラム再編成の上にも重要な關係があると考えられるから、現行の國語教科書（文部省發行）について、これを使用する立場から一、二の檢討批判を試み、新カリキュラム實施にあたつて、言語學習指導上の注意を述べてみる。

第一に、「現行の國語教科書は、國語教育に對する社會的要求に合致しているか。」について考察してみる。この問題を論ずる前に、まず社會的要求とは何かということを明らかにしなくてはならないが、それは「社會的生活に必要な實用的言語能力を必要かつ十分な程度に習得させる」ことであると考える。中學校は義務教育の最終コースであるから、社會生活に必要な言語能力が一應ここで完成されなくてはならない。しかるに現在の中學校卒業程度の青年にこの要求が滿足されているだろうか。讀む力についていえば新聞や雜誌を讀解し、官廳の通達文を了解する力があるだろうか、話すこと、聞くことについていえば、自己の意見を人の前ではつきり述べたり、ラジオ放送をきいてその要旨を的確に把握することが可能であろうか、綴ること、書くことについては、筆をとつて氣輕に實用的な手紙文等がかけるであろうか、當用漢字はマスターしているだろうか。この種の質問に對して、自信をもつて然りと答えられるものがあるであろうか。

もちろん日本語の複雜性については誰しも認識する所であり、その改善も一朝一夕には不可能な事情があり、日本人にとつては國語の基礎能力の習得が、むしろ一生の課題であるともいえるから、中學校卒業程度でこれをまかなうことは不可能であるとも考えられる。しかしながら中學校の國語教育の方法や方向にも果して反省改善の餘地を殘していないか、すなわち、三年間の國語指導が社會的必要を滿たすようにもつと効果的に行われているかどうかということである。一、二の例をあげてみよう。學習指導要領國語科篇には、「中學校國語科學習指導、まえがき」の中に、中學校の國語科は「結局『ことばの効果的使用』という一つの目的にまとめることが出來る」とか、「古典の教育から解放しなければならない。また、特殊な趣味養成としての文學教育に終つてはいけない。………實際の社會生活に役立つ國語の力をつけることを目がけなくてはならない。」とその方向を明確に示してある。この立場は、國語教育に對する社會的要求を認識しているが、果してこれが教科書の題材の取上げ方や、配列にどの程度生かされているかが問題である。われわれは現在の指導要領と教科書の成立がどちらが先であつたかは知らない。理論的にいえば當然指導要領が先にでき、これに基づいて教科書が編集されなくてはならない。しかるに現在の兩者を對照してみると、關連性がうすく、ある點についてはその間に溝があるとさえ考えられる。たとえば一年の國語教科書四冊を例にとつてみるに、その大部分を占めるものは文藝作品のにおいの强いものである。又一般に程度の高すぎることに對する非難もしばしば耳にする。教科書の立場は「社會生活に役立つ國語の力」をつける學習材としてこれらの題材がもつとも適切であると考えられるのであろうか。

教育漢字や當用漢字の取扱いについても、教科書にはあまりにも閑却されていると考える。漢字表のついている教科書も見當らない。殊に活字體と筆記體の混亂に對する態度も明示されていない。學習の手引にも漢字の學習については殆んどふれていない。近頃生徒の作文や他教科のレポート等をみて、誤字あて字の多いことに驚くが、國語の力の支持要素として重要な文字の力を組織的に段階的に伸ばす考慮が、教科書にほしいと考えられる。教材の選擇についてもむしろ實生活と縁のうすいものの方が多いように思われる。

第二「現行の教科書は生徒の能力の發達段階に應じているか」について二、三の考察を試みる。教科書を通覽して全體的に感ずることは、「大人の作つた教科書」という感じが甚だ強い。生徒の評によると「固苦しい感じがする」そうである。すなわち、思想、內容、表現、體裁ともに生徒の生活から遊離し、特殊な教養を要求していることを端的に指摘している。「難しい」という評もある。教材の難易に關する生徒の調査にもこの傾向が表われる。程度の高さを望みすぎるきらいがある。その程度はむしろ特殊な優秀児を目標としているという感さえある。思想內容の高すぎるものの例をあげると、一年の卷（1）「三、雨にもまけず」——これは人間が晩年に到達する境地である。卷（2）「六、實物とその模型」これは哲學的な論文である、ともに一年生には無理であろう。表現の難かしすぎるものの例をあげると、一年の卷（1）「五、昆虫記」これはかいじゆうな飜譯文である。卷（2）「四、創始者の苦心」は文語體に對する準備がないのにここへ置くのは無理であろう。古典に對する教養が一年から必要であつたら、外國語の古典と同じように飜譯したらよいと考える。二年の卷（1）「六、一門の花」についても同様である。二年の卷（4）については特に甚だしいと思われる。特に「三、李白と杜甫」などについてそう感ずる。

次に教材の內容的分類による配列の考慮が明かでない。カリキュラムには明確なコースがあつてそれに從つて教材が取捨選擇され、効果的な學習が出來るように配列されなくてはならない。この系列が明かでない。コースの確立よりも教材の精選ということが先に立ち、取上げられた教材を機械的に並べたような感がある。教科書が單に學習材料を提供したのみでコースは教師の見解に俟つというなら、指導要領にこれを示すべきである。しかるに指導要領にもそれを具體的に示してない。從つて教師の學習指導にも一貫したコースがなく、一課ごとに循環作業をくりかえすことになり勝ちである。國語教育の目標を明確にとらえ、生徒の發達段階に對應して、如何にすれば國語の學習指導を最も効果あらしめるかという學習のコースを明確にする努力が一層のぞましい。

以上に述べたような理由により、現行の國語教科書は、實生活に必要な國語の力をつけるということに關して、指導要領の意圖も滿たされていないし、また社會の要求を滿たすという點に關して努力が缺けている。また生徒の能力の發達段階に應じて教材の配當を考える點や、學習を効果あらしめるべく、教材の配列を一貫したコースに從つて考慮するという努力に不十分な點があるように思われる。新しいカリキュラムにおいて、なおこの教科書を使用する場合にはそのカリキュラムの特質に即應してその使用の方法が研究され、教材の取捨選擇、配列の再編成が考えられ、言語能力の伸張にもつとも効果あらしめるように考慮されなくてはならない。

二　社會科

わが國の社會科構造は、これを全體的に眺めると、小學校の一年より中學校を經て高等學校の一年まで、十ケ年にわたり、融合した社會科＝一般社會科を採用し、高等學校二、三年において分化した四つの內容を持つ獨立社會科となつている點、及び中學校二、三年生に、國史を獨立社會科としてモザイク的に包括している點、この二點よりして一種獨特の性質を示している。

今、これら社會科の單元につき、これが實際取扱いの經驗にてらして二、三の批判を試みてみよう。

中學校第一學年の生徒の主要な經驗領域は、「日本におけるわれわれの生活」として掲げられている。地域社會における課題を考察させる場合においても、日本的視野をもつて課題の解決に當らせようとするわけであるが、この點は大體妥當であると思う。

その單元をみると、

一、日本列島はわれわれに、どんな生活の舞台を與えているか。

二、われわれの家庭生活は、どのように營まれているか。

三、學校は社會生活に對してどんな意味をもつているであろうか。

四、わが國のいなかの生産生活は、どのように營まれているであろうか。

五、わが國の都市はどのように發達してきたか。また、現在の都市生活にはどんな問題があるか。

六、われわれは餘暇をうまく利用するには、どうしたらよいであろうか。

であるが、この單元のとりあげ方も大體よいと思う。

われわれの生活は、家庭生活、學校生活、都市の發達と深いつながりを持つており、そのいずれも重要であり、これらがとりあげられたことは適切である。またわれわれ都市に住む者は、いなかの生産生活に依存しているのであるから、いなかの生産生活をとりあげたことは、特に都市にある學校にとつては好ましい。しかしわれわれの今日の生活は、日本だけの生産に依存して生きてゆくことはできず、世界とのつながりにおいて考えなければならないのであるから、世界の農牧生産（二年）といつしよに二年におくつた方が扱いに好都合である。又生徒の調査にみえるところも、一年の欲求の重點は生産よりもむしろ配給にむけられ、又最近の主食の増配は、生産に對する關心を低めたようであるから、これらの事情からも、「生産生活」は二年に移してよいと思う。

「日本列島と生活の舞台」は、その「要旨」に說くところは誠にもつともであるが、生徒に對して、「地理」の印象を强く與えている。このように單元が構成されていると、指導者にとつては取扱いに便利であるが、生徒の活動は一方に傾き、よい結果が得られない。大人の考えた論理的な單元といつてよいであろう。特に注意しなければならないのは、生徒の社會科に對する誤つた考えを誘發する恐れがある點である。社會科とは地理の勉强であるというように單純に思いこませてしまい、小學校のとき社會科に對して持つていた興味が次第に薄れていく生徒を見受けることも稀ではない。この點は學習指導法にも關係があるが「日本列島と生活の舞臺」の單元構成及びこの單元の進め方は考え直さなければいけないと思う。

又これと關聯して「餘暇の善用」はその單元の名まえが適切ではないが、その「要旨」に說くところは、中學一年の生徒に對して大切だと思う。

中學一年の單元をみると、單元の名まえはとにかくとして、各單元に含まれる教科的色彩をみると、第四三表のようになつている。（馬場四郎氏「社會科の本質」參照）

第一の單元は地理的な單元とよばれるように地理的な色彩が濃厚であり、第三の單元は、公民的な單元とよばれるように、公民的な色彩が濃厚である。

のぞましい單元は、公民、歴史、地理が融合調和した、安定した單元であるとするならば、中學一年の單元の中で安定した單元は、第六單元、餘暇の善用、第二單元、家庭生活であり、最も不安定な單元は、第一單元、日本列島であつて、この點は、われわれが單元を構成する際十分注意しなければならない。

第四三表　社會科單元に含まれる教科的色彩

學年	單元番號	問題單元（單元は簡略に表現した）	各單元に含まれる教科的色彩の程度% 公民	歴史	地理
第一學年	1	日本列島と生活の舞臺	0	13	87
	2	家庭生活	61	29	10
	3	學校生活	95	5	
	4	いなかの生産生活	35	11	54
	5	都市の發達	43	19	33
	6	餘暇の善用	68	12	20

又これらの單元の學習活動の性格を檢討すると第一單元においては地理的な知識や事實の學習に重點がむいていて、實踐的な面が稀薄であるり、この點からも、第一單元はなお檢討の餘地がある。第三單元、第四單元では、この調和が大體よくいつている。

ここにあげられた單元のほかに、社會的必要、生徒の欲求という觀點からぜひとりあげたい内容をあげてみよう。

その一つは「健康」についてである。四月には身體檢査が行われ（レントゲン檢査も含む）この結果は、身長、體重、胸圍等の各檢査の項目ごとに全國平均、東京都平均の數字と比較される。又體育簿には、詳細な體育の記錄が生徒各自の手で記入される。このようなことを通して、生徒のからだに對する關心は自づとたかまつてくるもので、この機會に、「健康」についていろいろ考えさせることが大切だと思う。

家庭科の單元四「備えある生活」のC、病氣の豫防と救急法及び常備藥と衞生用品において「健康」をとりあげるし、又理科の單元四「何をどれだけ食べたらよいか」において、主として榮養の面から健康をとりあげているがこのような各教科ばらばらなとりあげ方は、その指導の効果を減殺する以外の何者でもない。ここに教科の枠の撤廢、生活カリキュラムの一貫性が浮かびあがつてくる。

その二は、新聞、ラジオについてである。中學二年に、「交通機關の發達は、われわれをどのように結びつけて來たか」という單元があり、交通通信に對する理解を深めることになつているが、中學一年ともなれば、（第表、新聞についての調査參照）大部分の者が新聞を讀み、かつ生徒が學習の資料を得るため、新聞、ラジオに依存することが大であるという點、又新聞委員によつて、學校新聞が發行され、中學一年の生徒も、これが編集に參加しなければならないという學校の事情からも、新聞、ラジオ、特に「新聞」を中心として學習單元を構成することが必要であると思う。このことは、「交通、通信機關」への橋わたしとしても意義があると思う。

三 理 科

新しい理科の教科書は、今までの理科教科書と異つて、新しいいくつかの方向を示している。従來は學問の系統を重んじて、どこまでもそれが中心をなしていたのに對して、生活を中心とした方向に、大きく轉移していることが特に目立つている。生活に最も深い關連をもつている單元を選び、それを一冊にまとめてある點が何よりも大きな變化であろう。われわれはまだこれ等のすべての教科書を取扱つていないから十分な批判を行うことはできない。しかし一應目を通したところからいえば、その基本的な方向においては極めて妥當なものと考えている。勿論分量の點において見れば、この十八冊の内容をどれも同じように平等に扱うことはできない。土地の事情によつて、これ等の間に適當な重みを與えてその土地に適した教育を展開しなければならないのであつて、當局としてもこうした立場に立つことを豫想して編集してあるものと考えて、この分量の點は問題とするには及ばないと思う。

各單元の内容も概して社會の要求と深く關連しているように思われる。從つて單元の選び方も妥當であるように思う。また生徒の學習能力から見ても、その記述や扱いも、概して適當であると考えられる。從つてこれ等の教科書を有効に使用して、相當の學習効果を擧げることは不可能ではないと思う。そこでわれわれは更に一歩を進めて新しい學習指導法の面より、二三の批判を試みることにしよう。われわれはこれ等冊子をどこまでも教科書として考え、これに依據して教室の授業を行うことを前提として批判をしてみることにしよう。

われわれは學習指導の建前として、まず生徒の直接經驗を最初の手がかりとして學習をはじめることを豫想している。この經驗内容は、學校や社會で誰もが經驗し得られる、ごくありふれたものであることを望んでいる。これ等の經驗をよく反省して、細かに調べてゆく間にそれ等の經驗を構成している科學上の問題を發見し、これ等の問題を中心として學習を展開し、科學的な法則や關係を經驗の中に發見し、日常經驗を合理化することを科學教育の本領と考え、また學習指導の建前としている。こうした立場から單元内容の配列について二、三の批判を試みることにしよう。

いま一例を「私達の科學3」に取つてみよう。「火をどのように使つたらよいか。」という單元である。この冊子の目次を見ると、

1、火をしらべる手がかり

1どうすると燃えるか　2どんな物質が元素か　3化合物と混合物はどう違うか　4物質はどのような構造をもつか　5原子分子はどのようなものか

2、物が燃えるときに起る變化

6マグネシウムは燃えて何になるか　7炭素がもえるとどうなるか　8水素がもえるとどうなるか　9いおうがもえるとどうなるか　10金物はもえないだろうか　11酸素の中ではどのように燃えるか　12なぜほのおが出るか

これは「私達の科學3」の最初の二章をぬき出してみたのであるが燃燒を調べる手順が頗る手ぎわよく提出されている。この點は從來の教科書と比較すれば比較にならぬ位すぐれている。しかし日常の經驗の中にある燃燒があ

まりでてこない。日常生活でわれわれが燃燒ということを問題にする場合どんな點から問題になるか、一寸考えてみても次のような事柄が指摘できる。

1. 少い燃料をどうすれば有效に使えるか
2. どんな燃料が經濟的か
3. 燃やす裝置はどんなものが適當か
4. 熱の有効な使い方
5. 火のあと始末と火災豫防

われわれとしては日常生活でこうした問題と常に直面している。學習においてもこうした問題から出發できないものであろうか。さきに示した目次の二章では燃燒の理論が眞先に出されている。勿論われわれもやがてこの燃燒の理論的な理解にまで生徒を導かねばならないのであるが、最初の導入問題として眞向から化學的な理論を提出しようとする試みは賛成できないところである。それよりも生徒の家庭が日常生活で問題としていること、あるいは生徒が興味をもつた經驗等を集めてそれ等の經驗をもつとよく再經驗して、整理し、また燃燒を中心とする他の多くの經驗と比較して、それ等の經驗の中から燃燒理論の緒をつかんで行くことが望ましいのではあるまいか。そしてこれは必ずしも不可能なことではないと思う。このように「私達の科學」においては單元の導入がまずいように思われる。

次に問題の提出に對する生徒の學習活動が、十分に豫想されていない點が遺憾に思われる。提出された問題に對して多くの場合直ちに解説的敍述に移つてしまつて、その問題についての生徒の學習計畫に對する示唆や助言や諸注意等を行い、生徒の調査や實驗や話合いの方向を指導するような配慮がなされていない。そのため直に結果の解説が多く、生徒の思考を促すような部分が案外少いように思われる。特に科學教育として重要な、實驗や觀察に對する指導が、案外おろそかにされているように思われる。特に實驗の主目的とする經過に對する記述はあつても、その實驗を安全に手ぎわよく經濟的に行うための補助的な注意のないのは甚だ遺憾である。藥品の適量、器具の扱い方、名稱、危險な藥品や場所、取扱い方等の諸注意は實際の教授において最も重大なことである。こうした諸注意は教師の受持つ大きな任務ではあるが、教科書にも書かれることが望ましい。また實驗上の注意のみならず、學習上の參考書や、年表の類などの、名稱や使用法などをも一應説明しておいてほしいと思う。

次にこのようにして到達した結論を更に日常生活に適用して、その合理化についての解説や示唆などほしいと思う。

以上述べたことは實際の學習指導の立場よりして考えられることであるから、これ等のことを實際に教科書の上に具體化することは必ずしも容易なことではないが、こうした點をも考慮して教科書が書かれることが望ましい。要するに理科教育は、常に日常生活の經驗より歸納された知識をもつて更に日常生活を合理化するところにその領域を有していると思う。それ故この知識を歸納してくる過程に出來るだけの嚴密さを保たしめ、またその間に科學的操作の一端を學ばせたいのである。こうした一連の活動が一つのまとまりのある單元を構成していることが望ましい。「私達の科學」はその題材としては一つのまとまりのある單元をなしているが、その配列において遺憾の點があるように思う。十分なる科學的な用意の下に單元内容の有機的配列を考えるべきである。

次に單元相互の連絡の點に遺憾の點が多いように思われる。こうした行き方の建前として、同じ事柄がいろいろの單元に關係をもつてくる。それ等の相互の間に甚しい重複がないようにしたいものである。甚だしい缺陷があるわけではないが、連絡が十分でないように思われる點がある。同じ酸素が空氣のところにも、水のところにも、火のところにも現れるが、これ等の扱い方にもうすこし工夫を要する點がある。このような生活單元中心の立場をとるとき、學問的な體系がなくなり、從つて今述べた重複や脫漏がありがちであり、學問的に一つの知識としてまとまりを持つている現象がいろいろの形で分散しているため、生徒の概念的理解が困難になる。そのため結論的な知識を何等かの形で一まとめにして各册の最後のあたりに述べておくことも望ましいのではあるまいか。

　最後に形式上のことであるが、この書物がいかに物資不足の折に成つたものとはいえ、いかにもお粗末なものであることが殘念である。中に掲げられた圖版も極めて粗末であつて、科學の教科書として甚だはずかしいものである。寫眞等を十分に使用し、現在の最尖端の技術を使用してこの教科書を精彩あらしめたいものである。

第六章　範圍と系列

一　範　圍

　範圍（スコープ）をどのようにきめたか。まずわれわれは現在どのようなスコープがそれぞれの學校においてとられているかをみた。今それらの内容をここにとりあげる煩は避けるが、これらのスコープをみると、學校により人により、幾分の相違があることが見出される。そこでわれわれはこの相違について檢討を加えるとともに、どのようなスコープをとるかについて論議を重ねた。この結果われわれは、抽出統計により、地域社會の人間活動を調査し、これを分類整理することによつて、幾つかのスコープを見出だそうと試みた。しかしこの試みは、前にも述べたように、調査に要する費用と相當な日時がかかることが明らかとなつたので、別の機會にゆずることにした。

　そこでわれわれは第二の方法として代表的なスコープを檢討し、そこからわれわれのスコープを導き出そうとした。今これらについて問題となつた點を記してみよう。（第四四表各種スコープの例參照）

　1．リバサイド校とニュー・ジャージーにおいては、ともに食糧、衣服、住居というスコープをとつている。これは、衣、食、住が生活にとつての必需的なものであるという觀點から強調してとりあげたのであろうが、その他のスコープは運輸、通信等の機能の面からとりあげられており、明らかに分類の基準が異なつている。

これは川口市のスコープにおいても同様に家庭というスコープがとりあげられており、分類の立場が混亂している。

このような分類の方法は便宜的なものであり、必ずしも嚴密な分類でなければならないということもないが、一應明確にしておくことが單元の設定を考える上に便利であろう。このようなわけで、われわれは分類の基準を社會機能という觀點から一元的にとつた。

2．スコープとしてとりあげられている項目をその數の上からみると、最も少いのはモンテレイ校の六、最も多いのはリバサイド校の十四となつており、十前後が普通である。しかしモンテレイ校についてみると、たとえば3の項目の「商品の生産、供給、運輸とサービスおよび考え」のように二つ乃至三つのスコープを包含しているものがあり、これらを分離してみると九乃至十となる。

3．これらのスコープをみると、それぞれの事情から獨得なスコープも見える。リバサイド校の遊戯、經濟安定、情緒的安定、個人の權利に對する感情、道徳および倫理の基準、ヘファナン女史の自由の進展、新知識の發見、ヴァージニヤ・プランの自由の發展、個人の融合、探險等はそれである。これらはそれぞれ土地の狀況、教育觀の相違等によつて、特に強調して提出したものであろう。望ましいわれわれの教育は、土地の狀況、生徒の特質、文化の發達狀況、教養の程度に應じて多様でなければならないことが反省される。

4．スコープの分類において大體共通な原則に立つているのは、サン・ジョカン教育局、サンタ・バーバラ、カーンの學校、馬場四郎氏のそれである。これらは分類の基準が明瞭であり、ために理解しやすい點はその長所であろう。

以上のような論議を經て、一應次のようなスコープを設定した。

1．生命及び健康の保全と愛護　2．財産及び天然資源の保全と愛護　3．生産　4．消費

5．運搬（交通）　6．通信　7．美的宗教的表現　8．教育の制度と施設

9．厚生の制度と施設　10．政治の制度と施設

このように、一應十のスコープを、代表的なスコープの検討によつてたてたのであるが、實際の事實を處理するには必ずしも適切ではない。たとえば前にあげたスコープのなかで「生産」というスコープは、生産されたもの及びその配給をも含む廣い社會機能を意味しているのであるが、新聞記事の内容の分類においては「生産」と「配給」にわけた方がわかり易くもあるし又便利である。前にも述べたように、スコープはわれわれの生活活動を分類するにあたつての便宜的なものであるから、われわれがどのようなスコープの分類をとるかは、それがどれだけ實際に便利であるかによつて決められる。勿論教育的な配慮が拂われなければならないことは申すまでもない。

このような次第で、前にあげた「生産」を二つにわけて、「生産」「配給」とし、「美的宗教的表現」も二つにわけて、「美的表現」「宗教的表現」とし合計十二のスコープを設定した方がよかつたと思う。しかし、このようなことに氣づいたのは、實際の調査資料を整理している際であつたので、本書においては前にあげた十のスコープによつて一貫することにした。

第四四表　各種スコープの例

	サン・ジョカン教育局 一九四七年	モンテレイ校	リバサイド校	サンタ・バーバラ	ニュージャージー
1	1、人的及び自然的資源と保全	1、國家理念の確立	1、食糧	1、人的資源の發展と保全	1、食糧
2	2、商品の生産とサービス	2、生命、財産および自然資源の保全と保護	2、住居	2、人的資源以外の發展保全および智的利用	2、衣服
3	3、商品の供給とサービス	3、商品の生産、供給運輸と、サービスおよび考え	3、衣服	3、商品の生産、供給、消費およびサービス	3、住居
4	4、商品の消費とサービス	4、事實、理念および感情の交通	4、道具	4、通信	4、仕事
5	5、商品の運輸とサービス	5、美的表現の機會と、宗教的感情	5、運輸	5、運輸	5、運輸
6	6、通信	6、教育および厚生慰安の機會	6、通信	6、厚生慰安と遊び	6、通信
7	7、美的表現と宗教的感情		7、仕事と遊戯	7、精神的、美的要求の表現と、それらに對する滿足	7、交易
8	8、教育		8、健康	8、組織と政治	8、政治
9	9、厚生慰安レクリエイション		9、經濟安定	9、教育を與えること	9、健康
10	10、政治		10、情緒的安定		10、教育
11			11、個人の權利に對する感情		11、宗教
12			12、道德および倫理の基準		12、厚生慰安
13			13、宗教		
14			14、教育		

	ヘファナン女史	ヴァージニヤ・プラン 一九三四年	馬場四郎氏	川口市	カーンの學校
1	1、生命および健康の保護と保全	1、生命財産及び天然資源の保全と愛護	1、人的資源及び天然資源の保全と愛護	1、生産	1、商品の生産とその過程
2	2、財産および自然資源の保護と保全	2、物資と勞務の生産と生産物の分配	2、物資と勞務の生産	2、消費	2、商品の供給とサービス
3	3、原料の獲得	3、物資と勞務の消費	3、物資と勞務の分配	3、交通通信	3、商品の消費とサービス
4	4、商品の生産と消費及びそれらに關係のあるサービス	4、物資と勞務の交通と運搬	4、物資と勞務の消費	4、健康	4、生命、健康、財産および自然資源の保全と保護
5	5、商品の運輸と消費	5、レクリエーション	5、物資と勞務の運搬	5、保全	5、商品および人間の輸送
6	6、通信	6、美的要求の表現	6、交通と通信	6、政治	6、通信
7	7、社會統制と政治	7、宗教的欲求の表現	7、美的宗教的欲求の表現	7、教養娯樂	7、教育
8	8、自由の伸展	8、教育	8、教育の制度と施設	8、家庭	8、厚生慰安
9	9、教育	9、自由の發展	9、レクリエイションの制度と施設		9、政治と組織
10	10、新知識の發見	10、個人の融合	10、政治の制度と施設		10、美的表現
11	11、厚生慰安	11、保險			11、宗教的表現
12	12、美的表現				
13	13、宗教的表現				

二　系　列

系列（シークェンス）をどうきめたか。われわれはまず生徒の欲求を調査し、この欲求がそれぞれの學年段階においてどのように異つているかをみようとした。（第二三表參照）この詳細はすでに明かにした通りである。この調査の結果はわれわれの豫期したように劃然とした線がひかれるほど明瞭にあらわれなかつたが、生徒の欲求の内容を仔細に檢討すると、學年或は性別による變化のほか、それぞれの學年における方向をみることができた。次にこれらについてのべてみよう。

一、生命及び健康の保全と愛護

（イ）學年を問わず、すべての生徒が深い關心を持つている。

（ロ）一年生は犯罪、病院の施設等に關心がむけられているが、二年生になると、これに加えて、ひろく厚生施設に關心がむけられる。

（ハ）生命、健康を守るための生活の改善については、ほとんど關心を示していない。

（ニ）一年から二年に進むに從い、個人的な問題に對する欲求から集團的な問題に對する欲求へ、日本の問題から、世界の問題へと、その關心が擴大されている。

二、財産及び天然資源の保全と愛護

（イ）生徒の關心は、生命及び健康の保全と愛護に比較して、大體半分程度であり、全體のスコープの中でも低位に屬している。

（ロ）學年による變化はほとんどみられないが、男女を比較すると、男子の關心は女子に比較して概して高い。特に二年において顯著である。

（ハ）欲求の内容からみると質的な相違が若干みられる。

（ニ）欲求の地域的擴大は、一二年においては大きな變化を見せていないが、三年になるに從つて、日本の資源から世界の資源の問題へと、その關心が擴大してゆく。

三、生　産

（イ）生徒の關心は、學年を問わず甚だ高いが、二年女子においては稍低調である。又この關心は生産の過程に集中している。

（ロ）配給に對しては二年女子も相當な關心を示している。

（ハ）學年による相違はみられない。

（ニ）一年から二年になるに及び、生徒の關心は日本から外國、特にアメリカの生産に多大の關心を示している。

四、消　費

（イ）一年生の關心は相當に高い。二年女子の關心が特に低いのは疑問である。

（ロ）二年においては、わが國における消費の問題から外國における問題へと、僅かではあるが發展を示している。

五、運　搬

（イ）　生徒の關心はあまり高くはない。學年による度合も大體同じようであるが、二年女子は稍低調である。

（ロ）　二年になると、日本國内における運搬の問題とともに、世界の運搬の問題に關心を示している。

六、通　信

（イ）　生徒の關心はあまり高くはない。學年による度合も大體同じようであるが、二年女子が交際に關して相當な關心を示しているのは注目しなければならない。

（ロ）　上學年に進むに從い通信機械の原理を知りたいという欲求が次第にふえている。

（ハ）　外國人との交際については上學年に進むに從い、多くの關心がむけられている。

七、美的、宗教的表現

（イ）　生徒の關心は相當に高い。特に二年女子は全體のスコープの中で第三位を占めている。

（ロ）　學年による相違は量的方面からみると、大體同じようであるが、欲求の内容からみると相當な變化がみられる。たとえば、「宗教にはどんな種類があるか」について一年の欲求は計一三もあるが、二年においては「宗教の種類とその思想」「宗教の歴史と社會への影響」「人間生活と宗教」等宗教の本質的な問題に多くの關心がむけられている。

（ハ）　宗教については、學年が進むに從い、日本の宗教より外國特にアメリカ人がどのような宗教を信ずるかについて關心を示している。

（ニ）　藝術については學年が進むに從い僅かではあるが、外國の藝術についての關心がふえている。

八、教育の制度と施設

（イ）　生徒の關心は相當に高い。しかも、生徒の關心は、「外國における教育」に大きく傾いていることは注意しなければならない。

（ロ）　學年による相違は量的方面からみるならば大體同じようであるが、欲求の内容からみると相當な變化がみられる。上學年にゆくに從い、欲求が分化して廣くなり且深くなつてゆく。

（ハ）　學年が進むに從い、日本における教育の制度に對する關心から、外國における教育の制度や施設に對する關心へと移つてゆく。

九、厚生の制度と施設

（イ）　生徒の關心はさほど高いというほどではないが、上學年にゆくに從つて欲求の内容が變化している。

（ロ）　一年男子の關心の度合は特にうすい。

（ハ）　生徒の關心は學年が進むに從い、日本における映畫や娛樂、演劇、運動に對する關心から、外國との比較、外國における實際の状況に關心が增大してゆく。

一〇、政治の制度と施設

（イ）　生徒の關心は甚だ高い。これは選擧の問題が新聞をにぎわしていた時の調査であるから（昭和二十三年十二月十五日）これが原因と思われる。

（ロ）　一年から二年になるに從い欲求の内容が質、量ともに著しい發展がみられる。

（ハ） 上學年にゆくに従い外國の政治、法律、國際關係等に關心が著しく增大してゆく。

シークェンスを定める第二の手がかりとして、われわれは先に實施した、生徒の生活課題の調査の結果をとりあげ、そこに發達の段階を見いだそうと試みた。しかし、ここにおいても又劃然とした一線をひくことはできなかつた。（第二〇表參照）

生活の課題を量的方面からみるならば、政治のスコープをのぞき、上學年にゆくほどその數は減少している。又特に著しい點は「敎育の制度と施設」に對する生徒の生活の課題は甚だ多く、各學年とも總數の四〇パーセントから五〇パーセントを占めていることである。

生活の課題を内容の方面からみると、上學年にゆくほどその課題が現實的であり、眞劍味を帶びており、その課題の解決が困難度を增してくる。

又これを個人生活、社會における共同生活という點からみると、概して生徒自身の個人生活に關する課題が大部分を占め、社會協同生活に對する課題は甚だ少いが、社會協同生活に對する課題を持つている生徒の比率は、上學年にゆくほど增大している。これは社會性の發達という觀點から理解することができる。

又これらの課題がどのような社會の範圍に屬するかについてみると、各學年を通じ、生徒の身近な社會、家庭、近隣、日常の生活圏に屬している。交通機關についてみると、毎日使用している武藏野電車についての課題が九十パーセント以上を占めている状況であつて、日本とか、世界というようなことについては上學年にゆくに従い若干の增加を示しているが、それも僅かの程度である。

シークェンスを定める第三の手がかりとして、われわれは先にかかげた、生徒の讀書調査、生活内容の調査を吟味した。生徒はどのような圖書に興味を持ち、どのような圖書に親しんでいるか。又それが學年の段階、性別等によつて、どのように變化しているか。又生活内容の調査においては、生徒の生活内容はどのような範圍に及んでいるか。生徒に共通な生活内容としてはどんなものがあるか。又その共通の程度はどのようであるか。それらが學年の段階においてどのように變化しているかを明らかにしようとした。（第二四、二六、二七表參照）

まず讀書からみた傾向について考察してみよう。（第二四表參照）

1．一般的な傾向として、生徒の讀書に對する欲求は極めて旺盛であること、この傾向は上學年にゆくに従つて比例して進むこと、且上學年にゆくに従つて讀書の範圍がひろく、かつ深くなつてゆくこと、即ち地域的には日本から外國に、時間的には、現在から過去へ、内容的には、一般的なものから專門的なものへと移行していることが注目される。

2．讀書にみられる生徒の欲求は、下學年における童話、少年少女小說中心の時代から、明治、大正の小說、古典、外國の飜譯小說中心の時代を經て、高級な文學、專門的な研究圖書、雜誌へと移行してゆくように思われる。

生活内容と、學年ならびに性別による發達段階との關係をみると（第三五表參照）

（1）性別による生活内容の一般性はあまりみられないが、男子の主なものとしては、動物の世話、運動競技、家族以外の者と遊ぶこと。女子では、家の用事の使い、弟妹の世話、洗濯をする、レコードを聴く、自分で音樂をする等がやや目立つている。

間食をする、勉强をした、新聞を讀んだ、ラジオを聴いた等の項目に對しては、性別、學年別にかかわらず一般性が大きい。

文部省教材研究課の調査では(「兒童青年の生活内容の一般性と生活内容に對する興味について」參照)男子では運動競技、體操といつた運動的なものに、女子では、家の仕事の手傳い、家の掃除、持物の整理整頓、弟妹の世話といつた勤勞的なものに一般性があるようであるが、本校の調査においてはこの點が明瞭でない。これは恐らく彼等の生活環境による相違であろう。

(2) 學年別による生活内容の一般性は、性別の差以上に看取される(第三五表參照)。概していうならば、二年三年に進むに從い、現實的な生活、青年前期としての生活が次第に多くなつてくる。

生徒の能力も、シークェンスを規定する上の重要な指標であるが、この點については、なお一層の研究にまちたい。

一方われわれは、わが國における生活經驗の段階をも考え合せて(文部社會科學習指導要領Ⅱ 參照)次のような生活經驗の系列に到達した。

1. 一年生の生活は、鄕土の生活から日本における生活にまで擴大し、このひろい觀點から、東京というコミュニテイの生活を一層深く理解する。

二年生においては、その生活は大體世界における生活にまで擴大して、その生活を理解する。この廣い觀點から日本におけるわれわれの生活、東京におけるわれわれの生活を一層深く理解する。

三年生においては廣く世界にわたつての展望を與え、その生活を理解するとともに、ひるがえつてこの立場から、われわれの地域社會における現實の問題を解決させるように導く。

一言にして言うならば、日本における生活から、世界の生活へと、次第にその生活の範圍が擴大し、さいごに再び鄕土の生活へともどり、鄕土における生活の課題を廣く且深く、世界的視野のもとに解決するようにする。

2. 生活の範圍の擴大は、一線を畫するほど明瞭なものではない。これらはすでに實態調査においてみてきたところである。例をあげるまでもないが、一年の生徒も外國人の生活の樣子とか、資源、さては政治等に關心を持つているのであつて、一年生のときに、外國のいろいろな事實を扱つて差支えない。ただここでいう意味は、その主なる領域について、大體のわくをきめたという方がより適切であろう。

第七章　單元の設定と單元表の作成

單元とは何であるか。これを一方的に規定することはなかなか困難であるが、一言以て定義を下し得るものとすれば、それは「兒童生徒の經驗領域を通過する學習の流れである」と云いうるであろう。

すでにわれわれは兒童、生徒の經驗領域を範圍と系列（スコープとシークェンス）の面から考察したが、學習單元は、このスコープとシークェンスとを基準として設定されなければならない。スコープとシークェンスの交叉する座標上に學習單元を設定しようとするに當り、われわれのとつた手續きは、次のようであつた。

一　地域社會の課題

實態調査において明らかにした、地域社會の課題（日本の課題を含む）をスコープ毎に分類して檢討を加えた。第四五表は、實態調査の結果明らかになつた地域社會の課題を、スコープ毎に分類したものである。これによつてみると、地域社會にはどのような課題があるかが明らかであるが、單元構成の手續きを一層明らかにするため、第一のスコープ（生命及び健康の保全と愛護）を例にとり、具體的な手續きを述べてみよう。

第四五表　調査にあらわれた地域社會の課題

調査の對象と方法 ／ Scope	保護者・有識者に質問紙を配布し、これによつて得られた地域社會の課題	社會施設からみた地域社會の課題 ◎印は都民の課題に對する要望	新聞にあらわれた地域社會の課題 ◎印は特に重要なもの	生徒の生活課題（質問紙による） ◎印は頻數の多く集つているもの
生命及び健康の保全と愛護	○治安の確保 ○保健衛生對策の確立 ○健康維持に十分な榮養の攝取 ○住宅問題の解決	◎病氣に對する知識を持つてほしい。 ○病後の結核患者に適當な職業を與えてほしい。 ◎公衆衛生に對する理解を深めてほしい。 ◎醫師にかゝる[illegible] ◎健康保險をもつと利用してほしい。不親切であるということは當らない。	◎治安の確保—警察制度の充實を圖る ○新しい日本服の創案 ○傳染病の予防對策をたてる ◎住宅の建設と住宅難の解決を圖る ○基本人權の擁護 ○結核對策をたてること ○藥品の質の向上を圖る	○藥代や醫療に關することがら ○衛生に關することがら ◎强いからだになるにはどうすればよいか ○父母の病氣が心配 ◎自分のからだの遺傳的なことがら ○生活、習慣に關することがら
財産および天然資源の保全と愛護	○治安の確保	◎民主化消防の確立 ○消防力の確保 ◎犯人檢擧に都民の協力をのぞむ ◎道義的觀念の昂揚をはかる	◎火災の防止と災害對策をたてる ◎治安の確保 ○適切な納稅對策と稅金の減廢 ○國寶の保護 ○資源の發見とその利用をはかる	○世の中の犯罪に關することがら ○住居に關することがら

生産	○生産の増加を圖る ○統制の撤廢 ○配給の合理化	○配給機構の改善を圖る ○基礎物資の必要量を確保する ○動力資源を確保する ○資金問題の解決をはかる ⊙勞働力をみたすことについての協力	○物價と賃金の安定をはかること ○爲替レートの設定により輸出入の擴大 ○勞資の協力による生産の増強 ○主食の増産と増配 ○公正な配給方法の確立 ○統制の撤廢 ○電力對策 ○供出の合理化	○衣料及びその配給に關することがら ○食糧及びその配給に關することがら ○電氣、ガスに關することがら ○停電に對するなやみ
消費	○物價の引下げ ○安定した生活	○價格違反の根絶 ⊙消費者が自覺した消費生活を營んでほしい ⊙消費者が業者に對して深い理解を持つてほしい ⊙貯金の増加、稅金の完納についての協力	○物價の安定	○學用品が高くて困る ○雜誌、參考書が高くて買えない ○運動具が高くて買えない ○衣料が高くてこまる ○ほしいものがいろいろあるが買つてもらえない ○インフレに困つている ○小遣に關することがら
通信	○電話の急速復舊 ○新時代の交際法の確立	○獨立採算制の確保 ○通信の利用範圍を擴大するにはどうするか ⊙通信に對して深い理解を持つてほしい ⊙郵便、通信に關し、基礎的知識を持つてほしい	○通信機械の改良 ○通信網の擴張	○手紙の到着が遲い ○新聞に關することがら ○友達がほしい ○意地惡の友達がいて困る ○友達との約束が果せないで困つている ○友達の贈りものの選擇に困つている

運搬	○乘物が混雜 ○交通不安 ○交通從業員の不親切	○獨立採算制をどう解決したらよいか ○資材の不足をどう解決したらよいか ○車体の不足をどう解決するか ⊙交通道德の高揚を圖る ○職員の敎養をたかめるための對策 ⊙交通に對しての知識をつけてほしい ⊙交通從業員の仕事の理解	⊙交通事故の防止 ⊙交通地獄の解消と交通道德の涵養 ○道路の擴張整備及び補修對策 ⊙都を中心とした交通網の整備 ○海上輸送の充實	○交通費がたかくて困る ○交通混雜(武藏野電車)をもつと樂にできないか ○交通事故をなくしたい ○ダイヤの編成にもつと工夫してほしい ○驛の美化 ○道路をもつと廣くしたい ○外國旅行ができるようになりたい
美的宗敎的表現	○宗敎的信念の涵養をはかる ○健全な藝術 ○祖先崇拜の念を涵養する		日本文化の高揚	○文學に關することがら ○美術に關することがら ○音樂に關することがら ○樂器(ピアノ)がほしい ○宗敎に關することがら
敎育の制度と施設	○民主主義敎育の確立 ○敎育費をやすくする ○家庭における敎育を充實させる ○文化施設を充實する	○六三制の完全實施 ○敎育基本法、學校敎育法の徹底 ⊙民衆の手に敎育は委ねられたことを自覺し、市民は新しい敎育の本質を理解し、その促進に協力してほしい	○敎育庁の活潑な活動を促すこと ○新しい學校制度の確立と六三敎育の完全實施 ○PTA活動をそのあるべき姿にもどすこと ○公德心の涵養 ⊙青少年不良化防止のための補導對策 ○育英事業計畫の樹立 ○敎育者の自覺 ⊙社會敎育施設の整備	○六三制 ○五日制 ○冬休み ○校舍 ○運動場 ○學校の設備 ○圖書室 ○終業時・始業時 ○給食 ○清掃 ○學習 ○宿題 ○考査 ○數學 ○男女共學 ○學校生活 ○自治會 ○校友會活動 ○體育會 ○制服 ○卒業・轉校 ○學費 ○家庭 ○家での勉强 ○習慣 ○性質 ○學用品 ○將來の志望

厚生の制度と施設	○慰安・娯樂施設を充實する ○余暇を十分に持つこと	○資金難をどう克服したらよいか ◉社會道德の高揚 ○よい映畫をつくることに苦心している ◉よい映畫ができるためには都民も教養を深めてほしい	○兒童、生徒の讀物の質の向上 ○「愛の運動」とそれへの協力の理解 ◉健全な娯樂、運動の普及	○映畫に關することがら ○運動、競技に關することがら ○ほしい運動具 ○飼育に關することがら ○讀書に關することがら ○花壇に關することがら ○登山と海水浴に關して ○戰災孤兒施設に關すること ○社會施設に關することがら
政治の制度と施設	○良い政治 ○政、財、官界の綱紀を肅正する ○政治教育の確立	○都議會の機能發揮のため、地方自治法中の一部改正をすること ◉都民が都議會の議員選出及び都議會の活動、運營に對して深く留意していない	○未歸還邦人の速かな歸國 ○親切な政治の實現 ○窓口行政の簡易化と明朗化 ○公正明朗な政治の實現 ○單一為替の設定 ○行政の整理と官紀肅正 ○國會の權威の保持 ○世界情勢の推移に關心を持つ ○平和主義への徹底	○國會に關することがら ○内閣に關することがら ○都市計畫に關して ○日本をもっと住みよくしたい ○國際關係に關することがら ○東京裁判に關することがら

1、治安の確保

治安を確保し、强盗、殺人、傷害等の不安を解消することは、われわれの切なる願いである。「地域社會における治安を確保するために緊急に對策をたてる」ということは地域社會にとつても、日本にとつても、重要な課題である。ただここで注意を要するのは、生徒の生活課題の調査には、この問題がとりあげられなかつたが、これは直接生徒の家庭で被害を受けたものがないからであつて、生徒が無關心というのではない（欲求の調査參照）

治安の確保を包括的な單元の形で提出するならば、「住みよい都市生活」「あかるい日本を建設するにはどうしたらよいか」という形で示される。

2．保健、衞生上の問題

保健、衞生方面について徹底した對策を望んでいる地域社會の要求は、このスコープの中で大きな位置を占めており、その内容も多方面にわたつているが、まとめてみると、病院、醫療費、病氣、結核、藥品、保健施設、衞生觀念等であつて、これを問題の形で提示すると、

○われわれの健康を保護增進するためには、社會はどのような考慮を拂うべきか、どのような考慮が拂われているか。

○今日の醫學はどこまで進んだか。

○健康を維持するためには、どのような保健、衞生上の知識、技術、態度を身につけたらよいか。

となる。これを一層包括的な表現で示すならば「われわれの健康」といつてよいであろう。

3．生命維持に必要な榮養の問題

健康の維持に十分な榮養の攝取ができるようにしてほしいという課題に答へるためには、配給の量と質の問題ならびに調理法として食生活の改善の問題が檢討されなければならない。このうち配給量と質の問題は生産においてとりあげられるから、ここでは「合理的な食生活」をどのように建設したらよいかが問題である。

4．住宅問題

住宅の建設を促進し住宅難を一歩でも解決するということは、地域社會における重大な課題である。これを問

題の形で提出するならば、「何故家が建たないか」ということになるであろう。

住宅の問題は第二のスコープ、「財産及び天然資源の保全と愛護」においても問題となるが、そこにおける課題は「住宅の保全と愛護」、「火災の豫防」等である。

5. 基本人權の擁護

新憲法において基本的人權が保障されているにかかわらず、おさない子どもの生命が簡單に扱われ、その生活行動に重い壓力がかかり、その自由が奪われている。地域社會におけるわれわれの課題は、この基本人權を犯すものを排除することにあるが、これは主として「政治」の問題であるから、そこでとりあげることにした。

6. 新しい日本服の創案

地域社會の要求は、民主主義にふさわしい服裝を整えることをのぞんでいる。これを問題の形で提示すると、「衣生活の改善」をどのようにしたらよいかとなるであろう。

このようにして「生命及び健康の保全と愛護」に關する地域社會の課題は次のようになる。

1 生命や健康の保護　2 われわれの健康
3 食生活の改善　4 住宅難の解決
5 基本人權の擁護　6 衣生活の改善

今このような手續きによって、それぞれのスコープにおける課題を示したのが第四六表である。

第四六表　各スコープにおける課題

			備考
1	生命及び健康の保全と愛護	1. 生命や健康の保護 2. 私たちの健康 3 食生活の改善 4 住宅難の解決 5 基本人權の擁護、（政治にはいる） 6 衣生活の改善	
2	財産及び天然資源の保全と愛護	1 財産や資源の保全（治安の確保を含む） 2 火災の防止と災害對策 3 納税（政治にはいる） 4. 資源の發見と活用	
3	生産	1 生産增强（食糧・衣料・電力） 2 統制の徹底 3 増配と配給方法の適正化 4 物價と賃金の安定 5 貿易の振興 6 供出の合理化	
4	消費	1 物價の引さげ 2 物價の安定 3 自覺ある消費生活	

5	運　　搬	1 交通事故の防止 2 交通地獄の解消と交通道德の高揚 3 道路の擴張整備と補修 4 交通網の整備 5 海上輸送 6 交通機關に對する理解		
6	通　　信	1 通信網の整備擴張 2 通信及び通信機關に對する理解 3 新時代の交際		
7	美的宗教的表現	1 宗教心の涵養 2 日本文化の高揚（文學・美術・音樂）		
8	教育の制度と施設	1 新學制の確立と六三教育の完全實施 2 青少年不良化防止 3 社會教育の徹底		
9	厚生の制度の施設	1 健康な娯樂・運動の普及 2 社會道德の高揚 3 「愛の運動」への協力		
10	政治の制度と施設	1 正しい政治の實現 2 未歸還邦人の速かなる歸國 3 日本と世界		

二　單元の設定

ところで、ここにあげられたスコープは、（第四十六表参照）實際的、便宜的な分類であるから、地域社會の課題をこのような枠の中にならべたのでは課題相互の重複もあり、又實際にもあはないので、これらの點について吟味を試みた。吟味を進めるについては、これらスコープの枠にとらわれず自由に考察する方がかえつて適切な學習單元を設定することができるように思はれるので、スコープの枠には必ずしもこうでいしないことにした。

「生命及び健康の保全と愛護」「財産及び天然資源の保全と愛護」を中心として

（イ）强いからだをつくることは、生徒にとつても、保護者にとつても、又教育の目標にてらしてみても、ぜひともそうさせたいことがらである。このような觀點から「健康問題」を中心に單元を設定した。「食生活の改善」は健康をいよいよ增進させる對策として考へることにして、「健康問題」の中に抱括することにした。

そうして、この單元の内容を吟味したが、そのさい、教育の目標、單元の目標、實態調査、特に生徒の欲求、生活内容等に深い注意を拂い、次に掲げるような教育内容を決定した。ここにならべてあることは、學習の段階というよりは本單元は基本的に、どれだけの範圍にわたらなければならないかという觀點から、論理的な研究をしたので、これをそのままにここにあげたのである。

健　康　問　題

A　健康をまもつてくれる施設

1病院　2保健所　3厚生省　4他施設　5醫者　6保險　7健康行事　8藥局　9遺傳

B　健康を守るための各種生活習慣

1日常生活のしかた　2個人衞生　3社會衞生

C　健康を守るための知識

1生理　2病氣の知識　3豫防の知識　4治療法　5日本人の健康　6健康と一般生活

D　健康を守るための生活改善

1食生活の改善　2住居の改善　3衣生活の改善　4遺傳　5スポーツ厚生

（ロ）住宅難の解決も地域社會の大きな課題であるが、現在の住宅難の解決だけではなく「健康」「財産や資源の保全」「火災の防止と災害對策」とも深いつながりがあるので、これを綜合して「住宅問題とわれわれの生活」という單元を設定した。その內容は次の如くである。

住宅問題とわれわれの生活

A　住宅問題

1今日の住宅問題　2東京都の住宅事情　3日本の住宅事情　4解決への展望

B　住宅資源

1資源の種類　2輸送・配給

C　建築

1日本の建築と變遷　2風土と建築　3近代建築　4建築の科學　5災害と建築

D　理想の住宅

1住宅の理想　2住宅の變遷

（ハ）衣生活の問題は、「財産や資源の保全」「資源の發見と活用」生産のうち「生産の增强」「貿易の振興」等と密接な關係を持つており、これらを綜合して、「衣料問題とわれわれの生活」という單元を設定した。その內容は次の如くである。

衣料問題とわれわれの生活

A　衣料問題

1今日の衣料問題　2きものの歴史　3衣料對策

B　生産と輸出入

1衣料資源の生産狀況　2輸出入

C　紡織

1生産方法　2紡織　3加工　4工場と施設

D　裁縫

E　きものの科學

1せんい　2保温　3風土ときもの

F　衣生活の改善

1きものの變遷　2風土ときもの　3二重生活　4新しい日本服　5新しいデザイン　6制服
7帽子　8靴下

（三）「財産や資源の保全」「資源の發見と活用」「火災の防止と災害對策」等一連の地域社會の課題と、人的資源の保護「生産の増强」「貿易の振興」とを綜合して「今日の日本」「今日の世界」「貿易」の單元を設定した。「今日の日本」という單元は、資源を中心として日本の現狀を大觀的に把握させるところにその目標をおき、「今日の世界」は、日本の資源にだけ頼つても生きてゆけないという現實の理解にたつて、世界の資源、特に日本との友好國を、その資源を中心として理解させようとするところにその目標をおく。「貿易」は、資源を中心として日本及び世界の現狀を認識したところで、それに續いて起きてくる資源の分配、即ち貿易の問題を深く認識させようとするのである。

これらの單元は資源を中心として、これが保全と愛護、生産、運般等、他の多くのスコープにまたがつているので單元の中でもすこぶる包括的な大單元といつてもよいであろう。

今日の日本

A　日本の當面する特殊事情

1領土　2人口　3資源　4風土　5産業　6政治と經濟　7國民と生活

B　郷土の實狀

Aに同じ

C　日本の將來

1資源の保全と開發　2人口問題—健康、人種改造　3日本の風土と生活改善　4災害對策
5産業開發　6政治問題　7日本人の國民性　8生活改善

今日の世界

A　日本との友好國

1アメリカ（領土、人口、地勢、資源）　2東亞　3世界

B　世界の産業

1アメリカ（鑛業、工業、商業、農、小産業）　2東亞　3世界

C　世界の文化

1教育　2政治と經濟　3各國國民性と生活　4科學と文明　5交通

D　日本と世界

1今日の世界の問題　2國際問題　3文化の交流　4輸出入　5協定

貿易

A　貿易とは何か

1意義　2必要性　3起原

B　日本の貿易

1過去の貿易　2現在の貿易　3將來の貿易

C 世界の貿易

D 貿易の施設

1 港灣　2 船舶　3 税關　4 倉庫

E 取引の方法

1 宣傳　2 契約　3 輸送　4 爲替レート

F 貿易とわれわれの家庭生活

(ホ)われわれの人間生活の場面を、家庭生活、學校生活、社會生活、國家生活、國際生活等とわけてみると、その原本的なものは、家庭生活であり、よい家庭人となつてはじめてよい社會人ともなり、よい國際人ともなる。又家庭生活の特徴は、あらゆる社會機能に屬する問題の實践の場でもあつて、ここに「家庭生活」の問題が重視されなければならない理由がある。

最初に掲げた教育目標に、家庭生活の觀點からの目標を掲げ、よい家庭人の育成ということに重點をおいたのもこのような意味においてである。

ただここで未解決な問題は、教育目標を設定するとき、社會機能の觀點から教育目標を設定した方が良かつたかどうかについてである。このことも考えないわけではなかつたが、われわれは、教育目標の設定に當つては、個人生活、家庭生活、社會生活、經濟生活（職業生活を含む）という、社會機能による分類とは別個な立場をとつたので、單元の設定にあたつていろいろな問題が殘されたと思う。

家庭生活

A 家庭

1 家　2 家族　3 親戚　4 知人　5 家風　6 家の歴史　7 先祖　8 宗教

B 經濟

1 職業　2 財産　3 家計　4 貯蓄と災害對策

C 經濟知識

1 消費の知識　2 生産の知識　3 看護

D 團らん

1 娯樂　2 手紙　3 教養　4 家庭行事　5 協力

E 教育

F 家に關する法律

(へ)「基本人權」「納税」の兩者は「政治の制度と施設」において考察することが便利であるので、これらはそちらに讓つた。

(ト) 生命や健康の保護、財産や資源の保全としての警察、消防等はこれを獨立して單元を設定することを避け、後にでる「都市の生活」の中で扱うことにした。これは一つには、警察や消防は小學校においてすでに學習したところであり、これだけを獨立させて單元を設定するよりは「都市の生活」の中で扱う方が一層具體的であり、警察や消防の機能を一層深く理解させることができると考えたからである。

「生産」、「消費」を中心として。

（イ）「生産の増强」「供出の合理化」については、前にあげた、「食糧問題とわれわれの生活」「衣料問題とわれわれの生活」「住宅問題とわれわれの生活」において研究することにした。「貿易の振興」は資源及びその配分の發展としてとりあげたので、殘りの「統制の徹底」「増配と配給方法の適正化」「物價と賃金の安定」「物價の引さげ」「物價の安定」「自覺した消費生活」を綜合して、「都市の生活」「インフレとわれわれの生活」という二つの單元を設定した。

このうち「都市の生活」は、われわれの生活の基盤である都會の生活がどのように營まれているか、その實態を理解させるとともに田舍との比較において、その相互依存性を明らかにするところにその目標がある。これは先に設定した「今日の日本」が資源を中心に、他の多くのスコープと關係を持ちながら、今日の日本の大觀的な把握をさせたことと極めて類似している。これを敎育の目標からみると、社會生活を中心とした目標の實現と深いつながりがあるが、どちらかといえば、社會生活、特に東京における生活を動的に把握し、都市における課題のひろく、深い根源を理解し、これらの課題の解決への意欲を持たせようとするところにその意圖がある。

「インフレとわれわれの生活」は都會における消費生活についての課題の解決を狙っての單元である。今これらの單元の内容をあげてみると次の如くである。

都　市　の　生　活

A　東京の今日

1 自然的基盤　2 人的基盤　3 都市計畫

B　都市の特徴

1 都市と田舍　2 消費　3 生産　4 運輸交通　5 娯樂　6 治安　7 災害

C　都市の施設

1 電氣　2 水道　3 配給　4 ガス　5 交通　6 病院　7 役所　8 學校　9 警察　10 消防署

D　都市の生活

1 職業　2 健康　3 娯樂　4 交通　5 交際　6 消費　7 政治　8 敎育　9 警察　10 消防

インフレーションとわれわれの生活

A　インフレーションとは何か

1 定義　2 今日のインフレーション

B　インフレーションの生活への影響

1 物價　2 貨幣價値　3 賃銀　4 生産　5 國際的信用　6 貿易

C　生活のインフレーションへの影響

1 物價　2 消費　3 貯蓄　4 やみ　5 富くじ　6 生産　7 納税

D　インフレーションと私たちの生活

1 耐乏生活　2 生産生活

「運搬」「通信」を中心として

運搬（交通）の地域社會の課題は、「交通地獄の解消と交通道德の高揚」を中心として六つほどあがっている。そうして、この現實の課題を解決することが同時に、交通の進歩が、どのようにして齎らされたか、われわれの社會生活は、交通の進歩にどれほど負っているかを認識させると共に、交通機關に對する理解を一層深めることになるので、このような意味を含めて「交通と社會の進歩」という單元を設定した。

又「通信」は運搬（交通）とならんでわれわれの社會生活を時間的に、距離的にちぢめるものであって、運搬（交通）と甚だ相似た社會的な機能である。通信に關する課題は、「通信網の整備擴張」「通信及び通信機關に對する理解」を中心として存在しているが、われわれは運搬におけると同樣、これらを綜合して「通信と社會の進歩」という單元を設定した。

右のようにして「運搬」「通信」のスコープ毎に、二つの單元を設定したのであるが、この單元を各々獨立してとりあげるよりも、一つの單元として包括してとりあげた方が實際的であるという結論に達し、この兩者を包括して「交通、通信と社會の進歩」という單元を設定した。

又社會調査の資料においては「通信」のうち新聞、ラジオに對する課題は概して少いが、生活内容の調査において明らかなように、各學年の男女を問わず、新聞、ラジオとは深い關係があり、又學習資料を蒐集するという觀點からも、新聞、ラジオに頼ることが多いので、このような觀點から「新聞とラジオ」という單元を設定した。

なお、「新時代の交際」は、性格のはっきりしないところもあるが、一應「交通通信と社會の進歩」の單元の中に包括することにした。これは今後の研究に待ちたいと思う。

交通通信と社會の進歩

A　交通通信の問題

1 資材　2 戰爭の災害　3 利用の激増　4 社會道德の低下

B　交通通信機關

1 各種の通信機關とその原理　2 施設　3 運賃、通信料　4 交通通信の方法

5 蒸氣機關とモーター内燃機關　6 線路　7 電信電話　8 保全と災害の對策

C　交通通信の變遷

1 交通の今昔　2 通信の今昔　3 交通通信機關の恩人　4 交通通信の將來

D　交通通信と文化

1 近代生活と交通通信　2 郵便のとどくまで　3 交通通信道德　4 交際　5 旅行案内

新聞とラジオ

A　報　道

1 現代生活と報道　2 新聞の發達　3 放送開始の頃　4 世論と報道

B　新聞のできるまで

1 ニュースの蒐集　2 編集　3 印刷　4 校正　5 輸送　6 配達

C　放送局の人達

1 ニュースの蒐集　2 番組　3 放送室　4 放送施設　5 受信

D　よ　み　方

1 よみ方　2 きき方

E　學　校　新　聞

1學校生活と新聞　2生徒自治と新聞　3學校新聞のつくり方

「美的、宗教的表現」を中心として

終戰後のこんとんとした社會は、宗敎に對して特に深い關心を持つている。われわれはこの課題にこたへて「宗敎とわれわれの生活」を設定した。又ひろく藝術に對しても幾多の課題を荷つている。學習單元「藝術とわれわれの生活」はこの課題にこたへての單元である。

次にこれらの單元の目標と內容についてみよう。

宗敎とわれわれの生活

A　宗敎諸派

1佛敎　2キリスト敎　3回敎　4印度敎　5ラマ敎　6道敎　7儒敎

B　日本の宗敎

1神道　2佛敎　3キリスト敎　4邪宗

C　キリスト敎

D　人間生活と宗敎

1宗敎とは何か　2原始人と宗敎　3生活と宗敎　4信仰と迷信　5宗敎と文化　6社會と宗敎團體

藝術とわれわれの生活

A　文學

1文學とは何か　2文學の形態　3近代文學　4外國の文學　5雜誌、ラジオ、新聞、單行本

B　美術工藝

1美術とは何か　2繪畫　3彫刻　4工藝　5建築　6美術館、博物館、展覽會

C　音樂

1音樂とは何か　2音樂の歷史　3いろいろの音樂　4音樂　5音樂會

D　その他

1舞踊　2演劇（映畫）　3活花　4茶道　5造園　6書道　7その他

E　藝術と生活

1藝術の始め　2藝術と生活　3家庭生活と藝術　4社會生活と藝術　5日本藝術院　6日本藝術の特質と地位

「敎育の制度と施設」を中心として

敎育に對する地域社會の課題は、新しい日本が文化國家、民主國家として發足しなければならないだけに切なるものがある。特に新しい學校制度の確立と六三敎育の完全實施は、國民的課題として重且大である。この觀點から、「新學制の確立と六三敎育の完全實施」「社會敎育の徹底」等を綜合して、單元「學校と民主社會」を設定した。

又われわれが社會人として社會に奉仕できるのは、その職業を通じてであり、この觀點から、敎育目標においても「職業に對する社會的意義を理解し、正しい勤勞觀を持たせること」と强調している次第であつて、この職業に對する理解は、ほとんどの單元において養われてきたのであるが、これらを綜括整理し、共同生活における職業の

意義を一層體得させるものとして單元「職業と共同生活」を設定した。別言すれば、職業指導を中心の狙いとした單元であると言つてよい。その內容はそれぞれ次の如くである。

學校と民主社會

A　社會と敎育

1民主社會　2敎育の機能　3敎育の歷史　4日本の現實と敎育

5現在の學校（學校數、生徒數、敎師數）　6P・T・A

B　敎育の制度

1敎育に關する法律　2現代の制度　3敎育豫算

C　學校機能

1學校の種類とその機能

D　學校外の敎育（施設を中心として）

1博物館　2圖書館　3展覽會　4博覽會　5ラジオ　6新聞　7演劇　8研究所

9講習會　10講演會　11家庭　12警察

E　私たちの學校

1私たちの學校の歷史　2現況（環境、施設、生徒數、先生）　3敎育の目標　4學校の生活

5敎育費　6P・T・A　7附屬學校の性質

職業と協同生活

A　職業の意味

1個人的な意味　2社會的な意味

B　社會組織の歷史的變遷と產業の分化

1產業革命前　2產業革命後

C　日本人の職業生活

1職業の種類とその變遷　2職業觀の變遷　3將來の產業の變化と職業生活

D　職業の選擇

1選擇の條件　2仕事の種類とその內容　3職業を選ぶための社會の配慮

E　職業生活を立派に行うには

1よき職業人としての條件　2職業の論理　3生產の能率と技術の習熟

「厚生の制度と施設」を中心として

このスコープにおける地域社會における課題には「健康な娯樂や運動の普及」「社會道德の高揚」「愛の運動への協力」等があげられる。われわれはこれらを綜合して、單元「スポーツとレクリエーション」を設定した。

スポーツとレクリエーション

A　私たちの生活とスポーツ、レクリエーション

1都市生活とレクリエーション　2餘暇　3スポーツ　4娯樂　5その歷史

B　スポーツ・レクリエーションの種類とその施設

1スポーツ　2レクリエーション

C　スポーツ・レクリエーションのえらび方

1健康　2体質　3經驗　4環境　5年齢　6性別　7設備　8時間　9人數

10その危險と注意事項

D　現在の社會におけるスポーツ・レクリエーション

1私たちの學校におけるスポーツ・レクリエーション　2社會におけるスポーツ・レクリエーション

「政治の制度と施設」を中心として

正しい民主政治の建設は、誠に國家的課題であるが、われわれはこの課題の解決を中心として、單元「政治とわれわれの生活」を設定した。又わが國は近い將來國際社會に乘り出さなければならないのであり、ここに大きな課題を持つている。そこでわれわれは「日本と世界」の關係、特にわれわれが國際社會に乘出すにあたつての知識、態度、技能を中心として「國際連合とわれわれの生活」という單元を設定した。又われわれは民主主義國家の一員として、これを大きく云えば、憲法の精神を理解し、又この憲法の精神が表れている主なる法律を理解し、以て憲法の精神を体した生活を營まなければならない。このような課題にこたえて「憲法とわれわれの生活」を設定した。

政治とわれわれの生活

A　政治の變遷

1日本の政治　2外國の政治

B　日本の國會

1衆議院　2參議院　3國會と天皇　4國會の歴史　5選擧　6政黨

C　行　政

1中央行政　2地方行政

D　司　法

1司法權の獨立　2裁判所の種類　3警察　4審判所　5民主政治と私達の生活

憲法とわれわれの生活

A　民主政治と憲法

1民主政治と憲法との關係　2政治形態の變遷と憲法　3外國憲法の二三例について

4日本憲法の歴史　5天皇と憲法　6國民と憲法　7憲法

B　新憲法の內容と制定の經緯

1新憲法制定の經緯　2新憲法の內容　3明治憲法の內容とその特質

C　新憲法と新しい日本

1新憲法における天皇　2新憲法における國民　3國會　4內閣の地位と權限

5裁判所の構成と權限　6憲法と地方自治　1非武裝國家としての日本

D　私達の生活

1學校生活と學校憲法　2學校自治　3遵法精神　4正しい學校生活と憲法　5家庭生活のあり方

6社會生活のあり方

國際連合とわれわれの生活

A　國際連合の成立

1成立の事情　2世界平和の維持　3國際間の友誼的關係の發展　4基本的自由の確保　5加盟國

B　國際連合運營の理念

C　國際連合の任務

1總會　2安全保障理事會　3國際司法裁判所　4經濟及び社會理事會　5信託統治理事會

6事務局　7ユネスコ

D　國際社會にのり出す私たちの覺悟

1民主生活の建設　2世界心の涵養

なおこれらに加えて、單元「今日の文化」を設定した。即ち今日の文化が、どのようにして傳わつてきたか、先人の努力を理解することが、現在の文化を理解し、これを後世に殘していくよすがともなるわけであつて、ここに文化遺産を中心として學習させようとする意圖がある。しかし文化遺産は、「職業と共同生活」におけるように、どのスコープにも深い關係を持ち、「今日の文化」をとりあげることは、かえつて、この單元の性格を弱めることになりはしないか。この點にわれわれの論議が集中した。或は、この單元の內容は、他の單元に吸收されて扱われた方が、適切であるかも知れない。この點は尙今後の研究に待ちたい。

ここでは次のような項目について考察した。

今日の文化

A　家庭を中心とした文化　B　交通通信　C　政治　D　文學　E　科學

F　藝術　G　運動　H　經濟　I　風習

このようにして、主として地域社會の課題を中心として設定した單元は次の如くである。

1われわれの健康　2住宅問題とわれわれの生活　3衣料問題とわれわれの生活　4今日の日本

5今日の世界　6貿易　7家庭生活　8都市の生活　9インフレとわれわれの生活

10宗敎とわれわれの生活　11藝術とわれわれの生活　12學校と民主社會　13職業と協同生活

14スポーツとレクリエーション　15政治とわれわれの生活　16憲法とわれわれの生活

17國際連合とわれわれの生活　18今日の文化

三　單元とシークェンス

單元を右のようにして設定したところで、次の問題は、これらの單元を學年にどのようにわりあてるかということであつた。

この操作をするについては、範圍と系列において述べたような、生徒の經驗の發達段階と、敎育の目標、特に中學生として、ここまではひきあげたいというわれわれの意圖——これはほかの言葉にいいかえるならば地域社會の要求、日本の要求と考えてよいのであるが——を織りまぜて第四七表のような單元表を作つた。

第四七表　單　元　表

シーケンス ＼ スコープ	1　年 日本における生活	2　年 日本から世界への生活 人間生活に對する産業の影響	3　年 郷土の生活—日本—世界における生活、協同生活における社會條件
生命及び健康の保全と愛護	われわれの健康 われわれの家庭生活	季節と健康生活	健康對策 民主的家庭の建設
財産及び天然資源の保全と愛護	今日の日本 （災害對策と保全計畫）	今日の世界 { アメリカ 東亞諸國 世界の友好國	貿　易
生　　産		食糧問題とわれわれの生活 衣料問題とわれわれの生活	
消　　費	都市の生活	住宅問題とわれわれの生活	今日の文化 インフレとわれわれの生活
運　　搬			
通　　信	新聞とラジオ	交通通信と社會の進歩	
美的宗教的表現		藝術とわれわれの生活 宗教とわれわれの生活	
教育の制度と施設	學校と民主社會		職業と共同生活
厚生の制度と施設	スポーツとレクリエーション		
政治の制度と施設			政治とわれわれの生活 憲法とわれわれの生活 國際連合とわれわれの生活

單元表について、一、二、三の説明をつけ加えておきたい。

1　先にもあげたように、スコープは、便宜的なものであるし、且それぞれの單元は、ある一つのスコープの枠の中だけの課題ではなく、觀方をかえれば、他の多くのスコープとかたくつながつている。このような理由から、それぞれの單元は、主として深いつながりがあると思はれるスコープ名のすぐ右側に記錄した。又スコープごとに横線をひき、その枠の中に單元をかきいれることを避けた。

2　「健康」「家庭生活」の二つの單元は、地域社會の課題、生徒の欲求、教育の目標等にてらし、それぞれの學年における指導の範圍を決定し、健康については、一年は「われわれの健康」二年は「季節と健康生活」三年は「健康對策」とした。又家庭生活については、一年は「われわれの家庭生活」三年は「民主的家庭の建設」とした。

3　たとえば、「政治の制度と施設」についてみると、一、二年においては、これに關する單元があがつていない。それは、一、二年においては、政治に關する指導を全然しないという意味ではなく、時事問題の中から隨時單元を構成して指導をすすめることもあろうし、又生徒は學校自治の中で、生きた政治を學んでいるわけであつて、これらが基盤となつて、生徒の政治意識は次第にたかまるのである。このような段階を經てはじめて、三年における政治に關する學習が可能になつてくるのである。

4　單元表は、われわれの研究の一應の成果であるが、このような單元の設定と配當は必ずしも動かすことのできないものではなく、今後の研究によつて、よりよいものを作つていきたいと思う。

5　單元を各學年に配當するに當り、多くの難問につきあたり、嚴密な意味のシークェンスによつて單元を配當することができなかつた。たとえば一年生は單元の數が七、二年生は八、三年生は九となつている。ところで、二年に衣、食、住の問題がそろつてならべてあるが、このうち「食糧問題とわれわれの生活」は一年にひきさげてもよく、必ずしも二年におく必要はない。ここにおく唯一の理由は、「今日の世界」を學習してから食糧問題にはいる方が好ましいと考へたからであつて、これは今後の研究に待ちたい。又、「藝術とわれわれの生活」「宗教とわれわれの生活」は二年に出ているが、三年に移した方がより好ましいかも知れないが、三年の單元は九つあるため、二年にまはしたのである。勿論、生徒の欲求の調査等により、大體可能とは思うが、能力調査（宗教心、藝術等についての）等により、これも今後の研究を待ちたいと思う。

第八章　單元の展開

一　單元の展開と學習指導

單元の展開をなすに當つて、一應、單元展開とは何を意味するかを考察することから始めたい。今、われわれの手に與えられてあるものは、敎育目標と單元設定の基礎をなした諸資料である。即ちこれらの諸資料を社會機能の枠によつて分類整理して、單元の輪郭を決定したのである。建築にたとえれば、一應敷地を決定し、整地して礎石を置いた段階に相當するところであろう。單元展開の仕事は、この礎石の上に立つて、その建築の骨格的組織をつくり、細部を具體的に決定することである。即ちその單元に有機的な組織と具體的內容とを附與することである。單元の展開によつて實際の學習指導のお膳立てが一應完成するのである。したがつて仕事はいよいよ具體的末端にまで分化していくので、必ずしも常に一貫した理論や實證的な資料によつて、一義的に決定していくことはできない。時にはわれわれの經驗や豫想によつて一應の決定をなし、實際指導の結果に省みて、逆に訂正をしていかねばならないことが多いことは當然考えられる。したがつて將來ながきにわたつて增補、削除訂正を行い、逐次完成の域に近づきたいと思う。

さきに述べた如く、單元の展開とは、單元に對して有機的組織と具體的内容を與えることであるが、これにはさまざまの立場が考えられる。しかしわれわれはどこまでも實際の學習指導を展開するのに最も好都合なように組織するのが望ましい。したがつて展開の組織は一應學習指導の組織に準じて考えることが妥當である。新しい學習指導の立前として、學習の舞臺を生活の中におき、生活の中に學習の課題を發見するという立場がとられなければならない。したがつて單元の展開もこの學習指導の建前を頭においてなされなければならない。そこで現在われわれが意圖している學習指導の形式を概觀しておこう。われわれは學習指導の過程に次の八つのポイントを考えている。

1．單元に關係のある生徒の經驗をできるだけ多く蒐集し、これを分類し、整理し、比較してみる。若しこの經驗が不十分なときには改めて教師の示唆によつて再經驗をさせる。

2．日常經驗の整理・分類・分析・比較等の間に、今まで生徒達の氣づかなかつた特殊の關係や興味ある事實や疑問などが發見されて、生徒の學習意欲がかきたてられる。即ちこの段階が課題發見の過程である。

3．課題の發見の後につづいて、その解決について種々話合をし、計畫をたてる。

4．計畫にしたがつていろいろの資料を集めること。集めた資料をいろいろ批判すること。

5．集めた資料にもとづいて、問題解決に對する豫想や見透しをたてること。或は實踐の見透しをたてること。

6．豫想や見透しを實驗して、その問題の解決を決定すること。

7．その解決の結果をもととして生活全體を批判し、その解決を一般化し、實踐にうつす。

8．問題解決の過程において種々派生した問題や興味のある經驗等を更に自由な立場から研究させること。

すべての單元の學習をこのように組織することは必ずしも可能ではなく、また強いてその必要もないのであるが、大體このような形式にまとめることが望ましいことである。

これ等の學習指導過程に存する主な性格は、問題解決的性格と計畫性とそれ等を貫く勞作的な性格である。この三つの性格は新しい學習指導法に持たせなければならない大切な性格である。

このような學習指導法を豫想し、それに適應するような單元の展開をするのであるが、しかし學習指導はその時に生徒が持つている生活經驗によつて適當な問題を發見し、その問題を導入としてその單元の學習に入るのであるから、學習活動は必ずしも固定しておくことはできない。機に臨んでいろいろの學習の形式を選び、問題を適當に定めなければならない。このような機動的な學習活動に對して單元の内容が常に適應するように工夫することは必ずしも容易なことではないが、このような學習指導の過程を頭において展開をなすことが是非必要なことである。こうした立場から單元展開の順序を次にあげよう。

1．生徒の到達すべき目標を明かにする。

2．單元の内容を具體的に考えておく。

3．學習目標に對應する生徒の學習活動を明かにしておく。

4．單元相互の蓮絡を考えておく。

5．評價の基準と方法を示す。

6．參考資料をあげる。

7．その他、指導上の注意を記す。

これ等の項目について簡單な解說を試み、その要領を述べてみよう。

二　單元展開の要領

まず具體的な學習指導に直結する、單元展開の要領について一應述べてみることにしよう。

（一）單元の要旨

單元設定の理由としては前に既に述べたが、この展開の表を實際指導の據りどころとして使用するためには、是非その單元設定の理由、即ちその單元を支持している、社會的な意味、生徒の欲求や經驗について一應記述しておくことが便利であり、またその單元の指導方向を誤らぬようにするためには必要なことであろう。單元の內容を決定し、それ等の間の比重を決定する場合、こうした要旨を最初におくことが便利なことである。

（二）單元の目標

單元の目標とは、どんな事柄をどの程度習得させるかを決定したものである。實際の學習指導は常に動いている生徒の生活の中で行われる爲に、ややもすれば浮動的な傾向に流れ易い。しかしとりとめのない浮動によって學習の効果があいまいとなることは嚴しく戒しめられねばならぬ。學習指導において如何なる機動的な處置をとったとしても、その單元の學習によって生徒の生活の中に一定の知識的な理解や生活技術や生活態度が形成されていなければならない。その單元の學習によって習得さるべき一定の知識と生活技術と生活態度とを規定したものが單元の目標である。單元の目標は單元の指導を通じ到達さるべきものであるから、明瞭に記述されることが望ましい。

單元の目標は社會の要求と生徒の學習能力とによって設定されるのであるが、今は十分な學習能力の調査を缺くために、われわれは主として社會の要求とわれわれの經驗の側からのみ考えたのである。

われわれが特に意を用いたのは從來のような抽象的な記述を避けて、達成さるべき目標として、一般的理解・技術・態度の三つについて具體的に記述した點である。さきにも述べたように、この目標が後の單元內容や學習活動や効果判定の方法等にも深く關連するからである。

しかしこの目標も、全單元の目標を決定した上で、重複や遺漏のないよう考え、かつ生徒の能力によってその系統を立てておかねばならない。

（三）單元の內容

次に單元の內容を決定せねばならない。單元の內容とは前項に揭げた目標を達成するために行う學習活動の材料である。昔の教材中心の指導においては極めて重要な部分をなしていたのであるが、現在の學習指導が生徒の經驗にその重點をうつしてから、この教材内容を輕視する人が多くなつてきた。勿論學習指導は生徒の經驗を中心として展開されるもので、昔のように教材に縛られるということはよくないことである。そのため教材排列をあらかじめ指定することによつて學習の過程が靜的なものに固定する恐れがあるとして、單元展開の中にこの項を缺くものがあるといわれる。しかし生徒の經驗に中心をおきつつもその經驗指導の據點として單元内容を一應固定しておくことも無意味ではないと思う。少數の生徒を完備した施設の中で教育する場合は、その時この生徒の經驗を機動的に指導することも可能であろうが、現在のわれわれの環境においては、教材内容を一應固定しておいて、その計畫の中に生徒を入れて學習を展開する用意が望ましい。

單元の内容は單元の主題の中に含まれる内容とその内容をどの程度まで扱うかをあらかじめ示したものである。即ち單元の主題が含んでいるいくつかの小問題群に分割し、それ等を有機的な關連の下に排列したものである。

この内容を決定する資料となるものには、ある程度社會の要求を代辯する父兄の要求や生徒の有する問題や欲求の調査があるが、われわれは一應これらの調査の結果を參照しつつ、改めて協同して單元の内容を考えてみたのである。このとき擧げられた内容の主なものは四八表の通りである。この表はさきの住宅單元に例をとつた。このようにして他のすべての單元についてその内容を決定したのである。しかしこれはいうまでもなくその單元に含まれると豫想される知識内容に過ぎない。そこで殘された仕事は、この知識内容をいろいろに變形し、また相互の關連を考えつつ、有機的に排列しなければならない。かくして排列されたものは、知識としては日常生活に役立ちうるものであり、しかも生徒の體驗の中に具體化しうる學習體系として整理されていなければならない。

第四八表 單元「住宅問題とわれわれの生活」

A 住宅問題
1 今日の住宅問題
(1) 戰爭
(2) 資源
(3) 資金
(4) 人口
2 東京都の住宅事情
近代生活と都市集中
3 日本の住宅事情
4 解決への展望

B 住宅資源
1 資材
(1) 木材
(2) 石材
(3) セメント
(4) 釘鐵材
(5) ガラス
(6) 塗料
(7) 屋根材料
(8) 疊
2 輸送、配給
(1) 生産地と輸送經路
(2) 配給機構
(3) 消費經濟　自由　統制
消費指數

C 建築
1 日本の建築とその變遷
2 風土と建築
日本の建築　外國の建築
3 近代建築
4 建築の科學
4 災害と建築

D 理想の住宅
1 住宅の理想目的
(1) 環境
(2) 衛生
(3) 使用
臺所の科學　家庭工作
(4) 災害對策（含保險）
2 住宅の變遷
(1) 昔の住宅
(2) 都市の住宅
共同使用
(2) 農村の住宅

参考資料
教科書
住宅の話
世界建築めぐり
美術全集
地理風俗大系
臺所の科學
日本建築史
人文地理
家庭の電化
家庭科學教室（電氣編）

その體系的排列の基準としては、さきに學習指導の基準として述べたのであるが、生徒の不完全な經驗を逐次蒐集整理して、その體驗をして、領域においても擴大され、また深さにおいても量においても增大されていくごとく、問題解決を追つていくような順序がとられることが望ましい。即ち單純な日常經驗より出發して、それ等の經驗の背後にある種々の問題や條件を發見し、一つの學習活動が自然と次の學習活動を促して、生徒の經驗や知識を深めていくことが望ましい。このような配列をつくる場合は當然、學校生活というものを頭におき、更に社會生活や一年の季節的變遷等をも深く考慮し、學校や社會の行事や生活と密接に關連させ、それ等の行事に積極的に參加し、これを計畫し、生徒の力によつてこれを指導してその體驗を深め、認識を深くしていくように考えねばならない。このような考えの下に體系的にまとめられた排列を一應學習體系と呼んでおこう。

このように考えれば、單元の內容は決して單なる教材の排列ではなくて、生徒の經驗の主題を學校生活や、社會生活や、時には學問體系の一部に深く結びつけて考えられた排列であるということができる。したがつてこの內容はどこまでも一つの計畫を示すものであるから、その時々の社會問題や學校生活によつて機動的に運用されることが望ましいのである。

（四） 生徒の學習活動

單元の內容を具體的な學習活動の形として排列したものが學習活動の項である。この學習活動は實際の學習指導と最も密接に關聯しているところであるから、深い注意と意圖をもつて構成さるべきところである。即ち一連の學習指導とよく對應した學習活動を考えておかねばならない。學習指導の立前としてはさきに述べた通り

（1）、問題の發見
（2）、問題解決への計畫
（3）、資料の蒐集
（4）、假說、豫想の定立
（5）、實驗
（6）、解決とその一般化ないし實證化

大體このような段階に分けて考えることができる。單元の內容が取扱われるとき、それは常に問題解決の自發活動として展開されることが望ましい。そのため生徒の學習活動も、この一連の過程を豫想して生徒の學習活動を組織することが望ましい。そのため生徒の學習活動としては

（1）、問題の發見、或いは問題の理解に資するような活動
（2）、問題解決のための計畫をたてる活動
（3）、資料を蒐集する活動
（4）、解決或いは計畫實行への見透しについての活動
（5）、豫想、あるいは假說の實驗的證明の活動
（6） 解決結果の生活化、あるいは一般化の活動

これらすべてを常に必ず含ませることは無理と思われるが、こうした過程の活動を一應考えて、學習活動の展開

をなさねばならない。

このようにして一般的には六つの段階が考えられるが、問題の性質によつて活動の重點は異るのが當然であるから、よくその重點を考えて學習活動を設定しなければならない。そして出來るだけその活動がまとまりがあつて、生活として意味のあるものでなければならない。盲目的な練習に偏したり、單なる講義に終つたりせず、問題の所在を理解し、その解決に對する計畫的な活動を展開し、結果の處理に至るまで十分の理解を伴つた活動たらしめたいものである。また生徒の身體的活動を調和的に考えておかねばならない。この點は後に再びふれる時がある。

次に問題になるのは生徒の學習活動と能力との關係である。生徒の能力の發達程度に應じて適當な活動を期待せねばならない。たとえば地圖を主題とする活動にしても、地圖を一應見せるだけの場合、地圖を讀んで實際の仕事をする場合、地圖を作る仕事等はそれぞれ生徒の能力の發達に應じて考えねばならないのである。この點についても、生徒の能力調査が完成していなくては、十分な處置がとれないのである。この點については現在、われわれは完全な資料を持つていないので大體われわれの過去の經驗に照して適當と認めたものを排列したのである。從つて今後は實踐を通してこの學習活動の項を修正するようにしたいと思つている。

（五） 評價の基準と方法

學習効果の評價は學習指導にはつきもので、學習指導の各過程において隨時なさるべきものである。とくにわれわれのように生活單元を中心としたカリキュラムの實驗を試みんとするものは評價の基準を嚴格に立てて、學習効果に對して絶えず深い注意を拂わなければならない。新しい試みを肯定するか、否定するかの一つの鍵がこの學習効果の判定によつて示される。

しかしながら評價の基準を確立することは困難な仕事である。生徒の學習能力、社會の要求水準、學習環境の整備等によつてその基準が考えられるのであるが、われわれは現在未だ確たる客觀的基準を持つていない。社會の要求水準の調査と學習環境の整備とは比較的容易になし得るとしても、生徒の學習能力を科學的に調査することは非常に大きな仕事である。したがつてわれわれはこれ等の大きな問題を一應回避して、われわれの過去の經驗を基準として一應の目安をつくり、これらの單元の實踐の結果から逐次これを修正して妥當な基準を設定したいと考えている。

効果判定の方法については「指導要領」の中に示されてある方法に一應の基準を求めてみたのであるが、要は單元の目的をどの程度まで達成し得たかを、明確に判定し得るような方法を取るべきだと思う。

（六） 單元相互の連絡と指導上の注意

昔のように學問の體系を中心として學習の體系を考えていたときには、その知識内容の位置づけは極めてよく整理されていたのであるが、われわれのように生活單元に學習の中心をおいて學習體系を作ろうとすると、單元のあちこちに同じような事柄が何回も出てくる。食物に例をとれば「家庭生活」の單元にも「健康」の單元にも「食糧問題」の單元にも出てくるのである。もちろんそれ等の各單元によつて、その取上げ方はかつきりと規定されるのであるが、密接な連絡をもつて取扱われることは極めて大切なことである。綜合カリキュラム、あるいはコア・カリキュラムの一つの大きな特徴は、物事を常に相關的に考え、動的に扱つていく點にあると思う。したがつて單元相互の連絡は非常に深く考えてなされねばならない。無用の重複を避け、また必要な內容は適當に補充して、單元相互の目標を明かにすると同時に、その連絡を密にせねばならない。

指導上の注意はかくあらねばならぬというきまりがあるわけではない。その單元なり、問題なりの主な目的や經過については誰もよく考えるが、第二次的の注意はとかくゆるがせになり勝ちなものである。たとえば理科的實驗における危險防止の注意、物を無駄にしない注意、手ぎわよく處理するための注意など第二次的な、むしろ傍系的な注意に案外重大なものを含んでいることが多い。このようにして、細かい指導上の注意を豫想し、また指導の經驗に顧みて書き加えていくことが望ましい。また單元內容の一つ一つに、どの程度の重みを置くか等を一應考えておくことなども望ましい注意であろう。

（七）參考資料

指導のための參考資料は、できる限り豊富に列擧することが望ましい。特に生徒に必ず參照させたいものは、何か特別な印でもつけて列擧しておくことが望ましい。

參考資料というと多くは單行本であるが、雜誌、新聞等をもよく整理して學習の資料に活用したい。このような資料の蒐集と整理は、新しい學習指導に伴つている一つの大きな新しい仕事である。書物や文献のみでなく手近かに利用できる社會施設や工場、研究所等ともよく連絡をとつて、學習に貢献することも大切であろうし、また、父兄の中にはそれぞれの學問や事業や職業について專門的な技術、知識、識見をもつている人が必ずいる。これ等の人々にも協力を求めて、學習能率を増すために動員されることが望ましい。これ等を一括し、學習の參考資料として、リストを作つておくことが望ましい。

以上單元展開の要領についての概略の説明を加えたのであるが、次にこの單元展開の實際について記すことにする。

三　單元展開の實例

前に述べた展開の要領に從つて、單元展開の具體的なサンプルを示し、一應の説明を加えてみよう。（二六頁以下參照）

單元が包含すべき內容は、基礎的な諸調査の中に中心的なものが存在するが、なおわれわれで話合つて、さきに例示したような單元の內容を決定した。この表を眺めて實際授業のあるべき姿を想像しつつ、一應この展開例のように展開していつた。ここに掲げた住宅の單元について説明してみよう。まず單元の內容についていえば、住宅について學習するのに、まず最も身近かなものは自分の家である。家のないもの　自分の家が滿足な状態でないもの、自分のよい家のあるもの、これ等のいずれもが住宅といえばまず自分の家が頭に浮ぶ。この自分の家を問題とするについて、このままではまだ問題は提起されない。そこで友人、知人、となり近所の家を訪問して、その家を見せてもらう。ここに比較がなされて問題の發端がつくられる。

〇Aさんの家のお勝手は大變明るくて使いよくできているが、私の家のお勝手は暗くて使いにくい。

〇B君の家の庭は大變よくできている。私の家にもあんな庭があるといい。

このようにして問題の發端が作られる。かくして自分の家のよい所、惡いところがはつきりしてきて、もつと自分の家をよくしたい、更に最も理想的な住宅はどんなものであろうかという點に考えが發展する。このようにして問題を提出しておいて、家とはいつたいどんな仕事のなされるところであるかを考えさせ、それにはどんな部屋が必要か。その部屋はどんな條件に惠まれていなければならないかを考えさせ、理想の住宅のあるべき條件を次第に列擧していくのである。

このようにして身近かなところに問題を發見し、だんだんと經驗を深くし、廣くし、考察を發展させてゆくのである。すなわち、部屋のことから更に家のまわりの環境や敷地の問題にうつり、更に住宅と災害の問題にうつり、以上を綜合して一應理想の住宅の設計を試みる。更に住宅に對する住み方、保全、修理の問題にうつり、一應自分の家を中心とする問題が終る。次に現時の住宅問題に視點をうつし、更に日本の一般民家の特質を考えさせ、外國の民家にまで視點を擴大してゆき、風土と住宅との關係や日本民家の歴史的變遷を學ばせるのである。

この間、一貫して考えられることは、身近かな問題を手がかりとして次第に問題を擴大してゆき、關連を求めて世界的な視野にまで學習を發展させてゆく點である。實際の學習に際しては學習の發端はいろいろの問題に求められるであろうが、普通の状況下においては大體このような順序で學習を進めるのが妥當ではないかと考えられる。

生徒の學習活動についてはさきにも述べたように、問題發見より、解決結果の生活化の活動に到るまでの活動が

考えられるが、いずれも問題解決の過程を豫想してその活動を豫定することが考えられねばならない。またその活動は生徒の生活機能を調和的に動かせるように工夫されることが望ましい。すなわち、目による活動、耳による活動、口による活動、作圖活動、文書活動、造型の活動、その他の活動、等がそれ等の一つに偏つていることは望ましいことではない。「單元内容」の「住宅問題」についての學習活動についていえば

〇近所やクラスの者の中の戰災者、引揚者の家庭訪問をして實情を見聞する。

〇新聞記事の蒐集によつて住宅難の現状を調べる。

〇現在の建設状況を官廳へ行つて調べてくる。年度別建設状況、不足數のグラフを作る。

〇政府の施策や業者の取つている方法を調べる。

〇家の立たない原因を討議する。

〇自分達でできる協力を考えて實行する。

これ等も決して完全なものではないが、一應のまとまりを持たせたつもりである。このようにして學習活動は、前後一貫したまとまりと身體的な調和とを保つように工夫したいものである。

單元の目標については、單元設定の資料に基く他に、その單元内容、及び學習活動にどんなものが取入れられているかを檢討して適當に決定し、他の單元とよく調和するように考える。要旨は基礎的調査によつて主として書かれなければならない。評價の基準は目標の項に掲げてあるものについて行い、その方法は「指導要領」に示されている方法を大體基礎として適當に考えてみた。その他は一應サンプルを見れば諒解されるであろう。

これ等はどこまでも一應のサンプルであつて、必ずしも當を得たものであるとは保證し難い。その時、その他の状

況によつて適當に改めらるべきものであろう。これ等はある程度は資料をもととして編纂されたものではあるが、自分達の現在までの經驗を基にして決定したものも少くないからである。

單元の内容にせよ、生徒の學習活動にせよ、ここに示したものは一應考えられるものを網羅して配列したものであるから、實際指導においては適當な取捨選擇が行わるべきことはいうを要しないであろう。

以上のような要領をもつて、前に掲げた二十四の單元について展開を試みたのであるが、それについては次の第十章に一括して掲げることにした。

第四十九表　單元の展開例—住宅問題とわれわれの生活

要旨		「地域社會の課題」の調査において父兄有識者からもまた生徒からも住宅問題の解決に對する要望があり、また現在「住宅問題」の解決は政治上の大きな課題である。また戰時の體驗に顧みても日本の住宅は解決すべき幾多の問題を背負つている。これ等の事實に徴して、住宅問題はすなわち一つの教育の課題でなければならない。
目標	理解	1、住宅のまわりの環境がわれわれにどんな影響を及ぼすか
		2、いろいろの部屋がそなえていなければならない條件
		3、過去の體驗と現在の情勢に照して理想住宅はいかにあるべきか
		4、火災の原因、その損害、豫防、消火法
		5、地震の原因とその災害
		6、耐震耐火構造について
		7、建築の一般的知識
		8、住宅の保全と住み方
		9、住宅難の現狀
		10、國土の特徴と住宅
	技術	1、見取圖や設計圖をつくる技術
		2、材料や費用の見積りをする
		3、簡單な模型をつくる技術
		4、簡單な修理
		5、住宅衞生に關する技術
		6、清掃の技術
	態度	1、家に對する考え方や態度
		2、住宅や公共の建造物の保全に對する態度
		3、非常災害に對する態度

單元の內容	學習活動	時數	評價の方法	取扱上の注意	參考資料
一、私の家 1、自分の家と友達の家との比較 a 環境 b 敷地 c 家の建物	1、自分の家について調査する a環境―田園、商店街、工場街等の別、閑靜かさわがしいか、風紀、交通、生活し易いかどうか b敷地―廣さ、土地の高低、水、樹木、庭、その他 c家の建物―建坪、部屋の數、部屋の樣子、間取り、その利用狀況 2、以上の調査を整理して製圖や見取圖を作り報告書をつくる、見とり圖その他の圖面を陳列する 3、友人や知人の家について同じことを調査する。 4、自分の家のよい點やわるい點を考えてノートに書く	二	報告によつて住宅に對する態度を見る	1、この調査は家庭作業による この見取圖その他は極く自由な書方でよい 友人の家についての調査もつい自分の家について同時に行う 訪問したときの禮儀は注意させる 討議の際見取圖等の代表的なものを擴大して掲示する	單元に入るに先だつて住宅關係のあらゆる資料について蒐集陳列を行う
二、家の中 1、家ではどんな仕事がされるか 2、家にはどんな部屋が必要か 臺所、應接室、居間、學習室、保育室、作業場、地下室… 3、そうした部屋はどんな條件をそなえるべきか	5、家の中ではどんな仕事がなされるかを互に話合つて列擧し整理する 6、家の中にある部屋の種類を話合つて列擧する 7、これ等の部屋はどんな條件をそなえるべきかについて討議する	二	家の機能について理解の深さをみる 討議の發言内容に注意する		
三、環境と敷地 1、環境にはどんな別があるか 東京、下町、山手郊外 都會、工場街、商店街、住宅地、郊外 地方、農村、山村、漁村 2、その環境とそこに住む人 3、環境と私達の生活との關係 健康、家業、敎育、物質の調達、交通	8、自分の家の環境について發表し合う 9、各自の發表を基にして環境を類型的に整理しノートする 10、更に同じことを自分の友人・知人・親戚郷里等と訪問したときの記憶によつて類型を廣げる 11、それぞれの環境の特徴について話合つてまとめてノートする 12、環境の特徴とそこに住む人々の特徴について調査し報告書をつくる 13、環境と私達の生活とその關係を討議して整理し記錄する	二	報告書をよむ 環境についての理解の深さをみる		
4 敷地 a敷地の廣さ・bそこの土質 c水質・水利 d土地の高低 e樹木・庭 fその利用	14、敷地について自分の家の發表をし合う 15、敷地のもつていなければならない條件を討議して決定する 建坪に對する敷地の廣さ・水質・水利・土地の高低・樹木・等について考える 16、特に戰時中の體驗を語り合い前項の討議を助ける	二	戰時中の體驗を注意してきく、體驗を如何に生活に生かそうとするかの態度		

單元の内容	學習活動	時數	評價の方法	取扱上の注意	參考資料
四、住宅と災害 (一)火災 1 日本の家屋と火災 ―歐米各國との比較― 2 火災の原因 3 火災の科學 4 消防法 5 火災時の處置 6 平時の用意 7 不燃家屋の研究	17、新聞やラジオ・書物等によつて火災の頻數・損害について調べ話合う、 同じことを消防署へいつて話をきく 新聞記事を募集したりして原因の統計を作り、グラフを作る 18、火災予防のポスターを作つて貼る、 19、火災予防の科學について書物によつて調べる 要注意の環境・敷地・季節(溫度・濕度・風力) 防禦施設―道路・綠地帶・用水・消防施設・ 20、消火法について研究し、炭酸ガス消火器の實けんをする 21、消火設備を檢査する(自分の家や學校について) 22、火災時を予想して自分の家の中を整理する 火災の非常時に取るべき處置を研究し、それを書いて敎室に貼る、(自家の場合・近所の場合) 消火と通報について手順や受持をきめておく 23、火災時の非常退避練習を行い、消防官より批評をうける 24、不燃材料について研究し實驗をする、 25、防火構造について大きな建物を注意して調べる 26、不燃都市について專門家に話をきく、	八	蒐集の態度を見る、作られた統計・グラフを見てやる 火災予防について理解をたしかめる 實けんや設備檢査の態度を見る 學習したことを自分の家でどう生かしているか、(父兄の報告) 火災時の處置について理解をたしかめる 防火構造につき理解をテストする 專門家の話をきくときの態度を見る	このような新聞記事の蒐集分類は平時より行つていることが望ましい 新しい都市計畫にこれ等が如何に考慮されているかを參照する 特に本校は消火水利に惠まれていないことを强調する 燒跡に殘るコンクリート建築をよく見る	

單元の内容	學習活動	時數	評價の方法	取扱上の注意	參考資料
(二)震災 1 日本地震地帶 2 地震の原因とその性質 3 震災による災害 4 地震時の退避 5 耐震構造の研究	27 書物によつて日本の地震地帶を調べ過去の主な地震を調べ分布圖を作る 28 地震の原因について書物をよむ 29 地震の振動や强さについて書物を調べる 强度・記錄法について調べる 30 地震の災害について各自の經驗を記錄して蒐集する 31 地震の慘害についての記錄をよみ發表し、映畫や繪をみせる 32 地震の性質や被害・地震時の處置について專門家の話をきく 33 耐震構造について專門家の話をきく、また地震予知についても話をきく		作製された分布圖を評價する 地震の原因災害について理解の度を見る 耐震構造についての理解をテストする	擴大した分布圖を敎室に掲示する	氣象台調査資料 家庭にある資料を蒐集陳列する
(三)その他の被害 1 台風 2 津波	34 最近の台風の記錄を調べる 35 台風の經驗について語り合う 36 台風のもつ破壞力について調べる 37 台風の原因や性狀を研究する 38 氣象台をたずねて台風の詳しい話をきき報告書をつくる 39 津波について書物をよむ 40 「稻むらの火」の物語を科學的に説明してみ、これについて討議してみる		報告書をよむ 説明のしかたに注意する		氣象台發行 颱風と水害 岡田武松著 氣象學上下
五、理想住宅の設計 1 自分の家の使用目的の決定	41 自分の家の主な使用目的を決定する 42 戰時の體驗を話合つて設計の資料をつくる 43 現在の物資や物價を調べて設計の資料をつくる	八		條件を同じにして設計させてみるのもよい	

單元の内容	學習活動	時數	評價の方法	取扱上の注意	參考資料
2 戰時の體驗の調査	44 内容5の項目について考えさせる	五			
3 現在情勢の確認	45 構造力學について簡單な實驗を試みる				
4 敷地の環境の選定	46 自分で設計を試みる、製圖をしてみる、諸種の記號を調べて使う、製圖用具の使い方を實習する、青寫眞をつくってみる		製圖の結果を評價する	數學における幾何圖形の性質になれる 正しい記號正しい製圖法を敎える	出來上つた製圖のサンプルを陳列する 青寫眞のサンプルを陳列する
5 設計 様式・向き・間取り・配置・材料選定・材料計算・費用の概算・建築の順序・構造力學・製圖・青寫眞	47 設計した圖面その他を陳列して展示會をひらく 48 設計した結果について專門家の批評をうけ、設計上の知識を得る、建築の現場を見學する、構造模型をつくる		模型をよくみる 材料計算の方法 費用概算の方法	この模型のいくつかを學校の敎室に殘しておく	
6 建具の研究	49 自分達の家の中に使つてある建具を調べる				
7 照明と保温	50 照明と保温について實驗をする、その結果を科學的記述にまとめる			理科的數學的な扱いをする	
8 諸種の手續	51 諸種の建築の手續や法規について調べる				
9 業者との交渉	52 業者との交渉のやり方や注意すべき點を調べたり話をきいたりする				
六、住み方 1 部屋や庭の上手な使い方	52 部屋や庭をうまく使う方法について自分の家で工夫していることを發表し合う		保全と住み方について理解とテストする		
2 修理・保存	53 簡單な修理や簡單な家具の製作について實習する			工作と連絡しておく	
3 清掃	54 清掃上の注意をまとめて記録し敎室に掲示する		衛生藥品の處理		
4 衛生	55 便所・下水・癈棄物等その他につき衛生上の處置を研究する				
5 災害予防 平素の注意 保險	56 病原菌の中間宿主たる動物の驅除法を調べる 57 各種の衛生藥品の實際使用法を調べる				

二九六

單元の内容	學習活動	時數	評價の方法	取扱上の注意	參考資料
6 盗難戸じまり	58 季節毎の衛生につき話合い、清潔についてのポスターを貼る 59 大掃除を計畫し實行する（學校でも家庭でも）	四	清掃に熱心であるかを見る		
7 となり近所の交際	60 自分の家の中をととのえて非常災害時に備える 61 戸じまりのやり方について調べる 62 盗難予防について警察官に話をきく 63 隣近所のつき合いについて兩親に話をきく 64 近所やクラスの者の中の戰災者引揚者の家庭を訪問して實情を見たり話をきいたりする				
七、住宅問題 1 住宅難の現状	65 新聞記事を調べて住宅難の現状を調べる		住宅難の現状についての理解を見る		
2 住宅問題 a 政策 b 私達の協力	66 現在の住宅の建設状況を官廳へいつて調べて、年度別建築状況や不足數のグラフを作る 67 住宅問題につきどんな政策が發表されているかを調べる 68 家の建たない原因について討議する 69 住宅問題解決に關與しうる自分達の協力について話合う	二	住宅問題についての理解を見る		
八、日本の民家 1 日本各地の民家の研究—外國との研究— 都市・農村 山村・漁村 朝鮮・中國 南方・歐米	70 日本民家の形について繪畫や寫眞を集める 71 自分の郷里の例等によつて民家の種々のスケッチを造る 72 書物や寫眞集、映畫等によつて外國の民家について調べる				藤島亥治郎 歐洲の民家
2 風土と住宅	73 風土と住宅について話合う。寫眞などを集める		風土と住宅との關係につき説明させてみる		
3 日本民家の歴史的變遷	74 民家の變遷について博物館を見學しそのスケッチを作りそれを展覧する			見學は適當な時を選び行う	

二九七

第九章　カリキュラム實施上の諸問題

カリキュラムの研究は、その構成の問題とともに、實施上の諸問題にまでわたつて具體的な檢討が加えられなければならない。ここでは、その主なる問題について、われわれの進んだ道――進もうとしている道――を述べてみたい。

一、單元の排列

單元をどのように配列するかということがまず考えられなければならない。單元の排列上注意した點を次にあげよう。

（1）同一學年の兩學級に同一の單元を同時に學習させ、これが終つてから、次の單元に同時に移ることは大體において好ましいが、このような方式は、場合によつては、一部の敎師だけが學習指導にあたり、他の者は全然ひまなことにもなるので、原則として、二つの單元を同時に指導することとし、しかも單元の性格が異なるもの

を選んで、敎師の指導に適合させた。たとえば、一年生においては、「われわれの健康」と「われわれの家庭生活」の二つの單元を、だいたい平行して指導することとし、「われわれの健康」の指導に主としてあたる敎師と「われわれの家庭生活」に主としてあたる敎師とを區別することにした。「だいたい平行して」といつたのはこの兩者の指導の始期は、十日間ほどのずれがあるの意であり、「主として」というのはこれらの單元の指導は、一人だけの敎師がこれに當るのではなく、學習活動の内容によつては、他の敎師がこれに當らなければならないという意味である。

（2）一つの單元は、その指導が開始されるとこれが終結となるまで、その指導が毎日行われるわけではない。單元の學習は一應終つても、ある學習活動は適當な時期に再び行われることもあるし、夏期休暇、その他の適當な時期に指導されることもある。

（3）一つの單元の學習が、次の單元をよび出すように工夫した。健康問題の次に家庭生活に關する單元を排列したり、貿易に關する單元の次に國際連合に關する單元を排列したのはそれである。二年の住宅問題に關する單元の次に藝術に關する單元があるのは、この原則にもとるわけであるが（他にも若干ある）、これはほかの理由によつて排列したのである。

（4）單元が季節に關連ある場合には、その點を考慮して排列をした。（3）において觸れた、「藝術とわれわれの生活」は、前の單元との關連はなくても、美術の秋といわれるように、季節と深い關係があるので、ここにおいたのである。「スポーツとレクリエーション」も同樣である。

（5）學校行事との關係を重視して單元の排列を工夫した。各學年を通じて、最初の單元は、健康についての單

元であるが、これは四月の身體検査と關連づけて指導を進めようとの意圖から、最初に排列されている。

（6）單元それ自身の性格から、排列が自らきまったものもある。たとえば三年の「今日の文化」は、その目標にも掲げた通り、文化遺産を中心とした單元であるから、このため、さいごにまわったのである。

（7）われわれの教育的意圖から、排列がきまったものもある。たとえば一年の「新聞とラジオ」は、學習上の資料を新聞から得ることが豫想されるので、これについて指導を早期に與えておくことが便利であると思われたので、一年の最初に出した。

大體以上の點を考慮して、それぞれの單元を排列した。（第三圖参照）しかしこの排列の順序は絶對的のものではなく、今後の研究によって、一層妥當な排列を工夫したいと思う。

第三圖　單元排列圖

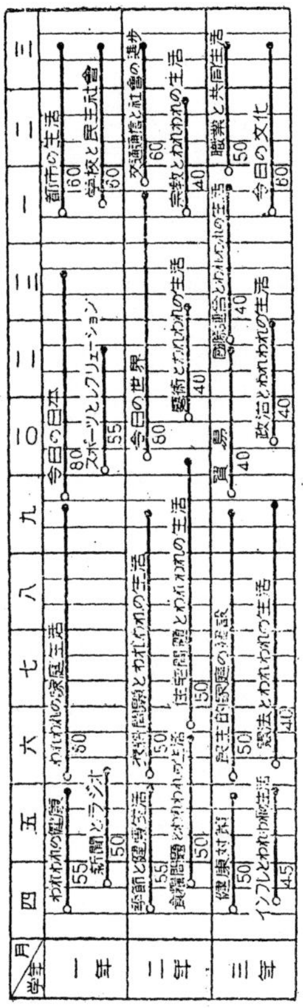

二、單元指導に要する時間數

單元の指導に要する時間數は、各學年を通じて一週十二時間をこれにあてた。これはあくまで基本になる時間數であって、その内譯は、國語三時間、社會五時間ないし四時間、數學二時間、理科二時間、職業二時間であって、その他の教科には、従來通りの時間數がふりあててある。（第五〇表参照）

第五〇表　單元指導の時間數

教科＼學年	1	2	3
單元	12	12	12
國語	3	3	3
習字	1	1	0
社會	0	0	0
國史		1	1
數學	2	3	3
理科	2		
音樂	2	2	2
圖畫工作	2	2	2
體育	3	3	3
職業	2	2	2
外國語	4	4	5
特別活動	1	1	1
總時數	34	34	34

前に掲げた單元の學習活動をみればわかるように、そこにはすべての教科にわたっての學習活動が掲げてあり、あるときは、圖畫工作の教師が、これらの學習活動を圖畫工作の時間に指導することになるという工合で、これらの時間を加えるならば、單元の指導に要する一週間の時間數は、十二時間をはるかに超過することになるであろう。

第五一表　一單元平均時數

	總時數	單元の數	一單元の平均時數
一年	420	7	60
二年	420	8	53
三年	420	9	46

一年間の授業時數を三十五週として計算すると、單元指導に要する時間數は各學年だいたい四二〇時間となり、一つの單元に要する平均時間は次のようになる。（第五一表參照）

これらの、一單元指導に要する基礎時間數を考慮に入れ、なおそれぞれの單元における學習活動とそれに要する時間數とを比較檢討して、單元指導に要するだいたいの時間數を次のようにきめた。（第五二表參照）

第五二表　各單元所要時間數

學年	番號	單元	配當時間
一年	1	われわれの健康	五五
	2	われわれの家庭生活	六〇
	3	今日の日本	八〇
	4	都市の生活	六〇
	5	新聞とラジオ	五〇
	6	學校と民主社會	六〇
	7	スポーツとレクリエーション	五五
二年	1	季節と健康生活	五五
	2	今日の世界	八〇
	3	食糧問題とわれわれの生活	五〇
	4	衣料問題とわれわれの生活	五〇
	5	住宅問題とわれわれの生活	五〇
	6	交通通信と社會の進歩	六〇
	7	藝術とわれわれの生活	四〇
	8	宗教とわれわれの生活	四〇
三年	1	健康對策	五〇
	2	民主的家庭の建設	五〇
	3	貿易	四〇
	4	今日の文化	六〇
	5	インフレとわれわれの生活	四五
	6	國際連合とわれわれの生活	四〇
	7	職業と共同生活	五〇
	8	政治とわれわれの生活	四〇
	9	憲法とわれわれの生活	四〇

三、單元指導と周邊敎科

單元を中核とするカリキュラム構成において、すべての敎育内容が單元との密接な關連において指導されることは最ものぞましいが、密接な關連ということを强調するあまり、これが形式にとらわれ、學習の效果をあげ得ないことが多いように思われる。

たとえば、「われわれの家庭生活」という單元において、家庭生活上必要ないろいろな知識を持つことは必要であり、（消費に關する知識、生産に關する知識、看護に關する知識等）このために學習活動が計畫されているが、しかし、このような知識は、單なる知識として生徒に理解されるだけではたりない。調理や裁縫のことも單なる一片の知識だけでは、われわれの生活上の必要をみたすことはできない。これは相當な時間をかけて、基礎的な技術を體得させ、實際役にたつところにまで進まなければならない。

このように考えてくると、調理や裁縫に關する導入については、「われわれの家庭生活」において十分に扱えるが、このような技術を身につけさせるためには、時間を特設して、專門敎師から指導を受けることが學習の效果をあげる所以である。

大正十二、三年頃から昭和のはじめにかけて日本の敎育界を風靡した合科學習が、その體系の理論的に整備されていたに反し、敎師の實力不足から——一人の敎師で、すべての敎科にわたって卓越した指導力を持つということは不可能なことであるから——期待したほどの効果を收めなかつたのは、この專門的な指導の缺除という點に原因があつたことを强く反省しなければならないであろう。

このような考えから、われわれは周邊教科を設定したのであるが、ここでとりあげられる教材はどんなものであるか、國語、理科について次に述べよう。

（一）國　語　科

このカリキュラムにおいて、從來の國語科がどのような位置を占め、どのような分野、役割を分擔するかについて大要を述べる。國語科というよび方もこの種のカリキュラム中においては既に不適當であるかも知れないが便宜上そのように稱することにする。意味は言語訓練的な分野を擔當するものを指していることを豫め斷つておかなくてはならない。まず國語科がこのカリキュラムに參加した事情について述べる。

從來の國語の學習指導はあまりに視野が狹く、自己の分擔すべき分野を認識していなかつた憾みがある。國語教育には獨立した特別な世界がある如くに考え、その內容も狹い範圍に極限され、學習は狹い敎室內の作業に終始するものとして、言語生活全般にまでその指導の効果を發展させる努力を欠いていた。新しい學習指導觀においては、學習指導要領國語科篇に示されるように、第一に國語指導の領域の廣さが認識され、第二に言語觀が修正されて、國語科の道具教科、基礎教科としての面が强調されている。そして中學校の國語教育においても、從來と異つて、古典の教育からも、特殊な趣味養成としての文學教育からも解放され、「つねにもつとも廣い『ことばの生活』に着眼し、實際の社會生活に役立つ國語の力をつけることを目がけなければならない。」（中學校國語科學習指導、まえがき）ということが明示されている。

實際生徒が國語の力の不足を痛切に感ずるのは、國語の敎室ではなくて、むしろ理科の時間であり、社會科の時間である。さらに一般的にいえば、百科辭典を引き、參考書を調べ、新聞雜誌をよむ時であり、レポートを作成し、手紙をかく時であり、講演をきき、研究發表をする場合である。このような場合に臨んで、文字の力、語彙の貧弱さ、表現の拙劣さの故に、深刻な惱みを懷くのである。このことは「あなたは國語の力が不足しているということをどのような場合にもつとも强く感じますか」という調査に對してなされた答に基づく觀察であるが、從來の國語科はこのような生徒の必要に應じて學習指導をして來たであろうか。とにかく今後の國語科は、一層指導の領域を擴大するとともに、指導の焦點を移動修正しなくてはならない。豐富な指導の機會のある所を求めて領域を擴張するとともに、生徒が現實に緊急な解決の必要に迫られている問題を發見して適切な指導を與えることである。

コア・カリキュラムにおける學習活動を見ると、そこには極めて豐富な國語學習の機會があるように思われる。訪問、討議、發表、講演等は、話し方、きき方の陶冶の場を提供し、レポートの作成、ノート、メモをとること、問合せ、禮狀等の手紙をかく等は書きかた、綴りかたの機會を提供し、參考書、辭典の參照等はよみかたの機會を提供している。國語科がこの種のカリキュラムに參加することは、國語科の領域を擴張することであり、生徒の緊急な必要興味に應ずることでもある。要は獨立教科の立場に立つ國語科と、コア・カリキュラムに參加した國語科が、どちらが國語の學習指導の上に、より効果的な指導の實績を收めうるかということの判斷によつて、國語科の立場が決定されると考える。このカリキュラムに積極的に參加する態度を取つていることは勿論である。その方が國語の學習指導の効果をより多くあげることが出來ると判斷したからである。

次にどのような形でコア・カリキュラムの中に參加し、どのような分野と役割を分擔するかということについて述べる。まず國語科の分野を圖によって示すと次のようになると考えられる。

第四圖　コア・カリキュラムにおける國語

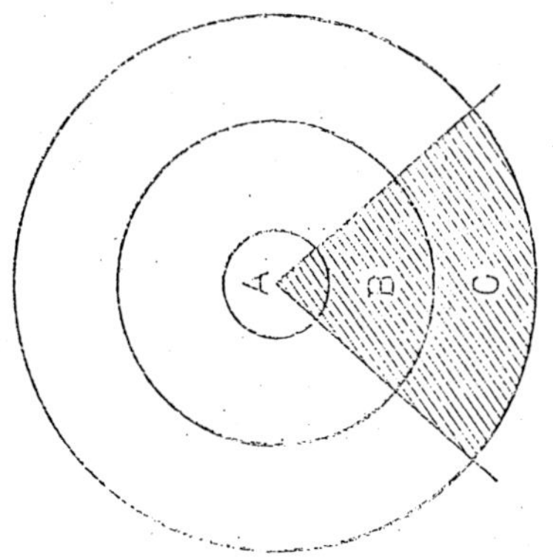

A　はコアの單元
B　は訓練の分野
C　は一般言語生活

Aはコアの單元を受持つ部分であり、Bは言語訓練を分擔する分野であり、Cは生徒の言語生活の指導を分擔する部分である。三つは別に截然たる境界はないが、便宜上この三つに分けて考える。

次にA・B・C・の各々において如何なる役割を分擔するかについて概略述べる。Aは從來の國語科の受持っていた分野の中でコアの單元の中に吸收される部分である。たとえば「藝術と宗教」の單元の中において、文學の部分を受持つというようなことが考えられる。さらに全カリキュラムを學習する上に必要な基礎の態度能力を確立するために、圖書館、圖書室の利用法、辭書事典の引き方、講演、演説のききかた、讀書の方法、報告書の書き方、發表のしかた、參考書の利用法等も、具體的な學習活動に基づいて、適切な時期に一應重點的に指導する考えである。その後も必要に應じて各生徒の學習活動について、適切な指導を繼續することは勿論であるが、このことは國語の教師以外の教官にもその重要性を認識してもらい、有機的な指導をすることが大切である。

Bにおいては、從來の國語科の分野の中コアの單元に入らない部分、或は別に取り出して指導を加える方がより効果的であると考えられる基礎能力を訓練する特別な分野である。内容としては、文法の學習、文字の練習、効果的、能率的なよみかたの練習、文學的な創作、古典の讀解力等の學習指導を分擔する分野であり、Aと最も密接な關係をもつ分野である。これには特別の時間割を要求してこれにあてる。

Cはその他の一般言語生活の指導を分擔する分野である。應對のしかた、會話、家庭での言語生活、一般讀書生活等がこの分野に入る。理論的に考えれば、人間の社會生活と同延を等しくする廣い分野であると考えられる。從來の國語科の學習指導は、この分野を閑却し、積極的な開拓の努力をしなかった憾みがある。しかし言語教育にとっては閑却することの出來ない部分であり、寧ろこの分野において、効果的に言語を使用する準備として、學校における國語教育があるのである。このことを認識して、あらゆる機會をとらえ、實際に即して、意圖的にこの分野を開拓していきたい。圖書室を通じての讀書指導等はその重要な部分となると考える。このCの分野を指導するためには、特別の場合の外は、別に時間割に組まれる學習時間を要求する必要はないと考える。

上にも述べたようにABCの間には別に截然たる區別はない。要するに相互の間に緊密な連絡を保ち、求心的にAに奉仕するように考えることが重要である。

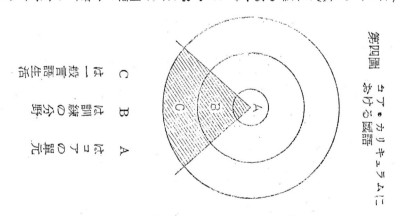

（二） 理　　科

綜合的なカリキュラムに依る指導を考える場合、理科はそれぞれの單元に相當深い關連をもつであろうことは當然考えられる。單元の名稱だけを一寸眺めても、健康に關する單元、住宅に關する單元、食糧に關する單元、衣服に關する單元等はその大部分が理科的な知識や技術で占められるであろうことが豫想される。その他の單元においても深い關連をもつている單元が少くない。したがつて綜合的なカリキュラムにおいて理科はその大部分がこれ等の單元の中に吸收されてしまうべきものであるといわれている。またカリフォルニヤプランのように、社會科と理科が單元の中心をなしている例もある。しかしこの點についてわれわれはいろいろの不安を抱いている。これ等の不安について、多少の考察を試みてみようと思う。

まず考えられることは、われわれのカリキュラムが何よりも社會機能中心の立場に立つていることである。したがつてわれわれが直接の對象として考える生徒の學習活動は、社會的な經驗であり、社會生活そのものである。どこまでも單元の内容を構成する、生徒の經驗は社會的な價値にその基準がおかれる。理科がこうした單元に關連する場合、その中に吸收されるのは、こうした社會生活に最も深く關連している部分である。それ故さきに擧げた食糧、住宅、衣服、健康等についての知識や技術が、重要なる單元構成の要素となつていることは當然である。したがつてこのように社會生活に直接關連している知識や技術が、これ等の單元の中に吸收されても、これ等の單元の中で十分な科學的知識や技術を習得することもできよう。

しかし理科の中には、このように社會生活と直接關連したものばかりではない。もちろん關連のない知識というものは殆どないといつてよいが、しかし社會機能を中心とする單元と直接に關係する知識のみではない。一例を引けば、生産は社會機能の一つである。したがつて農業生産は社會機能に直接關係してくるので、農業のやり方や飼育、栽培の知識はわれわれの單元の中で扱うことができるが、この飼育や栽培の更に基礎をなす「土壤」の問題や岩石の問題にまで深く掘り下げることは一寸困難ではなかろうか。機械生産に關連して機械のことは扱うことはできるかも知れないが、その機械設計の基礎をなす力學的知識や材料の强弱の知識にまでわたり得るであろうか。人間に對する關係を强調すれば土の中のみみず一匹にまでその關係を擴大することはできるが、しかし土の中のみみずの習性までも含めた廣い關連を背負つて農業生産の單元が果して取扱いうるであろうか。社會機能中心の單元というにしても、もつと單純化された强力な關連をのみ扱うことが妥當ではあるまいか。

しかし一度理科の立場に身をうつすと、人間生活に直接關連はないように見えて、しかも捨てることのできない知識、直接役には立たないが、役に立つ知識の根抵にある大切な知識は、數えるにいとまのない位多いのである。むしろこうした知識――人間に直接役に立つかどうかはわからないが、自然の中に一つの眞實として存在するものを虚心に求め、これを愛するところに理科の本領をみとめる立場は、すでに古い過去のものであろうか。

黄色い菜の花に黄色い蝶がとまり、綠の茶樹の葉に綠の青虫がいたからとて、あまり社會の機能に關係はないようだが、こうした現象に目をとめる心の動きまでも全然意味のないものであろうか。東京都の眞中の一つの驛、たとえば澁谷驛のプラットホームで電車を待つている、われわれの目の前を、たんぽぽの種子が靜かに浮遊しつつ通りすぎて行く。朝のせわしい出勤時刻の一とき、翔日をうけて音もなく動いているこの生きものを眺めたとき、何ともいえぬ感動を覚えたことがある。電車の動く理くつと同じ位、あるいはそれの数十倍の感激をこの光景の中に見出すのは私ひとりであろうか。こうした感激を社會機能の單元の中で扱うことが果してできるであろうか。しかもこうした感激は何の價値もないものであろうか。

自然の機構の中にあるこの不可思議な調和、これ等の調和した機構のあるものは現在人間の生活に取りこまれ、利用されている。しかし人間に利用されていないからといつて價値のないものとは言えない。こうした自然の調和を發見して、何ともいいようのない感激を味うことは教育として價値のあることだと思う。

社會機能を中心とする單元の學習に多大の期待を持ちつつ、なお理科の全部をこの單元の中に解消し盡すことのできない理由がこんなところにあるのである。

理科の立場はどこまでも、新しい事實なり法則なりの發見の過程を重じている。決して發見されたものの社會的價値によつて、その事實なり法則なりを評價しないのである。この立場を理科が守るとき、全く同じ知識や技術にしても理科として扱うときはまた異つた扱いが考えられるのである。理科で扱う内容が全部これ等の單元の中に包含されていたとしてもなお、理科が完全に解消したとは思われない。理科の本領は扱うべきその對象にあると同時に、その取扱う態度にあると思われるからである。

このように考えてくると、理科の内容を、人間生活に直接關係あるもののみに限つてしまうことは當を得ない。教育を一つの單純な原理やイデオロギーで覆いつくすことは危險である。それは一つの立場や理論で人間の全貌を示すことができないのと同じである。現在の理科教科書そのものに對しても同じ批判が加えられる。

このような立場から、社會機能中心の單元群に最高の價値を發見しつつ、なお從來の理科をその内容にある種の整理を加えて、周邊の教科として殘さねばならないと思われる。またこれは新しい實驗としてわれわれのカリキュラムを實踐にうつす場合の一つの愼重な用意とも見られよう。

このような二元的な態度に對して、何かすつきりしないものを感ずることもあるが、しかし、周邊教科として殘す理科の中にはつきりとした性格を認めていることもまた動かすことのできない事實である。中學生は小學生と比較すれば、その社會的關心は深まつているとはいいながら、たとえば電車の模型などを作つている態度は必ずしもこの社會的價値にのみ基づいているのではない。やはりそこには純粹な理科的興味によつてその製作を樂しんでいるように思われる。特にわれわれの學校の生徒においてこの傾向がみとめられる。動物の飼育や植物の栽培をなす生徒の心理といえども、決して社會的な關係や價値のみで動いているとは思えない。

このようにしてわれわれは周邊教科として理科を考えるのであるが、その内容の主なものを文部省の「學習指導要領理科編」の中から拔いてみよう。

第一學年

單元1．空氣はどのようにはたらいているか。この單元の殆ど全部

單元2．水はどのように大切か。井戸水、上水、下水、水質檢査を除いて殘り全部

單元3．火の單元、火災關係、燃料關係を除いた殘り全部

單元5．草や木はどのようにして生きているか。品種改良の項を除いて全部。

第二學年

單元3．海をどのように利用しているか。殆ど全部

単元4・土はどのようにしてできたか。殆ど全部

第三學年

単元1・星は日常生活にどんな關係があるか。この全部

単元2・機械を使うと仕事はどんなにはかどるか。全部

単元3・電氣はどのように役立つているか。

単元4・交通、通信機關はどれだけ生活を豊かにしているか。電話器、電波、音響について項。

以上は極く粗雜に考えたのみであるが、實施に當つては精細な組織ある計畫がなさるべきはいうを要しない。

四、時間割作成上の問題

前節において述べたように、単元を中心とする指導に要する時間數を基本的に十一時間とおさえ、各教科に要する時間數をそれぞれ決定したのであるが、これらの時間數を考慮にいれて、いよいよ時間割を作成するとなると、ここでいろいろな障害に出合つた。

まずわれわれは、一週間を単位とする從來の固定的な時間割について檢討を加えた。この固定的な時間割の長所は、教師の側からみれば、勞力の均分という點、教師の授業の分擔が明確であるため徒らな混亂がおこらないという點にある。しかしながら生徒の學習活動という點からみると、このような固定的な時間割は、學習本來の姿を沒却しているともいえよう。身體檢査について考えてみても、專門醫の身體檢査を受けてから、その結果を整理して、そこにいろいろな問題を發見したり、注意事項について醫師の講話をきいたり等、身體檢査を中心とする一連の學習活動が展開するが、できればこれらの學習活動は、生徒の興味のあるうちにつぎつぎに行われることがのぞましい。これを固定的な時間割という枠の中に入れて生徒の學習意欲を失わせないようにすることが大切である。運動のシーズンになつたならば、十分に時間をかけて運動のよろこびにひたらせたいし、芸術の秋になつたならば、これにうちこんだ生活を十分に營ませることがのぞましい。

このように考えてくると、固定的な時間割は、教師にとり、又生徒にとつても、多少の長所を持つているが、教育の内容を第一義的に考えるならば、週を単位とする固定的な時間割編成ということから脱却しなければならないと思う。

それでは、これにかわるものとして、どのような時間割がとりあげられるか。その一つとして、われわれは、月を単位として、動的な時間割を作成する（毎月毎月同じでなく、月を単位として、毎日かわる時間割）。単元を中心として、もしその単元が二ヶ月にまたがつているときは、二ヶ月にわたつての時間割をつくる。この二つの方法があると思う。又これら二つの方法の中で、ある教科（體育、外國語、音樂、圖畫工作、習字、職業等）にかぎつてのみ、固定的な時間割を認めるという案も考えられるであろう。われわれは、これらの諸案を一々檢討した結果、単元を中心としての時間割の作成は、ある場合は二ヵ月ないし三ヵ月にもわたり、困難なことも豫想されるのでこれをすて、月を単位としての時間割の作成をとることにした。

なお時間割作成上注意した點を次に述べよう。

一日の時間割

（１） 單元を中心とする時間は毎日少くとも二時間をこれにあて、主として午前中にくみいれる。

（２） 體育は主として午後にこれをくみ、時間は短くとも、毎日これにあてる。

（３） 基礎學習（計算練習、文字の書寫練習等）を自主的にする習慣をつけ、毎日午後、三十分を限度としてこれをくむ。

月の時間割

（１） 餘裕を持たせ、月を單位とする時間割を組む。（これは學級擔任の仕事である。）一つには、時事問題をとりあげるため、二つには、生徒の自由研究をこれにあてるためである。

（２） 生徒の關心、欲求を考え、その旺盛なときに學習活動が行われるように配慮する。このためには、一日平均二時間の單元の指導が、三時間ないし、四時間になつても差支えない。

（３） 學校行事、生徒の各種活動（校友會各部活動、學校自治活動）も考えて、これに要する時間も豫定しておく。月を單位とした、詳細な學校行事計畫はあらかじめ職員會で檢討しておく（これが作成は教務の仕事である）

（４） 學級行事（茶話會、父母會等）も考慮にいれ、これに要する時間を豫定しておく。

（５） 月の計畫の全體をあらかじめ生徒に知らせておき、生徒にもこれに對應して、生活計畫をたてさせる。

五、單元指導の責任者

單元を中心とする指導は、一人だけの教師によつて行われるのではないから、その相互の連絡を緊密にしなければならないことは申すまでもないが、相互の連絡をどのようにしたならばよいか。ここに運營上の問題がある。

月を單位としての指導計畫表を、學級擔任が中心となつて作成することは前にあげたが、この指導計畫表には、單元のそれぞれの學習活動を誰が受持つかということをあらかじめ打合せしておき、その指導者の名まえを記入しておく。

一つの單元は一人の教師で指導するようにしたらよいという意見がでた。たとえば「われわれの家庭生活」という單元であれば、これは家庭科の教師だけに分担してもらつたらよいというのである。先に掲げた單元の展開を十分に研究しておけば、指導もさして困難ではないだろうというのである。

このようなことが可能であれば、教師相互の連絡ということは解消されることになるが、このような方式で、單元を中心とした指導の完璧を期することができるかどうか。合科學習の失敗のことも考えあわせ、一單元一教師という指導の方式は、これを採ることはできなかつた。

月を單位とした計畫表に個々の學習活動及び擔當者の名まえを記入しておくだけでは指導の効果をあげるには不十分である。そこでわれわれは、それぞれの單元についての責任者を定め、この責任者を中心として、教師相互の連絡を圖ることにした。この責任者は、原則として、單元の指導に中心的役割を果す者があたることにした。たとえば「今日の日本」という單元であれば、社會科の教師が、「食糧問題とわれわれの生活」であれば理科の教師がこれに當るというわけである。

なおこれに加えるに、責任者を中心として指導のスタッフを構成し、互いに連絡をとつて學習の效果をたかめることにした。指導のスタッフは、一單元について三人をこれにあて、時間の許すかぎり、單元指導の實際の狀況を參觀することを建前とした。しかしある學習活動においては、これら三人の指導スタッフでは不十分であるので、そのような場合には、他の教師の援助を受けることは勿論である。このときは、先に述べた責任者と十分に打合せて、指導に遺憾のないようにする。

このような計畫は、十分な教員數がなければ實現不可能である。わが校の現在の狀況においては（實態調査のうち、本校の狀況參照）この點に大きな困難があるが、一歩一歩克服して、これが實現を期したいと思う。

六、單元指導と資料の整備

カリキュラムの運營上、資料の整備が大きな問題である。生徒がいくら自主的な學習を進めようとしても、適當な資料が得られないならば學習は教師の講義に頼るほかないし、自主的な學習は根本的に狂つてくる。又資料の蒐集に多大の勞力をかけすぎることも、ある特殊の場合をのぞいては、學習の進行にとつて好ましいことではない。

生徒が好んで使用する各種の參考圖書（社會科年鑑、時事年鑑等）も、ときには役に立つが、今日のような日進月歩の時代においては資料として適切ではない。そこでわれわれは、新しい資料に常に注意し、これを生徒の使用に都合のよいように整備しておかなければならない。

以下これらの具體的な方策について述べてみよう。

（1） 資料室の整備

現在のところ特別室の餘裕がないので、圖書室兼用とし、ここに各種の資料を保管し、隨時、これを使用させるようにした。ここに保管される主なものは次の如くである。

（イ） 生徒のすぐれた報告書

（ロ） 生徒が作成した各種のグラフ、圖表

（ハ） 會社、工場、研究所等から寄贈されたパンフレット、寫眞、實物標本

（ニ） 新聞及び新聞のきりぬきを收めてあるスクラップ・ブック

（ホ） 雜誌類

（2） 資料の蒐集と新聞紙

新しい資料は日々の新聞紙にあらわれるので、生徒の中から係を定めて、これらの資料をきりぬき、スクラップ・ブックにスコープ毎に分類させ整理させておく。このためはじめのうちは係の教師が、新聞を通覽し資料として保存したい箇所に赤印をつけ、これを係の生徒に切りぬかせ、分類、保管させる。できるだけ早く、生徒がこれらの作業に慣れるように導く。

なおこれとは別に、きりぬかない新聞をとじて、資料室に保管し、自由にみられるようにする。

（３） 資料の蒐集と雑誌

雑誌の全體が、生徒の學習の資料となることは期待できないが、この中の一篇ないし數篇は、資料として値うちのあるものがある。新刊雜誌はしばらくそのままで保管するが、回覧されたために破れたり、傷んだりしたら、その中でほしいものを抜き出し、新聞のきりぬき同様に、これをスコープ毎に分類して整理しておく。

（４） 資料の蒐集と保護者の協力

保護者の協力を求め、資料の蒐集に協力してもらう。特に職場において、生徒の學習の参考になるようなものがみいだされたときには、資料室に寄贈してくれるように依頼しておく。

七、カリキュラムの運營と保護者の協力

カリキュラムの運營上保護者の協力を願わなければならないことが非常に多い。單元の展開における學習活動にも明らかなように、專門家の話をきくとか、工場、研究所等の見學、資料の蒐集のための訪問等の機會が甚だ多い。われわれの感ずるところでは最近における一般社會人の學校教育に對する協力は甚だよく、これは前に掲げた社會施設の調査においても明らかである。これは誠に好ましい傾向であつて喜びに堪えないが、一般社會人の協力を求めるよりは、生徒の保護者の協力を求める方がなにかにつけて便利なことが多い。たとえば生徒の身體檢査を行うにしても、校醫のほか保護者の中の醫師の協力を得て實施すれば、各醫師がそれぞれ專門の立場から綿密に檢査をすることともなり、確實な身體檢査の資料を得ることができるし、檢査後の健康相談にも十分のつてもらえる等、萬事好都合である。もしこれを學校に關係のない醫師の協力を求めるとすれば、その交渉、謝禮等にたいへんなことであろう。そこでわれわれは、生徒の幸福のために、學校と保護者とが協力する體制をうちたて、保護者にも十分了解してもらつて、それぞれの立場立場に應じて學校に協力してもらつている。

一般社會にこの程度までの協力を求めることは、いまの段階においては困難であるが、このような方向に世論がむいてゆくようにしたいものである。

このような協力體制をつくるために、保護者の職業を社會機能のスコープによつて分類した職業別一覧表を作成した。（第五三表参照）

第五三表　保護者職業別一覧表（抜粋）

スクープ ＼ 年	一
1	歯科醫（保護者名）　薬剤師（保護者名）　小児科（保護者名）　外科 婦人科（保護者名）
2	農林省開拓研究所（保護者名）
3	農業（保護者名）　家具工場主（保護者名）　王子製紙（保護者名）
4	傘販賣業（保護者名）　運物販賣業（保護者名）　配給所（保護者名）　味噌、醤油、酒類（保護者名）
5	西武鐵道企劃課（保護者名）
6	朝日新聞社（保護者名）
7	宗教文化協會（保護者名）　僧侶（保護者名）
8	文部省（保護者名）　富士見高校（保護者名）　東京外事（保護者名）
9	地圖館經營（保護者名）　寫眞工業（保護者名）
10	大藏省（保護者名）　建設省（保護者名）　特別調達廳（保護者名）

八、カリキュラムに對する教師の態度

單元を中心としたカリキュラムの運營において、われわれ中學校教師に對する最大の要請は、このようなカリキュラムを理解しようとする態度、このようなカリキュラムの實施に積極的に協力しようとする態度であろう。

從來の中學校の教師は、だいたいにおいて教科の枠の中にとじこめられ、自分の擔當する教科については深い研究と自負を持つ反面、他の教科についてはほとんど無關心の状態であつたといえよう。

このような教師の態度であつては、單元を中心とする生活カリキュラムの運營は到底實施不可能であつて、まずわれわれは、この點について自分自身を深く反省しなければならないのである。

そうして自分自身を鞭撻して、生活カリキュラムに對する理解を深めるとともに、これが實施に熱意を示さなければいけないと思う。

第十章　單元の學習活動例

われわれは前節において述べたような單元展開の方式にしたがい、各單元毎にこれが展開を試みたのであるが、あまりに厖大にわたり、その全部をここに掲載することができないので、單元毎に單元の目標、單元の内容、學習活動の例、所要時間だけにとどめることにした。單元の評價、取扱上の注意、參考資料が不必要だというのではない。單元の展開の全貌については、第九節に掲げた「住宅とわれわれの生活」を參照していただきたいと思う。

なお、各單元ごとに示されてある學習活動を中心として實際の指導を進めるとき、注意しなければならない二、三の要點をあげておく。

1．ここにあげられている學習活動はだいたいの學習の順序であるが、一つの學習活動を終結させてから、次の學習活動に移るということではなく、時には、四つないし五つ位の學習活動を小グループで分擔して、同時に、進行することもある。學習活動が比較的多く盛られている單元もあるが、學習指導法の研究を進めることによつて、この問題の解決を圖りたいと思う。

2．ここにあげてある學習活動だけを固定的に考えているのではない。學習活動が進むに從い、ここに掲げら

れている學習活動以外の活動にも發展することもあろう。又ここに掲げられている學習活動を捨てなければならないこともあろう。われわれの不斷の精進によつて、最ものぞましい學習活動をとりあげていきたいと思う。

第五四表　單元配當表

	單元（一年）	時數	時期	單元（二年）	時數	時期	單元（三年）	時數	時期
1	われわれの健康	55	四月—五月	季節と健康生活	55	四月—五月	健康對策	50	四月—五月
2	われわれの家庭生活	60	六月—九月	今日の世界	80	一〇月—一一月	民主的家庭の建設	50	六月—九月
3	今日の日本	80	九月—一二月	食糧問題とわれわれの生活	50	四月—六月	貿易	40	九月—一一月
4	都市の生活	60	一月—三月	衣料問題とわれわれの生活	50	六月—九月	今日の文化	60	一月—三月
5	新聞とラジオ	50	四月—六月	住宅問題とわれわれの生活	50	六月—一〇月	インフレーションとわれわれの生活	45	四月—五月
6	學校と民主社會	60	一月—三月	交通通信と社會の進步	60	一月—三月	職業と共同生活	40	二月—三月
7	スポーツとレクリエーション	55	一〇月—一一月	藝術とわれわれの生活	40	一〇月—一二月	政治とわれわれの生活	50	一〇月—一一月
8				宗敎とわれわれの生活	40	一月—二月	憲法とわれわれの生活	40	六月—一〇月
9							國際連合とわれわれの生活	40	一一月—一二月

二年單元「住宅問題とわれわれの生活」は三九一頁に既出

單元 1.われわれの健康　（一年　四月——五月）

標目		
理解	1、身體の發育や健康狀態を調べる方法についての理解	
	2、私達のかかり易い病氣についての知識	
	3、日本人に特に多い病氣	
	4、結核及びその豫防についての知識	
	5、傳染病の種類、症狀、障害についての知識	
	6、傳染病にかかつたときの注意、法規	
	7、消毒についての知識	
	8、健康と迷信について	
	9、學校生活において特に氣をつける病氣	
技術	1、身體發育狀態について測定する技術	
	2、それ等の結果を處理する技術	
	3、救急法、負傷の手當	
	4、常備藥の使用法	
	5、消毒法	
	6、清掃技術	
態度	1、自分の體に氣をつけようとする態度	
	2、自分達の學校や家庭の健康を增進させようとする態度	

單元の內容	學習活動	時數
一、病氣の體驗を調査する 1、私達は今までにどんな病氣にかかつたか 2、どんな負傷をするか 3、健康の喜び	1、病缺者の原因を調査して病名を調べる 2、友人や家族や親戚の者のかかつた病名を調べる 3、病氣になつた時のことを回想してその病狀や障害にとつて記錄をつくる 4、私達のうけ易い傷害について調査する 5、健康を失つたときの悲しみについて話合いをする 自分の苦しみ　家族の心配　家の經濟 6、健康の喜びについて作文を作る	二
二、私達の健康調査 1、身體檢査 2、健康診斷 3、運動能力調査 4、結果の處理	7、身體檢査を實施する計畫をたてさせる 檢査する事柄　檢査する方法　記錄　後の處理等を考えさせる 8、實施した後の記錄を整理し統計する 9、自分の體驗と級の者の平均と比較する 10、東京・全國の中學生の體格と自分の中學校とを比較する。 自分の健康常數を調査しておく（脈搏・呼吸・體溫・便通・食事の量・睡眠時間體重・身長・胸圍・肺活量等）體育簿をつくる 11、醫師を招いて健康診斷をうける 12、障害のある者及びその障害について（齒・眼其の他）記錄する 14、ツベルクリン反應注射を實施する　その方法を學ぶ　その結果について調査する 15、反應の結果について醫師の指導をうける 16、更に要注意者は精密檢査をうける 17、陽性轉移について研究する 18、BCG注射について研究する 健康調査の結果について專門家の話をきく	一〇

單元の內容	學習活動	時數
三、私達のかかり易い病氣とその手當 1、春に多い病氣とその障害 原因 2、夏に多い病氣とその障害 原因 3、秋に多い病氣とその障害 原因 4、冬に多い病氣とその障害 原因 5、日本人に多い病氣 結核、寄生蟲	19、女子のみで衞生講話の機會をつくる 20、適當な病院に行つて一年を通じて患者の病名とその數を調べグラフを作る 21、その病氣の障害や原因手當を研究し、なお詳しいことは醫師にたずねて教えてもらう 豫防法、看護法を研究する　救急法について實習する　常備藥を調べて學校に備える　衞生器械を購入する 22、季節の保健衞生についてポスターを作る　パンフレットを作つて配布する 23、日本人に多い病氣について書物によつて研究する 年齡別に統計をつくり觀察する 24、結核についてその症狀、手當、療養法、平生の注意などを書物によつて研究する　結核豫防の講演會を開く	一〇
四、傳染病について研究する 1、傳染病の種類と症狀 2、かかつたときの處置 3、その法規 4、消毒法	25、傳染病の種類や症狀や障害について、書物によつて研究する 26、かかつたとき取るべき處置を研究する 27、法規について調べる 28、消毒法の實際を學ぶ	五
五、病氣の豫防 1、日常の生活習慣を檢討する ◎食事　睡眠　衣服 入浴　住居　運動 家庭衞生 （下水　塵芥　便所） 2、水、空氣、土地	29、生徒各自の家でやつている生活習慣を調べて話合う 30、各種の生活習慣の批判を專門家に聞く　迷信と健康について討議する 31、科學的な檢討を經た衞生訓養生訓をつくつて各家庭に配布する 32、清掃法を科學的に研究し實施する 33、季節の保健、衞生についてポスターを作つてはる	四

單元の內容	學習活動	時數
六、學校衛生と保健 1、學生のかかり易い病氣、 障害　結核　近視 過度の運動による障害 運動生理學 2、校舍や教室の衛生 換氣　採光　明るさ 姿勢　（溫度）　暖房	43、近視の障害と豫防 35、机、椅子の規格について研究する	三

單元 2. われわれの家庭生活　（一年　六月—九月）

標目		
標目	理解	1、家庭の生物學的、社會的な機能を理解させる 2、家庭生活が歷史的に發展するものであるということを理解させる 3、日本の家庭生活の特色を理解させる 4、家庭生活を營む上の知識を得させる 5、家庭生活が社會生活に對してもつ重要性を理解させる 6、民主的な家庭生活とはどんなものであるかについての理解を深める。
	技術	1、家庭生活を營む上の技術を養わせる。 （イ）生產の知識と技術　（ロ）看護の知識と技術 （ハ）調理の知識と技術　（ニ）裁縫の知識と技術
	態度	1、樂しい家庭生活を營もうとする意欲と態度を養う 2、家庭生活において生じたいろいろな問題に對して、まじめにこれを解決しようとする態度を養う 3、協力的な習慣、家庭生活。夫婦の關係。親子の關係等を改善する習慣を養う

單元の內容	學習活動	時數
一、私たちの家庭 1、家族の構成 2、家の歷史 3、家憲　家風 4、親戚	1、學級で兄弟姉妹の數を調べ平均人數を出してみること、このままでゆけば、五十年後にはどのくらい日本の人口が增えるか計算してみること 2、家代々の事を親から話をしてもらう。そして發表する 3、どんな人がえらかつたか、昔はどんな家であつたか、學ぶ點は大いに學ぶ 4、自分達も家の名にはじない行いをしてよい歷史をつくる事を考える 5、自分の家の家憲。家風をまとめ、これを學級に報告すること 6、自分の家の系圖を作り、それに記されている人々について研究する 本家、分家等の同族社會に關する問題につき、できるだけ資料を集めて研究し、學校で討議する	六
二、日本の家庭 1、昔の日本の家庭の組織せる機能と現在の日本の家庭 2、大陸からの影響	7、昔から續いて來た古い家についての記錄。將來寫眞等を集めて、いろいろの知識を得て、それにもとづいて現在の自分たちの家庭生活と比較して討議する 8、大陸特に中國から精神的、物質的にどのような影響が日本の家庭生活にもたらされたか、それについて調べてみる。儒敎と日本の家族制度との關係について調べ、作文を書いて學級に報告する 9、中國や朝鮮の家庭生活について、向うに居住した人々をたずねて話をきく	六
3、西洋からの影響 三、日本の家庭生活の特色 1、未開民族との比較	10、西洋の思想や習慣が、わが國の家庭生活にどういう影響を與えたかについて研究し、討議する 11、未開社會の家の生活について先生の講義や書物からいろいろの知識を得て、それとわれわれの家の生活との異同について調べてみる、それについて討議してみる	八

單元の内容	學習活動	時數
2、中國との比較	12、専門家を招き、中國の家庭生活の特色について話をきく、中國の家庭生活と日本の家庭生活とを比較し、それについて討議してみる	八
3、西洋との比較	13、日本の家庭の生活と英・米・佛・露等の家庭の生活とを比較して、氣のついたことについて説明すること	
四、家庭の經濟 1、職業	14、各家庭の職業を調査し、發表する 15、職業によつて家の風が一致する點その理由を考える 16、父は社會のためどんな仕事をしているか、おしえてもらう 17、自分が職業をえらぶ場合はどれをえらぶか話合う	
2、財産	18、財とは何か、財産とは何か、本などをみて研究する 19、自分の家の財産はどの位あるか、しらべてみる 20、どんな風にして財産はできるか、失われるか討議する	
3、家計	21、自分の家庭で用いる實際の豫算をたてること、自分のつかうこづかいを家庭の經費全般から再検討してみる	
4、節約と貯蓄	22、家庭の經濟の失調を防ぐには、どんな心がけが必要かを話合う 23、家庭における節約の實態を調べ、これを學級に報告し討議する 24、いろいろな貯蓄の方法をしらべ、どれが簡便であるか、どれが有利であるか、どれが安心であるかを討議する	
5、經濟生活の安定	25、節約に役立つ道具の研究 26、ある期間、食物費の出納を受け持ち、又は、簡帳の記帳にあずかる。その結果氣づいたことを學級に報告する	
五、家庭生活の知識及び技術 1、消費の知識と技術	27、消費とはどんな行爲を云うか話合う 28、家庭は財の消費場である。それをとりまかわる家の者は、責任重大である。如何にしたらうまく消費してゆけるか研究する 29、食する、きる、おきる、ねる、殆んど間斷なく財を消費する。特に買	二〇

單元の内容	學習活動	時數
	物の仕方を研究する 30、買物を上手にするには、栄養知識、衣類知識、其の他、すべて必要となつてくる 31、消費の技術をうまくするため、研究の必要を知り研究する	
2、生産の知識と技術	32、生産は消費と密接な關係をもつ事を話合う 33、買う人があれば作る人がある、一國の消費を左右する主婦は、間接に一國の生産を左右する位置にある事を考え、生産についても責任をもつ事を研究する 34、生産とは何か。石炭をほりだしこれを需所に運ぶなど物の性質、形、量、位置等に變化をあたえて財の効用を増加させる事を説明する 35、生産の三要素とは何か説明をきく	
3、看護の知識と技術 a 醫師を招くまで	36、めいめいの家庭で醫師を招くまでどんな手當をしているか調査し發表する 37、素人判斷の必要を話し合い研究する 38、體温の常識、體温計の使い方等を研究する	
b 醫師の招聘	39、醫師の選擇、醫師に對する態度について研究する 40、招いた上の注意	
c 病状の觀察	41、容態表、病状日誌のつけ方を研究する 42、體温、脈搏、呼吸をくわしく調らべる 43、便通その他について研究する	
d 家庭常備藥品、家庭用病具	44、どんな藥品が家庭にそなえてあるか調べる、その藥品を色々分類して用法を研究する 45、藥品の保存、藥品の取り扱いに起りやすい、あやまりを話合う 46、各自の家庭にどんな衛生用品がそなえてあるか調べその取り扱い方を實習する	

單元の内容	學習活動	時數
e 病人の看護及びけがの手當	47、看護した經驗を作文にして發表する 48、むずかしかつた事、やさしかつた事を討議する 49、自分や他人のけがの經驗を互いに發表し、けがをしないように、どんな注意をしているか話合う 50、けがや急病の手當法の實習	
4、調理の知識と技術 食物のとり方	51、自分やほかの人の病氣の原因について發表する 52、量の不足と健康について話合う 53、口から入つた食物が體内でどんな働きをするかについて研究する 54、主要食品についてその榮養價を考える 55、自分の辨當の食品の榮養素を調査する 56、榮養價を十分にするにはどうすれば良いかを話合う 57、保健の上から食事についてその注意を話合う 58、食事の際に實行している禮法を調べ話合う	
b 調理法	59、各家庭で行つている調理法を發表する 60、野菜魚肉鳥の調理法を實習する	
c 加熱料理の特色	61、にる、ゆでる、むす、焼く、いる、あげる、飯炊き等を研究する 62、練習をつみ技術をのばし應用料理にまで行く	
5、裁縫の知識と技術	63、糸の種類について研究する 64、布の成立ち布の丈夫さを調べる 65、布の名前を各自もちより研究しおぼえる 66、裁縫の基礎的技術をしつかり身につける 67、針のつかい方運針を始めとして、まつりぐけ、穴かがり、千鳥ぐけ等練習する 63、自分の身に必要なものから大きなものへと進めて行く	

單元の内容	學習活動	時數
	69、寸法の測り方、原型のひき方、布の裁ち方、かりぬいの仕方、本縫の仕方等を研究する	
6、災害の豫防	70、家の中で起りがちな不慮の災害について表を作つてみる 71、火災を豫防するための方法を研究してみる 72、盗難の豫防について研究してみる	
六、樂しい家庭生活の建設	73、自分と兩親との關係は今まで通りの日本の親子の關係と一致するだろうか。それに答えられるように、家庭の歴史的な發達を研究する （註一年單元二ノ37）	六
1、父母とのつきあい	74、母の手助けをする十通りの方法を表に作ること。同樣の表を、父、姉妹、兄について作る	
2、兄姉、弟妹とのつきあい	75、クラスで兄弟仲のよいと云われている人は誰か話合う 76、どんな心掛でいるのだろう。どんな兄弟だろうか話合う 77、弟妹のあいてをよくして、一家樂しく親の手助をしてほがらかな家庭生活をいとなむ事を話合い實踐する	
3、われわれの仕事	78、一週間の家庭における各自の分擔する仕事の表を作る。 79、合衆國やイギリスその他の國々の家庭では仕事をどういうふうに分擔しているかということについて、自分の學級に短い報告をする	
4、家庭の和樂	80、自分の家庭生活のすべての方面で、家庭をいつそう明るく、面白く美しく、住みよい所とするために實際にできる計畫をたてることの計畫を實際にあてはめてゆく。 81、家庭の和樂のために、遊びや休養を考えてみる。それを自分の家庭にとり入れる 82、どこかへ家族といつしよに行樂する計畫を立てる 「〇〇へのわが家の行樂」という題で作文を書く 83、理想的な家庭に對する自分の考えを書いてみる。これを學級で朗讀し	

單元の內容	學習活動	時數
七、政治の民主化が家庭生活に及ぼす影響 1、新憲法 2、民法 3、今度の戰爭 4、職業の變化 5、男女の關係	批評をきく 84、自分が理想的と考える家庭や家族のことを歌う詩をつくる 85、近所の家庭や親類を招いて「夕べのつどい」をする計畫を立てる 86、新憲法の中で家の生活に關係している條項を取り出して、現在の家庭生活と比較して研究してみること。なぜそのような條項が重要であるかについて討議する 87、新しい民法の中で、家の生活に關係している條項をとりだし、これを研究する 88、疎開や戰災などによつて、家庭生活がどういう影響をうけているか。新聞などの記錄を集め、學級に報告する 89、民生委員をたずねて、失業、病氣、貧困、主人の死亡等が家庭生活にどんな影響を與えているかを聞き、學級に報告する 90、「婦人の職業と家庭生活」という題で作文をかいてみること。婦人の職業で古くからあるものは、どういうものか。新しいものはどういうものか 特に母が職業を持つている場合、子供にどういう影響を與えるかについて討議する 91、家庭における男性と女性及び男兒と女兒との關係という主題について學級の前で小人數のグループがテーブルを圍んで討議する	六

單元 3・今日の日本　（一年　九月——十二月）

標目	
理解	1、鄕土の自然環境について理解させる 2、鄕土の產業の現況について理解させる 3、鄕土の持つ資源について理解を深め、その保全に對して關心を深める 4、日本の自然環境の特色を理解させる 5、日本列島の地理的位置及び自然環境の長所、短所を理解させる 6、各地域の特色ある產業及び生活を理解させる 7、日本の持つ資源についての理解を深める 8、日本の資源を中心としての課題を認識させる
技術	1、地圖の取り扱いになれさせる 2、位地、方位、距離、地形、氣候、土地利用の狀態などが讀めるようになる
態度	1、日本の自然及び文化の狀態をあるがままに見る態度を養う

單元の內容	學習活動	時數
一、鄕土の自然環境	1、東京都は日本列島のどの邊に位するか。どの位の面積でどの位の人口を養い、人口密度はどの位になるか。これを日本の府縣と比較する 2、東京都の地理的位置はどんな有利な點や不利な點があるかを考え討議する 3、東京都の山地、丘陵地、平野の分布圖を描き、それらがそれぞれ大體どのくらいの面積の割合を占めているかを推定して報告する 4、東京都にはどんな川がどのように流れているかを調べ學級に報告する 5、東京都の山地丘陵はどのように利用され、又そこではどんな生活が營	七

單元の內容	學習活動	時數
	まれているかを調べて報告する	
	6、東京の氣候について調べ（平均氣溫、最低氣溫、最高氣溫、雨量）これを學級に報告する	
	7、東京の土壤はどんな成分からできているか調べ學級に報告する	
二、鄕土の産業の發達狀態及び資源	8、鄕土では茶がどのように生産されるか調査して報告する	五
	9、鄕土の農業の特色について調査し討議する	
	10、鄕土の天然資源の分布圖を作り鄕土の工業的發展に對する各資源の持つ現在の意味、及び將來の重要性について討議する	
	11、鄕土の水力發電力を見學しそれが鄕土の産業の發展にどんな意味を持つているかについて討議する	
	12、鄕土の火力發電所を見學しその産業に對する意義につき說明を聞く	
三、日本列島の地理的位置	13、日本列島の地理的位置の長所、短所を列擧して討議する	二
四、日本列島の地勢環境 1、山地丘陵地	14、日本の地勢圖から海拔百メートル以下百メートル以上千メートル以上千五百メートル以上の土地の分布狀態を調べわれわれの活動に對して地勢上有利な地方を概觀する	八
	15、日本の主な山脈を圖示してそれぞれの名前を記入する	
	16、日本の有名な高山を高さの順に並べた圖表を作りそれぞれの名前、高さ、その屬する山脈名を書き入れる	
	17、日本の火山分布圖によつて日本の火山がどんな排列を示しているかを調べて討議する	
2、平野 盆地	18、日本の平野ではたくさんの人口を支えているが世界のどこの平野でも同樣か、もしそうでないものがあれば	
	19、日本の主な平野について （1）その位置、名前　（2）人が多く住まない理由を調べて討議する	

單元の內容	學習活動	時數
	（1）その位置、名前 （2）そこを流れる川の名前 （3）低地と臺地の面積の大體の割合 （4）平野に發達している主な都市の名前を書いた表を作る	
	20、日本の主な盆地とその中心都市の名前を河川別にして列擧する	
3、海岸 4、島 5、近海	21、日本の海岸線の中で出入の多い岩濱及び單調な砂濱がそれぞれ長距離にわたつて發達している部分を圖示する	
	22、自然條件だけからいえばどんな地形の海岸に港が發達しやすいか、またどんな地形の海岸に發達しにくいかを考え討議する	
	23、海岸にいつたとき海岸の地形、波の作用、潮せき（汐）や潮流のありさまを觀察する	
五、日本の氣候	24、東京・北平・ロンドン・ワシントン・ヴエルホヤンスク・バタヴイアの月別氣溫雨量表を圖表にし京京の四季及び降雨の狀態が各地と比べてどんな特色があるかを調べて討議する	五
	25、札幌・鹿兒島・松本・潮岬の月別氣溫表から日本の四季の變化が土地の位置や地勢によつてどの樣に違うかを調べて報告すること	
	26、氣象の觀測所を見學して氣象觀測法や鄕土の氣象についていろいろ說明をきく、又氣象資料を寫させてもらい、これを利用して鄕土の氣候の特色を明らかにして報告する	
	27、夏の高溫多濕に對して鄕土の生活（衣食住）ではどんな適應がなされているかを調べて討議する	
	28、その他鄕土の生活樣式の中で氣候に深い關係を持つていると思われる點を列擧して討議する	
六、中央日本諸地方の自然環境 1、資源	29、關東平野の生活が利根川から受ける恩惠について短い作文を書く	
	30、關東平野の都市の分布圖を作り、また商工業の發達狀態の地域的相違	一〇

單元の內容	學習活動	時數
2、產業	を調べて報告する 31、京濱工業地帶に深い關係を持つて行われる關東地方の農業や漁業について調べて報告する 32、關東地方の行遊地休養地について調べて短い作文を書く 33、江戸時代に諸地方で新しく土地を開き產業を盛んにすることにつとめたが、その當時の經濟的事情について調べて討議する 34、富士山の斷面圖を作り表面の傾斜の變化狀態を調べる。また組で協力して富士山の模型を作る 35、中央日本の水系圖を描き地形圖と對照しながら （1）太平洋斜面と日本海斜面との分水界をできるだけ正確に記入する （2）各河川の流域面積圖を作る 36、中部地方の平野分布圖を描き主な都市を記入する 37、日本海沿岸の積雪の狀態及び積雪期間の生活について調べて報告する 38、世界の茶の生產地について調べ、またわが國の茶畠の分布、茶の生產及びその重要性について調べて報告する 39、北陸地方と東海地方の自然ならびに商工業の發達狀態を比較して報告する	
七、東北日本諸地方の自然環境 資源 產業	40、スキーがわが國に輸入された歷史を調べる、主なスキー場の分布圖を作る。雨の質が地方によつてどの樣に違うかを調べて報告する 41、名古屋附近の特色のある農業について調査し討議する 42、北海道の平野分布圖を描いて主な都市の名を記入する 43、北海道の一月と七月の氣溫から位置や地勢が氣溫の年變化にどのような影響を與えるか調べる 44、北海道の開拓の歷史を調べまた北海道の農業生活が他の諸地方と違つ	一〇

單元の內容	學習活動	時數
八、西南日本 1、諸地方の自然 資源 產業	つている點を調査して報告する 45、北海道の自然と深い關係を持つと考えられる產業を調べその將來について討議する 46、北海道の都市が他の地方の都市と違つている點を調べる、また主な都市についてその持つ意味（產業、交通）を簡單に書いた表を作る 47、リアス式海岸の成因について考える、また三陸海岸に大きな港が發達しにくい理由を考えて討議する 48、奧羽地方の平野分布圖を描き、平野の名前とその中心都市とを記入する 49、男鹿半島の成因について考える、また自分の知つている半島の中でこれと同じ成因を持つものの所在地を擧げ、さらにその成因を說明する略圖を描く 50、奧羽地方の鑛產資源について短い文を書く 51、大和朝廷は奧羽地方をどのようにして開いたかについて調査し報告する 52、近畿地方の都市人口分布圖を描き、商工業の發達狀態の地域的相違について短い說明をつける 53、近畿地方の行遊地、休養地の分布及びそれぞれの特色を調べて報告する 54、氣溫雨量表から山陰、瀨戸內海沿岸、南四國の氣候の相違を示す圖表を作り、又各地域の氣候に深い關係を持つ產業について調査する 55、中國地方の水田分布狀態にはどんな特色があるか、そのわけを調べて報告する 56、瀨戸內海の風景、潮流、交通について調べて報告する 57、中國、四國地方の都市人口の分布圖を描き產業の發達狀態の地域的相	一〇

單元の内容	學習活動	時數
	違について短い說明をつける 58、櫻島の噴火について調査して報告する 59、長崎の歷史が我國の文化の發展に及ぼした影響について調査して報告する 60、九州地方の都市人口分布圖を描き、産業の發展狀態の地域的相違について短い說明をつける 61、九州地方の行遊地、休養地の分布及びそれぞれの特色を調べて報告する 62、九州地方に開かれた歷史的な港はみな現在でも重要な意味を持つているが、もしそうでないものがあればなぜかを調べて討議する	
九、日本の資源 1、鑛産資源	63、地質學の專門家を招いて日本の地質の話をきく 64、日本の主な炭田について地質圖と對象してどんな時代にできたか、地層と深い關係があるかどうか調べる。又それぞれが日本の工業の發展にどんな必要な關係をもつているかをしらべ報告する 65、わが國の油田分布圖を描く。どの時代の地層及びどんな地形と深い關係を持つかを調べる 66、日本の鑛業や鑛産資源に關する新聞を切り拔いておき、これについて討議する 67、專門家に日本の鑛産資源開發の狀況及び將來の計畫について話を聞く	二
2、水力資源	68、日本水力發電分布圖を描き、その分布圖が自然とどんな關係を持つているかを調べる 69、發電に關する專門家を招いて話をきく 70、日本の電力のうち水力發電によるものと火力發電によるものとの割合を圖示する	

單元の内容	學習活動	時數
3、林産資源	71、主要な森林地の分布圖を描く、國有林の區別主要な製材地も書入れる 72、わが國の木材消費量の時代による變化を示す圖表をつくる 73、北海道の林産資源の重要性について短い作文を書く	
4、土壤資源	74、いろいろな土壤の標本を集める 75、鄕土の土壤の肥沃度を測定、農業試驗所へ依賴して肥沃度を高める方法を敎えてもらう 76、農林關係の專門家を招いてわが國の土壤問題、化學肥料の問題についての說明をきく	
5、水産資源	77、現在のわが國では水産業の增産にどんな計畫が立てられているか調べて報告する 78、わが國の近海ではどこでどんな漁業が營まれているか調べて討議する 79、わが國で行われている製塩法と朝鮮や中國の海岸で行われている製塩法とのちがいを比較する 80、日本の水産業に關する新聞や雜誌の記事を集めておいて、これをもとにしてわが國の水産業の將來について討議する	
一〇、自然美	81、鄕土附近で風景美で名高いところの分布圖を描き、これについていろいろと討議する 82、國立公園或はその他で風景美で名高いところ及びその風景の特色を調べる 83、日本の風景はこれまでどのように利用されて來たかを調べ外國の場合と比較する 84、わが國の觀光事業に關する新聞記事を集める、日本を世界的觀光地にするにはどうすればよいかについて討議する 85、鄕土の天然資源保存に對して自分らはどのような方法で協力できるか討議する	五

單元の內容	學習活動	時數
一、日本の課題 1、資源の保全と開發 2、人口問題 3、生產增强	86、日本の資源の開發は現在どういうように行われているかについて專門家の話をきく 87、日本の資源ではどの位の人口を養うことができるか、このままで人口が增加すれば五年後の日本の人口はどの位になるか、日本の人口問題を解決するにはどうすればよいかについて調べ報告する 88、生產を妨げているものはなんであるかについて資料を集めたり、人の話を聞いたりして調べ討議する 89、職業という點からみて日本人の長所短所を表にまとめてみる（手先が器用とか根氣がないなどに）	五

單元4　都市の生活（一年　一月―三月）

目標		
理解	1、都市（東京）生活が田舍の生活とことなっている點を認識させる 2、東京における生活には、どんな課題があるかを理解させ、すみよい東京を建設するため、どのように協力したらよいかを認識させる 3、昔の都市と、近代化された今日の都市とでは、その機能や市民の生活狀態に著しい相違のあることを理解させる 4、東京における工業、商業の役割を認識させる 5、日本における近代的工業の發達は、まだ不健全な狀態にあることを理解させる 6、日本における商工業地帶の現狀を理解させ、將來への關心を深める 7、都市（東京）生活を安全に護つてくれる施設について理解させる	
技術	1、地圖、統計、圖表などの取り扱い方に熟練させる 2、資料蒐集になれさせる	
態度	1、都市生活の改善に積極的に協力する態度を養う	

單元の內容	學習活動	時數
一、都市と田舍の生活 1、一日の生活 2、家計簿	1、私達の休暇中の一日の生活の思出話をする、私達の休暇中見た田舍の生活と都市の現在の生活と著しく異なつている點をあげる 2、田舍の家の家計簿を借りて來て支出、收入をグラフに書く 私達の家の家計支出簿からグラフを作り、異つている點について話合う	二
二、都市の人々の職業 1、特　徵 2、職業の變移 3、勤務先 4、東京に多い職業 5昔の人の職業 a江戶時代 b明　　治	3、私達の學校の父母の職業を調べ分類して各職業別のグラフを作製する 田舍の學校に於ける同じものを作り比較して見る 4、學校の父兄の職業內容を調べ勤務先は何處か分布圖を作製する 5、父兄の職業で三代以上共通な職に就いている人を調査して見てその少ない理由を話合う 6、職業別人口統計表を作製する。何が一番多いか、少ないか、又その理由について話合う 7、中世の江戶の人は主としてどんな職業についていたか、書籍により調べる 8、明治初期に於いても東京の人の職業はどうか、又その職業別統計を見る 9、江戶より明治時代になるに從つてどの樣な職業の變りがあつたかを調べ、その原因について話合う 10、私達の家は何時頃越して來たか調べる	四
三、交　際 1、都會人の轉出入	11、私達の家の近所で三代以上も續いて住んでいる家はどの位あるか調べて見る 12、私達の學校で東京が本籍地の人は何％位居るかを調べ、又別に表をつくつて見る	四

單元の內容	學習活動	時數
	13、（10、11、12）これらの表を參考にして都會における轉出入のはげしい理由について話合う	
	14、主として東京へはどの方面から來ているか話合つて見る	
2、私達の交際する人々	15、私達の家で最も親しく交際をしているのはどういう關係の人か調べてみる	
3、近隣と交際	16、自分の家の隣の人はどんな人か、その人との交際はどの程度か、感じた事を各自作文してそれを發表する	
4、田舍の人の交際	17、田舍の人は近隣とどんな交際をしているか、田舍へ行つた時見た感じを發表する	
5、東京人の交際の良い點と惡い點	18、私達の交際はどういう點が惡いか良いかを討議する	
	19、戰爭中あつた隣組は近隣の交際にどの様な役目をしたかを話合う	
6、隣組の役目	20、私達の近隣の交際は今後どの様に續けて行つたらよいか討議する	
7、江戸の人々の交際	21、江戸時代の江戸の市民は近隣とどの様な交際をしていたか、色々な本で調べてみる、その項の交際の良い點はどこか話し合う	
四、都市の人々	22、東京の人口數を調べ年齢別棒グラフを作製する	四
1、東京の人々 2、年齢の特徴	他の郡（埼玉縣入間郡）の人口年齢別棒グラフを作製し東京の都會と較べてみる	
3、人口の變化	23、東京の人々の増加を過去二十年にわたつて調べて表にする 人口の増加の原因を話合う	
4、人口密度	24、東京各區の人口密度を調べる日本の人口密度と比較する	
5、明治の人口	25、明治時代の東京はどうか調べ、また江戸時代の人口はどうか調べる	
五、住　居 1、東京と田舍の住居	26、私達の住居と田舍の住居と比較して異なる點について話し合う その理由についても話し合う	三
2、貸　家	27、都會の貸家、アパートの多い理由	

單元の內容	學習活動	時數
アパート	アパート生活の便、不便について討議する	
3、住居の設備	28、田舍の家より東京の家の住みよい點はどんな所か調べて發表する	
4、今後の住宅	29、戰爭のため家のない人に對して今後どの様な住宅を建てるべきか話し合う	
5、昔の東京の住宅	30、江戸時代の江戸の市民はどんな住宅に住んでいたか、老人よりの話とか書物によつて調べる	
六、水　道 1、水道の必要性	31、水道はどういう點で私達の生活に便を與えるかを討論する	二
	32、水道局へ行つて水道の利用狀況を調べて來る	
2、水道の經路	33、私達の家へ來る迄の經路を水道局で調べる	
	34、東京に入つている水道經路圖を書いてみる	
3、今後の水道施設	35、水道局は私達の水道利用にどの様な構想をもつているか、都の計畫はどうか、關係者より話をきく	
七、ガ　ス 1、ガスの利用狀況	36、ガスはどういう所に利用されているか調べ家庭のガス利用狀況を調べる	二
2、ガスの製造	37、東京で利用されるガスは何處で作られるかを調べ、又どの樣にして作られるか、ガス製造工場へ行つて見學する	
3、石　炭	38、石炭は主に何處から、どれだけ、どの樣にして輸送されてくるかを調べてみる	
八、保　健 1、私達の體 a、都會人の身體 b、惡い體の原因	39、私達の學校の身體檢査の結果と全國標準と比較してみる 自分の身體檢査表と全國標準と比べて自分の身體發達はどの程度か知る 都會人の惡い身體は何處に原因しているかを討議する	四
2、病　氣 a、都會に多い病氣 b、私達の注意	40、東京の過去一年間に起きた病人の概數を都の厚生課で調べ、どの病氣が一番多いかを見る、またその原因について話合う 41、この二つの調査により私達はどの樣な點に注意したらよいか討議する	

單元の内容	學習活動	時數
3、保健施設 a、都の病院數 b、醫師數	42、東京の主要病院の分布圖を作製する 醫師數を調べ人口に對する割合を見て他の郡（埼玉縣入間郡）の醫師數と人口との割合と比較する	五
c、病院の環境	43、病院の分布圖を見て病院の位置、環境を考えて良いか悪いか話合う 44、都會に於ては病院はどんな處に建てなければならないか話合う	
4、東京都の保健對策	45、東京都では都民の健康對策としてどの様な事に留意して、どの様な事を計畫しているか、關係者より話をきく	
5、公園の健康上の役割	46、公園の健康に對する役割について話合う	
九、私達の娯樂（東京都民） 1、娯樂費 2、種目	47、私達の家の生活費中娯樂費は生計費の何%を占めているかを見て田舎の家とどうか比較し話合う 48、市内の人は主にどんな所でどんなスポーツ・レクリエーションを行うか、（家庭或は職場における）各自が家の人より聞いて來て統計する	
3、娯樂施設 a、娯樂場の位置 b、娯樂場のふんいき	49、東京の各種娯樂場、競技場の分布圖を作製する 50、何故そこに娯樂場、競技場ができたか。話し合つて見たり人からきいたりする 51、娯樂場のふんいきはどうか。感じた點を作文にまとめる 52、ふんいきの良い點悪い點について話合い、その改良に私達はどの様に心掛けたらよいか、お互に討議する	
c、東京都の計畫	53、東京都では娯樂施設をどの様に計畫しているか。專門家より話をきく	
4、東京人の保養地觀光地 a、保養觀光に行くところ b、保養觀光都市の様子	54、東京の人は主としてどこへ休養を取りに行くか、又どこへ觀光に行くか私達に今までどこへ行つたかを調べる 55、私達が保養或は觀光に行つた都市は人口、町の繁榮、商業種目がどん様子かな發表する	

單元の内容	學習活動	時數
c、發達原因	56、その町は何故保養できるのか。その町は何故發達したか。その町の發達状況を調べて發表する	
d、特徴	57、その町の人口、職業別人口を調べてみる	
e、中世の保養都市	58、中世日本に於いての保養都市とされた市をあげその發達の原因、現在の状況を調べる、又その頃の面影がどう云う所に現われているかを調べて報告する	
一〇、犯罪 1、犯罪件數	59、東京の犯罪について警察へ行つて聞いて來る、そして發表する。 犯罪件數（過去一年）。種類。場所	二
2、警察の機構	60、自治體警察の機構及び署の人々の苦しみについて話をきく 61、東京警察署の分布圖を作製する	
3、犯罪の多い理由	62、犯罪の多い理由について話合う 63、少なくするにはどう云う施設を設けたらよいか個人としてどう云う事に注意したらよいかを討議する	
4、江戸の警察	64、江戸時代における警察制度の移り變りを書籍によつて調べて發表する	
一一、東京の政治 1、東京の政治 議會	65、東京の政治はどの様に行われているか。都議會を傍聽したり議員より話をきく	四
2、日本における位置	66、東京の日本における政治的地位はどうかを話合う 67、東京は日本に於けるどの様な地位を占めているかを地圖を見て話合う 氣候はどうか調べる	
3、江戸の發生	68、東京は昔どの様な政治的地位をしめていたかを書籍によつてしらべる	
4、役所の所在地	69、東京は主として何處に役所があるかを調べ分布圖を作る	
5、政治都市 a、昔の政治都市の發生	70、奈良、平安時代の政治都市につきその頃の都市の様子、市民の生活はどうか、古書により調べる 71、日本に於ける城下町として發達した都市としてどんな例があるかを書籍で調べる、又その原因について討議する	

單元の内容	學習活動	時數
b、城下町	72、昔の城下町はどの様な状態であつたか書籍により調べ發表する、城下町は現在どの様な都市になり、どんな役割を營んでいるか、書籍により調べる	四
c、地方政治の中心地	73、現在、縣廳のある町の交通、敎育、工業、商業、人口について書籍、年鑑により調べてみる、報告書を出す	
二、東京の工業	74、東京（主要）の工業地區分布圖を書く	
1、發達の原因	75、その工業地帶の發達の原因について話合つてみる	
2、製品の經路	76、工業製品は如何なるものか。製造過程はどうか、それらは主としてどの様な徑路をとつて何處へ出されるか、原料はどこからくるか、その地の主要工場へ行つて聞いて來て報告する（レポートの作製）	
3、工業と都市の關係	77、世界に於ける工業地帶分布圖を作製、その地方の都市の發達とどのような關係にあるかを話合う	
4、鑛山都市	78、原料供給地にはどんな都市が發達しているかを書籍によつて調べ發表する、又その地に明るい人に市の様子を聞く	
5、工業都市	79、江戸時代の東京の工業はどうであつたか古書で調べて報告する	
	80、日本に於ける工業都市をあげ、その發達の原因を書籍によつて調べる	
	81、中世に盛であつた工業都市を調べ、現在は發展しているか、おとろえたかを調べその原因を考えてみる	
6、工業都市の特徴	82、東京の職業別人口統計を見て工業勤務者は全體の何%位をしめているかを調べる	
三、東京の商業 1、買物 a 便、不便	83、私達の現在の生活と疎開中の生活の中で、買物についてどの様に便利になつたか、又どの點が不便になつているかを話合つてみる	四
	84、私達の家の家計簿を調べて主としてどの様な物に支出をしているかを見る	

單元の内容	學習活動	時數
b 店の種類	85、私達の家の近所の店は主にどのような物を賣つているか調べてみる	
c 賣る品目	その品物は主に何處からどんな經路でくるかを聞いて報告する	
	86、農村の店で賣るものと異るかどうか話合う	
2、主食供給	87、東京で配給される主食は主に何處から來るか公團へ行つて聞いて見る 東京内ではどの位の主食がとれるか調べ、東京全體の配給量と比較してみる	
3、野菜供給	88、東京へ來る野菜はどうか87と同じように市場へ行つて聞いてみる	
a 產地	都市には野菜の供給地をどの邊に置いたならば良いか話合つてみる	
b 供給地の位置	89、私達が電車に乘つて買物に出かけるのはどの様な時に、主に何處へ、又どんな物を買いに行くかを話合つてみる	
4、商業地區	90、東京の商業地區分布圖を作製する	
a 位置 b 賣る品目	91、どんな品物を賣つているか調べてみる、物價は近くの店と較べてどうか、同じ品物を數種について調べてみる	
c 昔の状態	92、昔その商業地區はどうであつたかを郷土史で調べたり、老人の話を聞いてまとめる	
d 發達の原因	93、商業地區の發達した原因について調べ話合う	
e 販域	94、商業地區はそれぞれどの地區から買物にくるかその地區へ行つて店の人から聞いてみる	
	95、東京の商業地區は、色々都民の便より考えてどの様な形でどの邊に置いたらばよいか	
5、商業都市	96、日本に於いて商業都市と云われている都市の例をあげる	
a 商業都市の人の職業	97、その都市の職業別の人口統計を調べてみてどこに特徴があるかを話合つてみる	
b 發達原因	98、その都市の發達の原因について、地勢、交通、產業、人口を調べ討議してみる	

單元の內容	學習活動	時數
一四、交　通 1、東京の交通 a　便不便	99、日本に於ける中世の商業都市は現在如何であるかを書籍で調べ、その理由を討議してみる 100、現在の東京の主要交通圖を作製する 101、私達の生活で交通の不便な點、便利な點はどうか話し合つてみる 102、昔の東京の交通は何によつたか、書籍で調べる	四
b　昔の東京の交通	103、昔の道路はどの樣な役目をしていたか、又その道路は現在どの樣な役目をしているかを調べ發表する	
2、貿易都市	104、東京の貿易港として横濱がどんな發達をしたか、その原因を調べて發表する 105、日本に於ける貿易都市をあげその發達の原因を調べてみる 106、中世の貿易都市として榮えたものをあげ、その原因について調べ發表する 107、貿易都市はどの樣な原因で發達するかを討議する	
3、水運の利用	108、昔東京の水運はどの樣に利用されていたかを書籍により調べ、又現在どの樣に利用されているかを調べて發表する 109、今の東京の主要交通圖と二十年前の交通圖と比較してみて、東京がどの方面に發達しつつあるかを話し合う	
4、都市と交通	110、日本に於ける交通圖を書き主なる都市と交通との關係を調べ、交通が都市の發達にどの樣に貢獻しているかを話合う	
5、交通都市	111、交通の分岐點の爲發達した都市の例を擧げてみる	
6、東京の交通量	112、東京の鐵道交通量は過去十年間にどの樣な變化をしているか、これを調べて表を作る	

單元の內容	學習活動	時數
7、交通事故	113、過去一年の交通事故數、種類等を警察に行つてきいて表にする	
8、交通計畫	114、交通事故を少くするにはどの樣に道路や鐵道を建設すべきか討議する 115、私達は交通事故防止にどの樣に協力したならば良いか話合う 116、都へ行つて交通計畫について係の人より話をきく 117、現在のラッシュはどういう事に原因しているか、又ラッシュをなくするにはどんな事をしたならば良いか話合う	
一五、東京の教育	118、東京の大學、高等學校の分布圖を作製する	
1、東京の教育施設	119、東京に多くの學校のできた原因は何か、話合う	二
2、教育行政	120、東京の教育行政はどのように行われているかを教育局へ行つて調べてみる 121、學校のある地域では主にどんな商賣が發達しているか、都內の各學校所在地について調べてまとめる	
3、學校都市	122、日本の都市で、大學、專門學校は主にどんな都市にあるか調べてみる	
一六、宗　敎	123、私達の家庭の宗敎の種別を、統計してみる、又田舍の學校の生徒の家庭の宗敎の統計と比較してみる、どのような點に相違があるか話合つてみる	二
1、迷信と宗敎 a　宗　敎 b　迷　信	124、私達の生活にどの樣な迷信があるか、調べてまとめる。又私達の田舍にどんな迷信があるか調べて比較してみる。どうして都市には迷信が少いか話し合う	
2、宗敎都市	125、家族の人達のうち、信心深い人は有名な神社佛閣へお參りに行くが、主に何處へ行くだろうか調べる 126、神社、佛閣のある所には、主として、どの樣な店があるかその人々よ	

單元の內容	學習活動	時數
	り聞いてみる	
一七、東京の災害對策 1、火災	127、中世門前町として發達した町を書籍で調べてみる、調べた門前町の商業地區、道路、交通網について調べ、中世の頃の樣子についても書物で調べる 128、その町の發達狀態を調べる、又發達原因を話合う 129、東京の火災事件數を調べ、その損害を各區別にグラフに書く、その原因について調べる 130、火災の多い所は主としてどんな場所が多いか話合う 131、東京の消防署の數及び位置を調べる 132、現在の消防方法について研究する、江戶の消防方法はどうかを書物により調べる	四
2、大風、洪水地震	133、私達は火災を少くするにはどの樣な事に注意しなければいけないかを話合う 134、東京の大地震、大風、洪水のあつた時代、その被害狀況を調べる 135、大風、洪水、地震に對して私達はどの樣な準備を必要とするか 136、都としては災害に對してどの樣な計畫がなされているか、都へ行つて聞きこれを學級に報告する	
一八、美しい東京 1、都市計畫	137、私達が現在の東京で見苦しいと思うことについて話合う、又、それを美しくするにはどうしたらよいだろうかについて討議する 138、東京の樣な大きな市についての都市計畫を考え、自分で圖を書いて見る 139、都市計畫關係の人から東京の都市計畫について講演を聞く	四

一八、日本の都市	140、日本の主要な都市を地圖でくらべ、それを工業都市商業都市その他各種都市に區分してみる、又各都市の人口について調べる 141、各都市の職業別人口統計を作つてみる 142、その都市の職業別人口統計にどんな特徵があるか調べる 143、その都市の發達した原因は何處にあるか調べ報告する	

單元 5・新聞とラジオ　（一年　四月――六月）

目標	
理解	1、現在における新聞の利用狀況についての理解 2、現在におけるラジオの利用狀況についての理解 3、新聞記事の種類についての知識 4、紙面の構成、編集の苦心についての理解 5、新聞記事の內容、表現、表記法の特色についての理解 6、新聞が家庭にとどくまでの仕事の順序及びその內容苦心についての理解 7、ラジオの番組が家庭の受信器に入るまでの仕事の順序、內容、苦心等についての理解 8、新聞の歷史についての理解 9、ラジオの歷史についての理解
技術能力	1、新聞を讀解する能力 2、ラジオをきく能力 3、上手な新聞のよみ方 4、上手なラジオのきき方 5、學校新聞をつくる能力 6、新聞を利用する學習の技術 7、ラジオを利用する學習の技術

目標		
	態度	1、新聞をたんねんによむ態度 2、ラジオを注意してきく態度 3、新聞記事やラジオによつて生きた學習をしようとする態度 4、新聞記事をよく整理して保存し、利用しようとする態度 5、新聞記事を批判して讀む態度 6、學校新聞を發行することに關心と熱意をもつ態度

單元の內容	學習活動	時數
一、新聞の利用状況についての調査 1、利用の程度 2、讀解力の程度 3、關心の程度	1、新聞の利用状況について次のような調査をする 家庭でどのような新聞をとつているか どの程度よんでいるか 一日のうちのいつよむか どのような記事をよむか、なぜか 新聞用語は難しいか、今朝の新聞の見出しの中いくつわからないことばがあつたか 內容は難しいか、どこが難しいか 新聞をよむことによつてどのような利益を得るか 新聞に對してどのような希望をもつか 2、右の結果をまとめて表につくる 3、右の結果について話合いをする	三
二、ラジオの利用状況についての調査 1、利用の程度	4、ラジオの利用状況について次のような調査をする どの程度ラジオをきいているか それは家庭の受信機によるか いつ聞くか	三

單元の內容	學習活動	時數
2、理解力の程度 3、關心の程度	どのような番組のものをよく聞いているか、なぜか 放送用語は難しいか、どの程度わからないことばがあるか、わからないことばがあつたらどうするか 內容は難しいか、どのような種類の放送內容が難しいか ラジオを聞くことによつてどのような利益を得ているか ラジオに對してどのような希望をもつか 5、右の結果をまとめて表をつくる 6、右の結果について話合う	
三、新聞のよみ方 1、記事の種類 2、紙面の構成、政治記事 社會的記事、寫眞、文藝 漫畫、廣告 3、編集の苦心 4、新聞記事の特色 a 內容 b 表現 c 表記法 5、新聞のよみ方 a 選擇 b 記事の種類とよむ態度 c 切拔、メモ d 新聞社の態度の比較	7、新聞記事を內容から分類するとどのような種類があるか、という事を數日の新聞を比較して分類する 8、どのような種類の記事がどのような所へ收められているか調べる 9、記事の排列にどのような苦心がはらわれているか、なぜか、ということについて討議する 10、同じ日づけの種々の新聞を比較してその編集の方法を比較する 11、新聞記事の內容がどのようなことにわたつているか調査する 12、新聞記事はどのような表現をしているか、なぜかということについて調べる（記事の內容による表現の相違も） 13、活字の種類、大きさ、使い方等について參考書を調べ表にかいてみる 14、漢字の數や難しいことばの數を調べ、敎科書のそれと比較する 15、どの樣な記事をよむことが大切かということについて討議する 16、どのような記事はどのような態度でよんだらよいかということを討議する 17、記事を切拔、メモを作り、一つの事件に對する事件の推移、世論の動きを纏繹的にしらべてみる 18、同じ日附の同じ內容の記事を比較して各社の態度について討議する	五

單元の内容	學習活動	時數
四、ラジオの聞きかた 1、放送内容 2、番組 3、編集の配慮 4、放送用語 5、新聞との比較 6、ラジオのききかた a 撰擇 b きく態度 五、新聞がつくまで 1、新聞社の組織 2、通信社 3、新聞が出來るまで a 記事の蒐集、ニュース 寫眞、論說、文藝 廣告、投書 b 記事の撰擇 c 編集 d 校正 e 印刷 活字、植字、紙型	19、右のようなことを整理して「新聞のよみかたについて」という論說をつくり發表する 20、ラジオの放送内容を分類してまとめる 21、どのような時間にどのような放送があるか、調べて表にまとめる、またその理由も考える 22、週間の番組を調べて放送内容、日割、時間割の配慮を調べる 23、放送用語の難易、新聞用語との比較について話合う 24、アナウンサーの發音語調について私達の話し方と比較して考える 25、新聞と比較して放送内容、報道機關としての長短等を比較する 26、どの放送をきくべきかという撰擇の基準について考える 27、どのような態度できき、どのように生かしたらよいかという事を放送の各種について考えをまとめる 28、「ラジオのきき方について」という論說をつくり發表し討議する 29、新聞社がどのような構成をもつているか又その役割はどうかということを新聞社へ行つて調べる 30、世界にはどのような通信社があるか、どのような役割を果しているかということを參考書によつて調べる 31、各種の記事、寫眞等がどのような方法でどこへ集つてくるか、誰がどのように活躍するか調べる 32、どのような基準と方法で記事が取捨選擇されるか調べる 33、誰がどのようにして編集するか調べる 34、校正はどのようにしてなされるか調べる 35、印刷はどのようにしてなされるか、新聞社の印刷工場を見學し、その工程をしらべる	五

單元の内容	學習活動	時數
巻取紙、輪轉機 f 所要時間 g 仕事の内容と適格者 4、家庭にとどくまで a 荷作り發送 b 輸送 c 發達 5、新聞社の苦心 六、受信機に入るまで 1、日本放送協會、放送局 2、番組 3、放送の準備 4、放送―受信	36、記事の〆切から印刷が終るまでに各所で要する時間をしらべる 37、各職場に於てどの樣な人が適材か調べて表をつくる 38、或日の新聞について、以上のようなことについて新聞社の人に具體的に話してもらう 39、どこでどのように荷造りされ、發送されるか調べる 40、何によつて、どんな經路で輸送されるか調べる 41、毎日の新聞が、いつ販賣店につくか、どのようにして配達されるか、取繼所へ行つて調べる 42、「新聞がつくまで」を繪によつて表わす 43、新聞社がどのような點で苦心しているか、現在どのような障害があるか、新聞社を訪問してきく 44、日本放送協會がどのような組織をもつているか、どんな役割を果しているか調べる 45、放送局はどのような組織をもちそれがどのように動いているか調べる 46、放送内容がどのようにして得られるか、どこへ集められるか調べる 47、番組はどこで編成され、どのような考慮が拂われているか調べる 48、一週間のプログラムを集めて時間割をつくり、適當かどうか討議する 49、放送の準備としてはどのようなことが注意されるか調べる 50、テストがどこで、いつ、どのようにして行われるか調べる 51、實際の放送がどのようになされるか調べる 52、放送の原理について簡單に學習する 53、受信機を組立てる 54、實際に放送をしてみる	八
七、新聞の歴史、使命 1、發生	55、どのようにして發生したか、初期の形態はどのようであつたかについて調べる	一〇

單元の內容	學習性動	時數
2、原始的な形態 3、貢獻した人々 4、新聞の影響、恩惠、使命 5、發達の原因 6、世界の新聞 7、日本の新聞 八、ラジオの歷史使命 1、發　生 2、發達の原因、必要 3、貢獻した人々 4、ラジオの影響、恩惠使命 5、日本のラジオ事業	56、どのような必要から發達したか參考書によつて調べる 57、新聞の發達について貢献した人々の事績を調べる 58、新聞の發達によつて、どのような影響恩惠を與えたか新聞はどのような使命をもつているかについて話合う（日本新聞倫理要項） 59、世界各地の新聞の發達のあとを調べる 60、日本の新聞の歷史、現狀について調べ、新聞の年表をつくる 61、ラジオは何時、どのようにして發明されたか調べる 62、その後の發展について調べる 63、ラジオの與えた利益、影響その使命について話合う 64、ラジオの發達に貢献した人々の事蹟を調べる 65、日本のラジオの歷史について調べる 66、ラジオの發達の年表をつくる	八

單元6・學校と民主社會　（一年　一月――三月）

標目		
理解		1、社會的要求としての敎育の意味と社會の機能としての學校の意味を理解させる 2、わが國の學校制度の發展について理解させる 3、現在の敎育行政制度について理解を與える 4、學校の組織や機能について理解を與え 5、社會に行われている敎育施設に理解を與える
技術		1、新聞やラジオ、その他の手段によつて、情報を集める技能を養う 2、人と會見して知識を得る技術を養う 3、社會敎育施設を利用する技術を養う
態度		1、學校生活を責任感を持つて協力して發展させようとする態度を養う 2、自分達の學校生活を改善し民主化しようとする態度を育てる 3、學校生活を有効に營もうとする態度を發展させる 4、社會敎育施設を愛護する態度を養う

單元の內容	學習活動	時數
一、社會と敎育 1、人類と敎育 2、民主社會 3、敎育の機能 4、私達の生き方考え方 5、敎育の歷史 （Ⅰ）外　國 （Ⅱ）日　本 6、日本の現實と敎育 （Ⅰ）日本の復興と敎育の役割	1、人間の世界と動物の世界とはどのように異るか、その相違はどこから生ずるかということについて話し合う 2、敎育が人間の社會に對してどのような働きをしているかについて話合う 3、民主社會とはどのような社會であるか、參考書を調べ發表する、その發表に基づいて話合う 4、民主社會の中でわれわれはどのように生き、どのように考えなくてはならないかということについて話合つてみる 5、敎育が民主的な社會において、どのような役割を果しているかということについて報告書をつくり、發表して話合う 6、なぜ私達は學校で學ばなくてはならないかということについて考えをのべる 7、敎育はどのような必要から起り、どのように發達して來たかということについて參考書を調べ報告書を作成する（制度、施設） 8、外國の敎育史の年表をつくる 9、日本の敎育史の年表をつくる 10、現在の日本がどのような狀態にあり、敎育が日本の復興に對してどのような役割をもつているかということについて意見を述べあう	一五

單元の內容	學習活動	時數
(Ⅱ) 現在の學校 學校の數 教師數 生徒數 (Ⅲ) 現在の教育上の問題 (Ⅴ) 問題の解決 二、教育の制度 1、學校關係の法規 (Ⅰ) 憲　法 (Ⅱ) 教育基本法 (Ⅲ) 學校教育法 (Ⅴ) 教育委員會法 2、現在の教育行政制度 (Ⅰ) 文部省 (Ⅱ) 地方教育委員會 (Ⅲ) 舊制との比較 3、教育豫算	11、日本では現在どのような教育施設があり、どれだけの生徒を收容しているか、統計によつて調べてみる（小、中學校について） 12、現在の日本においては教育上どのような障害が起つているか、調査して發表する 13、この問題をどのようにして解決したらよいかということについて話合う 14、現在の教育はどのような法規によつて支えられているかということについて調べる 15、教育と憲法の關係について調べる 16、教育基本法とはどのようなものか、どのようなことが述べられているか調べる 17、學校教育法とはどのようなものか、どのようなことが定められているか調べる 18、教育委員法とはどのようなものか、どのようなことが定められているかについて調べる 19、教育に關する法規の精神がどのような所にあるかということを調べて話合う 20、現在の教育行政がどのように行われているか調べる 21、文部省の機構はどのようになつているか、どのような役割をもつかについて調べる 22、地方教育委員會の組織と、その役割について調べる 23、舊制度と比較して、どのように變つたか、どのような目的で變つたかということについて調査し話合う 24、日本の教育豫算は總額いくらか、全豫算に對してどの位の率を占める	一〇
4、六、三、三、四制 5、ＰＴＡ 三、學校の機能 1、幼稚園 2、小學校 3、中學校 4、高等學校 5、大　學 6、特殊學校 7、通信教育	か、外國の例と比較して多いか少いかということについて調査する 25、教育豫算はどのようにして定められ、どのように使用されるか、私達の學校生活とどのような關係があるか調査して發表する 26、新しい教育制度はどのような課程をもつているか、六、三、三、四制とは何かについて調べる 27、新舊の教育制度はどのような相違があるか新しい制度の特色はどこにあるかということについて調べ意見を述べよう 28、Ｐ・Ｔ・Ａはどのような精神から設けられたか、どのような使命をもつかということについて父母にたずね、その結果を發表する 29、現在の學校の種類を調べて分類し、表にあらわす 30、幼稚園はどのような兒童を對象とし、どのような役割を果しているか、幼稚園を訪問してたずねる 31、小學校、中學校の教育上の役割について學校教育法を調べ、話合う 32、高等學校は教育上どのような役割を果しているか、學校教育法によつて調べ發表する 33、大學は教育上どのような役割を果しているか、教育基本法によつて調べ、發表する 34、大學には教育內容の上からどのような種類があるか、どのような學部があるかについて調査する 35、特殊學校にはどのようなものがあるか、その學校の目的は何かについて調査する 36、通信教育の制度とその方法について調査する 37、めいめいの將來の志望を考えて、そのためにはどのような學校を選んだらよいかということについて意見を述べあう 38、現在の父兄の職業と出身學校の關係を調べ、表をつくる	一〇

單元の內容	學習活動	時數
四、學校外の敎育	39、學校外の敎育施設について話合う 40、日本の圖書館の數と、東京の圖書館の數を調べ、分布圖をつくる 41、博物館について同樣の仕事をする 42、研究所にどんなものがあるか調べる 43、最近一カ月の新聞や雜誌、ポスターで講習會がいくつあつたか、どのようなものがあつたか調べる 44、一年間に出版された書物の數を分類して表にし、グラフにあらわす 45、現在の雜誌の種類と數を調べて表にする 46、ラジオ、新聞、芝居、映畫などについて、自分たちがどれだけ影響をうけるか話合う	一〇
五、私たちの學校	47、學校の敎育と社會の敎育ということについて話合う 48、私達の學校は他の學校とどう違つているかについて話合う 49、その違いが私達にどう影響しているかについて作文をつくる 50、私達の學校の行事を調べて自分たちの希望を話し合う 51、先生たちが學校でどのような仕事をしているか話をきく 52、學校でどれ程費用を使つているか、どのようなことに使つているか、調べて表にあらわす 53、父母と先生の會の豫算について、それがどのように使われるか、學校の運營にどれだけ役立つているかについて話をきく 54、自分達一人當りどれだけの敎育費用がかけられているか計算する 55、私達の學校の設備について改善すべき點をあげ、どのようにしたらよいかについて話合う 56、私達の學校の長所短所について設備、內容、校風等の種々の角度からながめて話合う	一五

三六〇

單元 7・スポーツとレクリエーション （一年 十月——十一月）

目標	
理解	1、現代生活におけるスポーツとレクリエーションの意義と必要性を理解させる 2、スポーツ、レクリエーションにはどんな種類があるか理解させる 3、スポーツ、レクリエーションのえらび方を理解させる 4、餘暇利用の知識と能力を發展させる 5、勞働能率の向上と、レクリエーションの關係を認識させる
技能	1、スポーツに對する技術をたかめる 2、レクリエーションに對する技術をたかめる
態度	1、公共の休養、娯樂施設を愛護し、正しい利用の態度を養う 2、レクリエーションをより科學的に行おうとする習慣を養う 3、集團的レクリエーションを通して、他の人々と協力する態度を養う 4、自分に適するレクリエーションの發見と、少ない時間にこれを樂しむ習慣とを養う

單元の内容	學習活動	時數
一、私達の學校で行うスポーツレクリエーション	1、私達の學校の生徒は一般に學校でどんな運動を好むか調べて、男女、學年別に表を作る	一五
1、私達の好きなスポーツ	2、私達の學校の生徒は一般に學校でどんな遊びを好むか表を作る	
(1)スポーツ	3、この表を見てその運動は私達中學生に適しているかどうか討議する	
(2)遊び	4、私達は休けい時どのような遊びをするか色々あげてみる	
2、休けい時に行うスポーツレクリエーション	5、私達がそのような遊びをするのは何故か 私達の疲勞回復に役立つているかどうかを話合う	
(1)休けいの利用	6、私達の短い休けい時に最も有効に手輕にできるのは何か話合う	
(2)休けい時のレクリエーション	7、休けい時における簡單な遊びを工夫して發表する、實際に行つてみる その長所短所について話合う	
3、放課後行うスポーツ、レクリエーション	8、私達は放課後どんな運動をしているかあげてみる 放課後の運動は主としてどんな運動をすべきか、話合う	
(1)種目	9、放課後の運動としてどの運動はどの位の時間して歸宅するのが適當か	
(2)運動選擇	話合う	
(3)運動時間	10、私達の學校の校友會の運動部はどんな活動をしているか、各班代表より近況の報告をきく	
4、校友會として行われるスポーツ	11、各班選手に運動を見せてもらう	
(1)現在の種目	12、校友會で行われている運動各部は主としてどんな目的の爲にあるのか討議する	
(2)運動の仕方	13、各班代表に運動の仕方について説明してもらう	
(3)各運動の長所、短所	14、學校の校友會で行われている運動はどのような季節が一番適しているか話合う 15 各運動の長所、短所について話合う	
(4)新しい運動部	16、どんな運動部を新しくつくりたいか話合う	
5、學校施設	17、運動の試合を見る 18、私達が校内で運動をする上に不便と思う點をあげその點を改良するにはどうすればよいか話合う 19、私達で解決できない點は學校當局と折衝する	
6、學校にて季節的時期によつて行うスポーツ、レクリエーション	20、私達が行つた遠足についての反省を話合い、良かつた點等について話合う	
(1)遠足	21、私達の遠足は何の爲に行われるのか討議する	
a 遠足の意義	22、私達の遠足の計畫をする	
b 遠足の計畫	目的地、目的、費用等について話合う 23、前の遠足の經驗よりして今度の遠足はどんな點に氣をつけたらよいか話合う 24、遠足を行つた後、反省を書いて出す	
(2)水泳	25、私達は泳げるか泳げないか調べて表を作る	
a 意義	26、泳げない者のなやみは何かいろいろ話合う	
b 注意	27、水泳に對するいろいろの注意を指導敎官より聞く	
c 練習計畫	28、水泳の練習計畫を立てる	
(3)運動會	29、運動會はどんな所が樂しいか、運動會について話合う、運動會は大體	
a 意義	何時頃がよいか話合う	
b 計畫	30、中學校の運動會としてはどのような種目をたてたらよいか話合い計畫する	
c 感想	31、感想文を書く、失敗の點を話合いノートに整理して來年度の運動會計畫者への參考として保存する	
(4)校內大會	32、私達が試合をして勝つた時負けた時の氣持を話合う、	
a 試合の時の態度、氣持	33、私達は試合にのぞむ場合にどのような氣持で試合にのぞむべきか話合う	

單元の内容	學習活動	時數
	34、態度はどうあるべきか討議する	
	35、私達が試合に勝つた時にはどのような態度、氣持を持たねばならないか討議する	
	36、私達が試合に負けた時には態度氣持をどのように持つべきかを討議する	
b 校內大會計畫	37、最も民主的に校內大會を計畫するにはどうしたらよいか話合う	
	38、校內大會について計畫する 日時、種目、代表選手	
c 應援	39、私達の應援はどのように行われたらよいか話合う 應援の態度につき注意すべき點について討議する 校內大會の場合の應援の仕方について定める	
d 勝敗の原因	校內大會中の態度、技術、氣持の持ち方について敎官より批評を受ける	
e 敎官の批評	40、校內大會で負けた原因、勝つた原因について互に研究してみる	
f チームワーク	41、試合の際のチームワークについて討議する	
g 主將の力	42、主將の指導力がいかに試合の勝敗に影響するか話合う	
h 練習中の注意	43、私達の練習中どんなことに注意しなければならないか、スポーツ專門家、醫師を招いて話を聞く	
	44、その疲勞回復はどのようにしたらよいか話合う	
	45、私達の立場として練習（スポーツ）はどの程度にとどめるべきか話合う	
	46、練習に際し學校生活における餘暇を充分活用する方法を話合う	
i 苦しいスポーツの樂しみ	47、練習中に苦しかつた經驗について話合い、苦しいスポーツの樂しみは何かについて考えてみる	
二、家庭におけるスポーツとレ	48、家庭において私達は餘暇には主にどんなことをしているかあげ、それ	一五

單元の内容	學習活動	時數
クリエーション	は餘暇の使用に最も有效かどうか話合う	
1、家庭におけるスポーツ （1）種目	49、私達は歸宅後家庭でどのようなスポーツを行うか、共同で調べてみる、相手の必要の場合はどのような相手となされるかも調べてみる	
（2）勉强とスポーツ	50、私達が勉强に疲れた時、どのようなスポーツを行つたらよいか、話合う 家庭において行われるスポーツは私達の勉强の爲にどのような影響があるか話合つてみる	
2、家庭の娛樂	51、家庭を樂しく明るくする爲にどのような娛樂があるかを調べその得失について話合う	
	52、家庭をもつと樂しく明るくする爲にどのようなことをしたらよいか、工夫してみる	
	53、それを行つてその得失について報告する	
（1）ラジオの娛樂報送、音樂	54、ラジオは私達の娛樂にどのように役に立つているか話合う	
	55、私達は娛樂としてどのような本をよむか（共同）調査する	
	56、そのよむ本が私達に適當であるかどうか話合う	
3、家庭の休養	57、私達家族の人々は仕事に疲れた時などどのような休養をとるかを話合う	
（1）入浴	58、入浴は私たちの體の爲にどの樣な働きをするか話合う	
	59、入浴の適當な時期はいつか又入浴中入浴後の注意を話合う	
（2）睡眠	60、私達は睡眠時間をどの位とるか調査する	
	61、私達はどの位の睡眠時間が適當か話合う	
	62、睡眠のとり方（ひるね及びその他）について研究しどの樣な時にひるねをすれば一番効果的か話合う どの樣な睡眠のとり方をすれば最も疲勞回復に役立つか話合う	
	63、母、祖父、祖母は睡眠時間をどの位とつているか調べる	

單元の內容	學習活動	時數
(3)あんま	64、肩のこりを直すのにもむのはどうしてか書物でしらべてみる	
(4)飲食	66、私たちの體の疲勞回復に最も適當な食物はどんな物か、專門家から話を聞く 67、私たちは食事を最もたのしく行う爲にどんな事をしているか話合う	
4、日曜日の利用 (1)日曜日のスポーツレクリエーション	68、私達は日曜日は主としてどんな事を行うか調べてみる(日曜日の全生徒の生活を調査する)日曜日にはどんなレクリエーションが行われるか調査を元として調べる 69、日曜日に家族全體としてはどんなスポーツ、レクリエーションが行われるか調査して話合う	
(2)旅行 ピクニック	70、家族とピクニックや旅行をした經驗及びその時の面白かつた事を話合う 71、家族とピクニックに行く場合はどんな所を選んだらよいか、又どんな所が適當か、交通公社へ行つて調べる	
(3)映畫、演劇	72、最近映畫、演劇、寄席にいつた人から觀た物についての話を聞く 73、私達が演劇を行つた事があるか話合い、その時の苦心を話合う 74、私達は主にどんな映畫演劇が好きか話合う	
(4)私達の娯樂運動設備	75、私達の家にどんな娯樂、運動設備があるか、又その設備はどのようにして活用されているか發表する 76、私の家の娯樂運動設備としてどんなものがほしいか、何故かを話合う	
三、家族のスポーツ、レクリエーション 1、父の運動 (1)種目 (2)長所短所	77、父は主としてどんなスポーツを行うか、又そのスポーツの仕方について話を聞いて報告する 78、父は何故そのスポーツを好むのか話を聞いてそのスポーツの長短について話合う 79、父の趣味はなにか、どんな趣味がこの學校の生徒の父に多いか	六

單元の內容	學習活動	時數
(3)趣味と レクリエーション	話合う。	
2、母のスポーツとレクリエーション (1)行う時 (2)趣味	80、母は一日の生活のうちにどの樣な時に休養を取るか調べる 81、母の趣味は何か、それを趣味に持たれた理由を聞き、その長短について話合う	
3、兄や姉のスポーツとレクリエーション	82、兄、姉は主に學校でどんな運動を行つているか調べる 83、私達の學校で行つていない樣な運動であつたならばその仕方を聞いて來て發表し、その長短について討議する 84、兄姉の行つている運動で私達には不適當なものはないか話合う、あればどこが不適當か話合う 85、お兄さんお姉さんはどの樣なレクリエーションをとつているか聞き、これを學級に報告する	
4、弟妹のスポーツとリクリエーション	86、小さい弟妹は主としてどんな遊びをしているか自分の妹や弟について觀察し、その遊び方を研究し發表する 87、私達が弟や妹と遊んでやる場合にはどの樣な點に注意せねばならぬか 88、私達で遊びを工夫して弟妹に敎えてやりその結果どうだつたか發表する	
四、家庭內のレクリエーションと交際	89、お正月その他、人が集つた時主にどの樣な遊びをするか、又その仕方等について話合いその樣な遊びは來客との交際關係にどの樣な影響を與えるか討議する	三
五、社會人の行うスポーツとレクリエーション	90、今度のお正月に友人を招いてレクリエーションを行う計畫をたてる 91、お父さんの職場の人々は主として仕事の休けい時にどの樣なスポーツレクリエーションを行うか聞く、又勞務者、事務員商人がそれぞれどん	二

單元の內容	學習活動	時數
1、父の職場の人々のスポーツとレクリエーション	なスポーツ、レクリエーションを行うか調べる 92、この樣なスポーツ、レクリエーションは仕事にどう影響を與えているか話合う	
六、社會に行われているスポーツとレクリエーション 1、クラブ、同好會	93、私達の中でレクリエーションやスポーツの同好會やクラブ等へ入つている人はいないか、調べその同好會は主として、どんな目的で行われているか、入つている人より發表を聞く	六
2、年中行事	94、私達の住んでいる町ではお祭の時どんな行事をするかを調べそれについて話合う、その行事の良い點、惡い點改良すべき點について話合う	
3、社會のスポーツ、レクリエーションの施設	95、私達がスポーツ、レクリエーションをする爲に社會にどの樣な施設があるか調べる 96、その施設を使用する場合に私達はどの樣な事に注意せねばならぬか討議する 97、効果的に使用するにはどうしたらよいか話合う 98、社會の施設で私達がスポーツ、レクリエーションを行う時の不便はどんな事か發表しその不便を解消する爲にはどうしたらよいか話合う	
七、スポーツマン (1)スポーツマンの性格 (2)スポーツの必要性 (3)レクリエーションの必要性	99、私達がスポーツマンに接した時どの樣な感じを持つたか話合う 100、スポーツは私達の體、精神にどの樣に影響するか話合う 101、私達のレクリエーションは生產に對しどの樣な意味を持つているか話合う	四
八、スポーツ、レクリエーションの歷史 1、昔よりのスポーツ、レクリエーション	102、昔の人々は如何なるスポーツ、レクリエーションを持つていたか書籍によつて調べる 103、昔のスポーツ、レクリエーションで現在その名殘を止めているものはどんなものか調べ話合う	四
2、オリンピックの歷史 (1)オリンピック發生	104、現在我々の行つているスポーツ、レクリエーションの日本に渡つて來た大體の年代を調べる 105、古代のオリンピックの發生について書物で調べる 106、オリンピックのしるしとしての五輪を用いるのは何故かその理由について調べる	
(2)オリンピックの推移	107、最近におけるオリンピックの行われた場所年代を調べ日本の出場した時は何時か調べる	
3、オリンピックと日本	108、一九四八年のオリンピックの最高記錄を調べわが國の最高記錄と比較してわが國のスポーツの向上について討議する 109、オリンピック寫眞展を開催する	
4、オリンピックの意義	110、戰前の日本のオリンピックにおける活躍はどうかオリンピックに關係ある人より話を聞く 111、オリンピックは世界各國の交際、運動にどのような役割を果しているか、討議する	5

單元 1・季節と健康生活 （二年　四月――五月）

標目	
理解 技術 態度	1、自分達の身體及び運動能力は一年間にどれ位發達するかについての知識 2、呼吸器官の構造と機能及びその病氣と衞生 3、消化器官の構造と機能及びその病氣と衞生 4、心臟及び血管の機能構造その病氣及び衞生 5、血液の性質とはたらき 6、輸血と血液型 7、運動その他の源泉をなすエネルギーの發生 8、骨格と筋肉について構造、機能、疾病、衞生 9、神經と感覺器について 10、運動についての注意 11、身長、體重、運動、能力測定の技術 12、測定結果を統計しグラフを造る能力 2、自分の身體や運動能力の發達に注意する態度 1、身體についてよく知ろうとする態度

單元の內容	學習活動	時數
一、健康調査 運動能力調査 1、身體檢査 2、健康診斷 3、運動能力調査 4、處理 (1)私達の體はどれだけ發育したか (2)私達の運動能力はどれだけ發達したか (3)私達は一年間にどんな病氣にかかつたか (4)私達は一年間に健康を保つためどんな努力をしてきたか (5)男女の間にどんな差があるか (6)健康を守るためなおどんな努力が要るか	1、身體檢査の計畫をたてる 2、身長、體重、胸圍は生徒でやつてみる 3、檢査結果の處理 (1)發育した身長、體重、胸圍の數値を計算し平均を出す (2)運動能力について各自の調査結果を集計し平均する 一年のときと比較して發達の状況を明らかにする (3)一年間に全生徒のかかつた病氣を調査して分類する (4)男女について身體状況の差を明らかにする 4、健康を守るために必要な努力について話合う	六
二、健康を守るための知識 1、體はどんな働きをしているか(總括) 呼吸 消化 循環 運動 神經 2、呼吸作用 (1)呼吸とはどんな働きであるか 人間の場合、植物の場合、動物の場合 (1)呼吸器の構造 (2)呼吸作用 (3)呼吸器の衞生 (1)その障害と手當 (2)衞生 3、消化作用 (1)消化とはどんな働きか 人間の場合、植物の場合、動物の場合 (2)消化器の構造 (3)消化作用 食物 消化液 (4)消化器の衞生 (1)その障害と手當 (2)衞生 4、循環 (1)血液の循環 (2)心臟と血管— 構造とはたらき (3)血液 血液のはたらき— 呼吸榮養と關係— 血液の形と性質 血液型と輸血 (4)その障害と手當	5、私達の體が營んでいる働きについて話合う 6、それ等の機能の主なものについて研究の計畫を話合う 7、私達の行つている呼吸作用についての經驗を話合つてその重要な意味を考えさせる 8、他の動物や植物の場合でも比較させて呼吸の定義を考える 9、呼吸器の構造を書物によつて調べる 10、動物の解剖標本によつて調べる 11、呼吸作用の本質につき話をきき一分間の呼吸回數や運動による影響などを實驗する 12、呼吸の炭酸ガスについて實驗する 13、呼吸運動のやり方について話をきく 14、呼吸器の病氣について書物をよみその障害と手當についてノートに整理して書く 15、呼吸器の衞生について話合をし敎師の話をきく 16、消化作用について書物をよみその結果を級に發表しそれに基いて敎師の話をきく 17、人間、動物、植物につき、その消化作用について比較する 18、消化器の構造について書物をよみその圖を描く 19、消化作用について研究し敎室で簡單な發表を行う 20、特に食物と消化液との關係及び消化過程を調べる 21、消化器病についてよむ 22、消化器病の手當について調べ、日常の衞生について話をきく 23、血液の循環についてその經驗を話合う 24、血液循環に關するハーベイの發見について書物を讀む 25、心臟と血管の構造とはたらきを書物について調べる 26、鮭の水かきにおける血液の循環の樣子を檢鏡する 27、血液を檢鏡する 28、赤血球、白血球のはたらきについて調べる 29、血液型を調べてもらい、その意味を研究する 30、輸血について話をきく 31、血液中の血清について調べる 32、心臟の障害と手當について調べる	二〇

單元の內容	學習活動	時數
5、運動 (1)運動のやり方 動物、植物 (2)運動の力はどうして作るのか (3)不用になつたものの處理 (4)體はどうして動くか 骨格 筋肉 6、神經と感覺器 (1)感覺器の構造 (2)その働き (3)神經中樞 その構造 (4)その障害と手當、衞生 三、運動衞生 1、運動と疾病及び外傷 (1)傳染病 (2)全身部 (3)神經病 (4)循環器疾患 (5)呼吸器疾患 (6)消化器疾患 (7)泌尿器疾患 (8)運動器疾患及び外傷 (9)感覺器疾患 2、外傷の豫防 3、(特殊な)運動とその注意	33、運動の源になるエネルギーについて討議する 34、排泄について調べる 35、腎臓の機能を調べる 30、骨格と筋肉について調べ繪をかく 37、各感覺器構造について調る 38、その機能の概略を調べて發表する 39、神經中樞について調べる 40、近視豫防について調べさせる 41、眼鏡について調べる ○運動の身體各器官に及ぼす影響 ○過勞 42、疾病と注意すべき運動について調べて發表し合う 43、運動に關するの男女の差について書物をよむ 註 「季節と健康生活」の單元の展開はここでは「健康なからだ」とむきかえた方がよいかと思う。季節に應じた健康生活の問題にはほとんど觸れていないからである。 「季節と健康生活」の單元の展開は「われわれの健康」をみていただければ、ほぼおわかつていただけると思う。	

單元2・今日の世界　（二年　十月——一月）

標目	
理解	1、世界諸地域の自然環境の特色を理解させる 2、アメリカの自然環境、資源、その上になりたつアメリカの文化を理解させる 3、世界諸地域の產業、資源について理解させる 4、天然資源の重要性を理解させる 5、資源保護の重要性を理解させる 6、資源を中心として、世界の課題を認識させる
技術	1、地圖投影法の大要を理解させ、また地圖の使用に熟練させる 2、統計、圖表などの製作や利用になれさせる
態度	1、世界の諸民族に對して、親善を深める態度を養う 2、資源保護の事業に協力させ、この仕事に熱意をもつて望む素地を養う

單元の內容	學習活動	時數
一、世界の地勢環境 1、陸地の形と分布 2、けわしい山地 大きい高原 低い土地 3、主要な平野	1、世界地圖を見てけわしい山地、大きい高原、大山、低い山地、平野の分布圖を作る 2、チベット高原その他の大高原に住む人々の生活狀態について書いた本をよみ、その話を短くまとめて報告する 3、世界の平野は、どこも多數の人口を養つているか、そうでないものがあれば、それはどこの平野かを調べ、その理由について討議する	六
二、世界の氣候 1、氣溫 2、雨量	4、熱帶の原住民の生活について調べそれを報告する 6、各地の氣溫雨量表によつて、それぞれの氣候の特色を調べる 7、わが國の雨量は世界の文明諸國に比べて多い方か、少ない方か、また雨の降り方には（月別の雨量）世界諸地域で、それぞれどんな特色があ	六

單元の内容	學習活動	時數
	るかを雨量表から調査して討議する	一四
	8、わが國の雨の降り方はわれわれの生活に、どんな利益、不利益を與えているかを討議する	
三、アメリカ 1、開拓の歴史	9、北アメリカの開拓の歴史を調べて報告する 10、コロンブスの新大陸に到着するまでの航路を圖に描く 11、新大陸發見後、舊世界各國から、新大陸への移住の歴史を調べて報告する	
2、人口	12、アメリカインデイアンの分布、及び生活狀態を調べて報告する 13、世界の人口、民族の分布についてまとめてみる	
3、アメリカ人の生活	14、アメリカの事情にくわしい者から、アメリカ人の生活樣式について話をきく 15、われわれの日常生活に、アメリカの生活樣式がどのように取り入れられているかを調べて討議する	
4、政治	16、アメリカの政治はどのように行われているかを調べ、日本のそれと比較してみる（大統領の選擧、上院、下院、州の政治等） 17、地圖で見ると、北アメリカの國家や州の定められ方は、舊大陸のそれとどのように違つているか、その理由をまとめる	
5、文化	18、アメリカの文化が何故今日の隆盛をみるに至つたかについて調べて報告する	
6、經濟 7、科學	19、アメリカの經濟が、世界經濟に占める位置について專門家の話を聞く 20、アメリカの科學の水準が現在どのようになつているかについて調べて討議する	
8、農産物	21、北アメリカの各農業地帶に發達している農産物の主な集産地や農産物の輸出港について調べる	

單元の内容	學習活動	時數
	22、北アメリカで用いている農業機械にはどんなものがあるか 23、わが國は今後北アメリカからどのような物資を必要とし、また、わが國からは何を輸出したらよいかについて討議する	一四
四、東洋 1、アジア州	24、アジア州の大山脈、大高原を圖示して、それぞれの名前を書き入れる 25、アジア州の主な河川、及び主な平野を圖示し、それぞれの名前を書き入れる	
2、農産物	26、アジア州の氣温の年變化と郷土の氣温の年變化を調べ、これについていろいろ討議する 27、世界の米、茶、小麥、綿花の生産は、それぞれどのような氣候と深い關係を持つかを調べて討議する 28、東部アジアの諸平野には、どんな作物が栽培されているかを調べて圖示する 29、華北、滿洲の農民は、日常どんなものを常食としているかを調べて報告する 30、新聞や雜誌から、華北の社會狀態や人々の生活狀態を書いた記事を集める 31、アジア季節風帶の農業のやり方を調べて討議する 32、内部アジアの牧畜と新大陸やオーストラリアの牧畜とを比較しこれについて討議する 33、チベット高原で、人々はどんな生活を營んでいるかを調べる 34、シベリヤの都市分布圖を描き、討議する 35、シベリヤ鐵道敷設の目的と、開通の年代を調べる 36、東インド諸島の氣温の特色を調べて討議する 37、南部アジアのゴム栽培について調べて討議する 38、インド及び南部アジアの主な港の分布圖を描き、各港の重要なわけを	

單元の內容	學習活動	時數
五、世界	簡單に書いた表を作る 39、インドの主な農産物を調べて報告する 40、自然から見て、ヨーロッパが人類の活動舞臺として有利な點、不利な點を列擧して討議する 41、デンマルクの農業の特色を調べ、わが國の農牧業で見習うべき點があるかどうかについて討議する 42、北部、東部中部、南部、ヨーロッパの氣候の特色を明らかにする圖表をつくる 43、われわれの日常生活にヨーロッパ人の生活樣式がどのように取り入れられているかを調べて討議する 44、エジプト、メソポタミア、インド、中國の黃河流域がなぜ早く開けたかについて調べて討議する 45、アフリカの開拓がおくれた理由を調べ、アフリカの生産地としての將來性について討議する 46、南アメリカの地圖を描き、各國名、その首都及び主な港を書き入れる 47、南アメリカの農業及び畜産の分布圖を描く 48、オーストラリアの牧畜業が今日のように盛んになつてきた歷史を調べて報告する 49、ハワイ諸島の氣候、農業の特色について調べて報告する 50、これまでに行われた北極及び南極地方の有名な探検について調べて報告する 51、ソ連の五カ年計畫に關する資料を集めて、それを學級に報告する 52、世界の國々の主な農畜産物を示す繪圖を描く	一四
六、世界の資源	53、地質學の專門家を招いて世界の地史の話を聞く	一四

單元の內容	學習活動	時數
1、鑛産資源	54、世界の主な炭田について地質圖と對照して、どんな時代にできた地層と深い關係があるかどうかを調べる 55、世界の主な炭田のうち、埋藏量と開發の程度とが比例しない原因を考えて討議する 56、アメリカの油田は、どんな地層と關係を持ち、わが國の油田の場合とどのように違うかを調査して報告する	一
2、水力資源	57、外國の水力利用狀況を調べて日本と比較する	
3、林産資源	58、世界で木材を多く供給する地域の分布圖を描く、その木材の主な輸出先も書き入れる	
4、土壤資源	59、外國の植林事業について調査し、その成績をわが國のそれと比較する 60、世界で有名な肥えた土壤地帶の分布圖を描く 61、中國の黃土の肥沃度について調べる、中國の文化の發達とどんな關係があるかを調べて報告する 62、北アメリカの肥えた土壤地帶の開拓の歷史について調べて報告する 63、外國では、土壤の肥よく度を維持し高めるために、どんな方法がとられているかを調べ、これをわが國の場合と比較する	
5、水産資源	64、世界で行われているいろいろな製塩について調べて報告する 65、アジアの熱帶の海で魚を濫獲すれば、その影響がどのように及んでくるかを調査して報告する 66、世界で行われている捕鯨について調べわが國の捕鯨事業の重要性について討議する	
6、自然美	67、世界の熱帶、寒帶、乾燥地帶等の寫眞から、それぞれの地方の風景の特色を調べ、これを日本の風景と比較する 68、外國では觀光事業にどんなに力を注いでいるかを調べて報告する 69、外國で採用されている天然資源保存法に關する資料を集めて報告する	

單元の內容	學習活動	時數
七、世界の文化	それらの方法が日本にも適用できるかどうかを討議する 70、それぞれの國狀に應じてどのような政治の形態がとられているかを調べて報告する	八
1、政治	71、現在の政治の形態と國民性との關連について考えこれを報告書にまとめる	
2、國民性	72、世界の代表的な國について、それぞれの國民性を表にまとめてみる、これについて討議する 73、國民性と環境との關係について考え、これを報告書にまとめる 74、國民性がそれぞれの國の發展の上に、どんな影響を及ぼしたかを調べてみる	
3、科學	75、それぞれの國は科學方面で世界の進展にどのように貢献しているか調べてみる 76、有名な科學者を國別に分類してみる、その功績を表にしてまとめてみる	
4、敎育	77、世界の主なる國の敎育の制度を比較した表を作り、これとわが國の敎育とを比較してみる	
八、日本と世界 1、今日の世界の問題	78、世界の國々につき必要とする農產物、天然資源が國內でえられるかどうか、不足なもの餘分なものについて表にまとめてみる	四
2、文化の交流	79、衣、食、住を中心とした生活資源の確保のため今日の世界問題はなにかこれについて討議する 80、世界の文化と比較し、日本の文化の特徴はなんであるかを報告書にまとめる（科學、藝術、宗敎等）	
3、輸出入	81、文化國として出發したわれわれ日本人に與えられた課題について考えこれについて討議する	

單元　3・食糧問題とわれわれの生活　（二年　四月——六月）

標目	
理解	1、私達にとつて大切な食物の成分 2、食物のカロリーの計算 3、取るべき食物の量 4、食物成分の働き 5、ヴイタミンについての知識 6、簡單な食糧生產の知識 7、日本の食糧生產狀況について理解させる 8、供出量、輸入量 9、主なる食糧の生產地 10、世界の食糧生產狀況 11、食生活について改善すべき點
技術	1、食物成分について實験する技術 2、食物のカロリーを計算する技術 3、簡單なる農耕飼育の技術 4、主な食物の調理法 5、簡單な食物加工法
態度	1、食生活を合理化しようとする態度 2、食物を生產加工する經驗をもつて食糧生產に理解をもとうとする態度

單元の内容	學習活動	時數
一、私の家の食糧問題 1、食糧は足りているか 2、どんな工夫が必要か 3、榮養の問題はどうか	1、家庭で食事や食糧のことで問題になつていることを調査する 2、戰爭中の食生活の經驗をどんなに生かしているかを調査する 3、近頃の榮養狀況について調査し醫師などに話をきく	二
二、私達は何をどれだけ食べているか 1、食品の種類 2、その分量	4、自分達の食べている食物の名前を一週間にわたつて列擧する 5、その分量を計算する	二
三、どんな食物が大切か 1、牛乳についての實驗 2、脂肪 3、蛋白質 4、炭水化物 5、ヴイタミン 6、その他	6、理想的な食物の例として母乳について調べる 7、牛乳を材料としてその成分を實驗によつて研究する クリーム、バター、蛋白質、乳糖、灰分 8、脂肪、蛋白質、炭水化物についてその成分や性質について實驗する 9、大豆、落花生、さとうきびの栽培を計畫する 10、ヴイタミンについて書物によつて研究する	六
四、カロリー 1、仕事と熱 2、熱量の測定 3、食品成分の有する熱量 4、食物の熱量計算	11、カロリーという言葉を研究する 12、仕事と熱との關係について日常生活の中からいろいろの例を發見する 13、熱量と溫度との關係を考え、熱量測定の方法を研究する 14、食品の成分とその有する熱量について書物を調べる 15、各食物の熱量計算をする	六
五、どれだけ食べたらよいか 1、私達は一日にどれ位の食物が要るか 2、どれ位の食物が必要か 3、取り入れた熱量と使う熱量 多い場合　少い場合	16、自分達の取つている食物の熱量を計算する 17、私達が一日に消費する熱量を計算する 18、どれ位の食物が必要かを調べ、自分達の現在とつている食物について反省する 19、取る熱量が使う熱量よりも多い場合、少い場合に起る現象を研究する	四
六、食物成分はどんな役に立つか 1、蛋白質、脂肪、炭水化物はどんな役に立つか 2、どれ位食べたら良いか 3、水はどんな働きをするか 4、Caはどんな働らきをするか	20、脂肪、蛋白質、炭水化物についてそれがどんな役に立つかを書物によつて研究し報告する 22、水、カルシウムの働きについて研究し報告する	六
七、ヴイタミン 1、ヴイタミンとは何か 2、ヴイタミンの種類と存在　發見 3、ヴイタミンの働きと食品	23、ヴイタミンについて調べる その働き 種　類 發見と含まれている食品 缺乏症 24、各種調理法の實習 25、簡單な食品加工について研究し實習する	四
八、調理法と食品加工 たくあん漬、びんづめの製造 きり干し	たくあん漬その他の漬物、びんづめ製造 26、麥、いも、野菜を栽培する 27、兎、にわとりを飼育する	一〇
九、食糧の生産 1、麥と諸の栽培 2、兎、にわとりの飼育 3、野菜の栽培	28、練馬區における食糧の生産額について調査する 29、日本の食糧生産の現況について調査する 30、アメリカに行つていた人からアメリカの食糧生産について話をきく 31、供出制度について研究する	四
一〇、日本の食糧生産 1、練馬區における食糧生産 (1)耕地面積 (2)どんな食糧 (3)どれ位 2、日本の食糧生産	32、各種食糧の生産地、産額等について調査物を調べる 33、その分布圖をつくる 34、現在の人口と食糧の生産額とにより食糧の過不足につき研究する 35、輸入量について研究する	四
一一、供出、輸入、配給 1、供出制度 2、生産地と供出量 米、麥、いも、その他 3、不足量と輸入 どれだけ不足するか 輸入量　輸入先 4、配給制度と配給量 5、食糧輸入と日本經濟 6、世界の食糧	36、貿易廳を訪問し話をきく 輸入量、輸入先を明らかにして圖を作る 37、現在の配給制度を研究する 38、食糧の輸入と日本經濟について研究する 39、アメリカの食糧生産について話をきく	四

單元の内容	學習活動	時數
一二、食生活 1、不足榮養素 2、偏食 3、粉食と粒食 4、調理法の問題 5、臺所の改善 6、衛生の問題 7、加工と貯藏	40、改善すべき食生活につき討議する 41、榮養研究所を訪ねて改善すべき食生活につき話を聞く 42、その報告書をつくる	三

單元　4・衣料問題とわれわれの生活　（二年　六月――九月）

標目	
理解	1、きものが保有すべき條件について理解する 2、纎維についての知識 3、人造纎維についての知識 4、製糸過程とおり方についての知識 5、染色、染料についての知識 6、きものの保存手入れ、洗濯についての知識 8、きものと風土との關連 9、きものの歴史 10、日本の纎維工業
技術	1、簡單な纎維植物、動物を飼育栽培する技術 2、纎維を見分ける技術 3、人造絹糸について實驗する技術 4、染色法 5、裁縫 6、保存、手入れ、洗濯の技術
態度	1、中學生にふさわしい服裝をしようという態度 2、自分の個性に合つた衣服を作ろうという態度 3、日本人の衣生活を合理化しようとする態度

單元の内容	學習活動	時數
一、私達の服裝 中學生としての私達の服裝はこれでよいか (1)私達の理想は (2)私達の家の現狀 (3)國の現狀は (4)現在出來る私達の服裝の改善	1、自分達の服裝を中學生の立場から批判する作文を書く 2、自分の家にある衣服の種類と數の概略を調査する 3、國の衣料資源について調査する 4、以上の資料によつて自分達の服裝のあるべき姿を討議する 5、私達の服裝の改善すべき點を列擧して實行する	二
二、きものの研究(一) 1、きものを着る目的 2、きものの種類 3、きものの保有すべき條件 4、きものの研究 材料、おり方、染色、裁縫 きかた、保存、手入れ、 日本のきもの、衣料問題	6、きものを着る目的、種類、きものの保有すべき條件について討議する 7、きものについて研究すべき問題を列擧する	二
三、きものの研究(二) ―材料、おり方、染色― 1、材料纎維の研究 (1)綿と麻の栽培及び野生	8、綿と麻を學校園に栽培する 9、アンゴラ兎を飼う 10、野生纎維を採集する 11、蠶を養う	三〇

單元の內容	學習活動	時數
纖維の採集 2、アンゴラ兎の飼育 3、蠶の飼育 4、糸をとつてみる—毛糸、木綿糸— 5、植物纖維と動物纖維—その性質— 6、纖維の見分け方 7、人造纖維の研究　銅アンモニヤ絹糸の實驗 8、皮革の研究 9、毛皮の研究	12、纖維をとつてみる、綿、生糸、麻、その他 13、糸によつてみる 14、植物纖維の藥品に對する性質を實驗する 15、動物纖維の藥品に對する性質を實驗する 16、各種の布や糸を蒐集する 17、纖維の見分け方を實習する 18、各種の布や糸を集めて標本を作る 19、人造纖維について書物をよむ 20、銅アンモニヤ絹糸をつくる實驗をする 21、皮革のなめし方について調べ實習する 22、毛皮を作る	
四、きもの研究(三) 1、製糸過程の研究 2、おり方の研究 3、染色の研究 (1)染料の研究　植物染料　人造染料 (2)人造染料の發達 (3)染色法	23、製糸工場を見學する 24、いろいろの織り方をした布を集めて糸をほぐしてその糸の組方を調べる 25、布を織つている工場を見學する 26、染料について書物をよむ 27、染料植物について書物で調べる 28、實際に染色を實習する	一〇
五、きもの研究(四) 1、裁縫 2、着かた 3、保存 4、手入れ	29、裁縫の練習 30、洗濯と水との關係の實驗 31、石けんの性質の實驗 32、洗い方の實習 33、しみぬきの研究と實習 34、衣服の手入れについて書物をよむ	四
5、洗濯 六、日本のきもの (1)日本のきもの (2)外國のきもの (3)きものと風土 (4)二重生活 (5)新しい日本服 (6)きものの歷史 七、今日の衣料問題 1、戰爭の影響 2、日本の衣料資源 3、施設 4、衣料の配給機構 5、資源の輸入 6、日本の纖維工業 7、日本經濟と纖維工業	35、保存についての注意を調べる 36、日本のきものの特徵について話合う 37、外國の衣服について書物をよむ 38、きものと風土とについて書物をよむ 39、日本人の衣服の二重生活を批判する 40、新しい日本の服裝について話合う 41、きものの歷史について書物をよみ、繪を書く 42、日本の纖維工業について話をきく 43、日本の衣料資源と日本人の衣生活とについて話合う	

單元 6・交通通信と社會の進步

（二年　一月——三月）

標目	
理解	1、交通通信機關がわれわれの生活の上に持つている役割を理解させる 2、交通通信機關の持つている課題を認識させる 3、交通通信機關の種類施設、及びその役割を理解させる 4、交通通信の發達を理解させ、その恩恵を認識させる 5、日本及び世界の現在の交通、通信狀態を理解させ、將來大いに發達の可能性が殘されていることを認識させる 6、交通、通信機關の發達が文化の向上に影響のあつたことを理解させる 7、交通、通信機關に從事している人の仕事を理解させる 8、交通、通信に關する一般的な知識を持たせる
技術	1、旅行圖、案內圖、旅行案內等の使用になれさせる

標目	
	2、いろいろな通信法になれさせる 3、資料蒐集の技術になれさせる
態度	1、交通、通信の持つている課題を解決しようとする熱意と態度を養う 2、交通、通信機關の愛護改善の態度を養う 3、交通道德を身につけ、これに協力しようとする態度を養う

單元の內容	學習活動	時數
一、交通、通信の問題 1、日常生活と交通、通信機關の利用 (1)通學（電車、自動車） (2)交際、訪問、旅行（手紙、電報、電話、汽車貨物） (3)衣食住（船舶、貨車、トラック） (4)報道、娛樂（新聞、ラジオ） 2、今日の問題 (1)交通機關の混雜、事故 (2)輸送難 (3)郵便、電報の遲延、事故、電話の不通、故障 (4)勞務の問題（ストライキ）賃金の値上 3、問題の根源 a、資材の不足（木材、金屬、機械、燃	1、我々は日常どの様な交通、通信機關を利用しているか、いろいろの場合について調査する 通學にはどのような交通機關を利用しているか 交際、訪問、旅行等の場合にはどのような交通、通信機關を利用しているか 衣食住の物資は何によつて運ばれているか 報道や娛樂にはどのような通信機關を利用しているか 2、そこにどの樣な問題が現在起つているか調査する 交通機關の混雜や事故はどうか 輸送はどのような狀態か 郵便、電報等は遲延、事故がないか 電話はその機能を發揮しているか ストライキや賃金の値上げはどのようにわれわれの生活に影響しているか 3、どこにそれらの問題の根源があるか調査する（鐵道省、私鐵本社、郵便局、電話局、小運送業者、船舶業者等を訪問する）	一五

單元の內容	學習活動	時數
料、電氣） b、戰爭の災害 c、利用の激增 d、勞務事情（熟練者の不足、勞務者の生活問題） e、公衆道德の低下 4、問題の打開改善 a、復興への影響 b、改善の努力 c、努力の効果 d、打開の方向 我々の協力	4、調査の結果を圖表にまとめて戰前と比較する 5、交通、通信道德がどうなつているか、交通、通信業務にたずさわる人に意見をきいてみる、また實地調査をしてみる 6、この問題が復興にどう影響しているか調査する 7、この問題は打開されつつあるか、そのためにどのような努力がはらわれているか調査する 8、最近三年間の統計を調べてそれは改善向上されつつあるかを調べて表をつくる 9、どの樣な方向に打開されて行くべきか我々は如何に協力すべきかについて話合う	
二、交通通信機關の種類 1、交通機關の種類と役割 a、種類 { 陸上（道路、鐵道） / 水上（內水、海上） / 空中 } b、役割 c、原理 2、通信機關の種類と役割	10、現代の交通機關にどの樣な種類があるか調査して分類する 11、練馬區（又は東京西郊）の交通圖をつくり、どの樣な交通機關がどの樣に利用されているか調査する 12、東京都の交通圖をつくり、各種交通機關がどの樣に利用されているか調査する 13、日本の各地において地勢、氣候、都市、產業等の條件によりどの樣な交通機關が發達しているか調べる 14、日本の交通圖をつくる 15、世界の各地において交通機關がどの樣な條件に支配され、どの樣に利用されているか參考書によつて調べる 16、世界の各地の交通圖を作る 17、各種交通機關の役割、長所短所について話合う 18、各種交通機關の原理について調べる 19、通信機關の種類について調査し分類する	一〇

單元の內容	學習活動	時數
a、種類 郵便 電信 電話 新聞、ラジオ、テレビジョン b、役割 c、原理 三、交通、通信機關の行政機構施設 1、交通 a、交通行政機構 b、交通施設 鐵道省 東京都交通局 東京驛 交通公社 (通) 2、通信 a、通信行政 b、通信施設 石神井郵便局 石神井電話局 東京中央郵便局 東京中央電話局 東京中央放送局	20、練馬區の通信機關の所在地を示す地圖を作りその役割を調べる 21、東京都の通信機關圖をつくりその役割を調べる 22、日本の主な通信機關を示す地圖を作り通信網を調べる 23、世界各國における通信機關とその利用狀況を參考書によつて調べる 24、各種通信機關の果している役割、その長所、短所等について話し合う 25、各種通信機關の原理について調べる 26、日本の交通行政はどうなつているか、機構はどうなつているか、どこに所屬しているか、その役割は何かということを示す表をつくる 27、東京の交通施設の主なものについて所在地役割を調べる (鐵道省、東京都交通局、東京驛、交通公社、(通)) 29、通信行政機構及びその機構役割について調べる 30、通信施設のうち、代表的なものについて所在地、役割を調べる (石神井郵便局、石神井電話局、東京中央郵便局、東京中央電話局 東京中央放送局) 等	五
四、交通通信機關の經營 1、外國との比較 2、民營と官營 3、運營機構の改革 4、運賃通信料	31、日本の交通通信機關と、外國のそれとの經營を比較する 32、日本の交通通信機關のうち、民營によるものと官營によるものを調べる 33、民營と官營の利害について話し合う 34、現在日本の交通通信の運營機構がどの樣な	五

單元の內容	學習活動	時數
5、運賃、通信料の値上 五、交通、通信機關の變遷 1、交通の發達 a、道路交通の發達變遷 b、鐵道交通の發達 c、水上交通の發達 d、航空の發達 e、影響 f、今昔の比較 g、東京西郊の交通 2、通信の發達 a、發生 b、原始的な形態 c、近代的な發達 d、今昔の比較	問題がそこに起つているか調べる 34、運賃や通信料はどのような基準で算定されるか各種のものについて調べる 35、それが何に使用されるか調べる 36、運賃、通信料はなぜ上るか、それがどの樣に影響するか調べる 37、原始時代において交通はどのような狀態であつたか參考書によつて調べる 38、交通の發達を促したものは何かということについて話し合う 39、道路交通の發達變遷の跡を古代から現代までたどり地圖、圖表、繪畫によつて表わす 40、鐵道交通の發達の跡をたどり地圖・圖表・繪畫によつて表わす 41、水上交通の發達の歷史を調べ地圖、圖表、繪畫によつて示す 42、航空の發達の歷史を調べ地圖、圖表、繪畫によつて表わす 43、交通機關の發達が產業、經濟、文化、都市の發達等とどういう關係があるか、又その發達がどのような影響を及ぼして來たか研究し、話合う 44、交通機關發達の年表をつくる 45、東京西郊の交通機關の發達の跡を調べ、それがどのような條件に支配されて來たか、どのような影響を及ぼして來たかを共同研究によつてまとめる 46、通信はどのような必要から起つたか考える 47、通信の原始的な形態はどの樣なものであつたか、どの樣な不便があつたかを調べる 48、近代になつてどの樣な必要から急速に發達したかその原因を調べ話し合う 49、近代通信機關の發達について年表をつくる	一〇

單元の內容	學習活動	時數
六、われわれの生活と交通通信 1、現代生活と交通、通信 2、交通、通信道德 3、使用方 a、通信 b、旅行計畫 目的地の選定 旅行案内、地圖 案内圖	50、近代の通信機關の發達がどのような影響を及ぼしたか調べて話し合う 51、通信機關變遷の過程を示す繪を畫く 52、交通、通信機關の今昔を比較して次のような作文をつくる 東海道の旅。海上航行の今昔。飛脚と電信。 53、現在の交通、通信機關について新しい發明改善が加えられつつあるものを列擧して、どのように變つて行くかについて話し合う 54、交通、通信機關がどのように發達したらよいか希望を話し合う 55、交通、通信機關の將來について想像、空想を語り繪畫に表したり劇をつくたつりする 56、交通、通信機關はわれわれの生活をどのような密接な關係があるか次の樣な場合を假定して考え話合う 天災による交通通信の途絶　　交通事故ストライキ等による不通 抑留者との通信の不自由 57、交通、通信に關する取締規則を調べて表につくる 58、交通事故の統計を調べ、起りやすい場所、場合等を調べる 59、交通、通信に關してわれわれの守るべき道德としてどのようなものがあるか話し合つてまとめる 60、交通、通信道德に關するポスターを作り校内にはる 61、次のような地方に通信物を出しいろいろの事を調べる 場　所　　北海道、四國、九州、八丈島、アメリカ 種　類　　普通郵便、速達書留、小包、爲替、電報 調べる事　　出し方、手續き、料金、所要日數、徑路 62、種々の資料によつて旅行計畫を立て、各自の計畫を發表し、それについて話合う（次のようなことを實際に試みる）	一五

徑路の選定 ダイヤの見方 交通公社 旅館、ホテル 行先との連絡 經費の算定 乘車券の求め方	目定地の選定はどのようにしたらよいか 旅行圖、案内圖、旅行案内の見方 どのような徑路をとつたらよいか 時間割をどのように作つたら良いか 交通公社に行つて調べる 宿泊地の決定、どのような旅館がよいか 行先との打合せ、連絡をする どの位の豫算でまにあうかを調べる——表につくる 乘車券はどのようにして買つたらよいか 出發の用意はどのように備えるか 旅行中はどのような注意が必要か

單元 7. 藝術とわれわれの生活　（二年　十月——十二月）

標目		
	理解	1、音樂の歴史についての知識 2、音樂の形態と樂器についての知識 3、日本畫と洋畫についての知識 4、彫刻についての知識 5、日本美術の特色とその歴史 6、いろいろの形態の文學について日本及び外國の作品を讀んで文學の概略を理解する。 7、今まで述べた藝術と生活との關係を理解する 8、舞踊についての理解
	技術	1、各種の藝術的表現についての初步的な技術 2、これ等の藝術を生活の中に取入れて生活を美化する技術

態　度	3、作品を鑑賞する能力 4、ポスターや廣告を見て藝術的に批判する能力 1、藝術を愛好する態度 2、藝術を生活の中に取入れようとする態度 3、日本の藝術についてこれを理解しこれを向上させようとする氣持

單元の內容	學習活動	時數
	1、秋の發表會を開く 圖畫、工作、書道、活花、裁縫、音樂、舞踊、演劇	
	2、音樂に關係のあるものをできるだけ集めて展覽する	
一、音樂の歷史	3、自分の好きな曲の作曲者について調べる 傳記をよむ	
	4、有名な音樂家の生涯と作品を調べて脚本をつくり伴奏に作品を入れる	
二、いろいろの音樂 音樂の形態 樂器	5、洋樂の種類を書物で調べる、その代表的な曲のレコードを集める	
	6、レコードコンサートをひらく	
	7、いろいろの樂器について調べる、樂器や樂器の繪を集める	
	8、レコードをかけて樂器の音色をききわける	
	9、レコードコンサートを開く（二回目）	
三、音樂と生活	10、自分達の家庭に行われている音樂について話し合う	
	11、家庭にもっと豐富に音樂をとり入れるにはどんな工夫があるかを話合う	
	12、音樂がわれわれの生活にどう影響しているかを調べて報告文をかく	
	13、近頃の音樂會の廣告でプログラムを調べる	
	14、幼兒の歌う歌を觀察して發表する	
四、日本畫と洋畫	15、繪の展覽會見學	
	16、日本畫の代表的なものを寫眞で鑑賞する	
	17、有名な日本畫家について調べる	
	18、洋畫家について調べその作品をみる	
五、彫刻	19、彫刻について書物をよむ	
	20、佛像について話をきく	
	21、博物館見學	
六、日本美術	22、家庭の掛物や額について報告し話合う	
	23、日本美術の特色につき書物をよみ、話をきく	
	24、日本美術の歷史を調べて發表する	
	25、佛敎と繪畫との關係を調べる	
	26、佛敎と彫刻との關係を調べる	
	27、佛敎と建築について調べる	
	28、法隆寺について繪や寫眞を集める	
	29、法隆寺について話をきく	
	30、日本の有名な建物について繪や寫眞を集め先生の話をきく	
	31、世界の有名な建物について調べる	
	32、自分の家の家具、什器の美しいものについて研究し發表する	
	33、靑山御所見學	
	34、有名な庭園見學（六義園、後樂園）	
七、文學 1、小說	35、文學にどんなものがあるか話合う	
	36、自分の好きな文學作品をよんで意見感想をのべる	
	37、日本の代表的小說を調べてその解說をよむ	
	38、我國の代表的作家を調べてその代表作の解說をよむ	
	39、小說をよむにはどんなことに心がけなくてはならないかを話し合う、	

單元の內容	學習活動	時數
	また先生から話をきく	
	40、小說の一つを脚本にかいて役割をきめて朗讀する	
2、隨筆	41、隨筆文學の代表作を朗讀する	
	42、隨筆について話をきく	
3、詩	43、自分の好きな詩人について調べて發表する その作品を朗讀する	
	44、詩の特色について話をきく	
4、和歌、俳句	45、和歌、俳句について話合う	
	46、和歌、俳句とわれわれの生活とのつながりを考えて討議する	
	47、和歌、俳句を作つてお互に選をする	
	48、文學に關する雜誌をつくる	
八、藝術と生活 綜合藝術	49、文學、美術、工藝、建築、音樂の特色について討議する	
	50、このことについて先生の話をきく	
	51、舞踊についてその苦心する點を發表する	
	52、舞踊とその他の藝術とを比較する	
	53、演劇について演劇部を中心に話合う	
	54、最近みたよい演劇、映畵について紹介し感想をのべる	
	55、藝術がわれわれの生活にどう影響しているかを考えて報告文をつくる	
	56、原始人や未開人の生活と藝術について調べる	
	57、自分はどんな藝術についてもつと知りたいか、知らねばならないかを 反省して發表する	
	58、自分の家庭に藝術をもち込む工夫を發表する	
	59、ポスター、看板、廣告塔について意見をのべる	
	60、社會生活のどの部分に藝術がとり入れられているかを考える	
	61、新聞や雜誌の廣告に藝術的な配慮があるかどうか調べてその例をあげ て發表する	
	62、新聞や雜誌の見出しのつけ方や活字の組み方を考えてみる	
	63、日本では藝術を盛にするためにどんな組織や團體や施設があるかを調 べて表にする	

單元 8・宗教とわれわれの生活　（二年　一月――二月）

標目		
理解		1、宗教がわれわれの生活に持つている意義を理解させる 2、日本における宗教の種類について理解を與える 3、世界の宗教について理解を與える 4、宗教の歷史的發展について理解を與える 5、宗教文化が社會生活を豊かにしてきたことを認識させる 6、科學精神の發展や社會の進歩に伴つて宗教がいかに洗練され變化しつつあるかを理解させる 7、宗教が個人の價値を確立するのに貢献していることを理解させる
態度		1、他の人々の宗教を尊重する態度を養う 2、自分の信仰によつて、社會生活に障壁を築くことのないような寛容な態度を養う

單元の內容	學習活動	時數
一、宗教と生活（一）	1、自分の家で一年間に宗教に關係してどんな行事があるかをしらべる 2、盆と彼岸の行事について各地のものをしらべて發表する 3、お盆の歷史について話をきく 4、お盆の意味について討議する 5、神棚と佛壇を中心にして家で行つていることを發表する 6、先祖をまつることはどんな氣持から出ているかを話し合う 7、「青い鳥」の一節について作者の考えていることを發表する 8、日常の行いや言葉で宗教から出ているものを考えて表に作る	一五

單元の内容	學習活動	時數
二、日本の宗教 佛教 キリスト教 神道 その他	9、佛教が我國に傳來した時のことをしらべる 10、佛教が盛になつた時代について研究する 11、キリスト教の傳來について報告文を作る 12、我國の神話と神道について話をきく 13、我國のその他の宗教をしらべる	七
三、世界の宗教 佛教・キリスト教・回教・印度教・ラマ教・道教・儒教	14、世界の宗教の發生地と布教されている土地を地圖にかきいれる 15、キリスト教の行事についてしらべる	八
四、宗教と生活（二）	16、我國の文化にあらわれている宗教の影響についてしらべる 17、私たちが宗教について（神教などを）考えるときはどんな時かを話合う 18、宗教がわれわれの行いとどう關係しているかを討議する 16、宗教的な迷信についてしらべる 20、原始人の宗教についてしらべる 21、憲法で信仰の自由について書いてあるのはどんなことか、なぜこんなことを書いてあるかを討議する	一〇

單元 1、健康とわれわれの生活　（三年　四月―五月）

標目		
理解	1、病原體についての知識 2、病氣の感染と發病 3、免疫について 4、免疫性の利用 5、免疫血清の製造と利用 6、消毒と消毒藥 7、病原體の媒介動物の驅除 8、遺　傳 9、健康を守つてくれる施設と人 10、社會衞生	
技術	1、身長、體重、胸圍、各種運動能力の測定技術 2、測定結果の統計處理の技術 4、プレパラートの製作の技術 5、顯微鏡による觀察結果を描圖する技術 6、消毒液の取扱いについての技術 7、傳染病媒介動物の驅除法	
態度	1、自分の體の發育や能力發達に注意する態度 2、緻密なる觀察をする態度 3、社會的立場より健康を氣をつける態度	

單元の內容	學習活動	時數
一、健康調査 1 身體驗査 2 健康診斷 3 運動能力調査 4 その處理	1、一・二年生と協議して身體驗査の計畫を立てる 2、先生の指導によつて檢査法を實習する 3、その記錄を整理する 4、統計をなし、圖表を作つて校內に揭示する 各學年の平均身長比較　各學年の平均胸圍比較　各學年の平均體重比較　一年間の缺席統計　一年間の病氣の類別統計 5、醫師に依賴して健康診斷を實施する 6、榮養狀況　發見された病氣等について統計をつくる 7、運動能力調査を計畫する 8、投、走、跳、懸垂等につき調査し、その平均や分布統計をつくる	六
二、傳染病の硏究 1 傳染病の被害 2 傳染病病原體發見に努力した人々 3 顯微鏡の發明	9、傳染病の慘害についての記錄をよむ 10、傳染病病原體發見に盡した人々の傳記をよむ、發見の苦心、動機について語り合う 11、故鄕の英世の劇をやる 12、顯微鏡の發見について調べ、その後の學術の進步について調べる 13、顯微鏡の外觀を寫生し、各部の名稱を知る	四
三、顯微鏡の實習 1 顯微鏡の實習 2 顯微鏡の機能 3 光學的原理 4 プレパラート製作 5 檢鏡と描畫	14、顯微鏡の使い方について實習する 15、取扱上注意すべき點をノートに書く 16、光學的原理を調べ、その圖を描く 17、一時プレパラートの作成の練習をする 18、檢鏡と描畫の實習をする 19、微生物を採集する、池の水、花びんの古い水	六
四、微生物の採集と檢鏡	20、微生物を檢鏡し、繪をかく	六

單元の內容	學習活動	時數
1 微生物の採集 2 微生物の種類 つりがね虫、アメーバ、みどり虫、ぞうり虫スケロニキア、たいよう虫、らつぼ虫デイフルギア 3 檢鏡 4 描畫 5 活動狀況の記錄	21、微生物の活動について記錄をつくる 22、微生物の圖を展示する 23、その他の微生物について書物を調べる 24、生物の繁殖について話合う 25、植物や動物等の種子や體が遠いところに運ばれて行く方法を體驗にもとづいて語り合い書物をよむ	
五、病原體と微生物の繁殖 1 生物の繁殖 2 生物の傳播 （Ⅰ）植物種子の傳播 ｛風により ｛動物により （Ⅱ）動物の傳播 3 微生物の發生 4 微生物の繁殖 （Ⅰ）小分裂 5 微生物の耐久力 6 病原體のいろいろ—檢鏡 7 微生物による病氣 8 病原體の傳染の經路	26、生物の發生についての昔の人の考えを調べる 27、生物が生物より生れるという說を實證したパスツールの實驗を書物によつてよむ 28、同じような實驗をやつてみる 29、微生物の繁殖について調べる 30、微生物の耐久力について話をきく 31、病原微生物の標本を檢鏡する 32、微生物によつて病氣が起ることを調べ、それ等の病氣の症狀の概略を調べる	七
六、病氣の感染と發病 1 感　染 2 潜伏期 3 發　病 結核の場合 赤痢の場合	33、病原體の傳播して行く經路を話合う 40、結核、赤痢、チフスについて感染より發病に至るまでの經過の概略を硏究して發表する	四

單元の內容	學習活動	時數
チフス コレラ の場合 七、豫防と治療 1 発　疫 （食細胞 　括　體 2 発疫性の利用 （Ⅰ）種　痘 （Ⅱ）ツベルクリン反應 （Ⅲ）BCG接種 　その他のワクチン療法 3 豫　防 （Ⅰ）消毒と消毒薬 4 注射と注射液 ズルファミンマミド ペニシリン 5 中間宿主の撲滅 （ノミ、蚊、ハエ、シラミ）	35、発疫という事實について話合う 36、発疫について昔の人の知つていた知識について書物をよむ 37、発疫の起る原因について話をきく 38、上に掲げた発疫性の利用について調べ、その方法や注射液の作り方を研究する 　発疫及び発疫ワクチンについて專門家の話をきく 39、消毒法と消毒法の實際の調劑と使用法を研究し、實際にやつてみる 　石炭酸、石灰 40、傳染病の豫防について十訓をつくる 41、學校・家庭において傳染病豫防についてなすべきことを定めて實行する 42、傳染病豫防研究會をひらき父母を招待する 43、豫防注射と注射薬について調べる 44、豫防注射をうける計畫をたてて實施する 45、ノミ・蚊・ハエ・シラミの撲滅について方法をたてて實行する	五
八、遺　傳 1 遺傳について 2 遺傳についての實驗 3 遺傳の法則	46、遺傳について話合い遺傳の事業を認める 47、えんどうを使つて遺傳の實驗をする 48、メンデルの實驗について話をきく 49、遺傳の法則について實驗によつて考えさせ、書物をよむ	四

單元の內容	學習活動	時數
4 遺　傳　病 九、健康保持に對する政策 1 健康相談所 2 病　　院 3 區役所衛生係 4 國立療養所 5 厚　生　省 6 醫師の養成と資格 7 看　護　婦 8 保　險　婦 9 健康對策豫算 10 人種改良と優生學 11 遺　傳　病	50、新聞その他によつて政府の健康對策を調べる 51、健康保持のための社會施設を調べる 52、これ等施設の利用について調べて報告する 53、健康を守つてくれる人々にはどんな人がいるかを話し合う 54、國家は國民の健康を守るためにどんな政策をたて、どれだけの豫算をもつているかを役所へ行つてきく 55、惡性の遺傳病とその絶滅方法を先生から話してもらう 56、社會全體を健康にするためにどんな注意が要るかを先生から話してもらう。	四
十、社會衛生 1 衛生統計 2 傳染病・寄生虫病豫防 3 社會保護 4 學校衛生 5 職業衛生 6 交通衛生 7 都市衛生 8 農村衛生 9 民族衛生		

單元 2.民主的家庭の建設 (三年 六月——九月)

標目	
理解	1、食生活改善の知識を持たせる 2、衣生活の改善についての理解を與える 3、住生活を合理的に營む上の理解を與える 4、病人の看護、乳幼兒の病についての知識を與える 5、家事の經理についての知識を與える 6、民主的な家庭を建設する上に婦人の修養が大切なことを理解させる
技術	1、近隣とのつきあい、家族とのつきあいの技術を得させる 2、家庭生活を能率的に營む技術を得させる 3、食生活改善の技術を得させる 4、衣生活改善の技術を得させる 5、住生活を合理的に營む上の技術を得させる 6、病人の看護、乳幼兒病氣の世話の技術を得させる
態度	1、民主的な家庭の建設に對し積極的に協力する態度を養う 2、衣、食、住の生活改善を合理的、科學的に營む態度を養う 3、民主的な家庭を建設するために努力する態度を養う。

單元の内容	學習活動	時數
一、私たちの家庭生活	1、家庭は自分たちにとつてなぜ必要なところであるか、又働く人にとつてなぜ必要であるかを考え、討議する 2、家族があい集つて生活を營む家庭、つかれを休ます家庭又個人として社會人としての敎養のきそを作る場所である事を考えて、如何にして行つたらよいかを研究する。	二
二、家族の間柄	3、家庭の建設は、人生の幸福のもとであり、國家、社會のもとになる事を充分研究し立派に家庭を建設している人の話をきいたりする 4、親族關係の法令を研究する 5、各自家庭のたのしい時、くらい時を話し合い、どうしたら一層よくなるかを研究する 6、近所のつき合いを考える 7、老人に對し、どんな態度が必要か話し合い、どうしたら一層よくなるかを研究する 8、近所のつり合いを考える 6、老人に對しどんな態度が必要か話し合い實践する	二
三、家庭生活と能率 1、分担 2、計畫 3、行事の制定 4、整とん 5、記録 6、設備 7、技術	10、各自分担している仕事は何か報告する 11、どんな場合にその仕事の能率があがつたが、又結果がよかつたか話し合う 12、一日の計畫表をつくつて實践する 13、各自一項目づつの時間を發表し合つて討議する 14、一週間又は一月の生活記録をつくり、時間のつかい方を研究する 15、時間や勞力を省いて能率をあげるにはどうしたらよいか討議する 16、物品を種類によつてわける。使用の度によつておき場所をきめる等、各自の考えによつて實踐してみる 17、日常の生活の記録を實施し、どの位役にたつか、又どんなところがむづかしいか研究する 18、能率向上にはどんな設備が必要か、場所をわけて討議する 19、臺所の仕事をもつと早くするためにどんな設備が必要か研究する 20、技術の進歩が、非常に能率に影響することを考え、練習すること	二

單元の内容	學習活動	時數
8、健　康	21、健康と能率の關係を討議する	一二
四、食生活	22、人體にはどんな種類の食物が必要か研究する	
1、榮養と食物 a榮養のきそ	23、熱量を供給する食物、蛋白質を供與する食物、塩類とビタミンを補給する食物について研究する	
b發育と食物	24、成長發育期にある者には、なぜ特に蛋白質が必要であるか研究する	
c榮養と健康	25、榮養失調で健康を害した人の話をし合つて何が原因だかしらべる	
d食品の整理	26、調理と榮養、調理と風味の大切な事を研究する	
e調理實習	27、保健料理の献立をたてて實習する	
	28、各グループで共同して計畫した献立を實習する	
f食生活の改善	29、各自の家庭の食事の支度の時間を記錄討議する	
1食事に費やす時間勞力	30、工夫を要する點を實行にうつす	
2、榮養と經濟	31、榮養、經濟面で改善を要する問題を研究する	
	32、自家生産のできる食品、買入の仕方を研究する	
3、献立實習粉食料理	33、科學的な調理の仕方、廢物利用等を研究する	
	34、配給主食の上手な調理の仕方	
	35、粉食、榮養パンすいとん、煮込みうどん、共同炊事	
	36、即席パン	
	37、粉食は粒食に比べてどんな長所、短所があるか討議する	
	38、種々の粉の性質を調べてみる	
	39、各自の家庭ではどんな粉調理が行われているかを報告する	
五、衣生活 1心持よいすがた	40、中學生らしい服裝とはどのようなものか、話し合い、採點表を作つてみる	
	41、個性を研究し、自分に似合う服裝を考え出す衣服の研究	

單元の内容	學習活動
2、衣服の研究 a糸	42、各種の糸を持ち合い、糸の成立ち、撚方による糸の種類を研究し、糸を分解してみる
	43、糸の太さを研究する
b纖　維	44、糸や布の材料となる纖維の種類を研究する
	45、せんい工場等を研究して、不當な點を質問する
c布	46、布の成立ち、布の丈夫さ、糸布の伸縮、布の通氣性等十分研究する
d洗たくと仕あげ	47、家庭で實習した洗濯法を記錄し討議する
e衣類の保存	48、水洗濯、洗濯の方法、乾燥及び仕上げ法を十分研究する
	49、清潔、かんそう、虫干、疊み方、しまい方等のやり方を研究する
染色色あげ	50、各家庭でしている染物の調査、廢物更生の染色實習
f衣服の美	51、線の種類とその性質、色の調和の研究をする
3、服裝研究	52、各家庭で使用している衣服の調査
a服裝の理想	53、將來どんな服裝が必要か話合い研究する
b日本の新しい服	54、和服の缺點洋服の長所を研究し、日本人にあう服を研究する
c仕事着	55、家庭の平常着はどんな形態のものを用いているか、男女別年齢別に調査する。クラス全體の統計表をつくり被服は最少限何枚ぐらいいるか研究をする
d服裝と二重生活 e服裝費の節約	56、服裝の二重生活を如何にするか討議する
4、衣服の製作	57、物利用の研究
a洋　服	58、活潑な生活活動に適するうわぎ構成の研究並びにシルウエットを會得し今年の流行を研究する。スタイルブックを見たり、展覽會場へ行つたりする
	59、個性を研究し、自分に似合うスタイルや色の選び方を學ぶ
	60、適當な材料のえらび方を知ると同時に原型のひき方及び自分の體に合うようにかりぬいの補正の方法を研究し裁縫技術を進歩させる

單元の內容	學習活動	時數
b 和服	61、基礎技術より、實物製作技術に入る （ワンピースドレス・ツーピースドレス・運動服・仕事着・エプロン等） 62、平面的な布で立體的な人體を被う行き方である長着形式の被服の構成を研究する 63、洋服との比較、各部の名稱を調べ圖に記入する 64、使用目的に適する布地、色、柄のえらび方を研究する 65、和服の基礎縫い研究、仕立方技術の研究 66、基礎技術より實物の製作に入る （單長着、あわせ、羽織、帶等）	
六、住生活 1、生活の樣式とすまい	67、各家庭の夏と冬の住まい方を調査し討議する 68、昔の住家と今の住家の構成比較 69、住家の基礎、軸組、屋根、外壁、床の構造を研究する。	
2、住居のすまい方 a部屋の使い方 居間 臺所 便所	70、自分の家の部屋の使い方を調査し、討議する。上手な使い方を研究する 71、めいめい知つている笠について照明法を調査、長所と短所を研究する 72、臺所の位置、廣さ、採光と照明、換氣、乾燥、排水、器具の排別等研究する。	
b季節とすまい方	73、各家庭での季節によるすまい方を調査する 74、防暑、防寒の設備及び注意を研究する	
c家庭工作	75、各家庭にはどな修理を要するものができているかを調べて來て、クラスでその目錄を作る 76、各家庭でどんな設備や器具が能率を高めるかを、自分の工作能力を考慮しながら討議する。 77、これらの題材のうちから適當なものをえらんで修理、製作を實習する	四

單元の內容	學習活動	時數
d庭の利用法	78、生産のための庭の利用法を研究する 79、めいめいの家庭の庭の利用法を考える 80、子供の遊び場としての庭利用法を研究する	
e災害の豫防	81、いろいろな災害を新聞や、ラジオ等によつて記錄して話し合う 82、風水害、雪害等、地方に起りがちな災害を調査し、その豫防について話し合う 83、めいめいの家の耐震、耐火について研究する	
f掃除	84、家庭での掃除の仕方記錄 85、どんな仕方が一番よいか話し合う	
3、住居と水	86、給水、排水について研究する 87、各家庭の用水の適不適をしらべる	二
七、病人の看護 1、看護の心得 2、病室と病床	88、家庭で病人ができた場合の心得を話し合う 89、どんな場所がよいか、又どんな設備が必要か病室の溫度燈火掃除等研究する	
3、看護に必要な身體測定	90、ふだん家庭でしている方法を話し合い完全なやり方を研究し學ぶ	
4、看護の仕方	91、看護の方法の經驗を話し合う	
5、病人の食事	92、病人の食事の注意を話し合う	
6、病狀と看護	93、症狀の見方とその處置について研究する	
7、ほう帶の仕方	94、一般家庭で行われているまき方を實習する	
八、乳幼児のおもな疾病とその豫防 1、病人の徴候	65、よく觀察をし記錄する 96、病氣に對する徴候を研究する	
2、消化器の病氣	97、下痢の原因、下痢を起させないようにすることを討議する	
3、呼吸器の病氣	98、呼吸器系統の病氣にはどんなものがあるか、それに對してどうして抵抗力をつけておくか	二

單元の內容	學習活動	時數
4、傳染病 5、不慮の災害の豫防 九、乳幼兒の保育 1、乳幼兒の心身の發育 a 乳幼兒の身體驗查 體重 身長 乳幼兒の骨格 b 乳幼兒の精神發達 2、乳幼兒の生理的特徵 3、乳幼兒の榮養 a 乳兒の榮養 イ、母乳榮養 ロ、補助榮養 ハ、離　乳 ニ、乳　齒 b 幼兒の榮養 イ、食物の分量與え方 ロ、間　食 4、身體の清けつと入浴 a 入浴のさせ方 b 乳幼兒の被服	99、茶の飲ませ方の實習 100、乳幼兒の死亡率を調査し、どんな病氣が多いかを知る 101、弟妹又はよその乳幼兒が病氣にかかつたことはないか、どんな病氣があつたか、その原因をしらべて討議する 102、傳染病の種類その豫防法を研究する 103、乳幼兒發育表を參考にして自分の知つている乳幼兒について調べてみる 104、健康な乳幼兒はどんな特徵をもつているか研究する 105、體重、身長についてしらべる 106、各自が知つている乳幼兒の精神發達を記錄し研究する 107、皮ふ、筋肉、血行呼吸、體溫、消化等の特徵を研究する 108、榮養について研究する 109、人工榮養の乳兒の健康狀態を調査する 110、離乳期はいつがよいか研究する 111、離乳期の食事についてしらべる 112、離乳の大切なわけ、方法について話し合う 113、いつ頃齒がはえるか、又順序について話合い研究する 114、食物の分量を研究する 115、乳幼兒の榮養にはどんな方法が行われているか自分の周圍の乳兒の榮養方法を調べてみる。 116、入浴させた事の經驗を話し合う。 118、どんな仕立て方、又材料をえらんだらよいか研究する	四

單元の內容	學習活動	時數
5、乳幼兒の生活と保健 a 日光と空氣 b 部屋の清けつ 6、乳幼兒のあそびとおもちや 7、乳幼兒の感情 8、乳幼兒のしつけ 十、家庭の和樂	119、日光は乳幼兒にどうして必要か研究する 120、どんな清けつ法が必要か研究する 121、年齡による遊び方及びおもちやの種類 122、幼乳兒の感覺についてしらべる 123、お守りの要領を話し合う 124、よいしつけの方法を話し合う 125、家庭で一番樂しい時はいつか話し合う 126、一層樂しいほがらかな家庭にするには、どんな心がけが必要か討議し、實踐にうつす 127、一家だんらんの樂しい樣子を作文に表わして發表する 128、日頃の秩序生活によつて得た餘暇や餘力を有効に家庭の和樂につとめ、計畫をたてる	二
十一、近所の交わり 1、挨拶と互助 a 日常の挨拶 b 慶弔慰問と手助け e 轉居の場合 2、公共の務 共同の事業清掃と公共物の取扱 3、親切と遠慮 近隣の遠慮 4、贈　答	129、家族が特別の調理を樂しむ物日について話し合い、自分達のすきな料理を實習してみる 130、父母の誕生日にはどうしたらよいか、何か作つてあげるとかする。 131、日常近所とどんなつき合をしているか話し合い、必要な點を研究する 132、どんな挨拶をするか、どんな手助けをどんな場合にしなければならないか 133、轉居の心得を話し合い研究する 134、隣人との共同の仕事に協力の必要な事を話し合う 135、どんな親切が必要か、又どんな時遠慮をしなければならないか。 136、どんな機會に招いたかの報告を一つにまとめる。	二

單元の內容	學習活動	時數
訪問、接客、送迎	137、どんなもてなしが、客を喜ばせたかを話し合う。形式的なもてなしよりも情味ある方がよい事を決定する 138、ふつうの接待のし方としてお茶のいれ方、點心、客ぜん等の實習 139、贈答、どんな機會に贈答したかの報告を表にまとめる 140、どんな品物が自分にうれしかつたか、また先方を喜ばせたか 141、お金は何のためにあるか討議する 142、物を買つたり、好きな事をするにも、金には限りがあるからほしいままにはできない、これをどうしたらよいか	
十二、家事の經理		二
1、家庭の收入	143、勤勞所得、事業所得、財産所得の研究 144、家庭における收入の目標は、どこにあるか討議する	
2、家庭の支出	145、消費と支出（日常生活費（衣、食、住、光）文化費（衛、敎化、交、公共）所得高と生活費（家庭經濟の安定が飲食物の消費にかかつてくる） 146、消費の仕方と技術（私どもは何を食すべきか、飲食物のえらび方を知る、いかに調理すべきか、調理の仕方について、いかに食すべきか、正しい食事の仕方について）	
3、豫算生活	147、豫算の組織、豫算の編成と實行	
4、家計簿記	148、家計簿記とその對象 149、家計簿記と帳ぼの記入 150、家計簿記の表とその作成	
十三、家庭の建設と婦人の修養	151、理想的なよい家庭婦人となるにはどうしたらよいか 152、保健の事、榮養の事等自分が良くなるのでなく、人もよくなるには、どうしたらよか 153、女は家庭婦人になる事だけが仕事であろうか、討議する 154、日本の著名な婦人はどういう人か、どうして有名か話し合う。	二

單元3・貿易　（三年　九月——十一月）

標目	
理解	1、貿易とわれわれの生活についての理解 2、現在の貿易事情についての理解 a 貿易の再開 b 貿易の機構と役割 c 現在の輸入品 d 貿易施設 e 外國貿易の方法と宣傳 f 輸出の需要 g 貿易對策 3、世界の貿易につての理解 a 起　源 b 古代の貿易 c 貿易の發達 d 新航路の發見 e 近代貿易の發達 f 現代の世界貿易 4、日本の貿易についての理解 a 古代大陸との交通 b 中世の對外貿易 c 近世初期の對外貿易 d 戰國時代の貿易 e 開國と貿易 f 貿易額・交易品の變遷 g 國內産業に及ぼす影響 h 貿易の最盛期 i 日本品の對外信用 j 戰爭と貿易 k 日本貿易の將來
能力	1、年鑑や新聞雜誌等を利用して報告書を作る技術 2、歴史的變遷についての年表をつくる技術
態度	1、日本貿易の將來についてどんな關心をもつているか 2、日常生活と貿易とを如何に關係させて考えているか

	3、日本品と外國品との差についてどんな關心をもつているか 4、貿易振興と生活についてどんな感想をもつているか 5、日本貿易の傳統を學んで將來に對してどんなことを想像するか 6、調査に對して行うか	

單元の內容	學習活動	時數
一、貿易とわれわれの生活 1、資料の蒐集 2、現在の輸入物資 3、戰前との比較 4、現在の生活と貿易の關係 5、貿易に對する關心	1、貿易に關係した資料（新聞雜誌繪畫ポスター見本等）等を集めて展覽會を開く 2、われわれ現在の日常生活に必要な衣食住の日用品の中、外國貿易にたよつているものを調べて發表する。 3、どのような品が、どの位どこから輸入されているか、しらべて表にあらわす 4、戰前の貿易狀況と戰後の貿易狀況を比較して對照の表をつくる。 5、現在の物資不足と外國貿易との關係について討議する。	五
二、現在の貿易事情 1、貿易の再開 2、貿易の機構と役割 a 貿易廳 b 貿易公團 3、現在の輸出品 4、貿易施設 a 港灣 b バイヤー c 貿易館 d 代理店 e 施設 f 稅關 g 倉庫 h 船舶 5、外國貿易の方法 a 宣傳 b 通信 c 契約 d 發注 e 輸送 f 支拂 g 爲替 h レート 6、輸出品の需要 7、貿易對策 a 資材に對して b 金融に對して c 品質の向上に對して d 設備の擴充に對して e 企業の合理化に對して f 市場調査に對して g 生産の增强に對して	6、戰爭中外國貿易はどうなつていたか調査する 7、年鑑によつて貿易がいつどのようにして再開されたか、どのような準備がなされたか調査する 8、「なぜ貿易が再開されたか」について話合う 9、現在貿易行政はどうなつているか調べる。 10、民間貿易の機構について調べる 11、現在の輸出入について取引先、品目數量をしらべ、戰後の年間別に統計を作る 12、戰前の輸出入の品目、取引先品目、數量と比較して、どのような差違があるかしらべる 13、日本の貿易施設がどのように復興されているか、どのような施設が使われているか調べる 14、外國貿易にはどのような手續が必要か業者を訪ねてしらべる 15、通信や宣傳はどのようにして行われているか 16、契約や注文はどのようにして行われているかしらべる 17、船舶の手配や荷造り、積出しは、どのようにして行われるかしらべる 18、支拂はどのような手續きでなされているか、爲替レートはどうなつているかしらべる 19、輸出品の品質、評判、取引先、嗜好、取引上の苦心等について貿易業者についてたずねる 20、輸出品の見本を貿易館でしらべたり輸出品工場を見學して輸出品の傾向をしらべる 21、輸出入の均衡について、どのような對策が立てられているかしらべる 22、輸出振興に對して再開以來どのような對策がなされ來たか年鑑によつてしらべる。	一〇
三、世界の貿易 1、起源 2、古代の貿易 フェニキヤ、ギリシヤ、カルタゴ	23、貿易はどのような必要から起つたかしらべる 24、古代にはどのような方法で行われたかどんな品物が交易されたか、貿易の盛んな國はどこであつたか等を歷史の書物によつてしらべる 25、貿易國や交易品貿易等方法等がどのように變遷して行つたかしらべる	一〇

單元の內容	學習活動	時數
3、貿易の發達（中世） 4、新航路の發見（近世） 活動した人々影響 5、近代貿易の發達 6、現代の世界貿易 a航　路 e交易關係 c資源產業との關係 四、日本の貿易 1、古代の大陸との交易 2、中世の對外貿易 3、近世初期の對外貿易 4、戰國時代の貿易	26、中世に於ては、どのような貿易國があつたか、どのような活躍をしたかについて參考書によりしらべる 27、著名な貿易路とその上を動いていた交易品についてしらべる 28、近世に於てはどのような貿易國がのどのように活躍したかしらべる 29、新航路がどのような必要から何時誰によつて發見され、どのような影響を與えたかしらべる 30、新船路發見に關する地圖をつくる、物語をよむ、劇化する 31、近代に於て貿易の急速に發達した理由についてしらべ討議する 32、貿易の發達が、どのような影響を產業經濟文化に及ぼすかしらべて討議する 33、現代の世界の海上交通圖を作り、どのような航路が最もよく利用されているかしらべる 34、世界の各地に於て貿易がどのように行われているか（取引される品目量經路）どういうわけかということについて產業資源との關係を見る 35、貿易の發達に關する年表をつくる（共同作業） 36、古代の貿易傳說についてその意義をしらべる（どの地方とどのような交易をしていたかを推察する） 37、中世に於てはどのような交易が行われていたかその交易國交易品方法等について參考書によつて調べ表にあらわす。 38、近世の初期に於ては、どのような貿易が行われていたかしらべて表にあらわす 39、鎖國はどのような理由から實施されたかその間の貿易はどうなつてい	一五
5　開國と貿易 6　貿易額交易品の變遷 7　國內產業に及ぼす影響 8　貿易の最盛期 a輸入品額 b輸出品額 c交　易　國 d輸出入の均衡 e貨源產業てと關係易港 9、日本品の對外信用 10、戰爭と貿易 K日本貿易の將來 a不足資源 物資食料資源 燃料資源 b餘剩資源物資 農產物（みかん、茶、生糸）人的資源 c進出の方向	たか、どのような影響があつたか調べる 40、開國はどのような事情に促がされて實施されたか當時の人の意見は、どうであつたかについて調べる 41、現在の貿易再開の事と比較して話合う 42、開國の影響についてしらべ討議する 43、明治以後に於ける交易國交易額の變遷についてしらべる。 44、貿易が國內產業に及ぼした影響について調べ合う 45、貿易の最盛期は何時であつたか、どのような品をどこから輸入していたか、どのような品をどこに輸出していたか、輸出入の均衡はどうであつたか、國內資源や產業との關係はどうであつたか調べる 46、日本の對外信用はどうであつたか調べて話合う 47、戰爭によつて貿易はどう變化したか、產業・經濟にどのよう影響を及ぼしたか調べる 48、敗戰の原因の中、貿易の途絕に由來するものがあるかということについて討議する 49、日本の貿易年表をつくる 50、輸出入の均衡の必要を一家の經濟に比較し話合う 51、日本の必要な資源のうち輸入に賴らなくてはならぬものは何かということについて調べる 52、輸出しうる餘剩物資について調べる 53、どのようにしたら輸入を抑制し輸出を增强することが出來るか、改善の可能性について討議する 54、將來どのような方向に進出していつたらよいかということに關して國	

單元の內容	學習活動	時數
國民性 d アメリカイギリス中國 e 他國との 加工貿易比較	民性や國內資源上から討議する 55、將來進出の方向に備えてどのように改善すべきかを討議してまとめる 56、アメリカ、イギリス、中國と、日本の國內資源國內生產の狀況を比較して類似點、相違點をしらべる 57、どの國がもつとも日本と事情がにているか、その國は貿易をどのように行つているか研究する 58、「日本貿易の將來」という題で論說文をつくり發表して批評感想をのべ合う。 59、貿易に關する講演をきく 60、貿易博覽會を見學する	

單元 4. 今日の文化　（三年　一月—三月）

標目	理解	1、家庭生活を中心としてどんな文化生活が營まれているか理解する 2、交通通信についての文化 3、政治の文化 4、文學及び印刷についての文化を理解する 5、科學と醫術の進步について理解する 6、運動記錄の向上についての理解 7、生活上の各種の習慣
	能力技術	1、いろいろのものを歷史的に見たり考えたりする能力 2、過去のものと現在のものを比較する能力 3、歷史的な資料を蒐集してこれを整理する能力
	態度	1、現在のものは何でも進步の途上にあるものであることを知つてこれに貢獻しようとする態度 2、歷史的な資料や作品を大切にする態度 3、現在の文化について積極的にこれを理解しようとする態度

單元の內容	學習活動	時數
一、家庭を中心とした文化	1、ひな祭りと五月の節句の歷史をしらべる昔のひなの模型などをつくる 2、昔の服裝について繪などを集め年代順にならべる 3、服裝の變遷について話をきく 4、日本の食物（米食・三食・肉食等）について歷史的に調べる 5、家族制度の變遷について調べ、そのあり方について討議する 6、北大県町の古墳を發掘し、先生に話をきく 7、家庭醫藥について話合い備える常備藥を集める 8、家庭生活を文化面からみてどう改めるかについてレポートをかく	八
二、交通通信	9、古代の道路について書物などに出したものを調べる 10、昔の驛遞の制度について調べる 11、我が國の鐵道の最初について調べる	五
三、政治	12、我が國の政治を歷史的に調べて報告文をかく	五
四、文學	13、文學の歷史について書物をよむ 14、我が國の文學の發達について調べる 15、常用漢字、現代かなづかいについて意見を交換する	八

單元の内容	學習活動	時數
五、科學	61、印刷の歴史を書物で調べる 17、文字の發明が文化に及ぼした影響を調べる 18、印刷の發明と文化との關係を調べ、討議する 19、寫眞が文化に及ぼしている影響について話合う 20、日本の醫學の歴史を調べる 21、日本の現代の醫學がどこまで進んでいるかについて話をきく 22、物理學のはじめと、現代の物理學の問題について話をきく 23、化學のはじめと、現代の化學の問題について話をきく 24、生物学のはじめと、現代の生物学の問題について話をきく 25、數學がどう發達してきたかを專門家をよんで話をきく	一〇
六、藝術	26、日本の本來の言葉について資料を集めて展示する 27、能について話をきく 28、藝術とわれわれの生活のところで學んだことをもとにして今日の文化を話合う	八
七、運動	29、昔のスポーツについて書物を見て調べる 30、スポーツのところで學んだことについて話合う	四
八、經濟	31、金融機關の歴史を調べる 32、銀行以外の金融機關で今日あるものを調べ、その歴史上の役割を研究する	六
九、風習	33、貨幣の發生について書物をよみレポートをつくる 34、幼時にきいた日本の昔話について生活とどう關係しているか討議をする 35、地方の年中行事の面白いものを調べ、その發生や意味を考えて報告する	六

單元　5・インフレーションとわれわれの生活　（三年　四月――五月）

標目	
理解	1、現在進行しつゝあるインフレーションの事實についての理解 2、インフレーションの原因についての理解 3、インフレーションがあらわすさまざまの現象についての理解 4、インフレーションが昂進するとその結果どんな結果をもたらしてくるか 5、インフレーションを防ぐためにはどんな方法があるか 6、政府の施策 7、このインフレーションを防ぐため私達のできる協力
技能 力術	1、種々の經濟現象を觀察してそれ等を數學的に處理する能力 2、特に統計表やグラフを作る能力 3、數學的に表わされた資料から社會情勢をよみとる能力 4、經濟的な用語を理解する能力
態度	1、社會の經濟現象に注意する態度 3、インフレーションを防止しようする政策に協力する態度 4、物資愛護についての態度

單元の内容	學習活動	時數
一、私達の經濟生活（一）	1、やみ買いしなければならなかつた苦しい體驗を話合う 2、家庭で母を中心として最も苦しかつたことについて話合う 3、イギリス人の耐乏生活についてしらべわれわれと違う點を見つける	一〇
二、インフレーションとは何か	4、第一次世界大戰後のドイツのインフレーションについて話をきく 5、十數年間の物價の上り下りをしらべてグラフを作る	五

單元の内容	學習活動	時數
原因 現象 結果	6、同じく紙幣の發行高をしらべてグラフにする 7、賃金の統計をつくりグラフにする 8、主な生産物について生産高の變化をしらべてグラフにする 9、通貨が增した原因をしらべる 10、貿易高の變化しらべてグラフにする 11、貯金高の變化をしらべる 12、インフレーションの原因となるものを上げて一つ一つしらべてみる	
三、私達の經濟生活(二)生活にあらわれるインフレーションの現象 四、政府はどんな政策をしているか、	13、私達の生活の中でインフレーションの現象とみられるものを話合う 14、その現象が互にどう關係しているかをしらべる 15、この状態が惡く進むと遂にどうなるかについて話を聞く 16、生産をあげるためにどんなことが行われているか話し合う 17、石炭增産のためにどんなことが行われたか討議する 18、國家予算はどんな建前がとられているかしらべる 19、予算とインフレーションの關係を討議する 20、たからくじや富くじは何の目的で發行されているかについてしらべて發表する 21、稅金について家の人に話を聞く 22、稅金と國家予算の關係を話し合う 23、戰時中貯蓄が奬勵された理由をしらべる 24、物價の統制はなぜ行われねばならないかをしらべて報告文をかく 25、煙草の値上げや運賃通信費の値上げについてその理由と結果をしらべる	五 一五
五、私たちの生活はどうあるべきか、	26、節約の出來るものについて話合う 27、物資を愛護することについて手近なところから考えて話し合う 28、貯蓄について自分達で出來る事を考えて計畫する 29、納稅についてポスターをつくる 30、やみをなくするためにはどうしたらよいか討議する 31、生産をあげるために自分達でどんな協力が出來るかを發表する 32、寶くじの是非について討議する	一〇

單元6 職業と共同生活　(三年　一月—三月)

目標		
目標	理解	1、職業に關する一般的理解を與え自分に適する職業を選ぶのに必要な能力を發展させる 2、職業の社會生活における意義を理解させる 3、個人は職業生活を通じて、その人格を完成しその個性を充實させるということを理解させる 4、種々の職業について、その歴史的、社會的特質について理解させる 5、職業生活は經濟條件の不斷の變化によって常に支配されるということを理解させる 6、個人の幸福と安定を維持するのに最も適當な職業選擇についての理解を與える 7、職業の自由な選擇には幾多の制限があることを理解させる 8、個人及び社會の福祉という觀點から多くの職業についてその利害得失を理解させる
	技能態度	1、自分の將來の職業生活を完全に遂行するに足る基礎的實際的技能を養はせる 2、職業に貴賤の差別をつけず、常に働くことの權利と義務とを尊敬する態度を養う

單元の内容	學習活動	時数
一、社會生活と職業. 1、社會生活と職業 2、分業組織による社會連帶關係の實現	1、日常使用している衣食住に關係のある品物について生活から消費までの經路についてしらべ、どのような人がこれに關係したかを明らかにしこれを圖表にかいて教室に展示する 2、われわれの生活がいかに多くの人々の協力によつて營まれているかについて學級で討議する	一〇
3、職業生活による個性の擴充と人格の完成	3、二宮尊德の傳記を讀ませる 4、澁澤榮一の傳記をしらべる 5、森林太郎の傳記をしらべる 6、豐田佐吉の傳記をしらべる	
4、日本の再建と職業生活による寄與	7、これらの人々が職業生活や事業の經營を通していかその人格を發展させ、また個性を充實させたかについて討議する 8、自分の知つている立志傳中の人物について、その傳記を書いて學級で朗讀する 9、事業に成功した人々をたづね、職業と人格の修養という點について話をきく 10、日本の再建に必要な職業を十種えらんでこれを表にまとめる 11、再建に必要な職業、必要でない職業について、學級で討議する 12、學校の保護者の職業を調査してこれを表にまとめる	
二、日本の職業生活 1、職業の種類とその變遷	13、日本の人口と職業別に表わした統計によつて圖形グラフをつくる 14、この仕事を過去にさかのぼつて（五年每十年每）五十年前までやつてみる 15、「日本の近年における職業構成の變化とその原因」という題の作文をかく	二〇

單元の内容	學習活動	時数
2、職業觀の變遷	16、「日本の歴史」の教科書からいろいろな職業をひろつて時代別に表にしてみる 17、これを學級に報告して討議する	
3、將來の産業の變遷と職業生活	18、江戸時代に町人とよばれた階級はどんな職業にたずさわつていたかをしらべる 19、新憲法第二十二條「職業選擇の自由」の意味を明らかにしこれを學級に報告する 20、徒弟奉公や女中奉公について調べ昔の職業生活にはいる準備の方法について明らかにする 21、技術の資格を保障し保護する方法の昔と今との差異を明らかにしてその得失を討議する 22、今後農業は國の産業でどういう位置をしめるかを討議する	
a 職業としての農業	23、今後日本の産業の中で盛んにしなければならない産業はなにかこれについて討議する 24、勤勞奉仕を實施し農業勞働の經驗をつむ 25、體驗記をまとめて學級に報告する 26、農業生産物の主要なものを選びこれと工業生産物とその價格を比較する、この理由を考えて討議する 27、農家の副業や兼業についてしらべ、その必要性について討議する 28、日本の農家において婦人に適している仕事をしらべる 29、農事試驗所の見學をする	
b 職業としての林業	30、林業が國全體の産業のうちに占めている地位について論文をかく 31、製材所の見學をする 32、山林關係の災害や不慮の事故をしらべこれを表にまとめる	
c 職業としての漁業	33、歐米における肉類の消費高と日本人の魚類の消費高とを比較する	

單元の內容	学習活動	時数
d鑛　業	34、世界の產業における日本の地位について報告書を作る 35、築地魚市場の見學をする 36、近年における日本の石炭高をグラフに示す 37、石炭に關する專門家に話をきく 38、炭坑勞働者に慰問の手紙をかく	八
e動力工業	39、日本の水力發電事業の將來性について討議する 40、發電所の見學をする	
f職業としての工業と商業	41、免許製度や資格試驗制度をしらべ學級に報告する 42、鐵工所の見學をする 43、賠償後の日本の製鐵事業の將來について討議する	
g通信通輸交通業	44、銀行・信託業・倉庫業・證券業・質屋などの事業內容をしらべ學級に報告する 45、放送局の參觀をする 46、交通關係事業についてその必要をしらべて報告する	
h公務自由業	47、遞信專門家から話をきく 48、公務自由のうち一つをえらびその仕事の內容資格免許狀製度學力敎養性格及び勤務條件をしらべこれを學級に報告する	
三、職業の選擇と進學 1、選擇の條件 a適　性	49、「職業に貴賤はない」ということについて討議する 50、職業選擇の條件をまとめて表つくる 51、これについて學級で討議する 52、進學校の樣子をしらべ、これを學級に報告する	
b家庭及び家業との關係 2、進　學	53、高等學校の種類をしらべ、これを學級に報告する 54、適性檢査をうける	

3、職業をえらぶための社會の配慮 a職業紹介 b職業廣告	55、職業安定所の係から話をきく 56、新聞の求人廣告についてしらべこれを表にまとめる	

單元 7.政治とわれわれの生活 （三年　十月――十一月）

標目	
理解	1、政府というものについての正しい理解を考える 2、社會生活に對する政治の意味を認識させる 3、新憲法の原則と諸條項とを理解させ、それを日常の生活に實踐する意志を養わせる 4、わが國近代の政治の歷史的背景に對する理解を發展させる 5、民主主義における政黨の正しい地位についての理解を發展させる 6、社會の各員の個人的價値と尊嚴に對する理解を發展させる 7、新憲法の原則に從つて、政治の現狀を、批判的に自主的に判斷する能力を發展させる 8、學校生活を自治的に營む能力を發展させる
技術	1、學校自治運營の技術を養わせる 2、民主的な生活に必要な技能をそだてる

單元の內容	学習活動	時数
一、現在の政治問題 1、議會の問題 2、日本の現狀	1、現在議會でどの樣な事を問題にしているか政治上どの樣な問題が起きたか新聞記事を蒐集して調べて發表する 2、その樣な問題はどうして起るか。原因について研究してみる	三

單元の內容	学習活動	時数
3原因 4強力な政治の必要性	3、社會の風紀犯罪問題我々の衣食住の生活はどうか、私達の滿足する樣な狀態か話合う。	八
a學校設備の悪い理由	4、私達の學校の設備の悪い理由は何か、日本の敎育設備の悪い理由は何か話合う	
b戰爭のえいきよう	5、私達の生活は戰前と戰後とはどうかお父さんお母さんより聞いて話合う 6、戰爭のため私達はどの樣な苦しい思をしているか話合う	
o政治の必要	7、現在の日本の苦しみを押し通すためには私達國民はどうしたらよいか、話合う。 8、又我々はどんな政治を望むか話合う。	
二、國會 1、國會の機能	9、現在日本の政活はどんな風におこなはれているか知つている範圍で話合う。	
2、國會の權限	10、國會はどんな事をする機關かしらべる 國會はどの樣な權限を持つているか 憲法法文をよんで發表する	
3、國本と國民との關係	11、國民と國會とはどの樣な關係があるか話合う	
4、國會における天皇	12、天皇は國會に對してどの樣な權限をもつているか憲法をしらべる	
5、議員の選出 a選出方法	13、參議員 衆議員はどんなにして選擧されるか調べる 定員 選擧人の資格 選擧區 投票の方法 }について調べる	
b立候補の手つづき	14、議員に立候補をするまでの資格手續をしらべる	
c議員の任期退期	15、議員の任期退任の場合についてしらべる	

單元の內容	学習活動	時数
d宣傳方法	16、立候補者はどのようにして國民に自分の主義主張をつたえるか、お父さん姉さんよりきいて話合いまとめる	五
e國民の選擧態度	17、國民は一般にどのようにしてどのような態度で、議員をえらぶかを話合う	
6、政黨 a政黨の役わり	18、何故多くの政黨ができたのか話合つてみよう、又政黨の存在理由を考えてみる	
b政在の政黨 Ⅰ歴史 Ⅱ議員數 Ⅲ組織 Ⅳ政綱政策 Ⅴ國民の利用 Ⅵ各政黨の活躍	19、現在の政黨について次の事をしらべる 政黨の組織 歴史 もつている議員數 政綱政策 20、國民は選擧のさいどの樣に政黨を利用するかはなしあう 21、政黨は院内外をとはすどのような對さくをとり、どのように活動しているか調べて報告する	
Ⅶ婦人の選擧權	22、女子にも選擧權があたえられたその理由について話合あう	
7、衆議員 參議員 1、組織	23、衆議院參議院の組織について調べて報告する。	
2、議員の活躍	24、衆參議院は國會内においてどの樣な活躍をしているか。國會内を見學し各議員について話をきく	
3、婦人議員の活躍	25、特に婦人議員はどの樣な目的で活躍しているか話を聞き整理しておく	
4、各黨の議員	26、各黨の議員數を調べる	
5、衆議院と參議院の關係	27、衆議員と參議員の權限の違はどうか憲法を調べる 28、衆議員と參議員では何をなされるか法文書をもつて話合う	
6、議席數の多くある政黨	29、議席數は政黨にどの樣な役割をしているか話合う	
三、內閣	30、內閣は憲法によつてどの樣に定められているか調べる	

單元の內容	学習活動	時数
1、內閣の權限	31、現在の總理大臣は誰か又總理大臣はどんな地位役目かを調べて報告する	八
2、總理大臣の地位役目 3、內閣の構成 a內閣の構成 b內閣の組織 c大臣の任務	32、內閣を構成している大臣長官は誰か、又それぞれの大臣長官はどの樣な役目をもつているか、政治學者より話を聞く、內閣はどんな組織をもつているか調べる	
4、行政機關の組織と機能	33、行政各省の組織について調べ各々どんな機能がなされているかを各省關係の人より聞いて報告する その他についても同樣の手續をする 宮內府 總理廳 特別調達廳 經濟安定本部 物價廳	
5、國の財政 a稅	43、國家の經費はどんなものによつてまかなわれているか調べて報告する 35、稅としてどんなものがあるか又その稅率は他國と比べてどうか調べ話合つて見る	
b予算決算 c予算の建前 d予算の組方 e財政の重要性	36、現在の國家の予算はどうか各分類表を作成する 37、稅その他の歲入を調べ予算を比かくしてみる 38、國の予算はどの樣にして組立てられるか、係の人から話を聞いて整理しておく 39、國の財政と我々の生活との關係について話合う	
四、地方自治 1、自治の意義	40、自治の意味について話合う 都長官に會つて自治の東京としての抱負をきく	

單元の內容	学習活動	時数
2、東京の行政機構 a東京都廳の組織	41、東京都廳へ行つて東京都の機構について調べて來る。 42、東京都各局の組織と役わりを調べて來て報告する	四
b都會の構成 c都會の活動 Ⅰ議員の仕事 Ⅱ都員の選出 Ⅲ都會の役割 Ⅳ都の予算 Ⅴ都長官の任命 Ⅵ都議官の役割 Ⅶ都の吏員の活動 Ⅷ私達と都政	43、都會はどの樣にして構成されるか調べる。 44、都會議員より議員の活躍都會の仕事について話をきく、都會を見學する 45、都會議員はどの樣に選出されるか。 46、都會の權限について都長官との關係についてしらべる、今年の都の予算を調べ分類表を作製する都の稅金にはどんなものがあるか調べて表を作る 47、都長官はどうして任命されるか 48、都長官の職務權限について研究する 都の公務員の職務及び活動について研究する 49、私達は都の政治とどう結びついているか話合いをする	
3、練馬區の區政 e練馬區長の任務	50、練馬區長の選出方法 練馬區長の權限任務 について調べる 51、現在の練馬區長のほうふを聞く	
b練馬區會 Ⅰ議員選出方法 Ⅱ議員の活躍 Ⅲ區長と區會の關係 c區の予算 Ⅰ區の費用 Ⅱ稅	52、練馬區會の議員の選出方法組織について調べる 53、議員より議員の活躍について話を聞く 54、區長と區會の關係について調べる 55、區の予算歲入はどうなつたか調べ區の財政は何によつてまかなわれているかを調べる	
d區役所の組きと仕事	56、區役所の組織と仕事の分たんについて調べる	
五、警察 1、警察の任務	57、私達の生活に警察がどんなに役立つているか話合う 58、警察制度の機構を調べる 59、國家警察本部へ行つて國家警察の機構及び組しきについて調べる。	

單元の内容	學習活動	時数
2、警察制度 a 國家警察の組織 b 國家警察の任務 c 自治體警察の I 組　織 II 任　務 III 現在の状況	60、國家警察の役割について係の人より話をきく、又現在の活動状況を聞き報告をする 61、自治體警察の組織を練馬署へ行つて調べる 62、係の人よりその役割と現在の活動状況について聞き報告する 63、公安委員の構成選出について調べ公安委員の役目、任務の重要さについて話しをする	四
3、公安委員 a 構　成 b 任　命 c 役　目 d 現在の活動	64、現在の國家地方公安委員はどの様な活動をしているか、係より話を聞いて報告する	
4、地方警察と地方自治との關係 5 我々の生活に於ける警察の充實	65、地方警察と地方自治とどんな關係にあるか話合う 66、現在の日本においては警察力の充實にどの様な努力がなされているか關係役所へ行つて聞き報告する	
六、司　法 1、司法權 2、裁判所の種類組織役割 3、検察廳 a 組　織 b 役　割 c 裁判所との關係 4、裁判官 a 仕　事 b 人　格 c 任　命	67、司法權とはどんなものか法規を調べ話合う 68、裁判所の種類と組織について調べる、その各裁判所の役割について各裁判所の人々より聞く 69、檢察廳の組織と構成裁判所との關係役割について聞き報告する 70、裁判官の仕事について色々の本を讀んで調べる。 71、裁判官はどのような人格をもたねばならぬか話合う 72、裁判官を任命する場合の規則を調べる	

單元の内容	學習活動	時数
5、検事、辯護人 a 仕　事 b 資　格 c 任　命 6、裁　判 a 形　式 b 法　廷 7 審判所 a 機　構 b 役　割 c 現　況 d 裁判所との關係 8、裁判所と私達の生活	73、検事はどの様な仕事をするか 検事より聞く 検事になる資格について調べる 74、辯護人はどんな仕事をするか聞く 75、裁判をする所をぼうちようする。 76、裁判の形式について研究する 77、法廷は神聖だと云はれる理由について討議する 78、審判所の機構組織役割について審判所へ行つて話を聞く 79、審判所と裁判所の關係について書物で調べる 81、私達の生活に裁判所はどの様な役割をもつているか討議する	三
七、政治の變遷 1、制度の變遷 a 幕府の政治 b 明治の制度	82、日本は昔どのような政治機構をもつて來たか時代別にしらべ表を作る 83、幕府は天皇政治に如何なる影きようを及ぼしていたか調べる 84、幕府統治下では國民の生活にどの様な悪影きようがあつたか調べる 85、明治年代の官制を調べる 明治二年・明治四年・明治八年・明治十八年　について	
2、自由主義 國會の先驅 3、明治憲法 a 民主化 b 改正理由 4 司法警察制度の變遷	86、自由民權運動について研究し如何にこれが現在の國會に貢獻したか話合う 88、明治憲法は何故改正されたか話し合う 89、幕府の司法警察制度はどのようであつたか調べる 90、現在の司法警察制度と如何なる點を異にして何によつて影響されているか	

單元の内容	学習活動	時数
八、民主政治と我々の生活 1 民主化と我々の行動		五
5、地方自治の目ざめ a 昔よりの制度 a 江戸時代 b 現在迄の變遷	91、地方自治は目ざめとして昔よりどの樣な制度があつたか、歴史家に話を聞く	
	92、民主政治と私達との關係について話合い民主政治の良い點について討議一報告する。	
	93、民主主義の發展を期すために、私達はどのような行動をとるべきか話合う	
	94、家庭・學校・社會 }において	
2、家庭の民主化	95、家庭を民主主義化するにはどうしたら良いか工夫して發表する	
3、學校自治會の民主化 a 自治會の民主的方法 b 議場の態度 c 委員に對して d 委員の態度	96、學校の自治會を最も民主的に行うにはどの樣な點を心掛ければならないか	
	97、自治會の議場における私達の態度はどう無ければならないか話合う	
	98、自治委員に對してどの樣な態度を取るべきか討議する又委員はどうあるべきか討議する	

單元 8．憲法とわれわれの生活（三年 六月—九月）

目標		
理解	1、新憲法制定の經緯についての理解 2、新憲法における天皇の地位 3、新憲法における國民の地位 4、新憲法における國會の地位 5、内閣の地位と權限 6、裁判所の構成と權限 7、憲法と地方自治 8、新憲法の特質 9、憲法と民主政治との關係 10、憲法と外の法律との關係	
技術	1、憲法の條文及び前文を完全に讀解する能力 2、憲法の條文及び前文の意味を完全に理解する能力 3、具體的な事實や問題について憲法を適用して解決する能力	
態度	1、學校の自治をよりよくしようとする態度 2、自分の仕事に責任を取る態度 3、學校の校則を重んずる態度 4、憲法その他の法律に對してこれをよく理解して遵守しようとする態度 5、自分達の權利と義務をよく理解して社會生活を營む態度	

單元の内容	学習活動	時数
一、私達の學校生活 1、學校自治 2、學校自治の組織 3、校則 4、學校自治計畫の完成と發表	1、生徒總會をひらいて學校自治のあるべき姿について討議する 2、委員會を作つて生徒自治の綱領原案をつくる 3、委員會を作つて學校自治の組織原案を作る 4、以上の二つの原案について總會において討議して決を取る 5、校則について討議する 6、校則の決定（あるいは改正）について原案をつくる委員會をつくる	四

單元の內容	學習活動	時數
	7、學校自治の年次計畫について委員會原案を作る	
	8、以上この原案について總會で審議して決を取る	
	9、學校自治綱領校則年次計畫をプリントにして各人に配布する	
	10、ポスターを貼って遵法精神の昂揚を計畫する	
二、新憲法の研究（一）	11、新憲法制定前後の新聞記事をよんでそれを整理する	一〇
1、新憲法の內容	12、新憲法の前文及び條文を印刷して生徒に配布する	
a その前文及び條文の讀解	13、前文及び條文の正しい讀方を先生から敎わる	
b その意味の理解	14、正しい讀方を練習する	
2、新憲法の特質	15、一人一人でよんで先生から直してもらう	
a 天皇の地位	16、書いてある內容について發表して話合う	
b 戰爭の放棄	17、先生から正しい意味を講義してもらう	
c 主權在民の思想	19、前文と條文を書寫して國語譯をノートに書く	
3、新憲法制定の經緯	20、新憲法の特質をなす三つの事柄を條文について研究し討議する	
a ポツダム宣言の受諾	21、新憲法制定の經過について調べる	
b 政府改正草案作成	22、新憲法制定の經緯について當時の新聞記事などをよんで議會審議の模樣を知る	
c 議會における審議と制定公布	23、政府の改正草案を先生によんでもらう	
	24、制定公布の手續について調べてみる	
4 明治憲法の內容とその特質	25、明治憲法の條文をよむ	
a 明治憲法の讀解	26、その大體の意味を研究する	
	27、明治憲法の制定に關する當時の寫眞や繪を集めて展示する	
b その意味の理解	28、日本憲法制定の功勞者の傳記をよむ	
c 制定の經緯とその特質	29、條文の內容や制定の經緯等について比較し明治憲法の特質の槪略について理解す	
三、新憲法の研究（二）	30、新憲法における天皇の地位について條文を中心として調べ明治憲法等と比較してその特質を理解する	一〇
2、新憲法における天皇 a 天皇の地位 b 天皇と國事 c 皇族 d 皇室財產	31、天皇の地位について種々の問題をつくり憲法の條文に照らし解決する	
	32、皇室についての法規について調べてみる	
	33、敎師の講話をきいて今までの研究をまとめる	
2、新憲法における國民の地位 a 國民の地位 d 基本的人權 b 國民が政治に參與する方 法と資格 d 國民の有する權利 e 國民のもつ自由 f 司法作用に對する自由 g 國家に對して有する事務	24、國民の地位について條文を詳しく讀んで研究し、學級に報告し、それについて質問及び討議をなす	
	35、適當な事實や問題の例として條文の持つ意味や內容を研究する	
5 國會 a 國會の地位 b 國會の構成 c 國會の種別と會期 d 國會の議務 e 國會の權限	36、日本の政治においてもつ國會の意味を考えて話合う	
	37、國會についての條文の研究發表を行い質問及び討議を行う	
	38、具體的な問題について條文を適用してみて條文のもつ意味を理解する	
	39、裁判所の構成と權限について條文を中心として研究し發表を行い質問と討議を行う	
4、內閣の地位 5 裁判所の構成と權限 6 憲法と地方自治	40、內閣の地位地方自治について先生に話をきく	
四、非武裝國家としての日本 1、非武裝國家日本 2、日本の現實及び將來	41、非武裝國家について討議會を開く 憲法の條文の意味の研究發表 日本の現實及び將來はどうなるか これらの討議のあとで專門家の話をきき指導をうける	五

單元の内容	學習活動	時數
五、改正の手續	42、改正の手續について條文を研究する	三
六、憲法と民主政治 1、民主政治と憲法 2、政治形態と憲法 3、外國憲法の二三例 4、日本憲法の歴史	43、民主政治における憲法の役目について討議する 44、封建時代における適當なエピソードを選び憲法のない政治について考えさせる 45、民主政法と專制政治とを比較させる 46、外國憲法（英、米、中國）について本をみ、學級において發表する 47、日本憲法の歴史（十七條憲法を含む）について先生から話をきく	八

單元 9・國際連合とわれわれの生活 （三年 十一月――一月）

標目		
理解		1、國際連合成立の事情を理解させる 2、國際間の友誼團體について理解を深める 3、國際連合の機構について理解させる 4、世界にのり出すわれわれの心構えについて理解させる
技術		1、能率的に事務を處理し効果的に表現する技術を養う
態度		1、外國人に接する態度を身につかせる 2、世界人としての態度を養う 3、進んで世界に貢献せんとする態度を養う

單元の内容	學習活動	時數
一、成立の事情 1平和への希求	1、現在の國際間の紛爭について話合う 2、世界平和はどうしたら維持出來るかということについて話合う	六
2、國際間の友誼團體 a赤十字 b國際勞働會議 cボーイスカウト dガールスカウト e國際婦人會議 fノーベル賞 gアンラ hララ	3、今までの國際間の友誼的團體にどのようなものがありどのような活躍をして來たかをしらべて表に作る	
3、世界國家の思想	4、世界國家の思想についてしらべこれについて話合う	
4、民族の平等	5、人間の基本的自由とはどういうことかそれを守るためにはどうしたらよいかしらべて話合う	
5、基本的自由	6、國内においては基本的自由は如何にして守られているかということをしらべて話合う 7、人間の權利が平等であるということはどういうことか、それをしらべて討議する 8、國内では人間の權利の平等を守るためにはどうしているかしらべて話合う	
6、國際連盟	9、國際間に於て民族國家の平等權や人間の基本的自由を守るためにはどうしたらよいか考えて話し合う 10、國際連盟について成立の事情機構活躍結果等についてしらべる	
7、國際連合の成立 a目的 b加盟國	11、國際連合がどのような目的でいつつくられたかをしらべる 12、國際連合を發起した國はどこか、どこで最初の會合が行われたかしらべる	

單元の内容	學習活動	時數
	13、國際連合にはどの國が參加しているか世界地圖に色分けをしてみる	
	14、どのような國が參加していないか、その事情をしらべる	
二、國際連合の機構	15、國際連合の機構はどのようになつているかしらべて圖表にかく	二
三、總會	16、總會はどのように構成されているかしらべる	二
1、構成	17、任務はどういうことかしらべる	
2、任務	18、どのような權限をもつているかしらべる	
3、權限	19、運營はどのようにして行われるかしらべる	
4、運營	20、總會はどのような活動をなしたか最近の例をしらべる	
	21、總會は他の機關とどのような關係にあるかしらべる	
四、安全保障理事會	22、安全保障理事會はどのような構成をもつかしらべる	二
1、構成	23、どのような任務をもつているかしらべる	
2、任務	24、どのような權限をもつているか、どのようにしてそれを發動するかしらべる	
3、權限		
4、運營	26、どのように運營しているかしらべる	
	26、最近どのような活躍をしているかしらべる	
五、國際司法裁判所	27、國際司法裁判所はどのような目的で設けられたか、どのような問題がここで取扱われるかしらべる	二
1、目的		
2、構成	28、どのように構成されているか、裁判官にはどのような人がなつているかしらべる	
3、任務權限	19、どのような任務と權限があるかしらべる	
4、運營	30、どのようにして判決が下り、どのようにして施行されるかしらべる	
	31、最近どのような事件が提訴され、どのように判決され、それがどのような結果になつたかしらべる	
六、經濟社會理事會	32、經濟社會理事會はどのような目的で設けられたかしらべる	二
1、目的	33、どのような構成をもつているかしらべる	
2、構成	34、どのような權限をもつているか、その任務を遂行するためにどのような權限をもつているかしらべる	
3、任務權限		
4、運營	35、どのように運營されているかしらべる	
	36、各種委員會、及び特別委員會の下部組織にはどのようなものがありどのような活動をしているかしらべて、表であらわす	
	37、最近どのような活躍をしたかしらべる	
七、信託統治理事會	38、信託統治理事會はどういう目的で設けられたかしらべる	一
1、目的	39、信託統治とはどのようなことかしらべる	
2、構成	40、どのような構成をもつているかしらべる	
3、任務權限	41、どのような任務と權限をもちどのような問題として取扱うかしらべる	
4、運營	42、どのように運營されているかしらべる	
	43、最近どのような活動をしているかしらべる	
	44、信託統治理事會について調査した結果を發表して話合う	
八、事務局	45、國際連合事務局はどのような目的で設けられているかしらべる	四
1、目的	46、どのような構成をもつているかしらべる	
2、構成	47、どのような任務と權限をもつているかしらべる	
3、任務權限	48、どのように運營されているかしらべる	
4、運營	49、事務局についてしらべたことを發表し話合う	
九、ユネスコ	50、ユネスコとはどういう意味であるかしらべる	五
1、目的	51、どのような目的で設けられたかしらべる	
2、構成	52、國際連合とはどのような關係にあるかしらべる	
3、任務	53、どのような構成をもちどのような人々が參加しているかしらべる	
4、活動	54、どのような仕事をするものかについて調べる	

單元の內容	學習活動	時數
一〇、國際連合憲章 1、成立 2、內容 3、理念	55、どのような活動をなしているかしらべる 56、ユネスコに關してしらべたことを發表して話合う 57、國際連合憲章とはどのようなものか、どのようにして出來たものかについてしらべる 58、この憲章がどのような構成と內容をもつているかしらべる 59、憲章をよんで國際連合の精神について感想をまとめ討議する	五
一一、國際連合と日本 1、日本の平和と安全 2、日本の文化活動 3、私達の心構え	60、日本が國際連合に參加していない理由についてしらべる 61、日本がなぜ一日も早くこれに參加しなければならないかについて討議する 62、日本の平和と安全が國際連合とどういう關係にあるかについて討議する 63、日本の將來の文化活動と國際連合の關係について討議する 64、日本は如何にしたら國際連合に參加出來るかということについて討議する 65、私達はそのことに對してどのような覺悟と準備がなくてはならないかということについて感想をかく 66、國際連合に關する講演をきく 67、ユネスコに關する講演をきく	八

昭和二十四年六月一日印刷
昭和二十四年六月十日發行

中學校カリキュラムの構成
定價　四百貳拾圓

著者　東京第二師範學校附屬中學校

東京都練馬區東大泉町九一八
發行者　近藤久壽治

東京都目黑區上目黑三ノ一九〇八
印刷者　小野總次

發行所　東京都文京區茗荷谷町一五　同學社
會員番號A二〇四〇一
振替東京一六六九二〇番

編集復刻版

戦後改革期文部省実験学校資料集成

第2回配本（第4巻〜第6巻）

2015年12月10日　第1刷発行

揃定価（本体75、000円＋税）

編・解題者　水原克敏

発行者　細田哲史

発行所　不二出版
東京都文京区向丘1-2-12
TEL 03(3812)4433

印刷所　富士リプロ

製本所　青木製本

乱丁・落丁はお取り替えいたします。

第6巻　ISBN978-4-8350-7810-6
第2回配本（全3冊 分売不可 セットISBN978-4-8350-7807-6）